U0820309

2021 年版
中国科技期刊引证报告（核心版）
自然科学卷

中国科技核心期刊（中国科技论文统计源期刊）

中国科学技术信息研究所

科学技术文献出版社
SCIENTIFIC AND TECHNICAL DOCUMENTATION PRESS
·北 京·

图书在版编目(CIP)数据

2021年版中国科技期刊引证报告：核心版. 自然科学卷 / 中国科学技术信息研究所编著.—北京：科学技术文献出版社，2021.12

ISBN 978-7-5189-8768-9

Ⅰ. ① 2… Ⅱ. ①中… Ⅲ. ①自然科学—科技期刊—期刊索引—中国—2021 Ⅳ. ① Z89：N55

中国版本图书馆 CIP 数据核字(2021)第 262246 号

2021 年版中国科技期刊引证报告（核心版）自然科学卷

策划编辑：周国臻 责任编辑：张 丹 邱晓春 李 鑫 责任校对：张永霞 责任出版：张志平

出 版 者 科学技术文献出版社
地 址 北京市复兴路 15 号 邮编 100038
编 务 部 （010）58882938，58882087（传真）
发 行 部 （010）58882868，58882870（传真）
邮 购 部 （010）58882873
网 址 www.stdp.com.cn
发 行 者 科学技术文献出版社发行 全国各地新华书店经销
印 刷 者 北京时尚印佳彩色印刷有限公司
版 次 2021 年 12 月第 1 版 2021 年 12 月第 1 次印刷
开 本 787×1092 1/16
字 数 663 千
印 张 29
书 号 ISBN 978-7-5189-8768-9
定 价 180.00 元

版权所有 违法必究

购买本社图书，凡字迹不清、缺页、倒页、脱页者，本社发行部负责调换

2021 年版中国科技期刊引证报告（核心版）

自然科学卷

主任编委　赵志耘

副主任编委　郭铁成　张玉华　潘云涛　曾建勋　郑彦宁

主　　编　潘云涛　马　峥

编写人员　俞征鹿　盖双双　田瑞强　焦一丹　陈国娇　程　铭　张　怡　王海燕　翟丽华　杨　帅　宋　扬　郑楚华　冯家琪　胡志宇　陶文倩　臧文通

本书受国家科技统计专项工作“中国科技论文统计”资助。

通信地址：北京市海淀区复兴路 15 号　100038

中国科学技术信息研究所　科学计量与评价研究中心

网　　址：www.istic.ac.cn

电　　话：010-58882027，58882537，58882539，58882552

传　　真：010-58882028

电子信箱：cstpcd@istic.ac.cn

前 言

1987 年，中国科学技术信息研究所（ISTIC）受科技部（原国家科委）的委托，开始对中国科技人员在国内外发表论文的数量和被引用情况进行统计分析，并利用统计数据建立了中国科技论文与引文数据库（CSTPCD）。这项工作开展后受到了社会各界的普遍重视和广泛好评。30 多年来，中国科学技术信息研究所通过艰苦繁杂的劳动，积累了大量的宝贵数据，为科技部等各级管理部门、高等院校、科研机构、期刊编辑部和科研工作者提供了各类论文统计基础数据和期刊评估指标。

《中国科技期刊引证报告》（CJCR）的研制出版始于 1997 年，是一种专门用于期刊引用分析研究的重要检索评价工具。利用 CJCR 所提供的统计数据，可以清楚地了解期刊引用和被引用的情况，以及进行引用效率、引用网络、期刊自引等统计分析。同时，利用 CJCR 中的期刊评价指标，还可以方便地定量评价期刊的相互影响和相互作用，正确评估某种期刊在科学交流体系中的作用和地位。自 CJCR 问世以来，在开展科研管理和科学评价期刊方面一直发挥着巨大的作用。

《中国科技期刊引证报告》选用的"中国科技核心期刊（中国科技论文统计源期刊）"是在经过严格的定量和定性分析的基础上选取的各个学科的重要科技期刊。《2021 年版中国科技期刊引证报告（核心版）自然科学卷》中收录自然科学与工程技术领域期刊共 2084 种。"中国科技核心期刊（中国科技论文统计源期刊）"上刊发的论文构成了中国科技论文与引文数据库（CSTPCD），即中国科学技术信息研究所每年进行中国科技论文统计与分析的数据库。该数据库的统计结果编入国家统计局和科技部编制的《中国科技统计年鉴》，统计结果被科技管理部门和学术界广泛应用。

中国科学技术信息研究所在与国际评价机制接轨的同时，充分利用长期积累的科技论文和期刊评价工作经验和丰富数据，选择了总被引频次、影响因子等重要的期刊科学计量指标进行统计和分析，同时注意结合中国科技期刊发展的实际情况，创新了基金论文比、地区分布数、机构分布数、核心他引率、离均差率等多种期刊评价指标。《中国科技期刊引证报告》从一个角度反映出我国学术期刊取得的长足进步。期刊的发展带动了相关的指标和评价体系研究工作的不断进步，我们将研究成果应用在《中国科技期刊引证报告》中，适时进行指标的增补和修正。《2021 年版中国科技期刊引证报告（核心版）自然科学卷》中使用了 25 项科学计量指标，并发布 200 多幅插图。

读者可以看到，每一年的《中国科技期刊引证报告》都有新的变化和进步。我们衷心希望《中国科技期刊引证报告》能成为广大读者开展工作时检索查询的友好助手和得力工具，并愿为大家奉献一份独一无二的科技期刊分析与评价报告。

考虑到我国英文科技期刊的特点和发展状况，为了更加科学准确地评价我国科技期刊的学术质量和影响状况，同时也为了促进我国英文版科技期刊的繁荣发展，根据同类比较的统计分析和评价原则，《2021 年版中国科技期刊引证报告（核心版）》仍将中国科技核心期刊中以中文出版的期刊和以英文出版的期刊列入不同的表格分别统计。

《中国科技期刊引证报告》的出版，是我国科技界和知识界的一件大事。这些丰富和适用的期刊评价指标使我国的广大科技工作者、期刊编辑部和科研管理部门能够科学快速、准确地选择和利用期刊，为科技期刊出版单位和科研人员客观地了解期刊的学术影响力，提供公正、合理、科学、客观的评价依据。同时，也为决策管理部门科学地评价我国科学活动的宏观水平、微观绩效，以及建立科学交流传播机制积累基础数据。多年来，《中国科技期刊引证报告》已经为国家期刊奖的评定，中国科协、国家自然科学基金会、中国科学院和地方省市及行业机构的期刊管理部门提供了大量的各类评估数据，大大提高了我国科技期刊科学管理的水平，促进我国科技期刊评价管理工作进一步向科学化、定量化和规范化方向发展。同时，《中国科技期刊引证报告》的发行，也有力地填补了我国关于期刊评价数据的空白。

在整个编写过程中，我们力求严格规范，细致准确，精益求精。但由于一些实际情况，例如期刊的更名合并、期刊引用文献著录不规范等，给我们的统计、分析与编辑工作带来很大困难。因此错误和疏漏在所难免，诚望广大读者不吝赐教，批评指正。

中国科学技术信息研究所

2021 年 12 月

2020 年中国科技核心期刊（中国科技论文统计源期刊）*主要计量指标分布情况

指标	平均值	统计数字
核心总被引频次	1523 次/刊	≥2000 次的期刊共有 466 种，≥10000 次的期刊共有 21 种
核心影响因子	0.869	≥1.000 的期刊共有 587 种，≥2.000 的期刊共有 98 种
核心即年指标	0.188	≥0.100 的期刊共有 1131 种，≥0.500 的期刊共有 132 种
基金论文比	0.62	≥0.80 的期刊共有 627 种，≥0.95 的期刊共有 80 种
海外论文比	0.03	≥0.2 的期刊共有 96 种（其中 91 种是英文期刊） 994 种期刊无海外论文
核心他引率	0.83	≥0.95 的期刊共有 223 种
篇均作者数	4.6 人/篇	≥5 人/篇的期刊共有 725 种
篇均引文数	24.7 条/篇	≥20 条/篇的期刊共有 1253 种，≥50 条/篇的期刊共有 96 种
综合评价总分	41.0 分	≥50 分的期刊共有 539 种

*中国科技核心期刊（中国科技论文统计源期刊）包括 1953 种中文期刊和 131 种英文期刊。

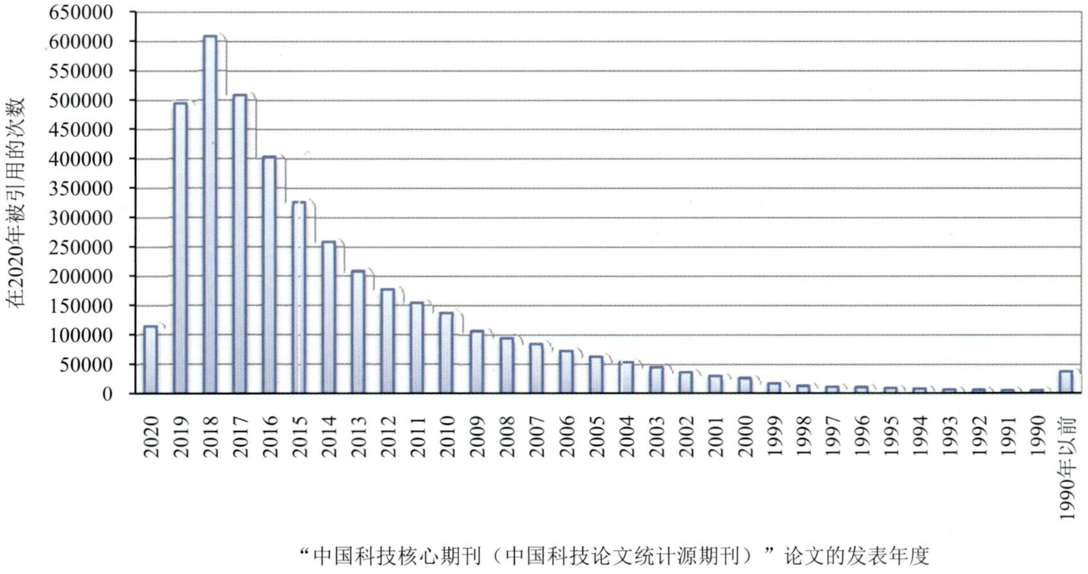

2020 年被引用的“中国科技核心期刊（中国科技论文统计源期刊）”论文的发表时间分布图

说明：图中被引用次数统计来源为《2020 年度中国科技论文与引文数据库》（CSTPCD 2020）。柱状图示分别表示“中国科技核心期刊（中国科技论文统计源期刊）”各年度发表的论文在 2020 年被引用的次数。

目　录

1　编制说明

《2021 年版中国科技期刊引证报告（核心版）自然科学卷》以中国科技论文与引文数据库（CSTPCD）为基础，采用科学客观的研究方法与评价方式，遴选中国自然科学领域各学科分类的重要期刊作为统计来源期刊。《2021 年版中国科技期刊引证报告（核心版）自然科学卷》收录了在中国（不含港澳台地区）正式出版的 1953 种中文期刊和 131 种英文期刊，共 2084 种中国科技核心期刊（中国科技论文统计源期刊）。自然科学卷与社会科学卷收录的期刊范围有少量重复。

1.1　总体设计说明

《2021 年版中国科技期刊引证报告（核心版）自然科学卷》包括 4 个主要部分：

（1）期刊指标总表：期刊被引用指标和期刊来源指标；

（2）各学科期刊指标：各学科期刊整体情况和期刊在学科内相对位置的主要指标和图表；

（3）期刊综合评价指标：综合评价总分、核心影响因子和核心总被引频次的总排名；

（4）中国科技核心期刊（中国科技论文统计源期刊）名录和变更情况。

这 4 个部分独立成系统，又互相联系，构成《2021 年版中国科技期刊引证报告（核心版）自然科学卷》的综合评价指标体系，从各个角度对期刊进行统计描述和分析评价。根据这些数据，读者可以对期刊的学术水平、学科地位、编辑状况、交流范围，以及对读者满意程度有一个客观、概括的了解。在内容组织和编排上，设计了多角度、多层次查询和评价期刊的丰富功能，图文并茂，可以满足读者在多样化的评估、管理和研究工作中的不同需求。

1.2　各类统计表格的编排

《2021 年版中国科技期刊引证报告（核心版）自然科学卷》采用了多种形式的排序格式，包括全部期刊名称字顺排序、学科内期刊名称排序、全部期刊综合评价总分排序和来源期刊总目录等，以帮助读者综合全面地评价分析期刊，迅速有效地检索出所需要的期刊统计信息。

（1）期刊被引用计量指标和来源指标是本报告的主体部分，分为 4 个主表：

· “表 4-1　2020 年中国科技核心期刊（中文）被引用指标刊名字顺索引”包含中文期刊被引用方面的 9 项指标数据。全表按照期刊名称汉语拼音字顺排列。

· “表 4-2　2020 年中国科技核心期刊（中文）来源指标刊名字顺索引”包含中文期刊来源文献方面的 10 项指标数据。全表按照期刊名称汉语拼音字顺排列。

· “表 5-1　2020 年中国科技核心期刊（英文）被引用指标刊名字顺索引”包含英文期刊被引用方面的 9 项指标数据。全表按照期刊名称英文字母顺序排列。

· “表 5-2　2020 年中国科技核心期刊（英文）来源指标刊名字顺索引”包含英文期刊来

源文献方面的10项指标数据。全表按照期刊名称英文字母顺序排列。

（2）各学科分类期刊计量指标情况是本报告的另一个重要组成部分，包括1个学科分类主表，以及112个学科分类的数据分表和图表，其编排格式和指标如下：

· 各学科分类期刊指标整体情况——各学科期刊数、核心总被引频次平均值和中值，以及核心影响因子的平均值和中值。用于了解由于学科差异所导致的各个学科指标差异的整体情况。

· 各学科分类期刊核心总被引频次和核心影响因子离均差率的分布散点图——根据各个学科分类中，核心期刊总被引频次和核心影响因子数值相对于学科平均水平的距离，分别计算每个期刊核心总被引频次和核心影响因子的"离均差率"，并分别作为横坐标和纵坐标位置绘制各个学科的核心总被引频次和核心影响因子离均差率的分布散点图。通过核心总被引频次和核心影响因子离均差率的分布散点图，可以了解整个学科期刊的指标分布情况和期刊绝对影响能力（核心总被引频次方面）和相对影响效率（核心影响因子方面）的平衡程度。

· 各学科分类期刊基于互引网络的引证关系示意图——根据各个学科中所收录的期刊相互引用次数的统计数据，计算期刊之间的相似性距离的归一化矩阵，并利用Pajek绘图软件，以图形方式显示学科内不同期刊之间的引用强度和相似性。图中每个节点代表一个期刊，节点面积表示期刊被引用次数的大小，节点之间的连线粗细程度表示期刊引用关系相似程度。为了使图示更加清晰，节点之间联系较弱的连线没有显示。通过互引网络的引证关系示意图，可以清晰地看到学科内期刊相互之间的联系与聚合状态。

· 各学科分类期刊主要指标与排名——分别列出按各学科分类中，按期刊名称排序的112个数据分表，分表列出了各学科期刊的核心总被引频次和核心影响因子的数值与在学科内的排位，以及核心总被引频次和核心影响因子的离均差率。同时还排出了各个期刊的综合评价总分和在学科中的排名，便于读者评价和查询期刊。

（3）综合评价总分排名表——将中国科技核心期刊按综合评价总分排序，并列出了各期刊核心影响因子和核心总被引频次的数值及在全部期刊中的排序，可以大致了解期刊学术质量和影响在全国范围内所处的综合排名。被引用计量指标显示期刊被读者使用和重视的程度，以及在科学交流中的地位和作用，是评价期刊影响的重要依据和客观标准。综合评价总分是对期刊整体状况的一个综合描述。根据中国科学技术信息研究所研制的中国科技期刊综合评价指标体系，计算多项科学计量指标，采用层次分析法确定重要指标的权重，分学科对每种期刊进行综合评定，计算出每个期刊的综合评价总分。

（4）刊名目录和变更情况——"中国科技核心期刊（中文）目录"和"中国科技核心期刊（英文）目录"包括将收录的期刊编码（CODE）、刊名、学科分类和主编姓名，按期刊名称排序——中文期刊按汉语拼音字顺排列，英文期刊按英文字母顺序排列。期刊的变更情况是指与上一年度引证报告相比，收录期刊名称的变化情况和下一年度新入选的核心期刊名称。期刊改名后，按新刊名计算被引用指标；原刊名被引用数据计入新刊名的统计指标中。新入选的自然科学领域中国科技核心期刊（中国科技论文统计源期刊）的各项指标会在下一年度的统计分析中体现。

1.3　期刊评价指标

为了全面、准确、公正、客观地评价和利用期刊,《2021年版中国科技期刊引证报告(核心版)自然科学卷》借鉴国际通用评价体系,并在此基础上,结合我国期刊的实际情况,设计计算了25项学术计量指标,基本涵盖和描述了期刊的各个方面。计算各项指标的数据范围仅为正式刊期中的数据,"增刊"等正刊以外的数据未予以计入。这些指标包括:

(1)期刊被引用计量指标

核心总被引频次、核心影响因子、核心即年指标、核心他引率、核心引用刊数、核心开放因子、核心扩散因子、核心权威因子和核心被引半衰期。

(2)期刊来源计量指标

来源文献量、文献选出率、AR论文量、平均引文数、平均作者数、地区分布数、机构分布数、海外论文比、基金论文比和引用半衰期。

(3)学科分类内期刊计量指标

综合评价总分、学科扩散指标、学科影响指标、红点指标、核心总被引频次(数值、排名与离均差率)和核心影响因子(数值、排名与离均差率)。

此外,报告还分别计算了期刊综合评价总分、核心总被引频次和核心影响因子在其所在学科分类内和全部自然科学领域"中国科技核心期刊(中国科技论文统计源期刊)"中的排名。

《2021年版中国科技期刊引证报告(核心版)自然科学卷》引用部分指标是采用中国科技论文与引文数据库(CSTPCD)2473种自然科学和社会科学期刊作为统计源,而《2021年版中国科技期刊引证报告(扩刊版)》是采用6000多种期刊作为数据源,因此"影响因子"等引用部分指标数值会有所不同。为了方便读者使用,从2012年版开始,《中国科技期刊引证报告(核心版)自然科学卷》以"核心影响因子"和"核心总被引频次"等名称来替代以前出版的"核心版"报告中相应的"影响因子"和"总被引频次"等指标,与"扩刊版"报告中的"扩展影响因子"和"扩展总被引频次"等指标加以区别。尽管指标名称有所改变,但是相关指标与往年出版的"核心版"报告计算方法仍然保持一致。

1.4　期刊的学科分类

学科是随着科学技术的发展而不断融合、衍生和变化的。一些交叉领域的期刊,刊载内容是跨学科的科研成果。《2021年版中国科技期刊引证报告(核心版)自然科学卷》根据每个期刊刊载论文的主要分布领域,将覆盖多学科和跨学科内容的期刊复分归入2个或3个学科分类类别。依据《学科分类与代码》(GB/T 13745—2009)和《中国图书资料分类法(第四版)》的学科分类原则,同时考虑到我国科技期刊的实际分布情况,《2021年版中国科技期刊引证报告(核心版)自然科学卷》将来源期刊分别归类到112个学科类别(表1)。

表 1　学科分类表

领域	学科分类		
自然科学综合	· 自然科学综合	· 自然科学综合大学学报	· 自然科学师范大学学报
理学	· 数学 · 信息科学与系统科学 · 力学 · 物理学 · 化学 · 天文学	· 地球科学综合 · 大气科学 · 地球物理学 · 地理学 · 地质学 · 海洋科学、水文学	· 生物学基础学科 · 生态学 · 植物学 · 昆虫学、动物学 · 微生物学、病毒学 · 心理学
农学	· 农业综合 · 农业大学学报 · 农艺学 · 园艺学	· 土壤学 · 植物保护学 · 林学 · 畜牧、兽医科学	· 草原学 · 水产学
医学	· 医学综合 · 基础医学 · 医药大学学报 · 临床医学综合 · 临床诊断学 · 保健医学 · 内科学综合 · 心血管病学 · 呼吸病学、结核病学 · 消化病学 · 血液病学、肾脏病学 · 内分泌病学与代谢病学、风湿病学 · 感染性疾病学、传染病学 · 外科学综合	· 普通外科学、胸外科学、心血管外科学 · 泌尿外科学 · 骨外科学 · 烧伤外科学、整形外科学 · 妇产科学 · 儿科学 · 眼科学 · 耳鼻咽喉科学 · 口腔医学 · 皮肤病学 · 性医学 · 神经病学、精神病学 · 核医学、医学影像学 · 肿瘤学	· 护理学 · 预防医学与公共卫生学综合 · 流行病学、环境医学 · 优生学、计划生育学 · 卫生管理学、健康教育学 · 军事医学与特种医学 · 药学 · 中医学 · 中医药大学学报 · 中西医结合医学 · 中药学 · 针灸、中医骨伤
工程技术	· 工程与技术科学基础学科 · 工程技术大学学报 · 信息与系统科学相关工程与技术 · 生物工程 · 农业工程 · 生物医学工程学 · 测绘科学技术 · 材料科学综合 · 金属材料 · 矿山工程技术 · 冶金工程技术 · 机械工程设计 · 机械制造工艺与设备	· 动力工程 · 电气工程 · 能源科学综合 · 石油天然气工程 · 核科学技术 · 电子技术 · 光电子学与激光技术 · 通信技术 · 计算机科学技术 · 化学工程综合 · 高聚物工程 · 精细化学工程 · 应用化学工程 · 仪器仪表技术	· 兵器科学与技术 · 纺织科学技术 · 食品科学技术 · 建筑科学与技术 · 土木工程 · 水利工程 · 交通运输工程 · 公路运输 · 铁路运输 · 水路运输 · 航空、航天科学技术 · 环境科学技术及资源科学技术 · 安全科学技术
管理	· 管理学		

2 使用说明

《中国科技期刊引证报告》是用于中国科技期刊分析与评价的科学计量工具。报告可用于定量分析和科学评价期刊的学术特征和学科地位，较为客观地反映期刊发展的趋势和规律，为科研管理和决策提供依据。因此，本报告在期刊分析评价和科学计量学研究与应用等方面具有其他检索评价工具无法取代的独特功能。正确使用和充分开发本报告，可以使其成为科研工作者、期刊编辑（部）、图书情报人员、科研管理人员和科学计量学家的得力助手和有效工具。

2.1 主要功能

《中国科技期刊引证报告》应用引文分析方法及各种量化指标，可以清楚地表明：

· 某一学科领域内，哪些期刊学术影响力较大；

· 某一学科领域内，期刊之间指标分布情况和互引关系分布情况如何；

· 某一种期刊被引用了多少次；

· 某一种期刊出版后多久被引用；

· 某一种期刊引用其他期刊多少次；

· 某一种期刊的各项学术指标在学科中所处的位置。

根据使用者的工作性质，本报告可以给使用者不同的有益提示。例如：

· 帮助科研人员发表论文时，选择相关领域的最适合的期刊，提高论文的知名度和影响力；

· 帮助期刊编辑与同类刊物相比较并评估自刊的地位，从而确定编辑和出版策略；

· 帮助科研管理人员科学地评价管理期刊，为开展期刊评比和择优资助提供决策依据；

· 帮助图书情报人员更有效地管理馆藏期刊文献，合理运用有限的预算订购重要期刊；

· 帮助科学计量学家开展相关的期刊评价与分析研究，以及进行学科的科学评估。

2.2 查阅方法

2.2.1 查询期刊指标

在报告的第 4、第 5 部分，包括 4 个表格：“表 4-1　2020 年中国科技核心期刊（中文）被引用指标刊名字顺索引”“表 4-2　2020 年中国科技核心期刊（中文）来源指标刊名字顺索引”“表 5-1　2020 年中国科技核心期刊（英文）被引用指标刊名字顺索引”和“表 5-2　2020 年中国科技核心期刊（英文）来源指标刊名字顺索引”。这 4 个表格分别按照期刊名称的汉语拼音字顺和英文字母顺序排列，列出了期刊的多项科学计量指标。

2.2.2 期刊在学科领域内学术指标位置

如果读者希望了解某一个期刊在其所属学科领域中的位置，可查询“表 9–1 2020 年中国科技核心期刊（中文）目录”和“表 9–2 2020 年中国科技核心期刊（英文）目录”，找到该刊所在的分类。再到“表 6 2020 年各学科分类期刊数量、核心总被引频次和核心影响因子”中检索到这一分类的具体位置，也就是在第 7 部分中相应的表格。在第 7 部分各学科分类的插图和数据表中，可以进一步查阅该刊在期刊核心总被引频次和核心影响因子的分类排序，以及综合评价总分的数值，还可以对照各学科平均总被引频次和平均影响因子，以及离均差率分布图，了解期刊在学科中的具体位置，了解学科在期刊群的互引关系。在使用时需要考虑指标分布的整体情况及其由于学科不同所造成的指标差异。

2.2.3 期刊在所有期刊中的学术指标位置

根据查询所得的期刊综合评价指标，可以在“表 8 2020 年中国科技核心期刊综合评价总分排名”中检索出该期刊在全部期刊中的学术指标位置。同时还可以检索出中国科技核心期刊的核心总被引频次总排序和核心影响因子总排序及各期刊在全国期刊中的排位。

2.3 评价方法

利用《中国科技期刊引证报告（核心版）》评价期刊有两种方式，即单一指标评价和综合指标评价。具体方法分述如下。

2.3.1 单一指标评价

单一指标评价主要是指按照影响因子和总被引频次这两个国际通行评价指标，对期刊进行评价。这时可通过期刊的核心影响因子排序表和核心总被引频次排序表确定该期刊在同类期刊中所处的位置，从而对该期刊的学术影响力和学科地位进行评价和评估。还可以通过核心影响因子总排序表和核心总被引频次总排序表在不同学科领域中进行横向比较，确定该期刊的位置。单一指标评价也可以通过期刊来源指标刊名字顺索引表对期刊的编辑状况、交流范围、论文质量和老化速率等进行统计、分析、比较和评估。

2.3.2 综合指标评价

由于期刊评价工作是一项非常复杂的工作，涉及领域广，学科差异大，因此单一指标往往难以全面、准确地评价期刊的学术水平和学科地位，这时一般需要通过综合指标评价，以使期刊评价更加客观、全面和准确。要进行期刊的综合指标评价，首先需要建立期刊综合评价指标体系，利用数学方法确定各指标的权重值，然后求出综合指标排序值，最终得到期刊指标的综合排序。

这种期刊评价方法已被广泛地推广和使用，1999 年中国科学技术信息研究所在国内首先提出了中国科技期刊综合评价指标体系。根据这一指标体系，计算得出的综合评价总分，即是一种综合评价的结果。中国科学技术信息研究所在每年的中国科技论文统计结果发布中提出的“百种中国杰出学术期刊”，就是利用几个主要学术指标通过隶属度转换、加权评分，最终得出每一种期刊的综合指标排序值，完成对期刊的评价。

核心总被引频次：期刊自创刊以来所登载的全部论文在统计当年被引用的总次数，可以显示该期刊被使用和受重视的程度，以及在科学交流中的绝对影响力的大小。

核心影响因子：期刊评价前两年发表论文的篇均被引用的次数，用于测度期刊学术影响力。

$$\text{核心影响因子} = \frac{\text{该期刊前两年发表论文在统计当年被引用的总次数}}{\text{该期刊前两年发表论文总数}}$$

核心即年指标：期刊当年发表的论文在当年被引用的情况，表征期刊即时反应速率的指标。

$$\text{期刊即年指标} = \frac{\text{该期刊当年发表论文的被引用次数}}{\text{该期刊当年发表论文总数}}$$

核心他引率：期刊总被引频次中，被其他期刊引用次数所占的比例，测度期刊学术传播能力。

$$\text{核心他引率} = \frac{\text{被其他期刊引用的次数}}{\text{该期刊被引用的总次数}}$$

核心引用刊数：引用被评价期刊的期刊数，反映被评价期刊被使用的范围。

核心开放因子：期刊被引用次数的一半所分布的最小施引期刊数量，体现学术影响的集中度。

核心扩散因子：期刊当年每被引 100 次所涉及的期刊数，测度期刊学术传播范围。

$$\text{核心扩散因子} = \frac{\text{总被引频次涉及的期刊数} \times 100}{\text{总被引频次}}$$

学科扩散指标：在统计源期刊范围内，引用该期刊的期刊数量与其所在学科全部期刊数量之比。

$$\text{学科扩散指标} = \frac{\text{引用期刊数}}{\text{所在学科期刊数}}$$

学科影响指标：指期刊所在学科内，引用该期刊的期刊数占全部期刊数量的比例。

$$学科影响指标 = \frac{所在学科内引用被评价期刊的数量}{所在学科期刊数}$$

核心权威因子： 利用 PageRank 算法计算出来的来源期刊在统计当年的 PageRank 值。与其他单纯计算被引次数的指标不同的是，权威因子考虑了不同引用之间的重要性区别，重要的引用被赋予更高的权值，因此能更好地反映期刊的权威性。

核心被引半衰期： 指该期刊在统计当年被引用的全部次数中，较新一半是在多长一段时间内发表的。被引半衰期是测度期刊老化速度的一种指标，通常不是针对个别文献或某一组文献，而是对某一学科或专业领域的文献的总和而言。

来源文献量： 指符合统计来源论文选取原则的文献的数量。在期刊发表的全部内容中，只有报道科学发现和技术创新成果的学术技术类文献用于作为中国科技论文统计工作的数据来源。

文献选出率： 指来源文献量与期刊全年发表的所有文献总量之比，用于反映期刊发表内容中，报道学术技术类成果的比例。

AR 论文量： 指期刊所发表的文献中，文献类型为学术性论文（Article）和综述评论性论文（Review）的论文数量，用于反映期刊发表的内容中学术性成果的数量。

平均引文数： 指来源期刊每一篇论文平均引用的参考文献数。论文所引用的全部参考文献数是衡量该期刊科学交流程度和吸收外部信息能力的一个指标。

平均作者数： 指来源期刊每一篇论文平均拥有的作者数，是衡量该期刊科学生产能力的一个指标。

地区分布数： 指来源期刊登载论文所涉及的地区数，按全国 31 个省、自治区和直辖市计（不含港澳台地区）。这是衡量期刊论文覆盖面和全国影响力大小的一个指标。

机构分布数： 指来源期刊论文的作者所涉及的机构数。这是衡量期刊科学生产能力的另一个指标。

海外论文比： 指来源期刊中，海外作者发表论文占全部论文的比例。这是衡量期刊国际交流程度的一个指标。

基金论文比： 指来源期刊中，国家、省部级以上及其他各类重要基金资助的论文占全部论文的比例。这是衡量期刊论文学术质量的重要指标。

引用半衰期： 指该期刊引用的全部参考文献中，较新一半是在多长一段时间内发表的。通过这个指标可以反映出作者利用文献的新颖度。

离均差率： 指期刊的某项指标与其所在学科的平均值之间的差距与平均值的比例。通过这项指标可以反映期刊的单项指标在学科内的相对位置。

$$\text{某项指标的离均差率} = \frac{\text{被评价期刊的指标} - \text{所在学科内该项指标的平均值}}{\text{所在学科内该项指标的平均值}}$$

红点指标：指该期刊发表的论文中，关键词与其所在学科排名前 1%的高频关键词重合的论文所占的比例。通过这个指标可以反映出期刊论文与学科研究热点的重合度。

综合评价总分：根据中国科技期刊综合评价指标体系，计算多项科学计量指标，采用层次分析法确定重要指标的权重，分学科对每种期刊进行综合评定，计算出每个期刊的综合评价总分。

综合评价总分是根据科学计量学原理，系统性地综合考虑被评价期刊的各影响力指标（核心总被引频次、核心影响因子、核心他引率、基金论文比、引文率等）在其所在学科中的相对位置，并按照一定的权重系数将这些指标进行综合集成。

具体的算法如下：

$$\text{综合评价总分} = \sum_{i=1}^{n} \mu_i k_i$$

其中，μ 为各指标的权重系数，k 为影响力指标的相对位置的得分。k 的计算公式如下：

$$k = \frac{x - x_{\min}}{x_{\max} - x_{\min}}$$

其中，x 为影响力指标的得分，比如，对于总被引频次指标来说就是该期刊的总被引频次。$x_{\max}$ 为该期刊所在学科的影响力指标的最大值，比如，对于总被引频次指标来说就是该期刊所在学科期刊的总被引频次的最大值。$x_{\min}$ 为该期刊所在学科的影响力指标的最小值，比如，对于总被引频次指标来说就是该期刊所在学科期刊的总被引频次的最小值。

各影响力指标对期刊的作用不是同等重要的。因此，不同的指标被赋予了不同的权重系数 μ，权重系数是采用专家打分和层次分析法确定的。在《2021 年版中国科技期刊引证报告（核心版）自然科学卷》中，权重系数总和为 100，即综合评价总分在 0~100 之间。数值越大，说明该期刊的综合学术质量和影响力越高。

根据综合评价指标体系的设计原理，综合评价总分已经屏蔽了各学科之间总体指标背景值的差异，可以进行跨学科比较。

中国科学技术信息研究所每年定期出版《中国科技期刊引证报告》，公布中国科技论文与引文数据库（CSTPCD）收录的中国科技论文统计源期刊的多项科学计量指标。从 1999 年开始，中国科学技术信息研究所就开始以这些指标为基础，研制发布了“中国科技期刊综合评价指标体系”，采用层次分析法，由专家打分确定了重要指标的权重，并分学科对每种期刊进行了综合评定。并且从 2002 年开始应用于“中国百种杰出学术期刊”的评价中。其后随着研究的深入，又不断开发出新的评估和计量指标。10 多年以来，根据各界对评价结果的反馈，先后召开了 20 余次由科学计量学专家、自然科学学术领域科学家、科技与期刊管理部门专家学者共同参与的专家研讨会，对指标的设置和权重进行了更新和调整，从而形成了目前这一套日臻完善的科技期刊评价体系和方法。

4　2020 年社会科学领域中国科技核心期刊指标

4.1　期刊（中文）被引用指标刊名字顺排序

表 4-1　2020 年中国科技核心期刊（中文）被引用指标刊名字顺索引

CODE	刊名	核心总被引频次	核心影响因子	核心即年指标	核心他引率	核心引用刊数	核心开放因子	核心扩散因子	核心权威因子	核心被引半衰期
E626	CT 理论与应用研究	242	0.343	0.081	0.88	143	27	59.09	21.01	4.9
G549	癌变·畸变·突变	299	0.508	0.132	0.91	167	35	55.85	22.86	4.2
G011	癌症	686	0.210	0.000	0.97	335	73	48.83	54.43	7.8
A003	安徽大学学报自然科学版	202	0.313	0.056	0.92	163	62	80.69	19.23	5.7
H002	安徽农业大学学报	945	0.594	0.051	0.96	316	53	33.44	70.82	6.2
A009	安徽师范大学学报自然科学版	241	0.213	0.022	0.87	162	43	67.22	20.88	8.3
G012	安徽医科大学学报	1545	0.602	0.046	0.91	475	70	30.74	119.67	3.8
G786	安徽医学	1697	0.805	0.105	0.81	425	38	25.04	133.57	3.4
Q906	安徽医药	3024	0.898	0.116	0.82	537	46	17.76	231.37	3.4
G013	安徽中医药大学学报	947	0.912	0.182	0.91	205	21	21.65	66.45	5.1
E625	安全与环境工程	1055	0.842	0.133	0.71	332	21	31.47	94.44	4.7
Z549	安全与环境学报	2502	0.996	0.184	0.83	590	37	23.58	222.08	4.6
H340	桉树科技	141	0.431	0.024	0.75	62	9	43.97	10.81	7.2
R024	半导体光电	474	0.499	0.065	0.86	137	11	28.90	44.71	3.9
R063	半导体技术	450	0.366	0.066	0.71	145	12	32.22	45.90	5.2
U521	包装与食品机械	547	1.187	0.057	0.71	111	6	20.29	42.96	3.8
U645	保鲜与加工	915	0.691	0.127	0.76	141	6	15.41	62.47	4.4
E045	暴雨灾害	883	1.262	0.064	0.71	102	5	11.55	72.50	5.6
N017	爆破	825	1.031	0.141	0.65	112	4	13.58	79.30	5.5
N012	爆破器材	251	0.250	0.077	0.78	65	5	25.90	25.18	6.5
N006	爆炸与冲击	1505	0.899	0.152	0.84	233	15	15.48	148.12	6.6
H128	北方水稻	314	0.247	0.074	0.74	83	21	26.43	22.58	7.1
A652	北华大学学报自然科学版	486	0.504	0.047	0.92	278	57	57.20	38.22	3.8
G002	北京大学学报医学版	1555	0.976	0.207	0.97	509	79	32.73	126.77	4.9
A005	北京大学学报自然科学版	1565	0.935	0.169	0.98	562	95	35.91	135.28	7.3
J030	北京工业大学学报	1310	0.746	0.119	0.94	476	74	36.34	124.45	5.6
Y001	北京航空航天大学学报	2280	0.903	0.176	0.92	499	49	21.89	225.91	5.4
T020	北京化工大学学报自然科学版	475	0.475	0.039	0.96	263	63	55.37	46.05	7.4
X014	北京交通大学学报	754	0.823	0.065	0.88	314	43	41.64	72.28	6.1
G500	北京口腔医学	375	0.685	0.025	0.73	119	9	31.73	33.40	4.2
N001	北京理工大学学报	1414	0.832	0.075	0.83	408	43	28.85	138.86	5.5
H025	北京林业大学学报	2326	1.207	0.125	0.91	356	25	15.31	181.01	7.0
G004	北京生物医学工程	418	0.769	0.072	0.86	202	22	48.33	36.35	4.1
A010	北京师范大学学报自然科学版	823	0.813	0.111	0.97	335	54	40.70	68.91	6.1
G016	北京医学	1179	0.530	0.157	0.86	398	53	33.76	92.31	3.7

表 4-1　2020 年中国科技核心期刊（中文）被引用指标刊名字顺索引（续）

CODE	刊名	核心总被引频次	核心影响因子	核心即年指标	核心他引率	核心引用刊数	核心开放因子	核心扩散因子	核心权威因子	核心被引半衰期
R018	北京邮电大学学报	521	0.759	0.075	0.92	191	25	36.66	50.83	3.6
G620	北京中医药	2518	0.839	0.866	0.85	238	15	9.45	173.07	4.7
G017	北京中医药大学学报	2806	1.196	0.263	0.94	315	18	11.23	194.28	9.0
G741	蚌埠医学院学报	1116	0.407	0.057	0.90	366	52	32.80	87.08	3.6
G410	标记免疫分析与临床	1288	0.640	0.053	0.91	332	37	25.78	100.22	3.0
T098	表面技术	2423	0.985	0.150	0.72	336	10	13.87	250.06	3.3
E135	冰川冻土	3174	1.343	0.104	0.79	391	23	12.32	260.33	7.9
N008	兵工学报	2412	0.988	0.068	0.81	359	21	14.88	243.28	5.3
R730	兵工自动化	883	0.566	0.020	0.78	216	11	24.46	88.91	4.5
N085	兵器材料科学与工程	718	0.522	0.105	0.83	199	18	27.72	73.30	6.4
T094	兵器装备工程学报	1433	0.541	0.054	0.77	303	15	21.14	144.70	3.6
G018	病毒学报	833	0.904	0.571	0.90	241	24	28.93	64.06	4.0
C060	波谱学杂志	270	0.826	0.113	0.60	96	5	35.56	23.87	4.9
M005	材料保护	1232	0.404	0.033	0.80	203	7	16.48	128.34	6.5
M103	材料导报	4349	0.842	0.125	0.89	622	39	14.30	438.33	5.1
Y007	材料工程	2040	1.040	0.142	0.86	341	20	16.72	210.18	5.3
M010	材料开发与应用	369	0.255	0.000	0.87	152	22	41.19	37.95	8.1
M008	材料科学与工程学报	1003	0.493	0.074	0.89	334	36	33.30	101.68	7.5
M006	材料科学与工艺	754	0.537	0.076	0.96	227	27	30.11	77.38	9.0
N026	材料热处理学报	1820	0.594	0.114	0.81	200	7	10.99	185.95	5.6
M009	材料研究学报	672	0.628	0.068	0.84	201	18	29.91	68.73	5.3
K512	采矿与安全工程学报	2819	1.686	0.172	0.86	164	6	5.82	247.25	6.0
K504	采矿与岩层控制工程学报	835	0.867	0.911	0.90	92	5	11.02	72.60	5.2
H009	蚕业科学	750	0.475	0.000	0.71	165	10	22.00	56.03	6.7
H525	草地学报	2700	1.619	0.296	0.74	254	7	9.41	193.17	5.3
H234	草业科学	3559	1.208	0.105	0.88	344	14	9.67	258.86	6.1
H527	草业学报	4617	1.823	0.188	0.90	330	16	7.15	333.76	5.9
H538	草原与草坪	665	0.771	0.050	0.86	153	10	23.01	47.79	6.6
E616	测绘地理信息	711	0.490	0.113	0.60	170	3	23.91	66.01	4.6
E543	测绘工程	618	0.568	0.034	0.90	207	12	33.50	56.75	4.9
E600	测绘科学	2391	0.941	0.184	0.87	444	19	18.57	217.46	4.6
E615	测绘科学技术学报	622	0.548	0.075	0.81	172	10	27.65	58.07	5.3
E510	测绘通报	2524	1.061	0.173	0.75	413	8	16.36	231.51	3.9
E152	测绘学报	3227	1.799	0.233	0.85	368	9	11.40	298.16	4.9
L017	测井技术	860	0.406	0.025	0.74	120	9	13.95	74.12	8.6
Y022	测控技术	1337	0.618	0.097	0.72	314	15	23.49	130.32	4.0
R711	测试技术学报	340	0.434	0.129	0.90	165	27	48.53	33.15	5.8
H001	茶叶科学	1063	1.184	0.177	0.85	187	16	17.59	75.31	6.8
X036	长安大学学报自然科学版	979	0.665	0.130	0.93	267	24	27.27	92.45	7.7
N056	长春理工大学学报自然科学版	523	0.417	0.022	0.67	201	12	38.43	50.38	5.1
G992	长春中医药大学学报	2011	0.801	0.124	0.92	305	18	15.17	140.97	4.5
W010	长江科学院院报	2071	0.791	0.161	0.79	379	19	18.30	181.58	4.9
Z029	长江流域资源与环境	4027	2.338	0.107	0.91	463	37	11.50	339.32	4.6

表 4-1　2020 年中国科技核心期刊（中文）被引用指标刊名字顺索引（续）

CODE	刊名	核心总被引频次	核心影响因子	核心即年指标	核心他引率	核心引用刊数	核心开放因子	核心扩散因子	核心权威因子	核心被引半衰期
G264	肠外与肠内营养	805	1.047	0.150	0.85	257	34	31.93	62.31	4.7
N024	车用发动机	247	0.317	0.000	0.74	84	9	34.01	24.31	5.4
E113	沉积学报	3306	1.394	0.330	0.93	209	17	6.32	266.81	11.2
E102	成都理工大学学报自然科学版	1204	0.777	0.205	0.95	211	23	17.52	99.06	10.3
G670	成都医学院学报	509	0.530	0.217	0.98	260	54	51.08	39.30	3.2
V050	城市规划	3003	1.613	0.711	0.89	280	7	9.32	297.71	6.2
V028	城市规划学刊	2027	2.280	0.398	0.88	211	6	10.41	199.89	6.3
X043	城市轨道交通研究	1180	0.386	0.026	0.67	205	6	17.37	114.26	4.9
X046	城市交通	448	0.552	0.255	0.78	108	8	24.11	43.65	5.0
V062	城乡规划	149	0.539	0.080	0.87	50	21	33.56	14.80	2.5
J021	重庆大学学报自然科学版	1130	0.667	0.166	0.94	450	82	39.82	105.46	8.7
X029	重庆交通大学学报自然科学版	1103	0.733	0.100	0.79	314	26	28.47	104.25	4.5
N757	重庆理工大学学报自然科学版	1003	0.583	0.084	0.81	378	35	37.69	95.41	3.0
A512	重庆师范大学学报自然科学版	463	0.471	0.295	0.85	248	42	53.56	40.85	4.7
G186	重庆医科大学学报	1106	0.527	0.074	0.98	462	88	41.77	86.28	3.9
G225	重庆医学	6298	0.721	0.267	0.97	749	21	11.89	490.85	3.8
R559	重庆邮电大学学报自然科学版	472	0.781	0.094	0.90	143	18	30.30	45.82	3.7
L508	储能科学与技术	788	1.119	0.260	0.67	174	7	22.08	77.30	3.0
G432	川北医学院学报	694	0.548	0.039	0.90	269	39	38.76	53.83	3.3
N060	传感技术学报	1979	0.992	0.059	0.83	396	21	20.01	190.89	4.4
R532	传感器与微系统	2428	0.733	0.139	0.63	409	9	16.85	233.06	3.8
G458	传染病信息	812	1.167	0.939	0.87	296	43	36.45	63.55	3.0
X010	船舶工程	793	0.366	0.067	0.82	212	8	26.73	78.31	5.0
X633	船舶力学	982	0.442	0.035	0.84	167	7	17.01	97.60	7.3
X635	船海工程	596	0.296	0.023	0.81	158	7	26.51	58.85	5.7
G322	创伤外科杂志	959	0.805	0.116	0.90	249	29	25.96	75.46	3.4
G085	创伤与急危重病医学	290	0.578	0.117	0.96	135	29	46.55	22.79	2.6
G552	磁共振成像	1028	1.068	0.143	0.76	239	9	23.25	86.84	3.6
E144	大地测量与地球动力学	1515	0.573	0.086	0.80	215	10	14.19	138.21	6.1
E146	大地构造与成矿学	1516	1.082	0.276	0.90	139	12	9.17	121.81	8.9
R051	大电机技术	302	0.275	0.011	0.57	63	3	20.86	29.28	8.0
H038	大豆科学	1456	0.942	0.063	0.80	207	19	14.22	103.39	7.5
X024	大连海事大学学报	427	0.557	0.067	0.93	174	19	40.75	41.33	6.0
H005	大连海洋大学学报	995	0.902	0.222	0.80	180	12	18.09	75.07	5.8
X001	大连交通大学学报	345	0.247	0.051	0.80	171	24	49.57	33.84	5.3
J024	大连理工大学学报	660	0.559	0.061	0.98	347	75	52.58	62.40	9.2
G020	大连医科大学学报	448	0.520	0.120	0.98	276	74	61.61	35.08	4.5
E109	大气科学	2986	1.696	0.200	0.90	250	10	8.37	245.30	10.7
E091	大气科学学报	1219	1.180	0.276	0.73	178	8	14.60	100.00	7.8
S055	大数据	260	0.958	0.254	0.73	122	21	46.92	25.91	3.0
S086	单片机与嵌入式系统应用	458	0.342	0.051	0.78	124	7	27.07	44.02	3.5
H040	淡水渔业	987	0.850	0.043	0.86	144	11	14.59	73.71	7.4
N004	弹道学报	393	0.286	0.017	0.87	111	10	28.24	40.04	8.5

表 4-1 2020 年中国科技核心期刊（中文）被引用指标刊名字顺索引（续）

CODE	刊名	核心总被引频次	核心影响因子	核心即年指标	核心他引率	核心引用刊数	核心开放因子	核心扩散因子	核心权威因子	核心被引半衰期
T941	当代化工	1786	0.406	0.071	0.60	351	7	19.65	173.04	4.1
Y503	导弹与航天运载技术	488	0.281	0.073	0.88	139	16	28.48	50.19	6.7
Y563	导航定位与授时	339	0.815	0.167	0.73	100	21	29.50	34.43	2.8
Y585	导航与控制	215	0.534	0.043	0.75	95	12	44.19	21.25	3.0
N019	低温工程	490	0.549	0.027	0.84	136	11	27.76	49.71	9.5
C055	低温物理学报	46	0.060	0.000	0.72	28	6	60.87	4.68	6.3
E133	地层学杂志	834	0.553	0.190	0.90	104	9	12.47	66.55	12.7
E130	地理科学	6581	3.448	0.374	0.89	587	24	8.92	578.61	5.5
E584	地理科学进展	5680	3.594	0.343	0.91	567	24	9.98	500.87	5.8
E639	地理空间信息	836	0.324	0.039	0.73	253	9	30.26	75.14	3.9
E315	地理信息世界	465	0.552	0.044	0.84	161	10	34.62	42.55	4.0
E305	地理学报	11798	6.290	0.727	0.93	667	23	5.65	1020.86	6.6
E310	地理研究	7981	4.209	0.508	0.94	602	20	7.54	705.52	5.8
E527	地理与地理信息科学	1690	1.469	0.191	0.88	383	31	22.66	147.85	6.6
E024	地球化学	1759	0.731	0.000	0.98	230	18	13.08	141.85	15.8
E570	地球环境学报	292	0.650	0.062	0.90	147	18	50.34	24.63	4.5
E142	地球科学	4763	2.352	0.443	0.75	329	13	6.91	383.09	4.9
E115	地球科学进展	3430	1.641	0.176	0.94	521	59	15.19	281.13	9.8
E004	地球科学与环境学报	849	0.941	0.262	0.92	213	18	25.09	69.59	7.6
E153	地球物理学报	8053	1.329	0.321	0.78	446	8	5.54	687.26	7.5
E308	地球物理学进展	3723	0.976	0.137	0.74	329	8	8.84	315.03	6.7
E656	地球信息科学学报	2333	2.125	0.259	0.84	461	29	19.76	202.57	4.0
E300	地球学报	2297	1.386	3.494	0.83	276	11	12.02	185.45	8.5
E549	地球与环境	1211	0.851	0.143	0.93	315	38	26.01	98.69	8.3
V031	地下空间与工程学报	2175	0.936	0.090	0.72	284	11	13.06	198.83	6.6
E357	地学前缘	5806	2.173	0.493	0.96	391	20	6.73	470.03	8.6
S741	地域研究与开发	2024	1.445	0.253	0.70	312	14	15.42	184.54	4.9
E306	地震	622	0.740	0.068	0.81	89	5	14.31	55.68	9.0
E150	地震地质	1679	0.899	0.065	0.85	158	7	9.41	144.24	11.4
E307	地震工程学报	1175	0.775	0.137	0.75	189	8	16.09	106.91	4.9
E118	地震工程与工程振动	1676	0.587	0.110	0.85	196	11	11.69	158.47	10.1
E143	地震学报	1068	0.415	0.046	0.94	129	6	12.08	95.08	13.4
E112	地震研究	665	0.924	0.045	0.75	109	6	16.39	59.90	6.5
E362	地质科技情报	2200	1.154	0.136	0.79	271	16	12.32	179.81	6.6
E139	地质科学	1427	0.391	0.163	0.95	158	14	11.07	114.80	15.8
E026	地质力学学报	952	1.847	0.195	0.74	174	11	18.28	78.46	4.3
E009	地质论评	3338	1.821	0.407	0.90	234	11	7.01	267.56	10.9
E127	地质通报	4439	0.969	0.210	0.91	274	10	6.17	354.70	9.8
E010	地质学报	6727	1.963	0.557	0.86	282	11	4.19	538.76	9.3
E151	地质与勘探	2148	1.315	0.282	0.73	191	7	8.89	174.75	9.0
E525	地质与资源	604	0.788	0.239	0.79	112	8	18.54	48.78	7.4
E132	地质找矿论丛	558	0.452	0.034	0.94	103	11	18.46	45.81	10.3
G005	第二军医大学学报	1530	0.913	0.230	0.96	582	109	38.04	119.48	4.0

表 4-1　2020 年中国科技核心期刊（中文）被引用指标刊名字顺索引（续）

CODE	刊名	核心总被引频次	核心影响因子	核心即年指标	核心他引率	核心引用刊数	核心开放因子	核心扩散因子	核心权威因子	核心被引半衰期
G021	第三军医大学学报	2226	0.735	0.323	0.95	617	102	27.72	174.00	4.5
E301	第四纪研究	2436	1.735	0.123	0.64	266	9	10.92	202.95	10.2
R007	电波科学学报	538	0.457	0.075	0.79	153	16	28.44	53.35	6.7
R673	电测与仪表	3681	1.386	0.241	0.69	283	21	7.69	344.10	3.2
R003	电池	382	0.608	0.107	0.69	116	4	30.37	38.35	4.3
Z015	电镀与环保	298	0.263	0.054	0.89	79	4	26.51	31.35	6.6
T508	电镀与精饰	410	0.360	0.028	0.80	100	4	24.39	43.36	6.6
T598	电镀与涂饰	766	0.447	0.067	0.60	143	3	18.67	82.94	4.9
R010	电工电能新技术	1129	1.556	0.261	0.73	174	11	15.41	105.17	3.7
R043	电工技术学报	11396	2.933	0.298	0.75	423	9	3.71	1059.14	4.3
R740	电光与控制	1108	0.669	0.092	0.76	238	16	21.48	110.70	4.6
N067	电焊机	775	0.259	0.046	0.65	125	3	16.13	80.26	5.5
D036	电化学	305	0.536	0.103	0.67	119	12	39.02	30.91	5.8
R088	电机与控制学报	2171	1.846	0.268	0.76	250	8	11.52	209.37	4.4
R045	电机与控制应用	866	0.752	0.151	0.70	151	6	17.44	84.77	3.3
N027	电加工与模具	253	0.290	0.059	0.71	80	6	31.62	25.73	6.9
R011	电力电子技术	1163	0.412	0.031	0.81	177	14	15.22	110.88	4.4
R769	电力工程技术	1023	1.981	0.156	0.81	113	21	11.05	92.94	2.6
A199	电力建设	1783	1.566	0.189	0.87	242	15	13.57	165.99	4.0
R654	电力科学与技术学报	927	2.144	0.349	0.68	115	3	12.41	84.99	2.9
N102	电力系统保护与控制	9615	3.779	0.503	0.78	357	10	3.71	885.08	3.3
R071	电力系统及其自动化学报	2050	1.576	0.319	0.84	230	12	11.22	190.39	3.3
S019	电力系统自动化	16282	4.031	0.597	0.80	388	7	2.38	1492.22	4.5
R745	电力信息与通信技术	969	1.198	0.465	0.73	139	21	14.34	91.06	2.9
R750	电力需求侧管理	486	1.259	0.105	0.64	91	4	18.72	45.78	2.9
R090	电力自动化设备	5923	2.730	0.342	0.74	307	7	5.18	543.04	3.8
R044	电气传动	703	0.564	0.045	0.75	145	11	20.63	68.00	3.8
R428	电气工程学报	255	0.788	0.227	0.57	76	21	29.80	25.68	2.8
R058	电气自动化	442	0.437	0.015	0.92	149	20	33.71	41.95	3.5
R039	电网技术	14501	3.903	0.601	0.82	417	8	2.88	1328.05	4.5
R116	电网与清洁能源	1400	1.390	0.292	0.81	184	7	13.14	130.57	3.6
R684	电信科学	1023	0.939	0.229	0.68	203	8	19.84	100.29	3.1
R754	电讯技术	813	0.621	0.067	0.72	177	11	21.77	80.97	3.8
R019	电源技术	1750	0.449	0.039	0.72	310	18	17.71	171.45	4.7
R055	电子测量技术	2485	0.820	0.120	0.59	336	2	13.52	234.79	3.0
R021	电子测量与仪器学报	2938	2.158	0.244	0.82	345	4	11.74	278.88	3.0
R067	电子技术应用	1367	0.727	0.133	0.78	266	10	19.46	133.19	3.3
R036	电子科技大学学报	912	0.647	1.054	0.92	355	48	38.93	87.68	4.3
R512	电子器件	858	0.560	0.050	0.79	219	11	25.52	83.73	3.5
R724	电子设计工程	2959	0.645	0.073	0.73	386	8	13.04	287.02	3.2
R001	电子显微学报	694	0.995	0.108	0.54	235	5	33.86	62.36	5.6
R006	电子学报	3243	1.194	0.076	0.85	454	26	14.00	318.19	4.9
R022	电子与信息学报	3025	1.322	0.239	0.83	383	21	12.66	297.30	4.0

表 4-1 2020 年中国科技核心期刊（中文）被引用指标刊名字顺索引（续）

CODE	刊名	核心总被引频次	核心影响因子	核心即年指标	核心他引率	核心引用刊数	核心开放因子	核心扩散因子	核心权威因子	核心被引半衰期
R020	电子元件与材料	535	0.388	0.061	0.76	188	18	35.14	54.85	5.4
J023	东北大学学报自然科学版	1683	0.549	0.090	0.94	510	66	30.30	161.26	5.6
H262	东北林业大学学报	2334	0.901	0.135	0.90	373	22	15.98	180.88	6.8
H006	东北农业大学学报	1328	0.846	0.124	0.93	340	44	25.60	96.99	7.7
H227	东北农业科学	907	1.068	0.070	0.63	180	10	19.85	64.30	5.6
A030	东北师大学报自然科学版	407	0.362	0.021	0.90	241	56	59.21	36.98	8.0
L004	东北石油大学学报	787	1.427	0.039	0.78	148	12	18.81	67.41	5.4
U014	东华大学学报自然科学版	460	0.313	0.040	0.92	187	19	40.65	51.25	6.8
G057	东南大学学报医学版	837	0.667	0.072	0.95	326	45	38.95	65.16	3.6
J028	东南大学学报自然科学版	1474	0.658	0.133	0.96	456	64	30.94	140.92	6.7
G944	东南国防医药	686	0.739	0.228	0.69	230	13	33.53	54.00	3.7
P003	动力工程学报	1290	0.881	0.048	0.81	247	7	19.15	126.08	5.7
P018	动力学与控制学报	285	0.500	0.026	0.63	95	3	33.33	28.24	4.1
F043	动物学杂志	1033	0.383	0.051	0.90	179	13	17.33	78.90	10.5
G775	动物医学进展	1314	0.566	0.047	0.88	297	17	22.60	94.76	5.2
F231	动物营养学报	4713	1.455	0.369	0.78	285	5	6.05	327.24	3.5
X034	都市快轨交通	546	0.397	0.054	0.79	116	3	21.25	52.72	5.2
G542	毒理学杂志	457	0.393	0.047	0.91	232	40	50.77	34.45	6.2
T241	断块油气田	1695	1.915	0.106	0.68	137	40	8.08	145.09	4.0
G920	儿科药学杂志	962	0.671	0.269	0.71	267	20	27.75	73.65	3.6
C071	发光学报	820	0.735	0.150	0.75	180	6	21.95	77.98	3.6
G199	发育医学电子杂志	145	0.748	0.079	0.61	63	21	43.45	12.40	2.6
G874	法医学杂志	811	0.299	1.527	0.75	248	10	30.58	73.09	3.2
Z544	防灾减灾工程学报	773	0.640	0.039	0.93	237	21	30.66	71.71	5.6
U013	纺织高校基础科学学报	205	0.542	0.211	0.76	49	3	23.90	22.49	3.1
U053	纺织学报	2056	0.781	0.103	0.68	229	4	11.14	259.16	4.8
G608	放射学实践	2336	1.149	0.905	0.79	362	9	15.50	197.06	3.7
Y571	飞航导弹	1090	0.655	0.305	0.73	170	8	15.60	113.34	4.6
Y006	飞行力学	529	0.474	0.064	0.86	140	15	26.47	53.25	7.4
K002	非金属矿	803	0.543	0.157	0.79	184	10	22.91	76.68	5.2
D022	分析测试学报	2233	1.189	0.219	0.85	365	15	16.35	175.74	4.9
D005	分析化学	3010	1.256	0.275	0.90	502	20	16.68	244.70	6.5
D026	分析科学学报	730	0.704	0.054	0.85	228	18	31.23	58.54	5.0
D004	分析试验室	1965	1.018	0.206	0.73	318	8	16.18	159.87	4.7
D062	分析仪器	452	0.458	0.024	0.91	193	25	42.70	38.13	3.9
D015	分子催化	386	0.928	0.111	0.67	108	6	27.98	38.89	6.3
D035	分子科学学报	176	0.372	0.013	0.75	95	14	53.98	15.20	4.2
Q931	分子影像学杂志	207	0.315	0.195	0.76	116	21	56.04	16.57	2.8
G556	分子诊断与治疗杂志	884	2.657	0.266	0.67	209	7	23.64	70.09	2.2
H845	分子植物育种	3138	0.676	0.122	0.88	275	23	8.76	224.10	3.0
V052	粉煤灰综合利用	289	0.270	0.006	0.86	88	6	30.45	28.24	5.5
M105	粉末冶金工业	832	1.429	0.087	0.47	107	1	12.86	90.67	4.4
M039	粉末冶金技术	440	0.623	0.075	0.69	107	4	24.32	46.26	6.8

表 4-1　2020 年中国科技核心期刊（中文）被引用指标刊名字顺索引（续）

CODE	刊名	核心总被引频次	核心影响因子	核心即年指标	核心他引率	核心引用刊数	核心开放因子	核心扩散因子	核心权威因子	核心被引半衰期
V048	风景园林	683	0.689	0.211	0.74	103	21	15.08	66.03	3.3
Q006	辐射防护	344	0.360	0.010	0.77	104	5	30.23	33.32	9.0
Q005	辐射研究与辐射工艺学报	242	0.634	0.088	0.74	113	14	46.69	21.51	5.7
H268	福建农林大学学报自然科学版	838	0.615	0.117	0.91	262	36	31.26	61.75	7.7
H265	福建农业学报	1027	0.522	0.056	0.91	260	35	25.32	74.08	5.4
A078	福建师范大学学报自然科学版	323	0.458	0.048	0.96	213	56	65.94	26.25	5.3
G024	福建医科大学学报	238	0.342	0.000	0.98	168	49	70.59	18.56	4.6
A029	福州大学学报自然科学版	442	0.430	0.090	0.91	255	54	57.69	40.15	5.4
M505	腐蚀与防护	1180	0.585	0.059	0.83	226	7	19.15	122.09	6.8
G068	复旦学报医学版	868	0.773	0.575	0.97	424	98	48.85	67.43	4.5
A001	复旦学报自然科学版	410	0.503	0.044	0.95	281	78	68.54	39.49	7.0
Y019	复合材料学报	2982	1.209	0.351	0.72	389	16	13.04	308.43	4.5
B029	复杂系统与复杂性科学	309	0.544	0.077	0.89	144	25	46.60	30.23	5.8
G957	腹部外科	332	0.601	0.047	0.92	119	18	35.84	27.34	3.4
G338	腹腔镜外科杂志	978	0.894	0.139	0.81	204	17	20.86	81.32	3.3
A034	甘肃科学学报	237	0.211	0.007	0.91	169	52	71.31	21.24	4.9
H844	甘蔗糖业	405	0.559	0.354	0.50	75	1	18.52	30.76	5.6
Q956	肝癌电子杂志	72	0.342	0.205	0.78	37	21	51.39	5.88	3.1
G879	肝胆外科杂志	512	0.575	0.009	0.92	167	24	32.62	41.62	4.3
G690	肝胆胰外科杂志	614	0.737	0.075	0.84	189	19	30.78	49.99	3.6
G803	肝脏	1110	0.522	0.063	0.79	296	31	26.67	85.88	3.3
H045	干旱地区农业研究	3119	1.087	0.081	0.92	299	25	9.59	230.33	7.3
E048	干旱气象	1550	1.532	0.067	0.70	200	6	12.90	124.19	4.8
E020	干旱区地理	2301	1.741	0.257	0.79	318	20	13.82	186.05	5.9
E105	干旱区研究	2582	1.882	0.411	0.80	332	20	12.86	200.76	5.0
M050	钢铁	2345	1.803	0.348	0.66	175	3	7.46	236.34	5.1
M013	钢铁钒钛	490	0.413	0.044	0.66	97	5	19.80	49.80	4.6
M019	钢铁研究学报	1309	0.979	0.176	0.73	168	5	12.83	132.42	5.9
D020	高等学校化学学报	1788	0.686	0.143	0.79	399	34	22.32	168.76	5.6
B002	高等学校计算数学学报	59	0.119	0.000	0.93	29	7	49.15	5.60	8.8
R038	高电压技术	9330	2.865	0.436	0.70	418	5	4.48	849.44	4.4
T001	高分子材料科学与工程	1869	0.587	0.067	0.87	296	15	15.84	196.83	5.8
T002	高分子通报	974	0.584	0.030	0.88	262	22	26.90	100.25	6.7
D021	高分子学报	1190	1.007	0.252	0.78	223	14	18.74	122.58	5.0
A080	高技术通讯	576	0.745	0.034	0.80	254	31	44.10	54.10	4.3
T078	高科技纤维与应用	265	0.298	0.000	0.92	109	15	41.13	28.48	9.5
E358	高校地质学报	1571	0.700	0.066	0.99	181	15	11.52	126.14	12.6
T016	高校化学工程学报	923	0.555	0.015	0.76	251	16	27.19	89.06	5.9
B003	高校应用数学学报	122	0.224	0.000	0.90	54	9	44.26	11.94	7.3
R037	高压电器	3528	1.210	0.183	0.57	228	3	6.46	316.02	4.3
C056	高压物理学报	407	0.451	0.091	0.82	146	13	35.87	39.40	6.1
E005	高原气象	3246	2.159	0.392	0.76	243	9	7.49	264.03	7.4
E546	高原山地气象研究	357	0.559	0.051	0.84	105	21	29.41	28.81	6.4

表 4-1 2020 年中国科技核心期刊（中文）被引用指标刊名字顺索引（续）

CODE	刊名	核心总被引频次	核心影响因子	核心即年指标	核心他引率	核心引用刊数	核心开放因子	核心扩散因子	核心权威因子	核心被引半衰期
V021	给水排水	1667	0.623	0.148	0.83	264	6	15.84	150.59	5.0
N105	工程爆破	477	0.476	0.189	0.72	87	2	18.24	46.11	5.9
E360	工程地质学报	2658	2.106	0.385	0.75	321	13	12.08	232.83	5.3
S712	工程管理学报	433	0.406	0.019	0.65	139	5	32.10	42.61	4.3
V030	工程勘察	874	0.462	0.042	0.75	220	18	25.17	77.83	7.3
V033	工程抗震与加固改造	483	0.279	0.008	0.84	118	11	24.43	46.19	7.4
M030	工程科学学报	1795	1.127	0.178	0.87	397	28	22.12	174.64	6.0
J051	工程科学与技术	1334	0.772	0.137	0.93	456	60	34.18	122.30	5.9
C002	工程力学	4596	1.240	0.162	0.80	435	20	9.46	440.25	7.0
C073	工程热物理学报	2089	0.381	0.031	0.89	388	25	18.57	204.52	7.2
N590	工程设计学报	507	0.644	0.043	0.94	192	27	37.87	49.23	5.0
B031	工程数学学报	263	0.210	0.000	0.95	146	31	55.51	25.40	10.6
T003	工程塑料应用	1682	0.792	0.135	0.69	223	4	13.26	184.45	4.2
N064	工具技术	850	0.288	0.018	0.76	188	9	22.12	85.27	4.8
K018	工矿自动化	1715	1.468	0.280	0.73	190	5	11.08	154.17	3.6
T563	工业催化	547	0.333	0.041	0.81	117	8	21.39	55.53	6.4
J057	工业工程	373	0.433	0.050	0.86	133	17	35.66	36.76	5.6
N110	工业工程与管理	836	0.829	0.156	0.83	232	16	27.75	82.98	4.4
P009	工业加热	192	0.178	0.032	0.86	83	13	43.23	19.11	6.4
V010	工业建筑	1793	0.402	0.078	0.85	285	21	15.90	172.17	6.4
P005	工业炉	111	0.134	0.038	0.77	54	8	48.65	11.01	6.0
Z013	工业水处理	1593	0.608	0.083	0.82	279	13	17.51	148.92	5.4
G025	工业卫生与职业病	595	0.744	0.102	0.89	128	5	21.51	47.63	4.3
N037	工业仪表与自动化装置	385	0.468	0.096	0.86	136	13	35.32	37.20	3.7
Z032	工业用水与废水	601	0.573	0.102	0.62	145	5	24.13	56.70	6.3
G207	公共卫生与预防医学	1448	1.336	0.447	0.74	284	7	19.61	115.44	3.2
X579	公路	1997	0.331	0.025	0.81	283	12	14.17	190.44	5.4
X022	公路工程	1283	0.553	0.051	0.76	229	21	17.85	122.05	4.2
N039	功能材料	1969	0.471	0.092	0.89	456	42	23.16	198.26	5.8
D503	功能高分子学报	342	0.698	0.216	0.69	114	9	33.33	34.88	4.5
R095	供用电	1049	1.908	0.280	0.72	94	21	8.96	96.52	2.5
E601	古地理学报	1684	1.587	0.165	0.86	152	13	9.03	135.69	7.5
E304	古脊椎动物学报	303	0.279	0.100	0.68	40	3	13.20	29.64	32.8
E022	古生物学报	679	0.416	0.304	0.84	91	5	13.40	54.91	19.8
G478	骨科	302	0.622	0.162	0.89	130	21	43.05	23.69	3.0
R047	固体电子学研究与进展	146	0.221	0.059	0.73	60	7	41.10	15.35	5.0
Y013	固体火箭技术	825	0.404	0.035	0.77	159	8	19.27	85.98	8.0
C103	固体力学学报	434	0.588	0.060	0.94	192	30	44.24	42.56	8.2
W007	管理工程学报	1358	1.356	0.273	0.92	272	18	20.03	142.99	5.4
W018	管理科学	1332	1.723	0.014	0.86	244	20	18.32	144.37	5.4
W008	管理科学学报	2199	1.949	0.102	0.87	318	15	14.46	234.97	5.9
W025	管理评论	3899	1.850	0.224	0.76	410	17	10.52	425.70	4.2
S744	管理世界	13855	5.872	1.798	0.96	502	41	3.62	1573.15	6.3

表 4-1 2020 年中国科技核心期刊（中文）被引用指标刊名字顺索引（续）

CODE	刊名	核心总被引频次	核心影响因子	核心即年指标	核心他引率	核心引用刊数	核心开放因子	核心扩散因子	核心权威因子	核心被引半衰期
S745	管理现代化	344	0.335	0.172	0.90	164	25	47.67	37.03	3.3
W016	管理学报	2702	1.866	0.301	0.83	343	16	12.69	291.20	4.5
H226	灌溉排水学报	2234	1.712	0.147	0.72	254	7	11.37	170.02	4.4
R026	光电工程	978	1.181	0.110	0.87	235	16	24.03	95.14	4.9
R082	光电子技术	112	0.231	0.000	0.86	54	8	48.21	10.79	5.6
C091	光谱学与光谱分析	4812	0.954	0.114	0.91	736	57	15.30	405.63	5.6
C097	光散射学报	196	0.446	0.000	0.90	100	21	51.02	18.07	5.2
N015	光学技术	769	0.829	0.033	0.90	206	19	26.79	74.43	6.0
N033	光学精密工程	3784	1.756	0.380	0.79	421	10	11.13	368.18	4.5
C050	光学学报	4926	1.758	0.311	0.76	445	4	9.03	466.92	3.3
R097	光学与光电技术	300	0.433	0.029	0.80	112	13	37.33	28.66	5.5
C037	光子学报	1644	0.809	0.139	0.84	284	9	17.27	158.11	4.4
R547	广东电力	1663	1.747	0.424	0.74	168	5	10.10	152.66	2.8
H272	广东海洋大学学报	560	0.810	0.155	0.83	153	15	27.32	43.48	6.3
H228	广东农业科学	2795	0.539	0.093	0.85	421	15	15.06	204.18	7.6
G027	广东药科大学学报	725	0.503	0.205	0.96	268	38	36.97	52.71	4.5
A042	广西大学学报自然科学版	690	0.385	0.017	0.89	334	59	48.41	64.64	4.3
A535	广西科学	380	0.587	0.146	0.86	178	28	46.84	29.77	5.1
H364	广西林业科学	521	0.509	0.042	0.82	138	15	26.49	39.30	6.1
A062	广西师范大学学报自然科学版	355	0.619	0.090	0.70	181	23	50.99	30.62	4.8
G028	广西医科大学学报	1338	0.538	0.064	0.96	430	65	32.14	104.10	3.5
G816	广西医学	1670	0.425	0.049	0.95	458	69	27.43	129.19	3.2
F028	广西植物	1309	0.817	0.303	0.89	245	27	18.72	96.40	4.9
G030	广州中医药大学学报	1873	1.055	0.214	0.93	297	22	15.86	131.33	3.8
V572	规划师	2042	1.029	0.256	0.73	226	6	11.07	199.95	4.1
T004	硅酸盐通报	3033	0.676	0.079	0.77	398	13	13.12	296.92	4.4
T005	硅酸盐学报	2365	0.773	0.125	0.85	367	10	15.52	234.44	7.7
M048	贵金属	407	0.699	0.033	0.66	85	5	20.88	40.44	6.7
A077	贵州大学学报自然科学版	353	0.454	0.157	0.82	199	35	56.37	32.13	4.0
H275	贵州农业科学	2055	0.420	0.067	0.90	372	36	18.10	149.30	6.4
A527	贵州师范大学学报自然科学版	530	0.923	0.056	0.88	238	38	44.91	44.08	3.7
G031	贵州医科大学学报	822	0.484	0.092	0.93	324	56	39.42	62.58	3.5
M033	桂林理工大学学报	741	0.589	0.107	0.75	247	17	33.33	63.27	5.8
A040	国防科技大学学报	897	0.473	0.045	0.92	277	36	30.88	89.45	5.9
G495	国际病毒学杂志	426	0.948	0.200	0.93	123	15	28.87	33.88	2.9
V529	国际城市规划	1285	1.261	0.323	0.89	193	8	15.02	128.30	5.3
G936	国际儿科学杂志	766	0.694	0.065	0.81	263	29	34.33	60.12	3.3
G497	国际放射医学核医学杂志	177	0.367	0.105	0.72	81	29	45.76	15.20	3.1
G659	国际妇产科学杂志	818	0.754	0.166	0.96	264	45	32.27	63.48	3.9
G498	国际骨科学杂志	455	0.584	0.071	0.97	189	32	41.54	36.06	5.5
G938	国际呼吸杂志	1367	0.606	0.088	0.91	333	43	24.36	105.86	3.6
G362	国际检验医学杂志	3521	0.666	0.350	0.90	582	52	16.53	273.50	3.5
G997	国际口腔医学杂志	619	0.569	0.295	0.96	196	18	31.66	53.29	4.7

表 4-1　2020 年中国科技核心期刊（中文）被引用指标刊名字顺索引（续）

CODE	刊名	核心总被引频次	核心影响因子	核心即年指标	核心他引率	核心引用刊数	核心开放因子	核心扩散因子	核心权威因子	核心被引半衰期
G496	国际老年医学杂志	224	0.516	0.116	0.87	127	25	56.70	17.21	3.1
G930	国际流行病学传染病学杂志	302	0.523	0.122	0.91	163	21	53.97	23.89	3.5
G975	国际麻醉学与复苏杂志	923	0.700	0.093	0.72	249	21	26.98	72.28	3.6
G349	国际泌尿系统杂志	570	0.374	0.048	0.90	193	29	33.86	45.29	3.3
G983	国际免疫学杂志	491	0.689	0.076	0.79	230	34	46.84	37.70	3.6
G939	国际脑血管病杂志	1308	0.818	0.127	0.82	303	23	23.17	102.18	5.7
G415	国际内分泌代谢杂志	351	0.523	0.041	0.97	205	50	58.40	26.81	5.1
G426	国际神经病学神经外科学杂志	584	0.659	0.080	0.88	251	42	42.98	45.50	3.8
S157	国际生殖健康/计划生育杂志	590	0.948	0.158	0.93	216	24	36.61	45.53	3.9
B525	国际输血及血液学杂志	199	0.311	0.057	0.94	119	24	59.80	15.69	4.0
G954	国际外科学杂志	977	0.692	0.066	0.91	328	50	33.57	79.25	3.8
G660	国际消化病杂志	486	0.860	0.081	0.93	229	42	47.12	36.74	3.7
G940	国际心血管病杂志	336	0.484	0.092	0.97	173	36	51.49	25.71	4.5
Q911	国际眼科杂志	2294	0.753	0.129	0.74	314	13	13.69	184.17	3.7
G933	国际药学研究杂志	725	0.600	0.042	0.95	305	47	42.07	53.71	4.4
G661	国际医学放射学杂志	657	0.996	0.397	0.84	218	15	33.18	55.08	3.3
G934	国际中医中药杂志	916	0.524	0.048	0.89	198	16	21.62	65.64	4.1
G937	国际肿瘤学杂志	435	0.419	0.019	0.96	230	54	52.87	34.09	3.9
E578	国土资源科技管理	320	0.703	0.033	0.96	167	31	52.19	28.29	6.3
E591	国土资源遥感	1389	1.553	0.185	0.86	334	30	24.05	118.14	5.0
R683	国外电子测量技术	1610	1.160	0.254	0.74	201	2	12.48	151.66	2.8
H028	果树学报	2820	1.451	0.296	0.87	213	17	7.55	199.71	6.9
T008	过程工程学报	906	0.491	0.095	0.88	270	29	29.80	86.56	7.1
X025	哈尔滨工程大学学报	1599	0.705	0.119	0.92	447	55	27.95	155.51	4.8
J003	哈尔滨工业大学学报	2360	0.861	0.139	0.94	596	84	25.25	226.32	5.2
J013	哈尔滨理工大学学报	576	0.633	0.014	0.73	221	19	38.37	56.60	4.2
G033	哈尔滨医科大学学报	329	0.268	0.006	0.98	203	56	61.70	25.61	4.4
J055	海军工程大学学报	494	0.364	0.000	0.92	194	23	39.27	49.20	6.6
Y029	海军航空工程学院学报	308	0.331	0.000	0.94	131	18	42.53	31.15	7.7
G899	海军医学杂志	728	0.524	0.067	0.75	224	10	30.77	59.18	4.3
G416	海南医学院学报	2391	0.653	0.198	0.99	447	50	18.70	182.96	3.6
L037	海相油气地质	628	1.298	0.049	0.92	95	12	15.13	51.02	8.0
E651	海洋测绘	672	0.424	0.228	0.64	156	7	23.21	62.08	6.4
E569	海洋地质前沿	647	0.465	0.125	0.83	165	15	25.50	53.39	6.7
E155	海洋地质与第四纪地质	1816	0.903	0.195	0.87	201	12	11.07	147.44	9.7
E131	海洋工程	1324	0.647	0.078	0.89	259	19	19.56	124.34	10.6
E312	海洋湖沼通报	710	0.462	0.024	0.93	201	25	28.31	56.76	8.2
Z010	海洋环境科学	1174	0.746	0.088	0.90	271	24	23.08	97.10	6.4
E564	海洋技术学报	492	0.362	0.033	0.91	188	24	38.21	44.86	6.5
E145	海洋科学	1820	0.423	0.050	0.89	348	21	19.12	145.31	9.4
E006	海洋科学进展	698	0.573	0.091	0.92	201	17	28.80	58.09	10.3
E311	海洋通报	1030	0.947	0.024	0.86	265	21	25.73	86.73	8.5
E003	海洋学报	2108	0.917	0.053	0.89	330	19	15.65	174.18	8.8

表 4-1　2020 年中国科技核心期刊（中文）被引用指标刊名字顺索引（续）

CODE	刊名	核心总被引频次	核心影响因子	核心即年指标	核心他引率	核心引用刊数	核心开放因子	核心扩散因子	核心权威因子	核心被引半衰期
E149	海洋学研究	417	0.407	0.051	0.96	157	21	37.65	34.47	10.3
H284	海洋渔业	703	0.876	0.108	0.85	112	8	15.93	53.54	6.9
E008	海洋与湖沼	2113	0.867	0.143	0.88	272	16	12.87	168.16	9.7
E108	海洋预报	441	0.651	0.015	0.67	106	6	24.04	38.26	7.2
L586	含能材料	1175	0.741	0.100	0.64	131	3	11.15	121.51	6.6
N076	焊接	682	0.429	0.069	0.73	111	4	16.28	70.22	6.0
N624	焊接技术	480	0.164	0.037	0.73	104	4	21.67	48.77	5.0
N021	焊接学报	2339	0.879	0.058	0.80	219	5	9.36	239.97	5.7
A191	杭州师范大学学报自然科学版	219	0.349	0.029	0.84	147	39	67.12	19.89	4.2
Y556	航空兵器	462	0.826	0.137	0.74	131	11	28.35	47.40	4.3
Y027	航空材料学报	946	1.088	0.086	0.90	204	17	21.56	97.88	6.6
Y017	航空动力学报	2887	0.751	0.061	0.78	324	9	11.22	290.03	6.9
Y554	航空发动机	557	0.411	0.019	0.80	120	5	21.54	56.14	7.1
Y031	航空计算技术	543	0.342	0.039	0.75	165	15	30.39	54.25	4.7
Y012	航空精密制造技术	236	0.173	0.032	0.95	105	18	44.49	23.71	8.5
Y002	航空学报	3778	1.185	0.290	0.79	426	22	11.28	381.59	5.9
Y014	航空制造技术	2037	0.711	0.078	0.82	304	21	14.92	206.78	5.6
Y034	航天返回与遥感	555	0.700	0.075	0.75	136	8	24.50	54.64	6.1
Y015	航天控制	378	0.503	0.056	0.75	122	11	32.28	38.55	5.8
Y033	航天器工程	713	0.506	0.090	0.81	178	11	24.96	72.09	5.9
Y032	航天器环境工程	516	0.241	0.040	0.79	163	16	31.59	53.27	8.2
G034	航天医学与医学工程	451	0.484	0.038	0.69	173	13	38.36	41.22	7.2
T057	合成材料老化与应用	445	0.501	0.104	0.75	136	9	30.56	48.02	3.2
D602	合成化学	379	0.308	0.064	0.69	121	9	31.93	36.02	4.2
T505	合成树脂及塑料	540	0.611	0.109	0.80	107	5	19.81	58.32	5.0
T067	合成纤维	390	0.314	0.088	0.78	99	6	25.38	46.08	6.3
T065	合成纤维工业	451	0.450	0.102	0.61	96	3	21.29	52.80	6.3
T018	合成橡胶工业	456	0.469	0.043	0.80	106	6	23.25	49.13	8.8
J053	合肥工业大学学报自然科学版	1045	0.345	0.031	0.89	469	90	44.88	97.31	5.9
A031	河北大学学报自然科学版	297	0.411	0.044	0.88	188	47	63.30	24.76	5.4
K032	河北工程大学学报自然科学版	207	0.190	0.045	0.94	143	40	69.08	18.89	5.9
J017	河北工业大学学报	310	0.296	0.000	0.95	212	59	68.39	29.56	6.8
J019	河北工业科技	222	0.459	0.060	0.86	150	39	67.57	20.05	4.5
J058	河北科技大学学报	278	0.445	0.156	0.86	179	41	64.39	25.81	4.6
H244	河北农业大学学报	868	0.638	0.057	0.91	267	39	30.76	64.16	8.1
A076	河北师范大学学报自然科学版	176	0.223	0.013	0.92	133	46	75.57	14.98	8.0
G035	河北医科大学学报	1673	0.965	0.106	0.84	437	46	26.12	131.35	3.4
G641	河北医学	1935	0.719	0.091	0.94	412	44	21.29	149.55	3.4
G898	河北医药	3050	0.575	0.057	0.94	540	58	17.70	235.31	3.6
G384	河北中医	2051	0.785	0.036	0.95	250	58	12.19	143.20	4.4
G301	河北中医药学报	485	0.841	0.192	0.96	133	19	27.42	33.87	3.5
W012	河海大学学报自然科学版	1144	1.205	0.150	0.91	344	28	30.07	99.41	9.2
A067	河南大学学报自然科学版	366	0.503	0.107	0.76	190	32	51.91	32.52	5.5

表 4-1 2020 年中国科技核心期刊（中文）被引用指标刊名字顺索引（续）

CODE	刊名	核心总被引频次	核心影响因子	核心即年指标	核心他引率	核心引用刊数	核心开放因子	核心扩散因子	核心权威因子	核心被引半衰期
U004	河南工业大学学报自然科学版	869	0.907	0.145	0.83	169	7	19.45	61.45	5.1
J014	河南科技大学学报自然科学版	405	0.548	0.186	0.75	208	36	51.36	36.77	4.5
A011	河南科学	578	0.291	0.053	0.87	332	76	57.44	49.92	4.4
K526	河南理工大学学报自然科学版	586	0.543	0.148	0.89	219	19	37.37	52.53	5.1
H011	河南农业大学学报	1012	0.896	0.165	0.87	272	30	26.88	75.41	6.2
H356	河南农业科学	2495	0.995	0.289	0.89	328	25	13.15	179.38	5.2
A058	河南师范大学学报自然科学版	384	0.467	0.094	0.84	225	40	58.59	33.44	5.0
Q004	核动力工程	788	0.221	0.033	0.76	176	4	22.34	82.97	8.5
Q002	核化学与放射化学	365	0.402	0.072	0.81	75	3	20.55	37.22	8.3
Q001	核技术	623	0.365	0.077	0.75	200	7	32.10	62.80	7.0
C092	核聚变与等离子体物理	108	0.114	0.053	0.62	46	4	42.59	12.19	7.4
Q009	核科学与工程	368	0.187	0.013	0.83	109	4	29.62	39.04	8.1
H042	核农学报	3516	1.946	0.210	0.80	336	24	9.56	250.36	4.2
A084	黑龙江大学自然科学学报	247	0.235	0.019	0.90	166	44	67.21	22.50	6.4
K505	黑龙江科技大学学报	324	0.357	0.095	0.74	147	16	45.37	29.47	4.3
R535	红外技术	1026	0.943	0.081	0.82	237	13	23.10	99.51	4.0
C035	红外与毫米波学报	652	0.697	0.029	0.88	217	19	33.28	60.67	5.5
R084	红外与激光工程	3092	0.996	0.160	0.77	367	9	11.87	301.37	4.1
A039	湖北大学学报自然科学版	213	0.181	0.054	0.97	172	69	80.75	18.41	4.9
H203	湖北农业科学	3414	0.326	0.013	0.91	543	52	15.91	251.37	5.7
G334	湖北中医药大学学报	1006	0.724	0.105	0.87	221	20	21.97	70.79	4.3
E111	湖泊科学	3192	2.373	0.447	0.83	317	14	9.93	260.39	6.1
A028	湖南大学学报自然科学版	1376	0.698	0.034	0.83	432	50	31.40	130.88	5.2
K016	湖南科技大学学报自然科学版	286	0.370	0.059	0.95	163	34	56.99	26.18	8.5
H060	湖南农业大学学报自然科学版	1101	0.854	0.036	0.91	277	37	25.16	80.12	8.0
G548	湖南师范大学学报医学版	957	0.649	0.082	0.81	277	27	28.94	73.93	3.0
A055	湖南师范大学自然科学学报	284	0.410	0.086	0.92	194	53	68.31	23.80	5.0
G041	湖南中医药大学学报	1945	0.998	0.308	0.87	324	20	16.66	137.28	3.8
G336	护理管理杂志	2066	1.337	0.611	0.75	259	21	12.54	160.55	3.8
G987	护理学报	3025	1.198	0.237	0.75	343	7	11.34	234.85	3.6
G503	护理学杂志	6682	1.445	0.317	0.76	452	7	6.76	519.02	3.8
G654	护理研究	6783	0.953	0.452	0.88	530	13	7.81	529.57	3.8
G734	护士进修杂志	3042	0.771	0.115	0.86	364	21	11.97	236.41	3.9
H665	花生学报	438	0.806	0.019	0.87	105	9	23.97	31.19	6.6
E141	华北地震科学	184	0.366	0.000	0.90	56	7	30.43	16.21	9.5
R046	华北电力大学学报	516	0.840	0.117	0.88	168	19	32.56	48.59	5.3
H032	华北农学报	2137	1.234	0.191	0.93	256	22	11.98	152.33	6.7
W543	华北水利水电大学学报自然科学版	534	1.066	0.134	0.78	187	21	35.02	46.47	4.0
X003	华东交通大学学报	398	0.616	0.078	0.77	202	32	50.75	38.03	3.8
A054	华东师范大学学报自然科学版	460	0.380	0.030	0.96	275	66	59.78	40.77	7.4
E103	华南地震	248	0.316	0.013	0.83	68	6	27.42	22.45	10.5
G340	华南国防医学杂志	594	0.382	0.027	0.87	246	36	41.41	46.84	4.3
J004	华南理工大学学报自然科学版	1366	0.494	0.100	0.93	497	86	36.38	128.33	7.0

表 4-1 2020 年中国科技核心期刊（中文）被引用指标刊名字顺索引（续）

CODE	刊名	核心总被引频次	核心影响因子	核心即年指标	核心他引率	核心引用刊数	核心开放因子	核心扩散因子	核心权威因子	核心被引半衰期
H013	华南农业大学学报	1175	1.242	0.279	0.97	299	43	25.45	86.58	6.0
A052	华南师范大学学报自然科学版	406	0.422	0.088	0.83	245	51	60.34	35.59	5.6
G525	华南预防医学	838	0.997	0.230	0.82	202	9	24.11	66.87	3.7
A021	华侨大学学报自然科学版	348	0.360	0.060	0.85	215	44	61.78	32.58	4.5
G043	华西口腔医学杂志	855	0.929	0.211	0.93	206	15	24.09	74.89	5.0
G044	华西药学杂志	1025	0.786	0.303	0.78	274	18	26.73	74.43	5.2
G294	华西医学	1428	0.742	0.412	0.90	453	70	31.72	112.54	3.9
G077	华中科技大学学报医学版	1092	0.748	0.078	0.98	496	100	45.42	85.25	4.9
J033	华中科技大学学报自然科学版	1791	0.762	0.167	0.92	557	84	31.10	172.19	6.0
H003	华中农业大学学报	1280	1.070	0.147	0.93	301	42	23.52	93.98	7.9
A004	华中师范大学学报自然科学版	587	0.583	0.081	0.92	330	72	56.22	51.91	4.8
Z009	化工环保	686	0.820	0.071	0.81	193	15	28.13	64.75	5.0
T006	化工机械	326	0.199	0.000	0.84	142	19	43.56	32.35	6.6
T101	化工进展	4077	0.921	0.168	0.83	550	26	13.49	394.34	4.7
T532	化工科技	271	0.339	0.052	0.92	145	29	53.51	25.97	6.4
T146	化工设备与管道	206	0.278	0.000	0.78	74	5	35.92	20.98	6.1
T007	化工学报	4531	0.940	0.171	0.78	576	27	12.71	438.41	5.4
T009	化学反应工程与工艺	195	0.167	0.000	0.90	85	10	43.59	19.39	9.4
D604	化学分析计量	751	0.611	0.132	0.76	206	9	27.43	62.22	4.8
T025	化学工程	626	0.346	0.056	0.88	217	24	34.66	60.10	7.3
T567	化学工程师	552	0.325	0.063	0.93	246	41	44.57	49.14	4.5
T076	化学工业与工程	456	0.780	0.070	0.96	211	34	46.27	45.02	6.8
D506	化学进展	1495	0.700	0.059	0.93	436	52	29.16	138.47	7.6
D011	化学试剂	961	0.671	0.140	0.53	223	3	23.20	87.43	3.8
D018	化学通报	684	0.411	0.051	0.92	276	48	40.35	63.20	7.5
D030	化学学报	1668	1.667	0.324	0.76	346	16	20.74	157.88	6.4
D501	化学研究	304	0.490	0.051	0.72	143	19	47.04	27.59	4.0
D037	化学研究与应用	1077	0.504	0.040	0.68	308	17	28.60	96.80	4.7
T931	化学与粘合	356	0.421	0.019	0.91	143	19	40.17	36.03	6.2
T553	化学与生物工程	590	0.443	0.042	0.95	283	54	47.97	48.01	6.3
Z017	环境保护科学	616	0.572	0.124	0.95	246	32	39.94	53.10	5.2
Z005	环境工程	2385	0.966	0.123	0.84	449	21	18.83	211.90	3.8
Z550	环境工程技术学报	474	0.822	0.201	0.84	183	20	38.61	41.19	3.7
Z021	环境工程学报	4777	1.066	0.171	0.90	577	22	12.08	421.58	5.1
D024	环境化学	3057	1.211	0.158	0.85	514	24	16.81	255.56	4.9
Z500	环境技术	207	0.197	0.016	0.78	101	24	48.79	20.99	5.1
Z554	环境监测管理与技术	730	1.025	0.099	0.67	202	10	27.67	61.47	4.7
Z506	环境科技	345	0.479	0.133	0.73	142	14	41.16	30.33	5.6
Z004	环境科学	12709	2.736	0.668	0.80	729	15	5.74	1054.11	4.9
Z003	环境科学学报	7291	1.662	0.242	0.90	721	21	9.89	611.44	5.3
Z002	环境科学研究	3494	1.749	0.359	0.86	539	19	15.43	292.53	5.4
Z521	环境科学与管理	1408	0.208	0.026	0.95	440	42	31.25	122.63	6.8
Z025	环境科学与技术	3929	0.810	0.006	0.95	664	32	16.90	335.06	7.5

表 4-1 2020 年中国科技核心期刊（中文）被引用指标刊名字顺索引（续）

CODE	刊名	核心总被引频次	核心影响因子	核心即年指标	核心他引率	核心引用刊数	核心开放因子	核心扩散因子	核心权威因子	核心被引半衰期
H049	环境昆虫学报	1359	1.307	0.232	0.80	176	7	12.95	98.99	4.2
Z035	环境卫生工程	299	0.295	0.133	0.71	111	8	37.12	26.84	4.2
G971	环境卫生学杂志	528	0.592	0.041	0.89	188	8	35.61	42.09	5.3
Z019	环境污染与防治	1765	0.812	0.097	0.91	407	25	23.06	152.61	5.2
Z031	环境与健康杂志	1625	0.435	0.026	0.85	402	22	24.74	132.39	6.7
G882	环境与职业医学	1255	0.938	0.269	0.87	291	12	23.19	100.91	4.3
G656	环球中医药	2382	0.842	0.073	0.87	251	15	10.54	164.55	3.5
M631	黄金	860	0.348	0.086	0.72	125	7	14.53	77.34	7.2
V560	混凝土	2368	0.479	0.035	0.77	233	21	9.84	231.51	6.4
Y040	火箭推进	530	0.634	0.083	0.58	105	2	19.81	54.92	6.6
N005	火力与指挥控制	2223	0.707	0.039	0.65	257	5	11.56	226.09	4.6
N007	火炸药学报	889	0.625	0.119	0.73	122	3	13.72	91.80	8.2
X011	机车电传动	503	0.341	0.026	0.68	117	7	23.26	49.36	6.0
N069	机床与液压	2894	0.477	0.047	0.76	346	9	11.96	281.69	4.4
N672	机电工程	1019	0.805	0.052	0.89	267	23	26.20	99.39	4.0
S004	机器人	1443	1.920	0.300	0.93	269	32	18.64	139.92	5.2
N040	机械传动	1582	0.611	0.057	0.73	221	9	13.97	153.29	4.3
M004	机械工程材料	946	0.406	0.079	0.89	208	15	21.99	97.37	6.5
N051	机械工程学报	9178	1.383	0.090	0.87	640	30	6.97	899.07	6.2
N050	机械科学与技术	1557	0.553	0.129	0.91	338	25	21.71	153.03	5.5
N057	机械强度	1187	0.526	0.058	0.73	278	18	23.42	116.51	5.5
N047	机械设计	1407	0.654	0.063	0.72	270	10	19.19	136.08	5.3
N054	机械设计与研究	1396	0.829	0.076	0.52	241	2	17.26	136.06	4.4
N028	机械设计与制造	3230	0.420	0.045	0.73	442	15	13.68	314.32	5.3
N063	机械设计与制造工程	483	0.224	0.042	0.90	221	34	45.76	47.20	4.0
N053	机械与电子	395	0.297	0.026	0.92	185	34	46.84	38.24	4.4
N515	机械制造与自动化	726	0.334	0.027	0.80	244	27	33.61	71.88	4.3
G003	基础医学与临床	1032	0.497	0.117	0.95	421	75	40.79	79.17	3.7
H245	基因组学与应用生物学	3010	0.600	0.045	0.95	548	16	18.21	217.66	3.8
R025	激光技术	888	0.971	0.191	0.73	173	4	19.48	86.36	3.8
F045	激光生物学报	375	0.503	0.052	0.91	218	52	58.13	29.01	6.1
R514	激光与光电子学进展	3797	1.509	0.217	0.63	394	3	10.38	363.47	2.5
R521	激光与红外	1366	0.804	0.037	0.79	261	9	19.11	132.66	4.4
R028	激光杂志	1116	0.460	0.035	0.87	310	18	27.78	106.07	3.5
E116	吉林大学学报地球科学版	2575	0.904	0.169	0.90	357	20	13.86	210.89	8.4
J042	吉林大学学报工学版	1695	0.761	0.173	0.82	454	44	26.78	162.92	5.3
A035	吉林大学学报理学版	760	0.601	0.086	0.81	270	25	35.53	72.03	3.6
R586	吉林大学学报信息科学版	347	0.655	0.057	0.85	178	30	51.30	33.44	3.6
G014	吉林大学学报医学版	1122	0.720	0.198	0.96	422	74	37.61	86.16	4.1
H243	吉林农业大学学报	1114	0.991	0.134	0.82	288	32	25.85	81.10	7.1
G719	吉林中医药	2797	1.152	0.210	0.89	289	17	10.33	193.54	4.0
E007	极地研究	366	0.544	0.075	0.78	116	10	31.69	31.71	8.2
G452	疾病监测	1879	1.277	0.184	0.91	280	14	14.90	151.94	4.3

表 4-1 2020 年中国科技核心期刊（中文）被引用指标刊名字顺索引（续）

CODE	刊名	核心总被引频次	核心影响因子	核心即年指标	核心他引率	核心引用刊数	核心开放因子	核心扩散因子	核心权威因子	核心被引半衰期
G439	脊柱外科杂志	460	0.880	0.071	0.73	115	7	25.00	36.42	4.3
N014	计量学报	1242	1.550	0.223	0.41	210	1	16.91	118.45	3.0
S050	计算机测量与控制	2212	0.447	0.061	0.83	401	25	18.13	215.30	4.4
S049	计算机仿真	3812	0.487	0.030	0.77	563	21	14.77	372.55	4.2
S013	计算机辅助设计与图形学学报	1709	1.026	0.085	0.89	351	27	20.54	164.91	4.6
S012	计算机工程	3838	1.078	0.248	0.88	541	20	14.10	372.38	4.2
S034	计算机工程与科学	1276	0.769	0.099	0.92	324	21	25.39	124.37	3.7
S022	计算机工程与设计	2775	0.868	0.081	0.90	494	21	17.80	266.73	3.8
S025	计算机工程与应用	6321	1.280	0.244	0.85	718	26	11.36	608.98	3.6
S030	计算机集成制造系统	3106	1.298	0.242	0.79	377	18	12.14	306.84	4.7
S520	计算机技术与发展	1548	0.560	0.088	0.83	400	22	25.84	149.12	3.8
S006	计算机科学	3213	0.899	0.115	0.92	496	25	15.44	311.99	4.0
S085	计算机科学与探索	870	1.191	0.310	0.87	209	11	24.02	84.02	2.7
S509	计算机系统应用	1459	0.653	0.049	0.89	380	29	26.05	139.99	3.3
S018	计算机学报	3560	2.628	0.189	0.97	507	24	14.24	346.98	4.6
S021	计算机研究与发展	2916	1.873	0.217	0.91	442	21	15.16	283.43	4.3
S029	计算机应用	3993	1.220	0.184	0.90	557	20	13.95	385.00	3.7
S016	计算机应用研究	4703	0.921	0.213	0.88	642	25	13.65	453.70	3.9
S009	计算机应用与软件	2367	0.713	0.071	0.86	464	22	19.60	228.68	3.6
S048	计算机与数字工程	1119	0.417	0.018	0.92	340	26	30.38	108.40	3.4
S500	计算机与现代化	731	0.522	0.067	0.82	247	22	33.79	70.26	3.8
S507	计算技术与自动化	249	0.315	0.036	0.93	140	28	56.22	24.02	4.4
C003	计算力学学报	758	0.571	0.074	0.81	262	27	34.56	73.09	7.7
B014	计算数学	120	0.067	0.000	0.83	58	10	48.33	11.69	12.6
C094	计算物理	518	0.521	0.088	0.53	152	3	29.34	55.75	6.8
A656	济南大学学报自然科学版	226	0.253	0.053	0.97	176	64	77.88	21.46	6.5
G292	寄生虫与医学昆虫学报	139	0.443	0.048	0.86	47	5	33.81	11.80	6.4
A045	暨南大学学报自然科学与医学版	493	0.570	1.333	0.95	309	79	62.68	39.32	4.2
H240	家畜生态学报	910	0.485	0.055	0.88	160	7	17.58	64.34	4.9
G638	检验医学	1331	0.852	0.162	0.88	372	34	27.95	103.57	4.0
V051	建筑材料学报	2242	1.159	0.249	0.90	265	10	11.82	218.98	7.1
V057	建筑钢结构进展	319	0.633	0.129	0.73	84	6	26.33	30.75	4.8
V523	建筑节能中英文版	581	0.256	0.024	0.67	136	6	23.41	58.72	4.0
V014	建筑结构	2208	0.411	0.206	0.62	211	5	9.56	212.22	6.0
V044	建筑结构学报	3653	1.220	0.244	0.85	252	11	6.90	349.35	7.1
V005	建筑科学	1237	0.541	0.031	0.81	264	15	21.34	120.45	5.3
V013	建筑科学与工程学报	577	0.670	0.079	0.89	171	19	29.64	55.13	5.9
V047	建筑学报	809	0.311	0.078	0.86	140	7	17.31	82.60	6.6
Y522	舰船电子工程	1101	0.288	0.018	0.80	231	7	20.98	111.49	5.3
Y564	舰船科学技术	1859	0.693	0.017	0.71	330	13	17.75	184.77	4.4
G453	江苏大学学报医学版	341	0.426	0.135	0.94	210	54	61.58	26.28	4.4
J035	江苏大学学报自然科学版	662	0.761	0.088	0.96	292	45	44.11	61.88	5.5
H700	江苏农业科学	6305	0.581	0.058	0.90	657	54	10.42	469.12	3.9

表 4-1　2020 年中国科技核心期刊（中文）被引用指标刊名字顺索引（续）

CODE	刊名	核心总被引频次	核心影响因子	核心即年指标	核心他引率	核心引用刊数	核心开放因子	核心扩散因子	核心权威因子	核心被引半衰期
H199	江苏农业学报	1793	1.236	0.211	0.94	310	30	17.29	129.37	5.4
G397	江苏中医药	1945	0.700	0.299	0.96	230	18	11.83	134.85	4.8
H283	江西农业大学学报	1524	1.106	0.105	0.95	335	48	21.98	112.42	6.4
H701	江西农业学报	1788	0.748	0.050	0.92	343	33	19.18	130.68	6.4
A112	江西师范大学学报自然科学版	352	0.445	0.038	0.76	196	32	55.68	33.03	5.2
X020	交通信息与安全	703	0.830	0.100	0.85	223	27	31.72	67.85	5.2
X672	交通运输工程学报	1231	1.129	0.252	0.84	293	22	23.80	118.57	7.0
X685	交通运输系统工程与信息	1428	0.940	0.081	0.86	260	22	18.21	138.28	4.5
X516	交通运输研究	301	0.341	0.506	0.88	141	21	46.84	28.78	6.5
L587	节能技术	457	0.665	0.099	0.74	123	2	26.91	44.39	5.3
W567	节水灌溉	1516	0.839	0.092	0.74	241	9	15.90	118.93	4.3
K553	洁净煤技术	731	0.732	0.157	0.81	147	9	20.11	69.18	5.0
V049	结构工程师	619	0.299	0.038	0.76	151	12	24.39	59.29	5.9
G869	结直肠肛门外科	451	0.606	0.091	0.80	137	17	30.38	35.18	3.4
G316	解放军护理杂志	2610	1.043	0.279	0.92	340	14	13.03	212.08	4.3
G187	解放军医学院学报	1271	0.692	0.195	0.84	418	57	32.89	100.21	4.1
G048	解放军医学杂志	1836	1.469	1.552	0.89	508	64	27.67	143.11	3.4
G671	解放军医药杂志	1752	1.016	0.319	0.91	414	46	23.63	135.90	3.2
G315	解放军医院管理杂志	1334	0.578	0.076	0.82	194	13	14.54	108.13	3.9
G961	解放军预防医学杂志	1866	0.585	0.115	0.87	444	41	23.79	147.88	3.0
G507	解剖科学进展	557	0.699	0.037	0.61	207	11	37.16	43.24	3.1
G049	解剖学报	555	0.556	0.076	0.73	239	25	43.06	43.80	4.6
G358	解剖学研究	303	0.343	0.053	0.86	156	27	51.49	23.21	4.1
G050	解剖学杂志	572	0.429	0.106	0.79	215	18	37.59	45.56	4.3
G886	介入放射学杂志	1938	1.196	0.109	0.70	346	18	17.85	158.63	4.1
N048	金刚石与磨料磨具工程	339	0.369	0.050	0.65	89	6	26.25	34.73	6.8
M051	金属功能材料	404	0.976	0.118	0.76	106	3	26.24	42.71	5.1
K022	金属矿山	2797	0.753	0.100	0.75	296	7	10.58	260.24	5.7
N083	金属热处理	2633	0.656	0.131	0.56	209	2	7.94	266.89	4.6
M012	金属学报	2635	1.179	0.355	0.88	247	13	9.37	269.32	7.9
E599	经济地理	8431	3.025	0.442	0.88	551	21	6.54	782.31	5.1
H333	经济动物学报	273	0.688	0.196	0.70	81	21	29.67	19.53	5.6
S759	经济管理	2328	1.986	0.524	0.88	307	28	13.19	261.23	4.7
S762	经济理论与经济管理	1029	1.117	0.207	0.96	250	46	24.30	116.24	5.7
H266	经济林研究	1175	1.462	0.183	0.81	171	16	14.55	84.89	5.1
S773	经济与管理研究	914	1.117	0.231	0.97	283	43	30.96	102.72	4.0
G953	精神医学杂志	443	0.422	0.027	0.86	158	21	35.67	35.44	5.0
T102	精细化工	1350	0.715	0.148	0.80	322	22	23.85	126.99	4.1
T955	精细化工中间体	238	0.169	0.039	0.72	101	9	42.44	22.13	8.6
T542	精细石油化工	344	0.283	0.071	0.88	114	13	33.14	34.14	7.8
G677	颈腰痛杂志	826	0.712	0.142	0.81	191	20	23.12	62.40	3.3
Z553	净水技术	687	0.483	0.114	0.74	173	7	25.18	61.80	3.7
G553	局解手术学杂志	690	0.547	0.122	0.83	287	44	41.59	54.95	3.5

表 4-1 2020 年中国科技核心期刊（中文）被引用指标刊名字顺索引（续）

CODE	刊名	核心总被引频次	核心影响因子	核心即年指标	核心他引率	核心引用刊数	核心开放因子	核心扩散因子	核心权威因子	核心被引半衰期
T512	聚氨酯工业	442	0.599	0.113	0.52	76	2	17.19	51.33	5.7
R016	绝缘材料	1061	0.840	0.119	0.59	137	3	12.91	102.00	4.4
G052	军事医学	777	0.414	0.080	0.88	343	46	44.14	62.43	5.0
F018	菌物学报	1860	1.085	0.696	0.68	273	11	14.68	134.42	5.4
C325	菌物研究	327	1.338	0.350	0.87	116	21	35.47	23.72	4.9
M018	勘察科学技术	218	0.203	0.012	0.87	111	20	50.92	19.45	9.6
Q933	康复学报	439	0.973	0.694	0.78	149	20	33.94	31.85	3.4
A645	科技导报	2196	0.582	0.145	0.94	909	161	41.39	198.15	5.3
S812	科技管理研究	3903	0.716	0.088	0.76	567	21	14.53	400.07	4.2
R588	科技进步与对策	4056	1.256	0.321	0.83	460	12	11.34	431.07	4.3
A083	科技通报	1110	0.303	0.022	0.98	502	77	45.23	100.28	3.9
S816	科学管理研究	753	0.622	0.076	0.88	193	9	25.63	80.88	5.0
A537	科学技术与工程	7719	0.743	0.040	0.61	1019	25	13.20	709.48	3.8
A075	科学通报	7030	1.125	0.472	0.96	1171	87	16.66	591.37	9.1
W514	科学学研究	4540	2.137	0.265	0.92	488	14	10.75	489.51	5.5
S818	科学学与科学技术管理	2891	1.700	0.232	0.91	336	12	11.62	312.62	6.1
W531	科研管理	4001	1.928	0.275	0.81	378	11	9.45	429.35	5.0
L516	可再生能源	3068	1.611	0.109	0.84	547	31	17.83	285.07	4.5
E140	空间科学学报	384	0.423	0.025	0.80	138	17	35.94	37.22	6.6
Y051	空间控制技术与应用	244	0.409	0.030	0.93	95	13	38.93	24.82	4.9
J059	空军工程大学学报自然科学版	396	0.471	0.070	0.91	166	23	41.92	39.29	4.9
Q907	空军医学杂志	480	0.654	0.041	0.80	178	18	37.08	38.08	3.6
Y016	空气动力学学报	982	0.685	0.119	0.82	192	10	19.55	98.70	7.2
S503	控制工程	1686	0.807	0.062	0.83	352	24	20.88	163.09	3.8
R060	控制理论与应用	2204	1.179	0.120	0.78	362	26	16.42	215.63	5.5
S001	控制与决策	4084	1.514	0.298	0.87	496	33	12.14	398.03	4.9
G672	口腔材料器械杂志	132	0.520	0.000	0.81	61	10	46.21	11.86	4.0
G246	口腔颌面外科杂志	1135	0.910	0.177	0.98	219	21	19.30	99.54	7.4
G894	口腔颌面修复学杂志	272	0.500	0.013	0.85	82	9	30.15	24.43	4.5
G390	口腔疾病防治	459	0.657	0.125	0.83	133	9	28.98	40.02	3.2
G594	口腔生物医学	92	0.356	0.018	0.99	59	15	64.13	8.01	3.8
G325	口腔医学	760	0.555	0.086	0.84	185	13	24.34	66.10	3.6
G266	口腔医学研究	1207	0.800	0.062	0.76	238	9	19.72	106.35	3.6
K525	矿产保护与利用	797	1.034	0.129	0.77	157	7	19.70	76.11	3.5
V054	矿产勘查	901	0.528	0.101	0.55	130	3	14.43	75.63	3.2
K025	矿产与地质	797	0.355	0.012	0.80	115	3	14.43	66.20	10.0
K004	矿产综合利用	769	0.529	0.066	0.81	145	7	18.86	73.88	4.9
E106	矿床地质	2448	1.420	0.279	0.91	113	9	4.62	196.99	11.0
K014	矿山机械	811	0.282	0.113	0.69	161	5	19.85	75.36	6.8
E350	矿物学报	1318	0.701	0.398	0.89	205	14	15.55	109.01	10.0
E354	矿物岩石	957	0.786	0.114	0.90	150	14	15.67	77.70	11.9
E504	矿物岩石地球化学通报	1591	0.983	0.408	0.85	235	16	14.77	128.42	6.2
M101	矿冶	542	0.395	0.046	0.87	120	7	22.14	52.28	6.3

表 4-1 2020 年中国科技核心期刊（中文）被引用指标刊名字顺索引（续）

CODE	刊名	核心总被引频次	核心影响因子	核心即年指标	核心他引率	核心引用刊数	核心开放因子	核心扩散因子	核心权威因子	核心被引半衰期
M045	矿冶工程	1301	0.923	0.109	0.71	203	6	15.60	126.18	5.3
K554	矿业安全与环保	1176	1.013	0.145	0.71	134	4	11.39	102.58	4.9
K010	矿业研究与开发	1585	0.893	0.270	0.58	189	2	11.92	145.15	3.4
F015	昆虫学报	2029	0.890	0.196	0.85	212	9	10.45	149.13	8.9
J020	昆明理工大学学报自然科学版	408	0.325	0.035	0.94	253	57	62.01	36.86	7.8
G053	昆明医科大学学报	1148	0.514	0.101	0.84	400	52	34.84	89.94	3.8
G395	兰州大学学报医学版	336	0.576	0.307	0.73	170	28	50.60	25.92	3.5
A016	兰州大学学报自然科学版	1074	0.866	0.028	0.83	383	48	35.66	91.37	6.9
J008	兰州理工大学学报	660	0.380	0.023	0.80	286	44	43.33	63.26	5.6
G628	老年医学与保健	595	0.714	0.080	0.63	214	15	35.97	46.57	2.7
R096	雷达科学与技术	402	0.456	0.028	0.79	113	9	28.11	40.18	4.7
R758	雷达学报	632	1.641	0.368	0.71	128	6	20.25	62.76	3.3
T010	离子交换与吸附	268	0.342	0.036	0.76	120	18	44.78	25.06	8.4
M001	理化检验化学分册	1628	0.698	0.070	0.86	293	12	18.00	134.39	5.1
C101	力学季刊	375	0.392	0.039	0.84	184	29	49.07	36.31	7.0
C001	力学学报	1770	1.870	0.440	0.68	342	11	19.32	173.20	4.6
C104	力学与实践	659	0.388	0.083	0.68	230	17	34.90	63.50	7.8
G580	立体定向和功能性神经外科杂志	153	0.265	0.053	0.69	71	7	46.41	12.87	3.8
U055	粮食与饲料工业	900	0.435	0.026	0.97	172	11	19.11	63.45	7.8
U626	粮油食品科技	727	0.657	0.168	0.87	147	11	20.22	50.92	5.8
C032	量子电子学报	325	0.420	0.124	0.68	104	7	32.00	31.50	4.3
K008	辽宁工程技术大学学报自然科学版	851	0.328	0.080	0.94	289	27	33.96	76.64	7.9
H261	辽宁农业科学	477	0.336	0.060	0.89	152	22	31.87	34.14	7.7
G850	辽宁中医药大学学报	4497	0.977	0.172	0.93	408	22	9.07	314.61	4.2
G646	辽宁中医杂志	5595	0.845	0.135	0.93	381	18	6.81	386.71	4.9
U037	林产工业	827	1.032	0.126	0.40	108	1	13.06	79.07	3.0
T017	林产化学与工业	677	0.629	0.060	0.83	233	29	34.42	57.02	7.0
H740	林业工程学报	1138	1.092	0.186	0.80	242	18	21.27	93.93	4.7
H280	林业科学	4470	1.167	0.079	0.92	422	20	9.44	344.22	8.6
H281	林业科学研究	2052	1.139	0.120	0.88	251	16	12.23	154.75	8.8
H102	林业调查规划	457	0.230	0.023	0.79	164	18	35.89	36.28	6.3
T231	磷肥与复肥	617	0.391	0.071	0.73	134	6	21.72	52.00	5.8
G880	临床超声医学杂志	1050	0.776	0.115	0.87	282	30	26.86	85.32	3.6
G607	临床儿科杂志	1429	0.668	0.055	0.96	364	48	25.47	111.95	5.1
G276	临床耳鼻咽喉头颈外科杂志	2361	0.818	0.152	0.85	367	13	15.54	191.77	4.5
G271	临床放射学杂志	2639	0.799	0.414	0.87	384	14	14.55	221.41	3.8
Q908	临床肺科杂志	2637	0.807	0.156	0.94	432	51	16.38	203.96	3.7
G501	临床肝胆病杂志	3763	1.793	0.302	0.78	450	31	11.96	292.92	3.0
G291	临床骨科杂志	1054	1.219	0.101	0.62	157	5	14.90	84.15	2.8
G664	临床和实验医学杂志	3121	0.778	0.128	0.86	560	52	17.94	241.77	3.3
G345	临床急诊杂志	792	1.052	0.147	0.83	282	37	35.61	61.50	2.8
G204	临床检验杂志	1023	0.729	0.241	0.83	316	28	30.89	80.42	3.7
G310	临床精神医学杂志	788	0.645	0.133	0.90	225	28	28.55	62.59	7.1

表 4-1 2020 年中国科技核心期刊（中文）被引用指标刊名字顺索引（续）

CODE	刊名	核心总被引频次	核心影响因子	核心即年指标	核心他引率	核心引用刊数	核心开放因子	核心扩散因子	核心权威因子	核心被引半衰期
G881	临床军医杂志	1452	0.557	0.097	0.95	417	63	28.72	113.86	3.4
G287	临床口腔医学杂志	877	0.749	0.175	0.65	177	5	20.18	78.61	3.7
G222	临床麻醉学杂志	2434	1.154	0.135	0.85	391	37	16.06	191.02	4.1
G317	临床泌尿外科杂志	1146	0.747	0.102	0.78	240	9	20.94	94.08	4.2
G257	临床内科杂志	893	0.803	0.103	0.74	286	26	32.03	69.02	3.5
G230	临床皮肤科杂志	1009	0.323	0.035	0.75	225	6	22.30	79.64	6.9
G309	临床神经病学杂志	748	0.705	0.068	0.89	274	45	36.63	57.63	4.4
G802	临床神经外科杂志	421	0.682	0.122	0.71	129	7	30.64	35.42	3.4
G423	临床肾脏病杂志	606	0.759	0.090	0.87	210	27	34.65	46.46	3.1
G797	临床输血与检验	604	0.508	0.284	0.85	156	5	25.83	48.28	3.5
G256	临床外科杂志	1283	0.915	0.124	0.78	350	37	27.28	104.39	3.2
G942	临床误诊误治	1277	0.707	0.160	0.88	359	38	28.11	100.33	3.6
G855	临床消化病杂志	345	0.415	0.010	0.96	185	40	53.62	26.26	4.3
Q909	临床小儿外科杂志	680	0.656	0.112	0.66	174	6	25.59	56.68	3.5
G261	临床心血管病杂志	1468	1.149	0.422	0.74	306	22	20.84	111.94	3.2
G293	临床血液学杂志	712	0.667	0.093	0.60	183	4	25.70	56.49	3.1
Q913	临床眼科杂志	464	0.413	0.027	0.92	130	10	28.02	37.80	4.4
G673	临床药物治疗杂志	750	0.611	0.222	0.96	271	33	36.13	56.58	3.2
G350	临床与病理杂志	1152	0.502	0.053	0.97	424	78	36.81	89.04	3.3
G274	临床与实验病理学杂志	2095	0.787	0.109	0.63	374	6	17.85	170.86	4.0
Q910	临床肿瘤学杂志	1249	0.837	0.134	0.92	373	64	29.86	97.17	4.5
G491	岭南心血管病杂志	404	0.405	0.030	0.94	180	39	44.55	31.09	3.8
N023	流体机械	1443	1.273	0.154	0.74	226	7	15.66	140.72	4.5
H748	麦类作物学报	2826	1.379	0.179	0.84	227	14	8.03	201.31	6.4
T060	煤化工	258	0.288	0.045	0.72	75	7	29.07	25.74	6.1
K558	煤矿安全	2994	0.638	0.111	0.70	217	4	7.25	262.30	4.1
K517	煤矿机械	2523	0.435	0.095	0.54	225	3	8.92	228.78	5.6
K038	煤炭工程	2500	0.902	0.158	0.64	236	3	9.44	219.59	3.9
K005	煤炭科学技术	5791	2.167	0.483	0.81	304	5	5.25	502.56	4.3
K017	煤炭学报	10965	2.860	0.924	0.83	510	7	4.65	955.67	5.9
D027	煤炭转化	503	0.549	0.155	0.82	116	10	23.06	47.55	9.6
K009	煤田地质与勘探	1975	1.407	0.288	0.75	226	5	11.44	167.34	5.0
R119	密码学报	179	0.531	0.044	0.78	65	4	36.31	17.98	3.6
U036	棉纺织技术	675	0.391	0.071	0.47	63	1	9.33	92.55	4.6
H037	棉花学报	967	1.543	0.196	0.88	144	9	14.89	69.18	8.0
G056	免疫学杂志	1037	1.173	0.244	0.80	339	37	32.69	77.59	3.4
B017	模糊系统与数学	460	0.394	0.038	0.75	149	8	32.39	43.38	6.3
N107	模具技术	135	0.206	0.082	0.85	38	5	28.15	14.56	5.0
S015	模式识别与人工智能	999	1.293	0.080	0.91	307	29	30.73	95.62	4.5
T077	膜科学与技术	622	0.607	0.098	0.63	133	5	21.38	60.55	6.0
N084	摩擦学学报	1161	1.000	0.157	0.84	214	12	18.43	116.88	7.5
U533	木材工业	343	0.449	0.104	0.68	83	4	24.20	30.09	7.3
A013	南昌大学学报理科版	322	0.433	0.031	0.78	180	33	55.90	26.41	4.5

表 4-1 2020 年中国科技核心期刊（中文）被引用指标刊名字顺索引（续）

CODE	刊名	核心总被引频次	核心影响因子	核心即年指标	核心他引率	核心引用刊数	核心开放因子	核心扩散因子	核心权威因子	核心被引半衰期
G047	南昌大学学报医学版	445	0.362	0.029	0.98	268	76	60.22	34.48	5.6
R117	南方电网技术	1456	1.884	0.280	0.72	141	7	9.68	132.24	4.0
V089	南方建筑	326	0.476	0.070	0.72	71	4	21.78	32.44	3.7
H069	南方农业学报	2730	1.231	0.100	0.89	349	20	12.78	197.12	4.3
H068	南方水产科学	1005	1.246	0.056	0.86	132	10	13.13	74.72	5.2
G023	南方医科大学学报	2216	1.091	0.558	0.96	646	108	29.15	173.61	4.5
A025	南京大学学报自然科学版	876	0.774	0.067	0.97	403	71	46.00	76.86	7.6
T011	南京工业大学学报自然科学版	513	0.397	0.067	0.83	255	39	49.71	49.35	7.1
Y026	南京航空航天大学学报	912	0.584	0.100	0.93	322	47	35.31	90.72	6.7
N011	南京理工大学学报自然科学版	825	0.941	0.059	0.80	298	30	36.12	81.10	5.0
H033	南京林业大学学报自然科学版	2026	1.389	0.459	0.88	352	22	17.37	158.10	5.7
H021	南京农业大学学报	1562	0.932	0.213	0.97	321	41	20.55	113.35	7.0
A061	南京师大学报自然科学版	334	0.360	0.047	0.95	237	70	70.96	27.97	5.7
E120	南京信息工程大学学报自然科学版	226	0.437	0.045	0.88	151	70	66.81	20.33	3.9
G058	南京医科大学学报自然科学版	1451	0.698	0.122	0.69	443	40	30.53	114.67	3.6
R008	南京邮电大学学报自然科学版	378	1.051	0.059	0.96	165	23	43.65	37.28	3.0
G059	南京中医药大学学报	1703	1.408	0.905	0.96	275	25	16.15	119.09	4.7
A008	南开大学学报自然科学版	244	0.251	0.057	0.95	172	53	70.49	21.36	5.3
S776	南开管理评论	3436	3.167	0.301	0.94	279	23	8.12	390.55	5.5
W590	南水北调与水利科技	1180	1.028	0.211	0.88	271	20	22.97	99.62	4.7
G288	脑与神经疾病杂志	488	0.482	0.071	0.98	216	47	44.26	37.26	3.4
G662	内科急危重症杂志	644	0.730	0.384	0.76	233	30	36.18	49.69	3.3
G523	内科理论与实践	213	0.306	0.060	0.98	161	55	75.59	16.25	5.1
A026	内蒙古大学学报自然科学版	288	0.245	0.045	0.93	172	40	59.72	23.76	9.1
A111	内蒙古师范大学学报自然科学汉文版	206	0.156	0.000	0.91	137	34	66.50	18.61	5.1
G513	内蒙古医科大学学报	394	0.376	0.098	0.91	207	47	52.54	30.39	3.7
R533	内燃机工程	514	0.677	0.053	0.75	111	21	21.60	51.12	5.7
P004	内燃机学报	729	0.793	0.125	0.76	120	5	16.46	73.41	6.9
T501	能源化工	226	0.313	0.011	0.92	110	19	48.67	22.30	5.3
K570	能源与环保	750	0.322	0.058	0.58	166	21	22.13	66.30	3.1
W002	泥沙研究	1035	0.754	0.174	0.82	157	11	15.17	87.26	10.7
U504	酿酒科技	2163	0.611	0.109	0.70	145	3	6.70	145.27	6.8
A506	宁波大学学报理工版	236	0.250	0.018	0.89	157	39	66.53	20.57	5.6
A110	宁夏大学学报自然科学版	169	0.183	0.013	0.93	127	44	75.15	14.67	7.0
G665	宁夏医科大学学报	907	0.462	0.069	0.96	361	68	39.80	70.37	4.0
H071	农产品质量与安全	376	0.767	0.189	0.80	117	9	31.12	27.53	3.3
H105	农学学报	1020	0.858	0.086	0.95	265	32	25.98	74.57	4.0
T034	农药	1900	0.886	0.133	0.82	243	13	12.79	144.70	6.3
T924	农药科学与管理	530	0.429	0.142	0.85	134	10	25.28	39.89	6.3
H404	农药学学报	1183	1.497	0.268	0.81	220	16	18.60	88.62	5.2
H072	农业工程	484	0.209	0.040	0.78	174	12	35.95	36.72	3.6
H279	农业工程学报	18745	2.162	0.252	0.82	843	26	4.50	1464.19	5.7
Z008	农业环境科学学报	5944	1.991	0.319	0.89	483	28	8.13	461.95	6.2

表 4-1　2020 年中国科技核心期刊（中文）被引用指标刊名字顺索引（续）

CODE	刊名	核心总被引频次	核心影响因子	核心即年指标	核心他引率	核心引用刊数	核心开放因子	核心扩散因子	核心权威因子	核心被引半衰期
H278	农业机械学报	8823	2.218	0.471	0.74	670	16	7.59	714.12	4.4
H286	农业生物技术学报	1260	0.822	0.097	0.89	249	26	19.76	89.82	4.8
H222	农业现代化研究	1381	1.330	0.248	0.88	310	27	22.45	112.20	5.6
H773	农业资源与环境学报	909	1.769	0.331	0.96	248	31	27.28	70.12	4.1
V032	暖通空调	1330	0.358	0.094	0.76	206	5	15.49	133.39	6.8
H219	排灌机械工程学报	1372	1.070	0.206	0.85	238	10	17.35	119.12	4.6
U602	皮革科学与工程	469	0.790	0.078	0.48	73	1	15.57	62.64	5.0
U604	皮革与化工	157	0.457	0.233	0.75	53	3	33.76	18.23	4.9
G595	器官移植	562	1.912	0.446	0.83	151	9	26.87	46.84	2.3
E021	气候变化研究进展	1270	1.588	0.493	0.92	279	28	21.97	105.17	6.5
E361	气候与环境研究	1163	0.880	0.093	0.94	221	20	19.00	95.64	9.4
Y504	气体物理	68	0.383	0.088	0.79	27	21	39.71	6.99	3.0
E352	气象	3910	1.955	0.357	0.78	295	8	7.54	319.93	7.0
E566	气象科技	1567	1.013	0.042	0.73	251	9	16.02	130.39	6.4
E359	气象科学	1125	1.078	0.054	0.72	207	8	18.40	92.28	7.5
E001	气象学报	3035	1.884	0.315	0.91	260	9	8.57	249.31	10.8
E521	气象与环境科学	988	1.792	0.135	0.67	151	3	15.28	79.94	4.3
E633	气象与环境学报	1208	1.704	0.225	0.67	212	8	17.55	97.77	4.8
X532	汽车安全与节能学报	347	0.466	0.016	0.91	134	19	38.62	34.12	4.9
X018	汽车工程	2016	0.969	0.093	0.86	301	20	14.93	196.48	5.7
X500	汽车工程学报	206	0.352	0.016	0.93	96	16	46.60	20.24	5.3
X013	汽车技术	605	0.562	0.047	0.90	181	19	29.92	59.18	5.5
P001	汽轮机技术	474	0.375	0.008	0.71	97	4	20.46	46.96	6.5
Y009	强度与环境	298	0.482	0.091	0.71	101	6	33.89	31.02	7.0
C007	强激光与粒子束	1462	0.328	0.077	0.70	237	21	16.21	148.73	7.2
X021	桥梁建设	1440	1.740	0.407	0.58	136	3	9.44	139.44	4.3
G061	青岛大学学报医学版	403	0.316	0.022	0.94	252	66	62.53	31.51	4.3
T012	青岛科技大学学报自然科学版	283	0.534	0.179	0.79	161	30	56.89	26.80	3.8
U535	轻工机械	296	0.402	0.061	0.93	143	22	48.31	29.34	4.2
J001	清华大学学报自然科学版	2203	1.041	0.234	0.98	772	136	35.04	216.80	9.9
D002	燃料化学学报	1460	0.691	0.139	0.82	221	12	15.14	140.40	6.8
P011	燃烧科学与技术	503	0.604	0.038	0.84	153	17	30.42	49.11	6.7
E563	热带地理	1182	1.097	0.566	0.91	334	37	28.26	104.04	6.5
E642	热带海洋学报	883	0.616	0.071	0.92	213	19	24.12	72.34	10.2
H516	热带农业科学	1082	0.473	0.054	0.86	240	20	22.18	78.75	5.7
E110	热带气象学报	1374	1.547	0.316	0.75	157	8	11.43	113.27	7.2
H415	热带生物学报	284	0.493	0.045	0.95	140	26	49.30	20.76	5.4
F228	热带亚热带植物学报	820	0.803	0.081	0.91	213	27	25.98	60.15	8.2
G609	热带医学杂志	1789	0.777	0.632	0.76	394	24	22.02	141.46	3.1
H223	热带作物学报	2613	1.024	0.214	0.87	301	26	11.52	187.99	4.9
T105	热固性树脂	318	0.468	0.064	0.80	96	11	30.19	33.94	6.8
N071	热加工工艺	4051	0.354	0.066	0.76	330	10	8.15	413.78	4.8
C134	热科学与技术	311	0.338	0.094	0.69	116	10	37.30	30.73	5.4

表 4-1　2020 年中国科技核心期刊（中文）被引用指标刊名字顺索引（续）

CODE	刊名	核心总被引频次	核心影响因子	核心即年指标	核心他引率	核心引用刊数	核心开放因子	核心扩散因子	核心权威因子	核心被引半衰期
R501	热力发电	1860	1.162	0.220	0.72	249	5	13.39	179.74	4.0
P006	热能动力工程	1008	0.607	0.024	0.69	224	9	22.22	98.75	4.2
T013	人工晶体学报	1007	0.371	0.070	0.72	230	12	22.84	101.28	4.6
N106	人类工效学	268	0.250	0.043	0.75	126	14	47.01	26.45	6.9
F041	人类学学报	552	0.453	0.000	0.65	66	3	11.96	64.52	13.0
W555	人民黄河	2133	0.644	0.136	0.81	332	17	15.56	180.83	5.5
W504	人民长江	2402	0.679	0.088	0.72	399	21	16.61	206.65	5.3
T070	日用化学工业	630	0.584	0.161	0.78	184	10	29.21	55.98	5.6
H097	乳业科学与技术	304	0.657	0.083	0.92	81	7	26.64	21.10	6.0
S011	软件学报	3545	2.090	0.212	0.93	476	21	13.43	344.17	4.9
N029	润滑与密封	1686	0.556	0.067	0.74	274	13	16.25	168.27	6.8
R086	三峡大学学报自然科学版	404	0.421	0.052	0.94	229	48	56.68	36.16	5.3
D012	色谱	2475	1.823	0.374	0.84	329	11	13.29	188.66	5.3
H382	森林工程	631	1.213	0.326	0.84	183	9	29.00	52.83	3.4
H051	森林与环境学报	755	1.243	0.281	0.86	191	20	25.30	57.78	5.1
E635	沙漠与绿洲气象	755	0.733	0.073	0.64	122	3	16.16	61.01	4.9
H070	山地农业生物学报	527	0.674	0.047	0.83	193	27	36.62	38.34	6.1
E101	山地学报	1560	1.428	0.070	0.92	316	32	20.26	128.20	8.2
G742	山东大学耳鼻喉眼学报	646	0.821	0.127	0.77	191	12	29.57	52.36	3.2
J022	山东大学学报工学版	542	0.624	0.090	0.96	282	59	52.03	51.91	5.0
A020	山东大学学报理学版	547	0.456	0.099	0.85	222	23	40.59	51.27	5.0
G062	山东大学学报医学版	1116	0.760	0.518	0.92	469	90	42.03	87.38	3.5
A141	山东科技大学学报自然科学版	437	0.690	0.131	0.92	203	64	46.45	39.30	5.7
A637	山东科学	288	0.326	0.200	0.95	208	67	72.22	23.18	5.1
H031	山东农业大学学报自然科学版	712	0.369	0.029	0.97	317	59	44.52	55.32	6.7
H804	山东农业科学	2031	0.668	0.098	0.90	315	30	15.51	146.47	5.2
G511	山东医药	6426	0.688	0.084	0.96	693	66	10.78	493.58	3.8
G063	山东中医药大学学报	1153	0.734	0.135	0.94	177	17	15.35	79.46	7.6
G574	山东中医杂志	1720	0.639	0.145	0.94	214	18	12.44	118.69	5.1
A014	山西大学学报自然科学版	301	0.250	0.047	0.96	208	59	69.10	25.50	7.0
H393	山西农业大学学报自然科学版	634	0.745	0.062	0.97	218	32	34.38	46.12	4.5
H390	山西农业科学	2214	0.724	0.179	0.71	293	13	13.23	158.36	4.2
G064	山西医科大学学报	831	0.457	0.080	0.95	374	78	45.01	64.10	3.8
H217	陕西农业科学	956	0.309	0.009	0.87	252	25	26.36	68.52	6.1
A066	陕西师范大学学报自然科学版	517	0.646	0.222	0.85	279	48	53.97	44.79	5.5
G725	陕西中医	3687	1.008	0.211	0.81	294	21	7.97	256.14	4.2
V088	上海城市规划	592	0.664	0.138	0.82	116	6	19.59	59.11	4.2
A056	上海大学学报自然科学版	359	0.427	0.011	0.96	267	88	74.37	34.14	5.5
U528	上海纺织科技	416	0.260	0.014	0.75	93	4	22.36	51.80	5.4
X038	上海海事大学学报	281	0.640	0.077	0.87	129	15	45.91	27.54	3.8
H292	上海海洋大学学报	1152	1.036	0.176	0.86	182	12	15.80	87.24	7.0
Y555	上海航天	483	0.668	0.083	0.77	180	23	37.27	48.60	4.0
X006	上海交通大学学报	1773	0.727	0.032	0.95	532	77	30.01	173.44	7.4

表 4-1 2020 年中国科技核心期刊（中文）被引用指标刊名字顺索引（续）

CODE	刊名	核心总被引频次	核心影响因子	核心即年指标	核心他引率	核心引用刊数	核心开放因子	核心扩散因子	核心权威因子	核心被引半衰期
G066	上海交通大学学报医学版	1342	0.590	0.085	0.96	520	103	38.75	105.45	4.6
M021	上海金属	297	0.332	0.009	0.85	76	7	25.59	30.19	6.1
G283	上海口腔医学	616	0.594	0.093	0.93	182	16	29.55	53.45	4.5
H282	上海农业学报	644	0.440	0.019	0.91	214	31	33.23	46.39	6.5
G069	上海医学	673	0.403	0.553	0.98	353	91	52.45	51.78	4.6
G596	上海针灸杂志	2553	0.953	0.160	0.90	195	91	7.64	176.08	5.0
G946	上海中医药大学学报	1034	0.894	1.304	0.96	223	22	21.57	72.27	5.0
G389	上海中医药杂志	2739	0.946	1.272	0.93	314	21	11.46	190.91	5.0
A515	深圳大学学报理工版	276	0.453	0.068	0.88	181	46	65.58	25.66	4.3
G329	神经疾病与精神卫生	408	0.272	0.043	0.88	168	25	41.18	31.82	4.0
G070	神经解剖学杂志	396	0.442	0.042	0.88	184	33	46.46	29.73	4.2
G319	神经损伤与功能重建	690	0.604	0.106	0.82	231	34	33.48	52.90	3.4
A074	沈阳大学学报自然科学版	316	0.565	0.105	0.55	148	21	46.84	31.49	4.0
J052	沈阳工业大学学报	672	1.069	0.105	0.79	208	12	30.95	65.05	3.7
V011	沈阳建筑大学学报自然科学版	636	0.528	0.043	0.86	239	29	37.58	60.84	6.4
H024	沈阳农业大学学报	1087	0.795	0.098	0.93	277	44	25.48	79.86	8.6
A586	沈阳师范大学学报自然科学版	180	0.243	0.040	0.78	120	44	66.67	15.75	6.3
G071	沈阳药科大学学报	935	0.417	0.107	0.92	251	22	26.84	67.68	7.9
G202	肾脏病与透析肾移植杂志	653	0.716	0.044	0.92	220	33	33.69	50.14	4.6
F203	生理科学进展	704	0.849	0.117	0.99	346	75	49.15	53.36	5.9
F001	生理学报	510	0.830	0.165	0.95	268	57	52.55	38.99	4.0
F042	生命的化学	692	0.696	0.116	0.76	298	39	43.06	51.61	4.0
F215	生命科学	1050	0.664	0.067	0.98	476	91	45.33	78.28	5.8
F046	生命科学研究	320	0.424	0.085	0.97	204	54	63.75	23.63	5.7
N759	生命科学仪器	181	0.372	0.031	0.95	130	40	71.82	14.33	7.6
Z034	生态毒理学报	1321	0.787	0.038	0.82	303	18	22.94	105.36	4.7
H784	生态环境学报	5760	1.760	0.219	0.93	562	44	9.76	452.05	6.8
Z512	生态科学	1377	1.108	0.091	0.92	350	39	25.42	109.19	4.7
Z014	生态学报	25470	3.037	0.454	0.87	740	38	2.91	1982.26	6.4
Z028	生态学杂志	8026	1.900	0.282	0.90	573	38	7.14	617.71	6.2
Z023	生态与农村环境学报	2050	1.840	0.203	0.85	395	31	19.27	162.36	4.6
H080	生物安全学报	300	0.971	0.063	0.80	98	31	32.67	22.12	4.0
F049	生物多样性	3380	1.758	0.600	0.87	363	21	10.74	260.53	6.9
F003	生物工程学报	1137	0.830	0.168	0.89	357	39	31.40	84.85	4.8
G401	生物骨科材料与临床研究	326	0.493	0.104	0.87	118	14	36.20	25.94	3.8
F016	生物化学与生物物理进展	655	0.425	0.087	0.96	380	93	58.02	50.59	8.1
F229	生物技术	394	0.277	0.072	0.93	206	39	52.28	28.91	9.6
F214	生物技术进展	407	0.711	0.167	0.90	211	42	51.84	29.76	3.8
F205	生物技术通报	2081	0.803	0.175	0.93	419	39	20.13	151.94	4.7
F224	生物技术通讯	441	0.227	0.023	0.97	279	70	63.27	33.35	7.6
F204	生物加工过程	352	0.705	0.072	0.90	146	16	41.48	26.38	4.2
F040	生物信息学	1396	2.304	1.545	0.99	478	21	34.24	109.23	9.5
F213	生物学杂志	785	0.525	0.075	0.91	324	49	41.27	59.18	5.2

表 4-1　2020 年中国科技核心期刊（中文）被引用指标刊名字顺索引（续）

CODE	刊名	核心总被引频次	核心影响因子	核心即年指标	核心他引率	核心引用刊数	核心开放因子	核心扩散因子	核心权威因子	核心被引半衰期
G006	生物医学工程学杂志	817	0.655	0.199	0.91	380	57	46.51	70.81	5.2
G332	生物医学工程研究	249	0.515	0.184	0.84	137	24	55.02	21.78	3.2
G603	生物医学工程与临床	319	0.384	0.092	0.95	192	42	60.19	25.99	3.8
F044	生物资源	461	0.872	0.143	0.96	202	35	43.82	33.34	7.3
G624	生殖医学杂志	1573	1.120	0.167	0.73	243	9	15.45	122.47	3.6
C033	声学技术	684	0.408	0.047	0.86	193	13	28.22	69.03	7.5
C054	声学学报	1134	0.662	0.059	0.71	180	4	15.87	120.09	9.4
E302	湿地科学	1345	1.579	0.095	0.79	249	18	18.51	107.41	4.8
E636	湿地科学与管理	216	0.405	0.136	0.76	90	7	41.67	17.44	4.9
A615	石河子大学学报自然科学版	469	0.295	0.041	0.93	242	49	51.60	35.65	6.5
T933	石化技术与应用	256	0.246	0.000	0.81	90	7	35.16	26.16	7.4
X042	石家庄铁道大学学报自然科学版	218	0.287	0.026	0.80	107	16	49.08	20.94	7.1
L016	石油地球物理勘探	2371	1.756	0.138	0.67	148	3	6.24	194.09	6.4
L015	石油化工	1110	0.493	0.063	0.83	202	10	18.20	112.36	6.8
L034	石油化工高等学校学报	374	0.617	0.074	0.91	110	11	29.41	35.57	4.5
L021	石油化工设备技术	152	0.158	0.000	0.90	66	11	43.42	15.45	8.8
L019	石油机械	1642	0.755	0.087	0.55	183	3	11.14	152.44	6.1
L031	石油勘探与开发	5544	4.596	0.792	0.92	223	14	4.02	459.78	6.7
L043	石油科学通报	187	1.000	0.212	0.78	66	21	35.29	16.45	3.0
L030	石油炼制与化工	1283	0.759	0.079	0.66	160	4	12.47	132.56	5.7
E126	石油实验地质	2198	2.274	0.235	0.85	125	11	5.69	178.18	6.8
L005	石油物探	1379	1.657	0.090	0.72	117	3	8.48	113.81	6.1
L028	石油学报	5512	3.565	0.431	0.84	288	16	5.22	462.75	7.3
L012	石油学报石油加工	1050	0.617	0.088	0.78	187	7	17.81	105.46	6.4
L006	石油与天然气地质	3496	3.259	0.592	0.85	159	11	4.55	283.54	6.7
L008	石油钻采工艺	1279	0.929	0.060	0.85	149	8	11.65	115.04	7.2
L025	石油钻探技术	1458	1.679	0.375	0.72	156	5	10.70	130.49	5.5
U049	食品安全质量检测学报	4359	0.829	0.139	0.66	415	6	9.52	314.46	2.9
F257	实验动物科学	426	0.475	0.034	0.80	163	15	38.26	31.66	6.3
G387	实验动物与比较医学	214	0.480	0.013	0.83	109	16	50.93	16.17	4.3
C009	实验力学	757	0.513	0.032	0.72	258	22	34.08	73.06	7.1
Y018	实验流体力学	582	0.433	0.053	0.88	172	14	29.55	58.28	7.5
A115	实验室研究与探索	3014	0.548	0.015	0.41	476	21	15.79	272.73	4.5
G534	实用放射学杂志	2884	0.713	0.041	0.63	295	4	10.23	245.59	4.2
G586	实用妇产科杂志	1931	1.198	0.118	0.96	354	35	18.33	151.17	4.1
G746	实用肝脏病杂志	1491	1.287	0.214	0.76	314	21	21.06	114.71	3.3
G457	实用骨科杂志	1207	0.763	0.100	0.72	207	11	17.15	94.98	3.6
G224	实用口腔医学杂志	1065	0.716	0.410	0.70	199	7	18.69	95.60	3.9
G700	实用老年医学	854	0.530	0.077	0.87	276	44	32.32	65.37	3.4
Q919	实用临床医药杂志	3259	0.524	0.078	0.91	514	21	15.77	252.18	3.7
G652	实用皮肤病学杂志	360	0.420	0.009	0.85	138	10	38.33	28.51	4.4
G469	实用器官移植电子杂志	218	0.429	0.027	0.74	95	10	43.58	18.17	3.5
G766	实用心脑肺血管病杂志	1616	0.801	0.191	0.93	345	42	21.35	122.40	3.6

表 4-1　2020 年中国科技核心期刊（中文）被引用指标刊名字顺索引（续）

CODE	刊名	核心总被引频次	核心影响因子	核心即年指标	核心他引率	核心引用刊数	核心开放因子	核心扩散因子	核心权威因子	核心被引半衰期
G834	实用药物与临床	1135	0.640	0.073	0.98	335	39	29.52	85.46	3.7
G324	实用医学杂志	6345	1.144	0.268	0.85	695	61	10.95	494.65	3.7
G760	实用医院临床杂志	1377	0.584	0.052	0.95	423	64	30.72	108.52	3.4
G768	实用预防医学	2844	1.261	0.422	0.76	482	17	16.95	224.88	3.3
G856	实用肿瘤学杂志	372	0.750	0.220	0.80	186	29	50.00	29.47	2.9
G890	实用肿瘤杂志	572	0.950	0.147	0.77	239	32	41.78	45.35	3.9
U005	食品工业科技	11599	1.160	0.264	0.83	557	8	4.80	804.44	4.6
U006	食品科学	17858	1.745	0.440	0.87	635	7	3.56	1238.99	5.6
A117	食品科学技术学报	1175	2.257	0.322	0.97	236	9	20.09	82.39	4.3
U617	食品研究与开发	5667	1.001	0.124	0.86	467	9	8.24	395.87	4.0
U035	食品与发酵工业	5561	1.163	0.255	0.77	355	5	6.38	381.09	4.2
U641	食品与发酵科技	656	0.620	0.045	0.93	143	7	21.80	45.43	4.9
U547	食品与机械	3164	1.058	0.189	0.72	328	5	10.37	221.28	3.8
U029	食品与生物技术学报	1279	0.482	0.017	0.86	274	10	21.42	90.58	6.3
G748	食品与药品	575	0.591	0.043	0.96	233	33	40.52	42.04	5.9
H838	食用菌学报	529	0.750	0.074	0.80	128	5	24.20	37.74	8.0
E655	世界地理研究	769	1.074	0.172	0.88	212	21	27.57	73.88	4.1
E363	世界地震工程	687	0.406	0.061	0.87	152	14	22.13	64.81	8.8
E548	世界地质	644	0.367	0.020	0.90	150	13	23.29	52.35	7.2
G906	世界科学技术-中医药现代化	2611	0.789	0.255	0.89	358	19	13.71	182.42	4.7
G485	世界临床药物	578	0.639	0.043	0.98	254	47	43.94	42.90	3.9
G484	世界中西医结合杂志	2628	0.843	0.136	0.91	311	19	11.83	183.42	4.3
G483	世界中医药	4453	1.074	0.543	0.89	386	21	8.67	313.91	3.3
Q957	首都公共卫生	458	0.907	0.020	0.87	143	21	31.22	36.80	3.4
A023	首都师范大学学报自然科学版	324	0.403	0.031	0.83	199	39	61.42	27.45	7.6
G073	首都医科大学学报	1058	0.801	0.412	0.93	428	68	40.45	82.62	4.2
F033	兽类学报	756	1.032	0.101	0.68	106	3	14.02	58.26	9.9
R005	数据采集与处理	585	0.639	0.034	0.88	230	27	39.32	56.22	4.3
W009	数理统计与管理	744	0.995	0.170	0.79	297	27	39.92	77.15	5.8
B015	数学的实践与认识	2166	0.372	0.033	0.78	575	41	26.55	208.39	4.5
B007	数学进展	339	0.219	0.030	0.94	84	10	24.78	36.48	11.1
B004	数学年刊 A	118	0.141	0.031	0.98	40	6	33.90	12.59	13.2
C036	数学物理学报	306	0.255	0.036	0.76	86	8	28.10	32.18	6.3
B006	数学学报	268	0.139	0.035	0.96	78	12	29.10	27.72	10.7
B012	数学杂志	147	0.172	0.012	0.91	75	13	51.02	14.28	6.0
H847	水产科学	1436	0.891	0.056	0.82	174	21	12.12	106.91	8.3
H008	水产学报	2675	1.106	0.160	0.88	214	12	8.00	199.51	7.6
Z016	水处理技术	1817	0.703	0.077	0.84	286	12	15.74	166.79	5.1
X533	水道港口	471	0.543	0.108	0.62	107	2	22.72	44.29	5.5
P007	水电能源科学	2357	0.559	0.041	0.80	390	15	16.55	205.32	4.6
W004	水动力学研究与进展 A	811	0.466	0.084	0.92	231	30	28.48	75.35	10.2
W013	水科学进展	2891	2.075	0.312	0.90	345	24	11.93	240.86	8.1
R050	水力发电	982	0.411	0.041	0.84	235	11	23.93	87.20	5.7

表 4-1　2020 年中国科技核心期刊（中文）被引用指标刊名字顺索引（续）

CODE	刊名	核心总被引频次	核心影响因子	核心即年指标	核心他引率	核心引用刊数	核心开放因子	核心扩散因子	核心权威因子	核心被引半衰期
R049	水力发电学报	1963	0.955	0.298	0.87	278	11	14.16	171.72	6.6
R587	水利经济	477	1.256	0.210	0.60	99	3	20.75	42.21	3.0
W011	水利水电技术	1545	0.729	0.182	0.88	318	16	20.58	134.28	4.5
W502	水利水电科技进展	1038	1.057	0.224	0.84	233	10	22.45	89.71	6.0
W006	水利水运工程学报	714	0.753	0.115	0.84	176	12	24.65	64.05	6.7
W003	水利学报	5231	2.133	0.282	0.90	526	23	10.06	451.57	9.7
F010	水生生物学报	1893	0.870	0.128	0.88	233	15	12.31	142.68	8.0
H850	水生态学杂志	1108	0.921	0.299	0.93	221	22	19.95	87.05	8.0
H015	水土保持通报	2930	1.086	0.081	0.91	403	31	13.75	232.86	5.8
H287	水土保持学报	6441	2.087	0.202	0.90	424	24	6.58	491.09	6.6
H056	水土保持研究	4164	1.760	0.299	0.92	437	31	10.49	329.12	4.8
E540	水文	997	0.678	0.054	0.93	207	18	20.76	83.68	8.5
E154	水文地质工程地质	2034	1.258	0.268	0.81	315	21	15.49	174.82	7.6
N907	水下无人系统学报	413	0.567	0.031	0.81	123	7	29.78	41.62	5.2
X528	水运工程	1194	0.278	0.034	0.58	183	3	15.33	112.52	5.9
R566	水资源保护	1359	2.187	0.443	0.76	240	11	17.66	115.20	4.3
W570	水资源与水工程学报	1469	0.954	0.072	0.79	318	21	21.65	123.53	4.5
U056	丝绸	572	0.436	0.039	0.55	88	2	15.38	75.49	5.0
G045	四川大学学报医学版	1051	0.764	0.237	0.96	474	101	45.10	82.32	4.8
A006	四川大学学报自然科学版	730	0.624	0.132	0.84	352	59	48.22	64.80	4.0
F027	四川动物	800	0.415	0.111	0.85	174	11	21.75	61.20	9.1
Z007	四川环境	727	0.500	0.040	0.66	241	14	33.15	62.42	5.9
A033	四川师范大学学报自然科学版	296	0.241	0.045	0.84	170	34	57.43	26.16	6.1
G575	四川医学	1124	0.454	0.030	0.98	412	76	36.65	87.98	4.3
G745	四川中医	3562	0.573	0.046	0.87	294	15	8.25	246.63	4.2
H862	饲料工业	1776	0.698	0.136	0.87	202	4	11.37	123.91	6.2
H864	饲料研究	1218	0.538	0.124	0.74	153	3	12.56	84.59	5.4
T106	塑料	901	0.719	0.067	0.69	153	3	16.98	98.54	4.5
T014	塑料工业	1716	0.678	0.145	0.78	225	4	13.11	186.92	4.1
T536	塑料科技	1009	0.622	0.064	0.81	177	5	17.54	108.21	4.0
T079	塑料助剂	214	0.355	0.030	0.89	80	7	37.38	22.18	7.2
T580	塑性工程学报	895	0.804	0.038	0.59	156	4	17.43	90.99	3.1
X634	隧道建设	1811	1.131	0.225	0.67	194	4	10.71	166.40	3.9
R652	太赫兹科学与电子信息学报	445	0.408	0.005	0.56	130	5	29.21	46.09	4.0
L009	太阳能学报	2641	0.567	0.037	0.74	452	26	17.11	247.46	5.2
J011	太原理工大学学报	575	0.494	0.098	0.90	301	58	52.35	53.12	5.9
M544	钛工业进展	430	0.537	0.020	0.91	113	11	26.28	43.97	8.5
T500	弹性体	475	0.461	0.092	0.79	106	8	22.32	51.63	7.1
T015	炭素技术	317	0.338	0.041	0.75	107	12	33.75	32.20	8.4
N043	探测与控制学报	478	0.479	0.053	0.79	137	13	28.66	47.95	4.8
V531	陶瓷学报	296	0.275	0.080	0.71	107	6	36.15	30.36	4.3
H041	特产研究	414	0.825	0.133	0.89	149	22	35.99	29.03	4.6
L505	特种油气藏	1791	1.691	0.071	0.85	153	10	8.54	153.70	4.6

表 4-1　2020 年中国科技核心期刊（中文）被引用指标刊名字顺索引（续）

CODE	刊名	核心总被引频次	核心影响因子	核心即年指标	核心他引率	核心引用刊数	核心开放因子	核心扩散因子	核心权威因子	核心被引半衰期
N065	特种铸造及有色合金	1268	0.459	0.074	0.63	136	3	10.73	129.48	5.2
A041	天津大学学报	1160	0.804	0.082	0.90	470	88	40.52	109.03	6.4
U017	天津工业大学学报	280	0.420	0.026	0.80	142	22	50.71	29.75	5.3
A504	天津师范大学学报自然科学版	239	0.369	0.051	0.83	128	20	53.56	21.18	4.7
G076	天津医药	1127	0.607	0.156	0.95	419	76	37.18	87.39	3.9
G626	天津中医药	1820	0.900	1.116	0.90	283	21	15.55	126.74	3.8
G914	天津中医药大学学报	748	0.965	0.308	0.98	191	22	25.53	52.50	3.9
T611	天然产物研究与开发	2736	1.142	0.171	0.88	420	27	15.35	195.32	5.2
L518	天然气地球科学	2856	1.325	0.214	0.86	182	14	6.37	234.40	5.7
L029	天然气工业	5027	2.359	0.484	0.84	338	15	6.72	432.57	6.6
T074	天然气化工	396	0.288	0.049	0.73	99	6	25.00	39.87	6.0
L507	天然气与石油	506	0.463	0.022	0.61	99	4	19.57	48.87	6.1
E023	天文学报	209	0.386	0.299	0.65	60	3	28.71	24.44	5.0
E114	天文学进展	84	0.141	0.036	0.80	45	10	53.57	8.23	12.2
X521	铁道工程学报	1391	0.654	0.055	0.85	256	15	18.40	130.20	5.4
X007	铁道科学与工程学报	1311	0.514	0.054	0.83	287	24	21.89	124.01	3.9
X005	铁道学报	2365	0.860	0.083	0.81	338	15	14.29	226.14	6.5
G238	听力学及言语疾病杂志	1078	0.716	0.110	0.78	185	6	17.16	88.87	5.5
R065	通信学报	2045	1.452	0.239	0.89	327	20	15.99	199.92	4.0
G965	同济大学学报医学版	567	0.721	0.255	0.81	288	51	50.79	44.33	3.5
J032	同济大学学报自然科学版	2645	0.733	0.066	0.95	600	59	22.68	251.25	8.5
Q003	同位素	195	0.598	0.056	0.83	71	4	36.41	18.48	6.0
N061	图学学报	630	0.716	0.150	0.85	233	27	36.98	60.67	3.7
T103	涂料工业	756	0.478	0.091	0.78	171	10	22.62	78.05	5.5
V029	土木工程学报	3963	1.287	0.154	0.96	351	25	8.86	376.76	8.7
V035	土木工程与管理学报	645	0.667	0.013	0.85	215	25	33.33	62.08	3.9
V019	土木与环境工程学报（中英文）	852	0.636	0.079	0.95	293	47	34.39	80.07	7.1
H043	土壤	3166	1.648	0.131	0.88	357	24	11.28	238.76	6.4
H057	土壤通报	3531	1.102	0.021	0.94	395	29	11.19	266.63	8.9
H012	土壤学报	5597	2.878	0.862	0.93	430	21	7.68	421.41	8.0
H048	土壤与作物	323	1.434	0.106	0.83	126	19	39.01	23.69	3.1
Y025	推进技术	1790	0.563	0.144	0.69	199	5	11.12	182.40	5.3
S795	外国经济与管理	1419	1.442	0.395	0.92	250	16	17.62	158.61	4.7
G601	外科理论与实践	393	0.381	0.193	0.93	189	30	48.09	32.33	4.8
G996	皖南医学院学报	346	0.375	0.030	0.94	208	45	60.12	27.34	3.6
S017	网络新媒体技术	141	0.398	0.018	0.79	60	7	42.55	13.81	4.2
S082	网络与信息安全学报	237	0.748	0.072	0.68	74	21	31.22	23.89	2.9
R070	微波学报	390	0.480	0.041	0.73	125	10	32.05	39.45	5.1
G866	微创泌尿外科杂志	352	0.808	0.050	0.80	99	8	28.13	29.29	3.5
R057	微电机	711	0.576	0.072	0.65	136	3	19.13	70.65	4.8
R064	微电子学	301	0.253	0.029	0.80	106	11	35.22	30.68	4.4
R004	微电子学与计算机	992	0.619	0.032	0.93	239	21	24.09	96.16	3.8
R098	微纳电子技术	313	0.323	0.033	0.85	134	21	42.81	31.45	5.0

表 4-1　2020 年中国科技核心期刊（中文）被引用指标刊名字顺索引（续）

CODE	刊名	核心总被引频次	核心影响因子	核心即年指标	核心他引率	核心引用刊数	核心开放因子	核心扩散因子	核心权威因子	核心被引半衰期
F004	微生物学报	1747	0.943	0.178	0.94	390	39	22.32	128.63	6.4
F206	微生物学免疫学进展	362	0.564	0.075	0.91	180	33	49.72	27.77	4.6
F011	微生物学通报	3247	1.066	0.267	0.87	503	34	15.49	239.05	5.8
F225	微生物学杂志	798	0.647	0.075	0.96	339	50	42.48	59.14	5.8
G651	微生物与感染	277	0.632	0.563	0.96	161	41	58.12	21.65	3.8
R085	微特电机	544	0.290	0.062	0.76	136	8	25.00	53.82	4.9
E052	微体古生物学报	500	0.438	0.000	0.72	89	5	17.80	39.90	13.4
S033	微型电脑应用	427	0.267	0.043	0.68	140	5	32.79	40.55	2.6
G210	微循环学杂志	320	0.653	0.015	0.98	168	34	52.50	24.06	5.2
S813	卫生软科学	617	0.638	0.130	0.83	169	34	27.39	50.45	2.9
G079	卫生研究	1362	0.707	0.091	0.94	392	31	28.78	105.52	5.8
G800	胃肠病学	1223	0.724	0.013	0.96	304	43	24.86	90.92	5.0
G326	胃肠病学和肝病学杂志	1476	0.664	0.114	0.90	365	46	24.73	112.46	4.0
G702	温州医科大学学报	609	0.510	0.259	0.86	319	65	52.38	47.49	3.4
D003	无机材料学报	1123	0.700	0.148	0.84	271	18	24.13	114.02	6.1
D023	无机化学学报	1112	0.565	0.071	0.66	239	10	21.49	110.06	5.2
T072	无机盐工业	1210	0.562	0.113	0.70	234	9	19.34	118.39	5.3
N044	无损检测	842	0.341	0.070	0.76	197	17	23.40	83.19	6.8
W014	武汉大学学报工学版	944	0.610	0.065	0.96	353	55	37.39	85.54	7.4
A024	武汉大学学报理学版	361	0.588	0.101	0.98	244	66	67.59	32.77	7.3
E107	武汉大学学报信息科学版	3684	1.412	0.357	0.84	497	11	13.49	338.16	6.3
G038	武汉大学学报医学版	962	0.494	1.474	0.98	408	91	42.41	74.68	2.5
M032	武汉科技大学学报自然科学版	295	0.450	0.101	0.96	185	43	62.71	28.73	6.0
X017	武汉理工大学学报交通科学与工程版	977	0.608	0.192	0.77	317	26	32.45	94.69	5.3
J018	武汉理工大学学报信息与管理工程版	434	0.543	0.080	0.82	231	33	53.23	42.20	4.9
G771	武警后勤学院学报医学版	382	0.190	0.000	0.94	201	36	52.62	29.58	5.3
G707	武警医学	873	0.433	0.202	0.82	330	43	37.80	68.51	3.6
D001	物理化学学报	1674	0.574	0.836	0.81	394	28	23.54	164.12	6.0
C006	物理学报	6128	0.791	0.135	0.78	725	27	11.83	602.16	6.1
C509	物理与工程	176	0.184	0.096	0.49	68	1	38.64	19.74	5.0
E136	物探化探计算技术	437	0.263	0.000	0.90	131	10	29.98	36.49	7.6
E138	物探与化探	1899	0.830	0.159	0.78	221	7	11.64	157.22	7.7
R009	西安电子科技大学学报自然科学版	692	0.672	0.088	0.81	208	21	30.06	68.46	4.1
U030	西安工程大学学报	692	1.274	0.296	0.79	172	21	24.86	73.57	3.2
J036	西安工业大学学报	262	0.298	0.099	0.96	166	41	63.36	25.67	5.5
V018	西安建筑科技大学学报自然科学版	639	0.348	0.025	0.92	251	34	39.28	60.48	6.9
X030	西安交通大学学报	2079	0.828	0.167	0.87	492	51	23.67	202.61	5.5
G081	西安交通大学学报医学版	1081	0.958	1.006	0.98	441	92	40.80	83.44	3.0
A150	西安科技大学学报	1025	1.060	0.210	0.72	254	9	24.78	92.04	4.7
J002	西安理工大学学报	326	0.432	0.039	0.85	191	38	58.59	30.20	5.9
L010	西安石油大学学报自然科学版	631	0.493	0.046	0.86	157	16	24.88	55.19	7.9
R671	西安邮电大学学报	274	0.418	0.020	0.56	91	4	33.21	28.16	4.2
A032	西北大学学报自然科学版	834	0.751	0.139	0.93	379	65	45.44	72.35	8.7

表 4-1　2020 年中国科技核心期刊（中文）被引用指标刊名字顺索引（续）

CODE	刊名	核心总被引频次	核心影响因子	核心即年指标	核心他引率	核心引用刊数	核心开放因子	核心扩散因子	核心权威因子	核心被引半衰期
E125	西北地质	1215	1.118	0.235	0.82	135	7	11.11	97.71	8.7
Y023	西北工业大学学报	836	0.602	0.060	0.93	270	37	32.30	83.40	5.4
H224	西北林学院学报	2583	1.247	0.138	0.75	345	19	13.36	198.78	5.3
H018	西北农林科技大学学报自然科学版	2944	1.043	0.300	0.96	475	54	16.13	216.86	7.3
H288	西北农业学报	2468	0.942	0.102	0.93	316	36	12.80	176.58	7.1
A022	西北师范大学学报自然科学版	337	0.324	0.066	0.91	201	50	59.64	28.42	5.6
G792	西北药学杂志	1176	1.012	0.095	0.71	278	15	23.64	84.66	4.1
F020	西北植物学报	4042	1.018	0.061	0.95	370	33	9.15	294.22	8.4
H385	西部林业科学	866	1.101	0.125	0.87	209	19	24.13	65.14	4.2
V573	西部人居环境学刊	391	1.032	0.206	0.61	78	21	19.95	39.10	2.8
G588	西部医学	1469	0.595	0.149	0.85	400	46	27.23	113.52	3.7
G699	西部中医药	2125	0.642	0.185	0.68	261	9	12.28	147.62	3.8
J045	西华大学学报自然科学版	281	0.425	0.099	0.96	197	60	70.11	25.99	4.5
H004	西南大学学报自然科学版	1919	0.905	0.351	0.89	528	52	27.51	152.65	5.7
G312	西南国防医药	1073	0.379	0.032	0.95	362	55	33.74	83.85	3.9
X032	西南交通大学学报	1515	0.913	0.250	0.90	400	39	26.40	144.52	5.7
H270	西南林业大学学报	1080	1.107	0.203	0.86	240	17	22.22	83.50	3.8
A060	西南民族大学学报自然科学版	298	0.269	0.035	0.96	181	53	60.74	23.39	6.5
H061	西南农业学报	3218	0.819	0.077	0.90	368	34	11.44	232.66	5.6
A064	西南师范大学学报自然科学版	1053	0.447	0.089	0.75	402	34	38.18	89.22	4.6
L002	西南石油大学学报自然科学版	1376	1.094	0.067	0.88	201	14	14.61	119.02	7.9
M041	稀土	811	0.500	0.102	0.73	169	9	20.84	79.36	7.0
M029	稀有金属	1580	1.213	0.170	0.82	227	12	14.37	160.22	5.4
M052	稀有金属材料与工程	3572	0.591	0.042	0.76	294	9	8.23	366.68	5.8
S505	系统仿真技术	123	0.280	0.000	0.95	83	22	67.48	12.14	4.7
S003	系统仿真学报	2826	0.728	0.190	0.91	549	48	19.43	275.45	6.6
B028	系统工程	1306	0.688	0.176	0.95	361	29	27.64	133.23	6.2
B025	系统工程理论与实践	4675	1.599	0.177	0.86	633	18	13.54	469.11	6.2
B018	系统工程学报	980	0.867	0.014	0.79	233	10	23.78	98.67	6.3
R059	系统工程与电子技术	2935	1.009	0.166	0.86	432	28	14.72	292.53	5.0
B027	系统管理学报	1111	0.988	0.081	0.78	240	12	21.60	113.87	4.8
B021	系统科学与数学	671	0.673	0.024	0.80	219	17	32.64	67.06	4.4
G188	细胞与分子免疫学杂志	1258	0.745	0.039	0.92	406	61	32.27	95.49	4.5
A063	厦门大学学报自然科学版	684	0.440	0.270	0.97	381	83	55.70	58.46	8.4
V087	现代城市研究	1215	0.674	0.085	0.74	225	10	18.52	119.18	5.1
E027	现代地质	2314	1.100	0.207	0.87	270	19	11.67	187.54	8.9
R089	现代电力	527	1.307	0.107	0.90	124	15	23.53	49.41	3.7
R748	现代电子技术	3481	0.668	0.074	0.81	470	13	13.50	338.80	3.4
Y561	现代防御技术	586	0.472	0.010	0.86	126	11	21.50	60.11	5.3
U634	现代纺织技术	202	0.347	0.102	0.78	56	4	27.72	25.70	3.9
G300	现代妇产科进展	1285	0.892	0.185	0.94	297	33	23.11	100.62	3.8
T063	现代化工	1831	0.488	0.078	0.84	410	26	22.39	175.94	4.0
G653	现代检验医学杂志	940	0.778	0.078	0.66	249	21	26.49	73.92	3.3

表 4-1　2020 年中国科技核心期刊（中文）被引用指标刊名字顺索引（续）

CODE	刊名	核心总被引频次	核心影响因子	核心即年指标	核心他引率	核心引用刊数	核心开放因子	核心扩散因子	核心权威因子	核心被引半衰期
N100	现代科学仪器	300	0.024	0.000	0.95	171	34	57.00	25.46	11.4
G321	现代口腔医学杂志	287	0.360	0.019	0.94	125	17	43.55	25.26	7.8
R087	现代雷达	986	0.499	0.112	0.72	153	9	15.52	99.96	5.3
G438	现代临床护理	820	0.674	0.321	0.87	209	13	25.49	63.84	3.6
G798	现代泌尿生殖肿瘤杂志	214	0.376	0.000	0.87	96	13	44.86	17.34	3.8
G341	现代泌尿外科杂志	895	0.603	0.136	0.83	225	16	25.14	72.34	4.0
G067	现代免疫学	353	0.595	0.105	0.95	213	52	60.34	26.65	4.0
H417	现代农药	448	0.482	0.070	0.86	124	9	27.68	34.69	5.8
F250	现代生物医学进展	4349	0.447	0.039	0.89	734	65	16.88	333.43	4.0
U010	现代食品科技	3756	0.947	0.163	0.91	391	8	10.41	261.42	4.8
T929	现代塑料加工应用	309	0.461	0.089	0.88	70	5	22.65	33.88	4.7
X673	现代隧道技术	1395	0.846	0.110	0.77	187	5	13.41	128.72	5.4
G451	现代消化及介入诊疗	1055	0.714	0.095	0.69	255	18	24.17	81.45	3.1
G223	现代医学	900	0.436	0.087	0.81	294	34	32.67	69.67	3.5
C093	现代应用物理	85	0.267	0.083	0.74	41	21	48.24	8.63	3.5
G963	现代预防医学	7029	1.234	0.154	0.77	726	17	10.33	557.58	3.7
N111	现代制造工程	1024	0.402	0.026	0.87	278	19	27.15	100.75	5.0
G951	现代中西医结合杂志	5831	0.802	0.070	0.92	534	32	9.16	424.00	3.8
G486	现代中药研究与实践	729	0.615	0.067	0.93	202	23	27.71	51.69	6.7
G896	现代中医临床	740	1.000	0.135	0.87	132	15	17.84	51.12	4.9
G826	现代肿瘤医学	3210	0.584	0.184	0.89	541	65	16.85	250.64	3.4
T073	香料香精化妆品	386	0.341	0.017	0.85	135	15	34.97	29.64	6.5
A018	湘潭大学自然科学学报	204	0.288	0.000	0.96	135	33	66.18	19.43	4.1
T064	橡胶工业	787	0.664	0.083	0.61	165	3	20.97	84.64	4.6
T953	消防科学与技术	1677	0.570	0.065	0.42	225	1	13.42	157.93	3.9
Q937	消化肿瘤杂志电子版	204	0.761	0.000	0.80	110	21	53.92	16.50	3.3
P010	小型内燃机与车辆技术	147	0.156	0.000	0.86	68	11	46.26	14.63	5.5
S027	小型微型计算机系统	1967	0.975	0.104	0.82	326	13	16.57	191.76	3.2
G817	协和医学杂志	635	1.474	0.924	0.87	311	13	48.98	50.34	2.5
G083	心肺血管病杂志	1204	0.832	0.228	0.65	287	15	23.84	94.68	3.3
S918	心理科学	2112	0.709	0.112	0.91	378	17	17.90	226.38	8.4
S919	心理科学进展	3231	1.076	0.206	0.90	514	23	15.91	342.13	7.0
E046	心理学报	2875	0.983	0.321	0.93	425	23	14.78	309.11	9.2
G476	心脑血管病防治	695	0.994	0.073	0.96	257	49	36.98	52.76	3.0
G419	心血管病学进展	983	0.745	0.068	0.77	276	26	28.08	74.71	3.2
G578	心血管康复医学杂志	565	0.547	0.059	0.95	199	32	35.22	42.76	3.6
G260	心脏杂志	446	0.359	0.329	0.94	206	38	46.19	33.83	4.0
Q368	新发传染病电子杂志	280	1.707	0.459	0.78	124	21	44.29	22.72	2.2
E159	新疆地质	847	0.758	0.079	0.85	109	8	12.87	68.97	10.8
H276	新疆农业科学	1669	0.611	0.106	0.87	272	32	16.30	118.67	6.4
L007	新疆石油地质	1784	2.110	0.086	0.77	133	10	7.46	146.64	6.7
G980	新疆医科大学学报	1235	0.602	0.065	0.82	398	50	32.23	95.40	3.8
G328	新乡医学院学报	1016	0.917	0.075	0.85	312	27	30.71	78.75	2.9

表 4-1 2020 年中国科技核心期刊（中文）被引用指标刊名字顺索引（续）

CODE	刊名	核心总被引频次	核心影响因子	核心即年指标	核心他引率	核心引用刊数	核心开放因子	核心扩散因子	核心权威因子	核心被引半衰期
V056	新型建筑材料	1461	0.469	0.037	0.67	207	4	14.17	145.49	4.6
M102	新型炭材料	482	0.789	0.063	0.77	158	14	32.78	48.88	5.7
G721	新医学	688	0.526	0.253	0.80	313	49	45.49	53.50	4.2
R034	信号处理	1211	0.910	0.095	0.77	256	18	21.14	118.57	4.2
S081	信息安全学报	150	0.689	0.020	0.89	62	21	41.33	14.79	3.3
S087	信息安全研究	242	0.272	0.065	0.84	112	21	46.28	23.87	3.4
R519	信息技术	910	0.483	0.087	0.83	251	14	27.58	87.78	3.1
S046	信息网络安全	504	0.478	0.054	0.97	148	18	29.37	49.59	3.8
S002	信息与控制	747	1.311	0.089	0.86	266	25	35.61	73.44	4.1
A510	信阳师范学院学报自然科学版	335	0.394	0.152	0.70	158	16	47.16	29.56	3.9
G565	徐州医科大学学报	266	0.138	0.029	0.98	175	47	65.79	20.92	4.7
H023	畜牧兽医学报	1981	0.980	0.131	0.82	211	8	10.65	139.41	4.7
H218	畜牧与兽医	1233	0.463	0.056	0.91	200	11	16.22	87.78	5.2
Q958	血管与腔内血管外科杂志	189	0.312	0.031	0.91	99	21	52.38	15.15	3.2
G627	循证医学	310	0.411	0.000	1.00	201	58	64.84	24.09	6.8
R069	压电与声光	661	0.450	0.070	0.73	205	17	31.01	65.77	4.9
N052	压力容器	923	1.185	0.152	0.63	141	3	15.28	93.73	4.5
H200	亚热带农业研究	254	0.584	0.188	0.90	103	21	40.55	18.55	6.3
E047	亚热带资源与环境学报	294	0.639	0.174	0.89	146	24	49.66	23.49	5.8
U562	烟草科技	1898	0.976	0.118	0.69	212	5	11.17	142.65	6.7
E053	岩矿测试	1493	1.282	0.275	0.74	216	4	14.47	128.16	7.7
E157	岩石矿物学杂志	1584	0.667	0.196	0.92	179	10	11.30	127.11	10.6
C005	岩石力学与工程学报	11056	2.422	0.309	0.93	444	19	4.02	992.30	9.7
E309	岩石学报	10975	2.113	0.539	0.79	207	7	1.89	867.94	9.3
V574	岩土工程技术	189	0.401	0.027	0.76	80	13	42.33	17.54	7.4
V037	岩土工程学报	7184	1.617	0.211	0.90	402	22	5.60	653.90	8.6
C004	岩土力学	10394	1.662	0.400	0.88	466	24	4.48	941.76	7.5
E163	岩性油气藏	1389	2.014	0.377	0.68	115	8	8.28	113.56	4.0
S821	研究与发展管理	1151	1.642	0.326	0.91	204	11	17.72	124.09	5.2
E500	盐湖研究	298	0.516	0.000	0.81	106	12	35.57	27.15	10.2
T054	盐科学与化工	386	0.232	0.042	0.60	113	3	29.27	36.84	5.4
G962	眼科	387	0.326	0.110	0.89	119	9	30.75	31.98	5.1
G554	眼科新进展	1324	0.809	0.076	0.89	246	10	18.58	106.74	3.9
J025	燕山大学学报	347	0.649	0.110	0.84	169	28	48.70	33.28	4.6
H016	扬州大学学报农业与生命科学版	596	0.525	0.094	0.87	189	23	31.71	42.46	7.2
S031	遥测遥控	164	0.287	0.000	0.90	89	18	54.27	16.25	5.4
Z543	遥感技术与应用	1655	1.357	0.168	0.87	364	34	21.99	140.14	5.7
S024	遥感信息	929	0.798	0.058	0.92	291	33	31.32	80.61	6.1
Z006	遥感学报	2336	1.945	0.252	0.90	406	27	17.38	200.05	6.5
G403	药物不良反应杂志	683	0.684	0.197	0.86	211	13	30.89	51.32	6.5
G087	药物分析杂志	2826	1.117	0.128	0.86	370	18	13.09	206.45	5.7
G877	药物流行病学杂志	661	0.582	0.072	0.92	192	14	29.05	48.81	3.9
G836	药物评价研究	1637	0.768	0.318	0.85	340	25	20.77	117.53	3.0

表 4-1　2020 年中国科技核心期刊（中文）被引用指标刊名字顺索引（续）

CODE	刊名	核心总被引频次	核心影响因子	核心即年指标	核心他引率	核心引用刊数	核心开放因子	核心扩散因子	核心权威因子	核心被引半衰期
G514	药物生物技术	453	0.463	0.016	0.84	229	45	50.55	33.57	5.0
G977	药学服务与研究	404	0.430	0.073	0.91	174	24	43.07	30.08	4.6
G440	药学实践杂志	564	0.711	0.122	0.96	229	34	40.60	41.13	5.0
G008	药学学报	3148	1.471	0.521	0.86	495	21	15.72	226.98	4.9
G527	药学与临床研究	541	0.502	0.024	0.97	226	38	41.77	39.99	5.0
M023	冶金分析	1218	0.899	0.104	0.65	141	3	11.58	108.98	5.6
M047	冶金能源	245	0.468	0.157	0.68	68	2	27.76	24.76	4.2
C503	液晶与显示	747	0.888	0.205	0.63	125	3	16.73	73.27	3.8
N079	液压气动与密封	739	0.314	0.042	0.61	128	2	17.32	71.38	5.0
N035	液压与气动	2047	1.503	0.235	0.52	197	2	9.62	195.50	3.7
G605	医疗卫生装备	1600	0.631	0.199	0.74	320	4	20.00	137.46	4.3
G482	医学动物防制	990	0.501	0.099	0.75	205	8	20.71	79.51	3.8
G333	医学分子生物学杂志	342	1.011	0.026	0.95	149	19	43.57	26.53	2.8
G281	医学研究生学报	1886	1.132	0.261	0.75	486	32	25.77	147.61	4.0
G480	医学研究杂志	1562	0.462	0.044	0.93	501	84	32.07	120.06	4.1
G265	医学影像学杂志	2827	0.703	0.041	0.67	361	7	12.77	238.60	4.0
G964	医学与社会	1462	0.845	0.176	0.77	279	7	19.08	120.25	3.4
G308	医学与哲学	2604	0.699	0.193	0.78	502	21	19.28	212.13	4.3
G860	医学综述	4544	0.752	0.139	0.96	729	85	16.04	346.43	4.1
G844	医药导报	2417	0.950	1.473	0.89	489	35	20.23	178.60	3.1
G088	医用生物力学	644	0.814	0.042	0.63	177	4	27.48	56.64	4.7
N074	仪表技术与传感器	1485	0.682	0.019	0.81	301	15	20.27	142.69	4.2
N066	仪器仪表学报	5098	2.344	0.268	0.83	514	13	10.08	486.85	4.2
F024	遗传	1754	1.354	0.598	0.86	446	35	25.43	129.70	7.8
G455	疑难病杂志	1443	0.925	0.224	0.84	363	30	25.16	109.63	3.4
T104	印染助剂	343	0.320	0.007	0.72	103	7	30.03	37.81	4.4
G089	营养学报	1300	0.793	0.090	0.97	379	39	29.15	96.17	7.1
D014	影像科学与光化学	135	0.230	0.049	0.87	87	21	64.44	12.79	4.0
G649	影像诊断与介入放射学	394	0.515	0.079	0.85	151	16	38.32	32.94	4.5
B008	应用概率统计	144	0.200	0.023	0.91	76	15	52.78	14.56	10.0
C109	应用光学	1038	0.961	0.098	0.71	188	5	18.11	100.42	4.6
E123	应用海洋学学报	633	0.845	0.029	0.92	180	18	28.44	51.19	9.5
T949	应用化工	1987	0.565	0.061	0.84	463	39	23.30	185.06	3.7
D016	应用化学	767	0.624	0.064	0.85	264	34	34.42	72.95	5.5
A580	应用基础与工程科学学报	1054	0.883	0.073	0.82	391	49	37.10	93.88	6.0
R033	应用激光	685	0.764	0.055	0.74	150	7	21.90	67.61	3.7
X693	应用科技	251	0.335	0.063	0.89	152	35	60.56	24.27	5.2
A015	应用科学学报	383	0.616	0.192	0.95	239	58	62.40	36.56	5.3
F035	应用昆虫学报	2168	1.279	0.154	0.85	244	8	11.25	158.20	8.1
C008	应用力学学报	1302	0.749	0.054	0.56	297	5	22.81	125.85	4.6
E122	应用气象学报	2449	2.127	0.477	0.76	273	9	11.15	199.47	9.4
Z018	应用生态学报	13995	2.579	0.415	0.91	596	35	4.26	1059.81	7.1
C052	应用声学	862	0.759	0.066	0.90	273	28	31.67	85.69	5.0

表 4-1　2020 年中国科技核心期刊（中文）被引用指标刊名字顺索引（续）

CODE	刊名	核心总被引频次	核心影响因子	核心即年指标	核心他引率	核心引用刊数	核心开放因子	核心扩散因子	核心权威因子	核心被引半衰期
B011	应用数学	178	0.228	0.020	0.84	65	10	36.52	17.73	4.6
B020	应用数学和力学	691	0.684	0.256	0.74	251	24	36.32	66.91	5.9
B001	应用数学学报	268	0.248	0.093	0.94	95	13	35.45	26.20	7.9
F100	应用与环境生物学报	2159	1.244	0.282	0.88	390	42	18.06	162.60	6.2
M014	硬质合金	297	0.347	0.033	0.64	63	3	21.21	31.49	8.3
L027	油气储运	2241	1.141	1.159	0.49	213	1	9.50	216.13	4.7
L504	油气地质与采收率	1726	2.489	0.343	0.84	145	8	8.40	147.20	5.3
L033	油田化学	1073	0.846	0.070	0.73	107	7	9.97	102.38	6.0
E051	铀矿地质	1112	0.736	0.143	0.82	99	21	8.90	89.17	11.6
K020	铀矿冶	193	0.205	0.017	0.58	55	3	28.50	19.13	9.3
T916	有机硅材料	319	0.506	0.083	0.62	93	6	29.15	34.75	5.5
D025	有机化学	1848	1.001	0.190	0.53	198	2	10.71	174.16	3.3
M036	有色金属工程	751	0.513	0.065	0.84	177	11	23.57	73.18	5.9
M504	有色金属科学与工程	695	0.797	0.146	0.75	179	11	25.76	67.67	5.0
K013	有色金属矿山部分	514	0.659	0.176	0.75	116	11	22.57	47.06	4.6
K580	有色金属选矿部分	781	0.988	0.157	0.77	68	4	8.71	75.78	5.2
M020	有色金属冶炼部分	966	0.726	0.217	0.61	125	4	12.94	97.15	4.3
H998	渔业科学进展	1295	1.099	0.246	0.76	151	8	11.66	97.82	6.5
H220	渔业现代化	571	0.781	0.079	0.75	113	8	19.79	43.58	6.4
Y020	宇航材料工艺	643	0.462	0.039	0.88	200	24	31.10	67.32	8.2
Y008	宇航计测技术	271	0.246	0.071	0.82	115	17	42.44	26.92	6.4
Y024	宇航学报	2264	1.063	0.160	0.70	279	12	12.32	231.89	7.6
H909	玉米科学	2459	1.093	0.188	0.86	195	14	7.93	174.95	8.6
G479	预防医学	1603	0.831	0.315	0.77	342	14	21.34	127.54	3.5
G518	预防医学情报杂志	1213	0.761	0.092	0.88	264	11	21.76	98.31	3.4
H039	园艺学报	4202	1.248	0.215	0.88	252	17	6.00	297.92	7.9
C108	原子核物理评论	221	0.324	0.052	0.57	42	2	19.00	23.68	5.8
Q008	原子能科学技术	1288	0.379	0.074	0.63	239	4	18.56	136.71	6.2
A038	云南大学学报自然科学版	685	0.765	0.109	0.76	323	45	47.15	56.93	4.3
A654	云南民族大学学报自然科学版	209	0.325	0.029	0.89	143	40	68.42	18.28	4.4
H269	云南农业大学学报	1178	0.614	0.091	0.94	274	33	23.26	85.69	7.0
A053	云南师范大学学报自然科学版	223	0.368	0.024	0.82	141	30	63.23	18.57	4.9
G090	云南中医学院学报	668	0.455	0.071	0.90	171	30	25.60	46.45	5.7
B013	运筹学学报	122	0.260	0.184	0.84	66	13	54.10	11.73	5.8
B522	运筹与管理	1565	0.815	0.058	0.80	315	15	20.13	160.18	3.9
H989	杂草学报	623	1.540	0.021	0.79	117	9	18.78	45.28	8.8
H293	杂交水稻	721	0.454	0.046	0.69	109	6	15.12	51.33	7.1
E148	灾害学	1502	1.174	0.120	0.85	359	34	23.90	130.76	5.2
Y057	载人航天	408	0.266	0.057	0.81	136	13	33.33	41.31	4.9
U643	造纸科学与技术	221	0.333	0.209	0.57	86	3	38.91	23.12	3.9
C100	噪声与振动控制	1188	0.558	0.039	0.78	273	19	22.98	116.01	5.4
M043	轧钢	734	1.033	0.242	0.39	50	1	6.81	75.38	4.0
T569	粘接	446	0.277	0.017	0.81	118	6	26.46	47.95	4.4

表 4-1 2020 年中国科技核心期刊（中文）被引用指标刊名字顺索引（续）

CODE	刊名	核心总被引频次	核心影响因子	核心即年指标	核心他引率	核心引用刊数	核心开放因子	核心扩散因子	核心权威因子	核心被引半衰期
Y521	战术导弹技术	545	0.866	0.198	0.81	116	6	21.28	56.33	4.2
A017	浙江大学学报工学版	2149	0.861	0.071	0.93	617	89	28.71	203.76	5.7
A002	浙江大学学报理学版	620	0.588	0.083	0.96	391	103	63.06	55.22	6.9
H035	浙江大学学报农业与生命科学版	937	0.808	0.150	0.98	305	50	32.55	69.68	9.7
G091	浙江大学学报医学版	645	0.682	1.710	0.98	367	94	56.90	50.08	3.2
J016	浙江工业大学学报	668	0.855	0.048	0.62	277	14	41.47	61.96	4.4
H019	浙江农林大学学报	1357	1.201	0.143	0.88	302	30	22.25	104.53	5.7
H201	浙江农业学报	1641	0.831	0.138	0.93	353	42	21.51	120.25	4.8
G810	浙江医学	1713	0.504	0.126	0.96	505	87	29.48	133.84	3.1
G092	浙江中医药大学学报	1610	0.762	0.113	0.92	265	18	16.46	111.95	5.5
G093	针刺研究	2402	2.509	0.225	0.78	219	8	9.12	164.67	4.4
G488	针灸临床杂志	2363	1.067	0.144	0.90	183	13	7.74	162.67	4.9
N086	真空	391	0.463	0.028	0.75	139	8	35.55	40.49	6.7
C038	真空与低温	252	0.406	0.104	0.71	94	8	37.30	26.20	5.9
G259	诊断病理学杂志	826	0.498	0.029	0.84	261	19	31.60	67.58	4.5
G615	诊断学理论与实践	410	0.453	0.060	0.96	241	63	58.78	32.53	4.6
Y010	振动测试与诊断	1267	0.819	0.031	0.85	298	25	23.52	122.79	4.9
Y004	振动工程学报	1236	0.711	0.049	0.91	292	26	23.62	120.03	6.8
N030	振动与冲击	7757	1.005	0.070	0.77	552	29	7.12	750.29	5.1
E316	震灾防御技术	375	0.412	0.000	0.74	84	7	22.40	34.20	6.2
J012	郑州大学学报工学版	517	0.613	0.042	0.79	264	43	51.06	48.84	5.8
A019	郑州大学学报理学版	251	0.582	0.159	0.77	146	26	58.17	23.50	3.5
G036	郑州大学学报医学版	1023	0.869	0.243	0.91	393	48	38.42	80.45	3.7
G835	职业卫生与应急救援	548	0.649	0.311	0.80	132	21	24.09	44.77	3.1
G884	职业与健康	3047	0.663	0.057	0.69	433	10	14.21	243.04	3.7
H577	植物保护	3839	2.914	0.738	0.82	240	12	6.25	277.26	3.7
H014	植物保护学报	2134	1.234	0.159	0.85	193	14	9.04	152.93	5.8
H052	植物病理学报	1283	0.971	0.214	0.94	175	19	13.64	91.23	9.7
H584	植物检疫	627	0.482	0.139	0.69	120	9	19.14	46.10	8.2
F008	植物科学学报	1126	0.940	0.094	0.94	244	30	21.67	82.90	7.4
F038	植物生理学报	3572	1.329	0.111	0.88	306	27	8.57	255.49	6.8
F009	植物生态学报	4819	1.888	0.396	0.94	351	20	7.28	362.81	10.0
F023	植物学报	1585	1.361	0.150	0.94	273	32	17.22	114.64	10.2
F050	植物研究	1150	0.910	0.059	0.92	223	23	19.39	84.81	7.1
H238	植物遗传资源学报	2439	1.884	0.363	0.83	202	13	8.28	172.07	5.7
H890	植物营养与肥料学报	6413	2.488	0.269	0.90	306	21	4.77	463.97	6.8
Z551	植物资源与环境学报	748	1.041	0.092	0.91	196	28	26.20	54.75	7.4
N091	指挥控制与仿真	635	0.559	0.065	0.85	144	8	22.68	64.82	4.7
N094	指挥与控制学报	393	1.570	0.333	0.57	67	21	17.05	41.52	3.4
U011	制冷学报	700	0.675	0.038	0.66	134	4	19.14	67.58	5.1
U640	制冷与空调（四川）	262	0.265	0.000	0.63	80	3	30.53	26.45	5.0
N046	制造技术与机床	1051	0.365	0.041	0.78	189	9	17.98	104.47	4.2
S023	制造业自动化	1212	0.343	0.043	0.88	310	27	25.58	117.86	5.4

表 4-1 2020 年中国科技核心期刊（中文）被引用指标刊名字顺索引（续）

CODE	刊名	核心总被引频次	核心影响因子	核心即年指标	核心他引率	核心引用刊数	核心开放因子	核心扩散因子	核心权威因子	核心被引半衰期
C034	质谱学报	595	0.993	0.164	0.91	181	21	30.42	46.59	5.1
R072	智慧电力	1752	2.787	0.491	0.76	123	5	7.02	160.92	2.3
S052	智能系统学报	831	1.277	0.155	0.87	273	26	32.85	80.61	3.5
G007	中草药	12011	2.191	1.244	0.84	663	19	5.52	848.31	3.9
G520	中成药	5370	1.152	0.116	0.89	489	23	9.11	380.60	4.9
G546	中国 CT 和 MRI 杂志	2398	0.790	0.118	0.60	285	21	11.88	202.88	3.4
Q940	中国癌症防治杂志	318	0.603	0.162	0.82	160	21	50.31	25.11	3.2
G538	中国癌症杂志	1399	1.948	0.275	0.97	396	71	28.31	111.18	3.7
G985	中国艾滋病性病	2251	1.308	0.086	0.69	201	7	8.93	179.07	3.5
G129	中国安全科学学报	3236	1.173	0.165	0.75	479	12	14.80	301.12	5.5
Z552	中国安全生产科学技术	2507	1.072	0.160	0.79	408	13	16.27	232.50	4.3
F048	中国比较医学杂志	1174	0.822	0.128	0.80	306	17	26.06	87.70	4.0
N103	中国表面工程	790	0.878	0.000	0.89	168	11	21.27	81.39	5.4
G750	中国病案	1601	0.757	0.112	0.53	258	3	16.11	128.17	3.2
G769	中国病毒病杂志	802	1.503	2.355	0.90	253	25	31.55	62.93	2.8
G096	中国病理生理杂志	2457	1.178	0.340	0.80	472	42	19.21	183.54	3.9
G339	中国病原生物学杂志	1332	0.712	0.045	0.79	333	18	25.00	104.44	4.0
M053	中国材料进展	988	0.624	0.073	0.95	283	30	28.64	100.81	6.5
H213	中国草地学报	1694	1.645	0.216	0.75	191	5	11.28	120.61	6.7
N830	中国测试	1007	0.522	0.066	0.88	369	44	36.64	92.87	3.8
G097	中国超声医学杂志	2230	1.183	0.101	0.76	324	15	14.53	184.39	4.0
G529	中国卒中杂志	1160	0.913	0.173	0.92	293	43	25.26	89.34	3.7
G901	中国当代儿科杂志	2054	1.300	1.102	0.95	410	46	19.96	161.22	3.8
H939	中国稻米	1111	0.955	0.132	0.83	158	13	14.22	79.99	4.5
E654	中国地质	3769	2.372	0.588	0.87	263	11	6.98	304.63	7.3
E604	中国地质灾害与防治学报	1011	0.957	0.118	0.85	215	22	21.27	87.62	7.2
R040	中国电机工程学报	22776	2.935	0.477	0.84	599	10	2.63	2108.94	5.6
R511	中国电力	2877	1.508	0.376	0.78	315	11	10.95	267.62	3.9
G234	中国动脉硬化杂志	1370	1.157	0.302	0.89	326	37	23.80	102.83	3.6
H891	中国动物传染病学报	361	0.544	0.217	0.76	94	6	26.04	26.32	4.1
G825	中国儿童保健杂志	1976	0.878	0.328	0.85	346	29	17.51	158.56	4.2
G270	中国耳鼻咽喉颅底外科杂志	525	0.596	0.051	0.82	171	11	32.57	42.93	4.3
G543	中国耳鼻咽喉头颈外科	939	0.663	0.056	0.78	249	11	26.52	76.14	4.7
G100	中国法医学杂志	690	0.433	0.067	0.68	140	3	20.29	67.36	5.4
G290	中国防痨杂志	1636	1.065	0.194	0.65	213	7	13.02	130.28	4.5
V023	中国非金属矿工业导刊	437	0.467	0.152	0.63	108	4	24.71	41.28	7.6
G320	中国肺癌杂志	1500	2.026	0.242	0.95	380	54	25.33	117.98	3.7
G402	中国分子心脏病学杂志	222	0.374	0.019	0.91	134	31	60.36	16.96	4.2
V568	中国粉体技术	333	0.281	0.087	0.92	175	39	52.55	31.15	5.9
G587	中国辐射卫生	962	1.039	0.048	0.41	126	1	13.10	86.78	3.6
M007	中国腐蚀与防护学报	792	0.636	0.063	0.89	154	7	19.44	81.96	9.3
G456	中国妇产科临床杂志	983	0.955	0.142	0.95	257	33	26.14	77.34	3.4
G687	中国妇幼健康研究	1552	0.676	0.115	0.83	342	21	22.04	121.74	3.5

表 4-1　2020 年中国科技核心期刊（中文）被引用指标刊名字顺索引（续）

CODE	刊名	核心总被引频次	核心影响因子	核心即年指标	核心他引率	核心引用刊数	核心开放因子	核心扩散因子	核心权威因子	核心被引半衰期
G475	中国肝脏病杂志电子版	399	0.911	0.068	0.89	159	19	39.85	30.46	4.8
G631	中国感染控制杂志	2296	1.536	2.958	0.91	441	33	19.21	183.10	2.8
G337	中国感染与化疗杂志	1432	2.059	0.420	0.93	298	29	20.81	111.27	3.6
X035	中国港湾建设	607	0.315	0.106	0.53	105	2	17.30	59.89	5.1
V036	中国给水排水	3522	0.624	0.042	0.77	371	8	10.53	317.26	5.7
N089	中国工程机械学报	443	0.630	0.020	0.93	173	24	39.05	42.57	4.6
N754	中国工程科学	1687	1.463	0.190	0.96	728	144	43.15	152.78	7.6
G244	中国工业医学杂志	720	0.448	0.027	0.83	143	4	19.86	58.22	4.8
G102	中国公共卫生	4382	1.428	0.550	0.87	703	31	16.04	352.56	4.6
X031	中国公路学报	3320	1.639	0.237	0.85	392	21	11.81	315.85	4.5
G103	中国骨伤	2104	1.363	0.395	0.76	298	16	14.16	162.05	4.1
G249	中国骨与关节损伤杂志	2667	1.081	0.240	0.67	245	6	9.19	210.72	3.3
G857	中国骨与关节杂志	853	0.846	0.131	0.95	215	25	25.21	67.28	3.8
G663	中国骨质疏松杂志	3006	1.599	0.202	0.74	402	28	13.37	227.58	3.7
W021	中国管理科学	3268	1.610	0.224	0.81	400	12	12.24	337.62	4.5
N104	中国惯性技术学报	1186	1.071	0.079	0.79	200	11	16.86	118.53	5.0
C099	中国光学	874	1.438	0.211	0.88	174	6	19.91	85.07	3.7
G637	中国国境卫生检疫杂志	323	0.412	0.081	0.74	106	9	32.82	28.16	4.5
H215	中国果树	884	0.734	0.084	0.82	148	12	16.74	62.87	5.4
L013	中国海上油气	1280	1.047	0.146	0.82	188	14	14.69	110.57	5.7
E313	中国海洋大学学报自然科学版	1592	0.602	0.049	0.93	381	27	23.93	129.82	8.7
L026	中国海洋平台	288	0.277	0.018	0.75	81	7	28.13	27.98	8.6
G104	中国海洋药物	370	0.405	0.042	0.85	131	14	35.41	26.85	8.2
X039	中国航海	471	0.626	0.065	0.84	124	7	26.33	46.34	4.8
G973	中国呼吸与危重监护杂志	1038	1.094	1.740	0.95	324	53	31.21	80.37	3.5
G417	中国护理管理	4045	1.808	0.183	0.92	331	8	8.18	315.45	3.8
Z030	中国环境监测	1675	1.349	0.266	0.81	330	13	19.70	140.78	5.5
Z001	中国环境科学	7616	1.832	0.223	0.78	700	12	9.19	641.40	4.6
N059	中国机械工程	4119	1.029	0.194	0.89	521	27	12.65	403.50	6.1
A079	中国基础科学	231	0.112	0.000	0.98	161	47	69.70	20.84	7.2
R066	中国激光	4217	1.655	0.289	0.74	371	4	8.80	409.32	3.8
R013	中国激光医学杂志	337	1.135	0.029	0.75	120	8	35.61	28.14	3.5
G852	中国急救复苏与灾害医学杂志	1252	0.820	0.097	0.49	208	1	16.61	98.21	3.1
G241	中国急救医学	1402	0.928	0.175	0.91	334	40	23.82	109.02	4.3
G192	中国脊柱脊髓杂志	1717	1.003	0.064	0.91	253	14	14.74	135.55	5.2
G105	中国寄生虫学与寄生虫病杂志	1062	1.454	0.282	0.62	127	3	11.96	86.28	3.9
G560	中国计划生育和妇产科	912	0.690	0.057	0.93	237	28	25.99	71.23	3.2
G907	中国计划生育学杂志	1268	0.823	0.053	0.82	276	21	21.77	99.22	3.0
G787	中国健康教育	2041	1.146	0.149	0.84	289	14	14.16	167.09	4.4
N108	中国舰船研究	736	0.795	0.100	0.78	171	5	23.23	73.64	4.7
T075	中国胶粘剂	577	0.471	0.075	0.74	146	9	25.30	61.27	5.6
G233	中国矫形外科杂志	3006	0.863	0.067	0.87	357	21	11.88	237.43	4.5
G239	中国介入心脏病学杂志	977	1.144	0.277	0.76	235	18	24.05	76.01	4.1

表 4-1 2020 年中国科技核心期刊（中文）被引用指标刊名字顺索引（续）

CODE	刊名	核心总被引频次	核心影响因子	核心即年指标	核心他引率	核心引用刊数	核心开放因子	核心扩散因子	核心权威因子	核心被引半衰期
G206	中国介入影像与治疗学	910	1.057	0.201	0.80	242	20	26.59	74.91	3.4
G323	中国康复	1220	1.242	0.168	0.77	254	14	20.82	92.66	4.0
G400	中国康复理论与实践	2721	1.149	0.428	0.82	423	25	15.55	207.77	4.9
G106	中国康复医学杂志	3375	1.240	0.092	0.90	436	29	12.92	256.48	5.0
G107	中国抗生素杂志	1193	0.908	0.316	0.86	333	38	27.91	90.28	3.6
A098	中国科技论坛	1745	1.010	0.145	0.90	314	13	17.99	184.58	4.5
A108	中国科学 地球科学	4874	2.525	0.471	0.94	485	31	9.95	400.79	8.7
A106	中国科学 化学	1078	0.616	0.065	0.97	411	65	38.13	95.84	9.2
A109	中国科学 技术科学	1340	0.975	0.252	0.95	502	85	37.46	128.15	6.1
A107	中国科学 生命科学	1419	1.332	1.585	0.95	576	102	40.59	108.13	4.2
A105	中国科学 数学	383	0.166	0.769	0.94	175	26	45.69	38.32	5.8
A103	中国科学 物理学力学天文学	743	0.632	0.426	0.88	287	35	38.63	72.95	4.8
Z317	中国科学 信息科学	845	1.004	0.212	0.94	317	52	37.51	82.69	4.4
A081	中国科学基金	560	0.984	0.160	0.94	280	47	50.00	52.25	4.5
A007	中国科学技术大学学报	455	0.269	0.012	0.93	288	67	63.30	43.00	7.6
A102	中国科学院大学学报	600	0.686	0.154	0.87	329	64	54.83	52.80	5.3
A636	中国科学院院刊	2257	2.116	1.258	0.94	691	79	30.62	203.44	3.8
Y003	中国空间科学技术	449	0.597	0.259	0.61	133	7	29.62	47.15	6.1
G441	中国口腔颌面外科杂志	412	0.599	0.232	0.85	150	19	36.41	35.22	4.2
K030	中国矿业	1967	0.696	0.186	0.80	354	12	18.00	178.34	4.5
K015	中国矿业大学学报	3240	2.185	0.628	0.89	415	13	12.81	284.25	7.0
U001	中国粮油学报	2746	1.035	0.123	0.84	279	9	10.16	191.64	5.9
G447	中国临床保健杂志	754	0.621	0.151	0.86	276	38	36.60	57.27	3.5
G108	中国临床解剖学杂志	1041	0.672	0.032	0.86	267	18	25.65	77.52	6.4
G536	中国临床神经科学	486	0.599	0.083	0.78	215	34	44.24	37.71	4.6
G794	中国临床神经外科杂志	898	0.666	0.109	0.69	204	11	22.72	73.76	3.4
G221	中国临床心理学杂志	3005	1.343	0.181	0.73	360	8	11.98	277.08	5.9
G754	中国临床研究	1453	0.569	0.124	0.93	402	52	27.67	112.74	3.3
G870	中国临床药理学与治疗学	1514	1.005	0.327	0.90	392	32	25.89	110.79	4.8
G109	中国临床药理学杂志	3979	0.952	0.123	0.83	564	37	14.17	297.62	3.4
G544	中国临床药学杂志	336	0.456	0.063	0.93	152	24	45.24	25.28	4.6
G814	中国临床医生杂志	2411	1.101	0.205	0.86	473	40	19.62	184.54	3.0
G974	中国临床医学	928	0.543	0.991	0.88	390	70	42.03	73.63	3.2
G304	中国临床医学影像杂志	1221	0.729	0.070	0.93	277	24	22.69	101.71	4.1
G110	中国麻风皮肤病杂志	756	0.435	0.040	0.85	202	13	26.72	59.06	4.6
H212	中国麻业科学	405	0.533	0.133	0.60	91	5	22.47	31.14	8.3
G613	中国慢性病预防与控制	1645	1.093	0.140	0.91	347	27	21.09	128.84	3.9
G598	中国媒介生物学及控制杂志	1521	1.057	0.201	0.68	127	2	8.35	133.62	5.5
K037	中国煤炭地质	847	0.518	0.076	0.78	150	6	17.71	71.05	5.8
G582	中国煤炭工业医学杂志	798	0.458	0.035	0.95	278	36	34.84	60.99	4.6
G428	中国美容医学	1994	0.626	0.069	0.56	270	2	13.54	167.61	3.9
G297	中国美容整形外科杂志	1049	0.987	0.066	0.79	163	3	15.54	88.45	3.2
K036	中国锰业	381	0.253	0.052	0.71	115	8	30.18	34.55	4.2

表 4-1　2020 年中国科技核心期刊（中文）被引用指标刊名字顺索引（续）

CODE	刊名	核心总被引频次	核心影响因子	核心即年指标	核心他引率	核心引用刊数	核心开放因子	核心扩散因子	核心权威因子	核心被引半衰期
H211	中国棉花	810	0.643	0.138	0.57	93	2	11.48	59.37	5.5
G111	中国免疫学杂志	2513	1.147	0.164	0.78	488	42	19.42	189.58	3.0
K550	中国钼业	302	0.305	0.050	0.74	81	7	26.82	29.84	9.1
G303	中国男科学杂志	557	0.543	0.050	0.85	170	10	30.52	43.31	5.5
H273	中国南方果树	1241	0.638	0.132	0.77	149	9	12.01	87.83	5.7
G422	中国脑血管病杂志	947	1.367	0.282	0.91	249	41	26.29	73.94	3.6
G277	中国内镜杂志	1579	0.993	0.094	0.90	326	39	20.65	126.85	4.0
R524	中国能源	427	0.685	0.206	0.83	167	23	39.11	40.19	4.4
U609	中国酿造	3797	1.287	0.130	0.70	277	4	7.30	254.09	4.3
W005	中国农村水利水电	1971	0.525	0.043	0.81	386	15	19.58	165.63	5.0
H958	中国农学通报	9601	0.752	0.113	0.91	626	44	6.52	703.19	7.3
H027	中国农业大学学报	2323	1.098	0.177	0.96	467	49	20.10	177.94	5.0
H567	中国农业科技导报	1554	0.956	0.147	0.95	345	46	22.20	114.89	4.9
H030	中国农业科学	11985	2.190	0.351	0.93	513	33	4.28	860.57	7.3
H210	中国农业气象	1718	1.566	0.329	0.86	246	17	14.32	129.35	7.5
H221	中国农业资源与区划	2696	1.443	0.087	0.72	357	16	13.24	220.32	3.3
G311	中国皮肤性病学杂志	1440	0.482	0.094	0.81	279	11	19.38	112.44	4.7
U020	中国皮革	549	0.366	0.125	0.66	101	11	18.40	67.29	7.0
G226	中国普通外科杂志	1984	1.393	0.563	0.76	353	22	17.79	162.67	3.7
G269	中国普外基础与临床杂志	1448	0.931	0.344	0.71	326	20	22.51	118.88	4.0
G776	中国全科医学	6751	1.320	0.335	0.91	704	64	10.43	526.32	3.8
H081	中国热带农业	411	0.355	0.050	0.87	96	6	23.36	29.65	5.7
G629	中国热带医学	1653	0.995	0.196	0.83	360	14	21.78	131.26	3.7
Z546	中国人口资源与环境	5604	3.045	0.388	0.93	566	34	10.10	536.81	5.2
G112	中国人兽共患病学报	1332	0.835	0.525	0.91	287	24	21.55	104.08	4.7
U052	中国乳品工业	930	0.570	0.071	0.88	129	7	13.87	63.74	6.2
S825	中国软科学	4281	2.756	0.344	0.93	525	38	12.26	458.93	5.3
H793	中国森林病虫	434	0.567	0.164	0.82	96	21	22.12	32.07	8.0
E124	中国沙漠	3387	1.836	0.422	0.79	360	15	10.63	264.80	7.5
G366	中国社会医学杂志	717	0.790	0.096	0.91	232	28	32.36	57.96	3.6
G114	中国神经精神疾病杂志	1069	0.783	0.174	0.88	323	41	30.22	84.79	5.4
G242	中国神经免疫学和神经病学杂志	443	0.553	0.134	0.93	196	35	44.24	33.91	4.7
H555	中国生态农业学报	4472	2.005	0.524	0.92	400	31	8.94	332.32	6.7
H044	中国生物防治学报	1584	1.631	0.254	0.84	188	12	11.87	113.47	5.6
F255	中国生物工程杂志	984	0.723	0.263	0.93	370	48	37.60	73.95	5.6
F002	中国生物化学与分子生物学报	764	0.636	0.112	0.90	340	58	44.50	56.51	4.5
G115	中国生物医学工程学报	569	0.872	0.053	0.89	268	33	47.10	50.94	4.9
G258	中国生物制品学杂志	849	0.438	0.132	0.82	263	26	30.98	64.78	4.6
G715	中国生育健康杂志	486	0.613	0.156	0.95	185	30	38.07	38.04	3.3
L001	中国石油大学学报自然科学版	2034	1.075	0.143	0.85	305	21	15.00	178.15	8.2
L532	中国石油勘探	1659	3.564	1.326	0.73	117	8	7.05	135.23	3.9
F047	中国实验动物学报	710	0.817	0.153	0.87	251	21	35.35	52.71	4.6
G604	中国实验方剂学杂志	11264	2.206	0.743	0.86	599	20	5.32	788.96	3.9

表 4-1　2020 年中国科技核心期刊（中文）被引用指标刊名字顺索引（续）

CODE	刊名	核心总被引频次	核心影响因子	核心即年指标	核心他引率	核心引用刊数	核心开放因子	核心扩散因子	核心权威因子	核心被引半衰期
G883	中国实验血液学杂志	1586	0.833	0.057	0.81	364	31	22.95	124.00	3.8
G853	中国实验诊断学	2366	0.575	0.087	0.96	527	60	22.27	183.90	3.6
G273	中国实用儿科杂志	1852	1.343	0.200	0.87	381	31	20.57	144.59	4.2
G228	中国实用妇科与产科杂志	2923	1.993	0.745	0.87	387	27	13.24	229.27	3.3
G305	中国实用护理杂志	2614	0.658	0.082	0.86	348	12	13.31	203.29	4.0
G867	中国实用口腔科杂志	755	0.718	0.026	0.81	163	9	21.59	67.15	4.3
G267	中国实用内科杂志	2424	2.042	0.116	0.98	529	86	21.82	184.75	3.6
G686	中国实用神经疾病杂志	2571	0.684	0.273	0.77	412	21	16.02	197.60	4.0
G272	中国实用外科杂志	4205	2.445	0.756	0.84	449	23	10.68	346.22	3.7
U635	中国食品添加剂	1475	0.725	0.115	0.92	273	10	18.51	104.22	4.8
G429	中国食品卫生杂志	1330	1.292	0.180	0.89	246	9	18.50	99.35	5.0
U007	中国食品学报	3745	1.139	0.158	0.92	366	8	9.77	258.45	4.6
U563	中国食物与营养	1410	0.714	0.077	0.92	344	23	24.40	101.68	5.5
H317	中国兽药杂志	577	0.602	0.000	0.84	155	12	26.86	42.19	5.6
H326	中国兽医科学	1071	0.745	0.181	0.76	153	6	14.29	77.10	4.6
H225	中国兽医学报	1747	0.787	0.042	0.76	222	7	12.71	124.50	4.0
H207	中国蔬菜	1677	0.705	0.148	0.81	203	16	12.10	119.99	6.1
G796	中国输血杂志	2064	0.684	0.046	0.57	242	3	11.72	166.67	4.6
G926	中国数字医学	1806	0.734	0.120	0.69	303	5	16.78	150.34	3.5
H290	中国水产科学	2363	1.563	0.214	0.89	238	13	10.07	178.58	7.7
H020	中国水稻科学	1640	2.024	0.356	0.93	193	18	11.77	117.52	8.9
W557	中国水利水电科学研究院学报	424	0.733	0.092	0.88	160	17	37.74	36.25	5.9
H295	中国水土保持科学	1347	1.126	0.065	0.92	246	17	18.26	105.20	6.9
T022	中国塑料	1111	0.678	0.081	0.86	180	4	16.20	120.78	4.8
G211	中国糖尿病杂志	1777	1.010	0.144	0.94	411	58	23.13	135.38	4.9
G521	中国疼痛医学杂志	1972	1.395	0.389	0.72	344	28	17.44	149.66	4.2
G444	中国体外循环杂志	363	0.773	0.225	0.78	123	15	33.88	28.67	3.5
U501	中国调味品	3641	1.764	0.177	0.43	206	1	5.66	234.45	2.9
X004	中国铁道科学	1605	0.977	0.107	0.83	296	16	18.44	153.44	7.8
G437	中国听力语言康复科学杂志	393	0.496	0.073	0.69	84	3	21.37	32.83	4.5
R083	中国图象图形学报	2033	1.565	0.148	0.90	386	25	18.99	194.39	4.7
H350	中国土地科学	2596	3.179	0.327	0.82	308	16	11.86	233.03	4.3
H233	中国土壤与肥料	2425	1.719	0.157	0.90	247	21	10.19	175.73	5.4
G373	中国微创外科杂志	2120	1.276	0.140	0.83	361	34	17.03	172.98	3.8
G959	中国微侵袭神经外科杂志	749	0.666	0.107	0.68	184	8	24.57	62.04	4.3
G517	中国微生态学杂志	1935	0.950	0.067	0.90	499	56	25.79	144.50	4.3
S725	中国卫生经济	2027	1.079	0.173	0.79	270	8	13.32	168.70	4.1
G253	中国卫生统计	2324	1.076	0.056	0.84	507	31	21.82	188.18	4.8
G540	中国卫生信息管理杂志	1030	1.556	0.233	0.59	160	3	15.53	86.77	3.0
G716	中国卫生政策研究	1231	1.245	0.266	0.87	233	11	18.93	103.28	4.2
G752	中国卫生质量管理	876	0.821	0.135	0.76	173	11	19.75	70.65	3.2
G541	中国卫生资源	738	1.273	0.357	0.87	183	14	24.80	61.08	3.5
K035	中国钨业	304	0.393	0.045	0.68	75	7	24.67	29.81	6.0

表 4-1 2020 年中国科技核心期刊（中文）被引用指标刊名字顺索引（续）

CODE	刊名	核心总被引频次	核心影响因子	核心即年指标	核心他引率	核心引用刊数	核心开放因子	核心扩散因子	核心权威因子	核心被引半衰期
M022	中国稀土学报	970	1.118	0.106	0.80	204	8	21.03	94.45	6.3
F025	中国细胞生物学学报	885	0.518	0.052	0.93	382	69	43.16	65.92	4.6
G841	中国现代普通外科进展	862	0.576	0.067	0.87	243	23	28.19	69.96	3.5
G623	中国现代神经疾病杂志	800	0.925	0.085	0.96	305	54	38.13	61.99	4.0
G885	中国现代手术学杂志	231	0.421	0.052	0.95	125	28	54.11	18.38	3.5
G237	中国现代医学杂志	3265	0.706	0.146	0.98	615	79	18.84	253.05	3.7
G849	中国现代应用药学	2254	0.928	0.245	0.78	409	16	18.15	164.26	3.2
G377	中国现代中药	1990	1.051	0.175	0.91	314	19	15.78	140.27	4.1
G284	中国消毒学杂志	1798	0.722	0.799	0.74	365	14	20.30	144.24	3.7
G765	中国小儿急救医学	896	0.786	0.206	0.75	229	18	25.56	70.64	3.6
G845	中国小儿血液与肿瘤杂志	227	0.649	0.027	0.89	114	22	50.22	17.98	3.9
G298	中国斜视与小儿眼科杂志	279	0.472	0.028	0.81	72	6	25.81	23.07	5.5
G117	中国心理卫生杂志	2758	1.077	0.316	0.92	449	25	16.28	234.65	8.6
G718	中国心血管病研究	987	0.847	0.125	0.71	232	14	23.51	76.29	3.2
G380	中国心血管杂志	1021	2.917	0.129	0.89	315	46	30.85	78.53	2.0
G203	中国心脏起搏与心电生理杂志	569	0.877	0.121	0.70	161	7	28.30	44.37	4.2
G250	中国新药与临床杂志	964	0.890	0.211	0.92	299	32	31.02	72.27	4.6
G747	中国新药杂志	3060	0.876	0.097	0.91	488	30	15.95	227.70	4.9
G727	中国性科学	1692	0.587	0.038	0.77	279	20	16.49	132.27	3.5
G232	中国胸心血管外科临床杂志	994	0.723	0.443	0.82	273	30	27.46	79.34	3.5
G118	中国修复重建外科杂志	2249	1.516	0.314	0.80	332	15	14.76	176.65	3.6
H294	中国畜牧兽医	2874	0.973	0.108	0.82	293	8	10.19	202.45	4.7
H242	中国畜牧杂志	2153	0.671	0.178	0.85	223	6	10.36	151.94	5.2
G908	中国学校卫生	3542	0.997	0.171	0.71	331	7	9.35	295.76	4.1
G464	中国血管外科杂志电子版	431	0.793	0.066	0.80	152	15	35.27	34.95	3.7
G675	中国血吸虫病防治杂志	1418	1.721	0.541	0.60	138	2	9.73	115.36	3.7
G633	中国血液净化	1196	0.937	0.051	0.84	244	20	20.40	92.87	4.4
G119	中国循环杂志	3994	4.556	0.531	0.89	528	52	13.22	307.63	2.8
G756	中国循证儿科杂志	807	1.090	0.670	0.94	269	38	33.33	63.46	4.8
G645	中国循证心血管医学杂志	1799	0.854	0.110	0.88	371	38	20.62	136.83	3.4
G396	中国循证医学杂志	2294	1.648	1.651	0.92	543	54	23.67	176.81	4.0
H208	中国烟草科学	1458	1.491	0.183	0.79	163	8	11.18	105.28	7.3
U647	中国烟草学报	1131	1.126	0.090	0.86	177	8	15.65	83.20	6.7
E303	中国岩溶	1144	0.926	0.065	0.76	228	18	19.93	92.89	8.1
G619	中国眼耳鼻喉科杂志	406	0.531	0.063	0.96	160	21	39.41	32.98	4.5
G318	中国药房	6498	1.211	0.180	0.92	639	34	9.83	478.05	4.1
G120	中国药科大学学报	743	0.789	0.062	0.92	263	31	35.40	54.57	6.7
G121	中国药理学通报	3234	1.458	0.520	0.84	521	35	16.11	234.56	4.1
G122	中国药理学与毒理学杂志	995	0.902	0.080	0.96	325	47	32.66	72.84	4.8
G878	中国药师	2446	0.649	0.126	0.85	426	26	17.42	178.98	3.9
G913	中国药事	1092	0.676	0.136	0.87	245	17	22.44	81.10	4.4
G220	中国药物化学杂志	351	0.305	0.010	0.92	140	19	39.89	27.00	9.3
G227	中国药物警戒	1236	0.907	0.166	0.75	235	11	19.01	90.66	5.0

表 4-1 2020 年中国科技核心期刊（中文）被引用指标刊名字顺索引（续）

CODE	刊名	核心总被引频次	核心影响因子	核心即年指标	核心他引率	核心引用刊数	核心开放因子	核心扩散因子	核心权威因子	核心被引半衰期
G248	中国药物依赖性杂志	362	0.385	0.045	0.66	120	7	33.15	31.49	5.9
G713	中国药物应用与监测	470	0.697	0.149	0.74	151	11	32.13	35.02	4.0
G009	中国药学杂志	3347	0.923	0.383	0.90	512	26	15.30	242.69	5.9
G755	中国药业	2789	0.547	0.160	0.77	455	26	16.31	204.91	4.4
M628	中国冶金	1135	1.508	0.312	0.68	108	2	9.52	114.74	2.8
G809	中国医刊	1722	0.915	0.133	0.85	428	33	24.85	134.01	3.4
G123	中国医科大学学报	1195	0.758	0.129	0.98	439	76	36.74	93.45	3.9
G124	中国医疗器械杂志	428	0.512	0.077	0.93	172	13	40.19	37.10	4.8
G679	中国医疗设备	2057	0.685	0.128	0.63	384	4	18.67	176.93	3.6
G306	中国医师进修杂志	962	0.655	0.082	0.75	300	24	31.19	75.63	3.6
G313	中国医师杂志	1765	0.720	0.148	0.82	439	45	24.87	138.44	3.0
G236	中国医学计算机成像杂志	609	0.655	0.155	0.88	197	12	32.35	51.30	4.2
G125	中国医学科学院学报	963	0.870	0.104	0.98	456	106	47.35	75.87	5.2
G471	中国医学前沿杂志电子版	1937	1.071	0.121	0.91	456	58	23.54	147.96	3.8
G622	中国医学物理学杂志	808	0.584	0.080	0.84	280	23	34.65	69.00	3.5
G127	中国医学影像技术	3150	1.189	0.405	0.86	426	16	13.52	263.81	3.9
G193	中国医学影像学杂志	1437	0.971	0.070	0.83	323	17	22.48	119.85	4.1
S591	中国医学装备	1675	0.701	0.089	0.71	365	7	21.79	141.19	3.2
G519	中国医药	2132	1.152	0.405	0.85	386	13	18.11	163.82	2.6
G644	中国医药导报	5749	0.732	0.092	0.84	707	53	12.30	434.09	3.5
T019	中国医药工业杂志	1074	0.524	0.079	0.87	240	17	22.35	81.76	5.3
G531	中国医药生物技术	316	0.532	0.109	0.93	189	46	59.81	24.42	4.0
Q918	中国医院	1580	0.878	0.153	0.80	222	9	14.05	128.69	3.9
G454	中国医院管理	3270	1.731	0.591	0.80	343	10	10.49	266.84	3.5
G243	中国医院药学杂志	3493	0.949	0.553	0.91	531	29	15.20	257.45	3.8
G625	中国医院用药评价与分析	1082	0.459	0.119	0.89	284	21	26.25	79.83	3.1
G314	中国疫苗和免疫	1514	1.589	0.439	0.76	142	6	9.38	121.60	4.1
G130	中国应用生理学杂志	803	1.047	0.065	0.72	280	28	34.87	60.49	4.0
G706	中国优生与遗传杂志	1578	0.477	0.016	0.76	292	17	18.50	124.72	3.9
H205	中国油料作物学报	1610	1.422	0.244	0.88	195	16	12.11	114.38	6.5
U032	中国油脂	2454	0.879	0.132	0.74	313	6	12.75	173.57	4.7
M028	中国有色金属学报	3526	0.891	0.066	0.82	358	13	10.15	353.09	7.0
H099	中国预防兽医学报	1021	0.619	0.028	0.78	133	6	13.03	73.36	4.9
G753	中国预防医学杂志	1073	0.727	0.018	0.94	328	31	30.57	85.34	4.3
V039	中国园林	2324	1.080	0.134	0.68	234	4	10.07	214.86	5.0
X012	中国造船	777	0.529	0.054	0.84	140	6	18.02	76.67	7.3
U033	中国造纸学报	213	0.552	0.113	0.73	74	4	34.74	21.58	5.1
H204	中国沼气	459	0.674	0.029	0.78	118	14	25.71	37.81	5.1
G600	中国针灸	5238	1.864	0.341	0.88	266	12	5.08	359.94	5.7
H067	中国真菌学杂志	435	0.813	0.116	0.74	154	16	35.40	33.66	4.7
G945	中国职业医学	1453	1.423	0.243	0.74	229	4	15.76	117.86	3.9
G347	中国中西医结合耳鼻咽喉科杂志	409	0.477	0.035	0.85	130	17	31.78	31.41	4.1
G843	中国中西医结合急救杂志	1103	0.748	0.528	0.86	237	17	21.49	82.42	4.1

表 4-1　2020 年中国科技核心期刊（中文）被引用指标刊名字顺索引（续）

CODE	刊名	核心总被引频次	核心影响因子	核心即年指标	核心他引率	核心引用刊数	核心开放因子	核心扩散因子	核心权威因子	核心被引半衰期
G757	中国中西医结合皮肤性病学杂志	591	0.473	0.065	0.91	162	20	27.41	43.91	3.9
G846	中国中西医结合肾病杂志	2097	0.751	0.113	0.77	283	16	13.50	151.21	4.5
G758	中国中西医结合外科杂志	835	0.630	0.085	0.90	255	34	30.54	62.21	4.1
G528	中国中西医结合消化杂志	1538	1.344	0.115	0.88	236	19	15.34	107.98	3.7
G182	中国中西医结合杂志	4558	1.575	0.735	0.95	465	23	10.20	323.06	5.8
G132	中国中药杂志	13906	2.318	1.238	0.80	691	15	4.97	976.05	4.9
G240	中国中医骨伤科杂志	1534	0.861	0.169	0.75	213	13	13.89	110.61	4.2
G632	中国中医基础医学杂志	4165	0.811	0.119	0.94	314	18	7.54	289.27	5.6
G524	中国中医急症	4219	0.899	0.193	0.88	341	18	8.08	295.08	4.3
G749	中国中医眼科杂志	897	1.138	0.351	0.44	129	1	14.38	67.64	3.9
G832	中国中医药信息杂志	2934	1.050	0.547	0.95	390	24	13.29	206.08	5.0
G642	中国肿瘤	2366	3.176	0.478	0.87	455	42	19.23	186.07	3.4
G133	中国肿瘤临床	2226	1.352	0.083	0.97	485	72	21.79	175.57	4.2
G255	中国肿瘤生物治疗杂志	822	0.928	0.152	0.84	280	37	34.06	63.36	2.9
G576	中国肿瘤外科杂志	367	0.729	0.102	0.80	179	21	48.77	29.58	3.3
G667	中国综合临床	633	0.576	0.073	0.97	259	41	40.92	49.55	4.1
G299	中国组织工程研究	6617	0.898	0.277	0.89	793	66	11.98	518.89	5.1
G134	中国组织化学与细胞化学杂志	350	0.502	0.009	0.93	201	46	57.43	26.50	4.5
G502	中华保健医学杂志	642	0.749	0.125	0.93	269	45	41.90	49.76	3.6
G135	中华病理学杂志	1735	1.194	0.488	0.86	416	38	23.98	141.08	4.1
G195	中华超声影像学杂志	1650	1.054	0.278	0.79	293	15	17.76	135.98	4.3
G136	中华传染病杂志	1295	1.211	1.428	0.90	338	50	26.10	101.98	3.1
G408	中华创伤骨科杂志	2092	1.716	0.234	0.85	216	12	10.33	165.18	4.1
G137	中华创伤杂志	1612	1.172	0.724	0.86	277	22	17.18	128.16	4.1
G098	中华地方病学杂志	1302	1.118	0.091	0.52	212	2	16.28	104.15	3.7
G138	中华儿科杂志	4350	2.012	1.791	0.95	512	37	11.77	341.64	5.4
G139	中华耳鼻咽喉头颈外科杂志	2501	1.064	0.362	0.88	365	12	14.59	201.92	5.9
G743	中华耳科学杂志	1396	1.205	0.197	0.63	192	4	13.75	116.03	4.2
G140	中华放射学杂志	3506	1.501	2.340	0.89	402	12	11.47	295.36	4.4
G141	中华放射医学与防护杂志	1104	1.060	0.262	0.83	222	9	20.11	94.15	3.9
G251	中华放射肿瘤学杂志	1233	0.922	0.090	0.87	241	14	19.55	102.19	3.9
G474	中华肺部疾病杂志电子版	767	0.825	0.177	0.72	243	20	31.68	59.83	3.1
G286	中华风湿病学杂志	1109	0.477	0.040	0.94	335	57	30.21	84.57	8.1
G142	中华妇产科杂志	3601	2.544	0.760	0.95	426	35	11.83	282.65	4.8
G689	中华妇幼临床医学杂志电子版	598	0.696	0.110	0.91	246	42	41.14	47.38	4.1
G262	中华肝胆外科杂志	1432	1.367	0.134	0.75	247	13	17.25	119.08	3.4
G231	中华肝脏病杂志	2280	1.807	0.850	0.87	399	30	17.50	177.67	3.9
G054	中华肝脏外科手术学电子杂志	410	0.826	0.136	0.86	139	15	33.90	33.82	2.9
G235	中华高血压杂志	1816	1.057	0.190	0.82	351	34	19.33	138.35	5.1
G143	中华骨科杂志	2966	1.936	0.250	0.87	345	17	11.63	233.30	4.5
G648	中华骨与关节外科杂志	993	1.177	0.088	0.91	242	23	24.37	78.03	3.6
G728	中华骨质疏松和骨矿盐疾病杂志	836	1.347	0.038	0.94	267	35	31.94	64.79	3.7
G691	中华关节外科杂志电子版	1015	0.828	0.063	0.87	239	21	23.55	78.87	5.3

表 4-1　2020 年中国科技核心期刊（中文）被引用指标刊名字顺索引（续）

CODE	刊名	核心总被引频次	核心影响因子	核心即年指标	核心他引率	核心引用刊数	核心开放因子	核心扩散因子	核心权威因子	核心被引半衰期
G335	中华航海医学与高气压医学杂志	814	1.121	0.161	0.48	145	1	17.81	68.14	3.5
G145	中华核医学与分子影像杂志	934	0.942	0.354	0.71	216	10	23.13	79.52	3.7
G146	中华护理杂志	7783	2.691	1.061	0.84	454	7	5.83	604.09	4.7
G555	中华急诊医学杂志	2828	1.954	0.772	0.81	447	36	15.81	221.18	3.4
G302	中华疾病控制杂志	2922	1.467	0.183	0.92	487	21	16.67	233.47	4.0
G055	中华肩肘外科电子杂志	246	0.887	0.092	0.70	74	8	30.08	19.76	3.5
G174	中华检验医学杂志	1975	1.255	1.794	0.88	434	35	21.97	156.14	3.7
G751	中华健康管理学杂志	595	0.891	0.156	0.68	202	14	33.95	46.74	4.0
G147	中华结核和呼吸杂志	4632	2.137	3.464	0.94	540	64	11.66	359.01	4.7
G060	中华结直肠疾病电子杂志	568	1.004	0.176	0.85	198	21	34.86	45.87	3.2
Q905	中华解剖与临床杂志	367	0.561	0.085	0.87	162	21	44.14	28.41	3.7
Q948	中华介入放射学电子杂志	225	0.792	0.056	0.94	128	21	56.89	18.39	2.8
G159	中华精神科杂志	981	1.237	0.703	0.87	266	28	27.12	77.29	6.1
G579	中华口腔医学研究杂志电子版	228	0.535	0.275	0.93	96	14	42.11	19.96	3.8
G148	中华口腔医学杂志	1292	1.108	0.607	0.82	226	12	17.49	114.24	4.2
G280	中华口腔正畸学杂志	216	0.500	0.042	0.88	52	6	24.07	19.53	5.5
G149	中华劳动卫生职业病杂志	1423	0.726	0.171	0.70	210	4	14.76	114.45	4.9
G639	中华老年多器官疾病杂志	839	1.056	0.294	0.85	303	41	36.11	64.90	2.7
Q949	中华老年骨科与康复电子杂志	209	0.596	0.017	0.87	89	21	42.58	16.20	3.3
G833	中华老年口腔医学杂志	305	0.531	0.073	0.77	100	7	32.79	27.11	4.3
G876	中华老年心脑血管病杂志	1989	1.061	0.167	0.96	394	52	19.81	152.09	3.7
G150	中华老年医学杂志	1869	1.079	0.131	0.87	431	52	23.06	145.50	3.6
G692	中华临床感染病杂志	663	2.050	0.875	0.95	252	49	38.01	52.10	3.2
G693	中华临床免疫和变态反应杂志	288	0.471	0.038	0.93	178	48	61.81	22.09	4.3
G824	中华临床营养杂志	518	1.000	0.074	0.83	194	29	37.45	40.43	5.4
G152	中华流行病学杂志	6488	2.250	4.575	0.91	729	34	11.24	520.57	3.6
G153	中华麻醉学杂志	1704	0.739	0.127	0.85	328	29	19.25	133.33	3.8
G154	中华泌尿外科杂志	2378	1.656	0.315	0.67	304	6	12.78	197.88	4.5
G282	中华男科学杂志	1597	1.029	0.103	0.78	301	12	18.85	124.51	4.6
G155	中华内分泌代谢杂志	1727	0.970	0.276	0.95	436	69	25.25	133.67	5.8
G736	中华内分泌外科杂志	386	0.604	0.071	0.90	181	34	46.89	31.28	3.5
G156	中华内科杂志	3597	2.206	0.591	0.97	566	90	15.74	277.10	5.4
G157	中华皮肤科杂志	1626	1.015	0.216	0.87	317	13	19.50	127.03	5.2
G461	中华普通外科学文献电子版	495	1.049	0.231	0.93	225	46	45.45	40.11	3.1
G254	中华普通外科杂志	1708	0.865	0.122	0.85	326	28	19.09	140.55	3.9
G462	中华普外科手术学杂志电子版	733	1.128	0.227	0.73	169	11	23.06	61.39	2.8
G158	中华器官移植杂志	528	0.507	0.190	0.77	156	7	29.55	44.54	4.0
G473	中华腔镜泌尿外科杂志电子版	542	0.871	0.044	0.70	119	5	21.96	45.57	3.9
G463	中华腔镜外科杂志电子版	506	1.144	0.100	0.86	145	19	28.66	42.13	3.6
G526	中华全科医师杂志	1171	1.108	0.342	0.85	365	49	31.17	91.34	2.9
G515	中华全科医学	3062	0.934	0.111	0.91	561	59	18.32	237.03	3.6
G505	中华乳腺病杂志电子版	439	0.938	0.320	0.84	176	27	40.09	34.94	3.8
G900	中华烧伤杂志	1232	1.290	0.393	0.69	232	5	18.83	98.69	3.5

表 4-1 2020 年中国科技核心期刊（中文）被引用指标刊名字顺索引（续）

CODE	刊名	核心总被引频次	核心影响因子	核心即年指标	核心他引率	核心引用刊数	核心开放因子	核心扩散因子	核心权威因子	核心被引半衰期
Q950	中华神经创伤外科电子杂志	274	0.769	0.159	0.76	122	21	44.53	22.30	2.9
G197	中华神经科杂志	4608	3.258	0.378	0.95	451	46	9.79	351.17	5.4
G160	中华神经外科杂志	1917	0.905	0.168	0.81	311	17	16.22	157.58	4.7
G446	中华神经医学杂志	1222	1.096	0.100	0.89	303	35	24.80	97.07	3.6
G065	中华肾病研究电子杂志	216	0.643	0.068	0.97	128	35	59.26	16.20	3.7
G161	中华肾脏病杂志	1289	1.273	0.327	0.86	290	27	22.50	99.05	4.2
G737	中华生物医学工程杂志	330	0.472	0.020	0.97	181	39	54.85	26.09	3.7
G072	中华生殖与避孕杂志	1225	0.933	0.101	0.84	238	13	19.43	93.84	4.0
G162	中华实验和临床病毒学杂志	580	0.606	0.113	0.91	204	28	35.17	45.79	4.6
G703	中华实验和临床感染病杂志电子版	597	0.727	0.489	0.91	249	40	41.71	46.77	4.5
G163	中华实验外科杂志	2020	0.600	0.046	0.78	443	40	21.93	159.62	3.6
G773	中华实验眼科杂志	1162	0.914	0.294	0.78	209	7	17.99	95.68	4.1
G875	中华实用儿科临床杂志	3474	1.246	0.320	0.85	494	38	14.22	272.86	3.9
G367	中华实用诊断与治疗杂志	2124	1.036	0.194	0.67	449	22	21.14	166.67	3.7
G848	中华手外科杂志	1626	0.882	0.020	0.53	139	2	8.55	120.53	6.2
G506	中华损伤与修复杂志电子版	546	0.865	0.163	0.83	178	13	32.60	43.51	4.1
G739	中华糖尿病杂志	1928	3.614	0.295	0.88	396	50	20.54	148.74	2.8
G164	中华外科杂志	2989	1.843	0.599	0.95	478	57	15.99	237.80	5.0
G165	中华微生物学和免疫学杂志	678	0.670	0.299	0.84	252	34	37.17	52.89	4.0
G116	中华危重病急救医学	2984	1.725	0.529	0.84	426	33	14.28	231.48	3.8
G761	中华危重症医学杂志电子版	457	0.930	0.178	0.82	211	31	46.17	35.16	3.9
G296	中华围产医学杂志	1462	1.093	0.993	0.90	277	28	18.95	116.02	4.2
G740	中华卫生杀虫药械	720	0.548	0.105	0.52	78	2	10.83	66.17	5.3
G793	中华胃肠外科杂志	2771	1.855	0.295	0.86	365	23	13.17	224.99	3.9
G166	中华物理医学与康复杂志	2343	1.360	0.182	0.79	329	16	14.04	178.30	4.3
G470	中华细胞与干细胞杂志电子版	107	0.320	0.016	0.94	84	31	78.50	8.38	3.4
G847	中华现代护理杂志	5406	1.104	0.119	0.61	396	5	7.33	417.36	3.2
G285	中华消化内镜杂志	1490	0.941	0.164	0.86	269	19	18.05	118.83	4.4
G978	中华消化外科杂志	2611	2.431	0.449	0.90	340	20	13.02	215.08	3.5
G168	中华消化杂志	1860	1.469	0.754	0.91	368	38	19.78	143.45	4.3
G169	中华小儿外科杂志	1162	0.657	0.089	0.81	275	26	23.67	95.54	5.2
G892	中华心律失常学杂志	640	1.282	0.292	0.60	138	3	21.56	50.84	3.4
G170	中华心血管病杂志	4736	3.370	1.121	0.96	475	47	10.03	361.62	5.1
G082	中华新生儿科杂志	534	0.975	0.104	0.81	158	18	29.59	42.59	3.7
G263	中华行为医学与脑科学杂志	1889	1.327	0.278	0.76	367	24	19.43	150.36	5.0
G171	中华胸心血管外科杂志	870	0.606	0.107	0.88	245	26	28.16	69.64	4.6
G172	中华血液学杂志	1768	0.914	0.214	0.85	354	33	20.02	139.48	4.4
G191	中华眼底病杂志	860	0.814	0.171	0.73	149	5	17.33	71.59	4.7
G075	中华眼科医学杂志电子版	191	0.737	0.141	0.83	80	21	41.88	15.47	3.5
G173	中华眼科杂志	2334	1.442	0.563	0.78	280	6	12.00	194.22	6.3
G873	中华眼视光学与视觉科学杂志	726	0.786	0.127	0.68	129	4	17.77	60.90	3.9
S590	中华医学教育探索杂志	673	0.343	0.049	0.70	149	7	22.14	54.72	4.2
Q920	中华医学超声杂志电子版	1128	0.832	0.140	0.87	285	24	25.27	92.54	4.8

表 4-1　2020 年中国科技核心期刊（中文）被引用指标刊名字顺索引（续）

CODE	刊名	核心总被引频次	核心影响因子	核心即年指标	核心他引率	核心引用刊数	核心开放因子	核心扩散因子	核心权威因子	核心被引半衰期
G705	中华医学教育杂志	660	0.579	0.126	0.73	129	6	19.55	53.86	3.9
G307	中华医学科研管理杂志	313	0.568	0.104	0.68	83	3	26.52	25.56	3.5
G489	中华医学美学美容杂志	635	0.608	0.051	0.60	87	2	13.70	55.64	4.5
G915	中华医学图书情报杂志	484	0.486	0.064	0.82	163	15	33.68	42.73	4.3
G175	中华医学遗传学杂志	1142	0.735	0.088	0.73	248	10	21.72	91.61	3.9
G176	中华医学杂志	8187	1.645	0.571	0.92	770	113	9.41	648.31	4.0
G194	中华医院感染学杂志	8738	1.266	0.803	0.86	653	21	7.47	686.45	3.8
G591	中华医院管理杂志	1882	1.150	0.635	0.78	241	11	12.81	152.56	3.9
G610	中华胰腺病杂志	379	0.783	0.054	0.93	144	24	37.99	30.35	3.5
G897	中华移植杂志电子版	239	1.182	0.164	0.85	87	6	36.40	20.24	3.7
G177	中华预防医学杂志	3441	2.034	1.681	0.87	562	25	16.33	274.10	3.8
G178	中华整形外科杂志	1042	0.893	0.098	0.79	159	5	15.26	84.35	4.0
G859	中华中医药学刊	7556	1.339	0.472	0.92	533	22	7.05	529.19	4.3
G910	中华中医药杂志	12998	1.566	0.098	0.79	569	15	4.38	897.65	3.8
G858	中华肿瘤防治杂志	2121	1.141	0.100	0.79	434	41	20.46	167.45	3.9
G179	中华肿瘤杂志	2659	4.092	0.304	0.97	511	76	19.22	212.23	2.9
G472	中华疝和腹壁外科杂志电子版	521	0.963	0.052	0.54	78	2	14.97	46.25	3.0
Q954	中华重症医学电子杂志	304	0.957	0.913	0.88	143	21	47.04	23.75	2.2
G039	中南大学学报医学版	1390	0.904	0.257	0.97	534	101	38.42	108.01	4.4
K001	中南大学学报自然科学版	3788	0.726	0.102	0.93	676	72	17.85	355.01	6.5
H053	中南林业科技大学学报	2553	1.707	0.250	0.85	372	19	14.57	197.75	4.6
G599	中南药学	1619	0.611	0.146	0.82	324	21	20.01	117.52	3.8
G682	中南医学科学杂志	537	0.546	0.168	0.91	253	47	47.11	41.41	3.5
G180	中日友好医院学报	307	0.317	0.009	0.98	209	58	68.08	23.49	5.3
G181	中山大学学报医学科学版	704	0.801	0.252	0.95	345	73	49.01	56.04	4.3
A036	中山大学学报自然科学版	879	0.513	0.115	0.92	451	94	51.31	74.70	8.9
X539	中外公路	1789	0.754	0.032	0.57	208	2	11.63	172.41	4.1
S020	中文信息学报	1217	1.080	0.074	0.87	209	15	17.17	121.87	4.3
G842	中西医结合肝病杂志	616	0.650	0.071	0.86	163	17	26.46	43.93	4.5
G597	中西医结合心脑血管病杂志	4022	0.693	0.079	0.89	401	26	9.97	290.91	3.6
R775	中兴通讯技术	231	0.868	0.213	0.83	103	13	44.59	23.14	2.6
G183	中药材	5104	0.831	0.266	0.93	501	25	9.82	360.58	5.7
G564	中药新药与临床药理	1501	1.093	0.260	0.93	286	26	19.05	105.77	4.7
G685	中医学报	3388	0.866	0.501	0.93	345	19	10.18	235.90	3.7
G681	中医药导报	3331	0.604	0.075	0.86	339	19	10.18	232.29	3.8
G812	中医药学报	1502	0.824	0.086	0.97	257	21	17.11	104.75	5.3
G010	中医杂志	9249	1.597	3.843	0.94	414	17	4.48	637.91	4.4
G184	肿瘤	732	0.653	0.063	0.98	315	68	43.03	56.43	5.3
Q929	肿瘤代谢与营养电子杂志	438	0.794	0.103	0.80	139	15	31.74	34.20	3.8
G185	肿瘤防治研究	883	0.708	0.094	0.94	338	58	38.28	69.00	4.0
G412	肿瘤学杂志	747	0.677	0.130	0.98	298	63	39.89	58.94	3.3
G522	肿瘤研究与临床	552	0.546	0.066	0.81	210	32	38.04	43.81	3.3
G196	肿瘤药学	336	0.385	0.045	0.94	184	43	54.76	25.35	3.0

表 4-1　2020 年中国科技核心期刊（中文）被引用指标刊名字顺索引（续）

CODE	刊名	核心总被引频次	核心影响因子	核心即年指标	核心他引率	核心引用刊数	核心开放因子	核心扩散因子	核心权威因子	核心被引半衰期
G838	肿瘤影像学	250	0.458	0.038	0.92	122	23	48.80	20.79	3.8
G695	肿瘤预防与治疗	524	1.145	0.181	0.71	223	25	42.56	42.05	2.5
H103	种子	2371	0.685	0.079	0.69	218	11	9.19	168.20	5.7
G094	中风与神经疾病杂志	977	0.558	0.045	0.94	314	49	32.14	74.34	4.1
N022	轴承	746	0.304	0.043	0.68	132	7	17.69	73.73	7.2
H026	竹子学报	298	0.242	0.017	0.75	86	5	28.86	25.27	10.3
N075	铸造	954	0.343	0.057	0.59	122	2	12.79	97.77	8.2
G407	转化医学杂志	284	0.634	0.109	0.89	163	39	57.39	22.23	3.3
N034	装备环境工程	976	0.496	0.077	0.64	219	5	22.44	101.59	5.4
Z022	资源科学	5932	2.585	1.029	0.91	581	32	9.79	509.14	5.9
R737	自动化技术与应用	689	0.288	0.053	0.85	222	20	32.22	66.29	3.6
S026	自动化学报	4263	2.624	0.366	0.86	595	35	13.96	413.16	4.6
N013	自动化仪表	947	0.686	0.086	0.64	227	8	23.97	91.08	3.5
S501	自动化与仪表	530	0.427	0.096	0.90	191	25	36.04	50.94	3.0
R611	自动化与仪器仪表	1430	0.439	0.068	0.73	249	5	17.41	138.53	3.2
A905	自然杂志	563	0.540	0.082	0.98	380	103	67.50	49.92	8.8
E137	自然灾害学报	2213	1.046	0.125	0.80	415	34	18.75	189.93	8.3
Z012	自然资源学报	6948	3.982	0.830	0.88	525	28	7.56	574.54	5.9
G229	卒中与神经疾病	542	0.625	0.028	0.97	219	42	40.41	41.44	3.2
N088	组合机床与自动化加工技术	1798	0.646	0.071	0.80	252	10	14.02	177.10	3.8
G701	组织工程与重建外科杂志	357	0.648	0.030	0.91	131	9	36.69	29.45	4.0
L018	钻井液与完井液	998	0.880	0.076	0.62	93	3	9.32	91.41	5.7
G720	遵义医科大学学报	319	0.426	0.058	0.77	172	31	53.92	24.22	3.9
H034	作物学报	5901	2.193	0.435	0.94	285	20	4.83	419.65	9.0
H410	作物研究	733	0.606	0.095	0.91	159	20	21.69	52.63	5.7
H202	作物杂志	1931	1.348	0.186	0.93	204	21	10.56	137.57	5.3

4.2 期刊来源指标刊名字顺排序

表 4-2 2020 年中国科技核心期刊（中文）来源指标刊名字顺索引

CODE	刊名	来源文献量	文献选出率	AR论文量	平均引文数	平均作者数	地区分布数	机构分布数	海外论文比	基金论文比	引用半衰期
E626	CT 理论与应用研究	86	0.93	86	21.8	4.6	18	75	0.01	0.38	5.2
G549	癌变·畸变·突变	91	0.97	88	22.7	5.6	24	62	0.00	0.78	5.0
G011	癌症	48	1.00	48	51.6	7.2	11	31	0.21	0.54	5.9
A003	安徽大学学报自然科学版	90	1.00	87	19.3	3.4	20	52	0.01	0.84	6.5
H002	安徽农业大学学报	157	0.96	156	26.7	5.6	21	62	0.00	0.68	7.2
A009	安徽师范大学学报自然科学版	93	0.98	93	18.3	3.1	12	44	0.00	0.89	8.3
G012	安徽医科大学学报	390	0.99	383	14.1	5.3	27	137	0.00	0.96	4.4
G786	安徽医学	427	0.97	248	14.9	4.2	21	238	0.00	0.27	4.2
Q906	安徽医药	636	0.99	558	18.8	4.0	29	424	0.00	0.33	4.4
G013	安徽中医药大学学报	143	1.00	111	17.4	4.8	14	47	0.00	0.60	4.9
E625	安全与环境工程	180	1.00	180	22.9	4.0	26	87	0.01	0.79	6.1
Z549	安全与环境学报	326	0.89	320	22.5	4.1	29	145	0.01	0.73	6.9
H340	桉树科技	42	0.89	40	18.1	4.5	3	19	0.00	0.74	9.0
R024	半导体光电	170	1.00	146	15.6	4.3	22	85	0.01	0.67	7.0
R063	半导体技术	151	0.99	136	19.4	4.7	21	76	0.01	0.61	6.3
U521	包装与食品机械	87	1.00	48	18.9	4.2	24	63	0.00	0.62	5.1
U645	保鲜与加工	229	1.00	227	25.8	4.8	31	134	0.00	0.69	7.4
E045	暴雨灾害	78	0.95	77	26.9	4.6	23	52	0.03	0.71	8.9
N017	爆破	99	0.99	96	27.2	4.6	21	66	0.00	0.64	5.4
N012	爆破器材	65	1.00	64	16.4	4.6	16	32	0.02	0.32	8.3
N006	爆炸与冲击	145	1.00	145	22.8	4.9	19	67	0.01	0.74	9.2
H128	北方水稻	136	1.00	43	7.7	4.3	11	65	0.00	0.32	9.4
A652	北华大学学报自然科学版	170	1.00	154	16.3	4.1	20	61	0.00	0.91	5.8
G002	北京大学学报医学版	193	0.97	188	21.1	6.2	12	34	0.01	0.47	6.7
A005	北京大学学报自然科学版	124	0.98	123	30.2	4.6	10	31	0.06	0.82	8.9
J030	北京工业大学学报	143	0.94	139	30.7	4.3	13	21	0.02	0.94	7.1
Y001	北京航空航天大学学报	262	0.96	257	21.4	4.0	20	96	0.00	0.67	7.5
T020	北京化工大学学报自然科学版	102	0.97	101	19.1	4.6	14	28	0.00	0.62	6.4
X014	北京交通大学学报	108	0.95	106	18.3	3.7	20	51	0.01	0.73	6.2
G500	北京口腔医学	80	0.86	64	21.3	3.7	13	41	0.00	0.49	8.2
N001	北京理工大学学报	199	0.99	190	14.6	4.2	18	66	0.01	0.67	7.5
H025	北京林业大学学报	192	0.99	192	33.8	5.0	23	39	0.01	0.91	8.0
G004	北京生物医学工程	97	0.85	94	21.4	4.4	17	52	0.00	0.56	6.2
A010	北京师范大学学报自然科学版	108	0.92	108	28.4	4.3	19	45	0.02	0.91	7.0
G016	北京医学	325	0.89	187	16.7	4.3	20	139	0.00	0.25	5.3

表 4-2 2020 年中国科技核心期刊（中文）来源指标刊名字顺索引（续）

CODE	刊名	来源文献量	文献选出率	AR论文量	平均引文数	平均作者数	地区分布数	机构分布数	海外论文比	基金论文比	引用半衰期
R018	北京邮电大学学报	120	0.98	116	14.7	3.8	20	66	0.00	0.82	4.7
G620	北京中医药	350	0.96	198	14.7	4.7	21	106	0.00	0.44	5.7
G017	北京中医药大学学报	156	0.98	152	18.2	5.5	22	48	0.00	0.85	5.9
G741	蚌埠医学院学报	458	0.97	365	16.1	4.2	18	234	0.00	0.42	4.7
G410	标记免疫分析与临床	469	0.99	448	17.4	4.4	25	317	0.00	0.36	4.0
T098	表面技术	508	0.99	497	32.3	5.2	29	229	0.03	0.77	6.9
E135	冰川冻土	134	0.96	134	44.4	5.0	25	70	0.02	0.89	8.4
N008	兵工学报	280	1.00	270	21.4	4.3	22	102	0.00	0.73	7.0
R730	兵工自动化	254	1.00	216	11.0	3.6	22	119	0.00	0.15	7.9
N085	兵器材料科学与工程	162	0.93	159	19.9	4.2	26	112	0.00	0.75	5.4
T094	兵器装备工程学报	542	1.00	495	15.4	3.9	24	172	0.00	0.42	6.9
G018	病毒学报	161	0.96	159	26.0	6.1	29	122	0.01	0.66	5.6
C060	波谱学杂志	53	0.96	53	27.6	4.1	18	41	0.02	0.75	7.9
M005	材料保护	366	0.64	355	18.0	4.2	29	276	0.00	0.48	7.2
M103	材料导报	689	1.00	667	40.0	5.0	30	246	0.03	0.83	6.6
Y007	材料工程	246	0.97	243	34.8	5.3	27	138	0.01	0.79	6.6
M010	材料开发与应用	102	0.95	99	13.3	4.4	11	46	0.00	0.12	9.5
M008	材料科学与工程学报	175	0.98	171	22.4	4.8	26	103	0.01	0.77	8.8
M006	材料科学与工艺	79	1.00	78	27.0	4.8	21	62	0.03	0.75	7.1
N026	材料热处理学报	281	1.00	281	22.6	5.1	26	131	0.01	0.74	7.2
M009	材料研究学报	117	1.00	117	27.4	5.2	23	85	0.00	0.83	7.1
K512	采矿与安全工程学报	145	1.00	144	22.9	5.0	16	44	0.02	0.92	6.6
K504	采矿与岩层控制工程学报	45	0.92	44	24.0	4.0	11	24	0.00	0.76	6.2
H009	蚕业科学	101	0.94	101	26.6	6.3	17	45	0.01	0.88	8.1
H525	草地学报	216	1.00	216	37.8	6.1	24	69	0.01	0.81	7.6
H234	草业科学	267	0.89	266	37.1	5.5	29	102	0.00	0.82	8.2
H527	草业学报	240	0.98	240	36.9	5.9	26	84	0.00	0.82	8.7
H538	草原与草坪	100	0.99	100	28.2	5.4	16	35	0.01	0.75	9.0
E616	测绘地理信息	186	1.00	152	14.7	3.3	22	102	0.01	0.79	6.8
E543	测绘工程	87	1.00	86	14.5	3.4	22	50	0.00	0.60	6.4
E600	测绘科学	331	1.00	331	19.4	4.1	27	129	0.00	0.77	6.7
E615	测绘科学技术学报	107	0.94	107	17.3	4.2	17	51	0.00	0.60	6.3
E510	测绘通报	278	0.67	277	17.2	3.9	27	144	0.00	0.64	5.4
E152	测绘学报	150	0.70	150	29.3	4.8	22	61	0.05	0.90	7.0
L017	测井技术	122	0.96	119	12.7	5.0	14	53	0.02	0.32	9.6
Y022	测控技术	269	0.95	226	16.8	3.6	26	176	0.00	0.40	5.7
R711	测试技术学报	93	0.94	72	12.9	3.6	10	31	0.00	0.51	6.5
H001	茶叶科学	79	0.94	79	35.3	6.1	17	40	0.00	0.76	6.6
X036	长安大学学报自然科学版	77	0.94	76	28.8	4.2	18	38	0.01	1.00	6.3
N056	长春理工大学学报自然科学版	135	1.00	113	12.9	3.8	8	16	0.00	0.88	5.6
G992	长春中医药大学学报	372	0.99	205	16.8	3.8	25	146	0.00	0.79	4.9
W010	长江科学院院报	329	0.88	326	19.9	4.1	28	156	0.01	0.84	8.6
Z029	长江流域资源与环境	261	0.98	261	33.3	4.1	26	115	0.00	0.94	6.6

表 4-2 2020 年中国科技核心期刊（中文）来源指标刊名字顺索引（续）

CODE	刊名	来源文献量	文献选出率	AR 论文量	平均引文数	平均作者数	地区分布数	机构分布数	海外论文比	基金论文比	引用半衰期
G264	肠外与肠内营养	80	0.90	73	20.0	4.7	21	68	0.00	0.46	4.7
N024	车用发动机	84	1.00	81	17.0	4.8	18	45	0.01	0.48	7.5
E113	沉积学报	109	0.98	109	38.7	6.0	21	63	0.05	0.92	11.5
E102	成都理工大学学报自然科学版	73	1.00	73	28.1	5.5	13	37	0.00	0.86	10.1
G670	成都医学院学报	189	0.99	164	17.3	4.5	17	107	0.00	0.29	4.6
V050	城市规划	187	0.80	140	19.6	3.2	19	81	0.04	0.44	10.8
V028	城市规划学刊	83	0.86	72	24.8	3.0	13	38	0.02	0.40	8.3
X043	城市轨道交通研究	545	0.97	471	7.6	2.9	27	212	0.00	0.18	7.0
X046	城市交通	94	0.78	87	13.4	2.9	13	55	0.04	0.29	8.4
V062	城乡规划	100	0.88	78	13.0	2.4	14	55	0.03	0.29	8.1
J021	重庆大学学报自然科学版	145	0.94	140	20.9	4.0	25	78	0.03	0.87	6.4
X029	重庆交通大学学报自然科学版	249	0.99	249	16.0	3.6	26	105	0.01	0.73	7.0
N757	重庆理工大学学报自然科学版	415	1.00	396	18.0	3.7	29	157	0.01	0.87	6.2
A512	重庆师范大学学报自然科学版	112	0.98	111	21.7	3.5	17	42	0.00	0.99	7.6
G186	重庆医科大学学报	364	0.97	324	21.3	4.8	27	155	0.01	0.55	5.8
G225	重庆医学	950	0.99	857	19.5	4.5	30	599	0.01	0.57	4.1
R559	重庆邮电大学学报自然科学版	127	0.97	122	20.5	3.5	21	56	0.01	0.83	5.2
L508	储能科学与技术	223	0.98	220	32.8	5.2	21	127	0.02	0.67	4.2
G432	川北医学院学报	285	1.00	246	17.4	4.2	26	215	0.00	0.49	3.6
N060	传感技术学报	273	1.00	240	18.1	3.9	26	147	0.01	0.80	4.8
R532	传感器与微系统	540	1.00	323	11.9	3.8	27	184	0.01	0.68	5.8
G458	传染病信息	114	0.82	91	20.9	5.8	20	75	0.02	0.54	4.6
X010	船舶工程	330	0.92	321	12.7	3.9	22	127	0.01	0.45	7.4
X633	船舶力学	172	0.99	168	18.0	4.0	20	67	0.02	0.76	11.4
X635	船海工程	172	0.98	164	8.5	3.5	15	88	0.00	0.46	7.1
G322	创伤外科杂志	224	0.88	184	18.0	4.5	26	172	0.00	0.33	4.3
G085	创伤与急危重病医学	137	0.99	77	16.9	4.1	21	97	0.00	0.42	3.4
G552	磁共振成像	252	0.85	192	23.7	4.6	26	130	0.01	0.58	4.5
E144	大地测量与地球动力学	243	0.95	241	14.2	4.1	26	103	0.01	0.69	8.9
E146	大地构造与成矿学	87	0.98	87	56.5	6.3	18	45	0.00	0.93	11.7
R051	大电机技术	92	1.00	84	15.7	3.8	23	65	0.00	0.28	9.4
H038	大豆科学	128	0.98	116	26.2	5.9	21	62	0.01	0.87	8.4
X024	大连海事大学学报	60	0.97	59	18.6	4.0	12	16	0.00	0.60	5.9
H005	大连海洋大学学报	126	1.00	126	36.2	5.9	15	37	0.01	0.81	10.2
X001	大连交通大学学报	137	0.99	129	11.4	3.6	16	43	0.00	0.47	6.3
J024	大连理工大学学报	82	0.98	78	20.6	4.2	16	27	0.00	0.94	7.5
G020	大连医科大学学报	125	0.95	104	14.4	4.1	14	58	0.00	0.30	5.2
E109	大气科学	90	1.00	90	41.1	4.5	18	33	0.02	0.94	11.3
E091	大气科学学报	98	0.97	98	40.4	4.6	14	30	0.10	0.88	9.0
S055	大数据	59	0.97	58	27.3	4.0	14	45	0.02	0.68	4.4
S086	单片机与嵌入式系统应用	277	0.84	97	9.1	2.9	24	172	0.04	0.22	4.4
H040	淡水渔业	92	0.98	92	27.7	6.2	24	49	0.00	0.75	9.7
N004	弹道学报	58	0.94	55	13.4	3.6	14	27	0.00	0.40	8.3

表 4-2　2020 年中国科技核心期刊（中文）来源指标刊名字顺索引（续）

CODE	刊名	来源文献量	文献选出率	AR论文量	平均引文数	平均作者数	地区分布数	机构分布数	海外论文比	基金论文比	引用半衰期
T941	当代化工	714	1.00	692	16.6	4.0	30	284	0.00	0.51	6.9
Y503	导弹与航天运载技术	137	0.98	130	10.3	4.3	10	39	0.00	0.12	9.6
Y563	导航定位与授时	120	0.96	118	20.6	4.0	15	53	0.00	0.69	6.4
Y585	导航与控制	92	0.98	85	19.1	3.6	19	52	0.00	0.37	8.5
N019	低温工程	74	0.99	68	10.1	4.6	19	47	0.03	0.66	8.4
C055	低温物理学报	38	1.00	37	25.9	4.7	14	28	0.00	0.37	8.8
E133	地层学杂志	42	0.91	41	57.6	5.7	17	28	0.07	0.83	12.8
E130	地理科学	222	0.98	222	32.5	3.6	26	101	0.03	0.96	6.5
E584	地理科学进展	178	0.89	178	50.0	3.8	24	93	0.02	0.95	7.2
E639	地理空间信息	411	0.97	291	11.9	3.2	28	218	0.01	0.52	7.6
E315	地理信息世界	135	0.99	131	17.2	4.0	21	87	0.00	0.55	5.6
E305	地理学报	183	0.90	183	49.1	4.6	26	70	0.04	0.91	8.1
E310	地理研究	193	0.94	193	41.0	3.7	24	79	0.06	0.90	7.6
E527	地理与地理信息科学	115	0.93	115	30.5	3.8	22	76	0.03	0.92	7.0
E024	地球化学	54	0.93	54	50.8	6.6	18	33	0.07	0.94	11.7
E570	地球环境学报	65	0.90	62	38.7	4.5	19	38	0.03	0.86	9.3
E142	地球科学	325	0.95	325	69.1	5.9	26	89	0.02	0.91	9.9
E115	地球科学进展	108	0.91	107	61.6	4.6	20	58	0.03	0.70	9.4
E004	地球科学与环境学报	65	0.90	65	48.1	5.5	15	40	0.00	0.92	8.6
E153	地球物理学报	352	0.97	352	57.6	5.0	25	104	0.05	0.89	10.6
E308	地球物理学进展	307	1.00	307	43.6	4.4	29	151	0.01	0.77	8.9
E656	地球信息科学学报	212	0.93	212	38.1	4.6	25	94	0.03	0.94	6.6
E300	地球学报	81	0.93	81	74.3	6.3	16	31	0.04	0.85	10.5
E549	地球与环境	84	0.98	84	39.2	5.3	23	54	0.00	0.89	8.2
V031	地下空间与工程学报	222	1.00	190	19.2	3.9	25	145	0.00	0.79	8.4
E357	地学前缘	150	0.96	150	70.0	5.7	22	66	0.10	0.86	12.1
S741	地域研究与开发	178	0.97	178	27.3	3.1	27	126	0.01	0.90	6.8
E306	地震	59	0.98	59	29.5	4.3	17	33	0.00	0.51	11.6
E150	地震地质	92	0.96	92	43.4	5.4	18	37	0.03	0.65	12.5
E307	地震工程学报	226	0.97	217	18.7	3.8	29	135	0.00	0.69	8.0
E118	地震工程与工程振动	145	0.97	143	20.8	3.7	23	63	0.00	0.90	8.7
E143	地震学报	65	0.94	65	24.2	4.1	19	36	0.00	0.71	11.9
E112	地震研究	89	0.94	89	27.3	4.4	18	38	0.00	0.63	10.9
E362	地质科技情报	132	0.97	130	35.8	5.2	17	38	0.00	0.92	8.2
E139	地质科学	80	0.98	80	42.7	5.7	17	51	0.05	0.80	11.9
E026	地质力学学报	77	0.94	77	78.4	5.6	15	38	0.01	0.92	10.4
E009	地质论评	123	0.91	122	78.9	5.5	22	63	0.02	0.76	11.3
E127	地质通报	176	0.97	176	45.0	5.9	25	94	0.00	0.94	12.1
E010	地质学报	264	0.97	264	79.9	6.2	27	119	0.01	0.87	11.3
E151	地质与勘探	124	1.00	124	62.1	5.3	22	82	0.01	0.65	8.6
E525	地质与资源	88	0.96	88	24.0	4.7	16	41	0.00	0.58	10.3
E132	地质找矿论丛	59	0.97	59	21.6	4.6	20	44	0.00	0.59	11.0
G005	第二军医大学学报	256	0.99	238	21.3	5.4	21	96	0.00	0.57	5.7

表 4-2　2020 年中国科技核心期刊（中文）来源指标刊名字顺索引（续）

CODE	刊名	来源文献量	文献选出率	AR 论文量	平均引文数	平均作者数	地区分布数	机构分布数	海外论文比	基金论文比	引用半衰期
G021	第三军医大学学报	353	0.97	352	21.6	6.0	23	105	0.00	0.66	4.8
E301	第四纪研究	138	0.96	138	58.4	5.5	23	66	0.09	0.94	10.6
R007	电波科学学报	107	0.96	96	29.6	4.1	21	49	0.01	0.73	9.5
R673	电测与仪表	543	1.00	506	17.3	4.4	31	225	0.01	0.49	5.5
R003	电池	84	0.52	71	14.1	3.6	23	63	0.01	0.64	5.1
Z015	电镀与环保	148	0.98	35	4.4	2.0	26	123	0.00	0.25	9.9
T508	电镀与精饰	106	0.72	100	13.1	3.7	21	87	0.00	0.48	7.7
T598	电镀与涂饰	344	0.97	305	12.5	4.2	27	242	0.00	0.32	7.1
R010	电工电能新技术	115	1.00	109	21.6	4.6	21	65	0.01	0.63	5.4
R043	电工技术学报	496	0.96	473	25.0	4.4	25	125	0.03	0.86	5.0
R740	电光与控制	261	0.95	243	15.0	3.5	26	108	0.00	0.59	6.2
N067	电焊机	302	0.95	273	12.6	4.0	26	179	0.01	0.31	7.9
D036	电化学	78	0.92	78	47.4	4.5	21	52	0.04	0.91	6.1
R088	电机与控制学报	220	1.00	208	19.5	3.9	24	91	0.01	0.94	6.5
R045	电机与控制应用	218	1.00	148	13.5	3.5	26	135	0.01	0.42	5.4
N027	电加工与模具	85	0.92	80	13.8	4.1	15	46	0.00	0.72	7.3
R011	电力电子技术	418	1.00	292	6.2	3.5	28	229	0.00	0.49	5.8
R769	电力工程技术	173	0.98	165	23.2	4.9	29	96	0.01	0.62	4.5
A199	电力建设	180	0.99	169	23.0	5.5	26	86	0.01	0.51	4.0
R654	电力科学与技术学报	149	0.96	144	16.8	5.0	24	97	0.00	0.57	5.8
N102	电力系统保护与控制	531	1.00	465	27.0	4.9	29	256	0.00	0.79	4.4
R071	电力系统及其自动化学报	248	0.95	238	18.0	4.4	28	131	0.02	0.47	5.4
S019	电力系统自动化	563	0.99	543	27.9	4.9	27	147	0.02	0.75	4.6
R745	电力信息与通信技术	159	0.87	150	19.7	4.7	26	110	0.01	0.06	3.9
R750	电力需求侧管理	105	0.96	100	13.4	4.8	22	87	0.01	0.33	4.1
R090	电力自动化设备	365	0.97	355	22.2	4.8	26	109	0.01	0.71	4.8
R044	电气传动	245	1.00	209	13.2	3.6	26	174	0.00	0.53	6.6
R428	电气工程学报	75	1.00	71	20.5	4.1	24	64	0.01	0.27	4.4
R058	电气自动化	205	1.00	134	9.8	3.8	26	133	0.00	0.23	5.0
R039	电网技术	559	0.99	545	25.4	5.1	29	152	0.02	0.60	4.7
R116	电网与清洁能源	202	1.00	192	20.5	4.7	27	133	0.01	0.60	3.5
R684	电信科学	227	1.00	220	16.2	3.7	19	106	0.01	0.41	3.6
R754	电讯技术	239	0.98	238	15.5	3.2	24	114	0.01	0.49	5.8
R019	电源技术	459	0.97	52	11.9	3.9	30	276	0.00	0.47	5.8
R055	电子测量技术	803	1.00	504	16.8	3.3	30	339	0.00	0.31	3.9
R021	电子测量与仪器学报	312	0.97	300	20.9	3.8	28	175	0.00	0.79	4.4
R067	电子技术应用	301	0.99	214	11.6	3.3	27	167	0.00	0.43	4.7
R036	电子科技大学学报	130	1.00	128	24.2	4.0	23	68	0.02	0.85	6.1
R512	电子器件	261	0.97	159	14.5	3.8	27	155	0.00	0.55	5.3
R724	电子设计工程	975	0.99	632	17.0	3.0	31	471	0.00	0.40	3.3
R001	电子显微学报	111	0.83	106	25.4	4.8	23	69	0.00	0.84	7.8
R006	电子学报	316	0.99	297	21.9	4.1	26	175	0.02	0.91	6.2
R022	电子与信息学报	372	0.99	351	23.6	4.0	27	154	0.02	0.86	4.9

表 4-2　2020 年中国科技核心期刊（中文）来源指标刊名字顺索引（续）

CODE	刊名	来源文献量	文献选出率	AR论文量	平均引文数	平均作者数	地区分布数	机构分布数	海外论文比	基金论文比	引用半衰期
R020	电子元件与材料	197	1.00	158	19.5	4.0	27	110	0.00	0.70	5.2
J023	东北大学学报自然科学版	288	1.00	285	14.3	3.6	17	35	0.01	0.99	6.8
H262	东北林业大学学报	282	0.98	277	24.6	4.6	29	82	0.01	0.81	8.6
H006	东北农业大学学报	129	1.00	125	22.4	6.2	17	33	0.03	0.93	7.5
H227	东北农业科学	172	0.96	157	17.7	5.2	27	90	0.00	0.90	7.1
A030	东北师大学报自然科学版	95	1.00	93	19.9	3.6	19	47	0.00	0.99	8.6
L004	东北石油大学学报	76	0.88	76	28.2	5.4	15	33	0.01	0.84	7.2
U014	东华大学学报自然科学版	150	0.96	143	17.6	3.9	9	15	0.00	0.67	8.2
G057	东南大学学报医学版	166	0.95	156	24.5	4.0	22	116	0.00	0.40	5.2
J028	东南大学学报自然科学版	150	0.99	147	21.6	4.1	18	38	0.01	0.97	7.0
G944	东南国防医药	162	0.95	94	19.4	4.5	20	96	0.00	0.36	4.6
P003	动力工程学报	146	0.92	141	16.5	4.2	19	54	0.01	0.67	6.5
P018	动力学与控制学报	76	1.00	72	20.5	3.4	19	48	0.03	0.80	10.3
F043	动物学杂志	99	0.86	90	30.7	5.2	23	70	0.02	0.73	11.1
G775	动物医学进展	337	0.96	324	20.6	6.7	29	125	0.00	0.77	4.9
F231	动物营养学报	645	1.00	645	41.2	5.8	31	138	0.01	0.86	6.7
X034	都市快轨交通	149	0.90	146	11.4	2.7	17	88	0.01	0.36	6.7
G542	毒理学杂志	106	0.99	96	20.1	5.7	28	84	0.00	0.65	6.1
T241	断块油气田	161	0.97	155	21.0	4.5	22	90	0.01	0.70	6.4
G920	儿科药学杂志	234	0.92	168	20.1	3.6	26	135	0.00	0.18	5.9
C071	发光学报	180	0.99	175	34.6	5.5	28	122	0.03	0.93	4.9
G199	发育医学电子杂志	63	0.83	55	29.7	4.1	18	50	0.00	0.75	5.9
G874	法医学杂志	182	0.96	120	20.1	5.3	25	94	0.00	0.51	7.5
Z544	防灾减灾工程学报	128	0.96	127	20.1	4.3	22	75	0.01	0.88	9.6
U013	纺织高校基础科学学报	71	0.95	59	21.9	3.5	8	10	0.06	0.87	5.8
U053	纺织学报	349	1.00	321	19.4	4.3	22	67	0.03	0.74	6.3
G608	放射学实践	337	0.93	276	18.4	5.1	28	225	0.01	0.28	5.2
Y571	飞航导弹	151	0.66	151	11.7	3.2	16	73	0.01	0.15	6.0
Y006	飞行力学	94	0.97	92	13.8	3.6	16	44	0.00	0.41	8.5
K002	非金属矿	172	1.00	113	11.4	4.9	29	85	0.02	0.80	6.3
D022	分析测试学报	233	0.91	233	28.8	5.3	27	175	0.02	0.80	5.3
D005	分析化学	211	0.94	210	34.6	5.5	27	157	0.01	0.90	5.2
D026	分析科学学报	147	0.88	147	22.8	5.0	27	107	0.01	0.78	6.2
D004	分析试验室	277	0.96	275	19.6	5.1	29	206	0.00	0.67	4.7
D062	分析仪器	164	0.95	140	12.6	4.3	25	127	0.01	0.23	8.2
D015	分子催化	54	0.87	54	44.9	4.4	19	34	0.02	0.81	6.8
D035	分子科学学报	78	0.93	78	23.3	4.7	17	50	0.01	0.74	6.6
Q931	分子影像学杂志	159	1.00	154	24.9	4.5	21	133	0.00	0.38	3.7
G556	分子诊断与治疗杂志	395	0.97	394	17.1	4.2	26	298	0.00	0.65	3.1
H845	分子植物育种	1038	0.98	1038	22.2	5.7	31	312	0.01	0.82	8.3
V052	粉煤灰综合利用	171	0.96	162	12.8	2.5	23	101	0.00	0.38	5.8
M105	粉末冶金工业	104	0.88	103	18.6	3.7	21	79	0.00	0.52	6.4
M039	粉末冶金技术	67	0.97	66	21.3	4.6	20	51	0.00	0.39	7.2

表 4-2　2020 年中国科技核心期刊（中文）来源指标刊名字顺索引（续）

CODE	刊名	来源文献量	文献选出率	AR论文量	平均引文数	平均作者数	地区分布数	机构分布数	海外论文比	基金论文比	引用半衰期
V048	风景园林	204	0.89	152	26.9	2.5	21	67	0.20	0.53	8.6
Q006	辐射防护	98	0.81	95	13.2	5.4	19	54	0.09	0.13	9.3
Q005	辐射研究与辐射工艺学报	57	0.90	57	27.1	5.4	18	45	0.02	0.63	7.1
H268	福建农林大学学报自然科学版	128	0.99	122	26.4	5.5	22	42	0.01	0.88	8.2
H265	福建农业学报	178	1.00	178	27.2	5.9	24	81	0.01	0.85	7.2
A078	福建师范大学学报自然科学版	84	0.95	83	24.0	3.6	11	24	0.01	0.92	7.6
G024	福建医科大学学报	99	0.94	86	17.8	4.3	9	51	0.00	0.43	5.7
A029	福州大学学报自然科学版	122	0.96	115	18.0	3.6	15	34	0.01	0.94	5.9
M505	腐蚀与防护	169	0.97	165	17.1	4.6	21	128	0.00	0.44	9.2
G068	复旦学报医学版	134	0.87	125	22.9	5.2	7	31	0.01	0.62	5.9
A001	复旦学报自然科学版	90	0.93	89	25.2	3.9	18	36	0.04	0.72	8.0
Y019	复合材料学报	345	0.97	340	28.4	4.6	28	164	0.00	0.86	6.4
B029	复杂系统与复杂性科学	39	0.93	39	31.5	3.3	14	28	0.03	0.92	6.5
G957	腹部外科	107	0.93	87	21.9	5.1	23	79	0.00	0.36	5.4
G338	腹腔镜外科杂志	201	0.84	163	18.5	4.8	28	160	0.00	0.26	4.9
A034	甘肃科学学报	152	1.00	146	14.4	2.9	21	75	0.00	0.49	6.8
H844	甘蔗糖业	99	0.96	97	14.5	5.1	9	57	0.00	0.39	6.6
Q956	肝癌电子杂志	44	0.75	34	20.6	4.5	12	30	0.00	0.55	3.9
G879	肝胆外科杂志	117	0.89	85	19.3	3.9	21	90	0.00	0.26	4.8
G690	肝胆胰外科杂志	146	0.78	117	20.3	4.9	24	116	0.01	0.36	5.0
G803	肝脏	432	0.96	192	13.9	3.8	29	302	0.00	0.39	4.2
H045	干旱地区农业研究	222	0.98	222	30.7	5.8	25	91	0.00	0.86	7.5
E048	干旱气象	120	0.94	120	30.4	4.7	28	86	0.00	0.63	7.6
E020	干旱区地理	175	0.96	175	30.2	4.6	23	94	0.01	0.89	7.3
E105	干旱区研究	180	0.99	180	33.2	5.0	21	71	0.01	0.87	7.7
M050	钢铁	207	0.92	206	24.0	4.8	20	69	0.01	0.85	6.4
M013	钢铁钒钛	180	0.98	180	13.3	3.7	24	87	0.00	0.50	7.6
M019	钢铁研究学报	148	0.92	148	27.2	4.8	21	53	0.01	0.70	7.8
D020	高等学校化学学报	322	0.96	321	42.4	5.1	28	154	0.01	0.92	5.8
B002	高等学校计算数学学报	24	0.89	24	19.8	2.6	14	20	0.00	0.67	12.6
R038	高电压技术	495	1.00	464	26.7	5.2	27	150	0.01	0.70	5.5
T001	高分子材料科学与工程	314	1.00	313	16.9	5.1	28	126	0.01	0.78	7.0
T002	高分子通报	134	0.98	128	27.8	4.4	26	99	0.01	0.56	6.1
D021	高分子学报	131	0.98	124	50.9	4.5	18	55	0.02	0.89	5.9
A080	高技术通讯	147	0.95	137	20.7	4.2	15	44	0.03	0.95	6.2
T078	高科技纤维与应用	56	0.75	50	14.2	3.9	12	38	0.00	0.13	8.7
E358	高校地质学报	61	0.98	61	47.9	5.3	15	36	0.07	0.92	11.8
T016	高校化学工程学报	194	1.00	191	24.9	5.0	25	75	0.02	0.76	7.5
B003	高校应用数学学报	48	0.98	48	17.5	2.5	19	38	0.02	0.90	11.4
R037	高压电器	469	0.99	436	22.8	5.4	29	211	0.00	0.32	6.9
C056	高压物理学报	99	0.99	99	25.6	4.4	18	49	0.01	0.74	10.1
E005	高原气象	120	0.99	119	37.6	4.7	24	50	0.00	0.83	9.0
E546	高原山地气象研究	59	0.98	58	20.3	3.5	7	28	0.00	0.31	6.9

表 4-2 2020 年中国科技核心期刊（中文）来源指标刊名字顺索引（续）

CODE	刊名	来源文献量	文献选出率	AR论文量	平均引文数	平均作者数	地区分布数	机构分布数	海外论文比	基金论文比	引用半衰期
V021	给水排水	338	0.93	264	9.6	4.0	24	180	0.01	0.41	8.1
N105	工程爆破	90	0.90	90	13.3	4.3	23	65	0.00	0.53	7.7
E360	工程地质学报	148	0.99	146	45.5	4.8	23	67	0.03	0.84	7.1
S712	工程管理学报	160	0.97	156	16.6	3.1	23	78	0.01	0.76	4.7
V030	工程勘察	165	0.93	155	11.8	3.1	26	116	0.00	0.39	7.8
V033	工程抗震与加固改造	132	0.69	121	14.1	3.6	26	89	0.00	0.67	9.2
M030	工程科学学报	180	0.99	179	34.5	5.0	23	66	0.02	0.92	5.8
J051	工程科学与技术	161	0.97	157	23.1	4.5	25	78	0.01	0.93	7.8
C002	工程力学	297	0.97	285	26.9	4.0	25	109	0.03	0.84	8.7
C073	工程热物理学报	448	1.00	435	17.1	4.3	24	113	0.02	0.89	8.7
N590	工程设计学报	93	0.94	24	19.3	4.2	21	62	0.01	0.84	6.4
B031	工程数学学报	60	0.94	60	19.1	2.6	22	51	0.02	0.90	10.6
T003	工程塑料应用	349	0.96	305	20.1	4.7	27	232	0.01	0.49	4.6
N064	工具技术	272	0.97	121	10.6	3.8	23	137	0.00	0.51	7.5
K018	工矿自动化	207	0.87	185	17.0	3.5	17	76	0.00	0.73	4.5
T563	工业催化	172	0.98	157	22.0	4.3	28	121	0.00	0.46	8.3
J057	工业工程	119	0.95	118	19.6	3.0	23	78	0.01	0.74	6.6
N110	工业工程与管理	135	0.96	133	21.7	3.0	22	63	0.01	0.91	6.4
P009	工业加热	125	0.73	82	9.5	3.1	22	77	0.00	0.22	7.5
V010	工业建筑	423	0.79	322	13.2	3.7	30	213	0.01	0.71	8.2
P005	工业炉	78	0.68	48	7.4	3.0	22	61	0.00	0.23	9.3
Z013	工业水处理	300	0.93	279	17.6	4.8	29	196	0.00	0.56	6.0
G025	工业卫生与职业病	147	0.86	68	9.4	4.0	28	116	0.00	0.17	5.6
N037	工业仪表与自动化装置	125	0.67	44	10.2	3.4	25	97	0.00	0.36	5.3
Z032	工业用水与废水	118	1.00	101	14.9	3.7	24	92	0.00	0.34	6.2
G207	公共卫生与预防医学	208	1.00	181	18.8	4.8	26	146	0.00	0.40	3.2
X579	公路	811	0.98	738	9.9	3.1	31	392	0.00	0.37	7.5
X022	公路工程	237	1.00	236	13.7	3.0	26	131	0.01	0.89	6.3
N039	功能材料	411	1.00	409	26.2	4.8	29	206	0.00	0.88	5.8
D503	功能高分子学报	74	0.96	70	27.8	4.2	13	29	0.00	0.82	6.2
R095	供用电	157	0.99	145	22.1	4.6	24	111	0.01	0.30	4.1
E601	古地理学报	85	0.91	84	53.3	5.6	20	45	0.06	0.89	10.3
E304	古脊椎动物学报	20	0.95	20	40.9	3.4	2	2	0.20	0.90	19.5
E022	古生物学报	46	0.87	45	57.5	3.2	9	16	0.04	0.70	18.8
G478	骨科	111	0.96	96	20.3	5.5	24	82	0.01	0.37	5.9
R047	固体电子学研究与进展	85	0.93	54	12.3	4.1	20	53	0.00	0.42	7.4
Y013	固体火箭技术	115	0.93	113	18.9	5.1	17	56	0.00	0.33	9.1
C103	固体力学学报	50	0.85	50	41.5	3.7	15	35	0.02	0.88	9.2
W007	管理工程学报	132	0.98	132	36.3	3.1	20	69	0.00	0.99	9.5
W018	管理科学	69	0.93	69	54.4	3.3	16	43	0.06	0.96	6.8
W008	管理科学学报	88	0.85	88	43.5	3.0	21	61	0.03	0.98	8.6
W025	管理评论	313	0.96	312	43.7	3.0	24	130	0.04	0.93	8.3
S744	管理世界	173	0.84	171	59.7	2.8	20	76	0.05	0.78	10.2

表 4-2　2020 年中国科技核心期刊（中文）来源指标刊名字顺索引（续）

CODE	刊名	来源文献量	文献选出率	AR论文量	平均引文数	平均作者数	地区分布数	机构分布数	海外论文比	基金论文比	引用半衰期
S745	管理现代化	163	0.94	124	19.0	2.5	21	85	0.02	0.98	6.0
W016	管理学报	196	0.98	195	31.2	3.1	27	101	0.03	0.96	7.8
H226	灌溉排水学报	225	0.74	217	26.9	4.9	25	108	0.00	0.83	6.7
R026	光电工程	127	0.98	122	27.7	5.1	22	68	0.00	0.82	6.4
R082	光电子技术	53	0.98	43	15.0	4.7	16	36	0.00	0.51	6.5
C091	光谱学与光谱分析	658	0.97	658	15.1	5.5	30	290	0.05	0.94	5.4
C097	光散射学报	57	0.95	57	21.1	4.2	21	52	0.00	0.63	7.2
N015	光学技术	122	1.00	104	18.3	4.0	23	80	0.00	0.62	6.0
N033	光学精密工程	279	0.98	266	21.6	4.6	25	142	0.01	0.90	5.3
C050	光学学报	611	1.00	582	23.0	5.0	28	216	0.01	0.87	6.7
R097	光学与光电技术	102	1.00	95	11.3	3.0	23	58	0.06	0.33	8.0
C037	光子学报	266	1.00	254	23.4	5.3	24	141	0.03	0.93	6.5
R547	广东电力	203	0.99	187	25.0	4.9	19	84	0.01	0.42	3.7
H272	广东海洋大学学报	103	0.94	103	25.7	5.6	13	31	0.02	0.74	8.7
H228	广东农业科学	259	0.97	258	33.2	5.5	27	104	0.01	0.75	6.0
G027	广东药科大学学报	166	0.82	160	19.1	5.1	19	84	0.01	0.51	5.3
A042	广西大学学报自然科学版	180	0.97	176	17.6	4.4	24	74	0.01	0.97	6.0
A535	广西科学	82	0.89	82	29.3	5.3	13	41	0.00	0.87	7.2
H364	广西林业科学	118	0.98	110	16.3	5.6	9	33	0.00	0.81	8.4
A062	广西师范大学学报自然科学版	100	0.94	100	23.2	3.9	21	52	0.01	0.67	6.8
G028	广西医科大学学报	343	0.83	338	20.5	4.9	22	157	0.01	0.79	4.6
G816	广西医学	813	1.00	641	19.8	4.5	30	440	0.00	0.54	5.0
F028	广西植物	201	1.00	200	29.5	5.1	28	115	0.03	0.94	9.4
G030	广州中医药大学学报	453	0.97	452	17.5	4.2	26	194	0.00	0.47	6.0
V572	规划师	332	0.95	275	18.0	2.9	21	132	0.02	0.38	6.4
T004	硅酸盐通报	582	0.98	575	22.1	4.6	30	287	0.01	0.80	6.8
T005	硅酸盐学报	248	1.00	246	30.8	5.2	26	120	0.00	0.92	6.5
M048	贵金属	61	0.95	61	25.0	5.8	17	39	0.00	0.51	8.1
A077	贵州大学学报自然科学版	121	0.95	109	19.1	3.5	14	40	0.00	0.93	6.3
H275	贵州农业科学	430	1.00	399	21.7	5.1	30	233	0.00	0.59	7.5
A527	贵州师范大学学报自然科学版	107	0.99	102	24.7	3.6	17	41	0.00	0.69	7.6
G031	贵州医科大学学报	272	0.98	270	23.9	5.4	23	123	0.01	0.82	3.4
M033	桂林理工大学学报	112	0.99	110	24.2	4.7	18	39	0.00	0.96	8.3
A040	国防科技大学学报	133	0.99	128	20.1	3.7	16	57	0.00	0.77	8.4
G495	国际病毒学杂志	105	0.81	94	15.8	6.0	20	65	0.00	0.49	4.9
V529	国际城市规划	96	0.80	90	38.5	2.6	15	43	0.25	0.53	11.9
G936	国际儿科学杂志	201	0.95	185	28.6	1.9	25	89	0.00	0.43	5.1
G497	国际放射医学核医学杂志	133	0.94	125	25.5	4.4	26	93	0.00	0.39	5.1
G659	国际妇产科学杂志	157	0.97	148	27.5	3.9	24	83	0.01	0.46	3.9
G498	国际骨科学杂志	84	0.94	77	29.9	4.4	21	55	0.00	0.33	3.9
G938	国际呼吸杂志	342	0.93	331	26.6	4.1	30	235	0.00	0.41	5.5
G362	国际检验医学杂志	765	0.99	667	17.8	4.6	28	534	0.00	0.48	4.0
G997	国际口腔医学杂志	105	0.95	105	38.7	3.7	22	48	0.01	0.71	5.9

表 4-2 2020 年中国科技核心期刊（中文）来源指标刊名字顺索引（续）

CODE	刊名	来源文献量	文献选出率	AR论文量	平均引文数	平均作者数	地区分布数	机构分布数	海外论文比	基金论文比	引用半衰期
G496	国际老年医学杂志	112	0.97	79	15.4	4.3	22	82	0.03	0.50	4.5
G930	国际流行病学传染病学杂志	131	0.96	111	19.7	4.8	20	105	0.01	0.36	4.5
G975	国际麻醉学与复苏杂志	246	0.97	238	24.0	4.2	27	143	0.01	0.48	5.6
G349	国际泌尿系统杂志	333	0.97	246	17.8	3.9	29	258	0.00	0.25	5.4
G983	国际免疫学杂志	131	0.96	129	29.1	3.5	22	83	0.00	0.53	4.9
G939	国际脑血管病杂志	158	0.90	157	34.2	4.8	26	125	0.00	0.37	5.0
G415	国际内分泌代谢杂志	98	0.92	92	25.5	3.6	24	73	0.00	0.43	4.4
G426	国际神经病学神经外科学杂志	138	0.98	134	23.7	4.0	26	116	0.00	0.41	4.2
S157	国际生殖健康/计划生育杂志	114	0.97	102	25.1	3.9	21	70	0.00	0.43	4.0
B525	国际输血及血液学杂志	87	0.95	86	30.6	3.7	21	68	0.00	0.66	5.1
G954	国际外科学杂志	181	0.98	174	26.7	4.3	26	115	0.00	0.39	4.4
G660	国际消化病杂志	99	0.95	93	23.8	3.7	22	86	0.00	0.33	4.8
G940	国际心血管病杂志	87	0.91	65	25.2	3.8	24	73	0.00	0.51	4.8
Q911	国际眼科杂志	489	0.96	421	25.0	4.0	30	332	0.04	0.41	4.9
G933	国际药学研究杂志	168	0.97	168	31.7	5.3	28	102	0.01	0.61	5.2
G661	国际医学放射学杂志	126	0.91	122	24.7	4.3	23	89	0.00	0.44	3.7
G934	国际中医中药杂志	269	0.91	201	13.4	3.9	27	181	0.01	0.43	4.8
G937	国际肿瘤学杂志	154	0.94	133	24.9	3.9	26	128	0.00	0.36	3.7
E578	国土资源科技管理	60	0.90	60	24.5	2.9	16	40	0.00	0.60	6.4
E591	国土资源遥感	130	0.99	130	24.6	4.3	27	97	0.01	0.87	6.8
R683	国外电子测量技术	342	0.97	248	16.4	3.1	29	157	0.00	0.29	3.9
H028	果树学报	223	0.98	211	28.0	6.4	27	80	0.01	0.72	8.1
T008	过程工程学报	169	0.93	169	27.0	4.9	24	75	0.01	0.79	7.5
X025	哈尔滨工程大学学报	270	0.99	262	19.2	4.0	20	92	0.01	0.94	8.1
J003	哈尔滨工业大学学报	303	0.97	292	24.0	4.1	23	112	0.01	0.85	7.9
J013	哈尔滨理工大学学报	144	0.97	134	20.9	3.7	21	41	0.00	0.95	6.5
G033	哈尔滨医科大学学报	156	0.98	138	13.9	4.4	17	50	0.00	0.43	5.2
J055	海军工程大学学报	112	0.95	102	12.1	3.8	6	14	0.00	0.61	8.0
Y029	海军航空工程学院学报	60	0.87	60	19.3	3.4	10	30	0.00	0.42	8.1
G899	海军医学杂志	252	0.95	111	12.5	4.0	22	145	0.00	0.17	4.9
G416	海南医学院学报	343	0.98	338	24.8	5.2	27	181	0.00	0.71	3.9
L037	海相油气地质	41	0.95	41	31.0	6.6	10	25	0.00	0.78	9.3
E651	海洋测绘	101	0.92	100	14.5	4.3	17	53	0.00	0.61	7.0
E569	海洋地质前沿	120	0.98	116	25.9	5.4	12	38	0.01	0.88	9.1
E155	海洋地质与第四纪地质	118	0.98	118	43.1	5.4	17	53	0.01	0.78	11.7
E131	海洋工程	102	1.00	100	19.9	3.9	15	49	0.00	0.83	9.1
E312	海洋湖沼通报	127	0.95	125	25.1	5.0	19	71	0.02	0.70	10.8
Z010	海洋环境科学	137	1.00	137	25.2	5.0	14	66	0.01	0.77	10.2
E564	海洋技术学报	91	0.94	90	18.4	4.4	15	62	0.00	0.64	8.5
E145	海洋科学	218	1.00	215	39.0	5.0	18	86	0.03	0.84	10.9
E006	海洋科学进展	66	0.94	66	31.9	5.2	9	24	0.02	0.83	11.7
E311	海洋通报	85	1.00	84	28.2	4.9	13	52	0.04	0.55	8.1
E003	海洋学报	169	0.99	169	36.1	5.4	12	61	0.02	0.86	10.7

表 4-2　2020 年中国科技核心期刊（中文）来源指标刊名字顺索引（续）

CODE	刊名	来源文献量	文献选出率	AR论文量	平均引文数	平均作者数	地区分布数	机构分布数	海外论文比	基金论文比	引用半衰期
E149	海洋学研究	39	0.91	39	28.1	4.6	10	22	0.00	0.79	10.8
H284	海洋渔业	74	1.00	74	34.6	5.9	11	26	0.00	0.77	10.3
E008	海洋与湖沼	154	0.97	154	37.6	5.1	16	54	0.01	0.88	10.3
E108	海洋预报	65	0.96	65	22.7	4.2	14	47	0.00	0.68	11.2
L586	含能材料	160	0.87	157	27.9	5.0	17	38	0.00	0.68	7.9
N076	焊接	131	0.90	125	16.7	4.4	24	101	0.00	0.56	5.6
N624	焊接技术	377	0.95	202	6.6	3.7	28	236	0.00	0.12	8.2
N021	焊接学报	191	0.94	191	14.8	4.7	24	91	0.02	0.81	5.4
A191	杭州师范大学学报自然科学版	102	0.91	101	19.4	4.3	10	23	0.00	0.73	8.3
Y556	航空兵器	95	0.97	82	23.2	3.5	14	43	0.00	0.34	5.9
Y027	航空材料学报	70	0.93	70	30.4	4.8	12	33	0.00	0.61	8.2
Y017	航空动力学报	278	0.96	278	22.0	4.3	17	83	0.00	0.57	9.9
Y554	航空发动机	106	0.95	105	19.3	3.8	15	35	0.00	0.20	10.8
Y031	航空计算技术	180	0.96	146	9.3	3.3	12	44	0.00	0.54	5.6
Y012	航空精密制造技术	95	0.93	69	7.6	3.4	15	57	0.00	0.17	9.3
Y002	航空学报	341	0.97	339	33.7	4.2	22	92	0.02	0.59	7.9
Y014	航空制造技术	243	0.91	243	22.4	4.3	21	101	0.01	0.52	7.1
Y034	航天返回与遥感	80	0.95	75	25.7	4.8	9	22	0.00	0.59	9.4
Y015	航天控制	72	0.94	67	13.6	3.7	18	48	0.00	0.35	6.9
Y033	航天器工程	133	0.92	114	12.5	5.0	9	38	0.00	0.40	7.7
Y032	航天器环境工程	101	0.98	94	15.0	5.0	13	49	0.00	0.34	9.3
G034	航天医学与医学工程	80	0.93	80	26.8	5.5	14	46	0.01	0.68	8.7
T057	合成材料老化与应用	269	0.94	157	12.9	3.1	27	145	0.00	0.21	5.9
D602	合成化学	171	0.97	170	23.0	4.8	25	105	0.04	0.87	7.5
T505	合成树脂及塑料	137	0.93	118	13.6	3.5	25	100	0.00	0.22	7.1
T067	合成纤维	147	0.90	113	10.1	4.1	20	67	0.00	0.27	6.5
T065	合成纤维工业	108	0.92	102	13.2	3.2	20	63	0.01	0.23	7.3
T018	合成橡胶工业	92	0.75	92	16.8	4.6	20	50	0.00	0.45	8.4
J053	合肥工业大学学报自然科学版	286	0.97	265	15.7	3.8	19	66	0.00	0.80	8.0
A031	河北大学学报自然科学版	91	1.00	91	20.2	4.4	10	25	0.01	0.89	7.2
K032	河北工程大学学报自然科学版	67	0.96	67	16.7	4.0	14	24	0.00	1.00	7.2
J017	河北工业大学学报	74	1.00	69	25.9	3.9	12	21	0.00	0.82	6.8
J019	河北工业科技	67	0.96	64	19.0	3.1	16	47	0.00	0.67	4.9
J058	河北科技大学学报	64	0.98	62	28.8	4.1	11	18	0.00	0.92	5.2
H244	河北农业大学学报	122	0.95	122	23.3	5.4	13	24	0.00	0.86	7.4
A076	河北师范大学学报自然科学版	75	0.90	75	18.2	3.4	23	50	0.00	0.88	7.3
G035	河北医科大学学报	330	0.96	321	19.0	4.4	22	167	0.01	0.50	3.5
G641	河北医学	492	1.00	483	10.3	3.8	27	351	0.00	0.82	3.0
G898	河北医药	953	1.00	863	19.9	4.3	27	494	0.00	0.29	4.3
G384	河北中医	387	0.95	378	22.2	4.4	25	255	0.00	0.62	4.4
G301	河北中医药学报	99	0.95	70	17.2	4.9	11	47	0.00	0.65	5.1
W012	河海大学学报自然科学版	80	0.86	79	24.0	4.7	12	26	0.01	0.94	7.5
A067	河南大学学报自然科学版	84	1.00	83	26.3	4.2	10	21	0.00	0.98	6.7

表 4-2 2020 年中国科技核心期刊（中文）来源指标刊名字顺索引（续）

CODE	刊名	来源文献量	文献选出率	AR论文量	平均引文数	平均作者数	地区分布数	机构分布数	海外论文比	基金论文比	引用半衰期
U004	河南工业大学学报自然科学版	124	0.98	121	24.9	4.6	14	24	0.01	0.77	6.6
J014	河南科技大学学报自然科学版	97	0.94	96	19.2	4.1	18	45	0.01	1.00	5.6
A011	河南科学	281	0.95	277	21.9	3.5	22	124	0.01	0.81	6.3
K526	河南理工大学学报自然科学版	135	0.99	132	20.0	4.2	23	72	0.01	0.99	6.7
H011	河南农业大学学报	139	0.99	137	27.2	5.5	26	60	0.00	0.88	7.1
H356	河南农业科学	280	0.99	279	28.9	6.1	27	131	0.02	0.76	6.9
A058	河南师范大学学报自然科学版	106	0.93	105	22.1	4.4	22	55	0.02	0.96	7.7
Q004	核动力工程	242	0.99	204	9.4	5.0	18	67	0.00	0.24	9.0
Q002	核化学与放射化学	69	0.93	69	29.2	5.2	11	26	0.01	0.23	10.6
Q001	核技术	156	0.93	139	19.0	6.2	13	54	0.02	0.73	9.2
C092	核聚变与等离子体物理	57	0.98	51	14.5	6.1	9	19	0.04	0.60	9.5
Q009	核科学与工程	152	0.96	131	10.7	4.6	15	51	0.00	0.26	10.1
H042	核农学报	329	0.85	325	35.8	6.0	29	118	0.01	0.82	6.8
A084	黑龙江大学自然科学学报	105	1.00	101	18.3	3.3	21	45	0.01	0.98	7.7
K505	黑龙江科技大学学报	126	0.96	123	13.7	3.3	12	25	0.01	0.65	5.2
R535	红外技术	172	0.99	133	17.0	4.7	25	107	0.01	0.44	6.9
C035	红外与毫米波学报	105	1.00	95	23.8	5.7	19	56	0.09	0.83	7.8
R084	红外与激光工程	399	0.99	361	26.1	5.0	26	176	0.02	0.70	6.2
A039	湖北大学学报自然科学版	111	0.99	109	18.3	3.9	12	36	0.01	0.72	7.9
H203	湖北农业科学	1087	0.99	977	17.5	4.4	31	495	0.00	0.56	7.8
G334	湖北中医药大学学报	210	1.00	136	17.1	3.9	23	134	0.00	0.81	4.4
E111	湖泊科学	159	0.95	158	46.9	5.6	25	73	0.02	0.96	8.7
A028	湖南大学学报自然科学版	204	1.00	202	19.9	4.0	20	50	0.01	0.90	7.6
K016	湖南科技大学学报自然科学版	68	1.00	66	18.6	3.8	17	43	0.00	0.90	7.3
H060	湖南农业大学学报自然科学版	110	1.00	110	22.4	5.6	21	58	0.02	0.90	7.7
G548	湖南师范大学学报医学版	353	1.00	278	16.0	3.6	23	277	0.00	0.15	4.0
A055	湖南师范大学自然科学学报	81	0.98	81	20.9	4.1	25	47	0.00	0.96	5.6
G041	湖南中医药大学学报	312	0.99	301	19.1	5.1	23	88	0.00	0.81	5.0
G336	护理管理杂志	193	0.91	190	25.2	4.2	30	150	0.01	0.37	4.8
G987	护理学报	413	0.96	330	20.6	4.7	27	256	0.02	0.35	4.5
G503	护理学杂志	766	0.99	481	19.8	4.9	29	345	0.01	0.37	4.9
G654	护理研究	1001	0.98	732	24.2	4.2	30	458	0.01	0.42	5.6
G734	护士进修杂志	558	0.97	411	18.5	4.4	28	325	0.01	0.43	5.3
H665	花生学报	54	1.00	52	20.1	8.1	14	24	0.00	0.89	6.7
E141	华北地震科学	60	0.92	59	17.9	4.3	17	43	0.00	0.70	9.2
R046	华北电力大学学报	77	1.00	75	22.3	3.6	7	20	0.00	0.61	5.2
H032	华北农学报	173	1.00	173	29.7	6.6	23	73	0.01	0.86	6.9
W543	华北水利水电大学学报自然科学版	82	1.00	82	20.7	3.9	16	36	0.01	0.87	7.2
X003	华东交通大学学报	115	0.97	111	16.5	3.3	17	39	0.00	0.77	5.9
A054	华东师范大学学报自然科学版	100	0.96	100	23.6	3.3	18	39	0.01	0.89	9.9
E103	华南地震	78	0.94	77	16.2	3.6	20	52	0.01	0.28	8.7
G340	华南国防医学杂志	225	0.96	186	20.4	4.8	23	117	0.00	0.44	4.3
J004	华南理工大学学报自然科学版	200	0.99	191	22.1	4.1	21	57	0.02	0.99	6.1

表 4-2 2020 年中国科技核心期刊（中文）来源指标刊名字顺索引（续）

CODE	刊名	来源文献量	文献选出率	AR论文量	平均引文数	平均作者数	地区分布数	机构分布数	海外论文比	基金论文比	引用半衰期
H013	华南农业大学学报	104	0.95	104	29.4	6.1	19	32	0.02	0.81	6.7
A052	华南师范大学学报自然科学版	102	0.98	100	26.1	4.1	15	46	0.00	0.98	7.5
G525	华南预防医学	200	0.97	123	17.1	4.5	23	156	0.00	0.22	3.5
A021	华侨大学学报自然科学版	116	0.97	112	19.2	3.4	17	28	0.01	0.97	5.7
G043	华西口腔医学杂志	123	0.93	121	27.1	4.5	25	64	0.01	0.54	6.6
G044	华西药学杂志	152	0.96	124	12.4	4.8	24	89	0.03	0.41	5.8
G294	华西医学	291	0.96	267	24.6	5.1	26	136	0.00	0.63	4.8
G077	华中科技大学学报医学版	153	0.96	140	23.3	5.3	20	82	0.00	0.64	5.2
J033	华中科技大学学报自然科学版	264	1.00	252	16.3	3.6	24	103	0.01	0.94	6.7
H003	华中农业大学学报	136	0.99	135	26.2	5.7	15	32	0.01	0.97	6.9
A004	华中师范大学学报自然科学版	136	0.94	134	21.7	3.8	25	80	0.01	0.88	6.5
Z009	化工环保	113	0.93	113	23.2	4.3	24	95	0.01	0.54	6.4
T006	化工机械	175	0.98	114	9.6	3.4	24	114	0.00	0.26	8.1
T101	化工进展	579	0.98	571	40.7	5.1	29	221	0.01	0.80	6.3
T532	化工科技	96	1.00	92	20.1	4.8	13	29	0.00	0.60	6.2
T146	化工设备与管道	106	0.98	73	8.4	2.7	23	71	0.00	0.08	10.5
T007	化工学报	557	0.99	550	43.1	5.1	28	161	0.01	0.91	6.3
T009	化学反应工程与工艺	72	0.91	72	19.0	4.5	17	42	0.00	0.54	8.8
D604	化学分析计量	189	0.97	179	18.5	4.2	27	150	0.01	0.29	6.5
T025	化学工程	180	0.90	171	15.7	4.4	28	118	0.01	0.59	7.8
T567	化学工程师	271	0.99	206	13.0	3.5	26	140	0.00	0.37	5.7
T076	化学工业与工程	57	0.97	56	33.1	4.1	17	28	0.02	0.70	5.8
D506	化学进展	185	0.95	184	79.2	4.6	26	115	0.03	0.86	5.7
D011	化学试剂	272	0.87	268	21.1	4.8	29	188	0.00	0.60	6.1
D018	化学通报	157	0.95	156	41.1	4.2	28	118	0.01	0.76	6.1
D030	化学学报	142	0.99	140	62.6	4.8	23	90	0.03	0.97	5.2
D501	化学研究	79	0.94	77	31.3	4.3	22	46	0.00	0.73	6.0
D037	化学研究与应用	348	1.00	343	21.0	4.7	29	208	0.01	0.64	6.5
T931	化学与粘合	104	0.86	84	15.2	4.1	18	57	0.00	0.24	7.4
T553	化学与生物工程	167	0.99	157	17.5	4.5	23	109	0.01	0.60	6.1
Z017	环境保护科学	153	0.98	153	21.1	4.1	27	114	0.01	0.51	7.3
Z005	环境工程	408	0.82	382	26.3	4.9	30	232	0.02	0.75	6.1
Z550	环境工程技术学报	134	0.91	134	32.2	5.1	22	67	0.00	0.71	7.6
Z021	环境工程学报	386	0.98	381	28.4	5.4	27	182	0.03	0.71	6.6
D024	环境化学	386	0.99	372	36.5	5.4	30	232	0.01	0.84	6.9
Z500	环境技术	243	0.90	208	8.8	3.4	26	150	0.00	0.08	6.9
Z554	环境监测管理与技术	101	1.00	90	18.1	5.0	24	79	0.00	0.79	6.7
Z506	环境科技	90	0.92	89	14.3	4.2	17	69	0.00	0.47	5.9
Z004	环境科学	612	0.98	612	38.5	6.1	28	234	0.01	0.93	5.6
Z003	环境科学学报	487	1.00	486	37.0	5.8	30	200	0.03	0.90	6.2
Z002	环境科学研究	329	0.98	329	40.2	5.8	28	166	0.00	0.88	6.8
Z521	环境科学与管理	470	0.96	464	7.7	2.4	29	355	0.00	0.28	2.9
Z025	环境科学与技术	350	1.00	349	32.6	5.1	31	231	0.02	0.80	6.3

表 4-2 2020 年中国科技核心期刊（中文）来源指标刊名字顺索引（续）

CODE	刊名	来源文献量	文献选出率	AR论文量	平均引文数	平均作者数	地区分布数	机构分布数	海外论文比	基金论文比	引用半衰期
H049	环境昆虫学报	185	1.00	184	36.0	5.5	26	89	0.02	0.84	9.3
Z035	环境卫生工程	105	0.81	95	15.2	4.0	16	72	0.03	0.33	6.9
G971	环境卫生学杂志	97	0.80	95	19.2	5.6	23	61	0.00	0.41	6.1
Z019	环境污染与防治	288	1.00	287	25.0	5.0	30	189	0.00	0.83	6.9
Z031	环境与健康杂志	271	1.00	205	19.6	5.9	28	166	0.00	0.65	5.9
G882	环境与职业医学	197	0.96	192	25.7	5.5	28	108	0.02	0.75	5.4
G656	环球中医药	536	0.96	276	17.8	4.4	27	171	0.01	0.47	6.0
M631	黄金	220	0.99	188	13.4	3.7	25	119	0.01	0.35	7.7
V560	混凝土	452	0.94	399	15.4	4.0	30	209	0.00	0.80	8.3
Y040	火箭推进	84	0.99	82	23.6	4.1	7	21	0.00	0.50	9.7
N005	火力与指挥控制	409	0.98	385	15.2	3.6	22	164	0.00	0.50	6.7
N007	火炸药学报	109	0.96	108	21.9	5.4	13	28	0.03	0.56	9.5
X011	机车电传动	192	0.98	182	9.8	3.8	20	72	0.00	0.42	6.7
N069	机床与液压	944	0.98	689	12.4	3.6	28	453	0.01	0.63	6.4
N672	机电工程	271	1.00	227	15.0	3.5	27	154	0.00	0.90	5.9
S004	机器人	70	1.00	62	34.5	4.4	15	44	0.01	0.87	6.6
N040	机械传动	333	1.00	249	15.3	3.8	28	174	0.00	0.61	7.4
M004	机械工程材料	215	0.98	215	19.7	4.6	26	149	0.00	0.56	7.7
N051	机械工程学报	621	0.98	533	26.8	4.6	26	179	0.03	0.87	7.0
N050	机械科学与技术	286	0.96	262	17.7	4.0	27	131	0.00	0.80	6.2
N057	机械强度	226	1.00	188	16.4	3.8	27	135	0.00	0.76	7.7
N047	机械设计	268	0.75	113	16.8	4.0	26	168	0.00	0.65	6.9
N054	机械设计与研究	262	0.98	131	16.3	3.8	26	134	0.02	0.71	6.1
N028	机械设计与制造	865	0.99	528	11.0	3.3	28	286	0.00	0.75	8.1
N063	机械设计与制造工程	308	1.00	186	10.5	3.2	27	155	0.00	0.34	5.8
N053	机械与电子	194	0.94	93	12.1	3.7	28	118	0.00	0.34	4.7
N515	机械制造与自动化	334	1.00	249	10.7	3.5	22	105	0.00	0.40	7.3
G003	基础医学与临床	343	0.82	323	12.7	4.9	28	196	0.00	0.62	4.0
H245	基因组学与应用生物学	798	0.99	797	20.9	4.7	31	415	0.01	0.64	8.4
R025	激光技术	136	0.96	135	22.8	4.4	26	87	0.00	0.68	6.5
F045	激光生物学报	77	1.00	77	33.4	5.3	15	38	0.00	0.94	6.3
R514	激光与光电子学进展	933	0.99	908	26.8	4.2	29	316	0.01	0.85	6.0
R521	激光与红外	243	1.00	215	12.6	4.3	27	144	0.00	0.45	6.8
R028	激光杂志	510	1.00	443	18.1	2.9	30	279	0.00	0.83	3.5
E116	吉林大学学报地球科学版	154	0.99	153	36.6	5.4	24	87	0.03	0.76	11.2
J042	吉林大学学报工学版	266	1.00	259	19.0	4.3	23	82	0.02	0.94	7.5
A035	吉林大学学报理学版	220	0.97	215	15.7	3.1	28	96	0.00	0.95	6.3
R586	吉林大学学报信息科学版	105	0.97	95	17.0	3.6	17	43	0.04	0.70	4.6
G014	吉林大学学报医学版	217	0.99	217	25.2	5.5	25	87	0.00	0.94	4.4
H243	吉林农业大学学报	97	0.96	97	29.2	5.0	8	17	0.00	0.92	8.7
G719	吉林中医药	458	0.99	259	18.5	4.1	27	139	0.00	0.72	5.1
E007	极地研究	53	0.87	53	31.5	4.3	13	33	0.02	0.81	10.6
G452	疾病监测	223	0.86	196	17.2	5.9	28	112	0.00	0.45	5.4

表 4-2　2020 年中国科技核心期刊（中文）来源指标刊名字顺索引（续）

CODE	刊名	来源文献量	文献选出率	AR 论文量	平均引文数	平均作者数	地区分布数	机构分布数	海外论文比	基金论文比	引用半衰期
G439	脊柱外科杂志	85	0.98	83	25.5	5.1	23	76	0.00	0.34	6.2
N014	计量学报	256	0.98	237	15.7	4.5	25	97	0.01	0.73	7.1
S050	计算机测量与控制	659	1.00	330	13.9	3.3	28	359	0.00	0.41	5.0
S049	计算机仿真	1187	1.00	1150	12.1	2.6	31	473	0.01	0.53	4.1
S013	计算机辅助设计与图形学学报	213	1.00	172	25.7	4.1	26	114	0.03	0.88	7.3
S012	计算机工程	525	0.98	509	23.9	3.7	29	219	0.01	0.94	5.7
S034	计算机工程与科学	282	0.98	268	25.0	3.6	29	141	0.02	0.78	5.7
S022	计算机工程与设计	555	0.99	523	15.2	3.4	29	206	0.01	0.79	4.1
S025	计算机工程与应用	914	0.98	892	24.2	3.4	29	315	0.00	0.88	5.4
S030	计算机集成制造系统	322	0.99	293	23.2	3.9	25	127	0.01	0.90	6.7
S520	计算机技术与发展	480	0.98	425	17.7	3.2	30	223	0.00	0.89	5.4
S006	计算机科学	576	0.98	568	26.2	3.5	26	189	0.01	0.88	6.0
S085	计算机科学与探索	197	0.93	193	30.7	3.5	25	102	0.01	0.91	5.4
S509	计算机系统应用	465	0.97	452	18.5	3.4	29	219	0.00	0.61	5.2
S018	计算机学报	143	1.00	142	46.0	4.5	23	78	0.07	0.94	6.5
S021	计算机研究与发展	203	0.96	201	40.7	4.2	25	114	0.06	0.84	6.7
S029	计算机应用	554	0.98	540	23.0	3.5	27	240	0.01	0.85	5.3
S016	计算机应用研究	798	1.00	782	22.1	3.3	30	287	0.00	0.88	6.5
S009	计算机应用与软件	644	0.98	597	16.9	3.1	29	345	0.00	0.76	5.2
S048	计算机与数字工程	570	0.99	523	17.3	2.9	28	230	0.00	0.37	6.9
S500	计算机与现代化	253	0.96	210	24.4	3.2	27	155	0.00	0.66	5.0
S507	计算技术与自动化	139	0.99	113	14.7	3.3	27	123	0.00	0.27	4.1
C003	计算力学学报	108	1.00	106	19.5	3.6	25	67	0.01	0.81	9.1
B014	计算数学	32	0.86	32	34.1	2.7	15	25	0.09	0.81	12.8
C094	计算物理	80	0.94	80	25.6	3.4	25	47	0.01	0.78	9.9
A656	济南大学学报自然科学版	94	1.00	90	20.0	4.2	24	54	0.01	0.98	6.3
G292	寄生虫与医学昆虫学报	42	0.95	40	22.4	5.6	15	33	0.00	0.76	7.7
A045	暨南大学学报自然科学与医学版	75	0.99	75	22.4	5.6	19	57	0.05	0.76	5.3
H240	家畜生态学报	220	0.96	198	24.8	5.7	30	105	0.00	0.80	7.5
G638	检验医学	284	0.89	221	15.7	5.0	26	215	0.00	0.32	4.9
V051	建筑材料学报	209	0.98	201	19.7	4.0	25	95	0.02	0.89	9.0
V057	建筑钢结构进展	93	0.98	82	16.9	3.7	19	49	0.01	0.71	9.3
V523	建筑节能中英文版	334	0.90	219	13.4	3.3	30	170	0.01	0.44	6.7
V014	建筑结构	652	0.88	275	9.4	3.6	30	311	0.00	0.36	8.7
V044	建筑结构学报	250	0.98	231	21.7	4.2	24	89	0.03	0.91	8.9
V005	建筑科学	290	0.84	244	16.0	4.3	26	120	0.02	0.70	7.5
V013	建筑科学与工程学报	89	0.94	85	24.3	4.0	18	35	0.00	0.97	8.7
V047	建筑学报	193	0.86	115	15.1	2.0	21	80	0.10	0.41	19.9
Y522	舰船电子工程	509	0.99	424	13.7	2.8	27	223	0.00	0.17	8.4
Y564	舰船科学技术	1104	0.99	600	9.1	2.8	30	458	0.00	0.34	7.2
G453	江苏大学学报医学版	96	0.91	95	22.9	5.3	8	29	0.00	0.79	4.3
J035	江苏大学学报自然科学版	113	1.00	108	13.6	4.0	23	49	0.01	0.79	5.5
H700	江苏农业科学	1424	0.99	1387	20.9	5.1	31	652	0.00	0.77	8.0

表 4-2 2020 年中国科技核心期刊（中文）来源指标刊名字顺索引（续）

CODE	刊名	来源文献量	文献选出率	AR论文量	平均引文数	平均作者数	地区分布数	机构分布数	海外论文比	基金论文比	引用半衰期
H199	江苏农业学报	204	1.00	197	29.7	6.0	29	124	0.00	0.82	6.9
G397	江苏中医药	341	0.93	118	11.5	3.5	28	169	0.00	0.32	6.4
H283	江西农业大学学报	143	1.00	143	29.4	6.4	24	52	0.01	0.97	7.4
H701	江西农业学报	298	1.00	298	24.8	5.4	25	173	0.00	0.66	7.9
A112	江西师范大学学报自然科学版	105	0.96	102	23.3	3.8	18	49	0.01	0.97	8.3
X020	交通信息与安全	110	0.96	110	22.9	3.9	18	44	0.00	0.80	5.0
X672	交通运输工程学报	119	0.96	119	43.1	4.5	21	42	0.09	0.97	5.5
X685	交通运输系统工程与信息	209	0.97	209	10.9	3.7	23	78	0.05	0.87	5.2
X516	交通运输研究	85	0.90	85	21.7	3.7	14	30	0.02	0.66	6.4
L587	节能技术	91	0.79	66	14.4	4.0	23	68	0.01	0.31	5.4
W567	节水灌溉	239	0.98	235	20.0	4.5	25	114	0.00	0.89	6.7
K553	洁净煤技术	153	0.94	152	29.0	4.6	20	71	0.01	0.76	7.5
V049	结构工程师	184	0.98	157	13.7	3.2	26	98	0.00	0.53	9.1
G869	结直肠肛门外科	164	0.84	132	20.9	4.6	24	106	0.00	0.38	5.4
G316	解放军护理杂志	287	0.98	223	17.3	4.7	27	167	0.02	0.41	5.0
G187	解放军医学院学报	287	0.99	267	24.0	5.2	23	94	0.00	0.57	4.6
G048	解放军医学杂志	201	0.93	199	30.0	5.5	27	156	0.01	0.67	4.1
G671	解放军医药杂志	317	0.94	304	20.8	4.6	26	222	0.00	0.85	3.8
G315	解放军医院管理杂志	341	0.96	196	11.0	4.3	26	182	0.00	0.34	4.8
G961	解放军预防医学杂志	496	0.93	182	13.7	4.7	31	295	0.00	0.31	4.4
G507	解剖科学进展	187	0.98	173	15.1	4.3	14	72	0.00	0.84	4.1
G049	解剖学报	157	0.97	155	20.7	5.2	29	105	0.01	0.75	6.0
G358	解剖学研究	133	0.94	101	15.9	4.4	26	111	0.00	0.41	4.2
G050	解剖学杂志	142	0.80	82	14.5	5.0	27	100	0.01	0.49	5.8
G886	介入放射学杂志	276	0.90	233	17.5	5.5	28	189	0.00	0.38	5.2
N048	金刚石与磨料磨具工程	101	0.99	96	17.1	4.4	21	63	0.00	0.58	7.5
M051	金属功能材料	68	0.86	66	21.3	4.0	21	52	0.00	0.38	6.6
K022	金属矿山	380	0.98	373	21.1	4.5	23	140	0.01	0.76	6.4
N083	金属热处理	590	0.97	556	14.6	4.5	28	297	0.00	0.52	7.5
M012	金属学报	155	0.99	152	41.9	5.3	24	66	0.03	0.86	9.1
E599	经济地理	308	0.95	308	33.0	3.4	27	129	0.01	0.94	6.2
H333	经济动物学报	46	0.85	44	24.9	5.3	14	20	0.00	0.41	9.5
S759	经济管理	143	0.93	133	50.9	2.4	22	61	0.02	0.83	8.6
S762	经济理论与经济管理	92	0.94	88	34.5	2.2	18	44	0.00	0.72	10.4
H266	经济林研究	120	1.00	120	27.8	5.9	26	77	0.01	0.92	6.4
S773	经济与管理研究	108	0.94	108	36.9	2.3	19	55	0.00	0.83	8.6
G953	精神医学杂志	112	0.93	95	23.3	5.3	22	78	0.00	0.54	5.4
T102	精细化工	357	1.00	355	33.3	4.9	29	159	0.01	0.82	5.6
T955	精细化工中间体	103	0.94	90	15.9	4.9	21	60	0.00	0.42	8.0
T542	精细石油化工	98	0.96	96	18.4	4.2	23	77	0.00	0.46	7.2
G677	颈腰痛杂志	169	0.67	97	13.5	4.3	26	152	0.00	0.24	3.8
Z553	净水技术	343	0.98	265	16.6	3.5	26	207	0.01	0.36	6.5
G553	局解手术学杂志	238	1.00	219	21.8	5.3	24	155	0.00	0.59	4.0

表 4-2　2020 年中国科技核心期刊（中文）来源指标刊名字顺索引（续）

CODE	刊名	来源文献量	文献选出率	AR论文量	平均引文数	平均作者数	地区分布数	机构分布数	海外论文比	基金论文比	引用半衰期
T512	聚氨酯工业	71	0.77	47	11.2	4.5	19	51	0.00	0.41	6.2
R016	绝缘材料	201	0.98	195	20.5	5.2	27	122	0.00	0.44	7.2
G052	军事医学	188	0.97	164	21.7	5.7	25	88	0.00	0.65	6.2
F018	菌物学报	214	0.94	204	46.0	5.4	26	105	0.05	0.82	7.3
C325	菌物研究	40	0.91	40	38.6	4.3	12	24	0.13	0.60	10.3
M018	勘察科学技术	82	1.00	74	9.8	3.3	21	69	0.00	0.23	7.5
Q933	康复学报	72	0.87	70	25.8	5.8	15	45	0.08	0.78	5.5
A645	科技导报	393	0.83	349	26.1	3.2	28	225	0.01	0.60	7.0
S812	科技管理研究	785	0.80	782	25.5	2.8	29	339	0.02	0.81	6.6
R588	科技进步与对策	417	0.67	417	33.8	2.7	26	178	0.01	0.93	6.9
A083	科技通报	275	0.92	246	13.9	3.2	29	207	0.00	0.47	6.6
S816	科学管理研究	144	0.92	144	16.4	2.2	29	111	0.01	0.70	5.8
A537	科学技术与工程	2183	0.99	2104	20.0	4.1	31	711	0.01	0.73	6.5
A075	科学通报	424	0.88	370	48.9	4.5	28	200	0.05	0.76	6.8
W514	科学学研究	223	0.91	213	26.2	2.6	23	110	0.01	0.84	8.4
S818	科学学与科学技术管理	99	0.89	99	55.0	2.8	18	52	0.01	0.90	8.6
W531	科研管理	324	0.91	324	28.0	2.7	28	164	0.03	0.91	8.9
L516	可再生能源	257	0.99	251	13.0	4.6	28	165	0.02	0.79	4.9
E140	空间科学学报	121	0.79	113	22.7	4.6	20	60	0.04	0.75	7.1
Y051	空间控制技术与应用	67	0.93	64	16.0	4.3	14	36	0.00	0.76	8.0
J059	空军工程大学学报自然科学版	100	0.96	99	19.4	4.1	12	19	0.00	0.63	6.4
Q907	空军医学杂志	148	0.87	77	14.6	5.6	17	61	0.00	0.47	5.8
Y016	空气动力学学报	118	0.96	116	38.4	3.8	14	39	0.03	0.73	10.5
S503	控制工程	338	1.00	313	17.4	3.3	28	214	0.01	0.73	7.2
R060	控制理论与应用	283	0.98	267	25.6	3.6	28	142	0.04	0.80	6.7
S001	控制与决策	356	0.99	345	23.7	3.6	26	163	0.01	0.94	6.8
G672	口腔材料器械杂志	46	0.94	45	19.2	2.9	15	29	0.00	0.54	6.0
G246	口腔颌面外科杂志	79	0.93	70	19.7	4.2	22	60	0.00	0.63	5.6
G894	口腔颌面修复学杂志	78	0.94	74	22.6	4.1	17	61	0.00	0.49	5.2
G390	口腔疾病防治	144	0.97	144	26.5	4.1	26	77	0.02	0.65	3.9
G594	口腔生物医学	56	0.98	52	28.3	4.0	13	32	0.02	0.84	5.7
G325	口腔医学	233	0.96	231	30.2	4.1	24	99	0.00	0.77	5.3
G266	口腔医学研究	257	0.93	213	19.5	4.0	26	147	0.01	0.54	5.1
K525	矿产保护与利用	155	0.94	155	33.3	4.8	23	70	0.01	0.69	6.8
V054	矿产勘查	367	0.97	366	18.4	4.4	27	202	0.00	0.47	8.8
K025	矿产与地质	166	1.00	163	20.2	4.0	25	107	0.01	0.58	11.2
K004	矿产综合利用	213	1.00	209	18.4	4.2	25	117	0.00	0.52	8.0
E106	矿床地质	68	0.99	68	95.8	6.2	17	32	0.01	0.81	11.2
K014	矿山机械	204	0.97	143	8.7	2.9	24	117	0.00	0.24	6.9
E350	矿物学报	83	0.95	82	34.4	5.3	24	49	0.00	0.83	10.6
E354	矿物岩石	44	0.94	44	29.8	5.9	13	23	0.02	0.86	12.6
E504	矿物岩石地球化学通报	103	0.81	102	65.6	4.8	21	55	0.02	0.89	9.3
M101	矿冶	131	1.00	122	12.9	3.9	24	72	0.01	0.49	7.5

表 4-2　2020 年中国科技核心期刊（中文）来源指标刊名字顺索引（续）

CODE	刊名	来源文献量	文献选出率	AR论文量	平均引文数	平均作者数	地区分布数	机构分布数	海外论文比	基金论文比	引用半衰期
M045	矿冶工程	220	0.94	184	11.1	4.3	26	112	0.00	0.56	5.6
K554	矿业安全与环保	145	0.99	139	17.7	3.0	16	58	0.00	0.72	5.7
K010	矿业研究与开发	400	0.81	371	15.4	3.9	27	153	0.00	0.76	5.0
F015	昆虫学报	158	1.00	158	40.1	5.8	27	77	0.03	0.93	8.9
J020	昆明理工大学学报自然科学版	114	0.95	113	24.1	4.4	19	45	0.00	0.91	7.6
G053	昆明医科大学学报	386	0.98	381	20.0	5.2	20	134	0.00	0.82	5.0
G395	兰州大学学报医学版	101	0.87	94	23.8	5.3	13	38	0.00	0.68	5.0
A016	兰州大学学报自然科学版	106	0.98	106	30.5	4.6	13	35	0.03	0.64	8.4
J008	兰州理工大学学报	173	0.97	156	16.8	3.8	21	51	0.00	0.88	8.2
G628	老年医学与保健	299	0.98	247	17.7	4.3	24	165	0.00	0.52	3.8
R096	雷达科学与技术	108	1.00	97	12.5	3.6	17	47	0.00	0.48	4.7
R758	雷达学报	76	0.92	75	48.6	4.4	12	27	0.04	0.96	7.1
T010	离子交换与吸附	56	0.97	55	23.0	5.1	22	39	0.00	0.75	6.0
M001	理化检验化学分册	243	0.97	213	17.0	4.3	28	207	0.00	0.43	6.8
C101	力学季刊	77	0.95	77	24.1	3.4	19	47	0.00	0.87	10.7
C001	力学学报	159	0.96	158	39.0	3.8	22	85	0.04	0.93	7.6
C104	力学与实践	132	0.87	118	12.2	3.0	22	83	0.01	0.42	9.5
G580	立体定向和功能性神经外科杂志	75	0.87	70	17.0	5.0	20	64	0.00	0.32	4.2
U055	粮食与饲料工业	78	0.87	58	15.3	4.9	23	67	0.00	0.40	6.7
U626	粮油食品科技	149	0.89	146	23.5	4.9	20	67	0.08	0.56	6.8
C032	量子电子学报	89	0.94	86	25.2	4.5	24	61	0.00	0.74	8.9
K008	辽宁工程技术大学学报自然科学版	87	1.00	86	16.4	3.4	18	35	0.00	0.75	7.2
H261	辽宁农业科学	149	0.94	65	10.7	3.6	12	57	0.00	0.65	6.7
G850	辽宁中医药大学学报	646	0.99	602	30.0	4.4	27	186	0.00	0.72	5.5
G646	辽宁中医杂志	762	1.00	419	21.9	4.4	29	303	0.00	0.76	5.8
U037	林产工业	223	0.98	131	25.3	3.1	25	112	0.01	0.81	4.8
T017	林产化学与工业	100	0.98	99	26.0	5.1	17	39	0.01	0.92	5.8
H740	林业工程学报	156	0.98	152	24.4	4.7	17	36	0.01	0.96	6.0
H280	林业科学	252	0.99	252	37.0	5.3	28	84	0.01	0.86	9.3
H281	林业科学研究	133	0.99	133	32.5	5.6	22	46	0.01	0.83	9.5
H102	林业调查规划	221	0.97	212	13.6	3.5	27	137	0.00	0.27	7.5
T231	磷肥与复肥	196	0.92	60	8.0	3.6	21	108	0.00	0.30	8.3
G880	临床超声医学杂志	218	0.61	124	11.2	4.4	27	159	0.00	0.34	4.6
G607	临床儿科杂志	217	0.94	189	19.8	5.2	23	120	0.00	0.31	5.8
G276	临床耳鼻咽喉头颈外科杂志	269	0.96	216	18.0	5.1	27	161	0.00	0.41	5.6
G271	临床放射学杂志	531	0.95	502	17.5	5.5	30	316	0.00	0.31	5.7
Q908	临床肺科杂志	461	0.99	387	18.3	4.0	30	344	0.00	0.25	4.3
G501	临床肝胆病杂志	580	0.81	453	27.7	4.7	30	294	0.00	0.60	4.5
G291	临床骨科杂志	257	0.76	154	8.6	4.7	25	229	0.00	0.30	4.4
G664	临床和实验医学杂志	781	0.97	688	16.2	4.3	27	453	0.00	0.85	3.6
G345	临床急诊杂志	191	0.92	181	19.4	4.2	24	155	0.00	0.27	3.9
G204	临床检验杂志	232	0.96	153	15.0	5.3	26	184	0.00	0.45	4.1
G310	临床精神医学杂志	83	0.55	46	18.0	5.7	17	60	0.01	0.55	6.4

表 4-2　2020 年中国科技核心期刊（中文）来源指标刊名字顺索引（续）

CODE	刊名	来源文献量	文献选出率	AR论文量	平均引文数	平均作者数	地区分布数	机构分布数	海外论文比	基金论文比	引用半衰期
G881	临床军医杂志	545	0.99	155	14.3	4.8	30	268	0.00	0.42	4.2
G287	临床口腔医学杂志	211	0.99	142	18.4	3.5	24	151	0.00	0.36	4.7
G222	临床麻醉学杂志	288	0.94	209	16.1	4.9	28	196	0.01	0.39	4.5
G317	临床泌尿外科杂志	225	0.95	188	21.2	5.4	29	182	0.00	0.31	5.1
G257	临床内科杂志	252	0.84	115	18.6	3.8	25	182	0.00	0.43	4.4
G230	临床皮肤科杂志	229	0.93	92	13.8	4.1	28	163	0.00	0.14	7.7
G309	临床神经病学杂志	117	0.89	87	22.7	4.5	22	92	0.02	0.35	5.8
G802	临床神经外科杂志	156	0.98	142	22.3	6.0	26	125	0.00	0.58	5.4
G423	临床肾脏病杂志	212	0.95	183	21.6	4.6	28	177	0.01	0.27	5.6
G797	临床输血与检验	155	0.96	132	17.5	4.6	25	124	0.00	0.30	5.1
G256	临床外科杂志	354	0.90	138	15.0	4.3	27	256	0.00	0.18	4.4
G942	临床误诊误治	300	0.92	293	22.7	4.4	25	219	0.00	0.65	4.0
G855	临床消化病杂志	103	0.94	71	17.8	4.1	28	87	0.00	0.20	5.8
Q909	临床小儿外科杂志	205	0.90	194	24.1	5.1	27	88	0.00	0.63	5.8
G261	临床心血管病杂志	249	0.95	212	20.9	5.0	28	171	0.00	0.48	4.0
G293	临床血液学杂志	204	0.93	170	18.7	4.6	26	146	0.00	0.36	4.2
Q913	临床眼科杂志	147	0.92	96	15.0	3.9	21	118	0.00	0.20	6.4
G673	临床药物治疗杂志	225	0.95	194	18.6	4.2	24	116	0.01	0.20	5.7
G350	临床与病理杂志	543	1.00	537	22.1	3.4	29	345	0.00	0.29	4.6
G274	临床与实验病理学杂志	404	0.84	192	13.9	4.9	30	286	0.00	0.43	4.7
Q910	临床肿瘤学杂志	202	0.96	184	22.5	4.9	29	167	0.00	0.29	3.7
G491	岭南心血管病杂志	165	0.95	153	20.6	4.4	22	131	0.01	0.33	5.1
N023	流体机械	182	0.99	108	16.7	4.3	25	104	0.00	0.62	6.2
H748	麦类作物学报	184	0.86	184	28.7	7.1	20	71	0.00	0.90	9.0
T060	煤化工	111	0.90	90	7.8	3.4	22	95	0.00	0.17	7.8
K558	煤矿安全	660	0.99	519	14.6	3.1	26	227	0.00	0.60	6.2
K517	煤矿机械	755	1.00	137	6.0	2.3	29	273	0.00	0.36	4.8
K038	煤炭工程	444	0.97	341	16.1	3.0	21	205	0.00	0.42	5.8
K005	煤炭科学技术	373	1.00	363	25.8	4.2	19	130	0.00	0.87	5.9
K017	煤炭学报	420	0.96	419	29.3	5.3	25	107	0.01	0.94	6.4
D027	煤炭转化	71	1.00	71	23.6	4.9	18	43	0.00	0.90	6.7
K009	煤田地质与勘探	198	0.99	197	24.9	4.4	21	79	0.00	0.76	6.9
R119	密码学报	68	0.89	64	32.2	3.5	15	41	0.00	0.87	7.3
U036	棉纺织技术	225	0.89	173	10.3	3.4	21	114	0.00	0.39	5.9
H037	棉花学报	51	0.89	51	35.8	7.8	11	21	0.08	0.92	8.7
G056	免疫学杂志	168	0.93	168	23.2	5.0	30	133	0.00	0.56	4.6
B017	模糊系统与数学	105	0.99	105	20.4	2.3	26	75	0.00	0.85	9.7
N107	模具技术	73	0.92	28	6.7	2.5	17	49	0.00	0.18	6.5
S015	模式识别与人工智能	112	0.91	112	30.6	3.6	22	64	0.02	0.92	5.3
T077	膜科学与技术	143	0.95	141	26.6	4.9	23	78	0.02	0.89	6.2
N084	摩擦学学报	89	0.74	88	25.3	5.2	18	53	0.00	0.91	7.5
U533	木材工业	77	0.80	71	13.1	4.5	12	34	0.00	0.68	7.9
A013	南昌大学学报理科版	98	1.00	92	20.6	3.9	17	41	0.01	0.87	7.7

表 4-2　2020 年中国科技核心期刊（中文）来源指标刊名字顺索引（续）

CODE	刊名	来源文献量	文献选出率	AR论文量	平均引文数	平均作者数	地区分布数	机构分布数	海外论文比	基金论文比	引用半衰期
G047	南昌大学学报医学版	139	0.97	119	20.7	4.3	19	76	0.00	0.49	4.3
R117	南方电网技术	143	0.95	129	22.2	5.2	19	70	0.01	0.29	5.7
V089	南方建筑	115	0.98	61	24.0	2.8	20	45	0.03	0.69	7.5
H069	南方农业学报	380	1.00	380	29.3	6.5	27	168	0.01	0.96	6.9
H068	南方水产科学	90	1.00	90	37.5	6.1	18	34	0.01	0.78	7.6
G023	南方医科大学学报	276	0.98	272	32.1	6.0	26	145	0.01	0.81	4.4
A025	南京大学学报自然科学版	90	0.96	85	28.1	4.1	17	42	0.03	0.84	7.9
T011	南京工业大学学报自然科学版	104	0.99	102	26.9	4.5	8	26	0.02	0.81	6.7
Y026	南京航空航天大学学报	120	0.96	114	23.1	3.8	22	52	0.01	0.67	8.1
N011	南京理工大学学报自然科学版	102	0.98	98	17.3	3.7	22	64	0.01	0.75	5.7
H033	南京林业大学学报自然科学版	183	0.99	177	33.3	5.0	24	53	0.02	0.93	8.3
H021	南京农业大学学报	141	0.96	141	31.7	5.9	12	18	0.02	0.96	7.3
A061	南京师大学报自然科学版	86	1.00	82	22.4	3.5	10	29	0.02	0.91	7.0
E120	南京信息工程大学学报自然科学版	88	0.88	82	30.6	4.2	15	51	0.07	0.77	7.3
G058	南京医科大学学报自然科学版	361	0.98	337	20.9	4.8	21	112	0.01	0.70	4.6
R008	南京邮电大学学报自然科学版	101	0.95	95	25.0	3.2	10	17	0.01	0.83	5.3
G059	南京中医药大学学报	169	0.99	157	22.3	5.8	18	62	0.01	0.80	5.2
A008	南开大学学报自然科学版	106	1.00	98	16.1	3.8	16	33	0.00	0.83	9.6
S776	南开管理评论	113	0.93	113	56.1	3.0	20	64	0.03	0.92	10.2
W590	南水北调与水利科技	133	0.99	131	31.9	4.7	20	67	0.03	0.91	7.5
G288	脑与神经疾病杂志	184	0.94	172	23.0	4.4	23	98	0.00	0.61	4.0
G662	内科急危重症杂志	138	0.94	84	18.5	3.9	26	101	0.00	0.35	4.2
G523	内科理论与实践	83	0.93	75	26.1	4.3	17	45	0.00	0.34	4.9
A026	内蒙古大学学报自然科学版	89	0.94	88	20.8	3.7	12	32	0.02	0.87	9.3
A111	内蒙古师范大学学报自然科学汉文版	91	1.00	89	17.8	3.0	18	30	0.00	0.76	9.5
G513	内蒙古医科大学学报	184	0.97	128	14.7	3.6	23	88	0.00	0.30	4.5
R533	内燃机工程	75	1.00	71	19.8	4.7	17	31	0.00	0.63	7.0
P004	内燃机学报	72	1.00	71	19.1	5.1	18	41	0.01	0.86	7.2
T501	能源化工	90	0.88	86	15.0	3.3	19	62	0.00	0.33	7.4
K570	能源与环保	496	0.97	458	14.8	2.4	28	309	0.00	0.26	6.7
W002	泥沙研究	69	0.97	69	20.2	3.7	15	35	0.01	0.99	11.5
U504	酿酒科技	275	0.89	254	15.1	4.8	26	151	0.00	0.21	6.9
A506	宁波大学学报理工版	111	0.99	105	21.7	3.8	9	25	0.00	0.90	10.8
A110	宁夏大学学报自然科学版	76	0.99	71	16.0	3.4	22	51	0.00	0.88	8.5
G665	宁夏医科大学学报	144	0.48	131	18.3	5.1	15	52	0.00	0.65	4.8
H071	农产品质量与安全	95	0.90	92	28.1	5.3	20	55	0.00	0.76	6.2
H105	农学学报	209	0.97	204	28.8	5.1	28	164	0.00	0.59	7.8
T034	农药	218	0.89	166	17.9	5.6	27	130	0.00	0.55	6.0
T924	农药科学与管理	127	0.76	122	8.2	4.6	24	69	0.00	0.20	7.0
H404	农药学学报	142	0.97	142	28.6	6.0	25	76	0.01	0.86	7.1
H072	农业工程	325	0.79	271	14.6	3.8	27	180	0.00	0.45	5.0
H279	农业工程学报	901	1.00	889	35.1	5.5	31	275	0.02	0.93	5.7
Z008	农业环境科学学报	317	0.96	317	39.5	5.7	29	140	0.01	0.94	6.5

表 4-2　2020 年中国科技核心期刊（中文）来源指标刊名字顺索引（续）

CODE	刊名	来源文献量	文献选出率	AR 论文量	平均引文数	平均作者数	地区分布数	机构分布数	海外论文比	基金论文比	引用半衰期
H278	农业机械学报	565	1.00	518	31.0	5.1	29	149	0.05	0.97	5.6
H286	农业生物技术学报	217	1.00	217	34.0	6.7	25	86	0.00	0.85	7.9
H222	农业现代化研究	109	0.97	109	33.3	3.1	23	54	0.02	0.94	5.5
H773	农业资源与环境学报	118	0.97	118	34.9	6.1	25	70	0.00	0.73	7.2
V032	暖通空调	224	0.81	165	12.3	3.9	21	107	0.02	0.44	8.3
H219	排灌机械工程学报	204	0.97	201	14.2	4.7	25	69	0.03	0.91	6.7
U602	皮革科学与工程	103	0.79	91	19.4	3.8	17	42	0.00	0.51	7.3
U604	皮革与化工	43	0.70	36	15.2	3.7	13	20	0.00	0.30	8.0
G595	器官移植	101	0.86	101	27.1	5.3	16	49	0.01	0.92	3.9
E021	气候变化研究进展	75	0.86	72	33.9	3.7	17	42	0.01	0.79	6.9
E361	气候与环境研究	54	1.00	54	34.9	4.7	13	25	0.04	0.94	10.7
Y504	气体物理	34	1.00	34	34.6	3.7	10	19	0.09	0.56	9.8
E352	气象	143	0.92	142	29.0	4.8	23	70	0.00	0.78	8.3
E566	气象科技	119	0.97	119	22.1	4.2	26	97	0.00	0.61	8.3
E359	气象科学	92	0.98	92	26.9	4.2	20	45	0.03	0.86	9.7
E001	气象学报	73	0.99	73	36.5	5.6	15	37	0.01	0.96	11.0
E521	气象与环境科学	74	0.95	73	28.6	4.2	23	61	0.00	0.77	6.7
E633	气象与环境学报	89	0.97	89	25.8	5.1	26	62	0.01	0.71	7.2
X532	汽车安全与节能学报	61	0.95	60	24.2	4.4	18	41	0.03	0.74	6.6
X018	汽车工程	236	1.00	234	17.3	4.5	18	86	0.02	0.80	6.6
X500	汽车工程学报	62	0.91	62	13.6	4.3	16	42	0.02	0.52	7.6
X013	汽车技术	128	0.91	125	12.5	3.9	23	69	0.00	0.52	6.2
P001	汽轮机技术	130	1.00	75	10.0	4.0	25	72	0.00	0.22	8.3
Y009	强度与环境	55	0.98	54	16.6	4.6	11	25	0.00	0.31	9.4
C007	强激光与粒子束	222	0.94	191	25.1	6.3	19	82	0.00	0.57	8.8
X021	桥梁建设	118	0.99	118	11.2	3.2	17	60	0.00	0.47	3.2
G061	青岛大学学报医学版	180	1.00	147	27.2	4.8	7	40	0.01	0.81	5.2
T012	青岛科技大学学报自然科学版	95	1.00	92	19.1	3.5	9	12	0.01	0.92	7.1
U535	轻工机械	114	0.97	52	13.3	3.6	12	29	0.01	0.46	6.3
J001	清华大学学报自然科学版	128	1.00	125	23.4	4.4	18	47	0.03	0.84	8.1
D002	燃料化学学报	173	0.99	173	29.8	5.7	23	83	0.02	0.91	6.4
P011	燃烧科学与技术	78	0.95	77	21.0	4.7	19	35	0.01	0.97	8.3
E563	热带地理	99	0.96	99	42.1	4.0	18	55	0.07	0.88	7.7
E642	热带海洋学报	70	1.00	70	37.5	4.9	10	37	0.03	0.79	11.7
H516	热带农业科学	258	0.97	257	21.6	4.6	18	144	0.01	0.61	7.2
E110	热带气象学报	76	0.97	76	30.4	5.0	16	41	0.01	0.89	8.0
H415	热带生物学报	66	0.97	66	25.7	5.6	10	17	0.02	0.85	8.1
F228	热带亚热带植物学报	86	0.99	82	29.1	5.5	18	51	0.03	0.83	8.8
G609	热带医学杂志	394	0.99	370	18.3	4.8	24	284	0.00	0.52	3.7
H223	热带作物学报	332	0.98	332	30.6	6.3	20	99	0.01	0.83	8.0
T105	热固性树脂	78	0.62	77	18.8	4.1	18	63	0.00	0.47	6.4
N071	热加工工艺	938	1.00	736	12.6	4.0	29	462	0.00	0.56	7.6
C134	热科学与技术	85	0.93	83	16.5	4.5	22	59	0.01	0.56	7.7

表 4-2 2020 年中国科技核心期刊（中文）来源指标刊名字顺索引（续）

CODE	刊名	来源文献量	文献选出率	AR论文量	平均引文数	平均作者数	地区分布数	机构分布数	海外论文比	基金论文比	引用半衰期
R501	热力发电	287	0.99	272	19.6	5.1	26	132	0.01	0.48	5.6
P006	热能动力工程	381	0.97	367	17.6	3.7	26	143	0.00	0.55	7.5
T013	人工晶体学报	330	0.93	325	29.6	5.0	31	184	0.01	0.81	7.0
N106	人类工效学	92	0.96	79	21.8	3.5	15	45	0.00	0.45	8.5
F041	人类学学报	62	0.95	61	42.5	4.0	15	30	0.11	0.84	13.2
W555	人民黄河	404	0.87	333	15.9	3.8	27	181	0.01	0.73	8.7
W504	人民长江	457	0.90	428	18.9	3.7	31	255	0.00	0.67	7.7
T070	日用化学工业	149	0.97	135	21.7	4.4	20	87	0.01	0.47	7.3
H097	乳业科学与技术	60	0.83	60	33.7	5.5	14	32	0.02	0.50	6.7
S011	软件学报	226	0.95	203	51.5	4.5	24	101	0.04	0.96	7.2
N029	润滑与密封	268	0.95	255	16.4	4.3	26	143	0.00	0.75	7.9
R086	三峡大学学报自然科学版	115	0.97	112	16.0	4.3	17	41	0.00	0.96	8.1
D012	色谱	182	0.97	180	42.1	5.1	25	131	0.00	0.82	5.0
H382	森林工程	95	0.96	93	22.5	4.0	11	28	0.05	0.84	5.2
H051	森林与环境学报	89	1.00	89	27.2	4.9	20	42	0.00	0.90	7.0
E635	沙漠与绿洲气象	109	0.95	109	25.3	4.6	25	74	0.00	0.53	7.9
H070	山地农业生物学报	86	1.00	84	27.3	5.2	9	22	0.00	0.73	7.9
E101	山地学报	86	0.97	86	34.7	4.2	19	50	0.00	0.88	7.2
G742	山东大学耳鼻喉眼学报	150	0.99	144	25.5	4.7	21	87	0.02	0.39	5.1
J022	山东大学学报工学版	100	1.00	98	23.7	4.1	23	66	0.03	0.67	5.8
A020	山东大学学报理学版	181	0.99	179	16.1	2.7	26	94	0.00	0.87	9.5
G062	山东大学学报医学版	251	0.99	236	26.6	5.5	23	109	0.01	0.47	4.4
A141	山东科技大学学报自然科学版	84	0.97	84	19.7	3.9	14	35	0.04	0.82	7.1
A637	山东科学	105	1.00	100	20.0	4.5	18	57	0.01	0.67	6.2
H031	山东农业大学学报自然科学版	242	1.00	195	15.3	3.4	27	172	0.00	0.51	6.9
H804	山东农业科学	368	0.98	356	22.8	6.5	21	104	0.01	0.85	7.6
G511	山东医药	1092	0.99	770	20.5	4.3	30	621	0.00	0.53	4.2
G063	山东中医药大学学报	133	0.94	132	19.8	3.7	17	67	0.00	0.66	6.2
G574	山东中医杂志	282	0.99	263	19.9	4.1	23	114	0.00	0.66	6.4
A014	山西大学学报自然科学版	127	1.00	124	23.0	3.6	20	45	0.01	0.90	6.5
H393	山西农业大学学报自然科学版	97	0.89	97	24.4	5.4	18	33	0.01	0.89	7.3
H390	山西农业科学	446	0.98	383	22.8	5.4	20	86	0.00	0.66	7.4
G064	山西医科大学学报	237	0.96	232	16.3	4.9	23	135	0.00	0.65	4.6
H217	陕西农业科学	349	0.98	185	12.4	4.1	21	162	0.00	0.37	7.8
A066	陕西师范大学学报自然科学版	90	0.89	90	30.7	3.9	17	41	0.02	0.93	8.4
G725	陕西中医	507	1.00	291	18.8	4.3	30	311	0.01	0.69	3.8
V088	上海城市规划	116	0.83	106	20.8	2.5	16	67	0.09	0.55	6.9
A056	上海大学学报自然科学版	95	0.93	95	24.4	4.0	5	13	0.02	0.78	7.7
U528	上海纺织科技	209	0.76	106	10.5	3.6	19	78	0.00	0.45	6.0
X038	上海海事大学学报	78	0.96	78	15.6	3.4	9	16	0.01	0.73	5.9
H292	上海海洋大学学报	102	1.00	102	32.4	5.0	6	16	0.00	0.87	9.2
Y555	上海航天	120	0.97	118	19.0	4.9	18	59	0.01	0.64	8.0
X006	上海交通大学学报	158	0.93	153	18.4	3.9	22	57	0.00	0.86	6.3

表 4-2 2020 年中国科技核心期刊（中文）来源指标刊名字顺索引（续）

CODE	刊名	来源文献量	文献选出率	AR 论文量	平均引文数	平均作者数	地区分布数	机构分布数	海外论文比	基金论文比	引用半衰期
G066	上海交通大学学报医学版	281	0.97	273	26.2	4.9	22	75	0.01	0.75	5.8
M021	上海金属	112	0.98	111	10.6	4.6	16	52	0.01	0.49	8.4
G283	上海口腔医学	129	0.94	127	18.8	4.6	23	92	0.01	0.50	5.3
H282	上海农业学报	158	1.00	157	22.5	5.5	16	55	0.01	0.84	8.7
G069	上海医学	159	0.90	114	17.4	4.1	16	82	0.01	0.32	5.4
G596	上海针灸杂志	312	0.99	305	25.5	4.4	27	225	0.00	0.59	4.7
G946	上海中医药大学学报	102	0.96	101	27.3	5.3	10	30	0.01	0.91	5.8
G389	上海中医药杂志	257	0.89	217	20.8	5.3	21	106	0.00	0.74	5.6
A515	深圳大学学报理工版	88	0.98	85	20.6	4.5	17	47	0.02	0.91	5.9
G329	神经疾病与精神卫生	141	0.81	136	36.0	4.0	23	81	0.01	0.52	4.9
G070	神经解剖学杂志	119	0.98	118	26.4	5.1	25	76	0.00	0.83	4.3
G319	神经损伤与功能重建	246	0.95	94	19.6	4.5	26	188	0.00	0.36	5.2
A074	沈阳大学学报自然科学版	86	0.96	81	16.9	3.7	16	33	0.02	0.63	5.1
J052	沈阳工业大学学报	124	1.00	116	13.3	3.7	20	72	0.01	0.97	4.8
V011	沈阳建筑大学学报自然科学版	138	0.96	133	19.8	3.6	21	33	0.02	1.00	6.5
H024	沈阳农业大学学报	102	0.91	102	30.1	5.2	14	27	0.00	0.96	7.8
A586	沈阳师范大学学报自然科学版	100	1.00	97	17.3	3.4	8	18	0.02	0.99	6.6
G071	沈阳药科大学学报	169	0.99	169	22.7	4.8	23	68	0.01	0.49	7.3
G202	肾脏病与透析肾移植杂志	113	0.92	96	20.7	3.9	20	66	0.01	0.51	5.1
F203	生理科学进展	94	0.88	90	30.3	3.6	26	78	0.00	0.80	4.3
F001	生理学报	85	0.92	85	53.4	4.1	21	68	0.08	0.16	7.3
F042	生命的化学	336	0.94	327	37.7	3.8	28	165	0.01	0.69	4.8
F215	生命科学	164	0.93	163	66.6	3.9	27	111	0.01	0.91	5.5
F046	生命科学研究	71	1.00	71	39.7	5.2	21	58	0.01	0.79	6.2
N759	生命科学仪器	65	0.92	62	32.5	4.1	17	43	0.00	0.62	6.0
Z034	生态毒理学报	183	0.99	182	41.9	5.4	26	121	0.02	0.65	7.4
H784	生态环境学报	283	0.96	283	38.2	5.3	30	190	0.01	0.93	6.9
Z512	生态科学	176	0.99	176	35.0	4.9	27	111	0.02	0.89	8.4
Z014	生态学报	857	0.99	855	42.9	5.2	31	277	0.01	0.91	7.9
Z028	生态学杂志	447	1.00	447	41.0	5.6	31	210	0.01	0.89	8.1
Z023	生态与农村环境学报	202	0.99	200	32.2	5.2	29	122	0.01	0.80	6.8
H080	生物安全学报	48	0.92	47	31.0	4.9	17	38	0.00	0.81	9.4
F049	生物多样性	160	0.91	156	45.4	6.1	26	91	0.05	0.70	8.7
F003	生物工程学报	262	0.95	262	42.1	5.2	28	153	0.02	0.85	6.7
G401	生物骨科材料与临床研究	77	0.61	62	20.2	5.8	23	67	0.00	0.31	6.0
F016	生物化学与生物物理进展	104	0.90	104	66.4	5.4	24	76	0.03	0.48	6.1
F229	生物技术	97	0.99	97	24.4	5.1	25	70	0.00	0.63	4.7
F214	生物技术进展	96	0.95	96	36.2	5.4	21	60	0.00	0.73	6.9
F205	生物技术通报	332	1.00	332	43.2	5.2	30	202	0.01	0.83	6.5
F224	生物技术通讯	133	0.96	132	26.8	4.8	23	82	0.00	0.64	5.8
F204	生物加工过程	111	0.93	111	36.3	5.1	18	58	0.00	0.86	6.6
F040	生物信息学	33	1.00	33	25.3	4.1	15	29	0.06	0.67	7.0
F213	生物学杂志	173	0.98	146	23.5	4.6	29	112	0.02	0.84	7.1

表 4-2 2020 年中国科技核心期刊（中文）来源指标刊名字顺索引（续）

CODE	刊名	来源文献量	文献选出率	AR论文量	平均引文数	平均作者数	地区分布数	机构分布数	海外论文比	基金论文比	引用半衰期
G006	生物医学工程学杂志	141	0.96	138	32.6	4.7	21	79	0.01	0.69	4.5
G332	生物医学工程研究	76	0.95	75	18.9	4.6	16	48	0.03	0.79	4.5
G603	生物医学工程与临床	153	0.96	143	18.0	4.1	26	131	0.00	0.29	4.1
F044	生物资源	91	0.93	91	34.2	5.3	23	62	0.02	0.81	6.3
G624	生殖医学杂志	299	0.96	276	22.5	5.0	29	174	0.00	0.45	5.1
C033	声学技术	129	0.98	123	14.4	3.5	23	87	0.02	0.62	9.1
C054	声学学报	101	0.94	98	25.6	4.1	20	49	0.03	0.88	10.0
E302	湿地科学	95	0.99	95	25.6	5.8	25	66	0.02	0.77	7.6
E636	湿地科学与管理	66	0.92	51	14.6	4.3	21	55	0.00	0.39	9.4
A615	石河子大学学报自然科学版	121	0.95	119	21.7	5.0	16	29	0.01	0.79	6.4
T933	石化技术与应用	103	0.92	88	11.0	3.6	20	58	0.00	0.06	6.7
X042	石家庄铁道大学学报自然科学版	77	0.97	76	13.0	3.5	11	25	0.00	0.58	7.2
L016	石油地球物理勘探	152	0.96	152	27.9	4.7	19	61	0.00	0.85	9.2
L015	石油化工	192	0.97	192	23.9	4.3	26	100	0.01	0.39	7.7
L034	石油化工高等学校学报	94	1.00	90	20.3	4.0	13	41	0.00	0.80	7.1
L021	石油化工设备技术	82	0.93	68	5.4	2.3	18	52	0.00	0.09	9.3
L019	石油机械	252	0.95	215	16.1	4.8	16	86	0.02	0.68	6.9
L031	石油勘探与开发	120	0.93	119	33.2	6.6	13	40	0.10	0.77	7.7
L043	石油科学通报	52	0.90	52	33.5	5.0	7	10	0.02	0.81	8.4
L030	石油炼制与化工	240	0.75	239	12.5	4.0	27	118	0.00	0.22	8.1
E126	石油实验地质	119	0.89	119	33.4	5.4	14	55	0.01	0.82	8.1
L005	石油物探	100	0.98	100	25.1	4.3	17	55	0.00	0.68	8.1
L028	石油学报	153	0.92	150	40.8	6.1	19	60	0.03	0.84	7.0
L012	石油学报石油加工	160	0.96	155	27.4	5.2	23	67	0.00	0.77	7.7
L006	石油与天然气地质	120	0.91	120	37.6	5.7	15	47	0.03	0.83	8.1
L008	石油钻采工艺	133	0.99	128	14.9	5.2	16	67	0.00	0.47	7.5
L025	石油钻探技术	120	0.93	112	18.8	4.4	13	63	0.02	0.68	6.0
U049	食品安全质量检测学报	1477	0.98	1459	26.6	5.0	31	686	0.01	0.46	5.8
F257	实验动物科学	88	0.98	85	19.0	5.2	25	68	0.00	0.60	7.5
G387	实验动物与比较医学	77	0.84	76	22.4	4.8	17	65	0.00	0.65	6.1
C009	实验力学	125	1.00	124	21.0	4.5	20	64	0.01	0.91	9.4
Y018	实验流体力学	76	0.96	76	31.3	4.7	13	32	0.03	0.66	9.5
A115	实验室研究与探索	796	1.00	678	16.2	3.7	30	331	0.00	0.63	5.2
G534	实用放射学杂志	567	0.97	436	14.4	4.9	30	359	0.00	0.25	4.8
G586	实用妇产科杂志	245	0.92	152	14.7	3.6	22	117	0.00	0.28	5.0
G746	实用肝脏病杂志	234	0.97	220	18.7	4.0	27	195	0.00	0.73	3.8
G457	实用骨科杂志	279	0.95	230	19.9	5.1	29	213	0.00	0.29	5.8
G224	实用口腔医学杂志	210	0.89	164	16.3	4.5	28	142	0.01	0.48	6.9
G700	实用老年医学	366	0.97	250	16.5	4.0	24	233	0.00	0.34	5.0
Q919	实用临床医药杂志	858	0.99	595	17.0	3.2	25	553	0.00	0.34	3.3
G652	实用皮肤病学杂志	115	0.95	46	14.6	4.2	22	88	0.00	0.25	5.6
G469	实用器官移植电子杂志	111	0.80	82	22.7	4.4	20	60	0.00	0.31	5.8
G766	实用心脑肺血管病杂志	299	0.96	290	21.5	4.6	25	223	0.01	0.41	4.6

表 4-2　2020 年中国科技核心期刊（中文）来源指标刊名字顺索引（续）

CODE	刊名	来源文献量	文献选出率	AR论文量	平均引文数	平均作者数	地区分布数	机构分布数	海外论文比	基金论文比	引用半衰期
G834	实用药物与临床	245	0.96	224	19.6	4.2	28	165	0.00	0.44	4.3
G324	实用医学杂志	679	0.98	658	23.6	5.2	30	400	0.00	0.72	3.2
G760	实用医院临床杂志	446	0.98	323	16.2	3.9	19	259	0.00	0.26	3.8
G768	实用预防医学	434	1.00	268	16.5	5.1	30	299	0.00	0.38	4.8
G856	实用肿瘤学杂志	109	0.92	106	25.4	3.5	25	66	0.00	0.38	3.9
G890	实用肿瘤杂志	109	0.96	99	23.8	3.7	24	88	0.01	0.37	4.3
U005	食品工业科技	1382	0.99	1377	30.9	5.7	30	490	0.00	0.71	5.8
U006	食品科学	1079	1.00	1077	38.3	5.9	31	276	0.01	0.87	6.3
A117	食品科学技术学报	90	0.92	90	29.3	5.0	24	55	0.01	0.81	5.9
U617	食品研究与开发	868	0.78	863	24.0	5.0	31	369	0.00	0.48	6.0
U035	食品与发酵工业	1092	0.99	1088	29.9	5.6	31	339	0.01	0.77	5.8
U641	食品与发酵科技	156	0.99	143	17.8	4.5	23	99	0.00	0.42	5.7
U547	食品与机械	503	0.94	448	24.7	4.6	31	274	0.00	0.74	5.1
U029	食品与生物技术学报	173	0.92	173	27.3	5.2	25	67	0.01	0.74	7.2
G748	食品与药品	117	0.94	107	18.7	4.8	22	75	0.00	0.33	5.7
H838	食用菌学报	68	1.00	68	33.4	6.1	16	34	0.04	0.87	7.5
E655	世界地理研究	122	0.98	122	31.6	3.4	22	78	0.06	0.85	8.1
E363	世界地震工程	99	0.97	94	22.1	3.8	22	61	0.00	0.80	9.6
E548	世界地质	100	0.99	100	25.5	4.5	18	44	0.00	0.75	10.6
G906	世界科学技术-中医药现代化	597	0.97	594	31.4	5.6	31	195	0.01	0.80	5.9
G485	世界临床药物	163	0.93	161	27.2	3.6	18	109	0.01	0.45	5.2
G484	世界中西医结合杂志	523	0.98	505	18.9	4.5	27	278	0.00	0.65	4.9
G483	世界中医药	751	0.94	735	23.3	5.0	29	370	0.01	0.82	4.8
Q957	首都公共卫生	101	0.98	52	12.8	5.4	6	41	0.01	0.26	4.9
A023	首都师范大学学报自然科学版	96	0.91	91	18.2	3.3	18	40	0.01	0.38	7.9
G073	首都医科大学学报	177	0.95	170	19.6	4.9	9	55	0.00	0.58	4.9
F033	兽类学报	69	0.92	69	50.2	6.4	21	47	0.04	0.78	10.8
R005	数据采集与处理	117	0.99	114	22.9	3.9	21	83	0.00	0.84	5.4
W009	数理统计与管理	88	0.91	88	26.3	2.9	21	57	0.03	0.75	9.9
B015	数学的实践与认识	887	0.99	885	16.1	2.7	31	439	0.00	0.79	8.0
B007	数学进展	66	0.96	66	20.9	2.1	21	47	0.05	0.89	13.6
B004	数学年刊 A	32	0.89	32	20.0	2.3	16	26	0.09	0.66	14.5
C036	数学物理学报	139	0.99	139	21.7	2.3	28	106	0.02	0.88	11.1
B006	数学学报	57	0.90	57	22.2	1.9	23	49	0.02	0.89	13.2
B012	数学杂志	82	0.96	79	15.1	2.4	27	57	0.04	0.82	12.2
H847	水产科学	126	0.98	126	35.6	6.0	22	71	0.00	0.86	9.4
H008	水产学报	194	0.98	194	36.2	6.3	17	61	0.04	0.93	9.6
Z016	水处理技术	336	0.98	326	19.1	4.6	28	219	0.01	0.77	6.7
X533	水道港口	111	0.97	111	14.7	3.5	17	56	0.04	0.87	8.7
P007	水电能源科学	608	1.00	555	7.8	3.9	30	252	0.00	0.67	6.8
W004	水动力学研究与进展 A	95	1.00	95	19.7	4.1	21	50	0.02	0.85	9.0
W013	水科学进展	93	0.97	90	30.9	4.4	18	45	0.03	0.98	6.7
R050	水力发电	315	0.99	266	10.9	3.8	28	133	0.00	0.50	7.6

表 4-2　2020 年中国科技核心期刊（中文）来源指标刊名字顺索引（续）

CODE	刊名	来源文献量	文献选出率	AR论文量	平均引文数	平均作者数	地区分布数	机构分布数	海外论文比	基金论文比	引用半衰期
R049	水力发电学报	131	0.92	128	30.6	4.3	18	50	0.02	0.89	7.7
R587	水利经济	81	0.83	80	21.0	3.2	13	31	0.01	0.68	5.1
W011	水利水电技术	303	0.79	297	23.3	4.1	29	162	0.00	0.90	7.4
W502	水利水电科技进展	85	0.83	84	25.4	4.0	22	49	0.00	0.81	7.9
W006	水利水运工程学报	96	0.95	96	16.4	4.4	21	42	0.00	0.95	8.8
W003	水利学报	149	0.96	147	29.2	4.6	24	61	0.03	0.93	8.7
F010	水生生物学报	156	0.99	156	33.6	5.8	26	67	0.01	0.85	10.7
H850	水生态学杂志	97	0.99	97	30.3	5.5	28	76	0.00	0.87	10.2
H015	水土保持通报	273	0.99	272	26.2	4.5	31	150	0.00	0.91	6.8
H287	水土保持学报	317	0.99	316	28.1	5.5	30	131	0.03	0.94	6.3
H056	水土保持研究	335	0.98	335	27.7	4.7	29	170	0.01	0.89	6.9
E540	水文	92	1.00	91	19.4	4.1	24	69	0.02	0.73	8.4
E154	水文地质工程地质	138	0.97	134	23.2	4.8	22	78	0.01	0.86	8.0
N907	水下无人系统学报	98	0.96	88	13.9	3.8	16	60	0.00	0.43	8.7
X528	水运工程	435	0.99	425	8.8	3.1	22	131	0.00	0.20	8.3
R566	水资源保护	97	0.76	91	27.3	4.6	18	55	0.00	0.85	5.8
W570	水资源与水工程学报	223	1.00	218	25.1	4.3	26	107	0.01	0.89	5.4
U056	丝绸	232	0.96	198	17.6	3.1	23	69	0.00	0.71	7.9
G045	四川大学学报医学版	152	0.97	146	23.9	5.5	18	59	0.01	0.64	5.1
A006	四川大学学报自然科学版	182	0.97	180	19.5	4.0	19	49	0.01	0.84	6.9
F027	四川动物	81	0.78	81	32.9	5.5	23	55	0.05	0.67	11.2
Z007	四川环境	201	0.99	194	17.5	3.5	23	125	0.00	0.26	7.4
A033	四川师范大学学报自然科学版	112	0.89	112	24.1	3.2	21	61	0.01	0.96	8.6
G575	四川医学	301	0.97	262	19.2	4.4	17	143	0.00	0.24	4.8
G745	四川中医	848	0.99	522	14.8	3.5	28	477	0.00	0.37	4.3
H862	饲料工业	279	1.00	272	27.4	5.0	30	127	0.04	0.65	7.7
H864	饲料研究	476	1.00	349	24.0	4.5	31	264	0.00	0.61	6.7
T106	塑料	209	0.98	164	21.6	4.4	27	133	0.00	0.47	6.8
T014	塑料工业	414	0.83	384	15.7	4.5	28	234	0.01	0.46	6.4
T536	塑料科技	389	0.95	315	15.1	3.0	30	292	0.01	0.28	5.0
T079	塑料助剂	67	0.92	54	12.3	3.3	20	48	0.03	0.15	9.5
T580	塑性工程学报	312	0.98	291	18.2	4.7	25	130	0.00	0.83	6.8
X634	隧道建设	222	0.86	222	16.3	3.6	23	121	0.01	0.40	5.6
R652	太赫兹科学与电子信息学报	205	0.97	177	15.6	3.7	25	134	0.00	0.62	5.9
L009	太阳能学报	601	0.98	579	16.4	4.5	27	199	0.01	0.84	7.5
J011	太原理工大学学报	133	0.98	128	19.2	4.5	13	31	0.02	0.87	7.0
M544	钛工业进展	51	0.86	50	17.6	5.2	16	40	0.00	0.53	7.8
T500	弹性体	87	0.90	86	17.3	4.4	19	39	0.00	0.36	7.7
T015	炭素技术	73	0.80	67	23.9	4.9	21	51	0.00	0.48	7.0
N043	探测与控制学报	114	0.99	109	14.3	3.6	21	53	0.00	0.41	7.6
V531	陶瓷学报	125	0.93	108	29.0	5.0	23	67	0.02	0.86	7.9
H041	特产研究	98	0.96	95	28.6	5.8	17	31	0.00	0.65	7.6
L505	特种油气藏	155	0.97	154	20.2	4.6	16	58	0.01	0.84	6.6

表 4-2 2020 年中国科技核心期刊（中文）来源指标刊名字顺索引（续）

CODE	刊名	来源文献量	文献选出率	AR 论文量	平均引文数	平均作者数	地区分布数	机构分布数	海外论文比	基金论文比	引用半衰期
N065	特种铸造及有色合金	325	0.99	267	16.1	4.7	27	186	0.01	0.58	7.2
A041	天津大学学报	159	0.93	152	20.8	4.4	16	24	0.03	0.89	7.5
U017	天津工业大学学报	78	1.00	74	22.6	4.0	7	13	0.00	0.95	6.6
A504	天津师范大学学报自然科学版	78	0.96	76	24.1	4.3	9	17	0.01	0.86	7.6
G076	天津医药	257	0.99	251	21.2	5.0	26	157	0.00	0.61	3.5
G626	天津中医药	284	0.93	251	18.8	5.0	14	82	0.00	0.55	5.5
G914	天津中医药大学学报	133	0.89	115	19.0	4.6	22	64	0.00	0.58	5.6
T611	天然产物研究与开发	263	1.00	263	25.9	5.5	29	163	0.01	0.83	5.8
L518	天然气地球科学	168	0.93	166	34.0	6.3	19	78	0.00	0.74	8.1
L029	天然气工业	221	0.92	217	28.3	6.0	22	104	0.01	0.64	6.0
T074	天然气化工	142	1.00	137	20.6	4.7	24	84	0.01	0.51	7.9
L507	天然气与石油	134	0.94	127	20.9	4.4	19	79	0.01	0.38	7.0
E023	天文学报	67	0.89	67	21.9	4.9	16	30	0.03	0.94	9.8
E114	天文学进展	28	0.93	28	58.4	3.7	10	19	0.07	0.96	10.5
X521	铁道工程学报	217	0.96	212	7.8	3.0	19	54	0.01	0.40	6.3
X007	铁道科学与工程学报	386	0.97	384	16.6	3.9	27	125	0.00	0.87	6.4
X005	铁道学报	229	0.95	228	18.9	4.1	22	59	0.01	0.83	7.9
G238	听力学及言语疾病杂志	173	0.93	130	18.8	4.8	26	116	0.03	0.44	8.2
R065	通信学报	238	1.00	227	25.7	4.0	27	111	0.05	0.96	4.3
G965	同济大学学报医学版	137	0.98	137	25.4	4.6	6	44	0.00	0.81	5.5
J032	同济大学学报自然科学版	212	0.95	209	20.8	3.6	15	29	0.01	0.86	7.9
Q003	同位素	54	0.96	52	27.2	5.0	17	32	0.02	0.39	8.3
N061	图学学报	127	0.99	94	23.2	3.6	23	86	0.03	0.77	6.4
T103	涂料工业	176	0.93	172	14.4	4.6	26	124	0.01	0.27	6.7
V029	土木工程学报	143	0.93	140	28.5	4.1	20	61	0.06	0.92	7.2
V035	土木工程与管理学报	158	0.99	151	18.7	3.8	24	90	0.01	0.74	6.4
V019	土木与环境工程学报（中英文）	139	1.00	133	29.5	4.3	23	68	0.02	0.91	5.0
H043	土壤	175	0.98	175	36.5	5.9	29	95	0.01	0.87	8.3
H057	土壤通报	193	0.95	192	31.6	5.4	29	120	0.01	0.84	7.6
H012	土壤学报	145	0.99	145	41.0	5.8	25	70	0.02	0.96	7.5
H048	土壤与作物	47	0.98	47	39.8	4.9	12	21	0.00	0.74	8.9
Y025	推进技术	312	1.00	309	25.5	4.5	23	89	0.00	0.58	11.2
S795	外国经济与管理	119	0.98	119	36.0	2.8	20	70	0.03	0.90	7.4
G601	外科理论与实践	114	0.94	96	23.1	4.0	14	55	0.00	0.38	5.1
G996	皖南医学院学报	169	0.97	126	13.8	4.8	6	40	0.00	0.63	4.9
S017	网络新媒体技术	56	0.85	52	16.9	2.8	7	11	0.00	0.61	7.5
S082	网络与信息安全学报	83	1.00	78	25.3	3.9	18	55	0.04	0.87	5.0
R070	微波学报	123	0.97	87	15.5	3.6	23	76	0.03	0.53	7.5
G866	微创泌尿外科杂志	80	0.93	78	24.2	6.0	17	59	0.00	0.19	4.6
R057	微电机	223	0.90	128	12.7	3.7	26	128	0.00	0.56	6.6
R064	微电子学	171	1.00	88	13.7	4.6	19	61	0.00	0.76	7.7
R004	微电子学与计算机	186	0.94	149	11.3	3.4	26	102	0.00	0.70	6.0
R098	微纳电子技术	151	1.00	148	23.2	4.7	21	66	0.00	0.79	6.4

表 4-2 2020 年中国科技核心期刊（中文）来源指标刊名字顺索引（续）

CODE	刊名	来源文献量	文献选出率	AR论文量	平均引文数	平均作者数	地区分布数	机构分布数	海外论文比	基金论文比	引用半衰期
F004	微生物学报	219	0.94	219	44.4	5.6	30	130	0.02	0.91	7.6
F206	微生物学免疫学进展	93	0.88	93	25.0	4.6	17	50	0.01	0.42	4.9
F011	微生物学通报	412	0.96	405	37.3	5.4	30	226	0.02	0.83	6.4
F225	微生物学杂志	107	0.96	107	31.0	4.9	26	77	0.01	0.80	7.0
G651	微生物与感染	64	0.86	62	28.0	4.9	11	38	0.00	0.73	5.6
R085	微特电机	178	0.94	83	11.4	3.5	25	114	0.01	0.38	6.9
E052	微体古生物学报	33	0.89	33	64.0	4.8	12	22	0.12	0.76	18.5
S033	微型电脑应用	534	0.91	176	10.6	2.3	30	271	0.00	0.30	3.8
G210	微循环学杂志	68	0.86	62	19.9	3.9	16	51	0.00	0.31	4.3
S813	卫生软科学	230	0.92	222	15.4	4.3	25	115	0.02	0.59	4.9
G079	卫生研究	187	0.96	177	19.2	5.8	26	86	0.00	0.60	5.8
G800	胃肠病学	157	0.96	133	26.4	3.9	25	94	0.00	0.45	5.0
G326	胃肠病学和肝病学杂志	299	0.98	259	23.3	4.5	28	193	0.00	0.37	4.3
G702	温州医科大学学报	220	1.00	192	17.2	5.0	6	71	0.01	0.40	5.9
D003	无机材料学报	189	0.99	188	35.9	5.3	29	116	0.04	0.91	5.4
D023	无机化学学报	267	0.98	267	37.6	5.3	29	173	0.02	0.89	5.8
T072	无机盐工业	274	0.94	246	18.0	4.2	29	151	0.00	0.51	6.6
N044	无损检测	200	0.93	171	6.8	4.0	21	137	0.01	0.32	8.0
W014	武汉大学学报工学版	153	1.00	148	18.5	4.4	26	82	0.01	0.65	8.3
A024	武汉大学学报理学版	69	0.97	68	25.2	4.1	17	36	0.00	0.87	7.0
E107	武汉大学学报信息科学版	238	0.99	238	24.0	4.9	23	99	0.02	0.95	6.7
G038	武汉大学学报医学版	215	1.00	209	16.1	4.5	18	65	0.00	0.37	4.9
M032	武汉科技大学学报自然科学版	69	1.00	68	15.6	3.9	8	14	0.00	1.00	7.1
X017	武汉理工大学学报交通科学与工程版	214	0.97	212	12.3	3.8	24	68	0.02	0.74	6.7
J018	武汉理工大学学报信息与管理工程版	87	0.93	86	17.7	3.4	16	40	0.00	0.82	5.7
G771	武警后勤学院学报医学版	151	0.59	143	21.0	4.0	22	100	0.01	0.23	4.4
G707	武警医学	307	0.96	213	17.6	4.2	28	133	0.00	0.25	5.0
D001	物理化学学报	207	0.92	143	44.5	3.9	23	97	0.04	0.58	5.7
C006	物理学报	794	1.00	774	42.4	5.1	29	286	0.04	0.88	7.0
C509	物理与工程	125	0.94	114	9.6	3.2	24	70	0.02	0.33	9.9
E136	物探化探计算技术	105	0.99	105	18.0	4.4	24	77	0.00	0.54	10.9
E138	物探与化探	189	0.99	188	21.5	4.7	28	126	0.00	0.77	10.0
R009	西安电子科技大学学报自然科学版	113	0.92	107	17.8	3.8	20	66	0.02	0.86	3.9
U030	西安工程大学学报	108	0.96	102	22.6	3.8	12	19	0.01	0.95	4.5
J036	西安工业大学学报	91	0.87	87	15.5	3.5	5	18	0.02	0.67	5.9
V018	西安建筑科技大学学报自然科学版	122	0.98	114	18.1	3.7	24	70	0.00	0.87	8.0
X030	西安交通大学学报	270	0.95	253	22.2	4.5	22	81	0.00	0.91	6.3
G081	西安交通大学学报医学版	174	0.95	172	19.3	6.6	21	58	0.01	0.76	5.1
A150	西安科技大学学报	143	0.95	139	24.8	4.4	17	38	0.01	0.88	6.1
J002	西安理工大学学报	77	0.97	76	17.9	4.2	9	22	0.04	0.65	5.9
L010	西安石油大学学报自然科学版	109	1.00	106	19.2	4.4	18	54	0.00	0.87	8.2
R671	西安邮电大学学报	98	0.92	89	25.3	3.4	6	12	0.02	0.83	5.1
A032	西北大学学报自然科学版	108	0.95	108	29.5	4.2	15	51	0.03	0.95	8.3

表 4-2 2020 年中国科技核心期刊（中文）来源指标刊名字顺索引（续）

CODE	刊名	来源文献量	文献选出率	AR论文量	平均引文数	平均作者数	地区分布数	机构分布数	海外论文比	基金论文比	引用半衰期
E125	西北地质	98	0.99	98	28.4	5.3	21	70	0.02	0.76	10.3
Y023	西北工业大学学报	168	0.99	162	17.3	4.0	18	54	0.01	0.54	7.1
H224	西北林学院学报	246	0.98	238	27.2	5.1	29	105	0.00	0.81	8.2
H018	西北农林科技大学学报自然科学版	213	0.95	213	30.3	5.7	28	77	0.00	0.86	8.2
H288	西北农业学报	216	1.00	216	29.7	6.0	29	80	0.00	0.82	7.6
A022	西北师范大学学报自然科学版	121	0.95	119	21.8	3.2	24	62	0.01	0.94	8.8
G792	西北药学杂志	210	0.98	207	24.5	4.2	27	163	0.00	0.64	4.4
F020	西北植物学报	244	0.98	242	32.8	5.1	31	115	0.00	0.84	8.6
H385	西部林业科学	152	0.94	152	25.8	4.9	25	75	0.00	0.75	8.3
V573	西部人居环境学刊	97	0.97	86	28.6	2.8	21	46	0.05	0.75	7.3
G588	西部医学	395	0.96	386	23.5	4.9	28	237	0.00	0.59	4.0
G699	西部中医药	514	0.98	326	19.7	4.0	29	302	0.00	0.54	5.7
J045	西华大学学报自然科学版	91	0.98	86	25.2	4.1	11	22	0.11	0.71	6.1
H004	西南大学学报自然科学版	228	0.97	228	22.2	4.2	28	125	0.00	0.96	7.7
G312	西南国防医药	408	0.94	169	13.6	4.3	28	206	0.00	0.35	4.7
X032	西南交通大学学报	168	0.98	166	19.7	4.6	25	52	0.02	0.92	8.3
H270	西南林业大学学报	148	0.94	148	29.2	4.9	23	55	0.01	0.83	8.0
A060	西南民族大学学报自然科学版	85	0.93	84	22.8	3.8	18	45	0.00	0.76	7.4
H061	西南农业学报	439	1.00	439	25.2	6.4	30	190	0.01	0.80	8.0
A064	西南师范大学学报自然科学版	304	1.00	296	16.5	2.9	27	168	0.00	0.80	6.6
L002	西南石油大学学报自然科学版	119	1.00	116	26.1	4.2	18	68	0.01	0.56	7.9
M041	稀土	108	0.97	108	24.5	4.9	21	58	0.00	0.81	7.7
M029	稀有金属	171	0.97	170	25.4	4.8	25	81	0.00	0.95	8.2
M052	稀有金属材料与工程	615	1.00	608	25.0	5.6	27	196	0.03	0.83	8.0
S505	系统仿真技术	8	0.14	0	7.9	3.1	7	8	0.00	0.63	6.1
S003	系统仿真学报	268	0.98	255	18.0	3.7	26	149	0.00	0.75	6.5
B028	系统工程	91	0.91	91	26.2	2.9	18	66	0.02	0.87	6.1
B025	系统工程理论与实践	243	0.91	243	39.1	3.2	25	126	0.07	0.96	7.6
B018	系统工程学报	69	0.91	67	30.4	2.9	18	43	0.00	1.00	7.7
R059	系统工程与电子技术	368	0.99	360	27.5	3.8	22	95	0.00	0.83	5.0
B027	系统管理学报	123	0.94	123	30.1	3.0	22	70	0.03	0.97	8.2
B021	系统科学与数学	169	0.94	168	24.9	2.9	26	101	0.01	0.94	7.8
G188	细胞与分子免疫学杂志	179	0.94	179	30.4	5.7	28	111	0.01	0.79	2.4
A063	厦门大学学报自然科学版	126	0.92	123	33.7	4.2	16	39	0.01	0.80	8.7
V087	现代城市研究	200	0.93	176	27.4	2.8	21	88	0.06	0.71	7.6
E027	现代地质	116	0.97	116	41.7	6.1	25	72	0.01	0.79	11.4
R089	现代电力	84	1.00	80	19.2	4.4	21	46	0.02	0.45	4.8
R748	现代电子技术	1077	1.00	744	13.1	2.6	30	445	0.01	0.77	3.6
Y561	现代防御技术	100	1.00	96	16.5	3.4	16	53	0.00	0.17	7.1
U634	现代纺织技术	98	0.98	88	16.0	3.8	14	34	0.00	0.45	7.0
G300	现代妇产科进展	227	0.90	161	20.6	4.8	27	159	0.00	0.32	4.7
T063	现代化工	593	0.97	567	20.2	4.4	29	271	0.00	0.61	5.9
G653	现代检验医学杂志	256	0.98	211	14.7	4.5	27	199	0.00	0.21	4.0

表 4-2 2020 年中国科技核心期刊（中文）来源指标刊名字顺索引（续）

CODE	刊名	来源文献量	文献选出率	AR论文量	平均引文数	平均作者数	地区分布数	机构分布数	海外论文比	基金论文比	引用半衰期
N100	现代科学仪器	249	0.98	196	11.6	2.7	30	190	0.00	0.18	3.4
G321	现代口腔医学杂志	105	0.94	59	18.2	4.5	20	71	0.00	0.42	5.8
R087	现代雷达	206	1.00	166	14.1	3.2	20	89	0.00	0.20	8.4
G438	现代临床护理	168	0.98	166	23.5	4.4	26	126	0.01	0.48	4.7
G798	现代泌尿生殖肿瘤杂志	98	0.92	56	18.7	5.1	19	73	0.00	0.12	5.7
G341	现代泌尿外科杂志	250	0.86	183	17.6	5.6	27	162	0.00	0.27	5.5
G067	现代免疫学	95	0.97	93	24.4	4.3	26	85	0.00	0.61	5.0
H417	现代农药	71	1.00	66	19.6	5.3	21	50	0.00	0.59	7.1
F250	现代生物医学进展	1042	0.98	1038	30.2	5.6	31	568	0.00	0.93	3.0
U010	现代食品科技	503	1.00	502	27.5	5.7	30	222	0.00	0.82	6.1
T929	现代塑料加工应用	101	0.89	60	6.3	3.5	23	68	0.01	0.36	6.8
X673	现代隧道技术	181	1.00	180	14.6	3.6	26	128	0.01	0.44	7.4
G451	现代消化及介入诊疗	422	0.98	319	22.8	4.3	28	324	0.00	0.27	4.0
G223	现代医学	367	0.96	336	18.3	3.9	28	283	0.00	0.27	4.6
C093	现代应用物理	60	0.97	55	18.9	5.3	11	27	0.00	0.48	9.3
G963	现代预防医学	1045	0.99	1018	17.2	5.4	31	471	0.00	0.54	4.3
N111	现代制造工程	303	0.95	203	14.3	3.9	27	176	0.00	0.75	6.6
G951	现代中西医结合杂志	983	0.97	947	19.3	4.0	28	533	0.00	0.34	4.9
G486	现代中药研究与实践	105	0.95	101	21.0	4.9	23	75	0.00	0.72	6.0
G896	现代中医临床	96	0.95	82	18.2	5.6	9	34	0.01	0.60	6.8
G826	现代肿瘤医学	990	0.99	928	24.2	4.3	31	525	0.00	0.51	4.5
T073	香料香精化妆品	115	0.82	107	13.0	4.6	23	86	0.00	0.16	7.9
A018	湘潭大学自然科学学报	76	0.99	70	17.5	4.1	13	31	0.03	0.67	8.1
T064	橡胶工业	168	0.94	143	14.4	4.4	22	86	0.00	0.52	7.8
T953	消防科学与技术	478	0.99	359	12.2	3.5	31	241	0.00	0.49	6.0
Q937	消化肿瘤杂志电子版	58	0.97	52	21.3	4.1	14	42	0.02	0.34	4.9
P010	小型内燃机与车辆技术	110	0.95	86	8.3	3.9	21	51	0.00	0.18	9.6
S027	小型微型计算机系统	424	0.96	418	27.3	3.5	27	138	0.00	0.93	4.8
G817	协和医学杂志	119	0.81	111	27.8	4.3	13	41	0.00	0.41	6.3
G083	心肺血管病杂志	333	0.94	288	19.2	5.4	28	166	0.00	0.31	4.8
S918	心理科学	206	0.99	206	36.4	3.5	24	81	0.03	0.86	8.3
S919	心理科学进展	175	0.93	175	81.7	3.6	23	83	0.03	0.89	7.7
E046	心理学报	112	0.97	112	58.6	3.9	24	59	0.08	0.92	10.3
G476	心脑血管病防治	177	0.93	94	17.2	4.0	25	147	0.01	0.31	4.4
G419	心血管病学进展	307	0.94	294	26.3	3.3	27	157	0.00	0.46	4.5
G578	心血管康复医学杂志	186	1.00	165	19.1	3.3	18	127	0.00	0.17	5.1
G260	心脏杂志	149	0.96	131	21.0	5.3	22	83	0.00	0.38	4.7
Q368	新发传染病电子杂志	61	0.94	50	21.5	5.6	14	41	0.03	0.54	6.0
E159	新疆地质	89	0.74	85	23.0	4.8	11	38	0.00	0.57	11.2
H276	新疆农业科学	264	0.98	264	24.1	6.4	13	48	0.00	0.84	8.1
L007	新疆石油地质	105	0.94	105	22.2	5.0	19	64	0.00	0.61	7.4
G980	新疆医科大学学报	355	0.99	334	16.7	4.7	18	132	0.00	0.75	4.2
G328	新乡医学院学报	266	1.00	248	21.2	4.6	21	138	0.00	0.52	3.8

表 4-2 2020 年中国科技核心期刊（中文）来源指标刊名字顺索引（续）

CODE	刊名	来源文献量	文献选出率	AR论文量	平均引文数	平均作者数	地区分布数	机构分布数	海外论文比	基金论文比	引用半衰期
V056	新型建筑材料	465	1.00	406	9.7	3.7	30	304	0.00	0.55	6.3
M102	新型炭材料	80	0.93	79	40.4	5.5	20	52	0.09	0.88	6.0
G721	新医学	194	0.98	181	17.7	4.6	25	132	0.00	0.44	4.1
R034	信号处理	231	0.95	224	23.3	3.6	23	87	0.01	0.85	5.1
S081	信息安全学报	50	0.86	49	53.8	4.4	11	25	0.00	0.68	6.1
S087	信息安全研究	154	0.88	138	14.4	2.5	20	104	0.00	0.23	6.1
R519	信息技术	393	0.95	335	13.7	3.0	30	253	0.00	0.27	3.3
S046	信息网络安全	149	0.76	145	18.0	3.2	23	75	0.00	0.85	7.0
S002	信息与控制	90	0.95	89	28.8	3.4	20	56	0.01	0.71	6.1
A510	信阳师范学院学报自然科学版	112	0.93	108	18.1	4.1	19	58	0.01	0.97	6.5
G565	徐州医科大学学报	207	0.95	180	15.4	4.7	18	94	0.00	0.48	5.0
H023	畜牧兽医学报	336	0.99	336	34.6	7.0	28	93	0.00	0.85	5.9
H218	畜牧与兽医	323	0.96	312	20.3	6.4	31	140	0.01	0.81	7.5
Q958	血管与腔内血管外科杂志	131	0.98	110	17.2	4.3	24	103	0.00	0.14	4.5
G627	循证医学	73	0.90	65	16.6	3.5	18	46	0.00	0.27	3.1
R069	压电与声光	186	0.99	137	12.5	4.6	26	97	0.01	0.65	6.8
N052	压力容器	138	1.00	91	16.8	4.5	22	85	0.00	0.46	7.7
H200	亚热带农业研究	48	0.98	46	29.9	4.6	7	26	0.00	0.77	7.2
E047	亚热带资源与环境学报	46	0.92	46	22.8	3.8	11	22	0.02	0.80	8.9
U562	烟草科技	178	0.98	160	23.7	8.0	18	69	0.00	0.28	7.6
E053	岩矿测试	80	0.82	79	45.3	5.1	18	44	0.00	0.79	6.4
E157	岩石矿物学杂志	56	0.98	56	75.5	4.8	17	36	0.00	0.88	10.3
C005	岩石力学与工程学报	217	0.94	217	31.1	4.9	27	99	0.02	0.93	8.0
E309	岩石学报	219	0.97	219	119.3	5.6	20	61	0.06	0.87	11.9
V574	岩土工程技术	75	0.93	66	11.2	3.0	16	51	0.00	0.15	9.5
V037	岩土工程学报	275	0.93	268	23.6	4.4	25	104	0.05	0.87	9.2
C004	岩土力学	432	0.97	427	24.5	4.6	26	148	0.03	0.93	9.2
E163	岩性油气藏	106	1.00	106	29.2	5.4	18	57	0.00	0.75	6.8
S821	研究与发展管理	86	0.93	86	44.4	2.7	22	60	0.01	0.95	7.6
E500	盐湖研究	57	0.90	57	28.6	5.7	6	12	0.00	0.53	10.5
T054	盐科学与化工	189	0.96	87	8.4	3.3	21	74	0.01	0.20	8.0
G962	眼科	118	0.87	82	16.0	4.5	23	66	0.01	0.30	8.2
G554	眼科新进展	264	0.98	244	24.4	4.6	28	192	0.02	0.58	5.4
J025	燕山大学学报	73	0.95	73	17.7	4.1	13	22	0.03	1.00	6.6
H016	扬州大学学报农业与生命科学版	127	1.00	125	23.7	6.3	15	51	0.00	0.91	6.9
S031	遥测遥控	63	0.95	55	14.8	4.0	10	27	0.00	0.14	6.9
Z543	遥感技术与应用	143	1.00	141	35.5	4.5	24	74	0.02	0.87	7.2
S024	遥感信息	120	1.00	118	22.2	3.9	23	79	0.00	0.81	6.4
Z006	遥感学报	123	0.97	123	39.7	5.6	21	65	0.04	0.91	7.4
G403	药物不良反应杂志	188	0.90	76	14.0	4.2	29	143	0.02	0.20	6.7
G087	药物分析杂志	281	0.99	281	20.7	5.2	28	164	0.01	0.46	6.1
G877	药物流行病学杂志	181	0.94	143	19.9	4.2	25	134	0.01	0.31	6.1
G836	药物评价研究	447	0.98	436	22.9	4.7	29	268	0.00	0.51	5.7

表 4-2 2020 年中国科技核心期刊（中文）来源指标刊名字顺索引（续）

CODE	刊名	来源文献量	文献选出率	AR论文量	平均引文数	平均作者数	地区分布数	机构分布数	海外论文比	基金论文比	引用半衰期
G514	药物生物技术	125	0.99	114	21.2	3.8	24	92	0.00	0.24	4.4
G977	药学服务与研究	110	0.83	84	12.0	4.2	22	84	0.00	0.34	5.4
G440	药学实践杂志	115	0.98	110	18.4	4.6	17	65	0.00	0.54	5.9
G008	药学学报	351	0.99	350	43.4	5.2	26	130	0.01	0.78	5.7
G527	药学与临床研究	123	0.98	85	13.6	4.2	17	88	0.00	0.23	5.3
M023	冶金分析	163	0.96	163	22.9	4.3	23	111	0.01	0.35	9.0
M047	冶金能源	89	1.00	65	8.0	3.7	19	59	0.02	0.26	6.2
C503	液晶与显示	161	0.94	141	21.2	4.8	24	90	0.02	0.61	6.1
N079	液压气动与密封	307	0.89	85	8.1	3.2	26	161	0.00	0.30	8.3
N035	液压与气动	349	0.98	288	14.8	3.9	29	220	0.00	0.64	5.0
G605	医疗卫生装备	287	0.96	256	16.7	5.0	25	180	0.00	0.48	4.8
G482	医学动物防制	345	0.99	208	16.8	5.6	28	207	0.00	0.56	4.8
G333	医学分子生物学杂志	78	1.00	78	21.6	3.7	18	64	0.00	0.72	4.2
G281	医学研究生学报	249	0.96	240	27.3	4.4	28	168	0.00	0.73	4.0
G480	医学研究杂志	478	0.97	461	20.0	4.7	28	252	0.00	0.73	4.3
G265	医学影像学杂志	687	0.98	498	12.0	4.3	29	497	0.00	0.29	4.6
G964	医学与社会	329	0.94	324	13.9	4.5	26	156	0.00	0.64	4.2
G308	医学与哲学	414	0.93	360	18.8	2.8	28	245	0.02	0.50	7.0
G860	医学综述	933	0.99	933	40.3	3.4	29	444	0.00	0.41	5.0
G844	医药导报	330	0.86	283	19.0	4.9	24	196	0.00	0.48	5.7
G088	医用生物力学	120	0.98	112	24.5	4.7	25	68	0.06	0.73	7.5
N074	仪表技术与传感器	311	0.97	203	12.5	4.1	25	166	0.00	0.58	6.6
N066	仪器仪表学报	343	0.99	332	24.9	4.2	27	141	0.01	0.90	4.7
F024	遗传	102	0.93	100	59.4	4.8	23	78	0.01	0.80	6.4
G455	疑难病杂志	304	0.99	262	22.4	4.4	29	205	0.00	0.66	3.2
T104	印染助剂	143	0.65	96	11.2	2.9	23	99	0.02	0.34	7.6
G089	营养学报	111	0.87	101	21.8	5.4	23	70	0.00	0.60	5.7
D014	影像科学与光化学	184	0.97	181	18.6	3.6	25	152	0.00	0.23	3.8
G649	影像诊断与介入放射学	101	0.87	68	20.4	4.1	24	74	0.01	0.27	5.5
B008	应用概率统计	44	0.90	44	23.0	2.5	19	40	0.05	0.86	12.3
C109	应用光学	184	0.96	157	18.0	4.7	25	104	0.01	0.65	6.7
E123	应用海洋学学报	69	0.92	69	27.7	5.0	13	46	0.00	0.59	11.2
T949	应用化工	688	1.00	655	23.1	4.9	30	233	0.00	0.81	6.3
D016	应用化学	172	0.96	170	29.0	5.2	28	111	0.02	0.83	5.5
A580	应用基础与工程科学学报	124	0.96	124	23.4	4.5	24	78	0.02	0.95	8.5
R033	应用激光	182	0.98	178	15.4	4.4	25	119	0.00	0.61	6.0
X693	应用科技	112	0.95	103	17.1	3.6	16	52	0.02	0.50	6.0
A015	应用科学学报	73	0.92	73	30.2	4.1	22	56	0.04	0.85	5.5
F035	应用昆虫学报	149	0.97	149	44.0	5.2	28	70	0.01	0.77	9.6
C008	应用力学学报	371	0.98	368	18.2	3.7	28	160	0.00	0.82	9.1
E122	应用气象学报	65	1.00	65	40.0	4.8	13	22	0.02	0.80	8.5
Z018	应用生态学报	482	1.00	482	38.3	5.6	31	203	0.00	0.91	7.8
C052	应用声学	121	0.92	117	17.7	4.2	22	79	0.00	0.69	8.9

表 4-2 2020 年中国科技核心期刊（中文）来源指标刊名字顺索引（续）

CODE	刊名	来源文献量	文献选出率	AR论文量	平均引文数	平均作者数	地区分布数	机构分布数	海外论文比	基金论文比	引用半衰期
B011	应用数学	100	0.99	100	16.2	2.4	26	75	0.01	0.99	12.1
B020	应用数学和力学	121	0.90	121	21.8	3.1	27	76	0.01	0.84	9.4
B001	应用数学学报	75	0.99	75	19.9	3.0	23	61	0.12	0.88	10.4
F100	应用与环境生物学报	195	0.99	195	42.9	6.2	29	90	0.02	0.88	7.2
M014	硬质合金	60	1.00	59	23.8	4.5	14	35	0.00	0.55	7.9
L027	油气储运	201	0.99	167	25.8	4.4	17	91	0.02	0.41	5.8
L504	油气地质与采收率	108	0.94	105	26.7	4.6	14	43	0.00	0.76	6.6
L033	油田化学	129	0.99	127	21.0	5.1	11	62	0.03	0.74	7.5
E051	铀矿地质	63	0.93	63	20.1	5.2	10	20	0.03	0.24	10.1
K020	铀矿冶	58	0.98	55	9.1	4.4	11	21	0.00	0.07	9.6
T916	有机硅材料	84	0.85	80	21.7	4.5	18	52	0.00	0.24	5.2
D025	有机化学	499	0.99	403	50.5	4.8	29	199	0.02	0.76	6.0
M036	有色金属工程	216	0.92	211	18.5	4.8	25	97	0.00	0.86	7.5
M504	有色金属科学与工程	103	0.95	102	29.4	4.9	14	26	0.00	0.79	5.7
K013	有色金属矿山部分	136	0.99	126	11.5	3.7	20	76	0.01	0.54	7.2
K580	有色金属选矿部分	134	0.99	130	10.7	4.0	25	74	0.02	0.43	7.0
M020	有色金属冶炼部分	226	0.95	222	15.9	4.3	23	106	0.00	0.79	6.9
H998	渔业科学进展	134	0.99	134	35.6	6.3	16	35	0.01	0.72	10.6
H220	渔业现代化	76	0.93	74	30.6	4.9	11	23	0.03	0.68	7.6
Y020	宇航材料工艺	103	0.94	100	17.2	4.3	14	59	0.00	0.35	8.1
Y008	宇航计测技术	98	1.00	85	11.8	4.4	21	60	0.00	0.30	8.1
Y024	宇航学报	175	0.96	169	26.1	4.3	17	64	0.01	0.65	7.8
H909	玉米科学	160	0.99	160	24.2	7.4	23	64	0.01	0.84	9.1
G479	预防医学	336	0.99	243	17.4	5.1	24	183	0.00	0.35	3.9
G518	预防医学情报杂志	305	0.95	299	15.8	4.9	24	165	0.00	0.32	4.9
H039	园艺学报	256	1.00	201	31.9	6.2	29	103	0.01	0.90	8.1
C108	原子核物理评论	115	0.97	110	38.9	6.6	18	44	0.05	0.83	9.5
Q008	原子能科学技术	325	0.94	297	16.9	5.8	19	80	0.02	0.54	10.7
A038	云南大学学报自然科学版	147	0.97	147	24.1	4.4	24	78	0.01	0.89	7.1
A654	云南民族大学学报自然科学版	103	0.98	97	16.0	4.1	15	38	0.00	0.82	5.7
H269	云南农业大学学报	154	0.96	154	27.6	6.2	23	69	0.00	0.81	8.1
A053	云南师范大学学报自然科学版	85	0.94	81	16.3	4.0	7	14	0.00	0.89	7.2
G090	云南中医学院学报	98	0.98	96	27.6	5.5	20	46	0.01	0.70	5.1
B013	运筹学学报	49	0.96	49	30.6	2.9	20	41	0.02	0.96	10.2
B522	运筹与管理	326	0.94	322	24.5	2.8	25	152	0.02	0.91	7.7
H989	杂草学报	48	0.98	48	21.6	5.6	20	38	0.00	0.79	8.1
H293	杂交水稻	196	0.97	69	7.3	6.4	20	117	0.00	0.77	8.7
E148	灾害学	167	1.00	165	22.9	3.4	26	131	0.01	0.89	5.4
Y057	载人航天	106	0.99	104	20.8	4.7	12	52	0.00	0.32	9.1
U643	造纸科学与技术	110	0.99	87	13.3	2.2	12	53	0.00	0.26	5.0
C100	噪声与振动控制	279	0.98	264	13.1	3.9	26	148	0.01	0.58	7.3
M043	轧钢	99	0.71	85	12.7	4.1	21	61	0.01	0.43	7.4
T569	粘接	483	0.86	396	9.1	1.8	29	250	0.00	0.09	4.5

表 4-2　2020 年中国科技核心期刊（中文）来源指标刊名字顺索引（续）

CODE	刊名	来源文献量	文献选出率	AR论文量	平均引文数	平均作者数	地区分布数	机构分布数	海外论文比	基金论文比	引用半衰期
Y521	战术导弹技术	116	0.94	112	17.5	3.6	13	58	0.00	0.23	6.2
A017	浙江大学学报工学版	281	0.99	266	23.5	4.1	26	94	0.03	0.92	6.8
A002	浙江大学学报理学版	96	1.00	94	23.4	3.4	22	57	0.00	0.81	9.0
H035	浙江大学学报农业与生命科学版	80	0.89	80	34.1	5.6	20	46	0.01	0.88	7.4
G091	浙江大学学报医学版	100	0.77	100	32.1	5.6	16	41	0.00	0.72	6.3
J016	浙江工业大学学报	105	0.95	99	18.7	4.1	6	18	0.00	0.82	7.0
H019	浙江农林大学学报	154	1.00	154	27.9	5.3	22	51	0.01	0.86	8.3
H201	浙江农业学报	260	0.99	259	28.1	5.7	28	125	0.00	0.81	7.3
G810	浙江医学	690	0.99	528	17.9	4.5	21	283	0.00	0.38	5.1
G092	浙江中医药大学学报	248	0.95	220	17.1	4.0	16	86	0.00	0.54	6.5
G093	针刺研究	182	0.93	178	29.0	6.2	23	101	0.01	0.83	6.6
G488	针灸临床杂志	263	0.96	257	21.5	4.7	26	120	0.00	0.60	5.9
N086	真空	109	1.00	94	19.3	5.0	18	66	0.00	0.47	9.5
C038	真空与低温	77	0.99	73	21.9	5.1	13	35	0.01	0.69	8.6
G259	诊断病理学杂志	273	0.94	152	12.6	4.6	26	192	0.00	0.14	6.2
G615	诊断学理论与实践	116	0.90	105	19.7	4.7	13	53	0.00	0.41	5.7
Y010	振动测试与诊断	163	0.96	158	17.2	4.2	24	90	0.00	0.89	7.4
Y004	振动工程学报	144	0.97	142	20.6	4.1	22	82	0.03	0.89	9.6
N030	振动与冲击	917	0.97	895	20.0	4.1	27	280	0.00	0.86	7.8
E316	震灾防御技术	86	1.00	86	18.2	4.3	22	51	0.00	0.50	9.1
J012	郑州大学学报工学版	96	0.95	93	17.3	4.1	14	38	0.02	0.97	6.4
A019	郑州大学学报理学版	69	1.00	69	20.2	3.9	16	37	0.03	0.93	6.5
G036	郑州大学学报医学版	206	1.00	202	17.3	6.2	12	61	0.00	0.86	4.8
G835	职业卫生与应急救援	161	0.96	126	15.7	4.6	22	110	0.00	0.39	5.9
G884	职业与健康	839	0.98	756	22.7	4.3	29	496	0.00	0.33	5.3
H577	植物保护	298	0.96	293	26.5	6.2	30	135	0.01	0.87	8.6
H014	植物保护学报	176	0.98	144	30.2	5.2	28	72	0.02	0.90	7.8
H052	植物病理学报	98	0.98	98	25.2	6.5	26	59	0.00	0.90	8.9
H584	植物检疫	108	0.66	88	22.8	5.0	25	80	0.02	0.58	10.6
F008	植物科学学报	96	1.00	94	33.2	5.0	23	55	0.00	0.75	8.6
F038	植物生理学报	280	0.98	278	40.7	5.4	30	127	0.01	0.88	7.7
F009	植物生态学报	106	0.97	106	61.4	6.2	25	58	0.05	0.94	9.4
F023	植物学报	80	0.79	79	46.7	4.7	21	54	0.04	0.89	8.5
F050	植物研究	118	0.98	117	27.1	5.1	28	55	0.00	0.80	9.3
H238	植物遗传资源学报	171	0.97	171	35.7	7.3	31	81	0.02	0.81	8.6
H890	植物营养与肥料学报	216	0.95	216	41.1	6.6	28	82	0.00	0.91	7.9
Z551	植物资源与环境学报	65	0.97	47	28.0	5.5	21	41	0.00	0.85	7.5
N091	指挥控制与仿真	153	0.96	142	13.4	3.2	20	80	0.00	0.16	6.4
N094	指挥与控制学报	54	0.90	54	20.5	3.5	8	40	0.00	0.35	4.6
U011	制冷学报	132	1.00	126	23.0	4.6	18	52	0.02	0.71	8.2
U640	制冷与空调（四川）	109	0.76	80	11.3	3.1	17	67	0.00	0.24	7.3
N046	制造技术与机床	415	0.84	247	11.2	3.5	28	255	0.00	0.50	6.7
S023	制造业自动化	423	1.00	212	10.2	3.5	28	203	0.00	0.44	5.6

表 4-2　2020 年中国科技核心期刊（中文）来源指标刊名字顺索引（续）

CODE	刊名	来源文献量	文献选出率	AR论文量	平均引文数	平均作者数	地区分布数	机构分布数	海外论文比	基金论文比	引用半衰期
C034	质谱学报	61	0.86	61	24.6	5.8	15	43	0.02	0.70	8.1
R072	智慧电力	218	0.95	215	20.4	5.1	26	126	0.00	0.98	3.5
S052	智能系统学报	142	0.93	138	28.1	3.4	24	83	0.01	0.88	5.8
G007	中草药	780	0.99	780	32.3	6.3	29	280	0.01	0.80	5.9
G520	中成药	692	1.00	629	22.0	5.3	31	354	0.00	0.66	5.8
G546	中国 CT 和 MRI 杂志	600	1.00	333	14.1	3.5	26	464	0.00	0.29	4.1
Q940	中国癌症防治杂志	117	0.95	114	27.1	5.0	19	78	0.01	0.62	4.3
G538	中国癌症杂志	138	0.96	135	23.9	5.5	24	83	0.00	0.58	4.5
G985	中国艾滋病性病	382	0.97	252	18.0	5.9	30	229	0.01	0.51	5.1
G129	中国安全科学学报	328	0.87	328	18.0	4.2	25	127	0.01	0.88	6.0
Z552	中国安全生产科学技术	351	0.82	351	17.1	4.0	28	156	0.01	0.82	5.8
F048	中国比较医学杂志	250	0.99	249	26.0	5.2	27	187	0.01	0.64	5.2
N103	中国表面工程	88	0.93	88	36.2	4.8	23	64	0.03	0.40	6.6
G750	中国病案	448	0.96	238	11.0	4.0	30	263	0.00	0.16	3.7
G769	中国病毒病杂志	76	0.79	68	20.5	5.4	19	59	0.00	0.63	4.9
G096	中国病理生理杂志	329	1.00	329	23.8	5.6	30	242	0.01	0.86	4.9
G339	中国病原生物学杂志	310	0.99	295	21.2	5.8	30	193	0.00	0.67	6.1
M053	中国材料进展	110	0.73	106	46.8	4.7	19	71	0.01	0.85	6.5
H213	中国草地学报	134	0.96	134	28.5	5.5	21	67	0.00	0.73	7.6
N830	中国测试	305	0.99	276	16.0	4.3	29	187	0.00	0.45	5.9
G097	中国超声医学杂志	276	0.72	194	10.3	5.3	29	190	0.00	0.33	4.7
G529	中国卒中杂志	226	0.92	196	20.7	4.9	22	110	0.03	0.38	5.5
G901	中国当代儿科杂志	215	0.92	209	20.8	6.0	26	125	0.03	0.33	4.8
H939	中国稻米	159	0.98	109	16.9	6.2	22	98	0.02	0.71	8.5
E654	中国地质	165	0.91	128	58.8	6.8	25	76	0.03	0.90	11.0
E604	中国地质灾害与防治学报	110	0.95	107	16.7	3.9	29	82	0.00	0.75	8.0
R040	中国电机工程学报	775	0.99	746	27.7	5.0	27	134	0.04	0.80	5.6
R511	中国电力	311	0.99	299	21.6	5.2	28	169	0.00	0.46	4.9
G234	中国动脉硬化杂志	192	0.94	191	28.4	4.4	25	137	0.01	0.75	4.6
H891	中国动物传染病学报	106	1.00	106	20.2	7.0	23	59	0.00	0.71	7.7
G825	中国儿童保健杂志	299	0.84	271	20.9	4.4	26	183	0.01	0.49	5.1
G270	中国耳鼻咽喉颅底外科杂志	158	0.98	137	19.8	5.1	25	104	0.00	0.55	6.6
G543	中国耳鼻咽喉头颈外科	195	0.94	119	16.7	5.0	25	141	0.01	0.38	5.9
G100	中国法医学杂志	164	0.88	97	10.9	5.5	24	105	0.01	0.40	6.9
G290	中国防痨杂志	222	0.89	201	21.1	5.7	27	113	0.01	0.55	4.9
V023	中国非金属矿工业导刊	99	0.93	77	12.1	3.5	22	55	0.00	0.16	8.6
G320	中国肺癌杂志	153	0.91	150	35.0	5.2	23	92	0.02	0.41	4.5
G402	中国分子心脏病学杂志	103	0.95	92	23.2	6.1	15	44	0.00	0.52	6.9
V568	中国粉体技术	69	0.85	66	22.4	4.8	19	47	0.01	0.88	6.6
G587	中国辐射卫生	167	0.93	144	14.6	5.3	26	105	0.00	0.23	5.0
M007	中国腐蚀与防护学报	79	1.00	79	25.7	5.1	21	57	0.00	0.80	9.2
G456	中国妇产科临床杂志	239	0.96	49	11.4	4.4	27	176	0.01	0.36	4.2
G687	中国妇幼健康研究	347	0.95	328	15.2	4.3	24	225	0.01	0.27	3.8

表 4-2　2020 年中国科技核心期刊（中文）来源指标刊名字顺索引（续）

CODE	刊名	来源文献量	文献选出率	AR论文量	平均引文数	平均作者数	地区分布数	机构分布数	海外论文比	基金论文比	引用半衰期
G475	中国肝脏病杂志电子版	59	0.97	58	23.7	4.7	16	42	0.00	0.42	4.0
G631	中国感染控制杂志	192	0.92	183	21.1	5.7	28	145	0.00	0.41	4.9
G337	中国感染与化疗杂志	131	0.90	110	20.2	6.7	27	90	0.00	0.50	5.3
X035	中国港湾建设	199	0.99	190	9.7	3.1	19	72	0.02	0.17	6.9
V036	中国给水排水	550	0.95	430	9.4	4.5	25	304	0.02	0.45	6.0
N089	中国工程机械学报	101	1.00	79	12.3	3.2	23	75	0.00	0.76	5.4
N754	中国工程科学	116	0.95	113	16.3	4.3	14	77	0.01	0.83	4.3
G244	中国工业医学杂志	186	0.87	70	9.8	4.9	28	117	0.00	0.28	6.0
G102	中国公共卫生	429	0.98	355	20.4	5.9	31	234	0.02	0.55	5.9
X031	中国公路学报	241	0.99	241	35.2	4.4	24	69	0.05	0.95	6.5
G103	中国骨伤	215	0.89	202	19.7	5.3	23	159	0.01	0.26	5.7
G249	中国骨与关节损伤杂志	499	0.97	75	12.6	5.1	30	379	0.00	0.30	5.7
G857	中国骨与关节杂志	176	0.97	163	23.4	5.1	24	123	0.00	0.31	6.1
G663	中国骨质疏松杂志	367	0.96	361	23.9	5.3	30	257	0.00	0.54	5.0
W021	中国管理科学	250	0.93	250	29.1	3.0	25	131	0.04	0.98	7.4
N104	中国惯性技术学报	126	0.98	123	14.2	4.3	18	70	0.00	0.55	3.8
C099	中国光学	128	0.96	119	28.7	5.1	22	61	0.02	0.91	6.6
G637	中国国境卫生检疫杂志	136	0.94	55	12.3	5.2	26	100	0.00	0.43	6.5
H215	中国果树	203	0.80	159	18.4	5.3	28	107	0.00	0.70	6.8
L013	中国海上油气	137	0.98	131	19.1	5.1	13	41	0.00	0.67	8.5
E313	中国海洋大学学报自然科学版	204	0.98	202	33.3	4.7	13	25	0.00	0.80	10.1
L026	中国海洋平台	109	1.00	102	9.2	3.7	9	51	0.01	0.41	8.1
G104	中国海洋药物	71	0.99	71	26.9	5.3	11	31	0.01	0.87	7.2
X039	中国航海	92	0.98	92	15.2	3.6	9	26	0.02	0.65	6.3
G973	中国呼吸与危重监护杂志	123	0.95	102	23.7	5.8	26	93	0.01	0.50	5.8
G417	中国护理管理	383	0.95	372	23.4	5.0	29	202	0.03	0.42	5.4
Z030	中国环境监测	128	0.96	128	24.3	5.1	26	81	0.01	0.63	6.9
Z001	中国环境科学	613	0.99	613	37.1	5.6	29	258	0.01	0.91	6.5
N059	中国机械工程	361	0.97	328	23.1	4.3	28	140	0.02	0.93	6.9
A079	中国基础科学	54	0.95	53	22.6	4.2	12	43	0.00	0.76	4.7
R066	中国激光	491	0.98	479	29.3	5.3	25	190	0.01	0.88	6.6
R013	中国激光医学杂志	70	0.91	62	23.9	4.0	18	58	0.00	0.34	4.4
G852	中国急救复苏与灾害医学杂志	402	0.97	290	17.2	4.3	28	294	0.02	0.47	4.1
G241	中国急救医学	229	0.93	200	19.6	5.0	27	151	0.00	0.36	4.5
G192	中国脊柱脊髓杂志	172	0.95	161	26.9	5.9	24	105	0.00	0.39	6.4
G105	中国寄生虫学与寄生虫病杂志	142	0.95	129	26.0	6.3	27	83	0.00	0.61	6.4
G560	中国计划生育和妇产科	280	0.97	223	20.1	4.0	25	190	0.00	0.30	4.9
G907	中国计划生育学杂志	525	0.96	449	16.5	3.7	28	422	0.00	0.22	3.9
G787	中国健康教育	261	0.93	231	15.5	5.3	30	181	0.01	0.41	5.0
N108	中国舰船研究	140	1.00	140	17.7	3.7	12	44	0.00	0.51	7.9
T075	中国胶粘剂	160	0.93	158	15.5	4.1	25	132	0.01	0.30	6.0
G233	中国矫形外科杂志	510	0.92	404	16.6	5.5	30	322	0.00	0.38	6.0
G239	中国介入心脏病学杂志	141	0.89	103	21.2	5.5	27	83	0.01	0.52	5.3

表 4-2　2020 年中国科技核心期刊（中文）来源指标刊名字顺索引（续）

CODE	刊名	来源文献量	文献选出率	AR 论文量	平均引文数	平均作者数	地区分布数	机构分布数	海外论文比	基金论文比	引用半衰期
G206	中国介入影像与治疗学	159	0.74	151	17.1	5.3	26	114	0.00	0.48	4.5
G323	中国康复	155	0.91	126	25.0	4.8	26	117	0.03	0.37	5.4
G400	中国康复理论与实践	236	0.93	232	34.9	5.5	27	140	0.03	0.62	5.4
G106	中国康复医学杂志	316	0.97	263	27.2	4.9	26	195	0.01	0.56	6.1
G107	中国抗生素杂志	196	0.98	196	22.9	5.2	30	152	0.01	0.39	6.8
A098	中国科技论坛	249	0.87	207	22.6	2.3	23	140	0.02	0.74	6.9
A108	中国科学 地球科学	136	0.91	131	77.9	5.6	17	58	0.17	0.89	10.4
A106	中国科学 化学	138	0.89	136	76.8	4.3	20	63	0.02	0.87	6.5
A109	中国科学 技术科学	131	0.90	120	42.1	5.2	23	71	0.04	0.84	7.2
A107	中国科学 生命科学	118	0.87	115	70.7	5.9	19	76	0.02	0.81	6.9
A105	中国科学 数学	108	0.87	108	43.7	2.6	26	71	0.22	0.86	13.2
A103	中国科学 物理学力学天文学	148	0.89	143	45.5	5.4	21	73	0.07	0.86	8.7
Z317	中国科学 信息科学	118	0.82	112	48.7	4.5	19	71	0.08	0.83	6.8
A081	中国科学基金	100	0.88	100	29.8	4.3	17	54	0.03	0.43	5.2
A007	中国科学技术大学学报	171	0.98	169	28.3	3.4	20	56	0.02	0.75	9.7
A102	中国科学院大学学报	104	0.95	102	24.4	4.0	14	33	0.02	0.94	8.8
A636	中国科学院院刊	159	0.76	157	18.8	3.7	15	65	0.03	0.73	6.6
Y003	中国空间科学技术	54	0.64	50	17.8	4.2	10	25	0.02	0.50	7.5
G441	中国口腔颌面外科杂志	112	0.91	102	20.6	4.8	23	66	0.01	0.46	5.9
K030	中国矿业	388	0.97	377	13.4	3.6	27	194	0.01	0.52	6.7
K015	中国矿业大学学报	121	0.95	121	31.6	5.5	21	54	0.04	0.91	7.4
U001	中国粮油学报	357	0.97	355	26.9	5.4	31	157	0.01	0.79	7.4
G447	中国临床保健杂志	205	0.98	174	17.9	4.6	23	122	0.00	0.58	4.6
G108	中国临床解剖学杂志	155	0.92	140	18.2	5.6	25	119	0.00	0.59	5.9
G536	中国临床神经科学	108	0.95	107	30.0	5.1	18	62	0.00	0.43	5.2
G794	中国临床神经外科杂志	294	0.85	83	12.5	4.8	30	197	0.00	0.22	4.9
G221	中国临床心理学杂志	265	1.00	263	31.3	4.0	27	118	0.03	0.78	7.9
G754	中国临床研究	444	0.98	365	21.0	4.2	30	306	0.00	0.36	4.5
G870	中国临床药理学与治疗学	196	0.97	193	29.2	4.9	24	141	0.03	0.74	4.5
G109	中国临床药理学杂志	1041	0.99	790	11.8	4.5	30	621	0.01	0.51	4.4
G544	中国临床药学杂志	112	0.92	95	17.2	4.1	19	95	0.00	0.29	4.6
G814	中国临床医生杂志	482	0.97	221	16.5	3.9	30	325	0.00	0.44	4.0
G974	中国临床医学	216	0.94	181	19.2	5.0	18	100	0.01	0.62	4.9
G304	中国临床医学影像杂志	256	0.94	174	14.4	4.5	28	173	0.00	0.18	5.5
G110	中国麻风皮肤病杂志	224	0.99	120	16.7	4.6	28	160	0.00	0.24	5.6
H212	中国麻业科学	45	0.98	44	24.1	7.0	8	16	0.00	0.67	6.7
G613	中国慢性病预防与控制	229	0.98	199	22.6	5.7	26	136	0.00	0.46	5.2
G598	中国媒介生物学及控制杂志	159	0.97	141	17.4	7.0	27	93	0.03	0.64	5.8
K037	中国煤炭地质	197	0.99	190	16.6	3.0	26	105	0.00	0.34	7.4
G582	中国煤炭工业医学杂志	141	0.96	138	18.5	4.4	15	95	0.00	0.81	3.7
G428	中国美容医学	610	0.95	443	17.8	3.7	30	446	0.00	0.17	3.8
G297	中国美容整形外科杂志	243	0.93	131	17.5	4.4	25	144	0.01	0.16	4.5
K036	中国锰业	135	0.96	114	9.0	3.5	24	82	0.00	0.48	6.6

表 4-2　2020 年中国科技核心期刊（中文）来源指标刊名字顺索引（续）

CODE	刊名	来源文献量	文献选出率	AR论文量	平均引文数	平均作者数	地区分布数	机构分布数	海外论文比	基金论文比	引用半衰期
H211	中国棉花	174	0.96	65	9.5	6.4	18	73	0.00	0.75	7.5
G111	中国免疫学杂志	611	0.99	585	23.4	4.6	29	382	0.00	0.64	4.5
K550	中国钼业	80	0.84	57	9.2	3.4	14	53	0.00	0.19	9.3
G303	中国男科学杂志	100	0.93	90	23.7	4.8	24	82	0.00	0.37	6.2
H273	中国南方果树	189	0.82	168	18.9	6.1	24	104	0.00	0.67	7.5
G422	中国脑血管病杂志	131	0.90	118	26.2	5.4	24	84	0.00	0.53	5.8
G277	中国内镜杂志	181	0.87	176	24.0	5.1	28	156	0.00	0.21	4.6
R524	中国能源	97	0.80	88	12.9	2.5	14	60	0.03	0.16	5.2
U609	中国酿造	499	0.78	474	26.2	5.3	30	279	0.01	0.63	5.5
W005	中国农村水利水电	488	0.99	459	16.9	4.1	30	232	0.00	0.64	7.7
H958	中国农学通报	895	0.96	893	30.6	5.3	31	449	0.00	0.79	8.2
H027	中国农业大学学报	254	0.94	253	31.7	5.0	28	86	0.02	0.92	7.2
H567	中国农业科技导报	252	0.95	252	28.9	5.9	30	128	0.00	0.79	7.9
H030	中国农业科学	430	1.00	429	41.6	7.0	29	127	0.01	0.96	8.0
H210	中国农业气象	79	0.91	75	29.1	5.7	23	43	0.00	0.77	6.7
H221	中国农业资源与区划	380	0.82	380	24.1	3.4	29	219	0.00	0.82	6.3
G311	中国皮肤性病学杂志	342	0.98	227	14.7	4.8	28	210	0.00	0.35	5.6
U020	中国皮革	144	0.72	99	11.3	3.1	17	71	0.00	0.27	6.8
G226	中国普通外科杂志	206	0.96	206	34.4	4.9	29	148	0.00	0.56	4.3
G269	中国普外基础与临床杂志	273	0.93	260	32.0	4.8	26	139	0.00	0.39	5.0
G776	中国全科医学	775	0.94	765	25.3	5.1	30	450	0.02	0.53	5.9
H081	中国热带农业	121	0.93	99	11.2	5.2	9	60	0.00	0.58	8.1
G629	中国热带医学	271	0.96	239	20.3	5.6	25	186	0.00	0.40	4.5
Z546	中国人口资源与环境	196	0.87	196	34.8	2.9	27	100	0.02	0.87	5.7
G112	中国人兽共患病学报	177	0.91	172	23.9	6.6	29	127	0.02	0.79	6.2
U052	中国乳品工业	155	0.95	142	21.2	5.2	25	108	0.03	0.57	7.2
S825	中国软科学	180	0.88	180	34.7	2.6	23	104	0.03	0.86	7.5
H793	中国森林病虫	55	1.00	48	21.0	4.7	23	42	0.00	0.53	10.6
E124	中国沙漠	154	0.97	154	36.0	5.1	20	64	0.01	0.88	9.6
G366	中国社会医学杂志	178	0.98	142	15.6	4.5	25	127	0.01	0.63	5.7
G114	中国神经精神疾病杂志	178	0.98	135	19.3	5.2	27	109	0.01	0.52	4.9
G242	中国神经免疫学和神经病学杂志	112	0.93	77	18.4	4.8	23	79	0.00	0.41	5.3
H555	中国生态农业学报	189	0.94	189	37.4	5.6	27	91	0.01	0.92	7.0
H044	中国生物防治学报	138	1.00	134	29.9	6.1	28	62	0.01	0.86	9.1
F255	中国生物工程杂志	160	0.99	158	39.6	4.5	25	110	0.01	0.70	6.7
F002	中国生物化学与分子生物学报	179	0.93	179	41.4	4.3	29	129	0.01	0.86	5.5
G115	中国生物医学工程学报	94	1.00	94	33.2	4.9	19	56	0.00	0.81	6.8
G258	中国生物制品学杂志	287	0.96	272	20.0	5.8	26	129	0.00	0.61	5.9
G715	中国生育健康杂志	154	0.98	106	19.9	4.6	25	97	0.01	0.27	5.9
L001	中国石油大学学报自然科学版	126	0.93	123	24.2	5.5	15	41	0.02	0.92	7.6
L532	中国石油勘探	86	0.93	85	27.2	6.8	15	45	0.02	0.66	5.7
F047	中国实验动物学报	124	1.00	123	29.1	5.8	23	90	0.02	0.82	6.4
G604	中国实验方剂学杂志	766	0.98	766	32.4	6.1	30	227	0.00	0.86	5.3

表 4-2　2020 年中国科技核心期刊（中文）来源指标刊名字顺索引（续）

CODE	刊名	来源文献量	文献选出率	AR论文量	平均引文数	平均作者数	地区分布数	机构分布数	海外论文比	基金论文比	引用半衰期
G883	中国实验血液学杂志	349	0.98	349	20.0	6.1	29	231	0.00	0.52	4.9
G853	中国实验诊断学	652	0.99	321	15.9	4.3	26	269	0.00	0.29	4.9
G273	中国实用儿科杂志	180	0.78	156	24.6	4.1	27	86	0.00	0.35	6.1
G228	中国实用妇科与产科杂志	235	0.83	193	23.5	3.8	23	104	0.01	0.81	5.2
G305	中国实用护理杂志	546	0.97	537	20.7	4.3	28	317	0.00	0.31	4.7
G867	中国实用口腔科杂志	153	0.97	137	24.1	3.8	21	65	0.00	0.56	6.3
G267	中国实用内科杂志	225	0.91	198	22.1	3.9	26	134	0.00	0.48	5.3
G686	中国实用神经疾病杂志	432	1.00	430	26.9	4.4	28	224	0.00	0.66	3.7
G272	中国实用外科杂志	283	0.85	218	21.9	4.5	25	128	0.00	0.71	4.9
U635	中国食品添加剂	253	0.95	253	20.4	4.6	30	185	0.01	0.40	6.9
G429	中国食品卫生杂志	128	0.90	128	21.7	5.8	24	80	0.00	0.45	5.8
U007	中国食品学报	461	0.79	460	29.2	5.6	29	134	0.01	0.90	8.1
U563	中国食物与营养	222	0.94	202	23.5	4.9	29	130	0.00	0.51	6.0
H317	中国兽药杂志	147	1.00	147	15.3	6.6	24	78	0.00	0.44	7.3
H326	中国兽医科学	221	0.97	221	22.3	7.5	26	84	0.00	0.89	6.3
H225	中国兽医学报	401	1.00	396	22.8	7.1	28	94	0.00	0.88	7.2
H207	中国蔬菜	284	0.85	199	13.0	5.5	29	141	0.00	0.76	8.1
G796	中国输血杂志	373	0.98	243	15.7	6.2	28	188	0.00	0.21	6.3
G926	中国数字医学	457	0.79	196	8.7	3.9	29	314	0.01	0.27	4.2
H290	中国水产科学	145	0.98	145	37.9	6.0	18	42	0.01	0.99	9.6
H020	中国水稻科学	59	0.98	59	39.1	7.5	11	33	0.02	0.93	7.7
W557	中国水利水电科学研究院学报	65	0.96	65	19.1	4.2	10	27	0.02	0.63	8.3
H295	中国水土保持科学	108	0.94	108	25.1	5.0	21	55	0.01	0.81	8.5
T022	中国塑料	210	1.00	185	17.7	4.1	26	113	0.00	0.34	5.6
G211	中国糖尿病杂志	187	0.96	163	19.8	5.7	28	134	0.01	0.60	4.7
G521	中国疼痛医学杂志	193	0.84	159	18.8	4.9	27	141	0.00	0.53	5.4
G444	中国体外循环杂志	89	0.91	68	16.9	6.2	18	62	0.00	0.33	3.9
U501	中国调味品	508	1.00	457	16.6	4.3	30	261	0.01	0.62	4.9
X004	中国铁道科学	112	0.98	112	18.5	4.6	19	35	0.00	0.71	7.3
G437	中国听力语言康复科学杂志	123	0.95	83	17.6	3.5	21	71	0.05	0.37	7.6
R083	中国图象图形学报	223	0.98	222	32.7	4.2	26	120	0.01	0.88	5.1
H350	中国土地科学	150	0.95	150	32.3	3.1	21	76	0.01	0.88	4.6
H233	中国土壤与肥料	210	0.98	210	27.6	6.1	27	103	0.00	0.80	8.0
G373	中国微创外科杂志	257	0.90	200	18.8	4.8	28	174	0.00	0.39	4.9
G959	中国微侵袭神经外科杂志	177	0.95	80	13.5	5.4	26	129	0.00	0.34	4.5
G517	中国微生态学杂志	312	0.98	298	22.6	4.3	28	252	0.00	0.39	4.9
S725	中国卫生经济	277	0.89	163	9.1	4.0	27	157	0.01	0.47	4.8
G253	中国卫生统计	249	0.99	170	16.5	4.8	28	147	0.02	0.57	5.9
G540	中国卫生信息管理杂志	163	0.94	162	13.9	3.4	21	117	0.00	0.39	3.2
G716	中国卫生政策研究	109	0.76	109	22.3	3.9	16	46	0.04	0.62	5.9
G752	中国卫生质量管理	229	0.95	156	11.9	4.9	28	156	0.00	0.37	5.0
G541	中国卫生资源	112	0.88	104	14.9	5.2	14	50	0.00	0.58	4.5
K035	中国钨业	66	0.88	65	19.2	4.1	13	49	0.00	0.36	6.7

表 4-2 2020 年中国科技核心期刊（中文）来源指标刊名字顺索引（续）

CODE	刊名	来源文献量	文献选出率	AR 论文量	平均引文数	平均作者数	地区分布数	机构分布数	海外论文比	基金论文比	引用半衰期
M022	中国稀土学报	94	0.99	94	30.6	4.6	24	65	0.00	0.91	7.9
F025	中国细胞生物学学报	271	0.94	270	40.5	4.7	28	165	0.01	0.79	5.8
G841	中国现代普通外科进展	208	0.68	128	16.0	4.0	26	176	0.00	0.20	4.4
G623	中国现代神经疾病杂志	177	0.92	163	27.1	5.3	25	87	0.01	0.54	5.7
G885	中国现代手术学杂志	97	0.93	86	17.3	4.2	20	83	0.00	0.25	4.8
G237	中国现代医学杂志	533	0.90	493	18.7	4.3	31	388	0.00	0.32	4.1
G849	中国现代应用药学	555	0.98	524	21.1	4.8	29	387	0.01	0.38	5.2
G377	中国现代中药	314	0.97	310	24.9	6.1	30	146	0.03	0.54	8.1
G284	中国消毒学杂志	313	0.94	115	12.3	4.9	30	234	0.00	0.22	5.1
G765	中国小儿急救医学	218	0.93	164	24.6	4.1	27	96	0.00	0.29	5.5
G845	中国小儿血液与肿瘤杂志	74	0.80	52	21.7	4.8	19	53	0.00	0.32	5.3
G298	中国斜视与小儿眼科杂志	72	0.94	36	10.5	3.8	20	56	0.01	0.25	6.2
G117	中国心理卫生杂志	190	0.95	164	23.5	5.2	27	117	0.03	0.54	8.0
G718	中国心血管病研究	232	0.96	219	24.6	4.7	28	155	0.00	0.54	4.3
G380	中国心血管杂志	132	0.89	108	14.9	4.7	24	103	0.01	0.33	4.3
G203	中国心脏起搏与心电生理杂志	140	0.96	71	13.1	5.0	21	102	0.00	0.26	6.4
G250	中国新药与临床杂志	161	0.98	140	20.8	4.6	23	118	0.01	0.38	4.6
G747	中国新药杂志	445	0.96	441	22.5	4.9	29	217	0.01	0.48	5.8
G727	中国性科学	548	0.95	437	18.2	3.5	30	439	0.00	0.20	4.2
G232	中国胸心血管外科临床杂志	262	0.90	229	23.4	5.9	22	139	0.00	0.50	5.6
G118	中国修复重建外科杂志	280	0.96	257	26.5	5.8	27	162	0.01	0.52	5.4
H294	中国畜牧兽医	463	0.98	463	32.3	6.8	28	125	0.00	0.83	6.4
H242	中国畜牧杂志	478	0.99	457	25.3	5.7	31	173	0.01	0.82	7.5
G908	中国学校卫生	514	0.94	378	23.8	4.8	30	304	0.01	0.58	5.6
G464	中国血管外科杂志电子版	91	0.93	64	20.9	5.2	24	69	0.01	0.33	5.6
G675	中国血吸虫病防治杂志	135	0.96	109	23.2	6.0	25	72	0.00	0.67	6.5
G633	中国血液净化	216	0.94	165	15.9	4.7	28	149	0.00	0.36	5.7
G119	中国循环杂志	194	0.88	171	18.7	6.6	25	76	0.01	0.46	5.4
G756	中国循证儿科杂志	88	0.86	75	21.8	6.6	15	39	0.00	0.25	6.3
G645	中国循证心血管医学杂志	383	0.92	292	20.2	4.8	28	256	0.02	0.45	5.0
G396	中国循证医学杂志	166	0.76	163	31.1	6.6	22	84	0.05	0.72	6.5
H208	中国烟草科学	93	1.00	93	27.2	7.7	15	40	0.00	0.22	6.7
U647	中国烟草学报	100	0.93	94	24.6	7.3	21	65	0.00	0.25	8.4
E303	中国岩溶	107	0.99	107	28.8	5.0	15	53	0.02	0.52	9.0
G619	中国眼耳鼻喉科杂志	126	0.86	63	16.9	3.8	21	65	0.00	0.25	6.9
G318	中国药房	533	0.98	533	24.8	5.6	31	290	0.01	0.90	5.2
G120	中国药科大学学报	97	0.91	97	28.4	4.5	16	33	0.01	0.66	4.8
G121	中国药理学通报	321	0.98	308	21.3	5.7	28	188	0.01	0.89	4.3
G122	中国药理学与毒理学杂志	113	0.98	113	35.9	5.2	22	83	0.04	0.78	5.6
G878	中国药师	617	0.99	477	17.4	4.1	29	430	0.00	0.32	4.8
G913	中国药事	214	0.98	214	18.8	4.4	29	110	0.01	0.26	7.3
G220	中国药物化学杂志	102	0.74	96	21.8	4.6	21	71	0.00	0.58	7.2
G227	中国药物警戒	187	0.93	169	19.3	4.6	27	139	0.01	0.37	6.7

表 4-2 2020 年中国科技核心期刊（中文）来源指标刊名字顺索引（续）

CODE	刊名	来源文献量	文献选出率	AR论文量	平均引文数	平均作者数	地区分布数	机构分布数	海外论文比	基金论文比	引用半衰期
G248	中国药物依赖性杂志	88	0.93	81	26.9	5.2	24	71	0.00	0.53	7.4
G713	中国药物应用与监测	114	0.98	82	16.3	4.3	24	71	0.00	0.55	4.1
G009	中国药学杂志	321	0.90	317	23.3	5.4	27	179	0.00	0.51	6.0
G755	中国药业	812	0.99	430	15.8	4.3	30	564	0.00	0.63	4.6
M628	中国冶金	186	0.85	179	17.8	4.5	24	97	0.01	0.52	6.5
G809	中国医刊	414	0.96	261	18.5	4.1	25	232	0.00	0.43	4.7
G123	中国医科大学学报	241	1.00	213	17.3	4.1	16	66	0.00	0.68	5.2
G124	中国医疗器械杂志	117	0.97	96	13.0	4.0	22	82	0.01	0.44	6.8
G679	中国医疗设备	533	0.94	474	20.3	4.6	26	312	0.00	0.47	4.2
G306	中国医师进修杂志	257	0.98	238	19.4	3.8	23	189	0.00	0.22	4.1
G313	中国医师杂志	499	0.97	372	23.7	4.1	30	375	0.00	0.32	3.2
G236	中国医学计算机成像杂志	116	0.95	113	12.9	5.7	23	84	0.01	0.46	5.7
G125	中国医学科学院学报	135	0.99	130	24.3	5.2	24	89	0.00	0.50	5.9
G471	中国医学前沿杂志电子版	307	0.90	300	23.3	3.8	26	201	0.00	0.57	4.3
G622	中国医学物理学杂志	289	1.00	281	22.7	5.0	26	178	0.01	0.73	5.5
G127	中国医学影像技术	385	0.66	353	16.7	5.2	30	238	0.01	0.51	4.9
G193	中国医学影像学杂志	228	0.95	186	15.3	5.0	29	174	0.01	0.40	4.1
S591	中国医学装备	615	0.93	519	14.3	5.0	30	397	0.00	0.34	4.7
G519	中国医药	467	0.99	421	18.5	4.7	31	257	0.00	0.76	4.3
G644	中国医药导报	1684	0.95	1646	24.4	4.3	30	891	0.00	0.84	3.7
T019	中国医药工业杂志	240	0.99	220	18.0	4.2	24	124	0.00	0.31	7.1
G531	中国医药生物技术	101	0.83	90	25.4	4.6	19	66	0.00	0.61	5.6
Q918	中国医院	301	0.96	81	9.1	4.6	24	155	0.00	0.44	4.8
G454	中国医院管理	340	0.91	145	8.6	5.1	26	182	0.01	0.45	4.1
G243	中国医院药学杂志	514	0.95	459	19.5	5.1	30	312	0.00	0.45	5.4
G625	中国医院用药评价与分析	388	0.99	345	20.6	4.4	29	292	0.01	0.51	3.8
G314	中国疫苗和免疫	155	0.97	138	20.5	6.9	25	79	0.01	0.29	6.2
G130	中国应用生理学杂志	139	0.99	134	18.6	5.6	24	100	0.00	0.55	5.1
G706	中国优生与遗传杂志	488	0.98	239	16.6	4.1	27	291	0.00	0.16	4.1
H205	中国油料作物学报	131	0.97	131	33.9	7.1	22	57	0.00	0.90	8.1
U032	中国油脂	334	0.92	315	18.2	4.9	30	179	0.01	0.62	6.7
M028	中国有色金属学报	302	0.98	299	28.5	5.3	27	119	0.01	0.89	7.3
H099	中国预防兽医学报	216	0.76	213	19.4	6.8	27	84	0.00	0.63	6.6
G753	中国预防医学杂志	281	0.96	267	19.6	4.5	25	215	0.00	0.56	4.5
V039	中国园林	290	0.94	263	25.1	3.0	21	109	0.07	0.70	10.0
X012	中国造船	92	1.00	91	16.1	4.1	14	35	0.02	0.54	7.8
U033	中国造纸学报	53	0.98	53	26.2	4.9	19	28	0.00	0.66	6.7
H204	中国沼气	69	0.91	67	23.4	5.0	16	40	0.01	0.67	6.9
G600	中国针灸	317	0.88	229	19.5	5.4	27	150	0.02	0.57	7.0
H067	中国真菌学杂志	86	0.92	65	20.8	4.8	25	72	0.01	0.53	6.4
G945	中国职业医学	148	0.91	138	28.2	5.8	23	80	0.00	0.57	3.9
G347	中国中西医结合耳鼻咽喉科杂志	113	0.93	84	17.6	4.0	18	88	0.00	0.26	6.0
G843	中国中西医结合急救杂志	178	0.88	113	16.6	5.3	27	142	0.00	0.59	4.8

表 4-2 2020 年中国科技核心期刊（中文）来源指标刊名字顺索引（续）

CODE	刊名	来源文献量	文献选出率	AR论文量	平均引文数	平均作者数	地区分布数	机构分布数	海外论文比	基金论文比	引用半衰期
G757	中国中西医结合皮肤性病学杂志	200	0.96	81	14.2	3.9	24	134	0.01	0.24	5.8
G846	中国中西医结合肾病杂志	282	0.72	129	17.8	4.6	26	194	0.00	0.47	5.1
G758	中国中西医结合外科杂志	246	0.98	219	20.2	4.2	20	150	0.00	0.39	4.7
G528	中国中西医结合消化杂志	208	0.93	170	17.0	4.1	27	147	0.01	0.40	3.9
G182	中国中西医结合杂志	268	0.88	229	24.0	5.7	25	142	0.03	0.69	6.0
G132	中国中药杂志	743	0.97	740	36.3	6.8	30	203	0.01	0.80	5.7
G240	中国中医骨伤科杂志	261	0.95	184	18.2	5.1	23	180	0.00	0.37	4.5
G632	中国中医基础医学杂志	562	0.97	273	18.1	4.3	30	195	0.01	0.65	8.2
G524	中国中医急症	631	0.98	429	19.4	4.5	30	279	0.00	0.62	4.9
G749	中国中医眼科杂志	208	0.98	168	21.7	4.0	24	105	0.00	0.38	6.3
G832	中国中医药信息杂志	287	0.76	269	19.2	5.7	28	115	0.01	0.75	5.5
G642	中国肿瘤	157	0.98	153	26.6	5.4	25	115	0.00	0.48	4.3
G133	中国肿瘤临床	242	0.87	223	27.8	4.4	27	152	0.00	0.40	3.7
G255	中国肿瘤生物治疗杂志	210	0.97	205	31.6	4.1	29	144	0.00	0.81	3.5
G576	中国肿瘤外科杂志	128	0.98	122	21.6	4.3	23	109	0.01	0.48	4.5
G667	中国综合临床	123	0.95	120	19.4	4.5	23	108	0.01	0.47	5.0
G299	中国组织工程研究	914	0.96	914	36.9	5.4	30	500	0.00	0.67	5.4
G134	中国组织化学与细胞化学杂志	108	1.00	105	17.2	4.2	22	74	0.00	0.34	5.7
G502	中华保健医学杂志	168	0.80	76	15.5	4.3	27	126	0.01	0.42	3.8
G135	中华病理学杂志	287	0.86	153	15.4	5.4	23	175	0.03	0.34	5.6
G195	中华超声影像学杂志	194	0.93	167	16.7	6.6	23	112	0.02	0.65	4.4
G136	中华传染病杂志	187	0.93	132	18.6	6.0	28	128	0.01	0.24	5.3
G408	中华创伤骨科杂志	197	0.84	185	20.8	6.1	25	130	0.00	0.45	6.4
G137	中华创伤杂志	192	0.92	174	26.7	5.6	20	126	0.00	0.51	5.2
G098	中华地方病学杂志	198	0.96	176	17.7	5.6	31	107	0.00	0.55	5.7
G138	中华儿科杂志	211	0.79	137	17.7	5.8	25	74	0.01	0.42	5.5
G139	中华耳鼻咽喉头颈外科杂志	229	0.93	183	25.4	5.2	25	137	0.02	0.43	7.4
G743	中华耳科学杂志	223	0.97	199	23.7	4.8	26	125	0.01	0.52	7.0
G140	中华放射学杂志	235	0.89	191	16.6	5.8	25	142	0.02	0.31	5.3
G141	中华放射医学与防护杂志	164	0.91	161	19.9	6.1	24	106	0.02	0.46	6.2
G251	中华放射肿瘤学杂志	210	0.88	200	21.4	7.0	26	119	0.02	0.54	6.6
G474	中华肺部疾病杂志电子版	215	0.95	122	25.8	4.2	26	131	0.00	0.42	4.3
G286	中华风湿病学杂志	177	0.91	159	21.9	4.9	26	104	0.00	0.53	5.6
G142	中华妇产科杂志	154	0.80	117	18.4	5.7	22	73	0.01	0.45	5.6
G689	中华妇幼临床医学杂志电子版	100	0.93	100	28.2	4.6	16	56	0.00	0.88	5.0
G262	中华肝胆外科杂志	231	0.95	178	18.5	5.7	26	161	0.00	0.51	5.2
G231	中华肝脏病杂志	206	0.92	176	20.4	5.3	27	127	0.01	0.42	5.0
G054	中华肝脏外科手术学电子杂志	125	0.93	116	22.8	5.5	27	81	0.01	0.77	5.0
G235	中华高血压杂志	184	0.71	150	22.7	4.4	28	120	0.01	0.35	5.5
G143	中华骨科杂志	184	0.89	182	32.0	6.7	23	112	0.01	0.58	6.0
G648	中华骨与关节外科杂志	181	0.91	177	27.9	5.5	26	122	0.01	0.31	5.1
G728	中华骨质疏松和骨矿盐疾病杂志	78	0.92	78	29.2	5.2	17	57	0.00	0.44	6.5
G691	中华关节外科杂志电子版	143	0.95	132	20.7	5.1	23	121	0.02	0.32	5.9

表 4-2　2020 年中国科技核心期刊（中文）来源指标刊名字顺索引（续）

CODE	刊名	来源文献量	文献选出率	AR论文量	平均引文数	平均作者数	地区分布数	机构分布数	海外论文比	基金论文比	引用半衰期
G335	中华航海医学与高气压医学杂志	217	0.94	139	14.1	4.3	24	136	0.00	0.22	5.3
G145	中华核医学与分子影像杂志	147	0.88	107	21.3	5.5	21	83	0.10	0.39	5.6
G146	中华护理杂志	346	0.96	328	22.5	5.7	24	174	0.02	0.47	4.8
G555	中华急诊医学杂志	250	0.71	213	21.6	5.9	24	147	0.00	0.50	5.4
G302	中华疾病控制杂志	284	0.96	281	17.9	6.6	31	137	0.01	0.58	5.2
G055	中华肩肘外科电子杂志	65	0.90	59	27.0	5.0	18	51	0.00	0.60	6.3
G174	中华检验医学杂志	194	0.87	192	24.1	5.8	25	142	0.01	0.48	4.9
G751	中华健康管理学杂志	109	0.89	99	22.3	4.6	20	86	0.01	0.35	4.6
G147	中华结核和呼吸杂志	196	0.76	148	23.8	4.7	23	115	0.00	0.38	5.1
G060	中华结直肠疾病电子杂志	108	0.86	97	21.7	5.3	22	74	0.00	0.57	6.0
Q905	中华解剖与临床杂志	130	0.95	117	20.1	6.0	23	103	0.00	0.52	5.5
Q948	中华介入放射学电子杂志	72	0.88	64	18.8	5.6	19	43	0.00	0.18	6.0
G159	中华精神科杂志	91	0.85	81	27.9	6.3	23	52	0.03	0.67	6.6
G579	中华口腔医学研究杂志电子版	69	0.99	66	26.7	4.5	14	44	0.00	0.54	4.2
G148	中华口腔医学杂志	178	0.91	165	26.6	3.8	22	61	0.02	0.43	6.2
G280	中华口腔正畸学杂志	48	0.92	40	13.2	3.9	13	33	0.02	0.33	8.8
G149	中华劳动卫生职业病杂志	252	0.92	175	18.4	5.3	26	160	0.00	0.42	6.3
G639	中华老年多器官疾病杂志	211	0.96	183	17.7	4.6	26	132	0.01	0.45	4.8
Q949	中华老年骨科与康复电子杂志	60	0.97	57	25.8	4.9	16	46	0.00	0.55	5.9
G833	中华老年口腔医学杂志	82	0.93	70	19.6	3.8	19	61	0.04	0.39	5.3
G876	中华老年心脑血管病杂志	360	0.97	217	14.7	4.9	29	226	0.00	0.57	3.0
G150	中华老年医学杂志	320	0.97	285	16.0	5.0	29	197	0.01	0.51	5.1
G692	中华临床感染病杂志	80	0.88	68	24.2	7.0	17	54	0.00	0.55	4.9
G693	中华临床免疫和变态反应杂志	105	0.88	87	24.8	4.3	16	53	0.00	0.44	6.3
G824	中华临床营养杂志	54	0.84	54	26.9	6.9	16	32	0.02	0.41	5.4
G152	中华流行病学杂志	346	0.88	342	22.6	7.9	30	142	0.05	0.63	6.0
G153	中华麻醉学杂志	362	0.94	281	14.3	5.7	28	208	0.01	0.45	5.0
G154	中华泌尿外科杂志	200	0.87	158	21.3	6.7	25	118	0.01	0.27	4.8
G282	中华男科学杂志	184	0.84	177	24.1	5.5	27	142	0.00	0.50	6.2
G155	中华内分泌代谢杂志	152	0.81	144	25.1	5.9	21	90	0.02	0.64	6.6
G736	中华内分泌外科杂志	112	0.96	96	16.1	4.8	21	85	0.02	0.67	4.2
G156	中华内科杂志	181	0.80	128	18.6	5.2	22	94	0.01	0.31	6.1
G157	中华皮肤科杂志	232	0.87	129	15.8	5.0	24	126	0.00	0.45	5.6
G461	中华普通外科学文献电子版	117	0.88	88	17.3	4.6	25	92	0.00	0.43	4.6
G254	中华普通外科杂志	263	0.78	139	11.0	5.9	27	161	0.00	0.45	5.1
G462	中华普外科手术学杂志电子版	163	0.92	120	17.5	4.4	25	119	0.00	0.72	3.4
G158	中华器官移植杂志	168	0.90	138	19.2	7.1	22	77	0.01	0.58	5.2
G473	中华腔镜泌尿外科杂志电子版	114	0.95	92	17.4	5.6	23	83	0.00	0.34	5.7
G463	中华腔镜外科杂志电子版	80	0.93	65	17.5	5.3	19	58	0.00	0.30	4.8
G526	中华全科医师杂志	184	0.70	132	15.8	5.0	24	132	0.01	0.28	5.5
G515	中华全科医学	570	0.99	482	19.6	4.5	27	317	0.00	0.89	3.4
G505	中华乳腺病杂志电子版	75	0.82	59	28.6	4.7	18	56	0.00	0.17	6.0
G900	中华烧伤杂志	191	0.81	165	27.9	5.6	24	94	0.00	0.57	4.6

表 4-2 2020 年中国科技核心期刊（中文）来源指标刊名字顺索引（续）

CODE	刊名	来源文献量	文献选出率	AR论文量	平均引文数	平均作者数	地区分布数	机构分布数	海外论文比	基金论文比	引用半衰期
Q950	中华神经创伤外科电子杂志	82	0.92	65	18.7	5.4	26	70	0.01	0.54	5.6
G197	中华神经科杂志	164	0.86	155	29.2	4.9	24	96	0.01	0.48	5.7
G160	中华神经外科杂志	256	0.91	219	21.2	6.0	24	123	0.01	0.49	6.3
G446	中华神经医学杂志	239	0.91	205	23.7	5.5	24	175	0.00	0.46	4.7
G065	中华肾病研究电子杂志	59	0.86	43	24.5	4.4	13	43	0.00	0.53	5.0
G161	中华肾脏病杂志	162	0.91	136	25.4	5.8	23	100	0.00	0.73	5.9
G737	中华生物医学工程杂志	99	0.95	98	32.0	4.7	17	75	0.02	0.48	4.1
G072	中华生殖与避孕杂志	168	0.92	166	30.2	5.1	25	102	0.00	0.52	5.8
G162	中华实验和临床病毒学杂志	133	0.96	130	18.4	6.5	27	95	0.00	0.62	5.4
G703	中华实验和临床感染病杂志电子版	88	0.92	86	27.9	5.1	16	65	0.00	0.49	4.0
G163	中华实验外科杂志	637	0.90	366	14.7	5.5	30	309	0.00	0.57	4.3
G773	中华实验眼科杂志	201	0.91	177	26.6	4.2	27	136	0.01	0.66	6.8
G875	中华实用儿科临床杂志	416	0.92	335	23.5	5.3	27	171	0.00	0.45	4.7
G367	中华实用诊断与治疗杂志	345	0.98	204	16.9	4.7	27	201	0.00	0.87	3.8
G848	中华手外科杂志	152	0.93	52	12.6	6.0	26	100	0.00	0.28	7.6
G506	中华损伤与修复杂志电子版	98	0.87	75	24.9	5.0	23	67	0.01	0.57	6.0
G739	中华糖尿病杂志	193	0.89	172	21.0	5.3	24	106	0.02	0.51	5.0
G164	中华外科杂志	187	0.89	149	20.7	5.5	24	107	0.01	0.41	5.4
G165	中华微生物学和免疫学杂志	154	0.95	153	28.6	5.8	25	112	0.01	0.59	5.1
G116	中华危重病急救医学	293	0.91	255	22.1	5.8	28	210	0.00	0.75	5.0
G761	中华危重症医学杂志电子版	73	0.68	63	22.7	5.3	15	51	0.00	0.74	5.2
G296	中华围产医学杂志	147	0.73	114	22.9	4.4	21	86	0.01	0.31	5.4
G740	中华卫生杀虫药械	152	0.92	67	13.7	4.9	27	107	0.00	0.41	7.5
G793	中华胃肠外科杂志	207	0.81	171	21.7	5.9	24	108	0.00	0.59	5.5
G166	中华物理医学与康复杂志	275	0.96	180	22.5	5.1	26	193	0.01	0.44	6.1
G470	中华细胞与干细胞杂志电子版	61	0.95	58	33.0	4.5	18	56	0.00	0.56	4.0
G847	中华现代护理杂志	1037	0.94	983	21.9	4.3	28	465	0.00	0.37	4.3
G285	中华消化内镜杂志	219	0.92	136	15.9	5.9	27	140	0.00	0.48	6.6
G978	中华消化外科杂志	187	0.88	175	33.0	6.1	29	109	0.03	0.89	4.8
G168	中华消化杂志	175	0.86	133	15.6	5.5	28	119	0.02	0.36	5.2
G169	中华小儿外科杂志	202	0.85	180	22.2	5.8	24	95	0.00	0.44	6.7
G892	中华心律失常学杂志	113	0.90	84	17.3	5.9	18	55	0.01	0.40	5.8
G170	中华心血管病杂志	174	0.86	135	21.0	6.1	27	103	0.01	0.47	5.0
G082	中华新生儿科杂志	125	0.93	83	18.2	4.9	25	88	0.01	0.23	5.6
G263	中华行为医学与脑科学杂志	198	0.95	198	27.9	5.6	26	143	0.02	0.83	4.5
G171	中华胸心血管外科杂志	168	0.91	132	19.1	6.1	22	109	0.00	0.31	6.2
G172	中华血液学杂志	182	0.79	155	22.4	7.9	20	88	0.00	0.55	5.9
G191	中华眼底病杂志	211	0.93	167	23.9	4.3	25	123	0.00	0.37	6.5
G075	中华眼科医学杂志电子版	64	1.00	63	45.5	4.4	11	30	0.00	0.89	7.2
G173	中华眼科杂志	151	0.78	123	23.9	4.3	16	65	0.01	0.36	6.9
G873	中华眼视光学与视觉科学杂志	166	0.96	147	22.4	4.7	25	98	0.00	0.35	6.4
S590	中华医学教育探索杂志	350	0.97	315	9.9	4.7	28	201	0.00	0.39	5.0
Q920	中华医学超声杂志电子版	221	0.92	175	17.6	5.0	29	144	0.00	0.35	6.0

表 4-2　2020 年中国科技核心期刊（中文）来源指标刊名字顺索引（续）

CODE	刊名	来源文献量	文献选出率	AR论文量	平均引文数	平均作者数	地区分布数	机构分布数	海外论文比	基金论文比	引用半衰期
G705	中华医学教育杂志	230	0.94	222	11.2	5.2	25	132	0.01	0.31	5.1
G307	中华医学科研管理杂志	96	0.94	93	13.7	4.3	15	62	0.00	0.44	4.9
G489	中华医学美学美容杂志	158	0.90	86	14.1	4.6	25	104	0.00	0.21	5.9
G915	中华医学图书情报杂志	140	0.95	140	19.2	3.4	19	72	0.01	0.40	5.4
G175	中华医学遗传学杂志	306	0.72	213	15.5	5.9	28	175	0.01	0.47	7.5
G176	中华医学杂志	743	0.87	582	17.5	5.9	30	341	0.01	0.49	5.2
G194	中华医院感染学杂志	798	0.99	797	25.2	5.4	31	512	0.00	0.72	3.7
G591	中华医院管理杂志	222	0.91	198	15.0	5.5	21	133	0.02	0.45	3.4
G610	中华胰腺病杂志	112	0.94	83	23.5	4.8	23	80	0.01	0.35	5.6
G897	中华移植杂志电子版	67	0.74	57	23.9	6.0	19	51	0.00	0.55	6.7
G177	中华预防医学杂志	229	0.85	219	25.0	7.5	23	111	0.01	0.54	5.8
G178	中华整形外科杂志	234	0.89	219	23.0	5.4	27	122	0.00	0.28	6.6
G859	中华中医药学刊	743	0.99	635	28.1	4.9	29	317	0.00	0.84	4.7
G910	中华中医药杂志	1640	0.99	1049	16.9	4.9	30	384	0.01	0.67	6.5
G858	中华肿瘤防治杂志	320	0.92	317	24.7	5.3	30	245	0.00	0.48	3.9
G179	中华肿瘤杂志	161	0.85	144	20.6	7.2	22	81	0.01	0.40	5.6
G472	中华疝和腹壁外科杂志电子版	173	0.97	137	14.2	3.8	23	144	0.00	0.24	4.2
Q954	中华重症医学电子杂志	92	0.88	65	21.3	4.0	23	60	0.00	0.33	6.0
G039	中南大学学报医学版	222	0.91	221	26.4	5.1	16	58	0.00	0.55	5.7
K001	中南大学学报自然科学版	361	0.98	352	23.8	4.7	24	115	0.02	0.97	7.0
H053	中南林业科技大学学报	240	1.00	240	27.2	5.4	26	77	0.00	0.83	8.0
G599	中南药学	451	0.98	394	21.3	4.8	29	278	0.00	0.49	5.6
G682	中南医学科学杂志	167	0.99	148	16.4	4.2	19	113	0.01	0.31	3.6
G180	中日友好医院学报	115	0.79	36	13.1	4.3	6	22	0.00	0.14	4.4
G181	中山大学学报医学科学版	123	0.96	123	23.8	5.3	14	53	0.01	0.77	4.8
A036	中山大学学报自然科学版	104	0.91	102	23.4	4.1	19	48	0.04	0.89	8.1
X539	中外公路	401	0.99	385	12.7	3.1	29	251	0.00	0.41	7.1
S020	中文信息学报	149	0.94	148	26.4	4.0	25	69	0.00	0.91	5.9
G842	中西医结合肝病杂志	154	0.82	74	19.0	3.7	24	107	0.00	0.44	5.0
G597	中西医结合心脑血管病杂志	1027	0.89	713	20.0	4.0	30	587	0.00	0.39	5.3
R775	中兴通讯技术	75	0.89	68	14.9	2.5	11	41	0.07	0.35	3.8
G183	中药材	580	0.99	560	15.4	5.3	30	289	0.00	0.62	6.6
G564	中药新药与临床药理	231	1.00	229	23.8	5.8	25	102	0.00	0.78	5.5
G685	中医学报	585	0.97	544	20.2	4.1	29	224	0.00	0.64	5.4
G681	中医药导报	722	0.98	508	19.8	4.4	30	298	0.01	0.53	5.4
G812	中医药学报	221	0.99	195	21.7	4.6	23	93	0.00	0.75	5.1
G010	中医杂志	465	0.94	382	18.1	5.1	26	165	0.01	0.62	6.8
G184	肿瘤	96	0.98	96	28.3	5.5	24	79	0.00	0.63	4.3
Q929	肿瘤代谢与营养电子杂志	87	0.87	87	33.2	4.3	24	69	0.00	0.59	4.6
G185	肿瘤防治研究	180	0.86	175	25.2	4.8	26	135	0.01	0.51	3.9
G412	肿瘤学杂志	192	0.83	181	26.7	4.2	27	146	0.00	0.55	4.1
G522	肿瘤研究与临床	196	0.93	162	20.0	4.3	27	140	0.00	0.27	4.9
G196	肿瘤药学	134	0.92	131	23.7	4.4	28	106	0.00	0.46	3.8

表 4-2 2020 年中国科技核心期刊（中文）来源指标刊名字顺索引（续）

CODE	刊名	来源文献量	文献选出率	AR论文量	平均引文数	平均作者数	地区分布数	机构分布数	海外论文比	基金论文比	引用半衰期
G838	肿瘤影像学	106	0.96	97	17.2	5.0	18	74	0.00	0.45	5.4
G695	肿瘤预防与治疗	138	0.78	137	28.8	4.5	25	93	0.00	0.62	4.3
H103	种子	429	0.96	364	18.9	5.7	31	227	0.00	0.77	8.0
G094	中风与神经疾病杂志	290	0.97	165	21.4	4.5	29	191	0.00	0.43	5.4
N022	轴承	163	1.00	105	11.7	3.9	24	86	0.01	0.40	7.9
H026	竹子学报	58	0.95	55	23.6	4.2	12	31	0.02	0.48	7.8
N075	铸造	229	0.57	186	11.4	4.3	26	162	0.00	0.35	9.1
G407	转化医学杂志	92	0.94	76	17.4	4.3	19	58	0.00	0.49	4.6
N034	装备环境工程	260	0.97	234	20.1	4.1	26	145	0.00	0.22	9.6
Z022	资源科学	204	0.93	197	42.4	3.8	25	92	0.04	0.82	5.6
R737	自动化技术与应用	437	0.86	254	10.0	2.6	30	284	0.00	0.17	4.9
S026	自动化学报	216	1.00	209	43.1	3.7	24	118	0.03	0.94	6.5
N013	自动化仪表	278	0.99	181	12.5	3.1	26	183	0.00	0.33	5.4
S501	自动化与仪表	272	0.99	196	11.1	3.1	27	148	0.00	0.40	4.6
R611	自动化与仪器仪表	646	0.99	392	15.5	2.9	31	366	0.00	0.46	3.4
A905	自然杂志	61	0.79	61	37.4	3.3	12	32	0.00	0.23	6.7
E137	自然灾害学报	128	0.99	128	26.6	4.0	24	90	0.00	0.91	8.4
Z012	自然资源学报	223	0.97	223	36.9	4.3	27	113	0.02	0.95	6.1
G229	卒中与神经疾病	218	1.00	165	20.2	3.9	22	161	0.00	0.33	4.4
N088	组合机床与自动化加工技术	482	1.00	208	13.0	3.7	28	186	0.00	0.67	5.8
G701	组织工程与重建外科杂志	133	0.96	90	19.5	5.0	18	69	0.00	0.35	5.9
L018	钻井液与完井液	132	1.00	131	16.1	5.3	15	73	0.00	0.49	6.7
G720	遵义医科大学学报	103	0.75	102	25.9	4.3	11	36	0.00	0.83	4.7
H034	作物学报	186	0.96	186	36.6	7.7	26	78	0.03	0.88	8.9
H410	作物研究	126	1.00	102	18.9	5.6	21	64	0.00	0.70	7.0
H202	作物杂志	183	0.97	182	28.3	6.5	27	120	0.00	0.81	8.4

5 2020 年中国科技核心期刊（英文）指标

5.1 期刊（英文）被引用指标刊名字顺排序

表 5-1 2020 年中国科技核心期刊（英文）被引用指标刊名字顺索引

CODE	刊名	核心总被引频次	核心影响因子	核心即年指标	核心他引率	核心引用刊数	核心开放因子	核心扩散因子	核心权威因子	核心被引半衰期
F034	ACTA BIOCHIMICA ET BIOPHYSICA SINICA	729	0.629	0.124	0.94	358	74	49.11	55.54	4.8
I059	ACTA GEOLOGICA SINICA ENGLISH EDITION	1061	0.593	0.087	0.78	149	21	14.04	84.59	5.5
C096	ACTA MATHEMATICA SCIENTIA	318	0.205	0.040	0.66	63	3	19.81	38.06	7.5
B030	ACTA MATHEMATICA SINICA ENGLISH SERIES	237	0.112	0.031	0.85	57	7	24.05	26.94	8.2
I051	ACTA MATHEMATICAE APPLICATAE SINICA	145	0.283	0.000	0.94	66	14	45.52	15.18	6.8
C105	ACTA MECHANICA SINICA	479	0.590	0.264	0.68	145	8	30.27	47.79	5.0
M100	ACTA METALLURGICA SINICA	994	1.124	0.244	0.58	124	3	12.47	100.51	4.2
I209	ACTA OCEANOLOGICA SINICA	687	0.406	0.131	0.79	161	8	23.44	56.80	5.3
G218	ACTA PHARMACEUTICA SINICA B	795	1.847	0.560	0.62	248	8	31.19	60.39	2.6
G001	ACTA PHARMACOLOGICA SINICA	1563	1.212	0.440	0.93	490	68	31.35	117.89	4.7
I062	ADVANCES IN ATMOSPHERIC SCIENCES	1265	0.809	0.282	0.87	152	8	12.02	104.28	7.8
I282	ASIAN JOURNAL OF ANDROLOGY	715	0.554	0.144	0.84	222	13	31.05	56.89	5.6
G780	CANCER BIOLOGY & MEDICINE	294	1.103	0.065	0.91	172	13	58.50	23.52	3.2
I072	CELL RESEARCH	2484	1.266	2.924	0.96	588	72	23.67	190.72	4.8
I139	CHEMICAL RESEARCH IN CHINESE UNIVERSITIES	318	0.337	0.144	0.78	124	5	38.99	29.92	3.7
I710	CHINA COMMUNICATIONS	697	0.925	0.123	0.63	151	7	21.66	69.80	2.7
I165	CHINA FOUNDRY	180	0.427	0.121	0.65	35	2	19.44	18.69	4.2
E158	CHINA OCEAN ENGINEERING	317	0.450	0.025	0.77	99	11	31.23	29.96	6.1
B023	CHINESE ANNALS OF MATHEMATICS SERIES B	106	0.134	0.017	0.87	42	7	39.62	12.37	9.8
D031	CHINESE CHEMICAL LETTERS	2771	1.687	0.510	0.41	257	1	9.27	249.35	2.3
I154	CHINESE GEOGRAPHICAL SCIENCE	550	0.758	0.139	0.86	200	23	36.36	46.00	5.7
I207	CHINESE HERBAL MEDICINES	290	0.707	0.069	0.91	111	11	38.28	20.39	4.4
I166	CHINESE JOURNAL OF ACOUSTICS	124	0.159	0.024	0.81	25	1	20.16	13.74	7.0
I122	CHINESE JOURNAL OF AERONAUTICS	1595	1.089	0.196	0.65	265	5	16.61	161.59	4.7
I037	CHINESE JOURNAL OF CANCER RESEARCH	949	3.313	0.268	0.91	360	56	37.93	75.79	2.9
D013	CHINESE JOURNAL OF CATALYSIS	2375	2.026	0.593	0.76	264	12	11.12	236.47	3.9
T100	CHINESE JOURNAL OF CHEMICAL ENGINEERING	1044	0.516	0.068	0.76	293	17	28.07	101.74	4.6
C070	CHINESE JOURNAL OF CHEMICAL PHYSICS	183	0.250	0.000	0.66	86	9	46.99	18.36	6.5
I173	CHINESE JOURNAL OF CHEMISTRY	935	1.571	0.404	0.68	112	21	11.98	90.24	2.5
I116	CHINESE JOURNAL OF ELECTRONICS	476	0.533	0.063	0.60	132	9	27.73	47.42	3.5
I218	CHINESE JOURNAL OF MECHANICAL ENGINEERING	881	0.696	0.033	0.93	244	21	27.70	86.10	5.7
G101	CHINESE JOURNAL OF NATURAL MEDICINES	991	0.995	0.505	0.90	267	22	26.94	70.57	5.9
D017	CHINESE JOURNAL OF POLYMER SCIENCE	535	0.736	0.149	0.63	107	3	20.00	55.65	3.3
I219	CHINESE JOURNAL OF POPULATION, RESOURCES AND ENVIRONMENT	113	0.373	0.000	0.65	47	21	41.59	10.90	6.1

表 5-1　2020 年中国科技核心期刊（英文）被引用指标刊名字顺索引（续）

CODE	刊名	核心总被引频次	核心影响因子	核心即年指标	核心他引率	核心引用刊数	核心开放因子	核心扩散因子	核心权威因子	核心被引半衰期
I200	CHINESE JOURNAL OF TRAUMATOLOGY	310	0.590	0.153	0.94	147	24	47.42	24.56	4.5
I201	CHINESE MEDICAL JOURNAL	3925	0.848	0.703	0.92	734	132	18.70	309.56	4.6
G126	CHINESE MEDICAL SCIENCES JOURNAL	180	0.819	0.140	0.96	133	43	73.89	14.38	3.8
I071	CHINESE OPTICS LETTERS	905	0.975	0.184	0.49	103	1	11.38	88.99	2.9
C106	CHINESE PHYSICS B	3125	0.588	0.130	0.50	369	1	11.81	318.91	3.9
C058	CHINESE PHYSICS C	530	0.360	0.164	0.61	53	3	10.00	61.37	4.4
C059	CHINESE PHYSICS LETTERS	1500	0.467	0.207	0.82	224	3	14.93	154.93	6.4
G212	CHRONIC DISEASES AND TRANSLATIONAL MEDICINE	89	0.414	0.281	0.97	77	21	86.52	7.05	3.7
C095	COMMUNICATIONS IN THEORETICAL PHYSICS	406	0.169	0.057	0.77	87	4	21.43	42.40	7.6
I720	CSEE JOURNAL OF POWER AND ENERGY SYSTEMS	342	1.540	0.144	0.71	56	4	16.37	31.05	2.8
I226	DEFENCE TECHNOLOGY	219	0.480	0.092	0.77	108	13	49.32	22.28	3.1
J075	ENGINEERING	699	1.107	0.306	0.91	356	21	50.93	64.89	3.0
F005	ENTOMOTAXONOMIA	89	0.113	0.000	0.79	33	5	37.08	6.76	14.8
N092	FRICTION	293	1.376	0.200	0.44	47	21	16.04	33.12	3.3
I248	FRONTIERS OF CHEMICAL SCIENCE AND ENGINEERING	215	0.375	0.564	0.75	109	12	50.70	19.81	3.6
I735	FRONTIERS OF COMPUTER SCIENCE	259	0.444	0.210	0.83	120	17	46.33	24.44	3.6
I220	FRONTIERS OF EARTH SCIENCE	62	0.183	0.017	0.79	42	21	67.74	5.28	3.5
I243	FRONTIERS OF MATERIALS SCIENCE	106	0.358	0.133	0.82	52	8	49.06	10.55	4.7
I250	FRONTIERS OF MATHEMATICS IN CHINA	104	0.284	0.028	0.67	32	3	30.77	13.62	3.5
I237	FRONTIERS OF MEDICINE	604	1.634	2.092	0.96	340	84	56.29	47.46	2.5
I132	FRONTIERS OF OPTOELECTRONICS	77	0.222	0.775	0.51	28	2	36.36	10.03	1.8
I726	FRONTIERS OF PHYSICS	331	0.720	0.344	0.57	63	2	19.03	37.41	2.9
I725	FRONTIERS OF STRUCTURAL AND CIVIL ENGINEERING	143	0.485	0.000	0.53	50	3	34.97	15.57	2.7
G343	GENERAL PSYCHIATRY	508	0.605	0.141	0.97	216	36	42.52	40.89	12.5
I222	GENOMICS PROTEOMICS & BIOINFORMATICS	300	0.618	0.095	0.85	180	3	60.00	23.50	4.6
E050	GEOSCIENCE FRONTIERS	368	0.463	0.121	0.74	123	9	33.42	30.47	4.1
Q744	GLOBAL ENERGY INTERCONNECTION	162	1.150	0.000	0.68	29	21	17.90	14.91	2.1
Z037	GREEN ENERGY & ENVIRONMENT	130	0.830	0.293	0.48	30	21	23.08	16.36	2.4
H062	HORTICULTURAL PLANT JOURNAL	122	1.143	0.182	0.74	39	21	31.97	8.56	2.6
R589	IEEE CAA JOURNAL OF AUTOMATICA SINICA	490	0.966	0.173	0.46	117	21	23.88	49.38	2.8
Q709	INFECTIOUS DISEASES OF POVERTY	383	0.532	0.579	0.76	110	21	28.72	31.34	3.3
I012	INSECT SCIENCE	398	0.513	0.176	0.75	86	4	21.61	29.39	5.6
I168	INTERNATIONAL JOURNAL OF COAL SCIENCE & TECHNOLOGY	506	1.443	0.229	0.92	76	1	15.02	43.20	4.9
G889	INTERNATIONAL JOURNAL OF DERMATOLOGY AND VENEREOLOGY	215	0.089	0.070	0.98	100	14	46.51	16.66	6.8
K045	INTERNATIONAL JOURNAL OF MINERALS, METALLURGY AND MATERIALS	940	0.849	0.377	0.66	155	21	16.49	94.23	4.2
I184	INTERNATIONAL JOURNAL OF MINING SCIENCE AND TECHNOLOGY	984	0.946	0.234	0.74	212	10	21.54	87.93	5.4
Q213	INTERNATIONAL JOURNAL OF ORAL SCIENCE	260	1.016	1.368	0.91	130	21	50.00	22.39	3.5
I225	JOURNAL OF ACUPUNCTURE AND TUINA SCIENCE	296	0.440	0.029	0.88	91	21	30.74	20.53	4.5
H029	JOURNAL OF ANIMAL SCIENCE AND BIOTECHNOLOGY	383	0.654	0.104	0.85	88	21	22.98	26.61	3.9

表 5-1 2020 年中国科技核心期刊（英文）被引用指标刊名字顺索引（续）

CODE	刊名	核心总被引频次	核心影响因子	核心即年指标	核心他引率	核心引用刊数	核心开放因子	核心扩散因子	核心权威因子	核心被引半衰期
E049	JOURNAL OF ARID LAND	461	0.813	0.154	0.82	143	15	31.02	36.12	4.4
N764	JOURNAL OF BIONIC ENGINEERING	414	0.880	0.188	0.49	115	1	27.78	42.66	4.6
I067	JOURNAL OF CENTRAL SOUTH UNIVERSITY	1555	0.686	0.118	0.76	456	21	29.32	148.77	5.3
I227	JOURNAL OF CHINESE PHARMACEUTICAL SCIENCES	255	0.290	0.025	0.87	115	18	45.10	18.32	6.5
S051	JOURNAL OF COMPUTER SCIENCE AND TECHNOLOGY	351	0.518	0.092	0.88	129	14	36.75	34.55	5.8
E537	JOURNAL OF EARTH SCIENCE	424	0.590	0.048	0.69	114	14	26.89	34.49	5.1
I105	JOURNAL OF ENERGY CHEMISTRY	1391	1.538	0.639	0.48	175	1	12.58	142.91	1.9
Z027	JOURNAL OF ENVIRONMENTAL SCIENCES	2833	1.107	0.274	0.83	489	18	17.26	243.19	5.4
I018	JOURNAL OF FORESTRY RESEARCH	575	0.444	0.060	0.78	171	13	29.74	44.56	4.6
F013	JOURNAL OF GENETICS AND GENOMICS	876	0.506	0.309	0.93	280	31	31.96	63.91	12.6
I063	JOURNAL OF GEOGRAPHICAL SCIENCES	1353	1.336	0.200	0.90	279	21	20.62	112.66	5.0
W015	JOURNAL OF HYDRODYNAMICS SERIES B	813	1.095	0.168	0.65	171	9	21.03	76.68	4.9
H017	JOURNAL OF INTEGRATIVE AGRICULTURE	974	0.755	0.296	0.83	240	25	24.64	70.72	2.9
G442	JOURNAL OF INTEGRATIVE MEDICINE	836	0.372	0.333	0.98	228	26	27.27	59.23	10.4
F029	JOURNAL OF INTEGRATIVE PLANT BIOLOGY	1954	1.128	0.588	0.91	327	34	16.73	142.76	13.2
I142	JOURNAL OF IRON AND STEEL RESEARCH, INTERNATIONAL	891	0.420	0.103	0.79	134	7	15.04	89.87	6.2
I229	JOURNAL OF MARINE SCIENCE AND APPLICATION	143	0.257	0.071	0.79	62	8	43.36	14.24	6.4
M015	JOURNAL OF MATERIALS SCIENCE & TECHNOLOGY	2399	1.761	0.275	0.64	256	5	10.67	242.79	2.7
E092	JOURNAL OF METEOROLOGICAL RESEARCH	588	0.671	0.449	0.75	123	21	20.92	48.34	5.3
F021	JOURNAL OF MOLECULAR CELL BIOLOGY	398	0.715	0.247	0.77	217	37	54.52	30.62	4.7
I230	JOURNAL OF MOUNTAIN SCIENCE	672	0.439	0.056	0.72	206	18	30.65	55.92	4.1
I120	JOURNAL OF OCEAN UNIVERSITY OF CHINA	353	0.276	0.054	0.89	132	19	37.39	28.49	4.7
E012	JOURNAL OF OCEANOLOGY AND LIMNOLOGY	684	0.362	0.197	0.88	151	10	22.08	55.17	7.0
M035	JOURNAL OF RARE EARTHS	1041	0.868	0.212	0.73	202	10	19.40	102.81	4.6
F208	JOURNAL OF RESOURCES AND ECOLOGY	366	0.620	0.292	0.87	135	17	36.89	29.58	4.2
C010	JOURNAL OF ROCK MECHANICS AND GEOTECHNICAL ENGINEERING (JRMGE)	456	0.436	0.073	0.80	123	17	26.97	41.73	4.7
R062	JOURNAL OF SEMICONDUCTORS	325	0.214	0.116	0.81	94	8	28.92	33.09	6.2
F039	JOURNAL OF SYSTEMATICS AND EVOLUTION	764	1.120	0.647	0.68	149	6	19.50	56.43	12.6
X053	JOURNAL OF TRAFFIC AND TRANSPORTATION ENGINEERING ENGLISH EDITION	108	0.451	0.100	0.71	48	4	44.44	10.66	3.5
I090	JOURNAL OF WUHAN UNIVERSITY OF TECHNOLOGY MATERIALS SCIENCE EDITION	578	0.308	0.020	0.74	180	10	31.14	57.42	5.5
I041	JOURNAL OF ZHEJIANG UNIVERSITY SCIENCE A	517	0.692	0.479	0.80	245	36	47.39	49.49	6.2
I159	JOURNAL OF ZHEJIANG UNIVERSITY SCIENCE B	817	1.036	0.304	0.87	424	84	51.90	62.11	4.9
I254	LIGHT SCIENCE & APPLICATIONS	887	1.284	0.450	0.74	101	5	11.39	88.38	3.0
Q716	MILITARY MEDICAL RESEARCH	229	0.659	2.617	0.93	149	21	65.07	18.26	0.9
F019	MOLECULAR PLANT	2297	1.485	0.506	0.90	231	14	10.06	164.27	5.4
I137	NANO RESEARCH	1743	0.766	0.127	0.68	254	14	14.57	174.07	3.5
M655	NANOTECHNOLOGY AN PRECISION ENGINEERING	203	0.246	0.462	0.92	94	17	46.31	19.52	5.5
I255	NATIONAL SCIENCE REVIEW	867	1.328	1.004	0.82	304	14	35.06	76.83	2.0
I232	NEURAL REGENERATION RESEARCH	1794	1.105	0.373	0.79	412	32	22.97	137.10	2.9

表 5-1　2020 年中国科技核心期刊（英文）被引用指标刊名字顺索引（续）

CODE	刊名	核心总被引频次	核心影响因子	核心即年指标	核心他引率	核心引用刊数	核心开放因子	核心扩散因子	核心权威因子	核心被引半衰期
G278	NEUROSCIENCE BULLETIN	688	1.343	0.217	0.56	215	4	31.25	54.95	2.9
G616	ONCOLOGY AND TRANSLATIONAL MEDICINE	87	0.237	0.022	0.75	59	16	67.82	7.23	6.5
I202	PARTICUOLOGY	554	0.352	0.064	0.74	201	16	36.28	51.46	6.4
H046	PEDOSPHERE	907	0.503	0.133	0.94	248	27	27.34	69.16	9.3
F007	PLANT DIVERSITY	901	0.320	0.164	0.96	219	30	24.31	66.18	16.0
I129	PROTEIN & CELL	573	0.815	0.441	0.91	289	56	50.44	44.28	3.9
I050	RARE METALS	837	0.986	0.225	0.62	144	5	17.20	85.62	3.7
C072	RESEARCH IN ASTRONOMY AND ASTROPHYSICS	441	0.518	0.280	0.49	50	1	11.34	58.11	2.6
I065	RICE SCIENCE	225	0.595	0.167	0.85	94	14	41.78	16.20	5.8
H064	THE CROP JOURNAL	343	0.871	0.443	0.76	94	8	27.41	24.22	3.0
I017	TRANSACTIONS OF NANJING UNIVERSITY OF AERONAUTICS & ASTRONAUTICS	206	0.248	0.022	0.76	91	10	44.17	20.47	5.1
M104	TRANSACTIONS OF NONFERROUS METALS SOCIETY OF CHINA	3738	1.297	0.289	0.75	379	10	10.14	375.19	5.9
G095	VIROLOGICA SINICA	401	0.615	0.642	0.91	204	38	50.87	30.71	3.8
W030	WATER SCIENCE AND ENGINEERING	182	0.792	0.121	0.90	90	14	49.45	15.88	4.3
I239	WORLD JOURNAL OF ACUPUNCTURE-MOXIBUSTION	216	0.618	0.062	0.81	67	21	31.02	14.90	4.0
Q707	WORLD JOURNAL OF TRADITIONAL CHINESE MEDICINE	49	0.386	0.204	0.88	20	21	40.82	3.40	2.2
I008	WUHAN UNIVERSITY JOURNAL OF NATURAL SCIENCES	100	0.143	0.028	0.92	82	32	82.00	9.26	6.0
F022	ZOOLOGICAL RESEARCH	702	0.861	0.358	0.83	191	15	27.21	54.15	11.8
F014	ZOOLOGICAL SYSTEMATICS	271	0.136	0.067	0.93	93	17	34.32	20.91	13.3

5.2 期刊（英文）来源指标刊名字顺排序

表 5-2 2020 年中国科技核心期刊（英文）来源指标刊名字顺索引

CODE	刊名	来源文献量	文献选出率	AR论文量	平均引文数	平均作者数	地区分布数	机构分布数	海外论文比	基金论文比	引用半衰期
F034	ACTA BIOCHIMICA ET BIOPHYSICA SINICA	177	0.98	156	45.8	6.9	24	119	0.06	0.88	6.1
I059	ACTA GEOLOGICA SINICA ENGLISH EDITION	172	0.97	143	59.5	6.1	24	61	0.22	0.53	11.2
C096	ACTA MATHEMATICA SCIENTIA	124	1.00	124	27.3	2.2	22	77	0.27	0.44	12.8
B030	ACTA MATHEMATICA SINICA ENGLISH SERIES	96	0.91	96	22.6	2.4	22	61	0.25	0.57	13.3
I051	ACTA MATHEMATICAE APPLICATAE SINICA	71	0.95	70	26.0	2.5	19	50	0.18	0.79	13.5
C105	ACTA MECHANICA SINICA	106	0.98	104	43.1	4.0	20	46	0.29	0.69	8.9
M100	ACTA METALLURGICA SINICA	164	0.96	162	41.8	5.7	22	55	0.16	0.79	7.0
I209	ACTA OCEANOLOGICA SINICA	176	1.00	175	43.0	5.4	14	57	0.17	0.83	11.8
G218	ACTA PHARMACEUTICA SINICA B	175	0.93	171	76.6	8.3	19	68	0.36	0.68	6.5
G001	ACTA PHARMACOLOGICA SINICA	166	0.98	162	59.3	7.9	19	71	0.28	0.73	6.6
I062	ADVANCES IN ATMOSPHERIC SCIENCES	110	0.92	107	46.7	6.1	15	27	0.33	0.69	8.9
I282	ASIAN JOURNAL OF ANDROLOGY	111	0.92	98	36.5	6.4	11	34	0.63	0.29	9.0
G780	CANCER BIOLOGY & MEDICINE	77	0.97	76	66.8	8.8	16	40	0.29	0.70	5.7
I072	CELL RESEARCH	145	0.97	78	46.4	10.2	14	45	0.62	0.32	6.3
I139	CHEMICAL RESEARCH IN CHINESE UNIVERSITIES	194	0.95	174	47.8	5.0	27	90	0.18	0.78	4.8
I710	CHINA COMMUNICATIONS	220	0.97	219	30.4	4.2	25	99	0.22	0.55	4.9
I165	CHINA FOUNDRY	58	0.97	58	27.8	5.4	15	25	0.19	0.62	9.6
E158	CHINA OCEAN ENGINEERING	80	0.95	80	30.1	4.3	13	27	0.26	0.74	9.9
B023	CHINESE ANNALS OF MATHEMATICS SERIES B	59	0.91	59	20.5	1.9	16	39	0.14	0.76	17.7
D031	CHINESE CHEMICAL LETTERS	630	0.99	590	48.2	6.4	27	224	0.11	0.89	4.7
I154	CHINESE GEOGRAPHICAL SCIENCE	79	0.99	79	54.3	4.7	17	49	0.19	0.89	7.6
I207	CHINESE HERBAL MEDICINES	58	0.92	56	38.4	5.6	16	30	0.38	0.53	7.8
I166	CHINESE JOURNAL OF ACOUSTICS	41	0.91	41	24.8	4.0	12	24	0.00	0.85	11.2
I122	CHINESE JOURNAL OF AERONAUTICS	285	0.97	283	36.3	4.3	19	57	0.15	0.66	8.4
I037	CHINESE JOURNAL OF CANCER RESEARCH	71	0.99	70	43.5	8.4	14	29	0.28	0.45	5.2
D013	CHINESE JOURNAL OF CATALYSIS	189	0.97	187	60.8	6.3	24	102	0.22	0.78	4.9
T100	CHINESE JOURNAL OF CHEMICAL ENGINEERING	337	0.98	335	44.2	5.0	26	95	0.33	0.64	7.2
C070	CHINESE JOURNAL OF CHEMICAL PHYSICS	104	0.90	104	45.1	5.1	18	45	0.15	0.86	8.4
I173	CHINESE JOURNAL OF CHEMISTRY	230	0.97	212	58.2	4.8	24	88	0.09	0.79	6.1
I116	CHINESE JOURNAL OF ELECTRONICS	144	0.99	143	27.8	3.9	25	91	0.11	0.84	6.9
I218	CHINESE JOURNAL OF MECHANICAL ENGINEERING	90	0.99	89	45.6	4.7	20	43	0.22	0.86	6.7
G101	CHINESE JOURNAL OF NATURAL MEDICINES	107	0.98	99	45.9	6.1	22	64	0.19	0.61	6.3
D017	CHINESE JOURNAL OF POLYMER SCIENCE	154	0.92	154	50.1	5.8	18	65	0.20	0.86	6.5
I219	CHINESE JOURNAL OF POPULATION, RESOURCES AND ENVIRONMENT	37	1.00	37	43.5	3.1	12	20	0.30	0.62	8.0

表 5-2 2020 年中国科技核心期刊（英文）来源指标刊名字顺索引（续）

CODE	刊名	来源文献量	文献选出率	AR论文量	平均引文数	平均作者数	地区分布数	机构分布数	海外论文比	基金论文比	引用半衰期
I200	CHINESE JOURNAL OF TRAUMATOLOGY	72	0.97	61	29.8	5.7	12	23	0.57	0.17	9.3
I201	CHINESE MEDICAL JOURNAL	562	0.99	277	25.9	6.5	29	224	0.10	0.48	5.4
G126	CHINESE MEDICAL SCIENCES JOURNAL	50	0.96	46	29.7	5.4	13	32	0.04	0.26	7.3
I071	CHINESE OPTICS LETTERS	212	0.95	210	30.7	6.0	20	82	0.14	0.78	6.6
C106	CHINESE PHYSICS B	941	1.00	940	42.8	5.4	28	277	0.13	0.87	7.5
C058	CHINESE PHYSICS C	225	0.93	225	56.8	4.7	26	95	0.33	0.70	10.7
C059	CHINESE PHYSICS LETTERS	295	0.95	285	33.9	6.2	24	114	0.14	0.90	7.5
G212	CHRONIC DISEASES AND TRANSLATIONAL MEDICINE	32	0.94	32	47.9	5.3	11	23	0.22	0.44	5.2
C095	COMMUNICATIONS IN THEORETICAL PHYSICS	192	1.00	192	48.2	3.1	26	80	0.39	0.48	8.7
I720	CSEE JOURNAL OF POWER AND ENERGY SYSTEMS	90	0.96	89	38.6	5.1	16	37	0.37	0.58	5.3
I226	DEFENCE TECHNOLOGY	120	0.99	120	32.7	4.2	15	27	0.30	0.45	7.6
J075	ENGINEERING	147	0.72	134	75.4	6.2	18	45	0.51	0.47	6.6
F005	ENTOMOTAXONOMIA	36	0.90	36	16.0	3.2	18	27	0.08	0.83	23.1
N092	FRICTION	80	0.92	80	53.2	4.7	15	31	0.48	0.54	6.3
I248	FRONTIERS OF CHEMICAL SCIENCE AND ENGINEERING	55	0.96	54	59.3	4.8	12	21	0.69	0.38	7.6
I735	FRONTIERS OF COMPUTER SCIENCE	100	1.00	86	38.2	4.1	22	52	0.28	0.66	8.7
I220	FRONTIERS OF EARTH SCIENCE	60	1.00	60	53.9	4.8	14	31	0.43	0.60	9.5
I243	FRONTIERS OF MATERIALS SCIENCE	45	0.98	45	46.0	6.2	15	32	0.13	0.80	4.8
I250	FRONTIERS OF MATHEMATICS IN CHINA	72	0.99	72	23.5	2.3	17	50	0.15	0.64	11.7
I237	FRONTIERS OF MEDICINE	76	1.00	74	62.6	7.4	11	43	0.24	0.51	5.7
I132	FRONTIERS OF OPTOELECTRONICS	40	0.93	34	62.5	4.7	10	17	0.43	0.58	5.1
I726	FRONTIERS OF PHYSICS	61	0.98	59	77.1	5.7	17	38	0.38	0.74	8.3
I725	FRONTIERS OF STRUCTURAL AND CIVIL ENGINEERING	103	1.00	103	51.1	3.6	11	19	0.75	0.31	9.4
G343	GENERAL PSYCHIATRY	78	1.00	53	27.6	5.2	7	14	0.71	0.23	7.6
I222	GENOMICS PROTEOMICS & BIOINFORMATICS	63	0.95	63	53.3	10.3	14	40	0.35	0.57	7.4
E050	GEOSCIENCE FRONTIERS	157	0.96	155	92.6	5.3	17	34	0.76	0.26	12.5
Q744	GLOBAL ENERGY INTERCONNECTION	60	0.91	60	31.8	5.0	9	24	0.42	0.40	5.3
Z037	GREEN ENERGY & ENVIRONMENT	58	0.92	49	50.8	5.4	14	31	0.36	0.64	6.5
H062	HORTICULTURAL PLANT JOURNAL	44	0.98	44	59.3	6.8	15	24	0.18	0.73	8.6
R589	IEEE CAA JOURNAL OF AUTOMATICA SINICA	150	0.97	149	42.7	3.5	19	58	0.59	0.53	6.6
Q709	INFECTIOUS DISEASES OF POVERTY	76	0.93	72	33.9	7.3	13	20	0.62	0.28	4.9
I012	INSECT SCIENCE	108	1.00	108	62.9	5.4	16	27	0.58	0.45	10.7
I168	INTERNATIONAL JOURNAL OF COAL SCIENCE & TECHNOLOGY	70	0.97	68	40.6	4.8	12	23	0.37	0.54	10.7
G889	INTERNATIONAL JOURNAL OF DERMATOLOGY AND VENEREOLOGY	43	0.78	19	17.3	5.0	10	19	0.21	0.21	6.3
K045	INTERNATIONAL JOURNAL OF MINERALS, METALLURGY AND MATERIALS	175	1.00	172	40.6	4.7	23	56	0.34	0.60	7.5
I184	INTERNATIONAL JOURNAL OF MINING SCIENCE AND TECHNOLOGY	107	0.96	106	32.3	3.7	10	16	0.74	0.26	8.5
Q213	INTERNATIONAL JOURNAL OF ORAL SCIENCE	38	1.00	38	73.6	6.9	10	16	0.39	0.68	6.8
I225	JOURNAL OF ACUPUNCTURE AND TUINA SCIENCE	69	0.92	69	25.4	5.3	16	21	0.00	0.67	5.6
H029	JOURNAL OF ANIMAL SCIENCE AND BIOTECHNOLOGY	96	0.99	96	57.0	7.5	12	14	0.63	0.43	8.5

表 5-2　2020 年中国科技核心期刊（英文）来源指标刊名字顺索引（续）

CODE	刊名	来源文献量	文献选出率	AR论文量	平均引文数	平均作者数	地区分布数	机构分布数	海外论文比	基金论文比	引用半衰期
E049	JOURNAL OF ARID LAND	78	1.00	78	53.4	5.0	16	37	0.37	0.65	9.1
N764	JOURNAL OF BIONIC ENGINEERING	101	0.94	101	44.8	5.1	16	36	0.51	0.54	7.2
I067	JOURNAL OF CENTRAL SOUTH UNIVERSITY	289	0.99	284	42.6	5.0	28	61	0.27	0.39	6.3
I227	JOURNAL OF CHINESE PHARMACEUTICAL SCIENCES	79	0.79	78	30.7	5.4	19	40	0.08	0.61	6.9
S051	JOURNAL OF COMPUTER SCIENCE AND TECHNOLOGY	87	0.97	87	48.2	5.2	15	37	0.40	0.64	7.9
E537	JOURNAL OF EARTH SCIENCE	105	1.00	105	63.9	4.8	16	29	0.35	0.50	12.3
I105	JOURNAL OF ENERGY CHEMISTRY	407	0.99	402	56.0	6.7	25	134	0.29	0.78	4.3
Z027	JOURNAL OF ENVIRONMENTAL SCIENCES	325	0.99	321	54.5	6.2	26	126	0.35	0.71	7.3
I018	JOURNAL OF FORESTRY RESEARCH	234	1.00	234	52.2	5.2	21	46	0.64	0.35	12.4
F013	JOURNAL OF GENETICS AND GENOMICS	81	0.99	78	57.0	8.5	14	45	0.31	0.62	7.7
I063	JOURNAL OF GEOGRAPHICAL SCIENCES	120	0.92	116	47.1	4.5	18	38	0.13	0.89	8.2
W015	JOURNAL OF HYDRODYNAMICS SERIES B	107	0.97	107	31.0	4.0	16	42	0.32	0.74	7.4
H017	JOURNAL OF INTEGRATIVE AGRICULTURE	284	1.00	281	44.1	6.8	27	89	0.19	0.72	9.7
G442	JOURNAL OF INTEGRATIVE MEDICINE	63	0.98	60	55.1	5.5	11	18	0.70	0.27	8.4
F029	JOURNAL OF INTEGRATIVE PLANT BIOLOGY	131	0.97	128	60.8	7.2	19	54	0.27	0.61	8.8
I142	JOURNAL OF IRON AND STEEL RESEARCH, INTERNATIONAL	145	0.99	145	31.9	5.0	19	42	0.12	0.74	8.9
I229	JOURNAL OF MARINE SCIENCE AND APPLICATION	56	1.00	55	48.2	3.3	7	7	0.75	0.23	8.7
M015	JOURNAL OF MATERIALS SCIENCE & TECHNOLOGY	574	0.96	573	52.3	6.3	26	129	0.36	0.75	6.1
E092	JOURNAL OF METEOROLOGICAL RESEARCH	89	0.99	89	64.3	5.3	13	33	0.17	0.91	9.2
F021	JOURNAL OF MOLECULAR CELL BIOLOGY	97	0.98	83	51.7	8.1	16	37	0.54	0.52	7.4
I230	JOURNAL OF MOUNTAIN SCIENCE	213	0.95	213	57.3	4.6	21	60	0.51	0.43	9.4
I120	JOURNAL OF OCEAN UNIVERSITY OF CHINA	149	0.99	149	41.6	5.6	11	41	0.15	0.71	11.4
E012	JOURNAL OF OCEANOLOGY AND LIMNOLOGY	157	0.99	155	49.5	5.4	15	42	0.10	0.82	10.8
M035	JOURNAL OF RARE EARTHS	170	0.97	170	42.1	5.8	26	86	0.28	0.71	7.0
F208	JOURNAL OF RESOURCES AND ECOLOGY	65	0.94	65	40.0	3.8	20	36	0.17	0.86	7.7
C010	JOURNAL OF ROCK MECHANICS AND GEOTECHNICAL ENGINEERING (JRMGE)	110	0.99	110	50.8	3.8	13	26	0.75	0.37	10.4
R062	JOURNAL OF SEMICONDUCTORS	138	0.84	124	47.8	4.8	19	58	0.31	0.57	5.1
F039	JOURNAL OF SYSTEMATICS AND EVOLUTION	68	0.97	68	87.0	5.5	10	18	0.71	0.21	11.7
X053	JOURNAL OF TRAFFIC AND TRANSPORTATION ENGINEERING ENGLISH EDITION	60	0.91	60	58.0	3.5	3	5	0.92	0.27	8.3
I090	JOURNAL OF WUHAN UNIVERSITY OF TECHNOLOGY MATERIALS SCIENCE EDITION	151	0.97	151	29.9	5.3	25	85	0.07	0.86	7.5
I041	JOURNAL OF ZHEJIANG UNIVERSITY SCIENCE A	73	0.97	72	39.9	4.7	13	27	0.25	0.79	7.3
I159	JOURNAL OF ZHEJIANG UNIVERSITY SCIENCE B	92	0.88	86	53.6	6.3	17	40	0.21	0.67	6.2
I254	LIGHT SCIENCE & APPLICATIONS	202	1.00	186	49.4	7.7	16	40	0.75	0.43	5.8
Q716	MILITARY MEDICAL RESEARCH	47	1.00	42	56.8	7.4	9	17	0.53	0.26	6.1
F019	MOLECULAR PLANT	168	0.90	119	57.6	8.6	17	43	0.67	0.51	7.5
I137	NANO RESEARCH	410	0.97	409	55.2	7.9	21	103	0.47	0.67	4.9
M655	NANOTECHNOLOGY AN PRECISION ENGINEERING	26	0.93	24	55.3	4.8	6	10	0.38	0.46	7.0
I255	NATIONAL SCIENCE REVIEW	224	0.86	169	42.7	7.5	21	83	0.48	0.69	6.6
I232	NEURAL REGENERATION RESEARCH	346	0.96	250	48.4	4.9	24	86	0.68	0.35	7.3

表 5-2　2020 年中国科技核心期刊（英文）来源指标刊名字顺索引（续）

CODE	刊名	来源文献量	文献选出率	AR论文量	平均引文数	平均作者数	地区分布数	机构分布数	海外论文比	基金论文比	引用半衰期
G278	NEUROSCIENCE BULLETIN	157	0.96	137	47.2	7.2	18	79	0.27	0.64	7.4
G616	ONCOLOGY AND TRANSLATIONAL MEDICINE	46	1.00	40	25.2	5.7	12	30	0.02	0.39	7.3
I202	PARTICUOLOGY	109	0.97	109	44.6	4.5	17	37	0.44	0.55	10.0
H046	PEDOSPHERE	83	0.93	82	60.7	5.6	17	30	0.61	0.48	11.4
F007	PLANT DIVERSITY	55	0.90	53	53.6	5.0	12	25	0.31	0.53	9.6
I129	PROTEIN & CELL	93	1.00	81	44.8	8.8	13	49	0.31	0.49	6.7
I050	RARE METALS	178	0.99	159	40.2	5.3	26	81	0.17	0.73	6.9
C072	RESEARCH IN ASTRONOMY AND ASTROPHYSICS	211	0.95	208	56.9	6.1	18	45	0.32	0.61	10.6
I065	RICE SCIENCE	54	0.95	54	54.9	6.9	14	25	0.35	0.50	9.4
H064	THE CROP JOURNAL	97	0.94	97	50.8	8.0	18	38	0.29	0.68	8.2
I017	TRANSACTIONS OF NANJING UNIVERSITY OF AERONAUTICS & ASTRONAUTICS	93	0.93	91	24.3	4.2	15	41	0.02	0.38	7.7
M104	TRANSACTIONS OF NONFERROUS METALS SOCIETY OF CHINA	284	1.00	282	36.0	5.0	22	74	0.34	0.51	6.8
G095	VIROLOGICA SINICA	106	0.96	96	35.2	8.3	16	49	0.28	0.44	6.3
W030	WATER SCIENCE AND ENGINEERING	33	0.92	33	41.4	4.4	9	14	0.48	0.55	8.6
I239	WORLD JOURNAL OF ACUPUNCTURE-MOXIBUSTION	65	0.92	52	21.3	5.3	18	37	0.08	0.55	7.3
Q707	WORLD JOURNAL OF TRADITIONAL CHINESE MEDICINE	54	0.98	54	50.3	6.7	14	28	0.33	0.46	6.3
I008	WUHAN UNIVERSITY JOURNAL OF NATURAL SCIENCES	71	1.00	71	25.4	3.4	19	52	0.03	0.94	7.6
F022	ZOOLOGICAL RESEARCH	81	1.00	78	49.9	7.9	18	44	0.23	0.81	8.1
F014	ZOOLOGICAL SYSTEMATICS	30	0.88	28	39.6	3.1	12	16	0.10	0.73	20.7

6　2020年各学科分类期刊整体情况

表6　2020年各学科分类期刊数量、核心总被引频次和核心影响因子

表格	学科分类	期刊数量	核心总被引频次		核心影响因子	
			平均值	中值	平均值	中值
表7-1	自然科学综合	13	1298	576	0.712	0.582
表7-2	自然科学综合大学学报	56	635	424	0.509	0.480
表7-3	自然科学师范大学学报	26	387	336	0.427	0.399
表7-4	数学	25	402	263	0.304	0.224
表7-5	信息科学与系统科学	10	1693	1046	1.037	0.996
表7-6	力学	18	2117	758	0.923	0.658
表7-7	物理学	40	999	524	0.582	0.459
表7-8	化学	39	1227	961	0.808	0.686
表7-9	天文学	5	372	384	0.420	0.423
表7-10	地球科学综合	16	2107	1675	1.137	0.923
表7-11	大气科学	20	1633	1268	1.387	1.540
表7-12	地球物理学	15	1570	1068	0.688	0.587
表7-13	地理学	25	2707	1550	1.722	1.428
表7-14	地质学	37	2047	1571	1.107	0.969
表7-15	海洋科学、水文学	26	1058	704	0.682	0.588
表7-16	生物学基础学科	28	1072	775	0.857	0.706
表7-17	生态学	8	7374	3848	1.630	1.434
表7-18	植物学	12	2028	1447	1.093	1.069
表7-19	昆虫学、动物学	13	843	710	0.669	0.513
表7-20	微生物学、病毒学	12	1060	800	0.911	0.924
表7-21	心理学	6	2531	2817	1.052	1.077
表7-22	农业综合	38	2317	1753	0.884	0.793
表7-23	农业大学学报	29	1384	1152	0.941	0.902
表7-24	农艺学	22	1584	1284	1.022	0.907
表7-25	园艺学	13	1405	1131	1.037	1.126
表7-26	土壤学	8	3120	2881	1.869	1.684
表7-27	植物保护学	11	1410	1283	1.216	1.234
表7-28	林学	24	1331	973	0.950	1.097
表7-29	畜牧、兽医科学	18	1403	1145	0.688	0.637
表7-30	草原学	5	2647	2700	1.413	1.619
表7-31	水产学	13	1265	1108	0.976	0.902
表7-32	医学综合	44	1989	1445	0.722	0.671
表7-33	医药大学学报	56	946	946	0.621	0.602
表7-34	基础医学	30	892	661	0.731	0.681
表7-35	临床医学综合	37	1607	1277	0.871	0.813

表 6　2020 年各学科分类期刊数量、核心总被引频次和核心影响因子（续）

表格	学科分类	期刊数量	核心总被引频次		核心影响因子	
			平均值	中值	平均值	中值
表 7-36	临床诊断学	14	1472	1177	0.964	0.815
表 7-37	保健医学	15	1230	839	0.880	0.878
表 7-38	内科学综合	5	1554	893	1.217	0.803
表 7-39	心血管病学	21	1490	1021	1.220	0.854
表 7-40	呼吸病学、结核病学	6	2013	1502	1.089	0.945
表 7-41	消化病学	16	1245	1167	0.982	0.843
表 7-42	血液病学、肾脏病学	12	1047	954	0.744	0.718
表 7-43	内分泌病学与代谢病学、风湿病学	8	1378	1418	1.251	0.990
表 7-44	感染性疾病学、传染病学	11	1552	663	1.219	1.211
表 7-45	外科学综合	22	1191	879	0.907	0.696
表 7-46	普通外科学、胸外科学、心血管外科学	25	978	733	0.969	0.894
表 7-47	泌尿外科学	7	934	653	0.825	0.747
表 7-48	骨外科学	16	1175	1004	0.977	0.881
表 7-49	烧伤外科学、整形外科学	9	1257	1042	0.960	0.865
表 7-50	妇产科学	9	1613	1285	1.202	0.955
表 7-51	儿科学	17	1305	896	0.914	0.748
表 7-52	眼科学	10	1002	793	0.747	0.770
表 7-53	耳鼻咽喉科学	10	1065	793	0.739	0.690
表 7-54	口腔医学	21	582	459	0.662	0.599
表 7-55	皮肤病学	8	1031	883	0.568	0.454
表 7-56	性医学	4	1140	1156	0.678	0.571
表 7-57	神经病学、精神病学	32	1039	769	0.862	0.695
表 7-58	核医学、医学影像学	25	1545	1288	0.867	0.799
表 7-59	肿瘤学	32	886	562	1.041	0.740
表 7-60	护理学	11	4080	3042	1.244	1.104
表 7-61	预防医学与公共卫生学综合	22	1777	1355	1.003	0.952
表 7-62	流行病学、环境医学	23	1524	1418	0.930	0.835
表 7-63	优生学、计划生育学	8	1148	1247	0.785	0.757
表 7-64	军事医学与特种医学	7	697	777	0.639	0.484
表 7-65	卫生管理学、健康教育学	26	1384	1332	0.889	0.806
表 7-66	药学	48	1459	1010	0.769	0.691
表 7-67	中医学	28	3301	2675	0.899	0.844
表 7-68	中医药大学学报	13	1692	1610	0.914	0.912
表 7-69	中西医结合医学	12	2089	1321	0.780	0.721
表 7-70	中药学	25	4243	2736	1.090	0.946
表 7-71	针灸、中医骨伤	8	2088	2234	1.209	1.010
表 7-72	工程与技术科学基础学科	24	1367	929	0.733	0.552
表 7-73	工程技术大学学报	89	916	662	0.655	0.624
表 7-74	信息与系统科学相关工程与技术	20	1270	973	0.802	0.585
表 7-75	生物工程	8	798	516	0.590	0.708

表 6　2020 年各学科分类期刊数量、核心总被引频次和核心影响因子（续）

表格	学科分类	期刊数量	核心总被引频次		核心影响因子	
			平均值	中值	平均值	中值
表 7-76	农业工程	21	3159	1516	1.264	1.126
表 7-77	生物医学工程学	12	1339	689	0.686	0.558
表 7-78	测绘科学技术	15	1696	1515	1.061	0.941
表 7-79	材料科学综合	27	1286	1007	0.690	0.624
表 7-80	金属材料	22	1229	794	0.745	0.645
表 7-81	矿山工程技术	25	1362	984	0.809	0.701
表 7-82	冶金工程技术	11	1001	966	0.884	0.899
表 7-83	机械工程设计	25	1854	1188	0.712	0.654
表 7-84	机械制造工艺与设备	24	1066	816	0.493	0.428
表 7-85	动力工程	15	696	503	0.503	0.381
表 7-86	电气工程	37	3463	1400	1.625	1.508
表 7-87	能源科学综合	17	2002	788	1.029	0.732
表 7-88	石油天然气工程	39	1540	1283	1.344	1.075
表 7-89	核科学技术	10	590	367	0.380	0.363
表 7-90	电子技术	29	1303	747	0.704	0.647
表 7-91	光电子学与激光技术	17	1255	888	0.845	0.829
表 7-92	通信技术	17	681	538	0.795	0.759
表 7-93	计算机科学技术	33	1871	1459	0.902	0.769
表 7-94	化学工程综合	34	983	553	0.476	0.472
表 7-95	高聚物工程	12	789	664	0.567	0.617
表 7-96	精细化学工程	11	726	446	0.446	0.421
表 7-97	应用化学工程	14	583	459	0.549	0.470
表 7-98	仪器仪表技术	12	1452	771	0.820	0.575
表 7-99	兵器科学与技术	20	876	677	0.682	0.596
表 7-100	纺织科学技术	8	621	434	0.440	0.414
表 7-101	食品科学技术	27	3047	1475	0.961	0.879
表 7-102	建筑科学与技术	34	1268	1012	0.667	0.540
表 7-103	土木工程	12	3225	863	0.971	0.654
表 7-104	水利工程	25	1433	1144	0.950	0.791
表 7-105	交通运输工程	9	733	703	0.655	0.616
表 7-106	公路运输	12	1350	1339	0.735	0.614
表 7-107	铁路运输	9	1214	1311	0.616	0.514
表 7-108	水路运输	15	792	736	0.558	0.529
表 7-109	航空、航天科学技术	38	896	549	0.582	0.549
表 7-110	环境科学技术及资源科学技术	37	2788	1765	1.247	1.025
表 7-111	安全科学技术	11	1558	1502	0.912	0.996
表 7-112	管理学	27	2573	1745	1.609	1.442

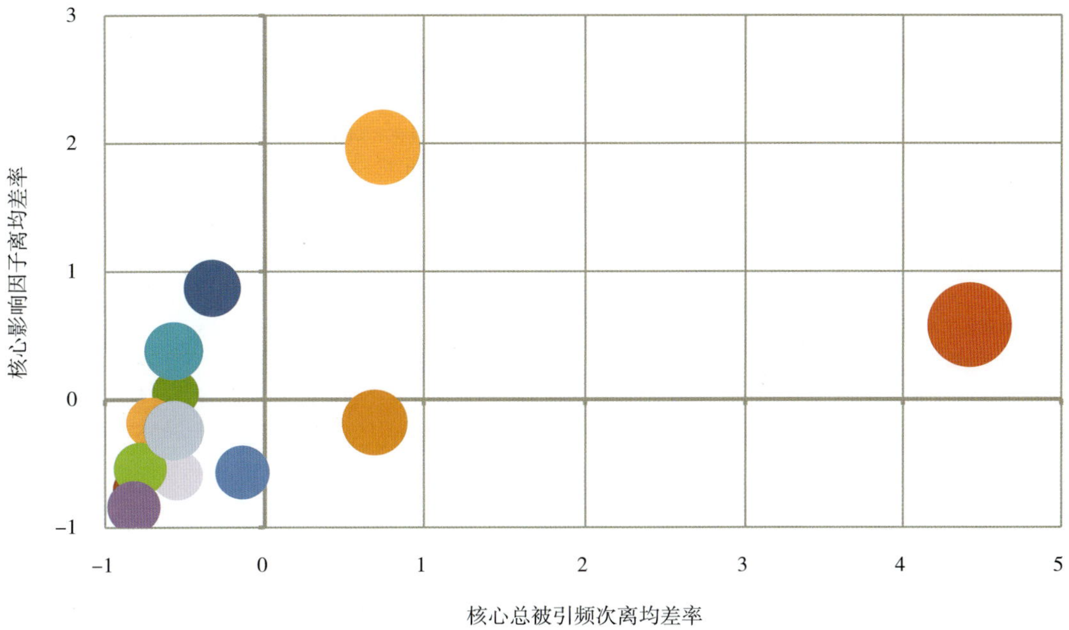

2020 年自然科学综合类期刊核心总被引频次和核心影响因子离均差率的分布图
（节点大小表示综合评价总分）

2020 年自然科学综合类期刊互引关系示意图

表 7-1　2020 年自然科学综合类期刊主要指标

CODE	刊名	核心总被引频次			核心影响因子			综合评价总分		学科扩散指标	学科影响指标	红点指标
		数值	排名	离均差率	数值	排名	离均差率	数值	排名			
I255	NATIONAL SCIENCE REVIEW	867	5	–0.33	1.328	2	0.87	34.8	6	3.42	0.62	0.03
A034	甘肃科学学报	237	12	–0.82	0.211	12	–0.70	18.6	13	1.90	0.15	0.23
A080	高技术通讯	576	7	–0.56	0.745	5	0.05	22.6	12	2.85	0.31	0.20
A535	广西科学	380	10	–0.71	0.587	6	–0.18	27.0	10	2.00	0.23	0.13
A011	河南科学	578	6	–0.55	0.291	11	–0.59	25.2	11	3.73	0.38	0.24
A645	科技导报	2196	3	0.69	0.582	7	–0.18	46.2	3	10.21	0.62	0.25
A083	科技通报	1110	4	–0.14	0.303	10	–0.57	31.5	7	5.64	0.38	0.18
A075	科学通报	7030	1	4.42	1.125	3	0.58	77.5	1	13.16	0.85	0.16
A637	山东科学	288	11	–0.78	0.326	9	–0.54	29.5	9	2.34	0.23	0.28
A079	中国基础科学	231	13	–0.82	0.112	13	–0.84	30.1	8	1.81	0.23	0.17
A081	中国科学基金	560	9	–0.57	0.984	4	0.38	36.1	5	3.15	0.46	0.38
A636	中国科学院院刊	2257	2	0.74	2.116	1	1.97	60.5	2	7.76	0.77	0.45
A905	自然杂志	563	8	–0.57	0.540	8	–0.24	37.6	4	4.27	0.38	0.34
	13 种期刊平均值	1298			0. 712							

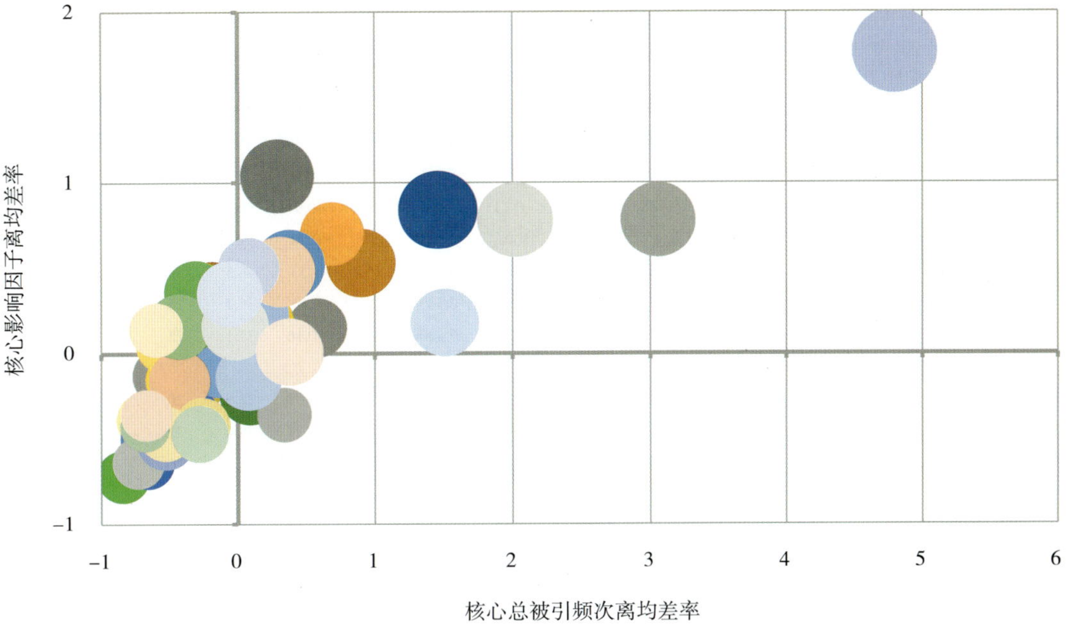

2020 年自然科学综合大学学报类期刊核心总被引频次和核心影响因子离均差率的分布图
（节点大小表示综合评价总分）

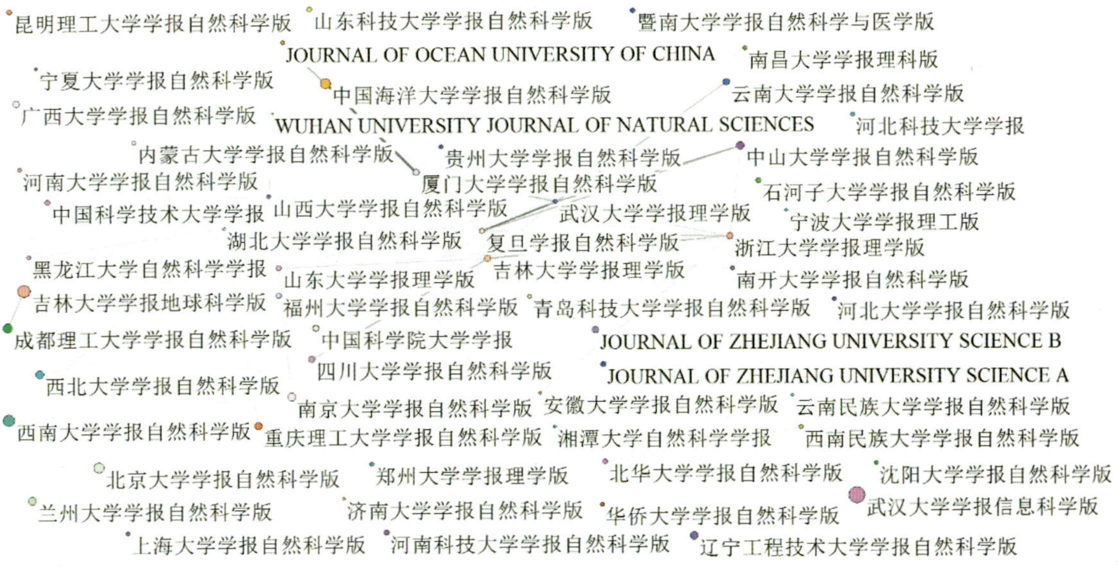

2020 年自然科学综合大学学报类期刊互引关系示意图

表 7-2 2020 年自然科学综合大学学报类期刊主要指标

CODE	刊名	核心总被引频次			核心影响因子			综合评价总分		学科扩散指标	学科影响指标	红点指标
		数值	排名	离均差率	数值	排名	离均差率	数值	排名			
I120	JOURNAL OF OCEAN UNIVERSITY OF CHINA	353	35	−0.44	0.276	45	−0.46	28.7	49	1.48	0.11	0.00
I041	JOURNAL OF ZHEJIANG UNIVERSITY SCIENCE A	517	22	−0.19	0.692	11	0.36	38.2	24	2.75	0.18	0.26
I159	JOURNAL OF ZHEJIANG UNIVERSITY SCIENCE B	817	13	0.29	1.036	2	1.04	55.9	5	4.76	0.05	0.28
I008	WUHAN UNIVERSITY JOURNAL OF NATURAL SCIENCES	100	56	−0.84	0.143	56	−0.72	28.7	49	0.92	0.14	0.00
A003	安徽大学学报自然科学版	202	54	−0.68	0.313	42	−0.39	31.9	37	1.83	0.16	0.40
A652	北华大学学报自然科学版	486	24	−0.23	0.504	26	−0.01	38.4	22	3.12	0.16	0.19
A005	北京大学学报自然科学版	1565	5	1.46	0.935	3	0.84	62.9	2	6.31	0.45	0.33
E102	成都理工大学学报自然科学版	1204	6	0.90	0.777	7	0.53	48.5	8	2.37	0.23	0.36
N757	重庆理工大学学报自然科学版	1003	8	0.58	0.583	19	0.15	36.2	28	4.25	0.29	0.38
A029	福州大学学报自然科学版	442	27	−0.30	0.430	34	−0.16	37.1	25	2.87	0.27	0.34
A001	复旦学报自然科学版	410	29	−0.35	0.503	27	−0.01	38.6	20	3.16	0.23	0.37
A042	广西大学学报自然科学版	690	16	0.09	0.385	37	−0.24	38.4	22	3.75	0.25	0.37
A077	贵州大学学报自然科学版	353	35	−0.44	0.454	30	−0.11	31.1	40	2.24	0.14	0.27
A031	河北大学学报自然科学版	297	42	−0.53	0.411	36	−0.19	32.9	33	2.11	0.13	0.31
J058	河北科技大学学报	278	45	−0.56	0.445	31	−0.13	35.0	31	2.01	0.11	0.50
A067	河南大学学报自然科学版	366	32	−0.42	0.503	27	−0.01	32.6	34	2.13	0.09	0.49
J014	河南科技大学学报自然科学版	405	31	−0.36	0.548	23	0.08	32.5	35	2.34	0.16	0.39
A084	黑龙江大学自然科学学报	247	47	−0.61	0.235	53	−0.54	31.3	39	1.87	0.13	0.31
A039	湖北大学学报自然科学版	213	51	−0.66	0.181	55	−0.64	28.6	51	1.93	0.16	0.34
A021	华侨大学学报自然科学版	348	37	−0.45	0.360	38	−0.29	32.5	35	2.42	0.14	0.28
E116	吉林大学学报地球科学版	2575	2	3.06	0.904	5	0.78	58.2	3	4.01	0.30	0.37
A035	吉林大学学报理学版	760	14	0.20	0.601	16	0.18	35.2	30	3.03	0.46	0.34
A656	济南大学学报自然科学版	226	50	−0.64	0.253	48	−0.50	37.1	25	1.98	0.05	0.35
A045	暨南大学学报自然科学与医学版	493	23	−0.22	0.570	21	0.12	41.0	17	3.47	0.14	0.49
J020	昆明理工大学学报自然科学版	408	30	−0.36	0.325	40	−0.36	37.1	25	2.84	0.11	0.34
A016	兰州大学学报自然科学版	1074	7	0.69	0.866	6	0.70	41.8	15	4.30	0.34	0.43
K008	辽宁工程技术大学学报自然科学版	851	11	0.34	0.328	39	−0.36	30.7	42	3.25	0.20	0.38
A013	南昌大学学报理科版	322	38	−0.49	0.433	33	−0.15	27.4	53	2.02	0.13	0.38
A025	南京大学学报自然科学版	876	10	0.38	0.774	8	0.52	51.6	7	4.53	0.39	0.38
A008	南开大学学报自然科学版	244	48	−0.62	0.251	49	−0.51	30.1	46	1.93	0.13	0.22
A026	内蒙古大学学报自然科学版	288	43	−0.55	0.245	52	−0.52	30.3	43	1.93	0.18	0.35
A506	宁波大学学报理工版	236	49	−0.63	0.250	50	−0.51	29.3	48	1.76	0.13	0.25
A110	宁夏大学学报自然科学版	169	55	−0.73	0.183	54	−0.64	27.6	52	1.43	0.11	0.39
T012	青岛科技大学学报自然科学版	283	44	−0.55	0.534	24	0.05	30.2	44	1.81	0.11	0.38
A020	山东大学学报理学版	547	21	−0.14	0.456	29	−0.10	30.1	46	2.49	0.38	0.16
A141	山东科技大学学报自然科学版	437	28	−0.31	0.690	12	0.36	41.1	16	2.28	0.13	0.29
A014	山西大学学报自然科学版	301	40	−0.53	0.250	50	−0.51	35.3	29	2.34	0.29	0.37
A056	上海大学学报自然科学版	359	34	−0.43	0.427	35	−0.16	39.6	18	3.00	0.13	0.36

表 7-2 2020 年自然科学综合大学学报类期刊主要指标（续）

CODE	刊名	核心总被引频次			核心影响因子			综合评价总分		学科扩散指标	学科影响指标	红点指标
		数值	排名	离均差率	数值	排名	离均差率	数值	排名			
A074	沈阳大学学报自然科学版	316	39	−0.50	0.565	22	0.11	11.6	56	1.66	0.09	0.40
A615	石河子大学学报自然科学版	469	25	−0.26	0.295	43	−0.42	31.7	38	2.72	0.05	0.33
A006	四川大学学报自然科学版	730	15	0.15	0.624	14	0.23	38.5	21	3.96	0.27	0.38
A024	武汉大学学报理学版	361	33	−0.43	0.588	17	0.16	44.0	14	2.74	0.34	0.46
E107	武汉大学学报信息科学版	3684	1	4.80	1.412	1	1.77	75.0	1	5.58	0.38	0.24
A032	西北大学学报自然科学版	834	12	0.31	0.751	10	0.48	51.8	6	4.26	0.38	0.34
H004	西南大学学报自然科学版	1919	3	2.02	0.905	4	0.78	58.1	4	5.93	0.38	0.33
A060	西南民族大学学报自然科学版	298	41	−0.53	0.269	46	−0.47	31.1	40	2.03	0.07	0.27
A063	厦门大学学报自然科学版	684	18	0.08	0.440	32	−0.14	45.1	12	4.28	0.32	0.28
A018	湘潭大学自然科学学报	204	53	−0.68	0.288	44	−0.43	24.8	55	1.52	0.13	0.38
A038	云南大学学报自然科学版	685	17	0.08	0.765	9	0.50	38.7	19	3.63	0.34	0.37
A654	云南民族大学学报自然科学版	209	52	−0.67	0.325	40	−0.36	27.1	54	1.61	0.13	0.40
A002	浙江大学学报理学版	620	19	−0.02	0.588	17	0.16	46.9	10	4.39	0.48	0.28
A019	郑州大学学报理学版	251	46	−0.60	0.582	20	0.14	30.2	44	1.64	0.25	0.49
E313	中国海洋大学学报自然科学版	1592	4	1.51	0.602	15	0.18	47.1	9	4.28	0.34	0.29
A007	中国科学技术大学学报	455	26	−0.28	0.269	46	−0.47	33.7	32	3.24	0.18	0.25
A102	中国科学院大学学报	600	20	−0.06	0.686	13	0.35	44.6	13	3.70	0.25	0.32
A036	中山大学学报自然科学版	879	9	0.38	0.513	25	0.01	46.8	11	5.07	0.41	0.30
	56 种期刊平均值	635			0.509							

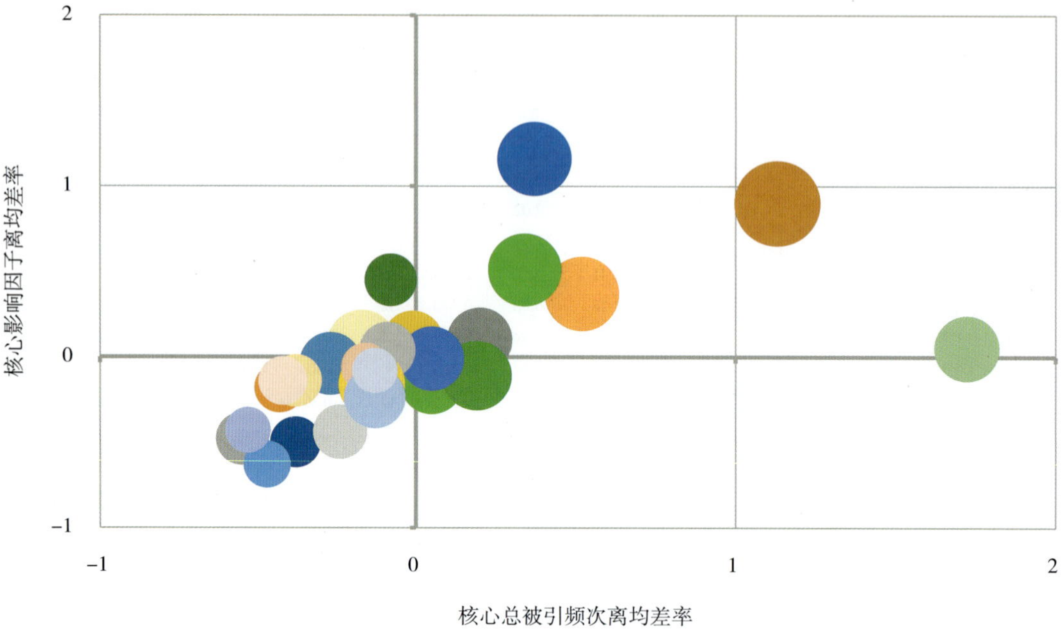

2020 年自然科学师范大学学报类期刊核心总被引频次和核心影响因子离均差率的分布图
（节点大小表示综合评价总分）

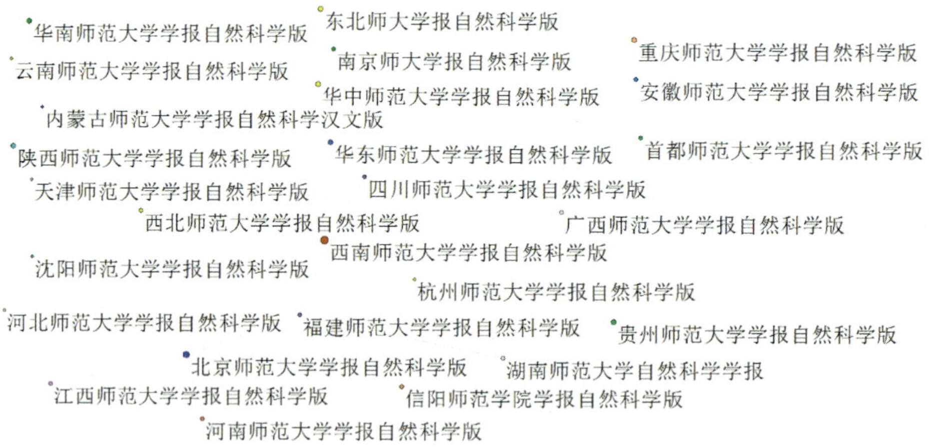

2020 年自然科学师范大学学报类期刊互引关系示意图

表 7-3　2020 年自然科学师范大学学报类期刊主要指标

CODE	刊名	核心总被引频次			核心影响因子			综合评价总分		学科扩散指标	学科影响指标	红点指标
		数值	排名	离均差率	数值	排名	离均差率	数值	排名			
A009	安徽师范大学学报自然科学版	241	20	−0.38	0.213	25	−0.50	29.8	20	1.82	0.27	0.24
A010	北京师范大学学报自然科学版	823	2	1.13	0.813	2	0.90	83.3	1	3.76	0.50	0.26
A512	重庆师范大学学报自然科学版	463	6	0.20	0.471	6	0.10	47.6	9	2.79	0.42	0.23
A030	东北师大学报自然科学版	407	8	0.05	0.362	18	−0.15	46.8	11	2.71	0.42	0.21
A078	福建师范大学学报自然科学版	323	17	−0.17	0.458	8	0.07	53.3	6	2.39	0.42	0.25
A062	广西师范大学学报自然科学版	355	11	−0.08	0.619	4	0.45	31.8	17	2.03	0.35	0.31
A527	贵州师范大学学报自然科学版	530	4	0.37	0.923	1	1.16	63.3	2	2.67	0.42	0.32
A191	杭州师范大学学报自然科学版	219	23	−0.43	0.349	20	−0.18	29.1	21	1.65	0.19	0.22
A076	河北师范大学学报自然科学版	176	26	−0.55	0.223	24	−0.48	31.8	17	1.49	0.23	0.25
A058	河南师范大学学报自然科学版	384	10	−0.01	0.467	7	0.09	43.9	13	2.53	0.46	0.21
A055	湖南师范大学自然科学学报	284	19	−0.27	0.410	12	−0.04	45.8	12	2.18	0.27	0.25
A054	华东师范大学学报自然科学版	460	7	0.19	0.380	15	−0.11	55.7	5	3.09	0.42	0.28
A052	华南师范大学学报自然科学版	406	9	0.05	0.422	11	−0.01	47.4	10	2.75	0.23	0.20
A004	华中师范大学学报自然科学版	587	3	0.52	0.583	5	0.37	63.3	2	3.71	0.35	0.32
A112	江西师范大学学报自然科学版	352	12	−0.09	0.445	10	0.04	36.4	15	2.20	0.42	0.20
A061	南京师大学报自然科学版	334	15	−0.14	0.360	19	−0.16	50.8	7	2.66	0.27	0.26
A111	内蒙古师范大学学报自然科学汉文版	206	24	−0.47	0.156	26	−0.63	25.4	24	1.54	0.19	0.14
A066	陕西师范大学学报自然科学版	517	5	0.34	0.646	3	0.51	61.5	4	3.13	0.38	0.30
A586	沈阳师范大学学报自然科学版	180	25	−0.53	0.243	22	−0.43	24.1	25	1.35	0.23	0.31
A023	首都师范大学学报自然科学版	324	16	−0.16	0.403	13	−0.06	26.9	23	2.24	0.23	0.11
A033	四川师范大学学报自然科学版	296	18	−0.24	0.241	23	−0.44	33.9	16	1.91	0.38	0.28
A504	天津师范大学学报自然科学版	239	21	−0.38	0.369	16	−0.14	31.8	17	1.44	0.23	0.17
A022	西北师范大学学报自然科学版	337	13	−0.13	0.324	21	−0.24	43.5	14	2.26	0.54	0.23
A064	西南师范大学学报自然科学版	1053	1	1.72	0.447	9	0.05	49.4	8	4.52	0.58	0.22
A510	信阳师范学院学报自然科学版	335	14	−0.13	0.394	14	−0.08	23.7	26	1.78	0.27	0.25
A053	云南师范大学学报自然科学版	223	22	−0.42	0.368	17	−0.14	27.4	22	1.58	0.31	0.21
	26 种期刊平均值	387			0. 427							

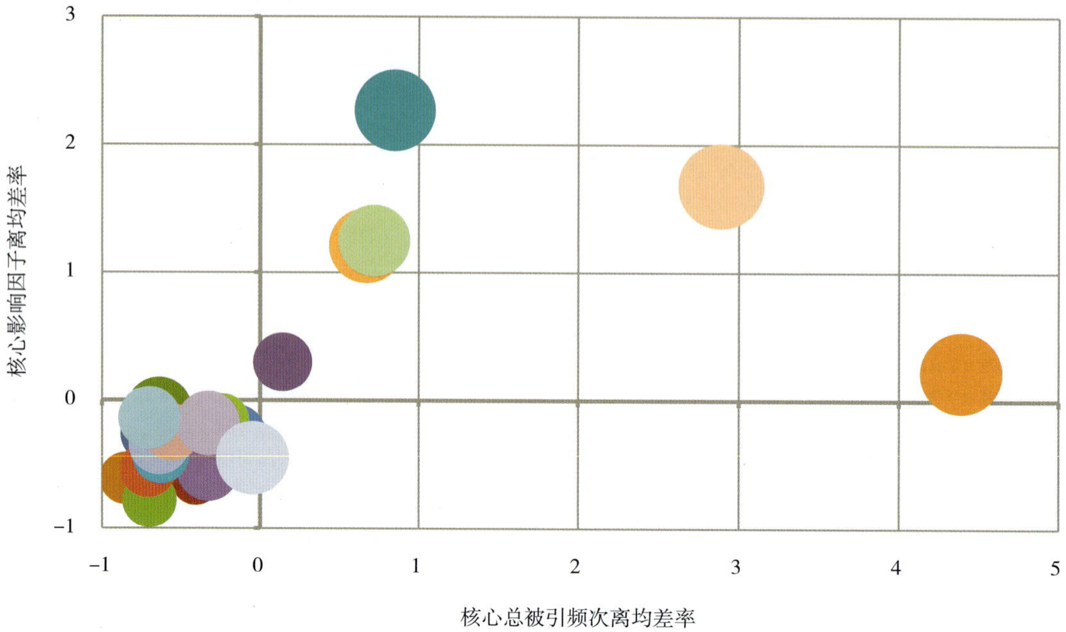

2020 年数学类期刊核心总被引频次和核心影响因子离均差率的分布图
（节点大小表示综合评价总分）

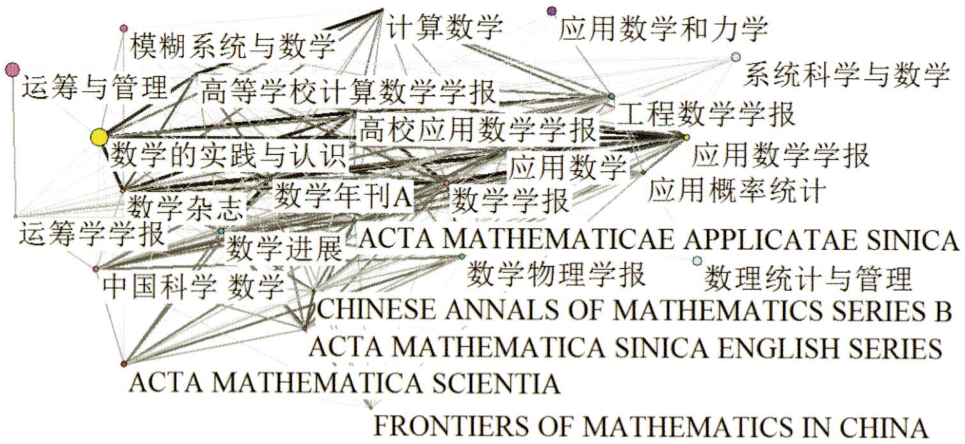

2020 年数学类期刊互引关系示意图

表 7-4　2020 年数学类期刊主要指标

CODE	刊名	核心总被引频次			核心影响因子			综合评价总分		学科扩散指标	学科影响指标	红点指标
		数值	排名	离均差率	数值	排名	离均差率	数值	排名			
C096	ACTA MATHEMATICA SCIENTIA	318	9	−0.21	0.205	16	−0.33	11.3	25	0.71	0.80	0.02
B030	ACTA MATHEMATICA SINICA ENGLISH SERIES	237	14	−0.41	0.112	24	−0.63	20.2	23	0.64	0.76	0.00
I051	ACTA MATHEMATICAE APPLICATAE SINICA	145	17	−0.64	0.283	8	−0.07	35.9	8	0.74	0.84	0.03
B023	CHINESE ANNALS OF MATHEMATICS SERIES B	106	23	−0.74	0.134	22	−0.56	23.0	22	0.47	0.68	0.02
I250	FRONTIERS OF MATHEMATICS IN CHINA	104	24	−0.74	0.284	7	−0.07	13.8	24	0.36	0.64	0.00
B002	高等学校计算数学学报	59	25	−0.85	0.119	23	−0.61	23.5	21	0.33	0.28	0.00
B003	高校应用数学学报	122	19	−0.70	0.224	13	−0.26	29.5	15	0.61	0.52	0.25
B031	工程数学学报	263	13	−0.35	0.210	15	−0.31	40.0	7	1.64	0.72	0.32
B014	计算数学	120	21	−0.70	0.067	25	−0.78	25.5	20	0.65	0.36	0.28
B017	模糊系统与数学	460	6	0.14	0.394	5	0.30	29.8	14	1.67	0.20	0.33
W009	数理统计与管理	744	3	0.85	0.995	1	2.27	57.6	3	3.34	0.48	0.19
B015	数学的实践与认识	2166	1	4.39	0.372	6	0.22	58.0	2	6.46	0.68	0.32
B007	数学进展	339	8	−0.16	0.219	14	−0.28	35.5	10	0.94	0.88	0.11
B004	数学年刊 A	118	22	−0.71	0.141	20	−0.54	27.3	18	0.45	0.68	0.00
C036	数学物理学报	306	10	−0.24	0.255	10	−0.16	25.6	19	0.97	0.76	0.31
B006	数学学报	268	11	−0.33	0.139	21	−0.54	34.5	11	0.88	0.80	0.07
B012	数学杂志	147	16	−0.63	0.172	18	−0.43	27.6	17	0.84	0.44	0.16
B021	系统科学与数学	671	5	0.67	0.673	4	1.21	48.6	4	2.46	0.64	0.32
B008	应用概率统计	144	18	−0.64	0.200	17	−0.34	32.4	13	0.85	0.56	0.20
B011	应用数学	178	15	−0.56	0.228	12	−0.25	28.3	16	0.73	0.64	0.39
B020	应用数学和力学	691	4	0.72	0.684	3	1.25	44.7	6	2.82	0.40	0.21
B001	应用数学学报	268	11	−0.33	0.248	11	−0.18	35.7	9	1.07	0.64	0.47
B013	运筹学学报	122	19	−0.70	0.260	9	−0.14	33.8	12	0.74	0.40	0.49
B522	运筹与管理	1565	2	2.89	0.815	2	1.68	62.4	1	3.54	0.40	0.33
A105	中国科学　数学	383	7	−0.05	0.166	19	−0.45	46.2	5	1.97	0.88	0.19
	25 种期刊平均值	402			0. 304							

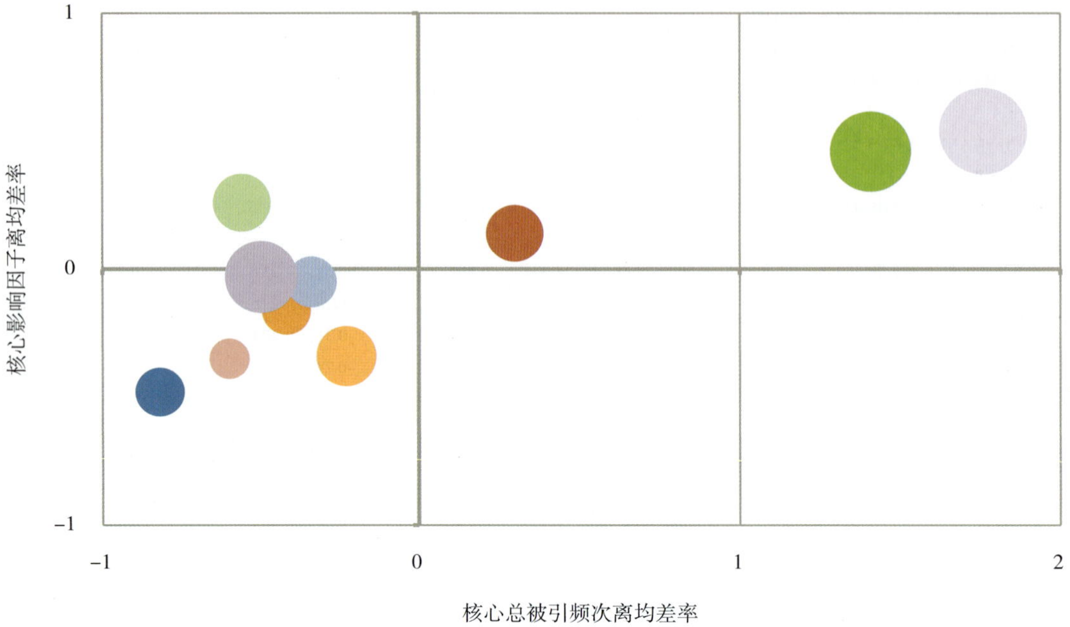

2020 年信息科学与系统科学类期刊核心总被引频次和核心影响因子离均差率的分布图
（节点大小表示综合评价总分）

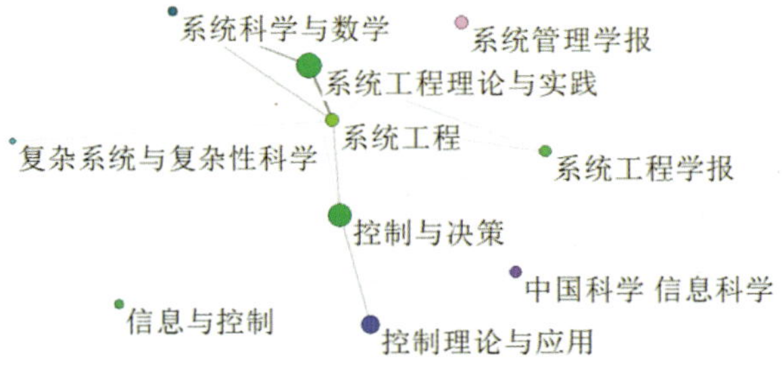

2020 年信息科学与系统科学类期刊互引关系示意图

表 7-5　2020 年信息科学与系统科学类期刊主要指标

CODE	刊名	核心总被引频次			核心影响因子			综合评价总分		学科扩散指标	学科影响指标	红点指标
		数值	排名	离均差率	数值	排名	离均差率	数值	排名			
B029	复杂系统与复杂性科学	309	10	−0.82	0.544	10	−0.48	25.6	9	1.62	0.90	0.38
R060	控制理论与应用	2204	3	0.30	1.179	4	0.14	34.6	6	4.07	1.00	0.47
S001	控制与决策	4084	2	1.41	1.514	2	0.46	69.3	2	5.57	1.00	0.40
B028	系统工程	1306	4	−0.23	0.688	8	−0.34	38.5	4	4.06	0.80	0.22
B025	系统工程理论与实践	4675	1	1.76	1.599	1	0.54	77.2	1	7.11	1.00	0.19
B018	系统工程学报	980	6	−0.42	0.867	7	−0.16	25.7	8	2.62	0.60	0.23
B027	系统管理学报	1111	5	−0.34	0.988	6	−0.05	27.7	7	2.70	0.70	0.20
B021	系统科学与数学	671	9	−0.60	0.673	9	−0.35	17.5	10	2.46	0.90	0.21
S002	信息与控制	747	8	−0.56	1.311	3	0.26	35.6	5	2.99	0.50	0.44
Z317	中国科学 信息科学	845	7	−0.50	1.004	5	−0.03	55.6	3	3.56	0.70	0.23
	10 种期刊平均值	1693			1.037							

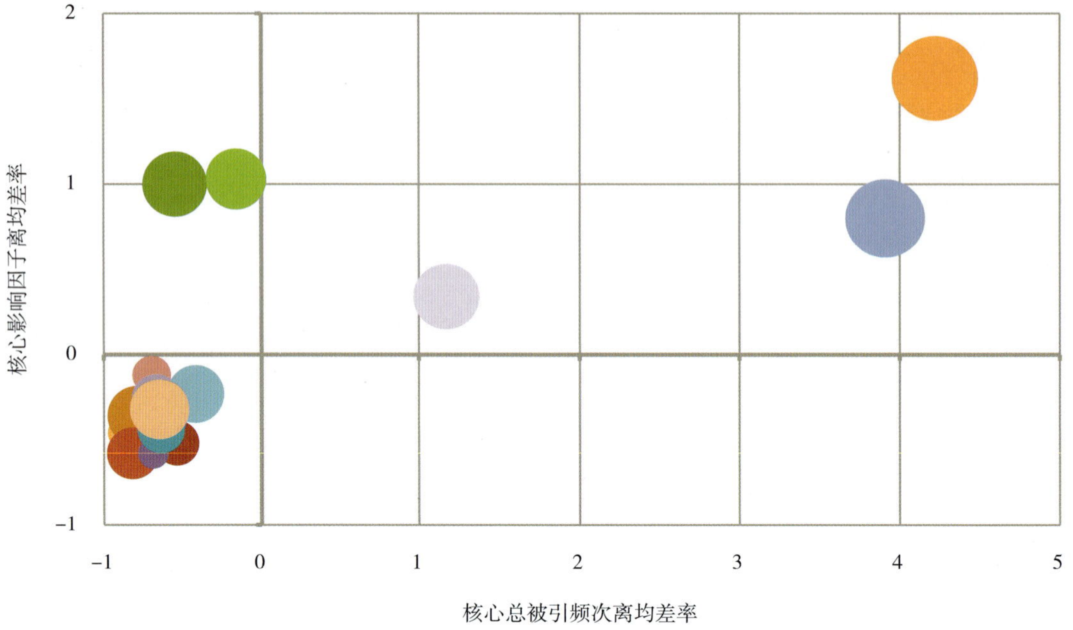

2020 年力学类期刊核心总被引频次和核心影响因子离均差率的分布图
（节点大小表示综合评价总分）

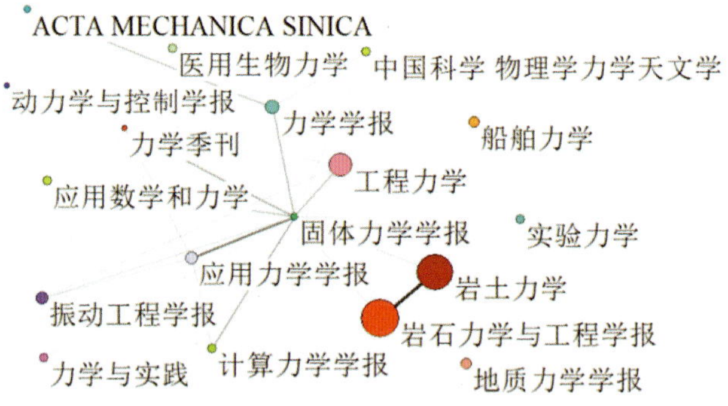

2020 年力学类期刊互引关系示意图

表 7-6　2020 年力学类期刊主要指标

CODE	刊名	核心总被引频次			核心影响因子			综合评价总分		学科扩散指标	学科影响指标	红点指标
		数值	排名	离均差率	数值	排名	离均差率	数值	排名			
C105	ACTA MECHANICA SINICA	479	15	−0.77	0.590	11	−0.36	20.3	14	1.63	0.83	0.00
X633	船舶力学	982	7	−0.54	0.442	16	−0.52	24.4	13	1.88	0.56	0.31
E026	地质力学学报	952	8	−0.55	1.847	3	1.00	51.1	3	1.96	0.28	0.19
P018	动力学与控制学报	285	18	−0.87	0.500	15	−0.46	13.5	17	1.07	0.44	0.43
C002	工程力学	4596	3	1.17	1.240	5	0.34	48.4	4	4.89	0.89	0.53
C103	固体力学学报	434	16	−0.79	0.588	12	−0.36	42.8	7	2.16	0.78	0.50
C003	计算力学学报	758	9	−0.64	0.571	13	−0.38	31.6	10	2.94	0.89	0.37
C101	力学季刊	375	17	−0.82	0.392	17	−0.58	32.3	9	2.07	0.78	0.51
C001	力学学报	1770	4	−0.16	1.870	2	1.03	44.8	5	3.84	0.94	0.30
C104	力学与实践	659	13	−0.69	0.388	18	−0.58	11.0	18	2.58	0.83	0.26
C009	实验力学	757	10	−0.64	0.513	14	−0.44	27.2	12	2.90	0.67	0.42
C005	岩石力学与工程学报	11056	1	4.22	2.422	1	1.62	87.4	1	4.99	0.89	0.95
C004	岩土力学	10394	2	3.91	1.662	4	0.80	74.3	2	5.24	0.89	0.39
G088	医用生物力学	644	14	−0.70	0.814	6	−0.12	17.9	15	1.99	0.39	0.37
C008	应用力学学报	1302	5	−0.38	0.749	7	−0.19	16.4	16	3.34	0.89	0.45
B020	应用数学和力学	691	12	−0.67	0.684	9	−0.26	29.5	11	2.82	0.94	0.26
Y004	振动工程学报	1236	6	−0.42	0.711	8	−0.23	40.7	8	3.28	0.72	0.54
A103	中国科学 物理学力学天文学	743	11	−0.65	0.632	10	−0.32	43.0	6	3.22	0.78	0.15
	18 种期刊平均值	2117			0.923							

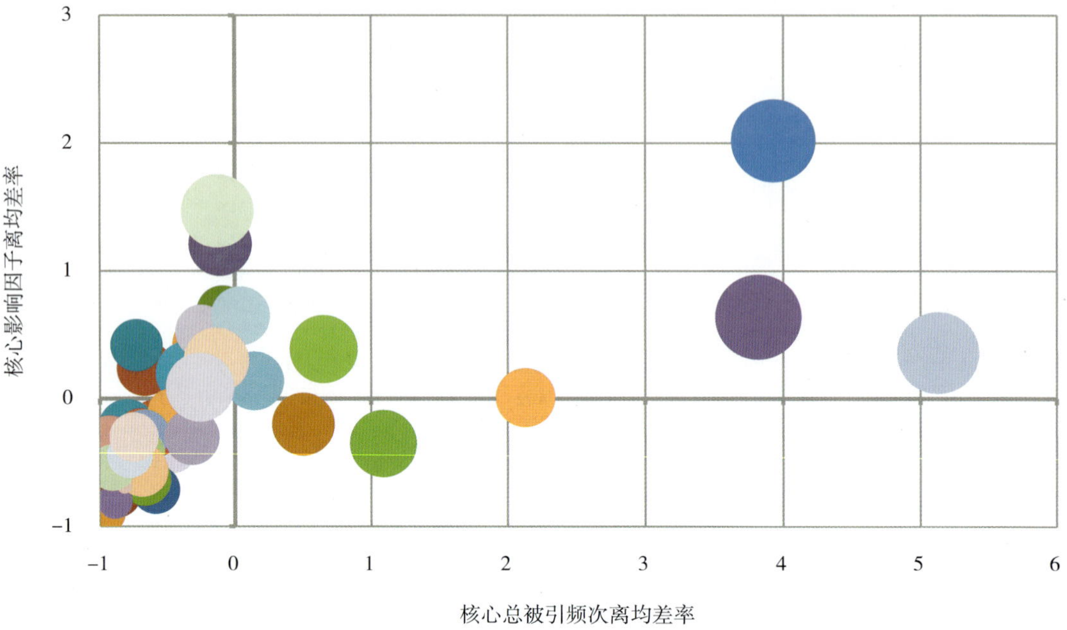

2020 年物理学类期刊核心总被引频次和核心影响因子离均差率的分布图
（节点大小表示综合评价总分）

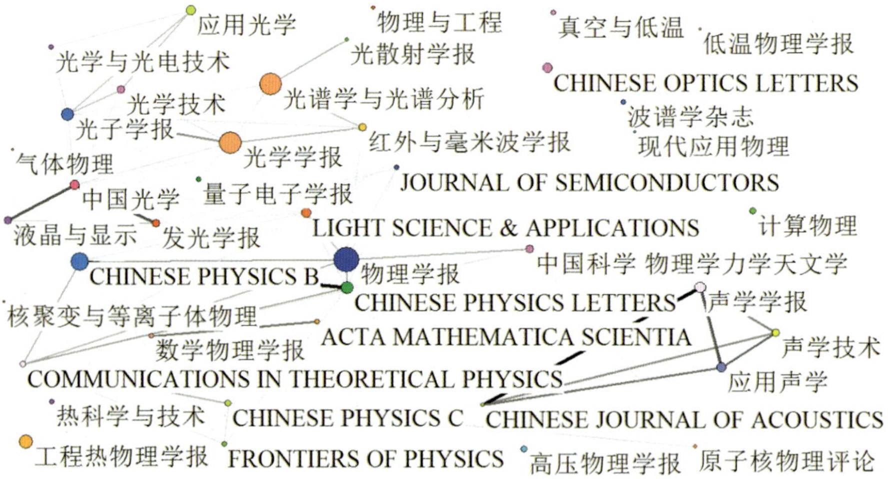

2020 年物理学类期刊互引关系示意图

表 7-7　2020 年物理学类期刊主要指标

CODE	刊名	核心总被引频次			核心影响因子			综合评价总分		学科扩散指标	学科影响指标	红点指标
		数值	排名	离均差率	数值	排名	离均差率	数值	排名			
C096	ACTA MATHEMATICA SCIENTIA	318	27	−0.68	0.205	35	−0.65	15.5	37	0.71	0.08	0.01
I166	CHINESE JOURNAL OF ACOUSTICS	124	36	−0.88	0.159	38	−0.73	26.3	27	0.28	0.15	0.00
I071	CHINESE OPTICS LETTERS	905	10	−0.09	0.975	4	0.68	28.2	23	1.16	0.55	0.14
C106	CHINESE PHYSICS B	3125	4	2.13	0.588	18	0.01	35.4	14	4.15	0.83	0.15
C058	CHINESE PHYSICS C	530	20	−0.47	0.360	29	−0.38	25.2	28	0.60	0.33	0.09
C059	CHINESE PHYSICS LETTERS	1500	7	0.50	0.467	20	−0.20	39.9	12	2.52	0.83	0.00
C095	COMMUNICATIONS IN THEORETICAL PHYSICS	406	23	−0.59	0.169	37	−0.71	23.9	31	0.98	0.33	0.08
I726	FRONTIERS OF PHYSICS	331	24	−0.67	0.720	14	0.24	31.7	19	0.71	0.43	0.16
R062	JOURNAL OF SEMICONDUCTORS	325	25	−0.67	0.214	34	−0.63	28.1	24	1.06	0.28	0.20
I254	LIGHT SCIENCE & APPLICATIONS	887	11	−0.11	1.284	3	1.21	41.3	11	1.13	0.53	0.00
C060	波谱学杂志	270	31	−0.73	0.826	9	0.42	27.7	25	1.08	0.10	0.51
C055	低温物理学报	46	40	−0.95	0.060	40	−0.90	13.8	38	0.31	0.10	0.26
C071	发光学报	820	14	−0.18	0.735	13	0.26	39.2	13	2.02	0.40	0.41
C056	高压物理学报	407	22	−0.59	0.451	21	−0.23	32.9	18	1.64	0.23	0.41
C073	工程热物理学报	2089	5	1.09	0.381	28	−0.35	45.4	7	4.36	0.48	0.28
C091	光谱学与光谱分析	4812	3	3.82	0.954	6	0.64	72.9	1	8.27	0.55	0.56
C097	光散射学报	196	34	−0.80	0.446	22	−0.23	34.3	17	1.12	0.18	0.61
N015	光学技术	769	15	−0.23	0.829	8	0.42	41.7	10	2.31	0.40	0.56
C050	光学学报	4926	2	3.93	1.758	1	2.02	69.8	2	5.00	0.48	0.94
R097	光学与光电技术	300	30	−0.70	0.433	23	−0.26	22.5	32	1.26	0.25	0.34
C037	光子学报	1644	6	0.65	0.809	10	0.39	46.6	6	3.19	0.45	0.60
C092	核聚变与等离子体物理	108	37	−0.89	0.114	39	−0.80	12.4	39	0.52	0.15	0.16
C035	红外与毫米波学报	652	19	−0.35	0.697	15	0.20	42.6	9	2.44	0.43	0.44
C094	计算物理	518	21	−0.48	0.521	19	−0.10	20.9	34	1.71	0.38	0.31
C032	量子电子学报	325	25	−0.67	0.420	24	−0.28	25.0	29	1.17	0.33	0.88
Y504	气体物理	68	39	−0.93	0.383	27	−0.34	28.9	21	0.30	0.08	0.29
C134	热科学与技术	311	28	−0.69	0.338	30	−0.42	20.4	36	1.30	0.05	0.29
C033	声学技术	684	18	−0.32	0.408	25	−0.30	31.5	20	2.17	0.15	0.16
C054	声学学报	1134	8	0.14	0.662	16	0.14	35.2	15	2.02	0.18	0.00
C036	数学物理学报	306	29	−0.69	0.255	33	−0.56	27.7	25	0.97	0.05	0.06
C006	物理学报	6128	1	5.13	0.791	11	0.36	68.1	3	8.15	0.95	0.28
C509	物理与工程	176	35	−0.82	0.184	36	−0.68	2.5	40	0.76	0.13	0.24
C093	现代应用物理	85	38	−0.91	0.267	32	−0.54	21.5	33	0.46	0.08	0.20
C503	液晶与显示	747	16	−0.25	0.888	7	0.53	28.3	22	1.40	0.25	0.37
C109	应用光学	1038	9	0.04	0.961	5	0.65	34.7	16	2.11	0.38	0.49
C052	应用声学	862	13	−0.14	0.759	12	0.30	43.7	8	3.07	0.20	0.26
C108	原子核物理评论	221	33	−0.78	0.324	31	−0.44	20.9	34	0.47	0.10	0.17
C038	真空与低温	252	32	−0.75	0.406	26	−0.30	24.6	30	1.06	0.25	0.22
C099	中国光学	874	12	−0.13	1.438	2	1.47	54.6	4	1.96	0.50	0.40
A103	中国科学 物理学力学天文学	743	17	−0.26	0.632	17	0.09	48.5	5	3.22	0.65	0.22
	40 种期刊平均值	999			0.582							

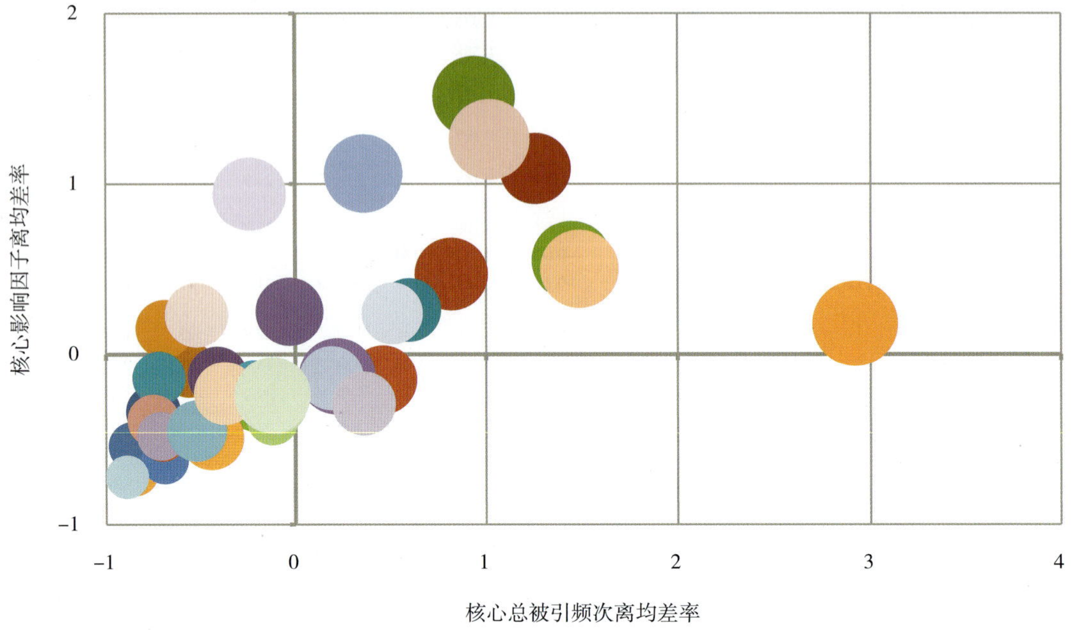

2020 年化学类期刊核心总被引频次和核心影响因子离均差率的分布图

（节点大小表示综合评价总分）

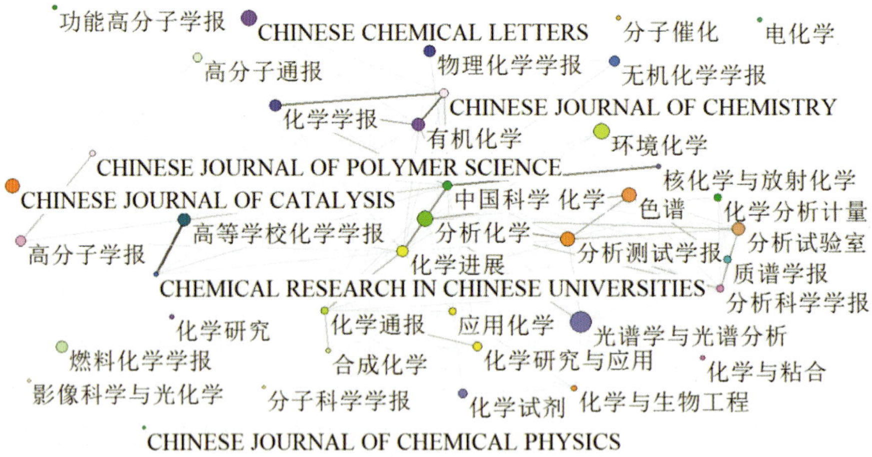

2020 年化学类期刊互引关系示意图

表 7-8　2020 年化学类期刊主要指标

CODE	刊名	核心总被引频次			核心影响因子			综合评价总分		学科扩散指标	学科影响指标	红点指标
		数值	排名	离均差率	数值	排名	离均差率	数值	排名			
I139	CHEMICAL RESEARCH IN CHINESE UNIVERSITIES	318	34	−0.74	0.337	36	−0.58	27.6	29	1.39	0.51	0.27
D031	CHINESE CHEMICAL LETTERS	2771	4	1.26	1.687	3	1.09	49.8	11	2.89	0.92	0.24
D013	CHINESE JOURNAL OF CATALYSIS	2375	6	0.94	2.026	1	1.51	66.0	2	2.97	0.72	0.68
C070	CHINESE JOURNAL OF CHEMICAL PHYSICS	183	37	−0.85	0.250	38	−0.69	23.0	33	0.97	0.49	0.12
I173	CHINESE JOURNAL OF CHEMISTRY	935	21	−0.24	1.571	5	0.94	50.0	10	1.26	0.74	0.00
D017	CHINESE JOURNAL OF POLYMER SCIENCE	535	28	−0.56	0.736	15	−0.09	30.9	26	1.20	0.49	0.05
D036	电化学	305	35	−0.75	0.536	28	−0.34	29.7	27	1.34	0.44	0.54
D022	分析测试学报	2233	7	0.82	1.189	8	0.47	51.7	9	4.10	0.62	0.59
D005	分析化学	3010	3	1.45	1.256	6	0.55	61.7	4	5.64	0.85	0.57
D026	分析科学学报	730	24	−0.41	0.704	16	−0.13	35.6	22	2.56	0.54	0.71
D004	分析试验室	1965	8	0.60	1.018	9	0.26	39.6	18	3.57	0.51	0.63
D015	分子催化	386	29	−0.69	0.928	14	0.15	33.1	24	1.21	0.49	0.56
D035	分子科学学报	176	38	−0.86	0.372	35	−0.54	23.4	32	1.07	0.31	0.59
D020	高等学校化学学报	1788	10	0.46	0.686	20	−0.15	46.7	12	4.48	0.95	0.49
T002	高分子通报	974	19	−0.21	0.584	25	−0.28	34.6	23	2.94	0.56	0.40
D021	高分子学报	1190	15	−0.03	1.007	10	0.25	45.5	13	2.51	0.59	0.39
D503	功能高分子学报	342	33	−0.72	0.698	18	−0.14	28.1	28	1.28	0.33	0.47
C091	光谱学与光谱分析	4812	1	2.92	0.954	13	0.18	70.9	1	8.27	0.64	0.41
D602	合成化学	379	30	−0.69	0.308	37	−0.62	22.6	36	1.36	0.41	0.95
Q002	核化学与放射化学	365	31	−0.70	0.402	34	−0.50	19.1	38	0.84	0.28	0.32
D604	化学分析计量	751	23	−0.39	0.611	24	−0.24	22.8	35	2.31	0.36	0.56
D506	化学进展	1495	13	0.22	0.700	17	−0.13	57.6	7	4.90	0.92	0.54
D011	化学试剂	961	20	−0.22	0.671	21	−0.17	21.1	37	2.51	0.64	0.69
D018	化学通报	684	25	−0.44	0.411	33	−0.49	40.6	14	3.10	0.72	0.59
D030	化学学报	1668	12	0.36	1.667	4	1.06	60.3	5	3.89	0.95	0.51
D501	化学研究	304	36	−0.75	0.490	30	−0.39	26.8	30	1.61	0.49	0.54
D037	化学研究与应用	1077	18	−0.12	0.504	29	−0.38	26.8	30	3.46	0.69	0.61
T931	化学与粘合	356	32	−0.71	0.421	32	−0.48	23.0	33	1.61	0.23	0.49
T553	化学与生物工程	590	27	−0.52	0.443	31	−0.45	36.6	21	3.18	0.41	0.44
D024	环境化学	3057	2	1.49	1.211	7	0.50	59.8	6	5.78	0.56	0.47
D002	燃料化学学报	1460	14	0.19	0.691	19	−0.14	40.4	16	2.48	0.54	0.46
D012	色谱	2475	5	1.02	1.823	2	1.26	63.6	3	3.70	0.54	0.81
D023	无机化学学报	1112	16	−0.09	0.565	27	−0.30	32.2	25	2.69	0.79	0.72
D001	物理化学学报	1674	11	0.36	0.574	26	−0.29	39.9	17	4.43	0.92	0.39
D014	影像科学与光化学	135	39	−0.89	0.230	39	−0.72	18.5	39	0.98	0.21	0.11
D016	应用化学	767	22	−0.37	0.624	22	−0.23	38.8	19	2.97	0.77	0.51
D025	有机化学	1848	9	0.51	1.001	11	0.24	37.4	20	2.22	0.72	0.48
C034	质谱学报	595	26	−0.52	0.993	12	0.23	40.6	14	2.03	0.33	0.15
A106	中国科学 化学	1078	17	−0.12	0.616	23	−0.24	57.1	8	4.62	0.79	0.43
	39 种期刊平均值	1227			0.808							

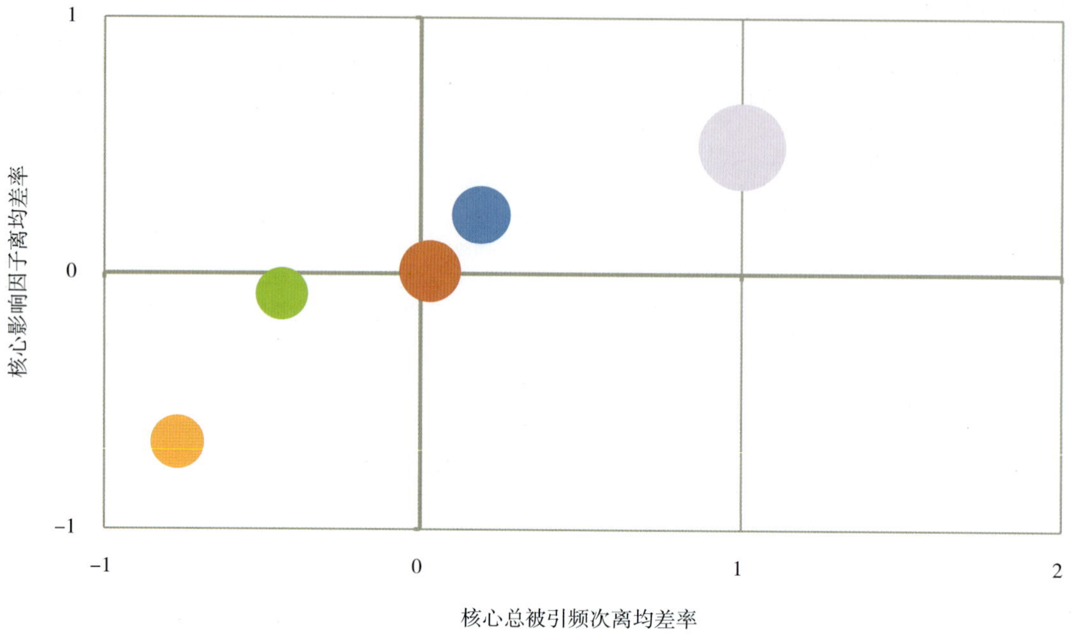

2020 年天文学类期刊核心总被引频次和核心影响因子离均差率的分布图
（节点大小表示综合评价总分）

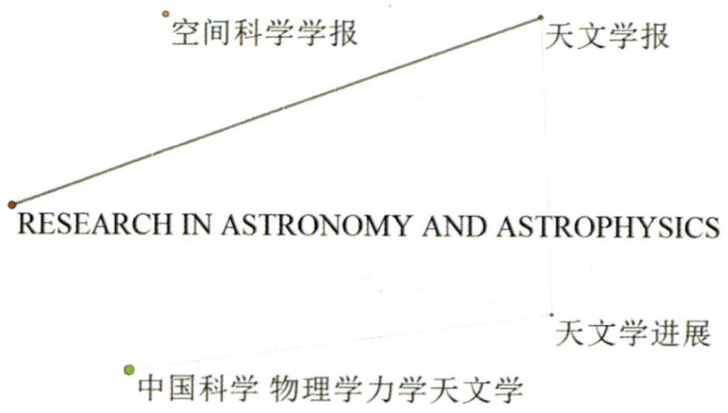

2020 年天文学类期刊互引关系示意图

表 7-9　2020 年天文学类期刊主要指标

CODE	刊名	核心总被引频次			核心影响因子			综合评价总分		学科扩散指标	学科影响指标	红点指标
		数值	排名	离均差率	数值	排名	离均差率	数值	排名			
C072	RESEARCH IN ASTRONOMY AND ASTROPHYSICS	441	2	0.19	0.518	2	0.23	43.6	3	0.56	1.00	0.50
E140	空间科学学报	384	3	0.03	0.423	3	0.01	50.0	2	1.55	0.60	0.03
E023	天文学报	209	4	−0.44	0.386	4	−0.08	35.3	5	0.67	1.00	0.28
E114	天文学进展	84	5	−0.77	0.141	5	−0.66	37.0	4	0.51	0.80	0.00
A103	中国科学 物理学力学天文学	743	1	1.00	0.632	1	0.50	93.6	1	3.22	1.00	0.03
	5 种期刊平均值	372			0. 420							

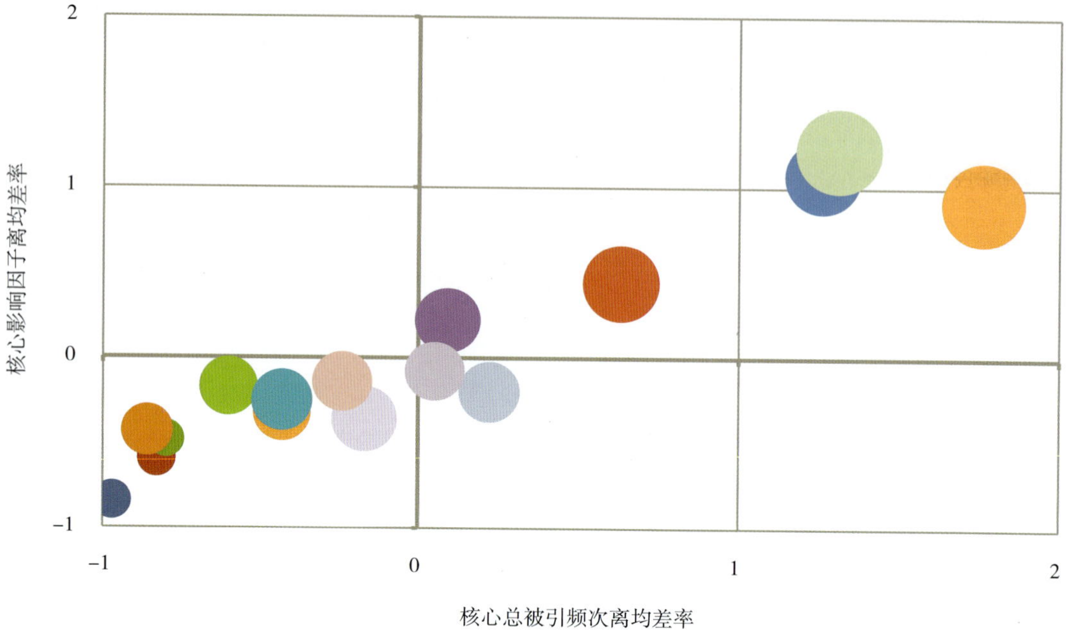

2020 年地球科学综合类期刊核心总被引频次和核心影响因子离均差率的分布图
（节点大小表示综合评价总分）

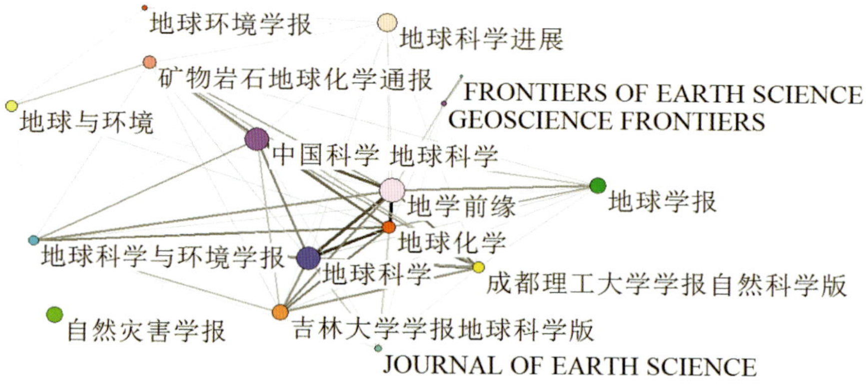

2020 年地球科学综合类期刊互引关系示意图

表 7-10　2020 年地球科学综合类期刊主要指标

CODE 刊名	核心总被引频次			核心影响因子			综合评价总分		学科扩散指标	学科影响指标	红点指标
	数值	排名	离均差率	数值	排名	离均差率	数值	排名			
I220 FRONTIERS OF EARTH SCIENCE	62	16	−0.97	0.183	16	−0.84	17.7	14	0.47	0.31	0.05
E050 GEOSCIENCE FRONTIERS	368	14	−0.83	0.463	15	−0.59	17.6	15	1.38	0.69	0.03
E537 JOURNAL OF EARTH SCIENCE	424	13	−0.80	0.590	14	−0.48	16.3	16	1.28	0.75	0.10
E102 成都理工大学学报自然科学版	1204	11	−0.43	0.777	11	−0.32	39.8	12	2.37	0.75	0.41
E024 地球化学	1759	8	−0.17	0.731	12	−0.36	47.2	6	2.58	0.94	0.30
E570 地球环境学报	292	15	−0.86	0.650	13	−0.43	31.7	13	1.65	0.56	0.18
E142 地球科学	4763	3	1.26	2.352	2	1.07	65.9	4	3.70	0.94	0.78
E115 地球科学进展	3430	4	0.63	1.641	4	0.44	68.7	3	5.85	1.00	0.28
E004 地球科学与环境学报	849	12	−0.60	0.941	8	−0.17	41.0	10	2.39	0.81	0.51
E300 地球学报	2297	6	0.09	1.386	5	0.22	48.5	5	3.10	0.94	0.37
E549 地球与环境	1211	10	−0.43	0.851	10	−0.25	44.5	7	3.54	0.81	0.37
E357 地学前缘	5806	1	1.76	2.173	3	0.91	82.5	2	4.39	1.00	0.34
E116 吉林大学学报地球科学版	2575	5	0.22	0.904	9	−0.20	43.5	8	4.01	0.94	0.48
E504 矿物岩石地球化学通报	1591	9	−0.24	0.983	7	−0.14	42.3	9	2.64	0.81	0.46
A108 中国科学 地球科学	4874	2	1.31	2.525	1	1.22	84.7	1	5.45	1.00	0.29
E137 自然灾害学报	2213	7	0.05	1.046	6	−0.08	40.7	11	4.66	0.56	0.07
16 种期刊平均值	2107			1. 137							

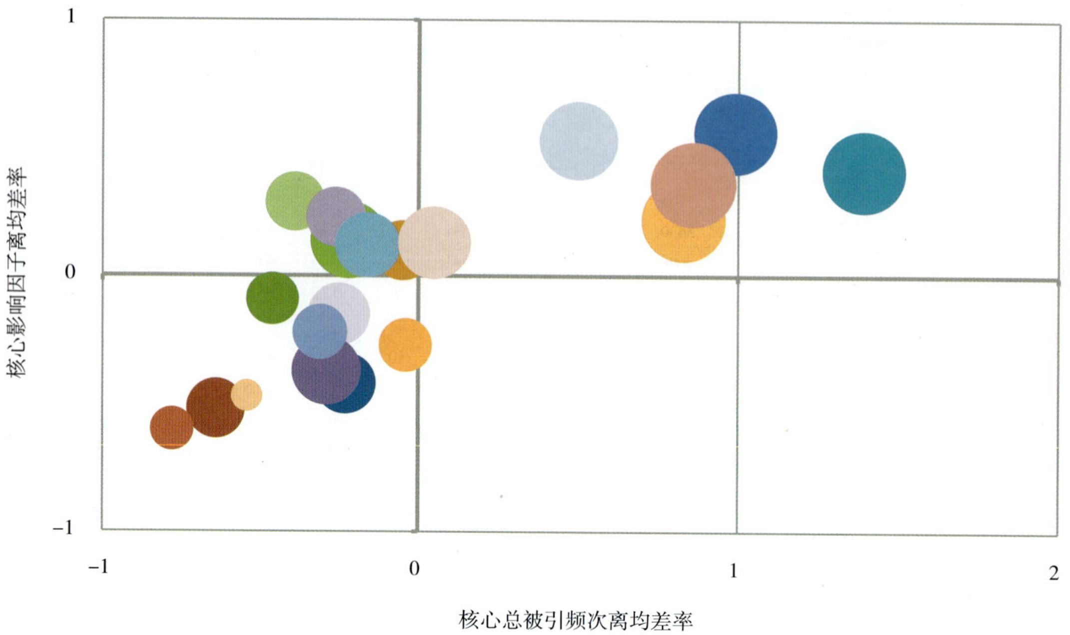

2020 年大气科学类期刊核心总被引频次和核心影响因子离均差率的分布图
（节点大小表示综合评价总分）

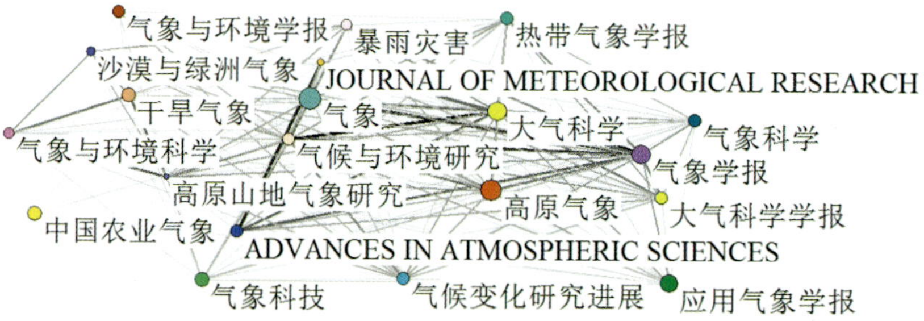

2020 年大气科学类期刊互引关系示意图

表 7-11 2020 年大气科学类期刊主要指标

CODE 刊名	核心总被引频次			核心影响因子			综合评价总分		学科扩散指标	学科影响指标	红点指标
	数值	排名	离均差率	数值	排名	离均差率	数值	排名			
I062 ADVANCES IN ATMOSPHERIC SCIENCES	1265	11	−0.23	0.809	17	−0.42	38.4	10	1.71	1.00	0.26
E092 JOURNAL OF METEOROLOGICAL RESEARCH	588	19	−0.64	0.671	19	−0.52	36.5	13	1.38	1.00	0.16
E045 暴雨灾害	883	17	−0.46	1.262	12	−0.09	27.9	18	1.15	0.95	0.49
E109 大气科学	2986	4	0.83	1.696	7	0.22	70.5	2	2.81	1.00	0.40
E091 大气科学学报	1219	12	−0.25	1.180	13	−0.15	37.1	11	2.00	1.00	0.48
E048 干旱气象	1550	8	−0.05	1.532	11	0.10	36.6	12	2.25	1.00	0.43
E005 高原气象	3246	2	0.99	2.159	1	0.56	68.7	3	2.73	1.00	0.48
E546 高原山地气象研究	357	20	−0.78	0.559	20	−0.60	19.2	19	1.18	0.90	0.51
E021 气候变化研究进展	1270	10	−0.22	1.588	8	0.14	60.7	6	3.13	1.00	0.40
E361 气候与环境研究	1163	14	−0.29	0.880	16	−0.37	48.9	8	2.48	1.00	0.41
E352 气象	3910	1	1.39	1.955	3	0.41	68.3	4	3.31	1.00	0.44
E566 气象科技	1567	7	−0.04	1.013	15	−0.27	29.1	17	2.82	1.00	0.26
E359 气象科学	1125	15	−0.31	1.078	14	−0.22	30.8	16	2.33	1.00	0.48
E001 气象学报	3035	3	0.86	1.884	4	0.36	73.4	1	2.92	1.00	0.33
E521 气象与环境科学	988	16	−0.39	1.792	5	0.29	35.4	15	1.70	0.90	0.42
E633 气象与环境学报	1208	13	−0.26	1.704	6	0.23	36.0	14	2.38	1.00	0.33
E110 热带气象学报	1374	9	−0.16	1.547	10	0.12	43.3	9	1.76	1.00	0.49
E635 沙漠与绿洲气象	755	18	−0.54	0.733	18	−0.47	10.3	20	1.37	0.80	0.51
E122 应用气象学报	2449	5	0.50	2.127	2	0.53	62.4	5	3.07	1.00	0.23
H210 中国农业气象	1718	6	0.05	1.566	9	0.13	54.2	7	2.76	0.90	0.15
20 种期刊平均值	1633			1. 387							

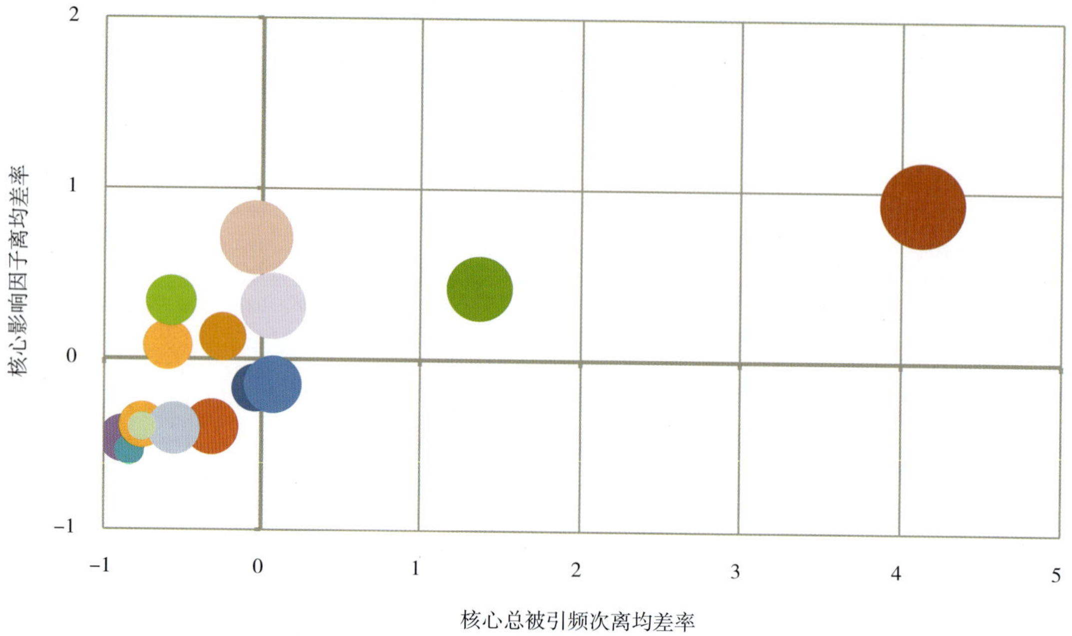

2020 年地球物理学类期刊核心总被引频次和核心影响因子离均差率的分布图
（节点大小表示综合评价总分）

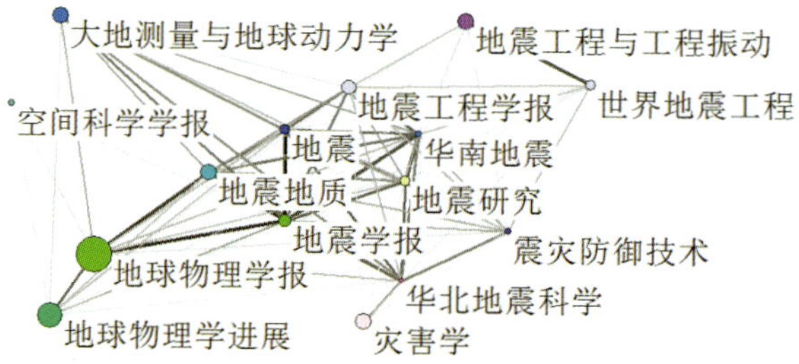

2020 年地球物理学类期刊互引关系示意图

表 7-12　2020 年地球物理学类期刊主要指标

CODE 刊名	核心总被引频次			核心影响因子			综合评价总分		学科扩散指标	学科影响指标	红点指标
	数值	排名	离均差率	数值	排名	离均差率	数值	排名			
E144 大地测量与地球动力学	1515	5	-0.04	0.573	9	-0.17	24.7	10	2.42	0.93	0.30
E153 地球物理学报	8053	1	4.13	1.329	1	0.93	76.5	1	5.01	1.00	0.35
E308 地球物理学进展	3723	2	1.37	0.976	3	0.42	44.3	3	3.70	1.00	0.23
E306 地震	622	11	-0.60	0.740	7	0.08	25.9	9	1.00	0.87	0.53
E150 地震地质	1679	3	0.07	0.899	5	0.31	43.2	4	1.78	0.93	0.48
E307 地震工程学报	1175	7	-0.25	0.775	6	0.13	24.6	11	2.12	0.93	0.39
E118 地震工程与工程振动	1676	4	0.07	0.587	8	-0.15	35.4	5	2.20	0.93	0.44
E143 地震学报	1068	8	-0.32	0.415	11	-0.40	33.0	6	1.45	0.87	0.54
E112 地震研究	665	10	-0.58	0.924	4	0.34	27.1	8	1.22	0.93	0.39
E141 华北地震科学	184	15	-0.88	0.366	14	-0.47	24.0	12	0.63	0.80	0.25
E103 华南地震	248	14	-0.84	0.316	15	-0.54	9.1	14	0.76	0.93	0.45
E140 空间科学学报	384	12	-0.76	0.423	10	-0.39	22.5	13	1.55	0.40	0.11
E363 世界地震工程	687	9	-0.56	0.406	13	-0.41	29.0	7	1.71	0.73	0.41
E148 灾害学	1502	6	-0.04	1.174	2	0.71	58.1	2	4.03	0.73	0.30
E316 震灾防御技术	375	13	-0.76	0.412	12	-0.40	8.3	15	0.94	0.93	0.51
15 种期刊平均值	1570			0. 688							

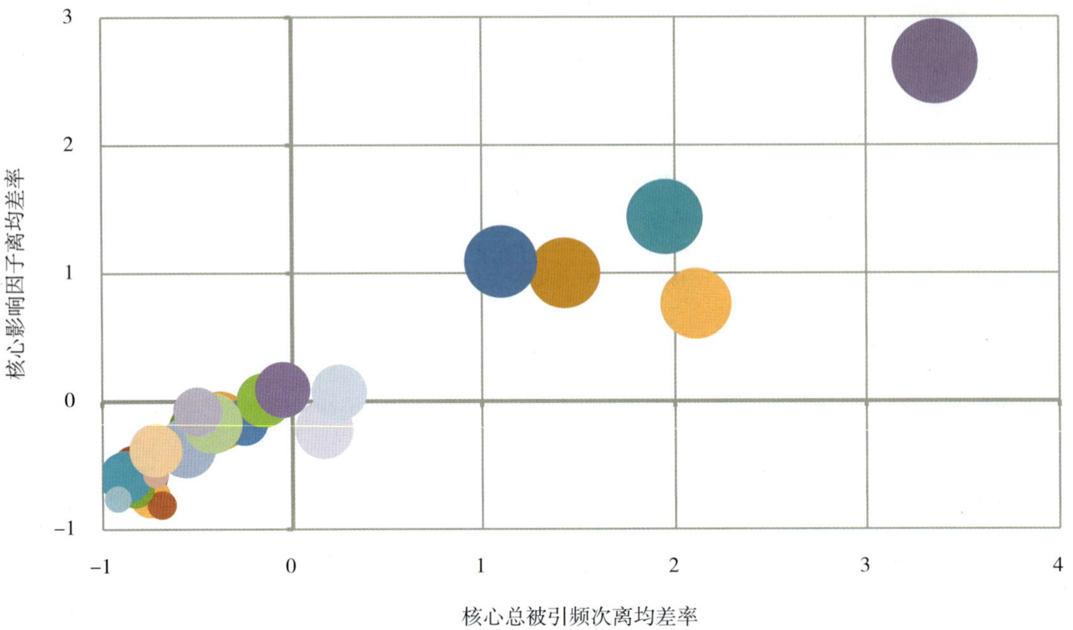

2020 年地理学类期刊核心总被引频次和核心影响因子离均差率的分布图
（节点大小表示综合评价总分）

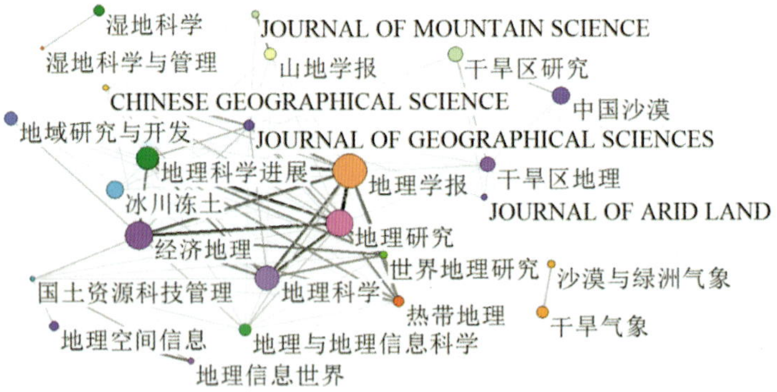

2020 年地理学类期刊互引关系示意图

表 7-13　2020 年地理学类期刊主要指标

CODE	刊名	核心总被引频次			核心影响因子			综合评价总分		学科扩散指标	学科影响指标	红点指标
		数值	排名	离均差率	数值	排名	离均差率	数值	排名			
I154	CHINESE GEOGRAPHICAL SCIENCE	550	21	−0.80	0.758	19	−0.56	39.0	13	2.25	0.80	0.39
E049	JOURNAL OF ARID LAND	461	23	−0.83	0.813	18	−0.53	30.0	18	1.61	0.56	0.17
I063	JOURNAL OF GEOGRAPHICAL SCIENCES	1353	14	−0.50	1.336	15	−0.22	43.4	8	3.13	0.88	0.28
I230	JOURNAL OF MOUNTAIN SCIENCE	672	20	−0.75	0.439	23	−0.75	21.1	20	2.31	0.72	0.11
E135	冰川冻土	3174	7	0.17	1.343	14	−0.22	41.3	10	4.39	0.84	0.40
E130	地理科学	6581	4	1.43	3.448	4	1.00	62.7	5	6.60	1.00	0.53
E584	地理科学进展	5680	5	1.10	3.594	3	1.09	66.1	3	6.37	1.00	0.55
E639	地理空间信息	836	17	−0.69	0.324	25	−0.81	10.5	23	2.84	0.48	0.25
E315	地理信息世界	465	22	−0.83	0.552	22	−0.68	18.8	22	1.81	0.36	0.34
E305	地理学报	11798	1	3.36	6.290	1	2.65	91.5	1	7.49	1.00	0.55
E310	地理研究	7981	3	1.95	4.209	2	1.44	71.6	2	6.76	1.00	0.57
E527	地理与地理信息科学	1690	11	−0.38	1.469	11	−0.15	43.4	8	4.30	0.96	0.46
S741	地域研究与开发	2024	10	−0.25	1.445	12	−0.16	27.9	19	3.51	0.80	0.50
E048	干旱气象	1550	13	−0.43	1.532	10	−0.11	20.8	21	2.25	0.56	0.39
E020	干旱区地理	2301	9	−0.15	1.741	8	0.01	37.1	14	3.57	0.96	0.51
E105	干旱区研究	2582	8	−0.05	1.882	6	0.09	39.2	12	3.73	0.96	0.54
E578	国土资源科技管理	320	24	−0.88	0.703	21	−0.59	34.6	16	1.88	0.48	0.43
E599	经济地理	8431	2	2.11	3.025	5	0.76	63.3	4	6.19	0.88	0.69
E563	热带地理	1182	16	−0.56	1.097	16	−0.36	46.0	6	3.75	0.84	0.54
E635	沙漠与绿洲气象	755	19	−0.72	0.733	20	−0.57	8.4	25	1.37	0.40	0.26
E101	山地学报	1560	12	−0.42	1.428	13	−0.17	45.7	7	3.55	0.92	0.37
E302	湿地科学	1345	15	−0.50	1.579	9	−0.08	30.5	17	2.80	0.72	0.27
E636	湿地科学与管理	216	25	−0.92	0.405	24	−0.76	8.9	24	1.01	0.24	0.24
E655	世界地理研究	769	18	−0.72	1.074	17	−0.38	35.7	15	2.38	0.64	0.50
E124	中国沙漠	3387	6	0.25	1.836	7	0.07	39.6	11	4.04	0.96	0.20
	25 种期刊平均值	2707			1.722							

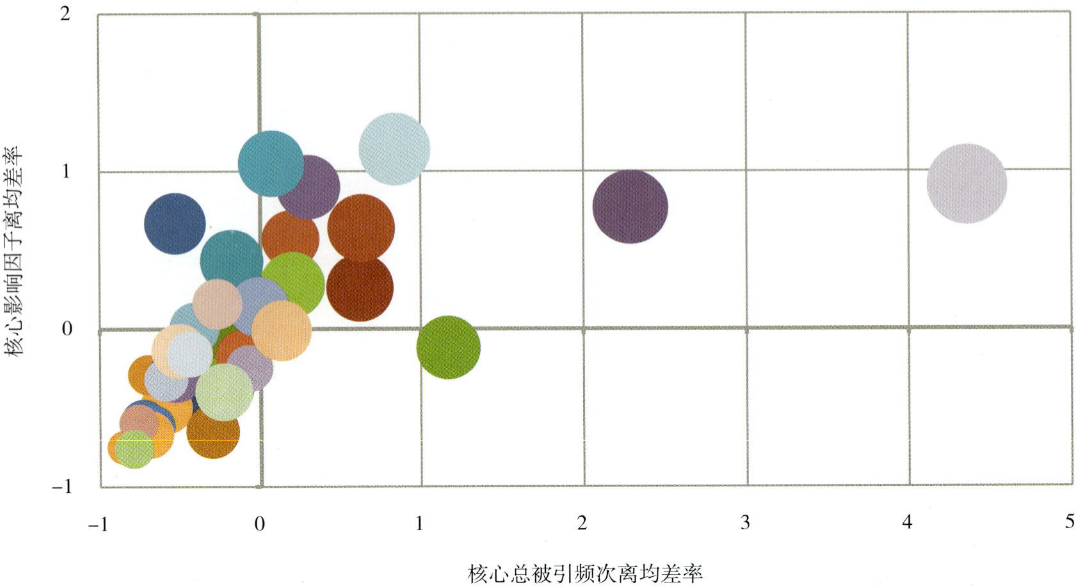

2020 年地质学类期刊核心总被引频次和核心影响因子离均差率的分布图
（节点大小表示综合评价总分）

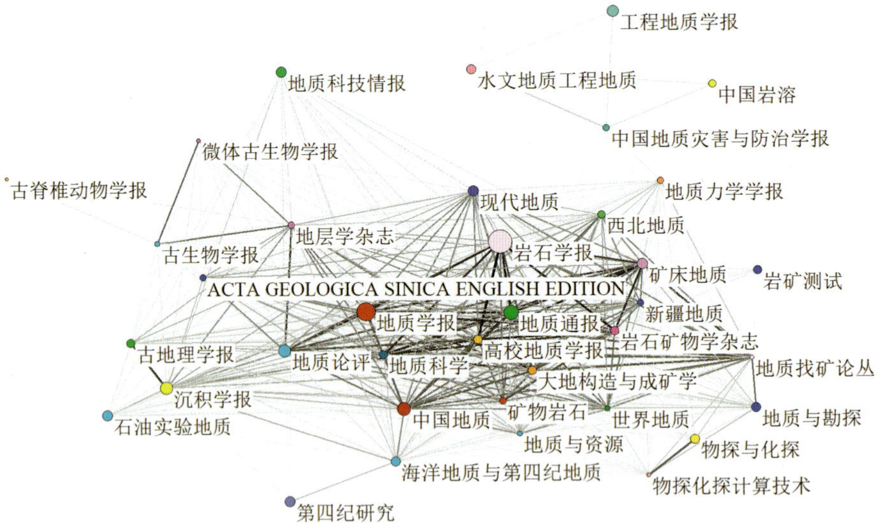

2020 年地质学类期刊互引关系示意图

表 7-14 2020 年地质学类期刊主要指标

CODE	刊名	核心总被引频次			核心影响因子			综合评价总分		学科扩散指标	学科影响指标	红点指标
		数值	排名	离均差率	数值	排名	离均差率	数值	排名			
I059	ACTA GEOLOGICA SINICA ENGLISH EDITION	1061	25	−0.48	0.593	29	−0.46	27.0	28	1.67	0.92	0.01
E113	沉积学报	3306	6	0.62	1.394	11	0.26	55.2	5	2.35	0.95	0.72
E146	大地构造与成矿学	1516	20	−0.26	1.082	18	−0.02	44.8	13	1.56	0.81	0.52
E133	地层学杂志	834	30	−0.59	0.553	30	−0.50	32.8	23	1.17	0.86	0.52
E362	地质科技情报	2200	11	0.07	1.154	15	0.04	41.5	16	3.04	0.95	0.38
E139	地质科学	1427	22	−0.30	0.391	34	−0.65	35.2	22	1.78	0.95	0.51
E026	地质力学学报	952	28	−0.53	1.847	6	0.67	46.0	11	1.96	0.86	0.44
E009	地质论评	3338	5	0.63	1.821	7	0.64	56.0	4	2.63	1.00	0.53
E127	地质通报	4439	3	1.17	0.969	19	−0.12	49.1	9	3.08	0.97	0.59
E010	地质学报	6727	2	2.29	1.963	5	0.77	66.6	2	3.17	1.00	0.57
E151	地质与勘探	2148	13	0.05	1.315	12	0.19	31.7	24	2.15	0.81	0.50
E525	地质与资源	604	33	−0.70	0.788	24	−0.29	19.7	34	1.26	0.81	0.63
E132	地质找矿论丛	558	34	−0.73	0.452	31	−0.59	24.7	31	1.16	0.76	0.63
E301	第四纪研究	2436	9	0.19	1.735	8	0.57	40.6	17	2.99	0.92	0.36
E358	高校地质学报	1571	19	−0.23	0.700	27	−0.37	45.4	12	2.03	0.95	0.59
E360	工程地质学报	2658	7	0.30	2.106	4	0.90	49.8	8	3.61	0.62	0.19
E601	古地理学报	1684	17	−0.18	1.587	9	0.43	48.6	10	1.71	0.92	0.66
E304	古脊椎动物学报	303	37	−0.85	0.279	36	−0.75	13.7	37	0.45	0.32	0.20
E022	古生物学报	679	31	−0.67	0.416	33	−0.62	22.4	33	1.02	0.65	0.22
E155	海洋地质与第四纪地质	1816	16	−0.11	0.903	22	−0.18	36.9	19	2.26	0.86	0.46
E106	矿床地质	2448	8	0.20	1.420	10	0.28	51.1	7	1.27	0.76	1.00
E354	矿物岩石	957	27	−0.53	0.786	25	−0.29	36.6	20	1.69	0.78	0.73
E126	石油实验地质	2198	12	0.07	2.274	2	1.05	53.2	6	1.40	0.84	0.68
E548	世界地质	644	32	−0.69	0.367	35	−0.67	27.1	27	1.69	0.84	0.39
E154	水文地质工程地质	2034	14	−0.01	1.258	14	0.14	43.4	15	3.54	0.57	0.27
E052	微体古生物学报	500	35	−0.76	0.438	32	−0.60	18.1	35	1.00	0.65	0.42
E136	物探化探计算技术	437	36	−0.79	0.263	37	−0.76	18.0	36	1.47	0.51	0.16
E138	物探与化探	1899	15	−0.07	0.830	23	−0.25	26.6	29	2.48	0.81	0.25
E125	西北地质	1215	23	−0.41	1.118	16	0.01	31.0	25	1.52	0.86	0.60
E027	现代地质	2314	10	0.13	1.100	17	−0.01	44.3	14	3.03	1.00	0.62
E159	新疆地质	847	29	−0.59	0.758	26	−0.32	22.7	32	1.22	0.76	0.54
E053	岩矿测试	1493	21	−0.27	1.282	13	0.16	30.3	26	2.43	0.70	0.41
E157	岩石矿物学杂志	1584	18	−0.23	0.667	28	−0.40	40.5	18	2.01	0.78	0.50
E309	岩石学报	10975	1	4.36	2.113	3	0.91	77.0	1	2.33	0.95	0.55
E654	中国地质	3769	4	0.84	2.372	1	1.14	63.6	3	2.96	0.97	0.67
E604	中国地质灾害与防治学报	1011	26	−0.51	0.957	20	−0.14	36.6	20	2.42	0.46	0.35
E303	中国岩溶	1144	24	−0.44	0.926	21	−0.16	25.5	30	2.56	0.59	0.33
	37 种期刊平均值	2047			1.107							

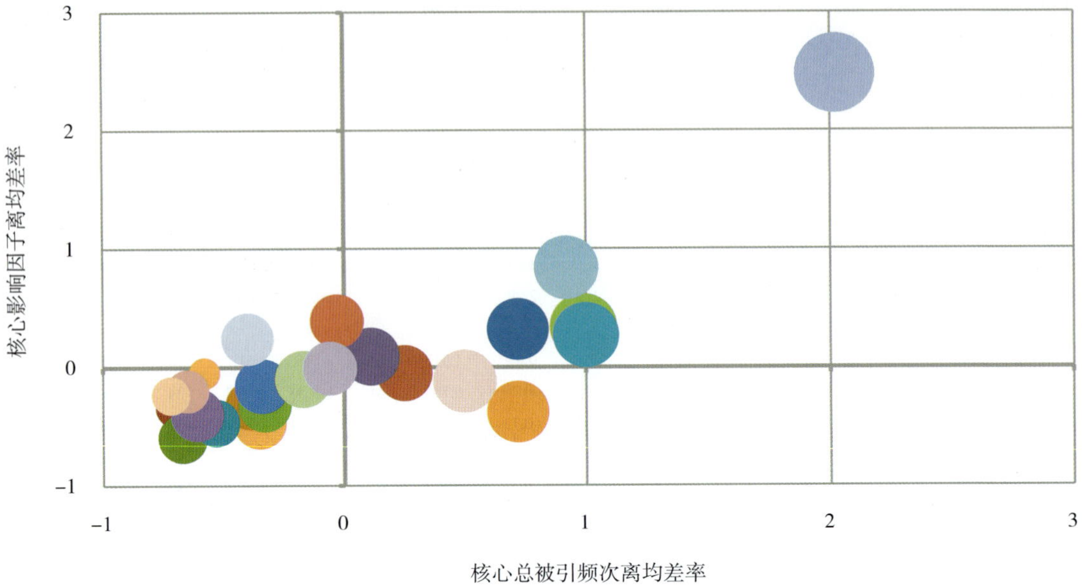

2020 年海洋科学、水文学类期刊核心总被引频次和核心影响因子离均差率的分布图
（节点大小表示综合评价总分）

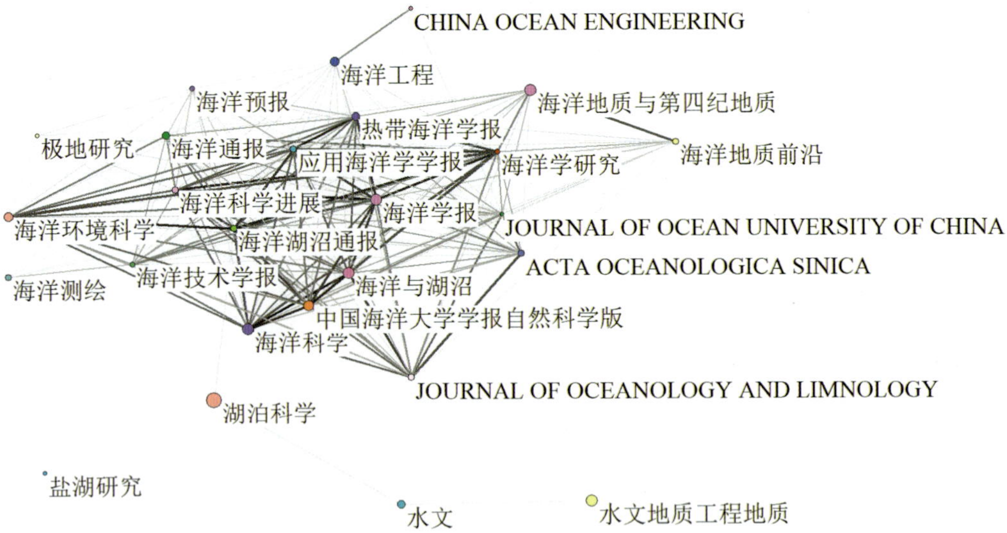

2020 年海洋科学、水文学类期刊互引关系示意图

表 7-15　2020 年海洋科学、水文学类期刊主要指标

CODE	刊名	核心总被引频次			核心影响因子			综合评价总分		学科扩散指标	学科影响指标	红点指标
		数值	排名	离均差率	数值	排名	离均差率	数值	排名			
I209	ACTA OCEANOLOGICA SINICA	687	15	−0.35	0.406	23	−0.40	29.6	21	1.81	0.85	0.14
E158	CHINA OCEAN ENGINEERING	317	25	−0.70	0.450	19	−0.34	21.4	23	1.11	0.42	0.00
I120	JOURNAL OF OCEAN UNIVERSITY OF CHINA	353	24	−0.67	0.276	26	−0.60	32.7	18	1.48	0.73	0.07
E012	JOURNAL OF OCEANOLOGY AND LIMNOLOGY	684	16	−0.35	0.362	24	−0.47	36.7	16	1.70	0.88	0.08
E651	海洋测绘	672	17	−0.36	0.424	20	−0.38	7.5	26	1.75	0.73	0.20
E569	海洋地质前沿	647	18	−0.39	0.465	17	−0.32	31.8	19	1.85	0.81	0.35
E155	海洋地质与第四纪地质	1816	6	0.72	0.903	5	0.32	51.2	6	2.26	0.96	0.46
E131	海洋工程	1324	8	0.25	0.647	11	−0.05	42.6	10	2.91	0.92	0.27
E312	海洋湖沼通报	710	13	−0.33	0.462	18	−0.32	38.3	14	2.26	0.85	0.46
Z010	海洋环境科学	1174	9	0.11	0.746	8	0.09	45.5	8	3.04	0.85	0.47
E564	海洋技术学报	492	20	−0.53	0.362	24	−0.47	30.2	20	2.11	0.81	0.25
E145	海洋科学	1820	5	0.72	0.423	21	−0.38	50.9	7	3.91	0.92	0.30
E006	海洋科学进展	698	14	−0.34	0.573	14	−0.16	40.2	11	2.26	0.88	0.29
E311	海洋通报	1030	10	−0.03	0.947	3	0.39	38.8	13	2.98	0.92	0.41
E003	海洋学报	2108	3	0.99	0.917	4	0.34	58.3	2	3.71	0.96	0.51
E149	海洋学研究	417	22	−0.61	0.407	22	−0.40	37.8	15	1.76	0.85	0.44
E008	海洋与湖沼	2113	2	1.00	0.867	6	0.27	56.6	3	3.06	0.88	0.40
E108	海洋预报	441	21	−0.58	0.651	10	−0.05	13.5	25	1.19	0.77	0.40
E111	湖泊科学	3192	1	2.02	2.373	1	2.48	85.8	1	3.56	0.69	0.51
E007	极地研究	366	23	−0.65	0.544	15	−0.20	25.1	22	1.30	0.65	0.36
E642	热带海洋学报	883	12	−0.17	0.616	12	−0.10	44.0	9	2.39	0.81	0.43
E540	水文	997	11	−0.06	0.678	9	−0.01	39.3	12	2.33	0.42	0.25
E154	水文地质工程地质	2034	4	0.92	1.258	2	0.84	54.6	4	3.54	0.35	0.24
E500	盐湖研究	298	26	−0.72	0.516	16	−0.24	19.4	24	1.19	0.23	0.26
E123	应用海洋学学报	633	19	−0.40	0.845	7	0.24	36.7	16	2.02	0.85	0.87
E313	中国海洋大学学报自然科学版	1592	7	0.50	0.602	13	−0.12	53.6	5	4.28	0.88	0.33
	26 种期刊平均值	1058			0. 682							

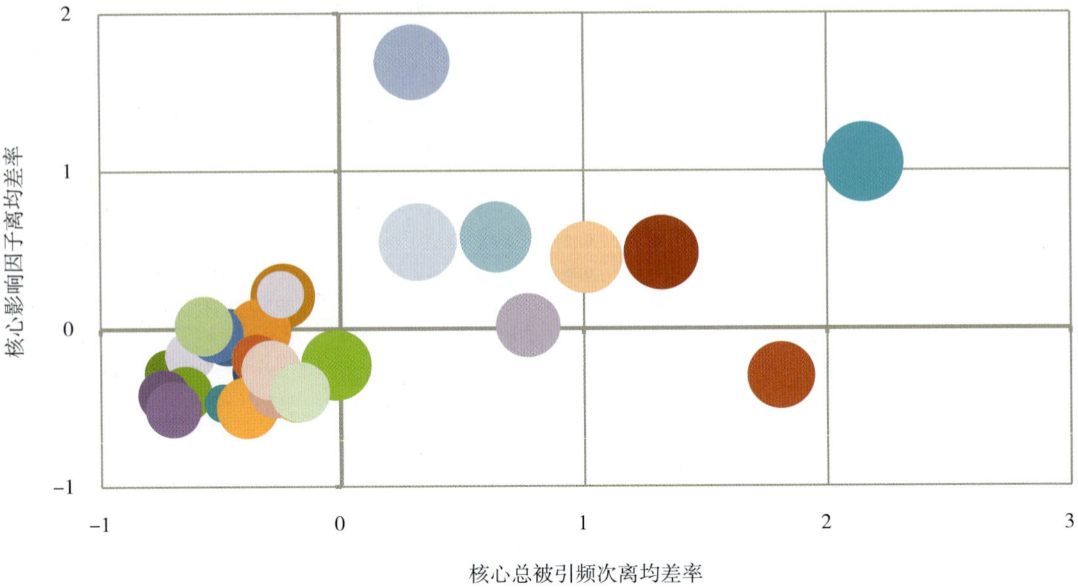

2020 年生物学基础学科类期刊核心总被引频次和核心影响因子离均差率的分布图
（节点大小表示综合评价总分）

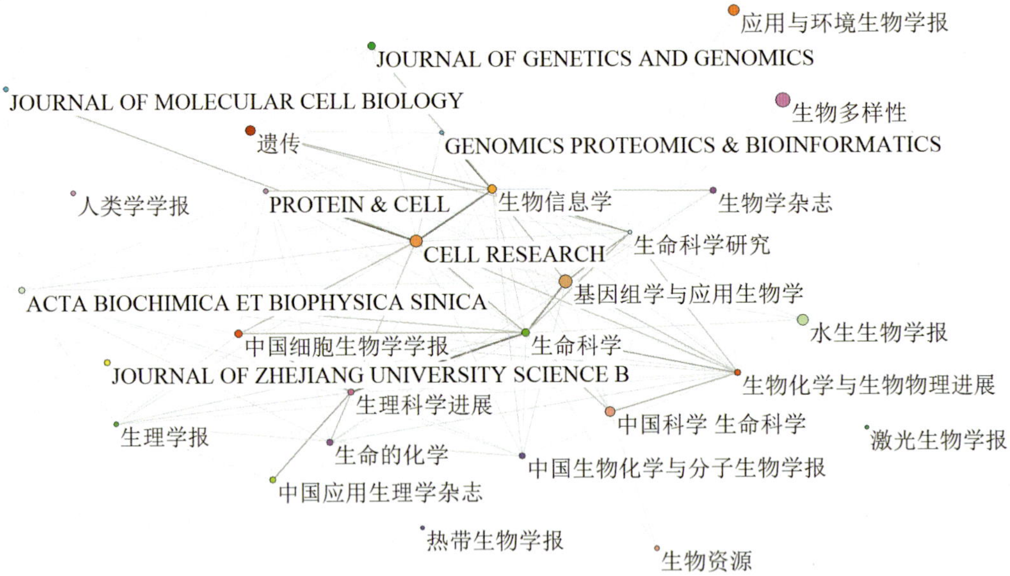

2020 年生物学基础学科类期刊互引关系示意图

表 7-16　2020 年生物学基础学科类期刊主要指标

CODE	刊名	核心总被引频次			核心影响因子			综合评价总分		学科扩散指标	学科影响指标	红点指标
		数值	排名	离均差率	数值	排名	离均差率	数值	排名			
F034	ACTA BIOCHIMICA ET BIOPHYSICA SINICA	729	16	−0.32	0.629	18	−0.27	43.5	12	4.02	0.50	0.27
I072	CELL RESEARCH	2484	3	1.32	1.266	5	0.48	60.9	4	6.61	0.86	0.00
I222	GENOMICS PROTEOMICS & BIOINFORMATICS	300	27	−0.72	0.618	19	−0.28	25.3	26	2.02	0.64	0.05
F013	JOURNAL OF GENETICS AND GENOMICS	876	11	−0.18	0.506	23	−0.41	37.0	17	3.15	0.54	0.07
F021	JOURNAL OF MOLECULAR CELL BIOLOGY	398	24	−0.63	0.715	14	−0.17	25.7	25	2.44	0.61	0.13
I159	JOURNAL OF ZHEJIANG UNIVERSITY SCIENCE B	817	12	−0.24	1.036	8	0.21	46.0	9	4.76	0.43	0.37
I129	PROTEIN & CELL	573	20	−0.47	0.815	13	−0.05	36.2	18	3.25	0.68	0.05
H245	基因组学与应用生物学	3010	2	1.81	0.600	20	−0.30	49.1	8	6.16	0.50	0.51
F045	激光生物学报	375	25	−0.65	0.503	24	−0.41	33.4	22	2.45	0.21	0.30
H415	热带生物学报	284	28	−0.74	0.493	25	−0.42	29.4	23	1.57	0.14	0.21
F041	人类学学报	552	21	−0.49	0.453	26	−0.47	16.0	28	0.74	0.11	0.00
F203	生理科学进展	704	17	−0.34	0.849	11	−0.01	45.1	10	3.89	0.46	0.62
F001	生理学报	510	22	−0.52	0.830	12	−0.03	35.5	19	3.01	0.50	0.33
F042	生命的化学	692	18	−0.35	0.696	15	−0.19	27.1	24	3.35	0.43	0.56
F215	生命科学	1050	9	−0.02	0.664	16	−0.23	54.9	7	5.35	0.61	0.59
F046	生命科学研究	320	26	−0.70	0.424	28	−0.51	34.5	20	2.29	0.32	0.44
F049	生物多样性	3380	1	2.15	1.758	2	1.05	70.0	1	4.08	0.39	0.30
F016	生物化学与生物物理进展	655	19	−0.39	0.425	27	−0.50	41.9	13	4.27	0.50	0.43
F040	生物信息学	1396	8	0.30	2.304	1	1.69	63.0	3	5.37	0.79	0.61
F213	生物学杂志	785	14	−0.27	0.525	21	−0.39	33.7	21	3.64	0.39	0.28
F044	生物资源	461	23	−0.57	0.872	9	0.02	38.7	16	2.27	0.21	0.25
F010	水生生物学报	1893	5	0.77	0.870	10	0.02	44.8	11	2.62	0.32	0.26
F024	遗传	1754	6	0.64	1.354	3	0.58	55.6	6	5.01	0.75	0.42
F100	应用与环境生物学报	2159	4	1.01	1.244	6	0.45	57.1	5	4.38	0.39	0.18
A107	中国科学 生命科学	1419	7	0.32	1.332	4	0.55	66.3	2	6.47	0.64	0.26
F002	中国生物化学与分子生物学报	764	15	−0.29	0.636	17	−0.26	39.1	15	3.82	0.57	0.56
F025	中国细胞生物学学报	885	10	−0.17	0.518	22	−0.40	40.1	14	4.29	0.54	0.56
G130	中国应用生理学杂志	803	13	−0.25	1.047	7	0.22	24.2	27	3.15	0.25	0.72
	28 种期刊平均值	1072			0.857							

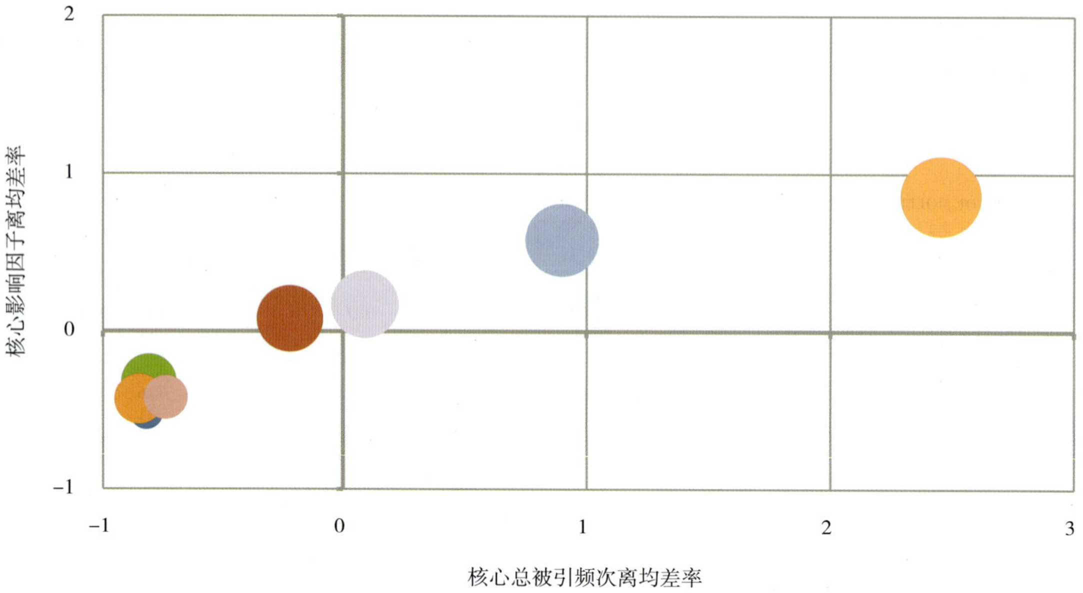

2020 年生态学类期刊核心总被引频次和核心影响因子离均差率的分布图
（节点大小表示综合评价总分）

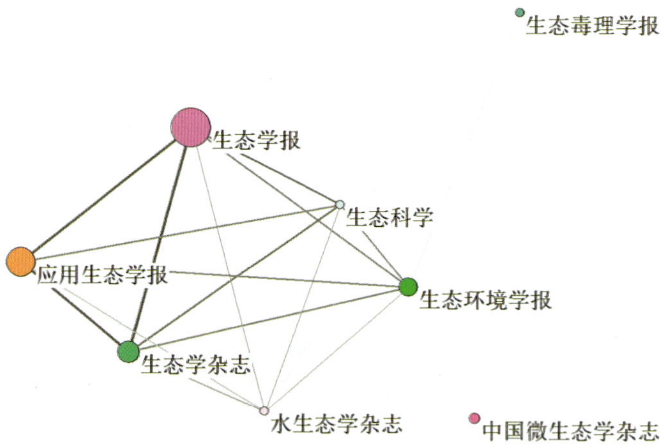

2020 年生态学类期刊互引关系示意图

表 7-17　2020 年生态学类期刊主要指标

CODE	刊名	核心总被引频次			核心影响因子			综合评价总分		学科扩散指标	学科影响指标	红点指数
		数值	排名	离均差率	数值	排名	离均差率	数值	排名			
Z034	生态毒理学报	1321	7	−0.82	0.787	8	−0.52	14.5	8	3.40	0.88	0.22
H784	生态环境学报	5760	4	−0.22	1.760	4	0.08	58.7	3	6.31	1.00	0.53
Z512	生态科学	1377	6	−0.81	1.108	5	−0.32	41.3	5	3.93	0.88	0.41
Z014	生态学报	25470	1	2.45	3.037	1	0.86	85.1	1	8.31	1.00	0.53
Z028	生态学杂志	8026	3	0.09	1.900	3	0.17	56.9	4	6.44	0.88	0.42
H850	水生态学杂志	1108	8	−0.85	0.921	7	−0.43	33.3	6	2.48	1.00	0.47
Z018	应用生态学报	13995	2	0.90	2.579	2	0.58	71.0	2	6.70	1.00	0.46
G517	中国微生态学杂志	1935	5	−0.74	0.950	6	−0.42	25.9	7	5.61	0.75	0.44
	8 种期刊平均值	7374			1.630							

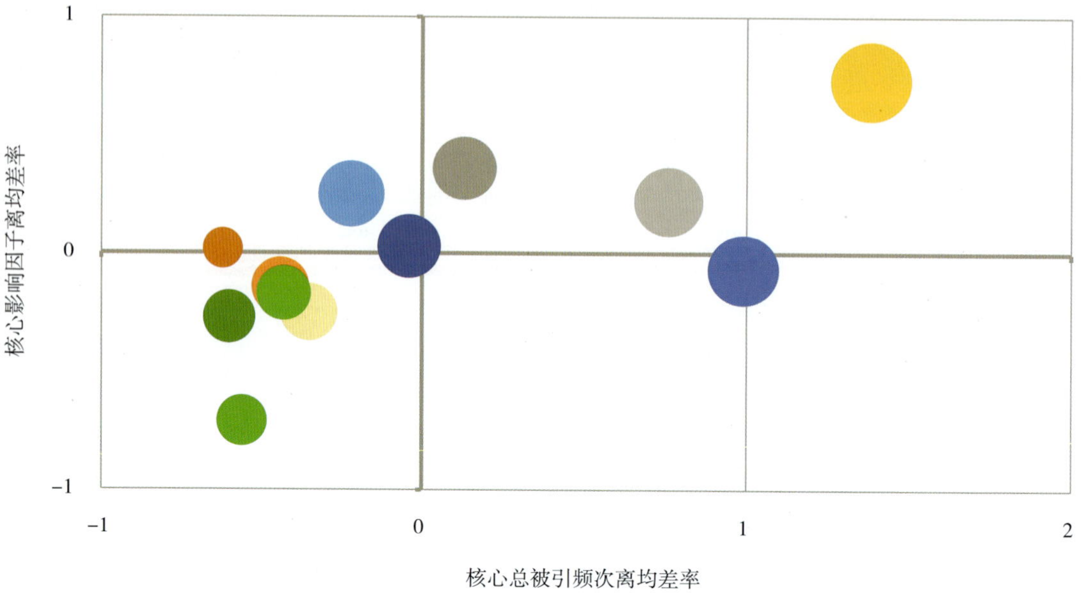

2020 年植物学类期刊核心总被引频次和核心影响因子离均差率的分布图
（节点大小表示综合评价总分）

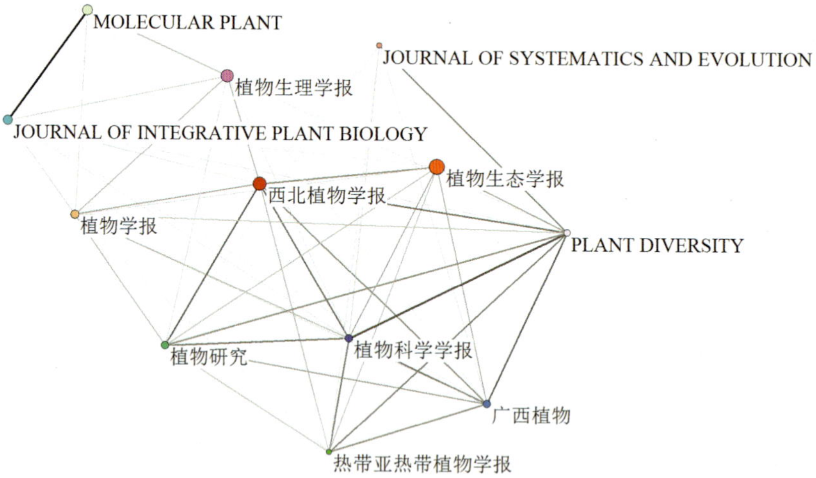

2020 年植物学类期刊互引关系示意图

表 7-18　2020 年植物学类期刊主要指标

CODE	刊名	核心总被引频次			核心影响因子			综合评价总分		学科扩散指标	学科影响指标	红点指标
		数值	排名	离均差率	数值	排名	离均差率	数值	排名			
F029	JOURNAL OF INTEGRATIVE PLANT BIOLOGY	1954	5	−0.04	1.128	5	0.03	56.9	5	3.67	1.00	0.00
F039	JOURNAL OF SYSTEMATICS AND EVOLUTION	764	12	−0.62	1.120	6	0.02	23.3	12	1.67	0.92	0.16
F019	MOLECULAR PLANT	2297	4	0.13	1.485	2	0.36	55.3	6	2.60	1.00	0.11
F007	PLANT DIVERSITY	901	10	−0.56	0.320	12	−0.71	36.3	11	2.46	0.83	0.00
F028	广西植物	1309	7	−0.35	0.817	10	−0.25	43.1	8	2.75	0.83	0.38
F228	热带亚热带植物学报	820	11	−0.60	0.803	11	−0.27	39.5	10	2.39	0.83	0.42
F020	西北植物学报	4042	2	0.99	1.018	7	−0.07	69.2	2	4.16	0.75	0.50
F008	植物科学学报	1126	9	−0.44	0.940	8	−0.14	46.3	7	2.74	0.83	0.41
F038	植物生理学报	3572	3	0.76	1.329	4	0.22	66.5	3	3.44	0.67	0.50
F009	植物生态学报	4819	1	1.38	1.888	1	0.73	89.4	1	3.94	0.83	0.25
F023	植物学报	1585	6	−0.22	1.361	3	0.25	61.1	4	3.07	0.75	0.55
F050	植物研究	1150	8	−0.43	0.910	9	−0.17	41.8	9	2.51	0.83	0.39
	12 种期刊平均值	2028			1.093							

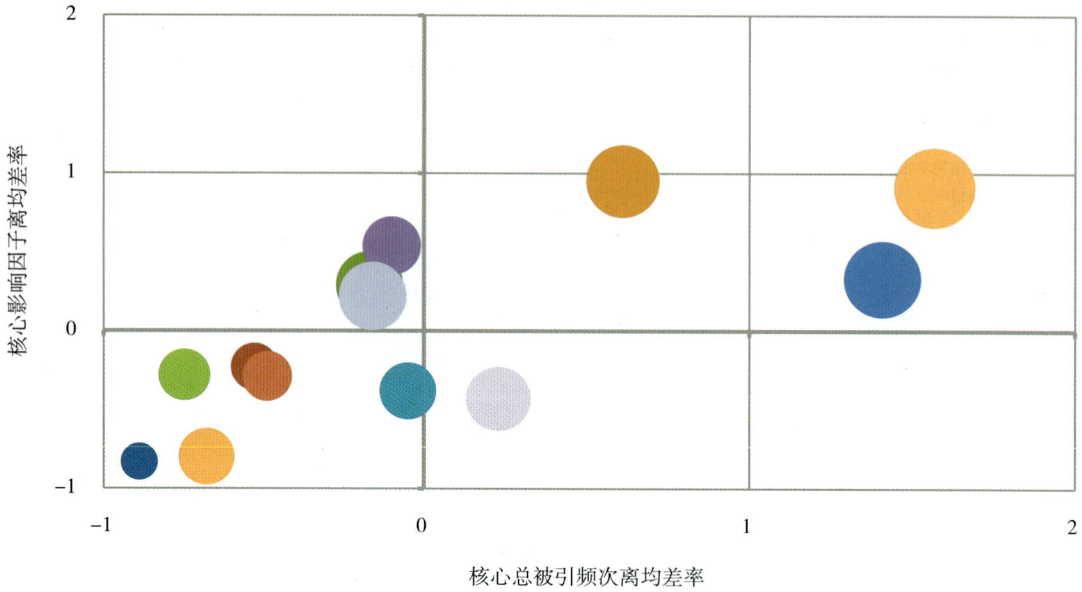

2020 年昆虫学、动物学类期刊核心总被引频次和核心影响因子离均差率的分布图
（节点大小表示综合评价总分）

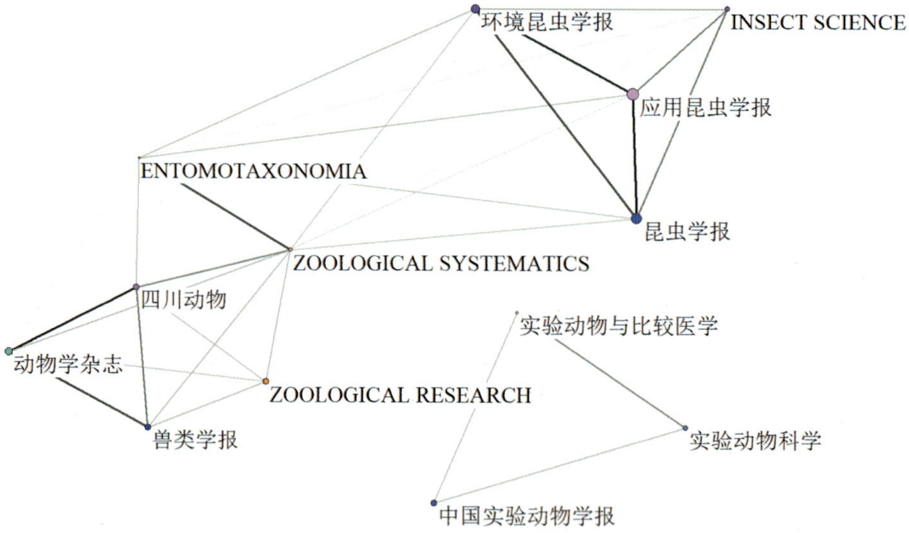

2020 年昆虫学、动物学类期刊互引关系示意图

表 7-19　2020 年昆虫学、动物学类期刊主要指标

CODE	刊名	核心总被引频次			核心影响因子			综合评价总分		学科扩散指标	学科影响指标	红点指标
		数值	排名	离均差率	数值	排名	离均差率	数值	排名			
F005	ENTOMOTAXONOMIA	89	13	−0.89	0.113	13	−0.83	16.9	13	0.37	0.46	1.00
I012	INSECT SCIENCE	398	10	−0.53	0.513	7	−0.23	28.2	12	0.97	0.46	0.01
F022	ZOOLOGICAL RESEARCH	702	8	−0.17	0.861	5	0.29	56.1	5	2.15	0.77	0.00
F014	ZOOLOGICAL SYSTEMATICS	271	11	−0.68	0.136	12	−0.80	39.4	9	1.04	0.77	0.43
F043	动物学杂志	1033	4	0.23	0.383	11	−0.43	48.0	6	2.01	0.69	0.23
H049	环境昆虫学报	1359	3	0.61	1.307	1	0.95	65.1	3	1.98	0.46	0.44
F015	昆虫学报	2029	2	1.41	0.890	4	0.33	71.9	2	2.38	0.69	0.57
F257	实验动物科学	426	9	−0.49	0.475	9	−0.29	31.2	11	1.83	0.46	0.30
G387	实验动物与比较医学	214	12	−0.75	0.480	8	−0.28	33.1	10	1.22	0.23	0.47
F033	兽类学报	756	6	−0.10	1.032	3	0.54	42.5	7	1.19	0.31	0.35
F027	四川动物	800	5	−0.05	0.415	10	−0.38	40.3	8	1.96	0.77	0.36
F035	应用昆虫学报	2168	1	1.57	1.279	2	0.91	79.0	1	2.74	0.46	0.50
F047	中国实验动物学报	710	7	−0.16	0.817	6	0.22	57.3	4	2.82	0.23	0.48
	13 种期刊平均值	843			0. 669							

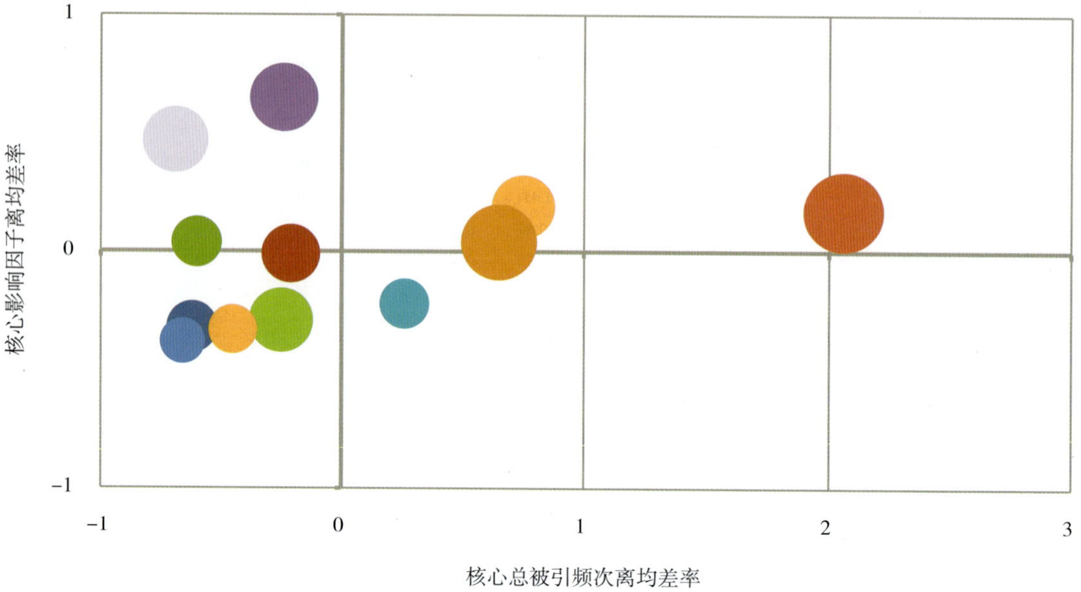

2020 年微生物学、病毒学类期刊核心总被引频次和核心影响因子离均差率的分布图
（节点大小表示综合评价总分）

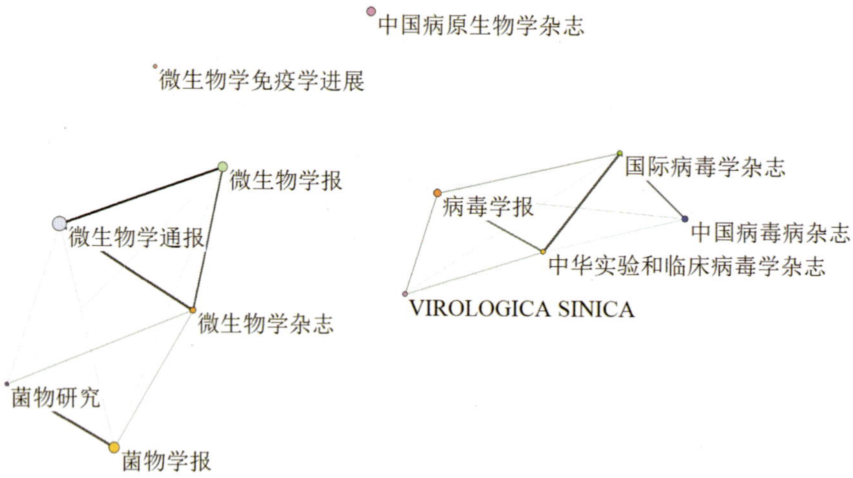

2020 年微生物学、病毒学类期刊互引关系示意图

表 7-20　2020 年微生物学、病毒学类期刊主要指标

CODE	刊名	核心总被引频次			核心影响因子			综合评价总分		学科扩散指标	学科影响指标	红点指标
		数值	排名	离均差率	数值	排名	离均差率	数值	排名			
G095	VIROLOGICA SINICA	401	10	−0.62	0.615	10	−0.32	30.6	8	2.29	0.58	0.12
G018	病毒学报	833	5	−0.21	0.904	7	−0.01	39.7	7	2.71	0.67	0.40
G495	国际病毒学杂志	426	9	−0.60	0.948	5	0.04	30.0	9	1.38	0.58	0.56
F018	菌物学报	1860	2	0.75	1.085	3	0.19	46.2	6	3.07	0.50	0.32
C325	菌物研究	327	12	−0.69	1.338	2	0.47	47.4	4	1.30	0.42	0.50
F004	微生物学报	1747	3	0.65	0.943	6	0.04	66.5	2	4.38	0.75	0.27
F206	微生物学免疫学进展	362	11	−0.66	0.564	12	−0.38	23.8	12	2.02	0.58	0.30
F011	微生物学通报	3247	1	2.06	1.066	4	0.17	73.5	1	5.65	0.67	0.36
F225	微生物学杂志	798	7	−0.25	0.647	9	−0.29	47.3	5	3.81	0.67	0.33
G769	中国病毒病杂志	802	6	−0.24	1.503	1	0.65	53.8	3	2.84	0.58	0.55
G339	中国病原生物学杂志	1332	4	0.26	0.712	8	−0.22	28.8	10	3.74	0.58	0.59
G162	中华实验和临床病毒学杂志	580	8	−0.45	0.606	11	−0.33	27.5	11	2.29	0.50	0.51
	12 种期刊平均值	1060			0.911							

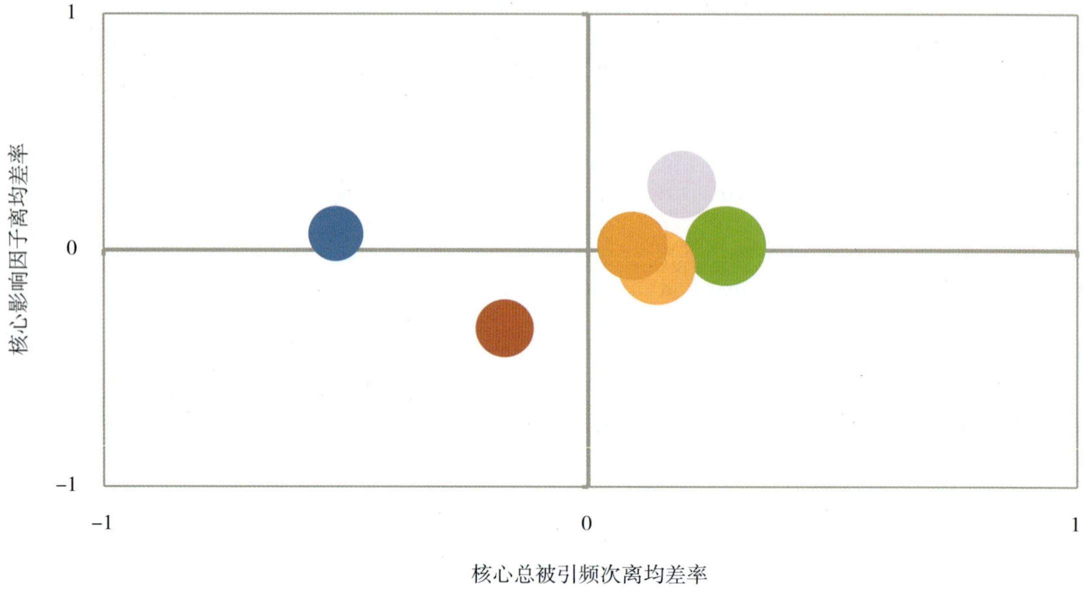

2020 年心理学类期刊核心总被引频次和核心影响因子离均差率的分布图
（节点大小表示综合评价总分）

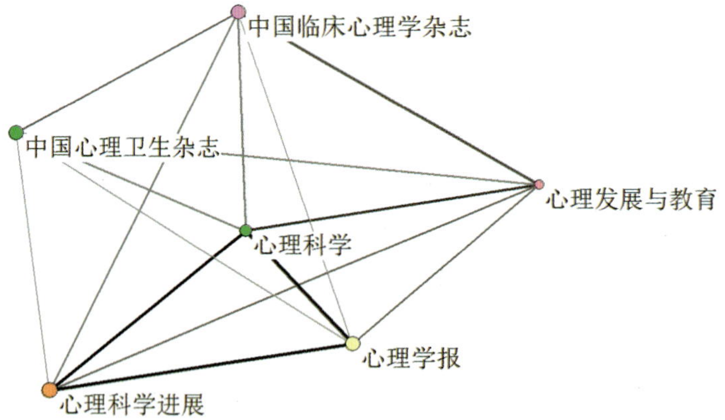

2020 年心理学类期刊互引关系示意图

表 7-21　2020 年心理学类期刊主要指标

CODE	刊名	核心总被引频次			核心影响因子			综合评价总分		学科扩散指标	学科影响指标	红点指标
		数值	排名	离均差率	数值	排名	离均差率	数值	排名			
S700	心理发展与教育	1206	6	−0.52	1.121	2	0.07	40.4	6	2.11	1.00	0.53
S918	心理科学	2112	5	−0.17	0.709	6	−0.33	44.0	5	4.25	1.00	0.22
S919	心理科学进展	3231	1	0.28	1.076	4	0.02	84.4	1	5.78	1.00	0.15
E046	心理学报	2875	3	0.14	0.983	5	−0.07	75.6	2	4.78	1.00	0.16
G221	中国临床心理学杂志	3005	2	0.19	1.343	1	0.28	57.3	4	4.04	1.00	0.48
G117	中国心理卫生杂志	2758	4	0.09	1.077	3	0.02	62.1	3	5.04	1.00	0.62
	6 种期刊平均值	2531			1.052							

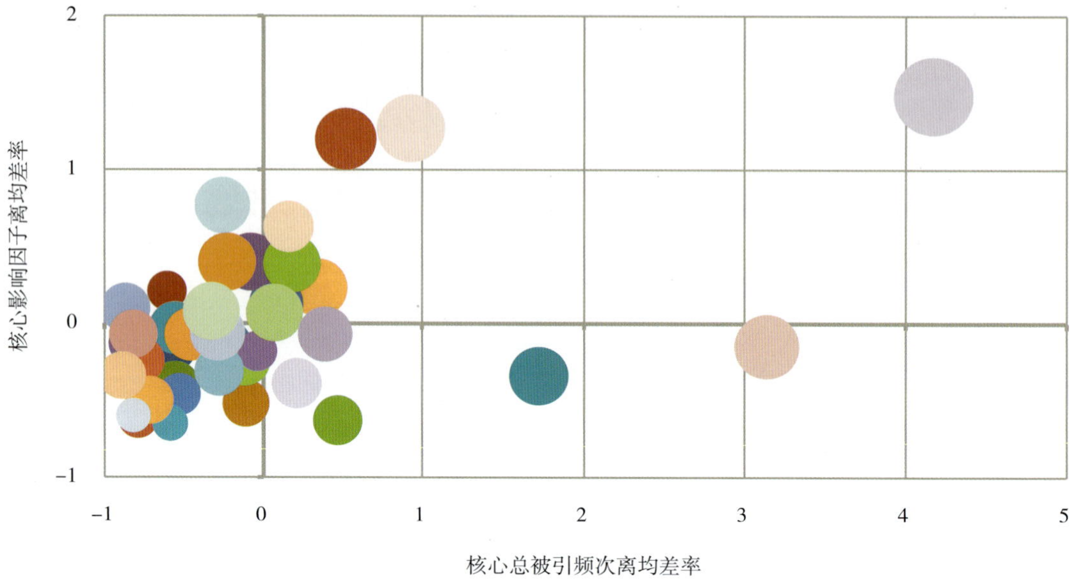

2020 年农业综合类期刊核心总被引频次和核心影响因子离均差率的分布图
（节点大小表示综合评价总分）

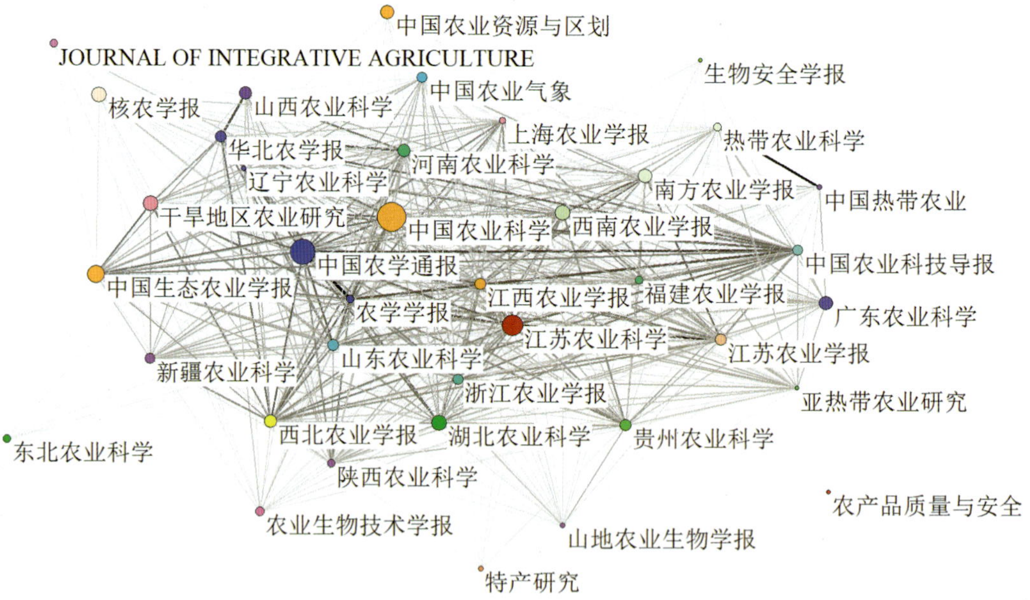

2020 年农业综合类期刊互引关系示意图

表 7-22　2020 年农业综合类期刊主要指标

CODE	刊名	核心总被引频次			核心影响因子			综合评价总分		学科扩	学科影	红点
		数值	排名	离均差率	数值	排名	离均差率	数值	排名	散指标	响指标	指标
H017	JOURNAL OF INTEGRATIVE AGRICULTURE	974	28	-0.58	0.755	21	-0.15	38.9	22	2.70	0.79	0.01
H227	东北农业科学	907	30	-0.61	1.068	10	0.21	23.9	35	2.02	0.87	0.63
H265	福建农业学报	1027	26	-0.56	0.522	31	-0.41	39.5	21	2.92	0.89	0.65
H045	干旱地区农业研究	3119	8	0.35	1.087	9	0.23	51.7	7	3.36	0.95	0.74
H228	广东农业科学	2795	9	0.21	0.539	30	-0.39	36.2	26	4.73	1.00	0.55
H275	贵州农业科学	2055	16	-0.11	0.420	34	-0.52	34.0	30	4.18	1.00	0.71
H356	河南农业科学	2495	12	0.08	0.995	11	0.13	45.1	15	3.69	0.97	0.71
H042	核农学报	3516	5	0.52	1.946	3	1.20	58.3	4	3.78	1.00	0.65
H203	湖北农业科学	3414	6	0.47	0.326	37	-0.63	37.8	24	6.10	0.97	0.47
H032	华北农学报	2137	15	-0.08	1.234	7	0.40	51.2	9	2.88	0.92	0.83
H700	江苏农业科学	6305	3	1.72	0.581	29	-0.34	52.2	5	7.38	1.00	0.59
H199	江苏农业学报	1793	18	-0.23	1.236	6	0.40	52.0	6	3.48	1.00	0.60
H701	江西农业学报	1788	19	-0.23	0.748	23	-0.15	40.5	19	3.85	1.00	0.70
H261	辽宁农业科学	477	33	-0.79	0.336	36	-0.62	23.6	36	1.71	0.84	0.60
H069	南方农业学报	2730	10	0.18	1.231	8	0.39	51.3	8	3.92	0.95	0.64
H071	农产品质量与安全	376	36	-0.84	0.767	20	-0.13	28.6	32	1.31	0.50	0.55
H105	农学学报	1020	27	-0.56	0.858	15	-0.03	41.9	17	2.98	0.95	0.65
H286	农业生物技术学报	1260	24	-0.46	0.822	18	-0.07	43.2	16	2.80	0.79	0.56
H516	热带农业科学	1082	25	-0.53	0.473	32	-0.46	27.3	33	2.70	0.92	0.59
H070	山地农业生物学报	527	32	-0.77	0.674	25	-0.24	32.3	31	2.17	0.66	0.60
H804	山东农业科学	2031	17	-0.12	0.668	26	-0.24	40.8	18	3.54	0.97	0.73
H390	山西农业科学	2214	14	-0.04	0.724	24	-0.18	24.6	34	3.29	0.97	0.69
H217	陕西农业科学	956	29	-0.59	0.309	38	-0.65	19.5	37	2.83	0.92	0.61
H282	上海农业学报	644	31	-0.72	0.440	33	-0.50	35.1	28	2.40	0.92	0.56
H080	生物安全学报	300	37	-0.87	0.971	12	0.10	37.6	25	1.10	0.63	0.35
H041	特产研究	414	34	-0.82	0.825	17	-0.07	35.6	27	1.67	0.50	0.50
H288	西北农业学报	2468	13	0.07	0.942	14	0.07	50.1	11	3.55	0.97	0.67
H061	西南农业学报	3218	7	0.39	0.819	19	-0.07	46.3	14	4.13	1.00	0.69
H276	新疆农业科学	1669	21	-0.28	0.611	27	-0.31	38.2	23	3.06	0.97	0.70
H200	亚热带农业研究	254	38	-0.89	0.584	28	-0.34	34.6	29	1.16	0.61	0.60
H201	浙江农业学报	1641	22	-0.29	0.831	16	-0.06	47.3	13	3.97	0.92	0.57
H958	中国农学通报	9601	2	3.14	0.752	22	-0.15	63.6	3	7.03	1.00	0.68
H567	中国农业科技导报	1554	23	-0.33	0.956	13	0.08	50.7	10	3.88	1.00	0.58
H030	中国农业科学	11985	1	4.17	2.190	1	1.48	93.8	1	5.76	1.00	0.65
H210	中国农业气象	1718	20	-0.26	1.566	4	0.77	48.1	12	2.76	0.84	0.66
H221	中国农业资源与区划	2696	11	0.16	1.443	5	0.63	39.9	20	4.01	0.95	0.52
H081	中国热带农业	411	35	-0.82	0.355	35	-0.60	18.2	38	1.08	0.61	0.55
H555	中国生态农业学报	4472	4	0.93	2.005	2	1.27	71.6	2	4.49	0.95	0.57
	38 种期刊平均值	2317			0.884							

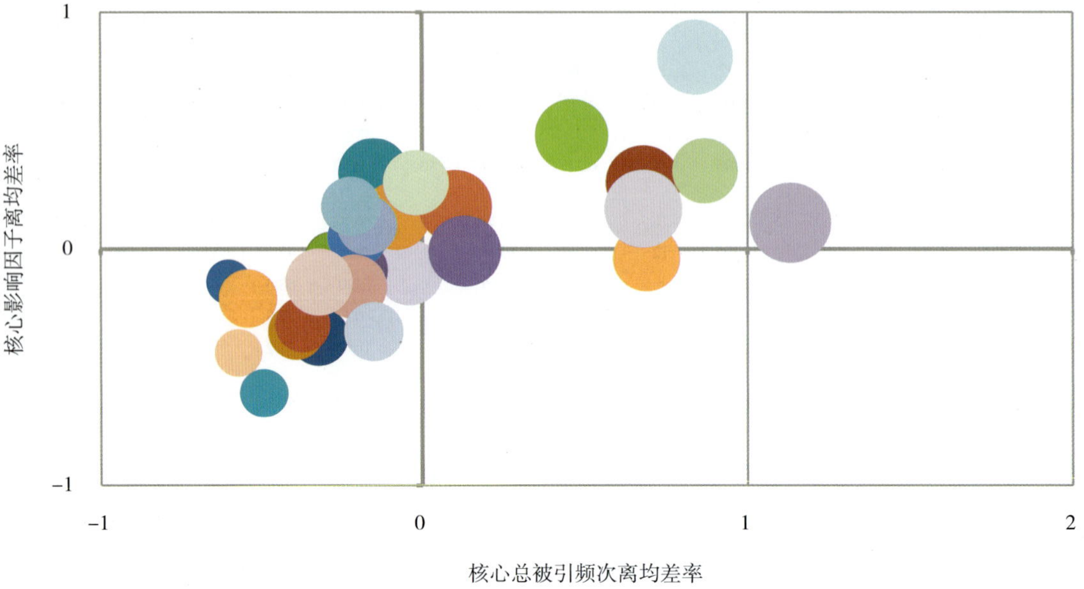

2020 年农业大学学报类期刊核心总被引频次和核心影响因子离均差率的分布图

（节点大小表示综合评价总分）

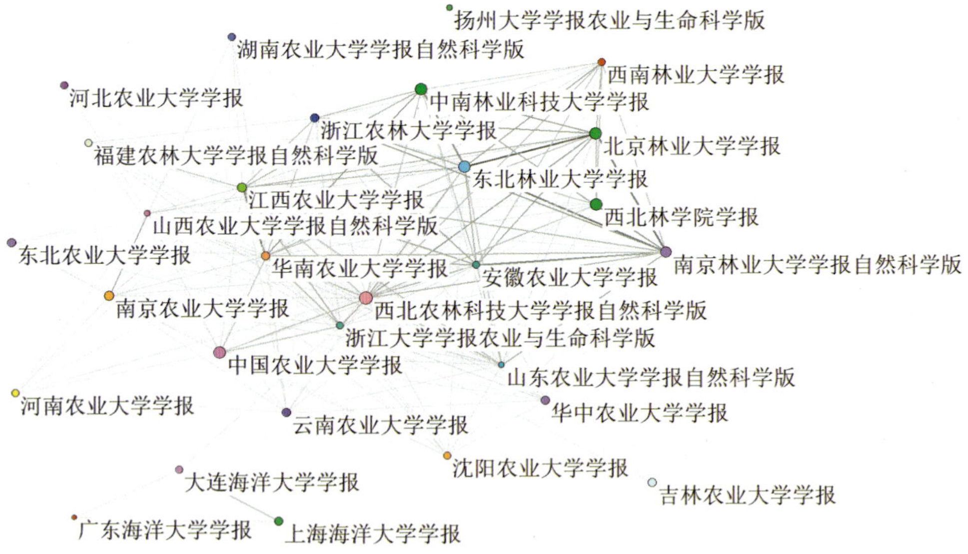

2020 年农业大学学报类期刊互引关系示意图

表 7-23 2020 年农业大学学报类期刊主要指标

CODE	刊名	核心总被引频次			核心影响因子			综合评价总分		学科扩散指标	学科影响指标	红点指标
		数值	排名	离均差率	数值	排名	离均差率	数值	排名			
H002	安徽农业大学学报	945	22	−0.32	0.594	27	−0.37	42.9	21	3.55	0.90	0.45
H025	北京林业大学学报	2326	5	0.68	1.207	5	0.28	68.4	4	4.00	0.83	0.42
H005	大连海洋大学学报	995	21	−0.28	0.902	15	−0.04	35.5	26	2.02	0.55	0.40
H262	东北林业大学学报	2334	4	0.69	0.901	16	−0.04	54.5	11	4.19	0.90	0.37
H006	东北农业大学学报	1328	11	−0.04	0.846	19	−0.10	51.1	15	3.82	0.97	0.48
H268	福建农林大学学报自然科学版	838	25	−0.39	0.615	25	−0.35	38.8	24	2.94	0.83	0.42
H272	广东海洋大学学报	560	29	−0.60	0.810	20	−0.14	25.4	29	1.72	0.28	0.36
H244	河北农业大学学报	868	24	−0.37	0.638	24	−0.32	38.3	25	3.00	0.69	0.44
H011	河南农业大学学报	1012	20	−0.27	0.896	17	−0.05	42.1	23	3.06	0.79	0.56
H060	湖南农业大学学报自然科学版	1101	17	−0.20	0.854	18	−0.09	45.0	16	3.11	0.79	0.52
H013	华南农业大学学报	1175	14	−0.15	1.242	4	0.32	60.8	8	3.36	0.90	0.36
H003	华中农业大学学报	1280	12	−0.08	1.070	10	0.14	57.2	9	3.38	0.93	0.38
H243	吉林农业大学学报	1114	16	−0.20	0.991	13	0.05	43.4	18	3.24	0.76	0.44
H283	江西农业大学学报	1524	9	0.10	1.106	8	0.18	64.9	6	3.76	0.97	0.52
H033	南京林业大学学报自然科学版	2026	7	0.46	1.389	2	0.48	65.9	5	3.96	0.83	0.45
H021	南京农业大学学报	1562	8	0.13	0.932	14	−0.01	62.9	7	3.61	0.97	0.39
H031	山东农业大学学报自然科学版	712	26	−0.49	0.369	29	−0.61	28.9	27	3.56	0.76	0.22
H393	山西农业大学学报自然科学版	634	27	−0.54	0.745	23	−0.21	42.2	22	2.45	0.72	0.48
H292	上海海洋大学学报	1152	15	−0.17	1.036	12	0.10	44.0	17	2.04	0.52	0.29
H024	沈阳农业大学学报	1087	18	−0.21	0.795	22	−0.16	51.8	14	3.11	0.93	0.51
H224	西北林学院学报	2583	2	0.87	1.247	3	0.33	52.8	12	3.88	0.83	0.39
H018	西北农林科技大学学报自然科学版	2944	1	1.13	1.043	11	0.11	79.3	1	5.34	0.93	0.33
H270	西南林业大学学报	1080	19	−0.22	1.107	7	0.18	43.3	19	2.70	0.72	0.57
H016	扬州大学学报农业与生命科学版	596	28	−0.57	0.525	28	−0.44	27.9	28	2.12	0.41	0.49
H269	云南农业大学学报	1178	13	−0.15	0.614	26	−0.35	43.2	20	3.08	0.79	0.56
H035	浙江大学学报农业与生命科学版	937	23	−0.32	0.808	21	−0.14	55.8	10	3.43	0.76	0.39
H019	浙江农林大学学报	1357	10	−0.02	1.201	6	0.28	52.5	13	3.39	0.76	0.55
H027	中国农业大学学报	2323	6	0.68	1.098	9	0.17	74.5	2	5.25	0.97	0.33
H053	中南林业科技大学学报	2553	3	0.84	1.707	1	0.81	69.7	3	4.18	0.86	0.43
	29 种期刊平均值	1384			0.941							

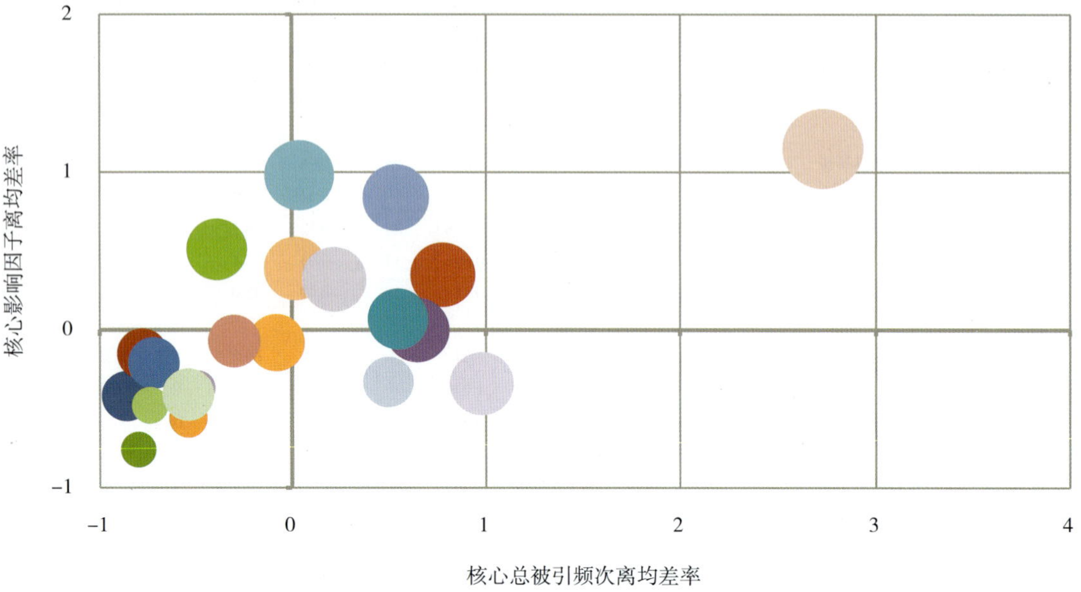

2020 年农艺学类期刊核心总被引频次和核心影响因子离均差率的分布图
（节点大小表示综合评价总分）

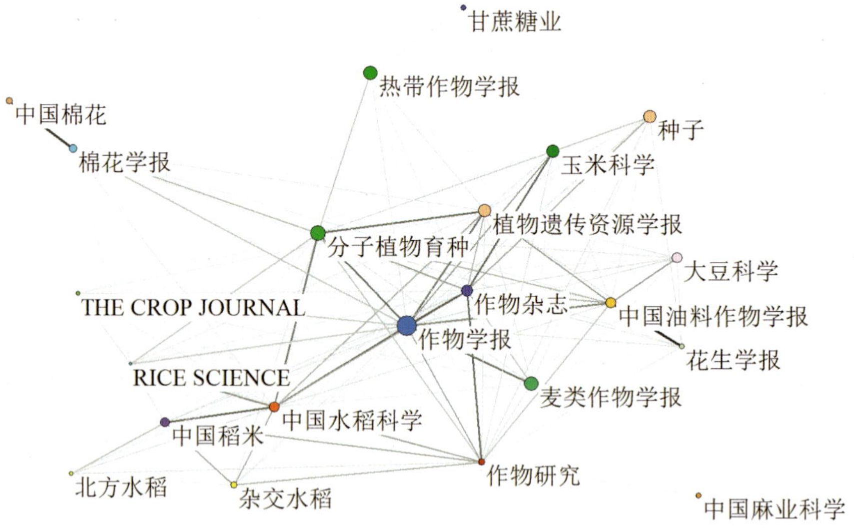

2020 年农艺学类期刊互引关系示意图

表 7-24 2020 年农艺学类期刊主要指标

CODE	刊名	核心总被引频次			核心影响因子			综合评价总分		学科扩散指标	学科影响指标	红点指标
		数值	排名	离均差率	数值	排名	离均差率	数值	排名			
I065	RICE SCIENCE	225	22	-0.86	0.595	18	-0.42	37.1	17	1.06	0.55	0.44
H064	THE CROP JOURNAL	343	20	-0.78	0.871	12	-0.15	37.4	15	1.06	0.77	0.05
H128	北方水稻	314	21	-0.80	0.247	22	-0.76	18.3	21	0.93	0.55	0.69
H038	大豆科学	1456	11	-0.08	0.942	11	-0.08	47.4	11	2.33	0.73	0.80
H845	分子植物育种	3138	2	0.98	0.676	15	-0.34	54.7	9	3.09	0.95	0.61
H844	甘蔗糖业	405	18	-0.74	0.559	19	-0.45	7.7	22	0.84	0.36	0.41
H665	花生学报	438	17	-0.72	0.806	13	-0.21	38.8	14	1.18	0.55	0.78
H748	麦类作物学报	2826	3	0.78	1.379	6	0.35	60.2	5	2.55	0.77	0.80
H037	棉花学报	967	13	-0.39	1.543	4	0.51	55.3	8	1.62	0.59	0.67
H223	热带作物学报	2613	4	0.65	1.024	9	0.00	59.7	6	3.38	0.73	0.33
H909	玉米科学	2459	5	0.55	1.093	8	0.07	53.5	10	2.19	0.86	0.92
H293	杂交水稻	721	16	-0.54	0.454	21	-0.56	22.2	18	1.22	0.68	0.93
H238	植物遗传资源学报	2439	6	0.54	1.884	3	0.84	64.3	3	2.27	0.95	0.74
H939	中国稻米	1111	12	-0.30	0.955	10	-0.07	40.2	12	1.78	0.73	0.70
H212	中国麻业科学	405	18	-0.74	0.533	20	-0.48	19.6	19	1.02	0.32	0.49
H211	中国棉花	810	14	-0.49	0.643	16	-0.37	18.7	20	1.04	0.45	0.67
H020	中国水稻科学	1640	9	0.04	2.024	2	0.98	71.3	2	2.17	0.91	0.73
H205	中国油料作物学报	1610	10	0.02	1.422	5	0.39	58.7	7	2.19	0.73	0.71
H103	种子	2371	7	0.50	0.685	14	-0.33	37.3	16	2.45	0.91	0.68
H034	作物学报	5901	1	2.73	2.193	1	1.15	92.9	1	3.20	1.00	0.72
H410	作物研究	733	15	-0.54	0.606	17	-0.41	40.2	12	1.79	0.86	0.83
H202	作物杂志	1931	8	0.22	1.348	7	0.32	60.6	4	2.29	0.95	0.72
	22 种期刊平均值	1584			1.022							

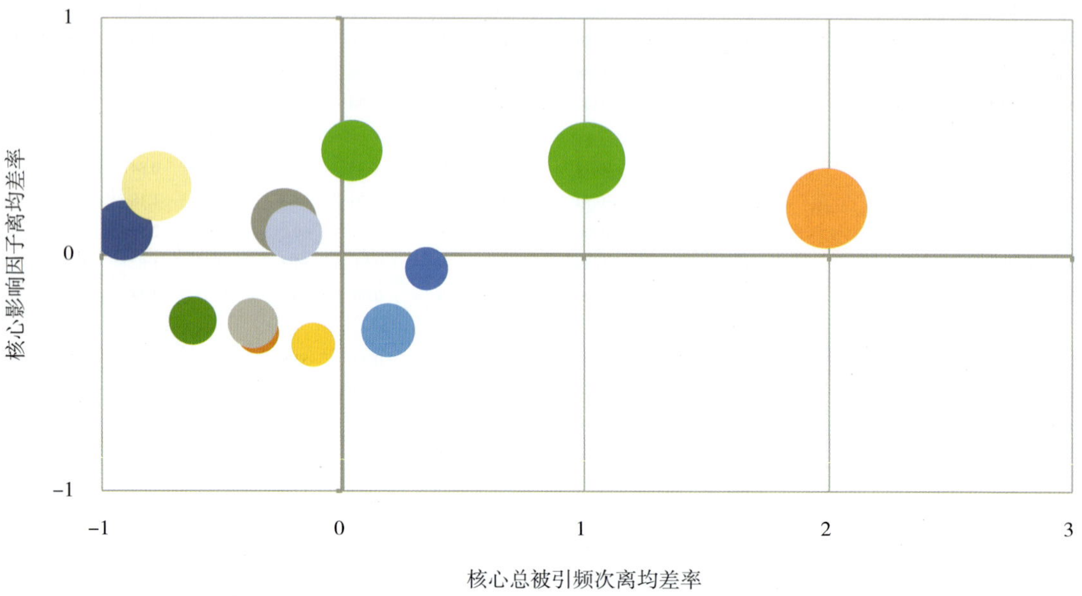

2020 年园艺学类期刊核心总被引频次和核心影响因子离均差率的分布图
（节点大小表示综合评价总分）

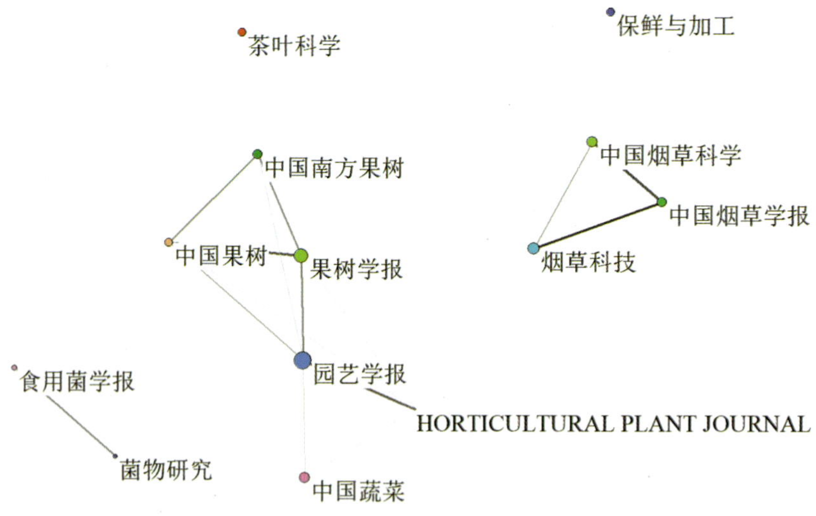

2020 年园艺学类期刊互引关系示意图

表 7-25 2020 年园艺学类期刊主要指标

CODE	刊名	核心总被引频次			核心影响因子			综合评价总分		学科扩散指标	学科影响指标	红点指标
		数值	排名	离均差率	数值	排名	离均差率	数值	排名			
H062	HORTICULTURAL PLANT JOURNAL	122	13	−0.91	1.143	6	0.10	47.6	6	0.44	0.54	0.00
U645	保鲜与加工	915	9	−0.35	0.691	12	−0.33	23.6	13	1.58	0.54	0.39
H001	茶叶科学	1063	8	−0.24	1.184	5	0.14	57.4	4	2.10	0.69	0.33
H028	果树学报	2820	2	1.01	1.451	2	0.40	77.1	2	2.39	0.69	0.57
C325	菌物研究	327	12	−0.77	1.338	3	0.29	60.8	3	1.30	0.38	0.30
H838	食用菌学报	529	11	−0.62	0.750	9	−0.28	30.4	10	1.44	0.31	0.12
U562	烟草科技	1898	3	0.35	0.976	8	−0.06	24.8	12	2.38	0.54	0.39
H039	园艺学报	4202	1	1.99	1.248	4	0.20	84.2	1	2.83	0.92	0.66
H215	中国果树	884	10	−0.37	0.734	10	−0.29	32.7	9	1.66	0.54	0.59
H273	中国南方果树	1241	6	−0.12	0.638	13	−0.38	25.1	11	1.67	0.54	0.41
H207	中国蔬菜	1677	4	0.19	0.705	11	−0.32	38.1	8	2.28	0.92	0.39
H208	中国烟草科学	1458	5	0.04	1.491	1	0.44	48.9	5	1.83	0.69	0.61
U647	中国烟草学报	1131	7	−0.20	1.126	7	0.09	42.2	7	1.99	0.54	0.37
	13 种期刊平均值	1405			1. 037							

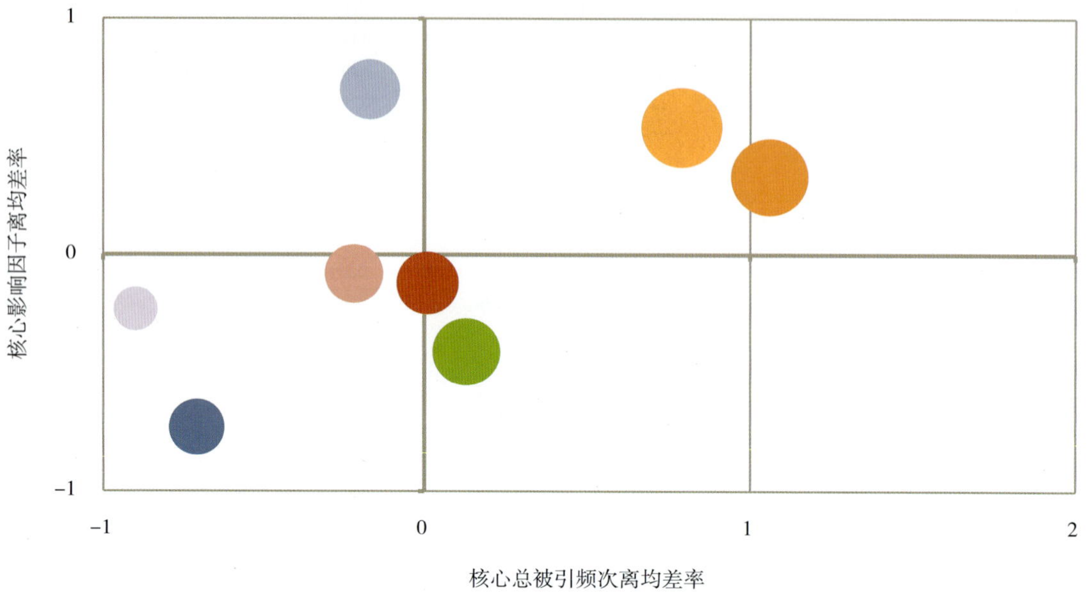

2020 年土壤学类期刊核心总被引频次和核心影响因子离均差率的分布图
（节点大小表示综合评价总分）

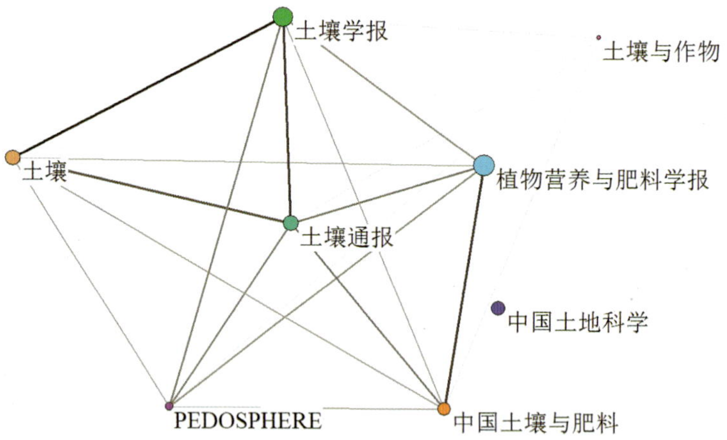

2020 年土壤学类期刊互引关系示意图

表 7-26 2020 年土壤学类期刊主要指标

CODE	刊名	核心总被引频次			核心影响因子			综合评价总分		学科扩散指标	学科影响指标	红点指标
		数值	排名	离均差率	数值	排名	离均差率	数值	排名			
H046	PEDOSPHERE	907	7	–0.71	0.503	8	–0.73	39.0	7	2.79	1.00	0.00
H043	土壤	3166	4	0.01	1.648	5	–0.12	49.2	4	4.01	1.00	0.43
H057	土壤通报	3531	3	0.13	1.102	7	–0.41	56.2	3	4.44	1.00	0.47
H012	土壤学报	5597	2	0.79	2.878	2	0.54	80.0	1	4.83	1.00	0.32
H048	土壤与作物	323	8	–0.90	1.434	6	–0.23	22.0	8	1.42	0.75	0.45
H890	植物营养与肥料学报	6413	1	1.06	2.488	3	0.33	74.2	2	3.44	1.00	0.61
H350	中国土地科学	2596	5	–0.17	3.179	1	0.70	45.5	5	3.46	0.63	0.38
H233	中国土壤与肥料	2425	6	–0.22	1.719	4	–0.08	43.3	6	2.78	0.75	0.63
	8 种期刊平均值	3120			1.869							

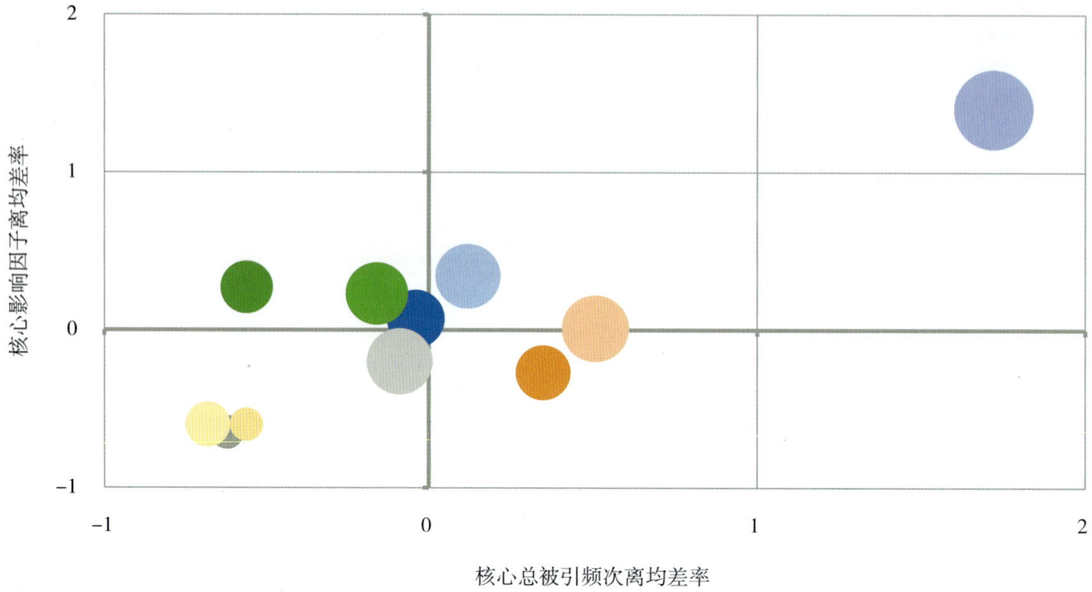

2020 年植物保护学类期刊核心总被引频次和核心影响因子离均差率的分布图
（节点大小表示综合评价总分）

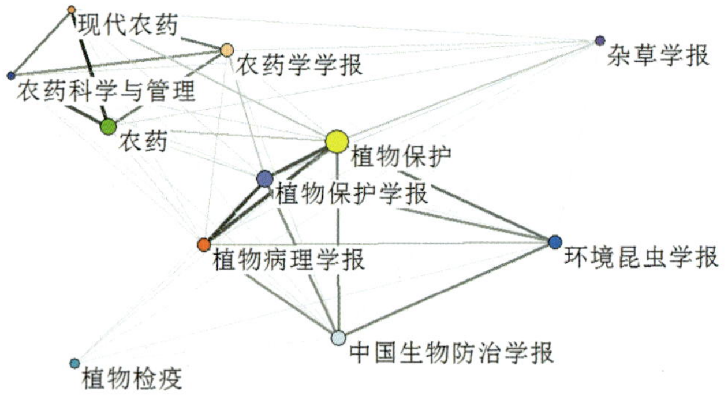

2020 年植物保护学类期刊互引关系示意图

表 7-27 2020 年植物保护学类期刊主要指标

CODE 刊名	核心总被引频次			核心影响因子			综合评价总分		学科扩散指标	学科影响指标	红点指标
	数值	排名	离均差率	数值	排名	离均差率	数值	排名			
H049 环境昆虫学报	1359	5	−0.04	1.307	5	0.07	43.2	6	1.98	0.82	0.32
T034 农药	1900	3	0.35	0.886	8	−0.27	38.8	7	2.73	1.00	0.65
T924 农药科学与管理	530	10	−0.62	0.429	11	−0.65	14.6	10	1.51	0.91	0.57
H404 农药学学报	1183	7	−0.16	1.497	4	0.23	49.7	5	2.47	0.91	0.61
H417 现代农药	448	11	−0.68	0.482	9	−0.60	24.1	9	1.39	0.91	0.70
H989 杂草学报	623	9	−0.56	1.540	3	0.27	35.1	8	1.31	0.82	0.54
H577 植物保护	3839	1	1.72	2.914	1	1.40	81.7	1	2.70	1.00	0.49
H014 植物保护学报	2134	2	0.51	1.234	6	0.01	56.6	2	2.17	1.00	0.36
H052 植物病理学报	1283	6	−0.09	0.971	7	−0.20	56.2	3	1.97	1.00	0.20
H584 植物检疫	627	8	−0.56	0.482	9	−0.60	14.3	11	1.35	1.00	0.29
H044 中国生物防治学报	1584	4	0.12	1.631	2	0.34	53.5	4	2.11	1.00	0.41
11 种期刊平均值	1410			1.216							

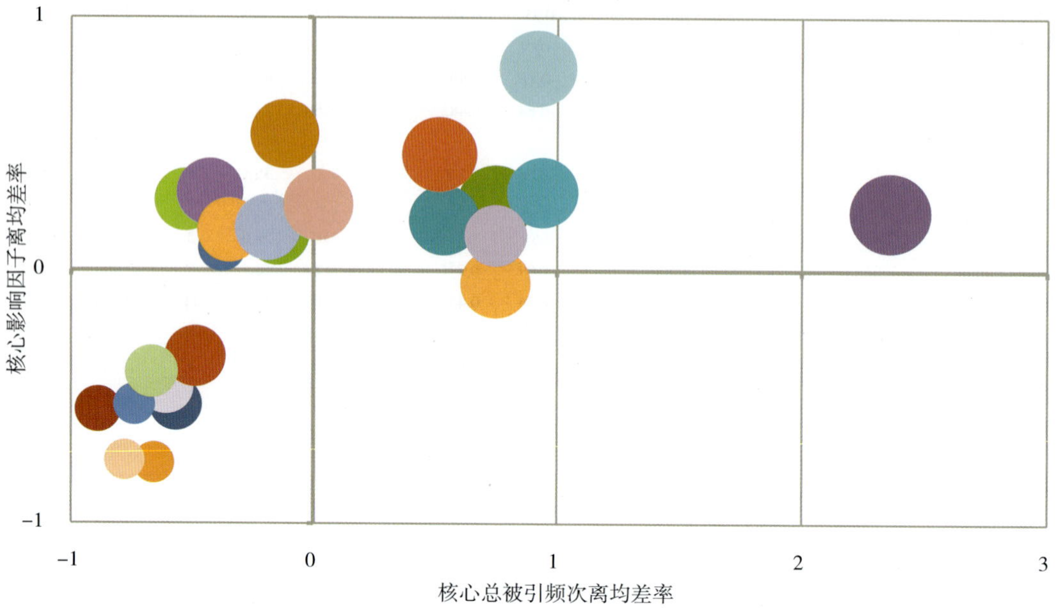

2020 年林学类期刊核心总被引频次和核心影响因子离均差率的分布图
（节点大小表示综合评价总分）

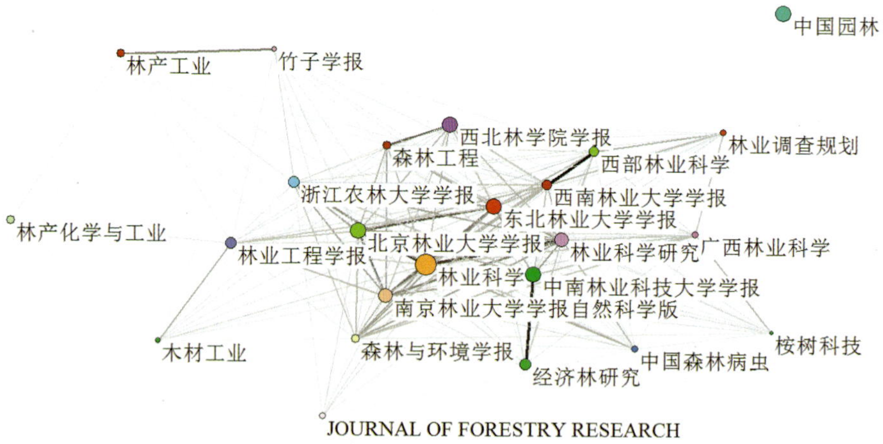

2020 年林学类期刊互引关系示意图

表 7-28　2020 年林学类期刊主要指标

CODE	刊名	核心总被引频次			核心影响因子			综合评价总分		学科扩散指标	学科影响指标	红点指标
		数值	排名	离均差率	数值	排名	离均差率	数值	排名			
I018	JOURNAL OF FORESTRY RESEARCH	575	18	−0.57	0.444	21	−0.53	34.8	19	1.92	0.88	0.05
H340	桉树科技	141	24	−0.89	0.431	22	−0.55	26.5	21	0.70	0.71	0.67
H025	北京林业大学学报	2326	5	0.75	1.207	7	0.27	70.8	3	4.00	1.00	0.44
H262	东北林业大学学报	2334	4	0.75	0.901	16	−0.05	60.3	9	4.19	1.00	0.37
H364	广西林业科学	521	19	−0.61	0.509	19	−0.46	35.2	17	1.55	1.00	0.48
H266	经济林研究	1175	10	−0.12	1.462	2	0.54	60.4	8	1.92	0.71	0.62
U037	林产工业	827	14	−0.38	1.032	15	0.09	29.2	20	1.21	0.79	0.49
T017	林产化学与工业	677	16	−0.49	0.629	17	−0.34	47.5	16	2.62	0.71	0.22
H740	林业工程学报	1138	11	−0.15	1.092	13	0.15	53.8	12	2.72	0.96	0.24
H280	林业科学	4470	1	2.36	1.167	9	0.23	81.7	1	4.74	1.00	0.40
H281	林业科学研究	2052	7	0.54	1.139	10	0.20	62.3	6	2.82	0.96	0.44
H102	林业调查规划	457	20	−0.66	0.230	24	−0.76	21.4	23	1.84	0.88	0.30
U533	木材工业	343	22	−0.74	0.449	20	−0.53	21.7	22	0.93	0.79	0.31
H033	南京林业大学学报自然科学版	2026	8	0.52	1.389	3	0.46	70.3	4	3.96	1.00	0.46
H382	森林工程	631	17	−0.53	1.213	6	0.28	48.9	14	2.06	0.83	0.25
H051	森林与环境学报	755	15	−0.43	1.243	5	0.31	56.7	10	2.15	0.96	0.53
H224	西北林学院学报	2583	2	0.94	1.247	4	0.31	62.3	6	3.88	1.00	0.42
H385	西部林业科学	866	13	−0.35	1.101	12	0.16	52.4	13	2.35	0.88	0.47
H270	西南林业大学学报	1080	12	−0.19	1.107	11	0.17	54.8	11	2.70	1.00	0.60
H019	浙江农林大学学报	1357	9	0.02	1.201	8	0.26	63.3	5	3.39	0.96	0.53
H793	中国森林病虫	434	21	−0.67	0.567	18	−0.40	34.9	18	1.08	0.71	0.29
V039	中国园林	2324	6	0.75	1.080	14	0.14	48.1	15	2.63	0.71	1.00
H053	中南林业科技大学学报	2553	3	0.92	1.707	1	0.80	74.0	2	4.18	0.96	0.46
H026	竹子学报	298	23	−0.78	0.242	23	−0.75	20.4	24	0.97	0.75	0.29
	24 种期刊平均值	1331			0.950							

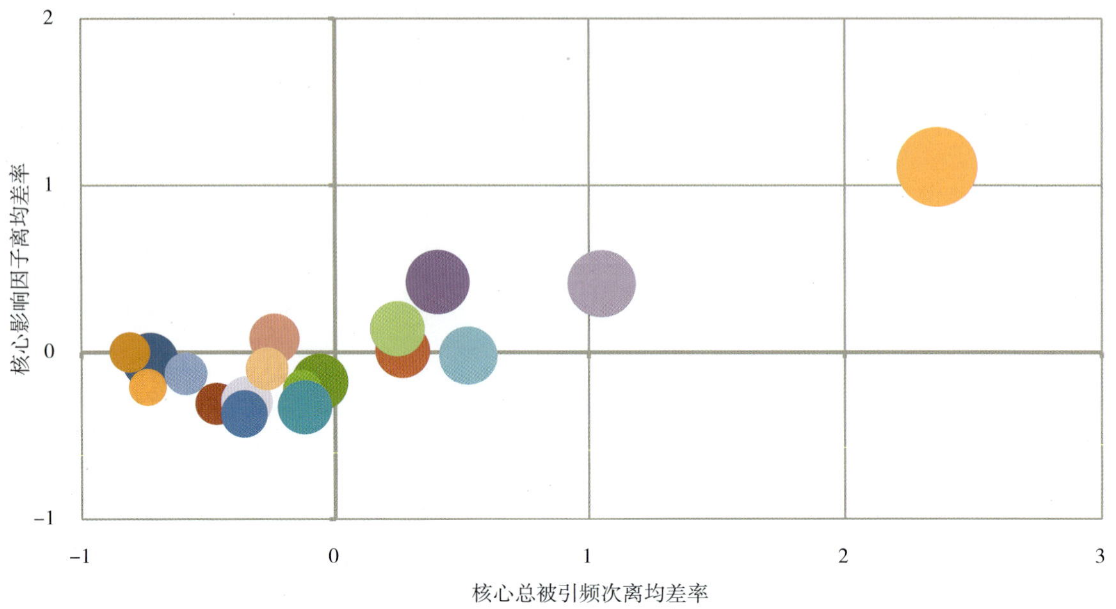

2020 年畜牧、兽医科学类期刊核心总被引频次和核心影响因子离均差率的分布图
（节点大小表示综合评价总分）

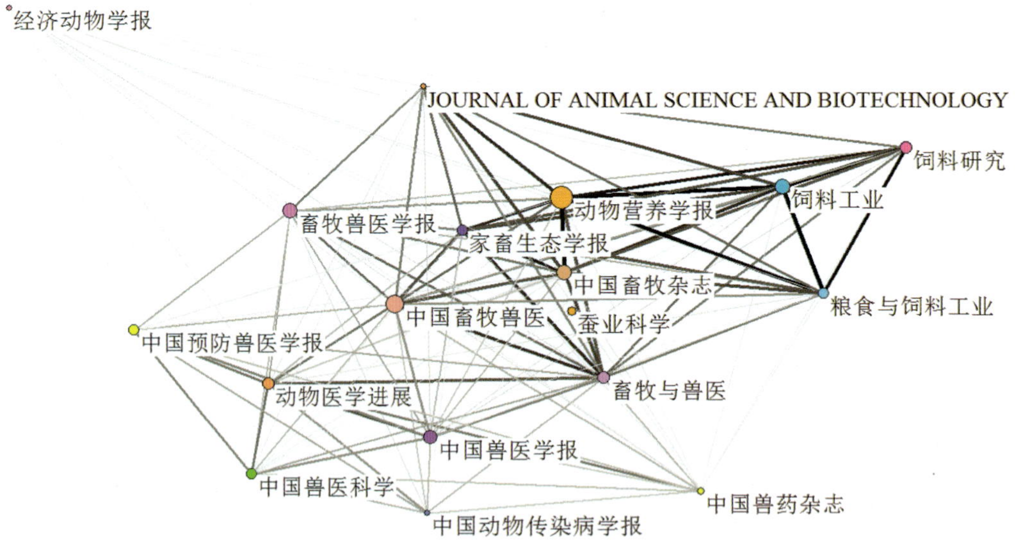

2020 年畜牧、兽医科学类期刊互引关系示意图

表 7-29　2020 年畜牧、兽医科学类期刊主要指标

CODE	刊名	核心总被引频次			核心影响因子			综合评价总分		学科扩散指标	学科影响指标	红点指标
		数值	排名	离均差率	数值	排名	离均差率	数值	排名			
H029	JOURNAL OF ANIMAL SCIENCE ANDBIOTECHNOLOGY	383	16	−0.73	0.654	9	−0.05	36.8	6	0.99	0.72	0.00
H009	蚕业科学	750	14	−0.47	0.475	16	−0.31	20.9	15	1.85	0.28	0.20
G775	动物医学进展	1314	7	−0.06	0.566	12	−0.18	38.0	5	3.34	0.89	0.51
F231	动物营养学报	4713	1	2.36	1.455	1	1.11	74.0	1	3.20	0.89	0.73
H240	家畜生态学报	910	12	−0.35	0.485	15	−0.30	29.7	11	1.80	0.89	0.45
H333	经济动物学报	273	18	−0.81	0.688	7	0.00	19.0	16	0.91	0.78	0.37
U055	粮食与饲料工业	900	13	−0.36	0.435	18	−0.37	26.1	12	1.93	0.67	0.36
H862	饲料工业	1776	5	0.27	0.698	6	0.01	35.4	7	2.27	0.89	0.68
H864	饲料研究	1218	9	−0.13	0.538	14	−0.22	17.2	17	1.72	0.89	0.63
H023	畜牧兽医学报	1981	4	0.41	0.980	2	0.42	48.5	3	2.37	0.94	0.51
H218	畜牧与兽医	1233	8	−0.12	0.463	17	−0.33	34.3	9	2.25	0.89	0.58
H891	中国动物传染病学报	361	17	−0.74	0.544	13	−0.21	16.5	18	1.06	0.78	0.57
H317	中国兽药杂志	577	15	−0.59	0.602	11	−0.13	21.2	14	1.74	0.83	0.38
H326	中国兽医科学	1071	10	−0.24	0.745	5	0.08	29.9	10	1.72	0.83	0.57
H225	中国兽医学报	1747	6	0.25	0.787	4	0.14	35.4	7	2.49	0.83	0.53
H294	中国畜牧兽医	2874	2	1.05	0.973	3	0.41	52.6	2	3.29	0.94	0.55
H242	中国畜牧杂志	2153	3	0.53	0.671	8	−0.02	39.7	4	2.51	0.94	0.58
H099	中国预防兽医学报	1021	11	−0.27	0.619	10	−0.10	21.7	13	1.49	0.83	0.45
	18 种期刊平均值	1403			0. 688							

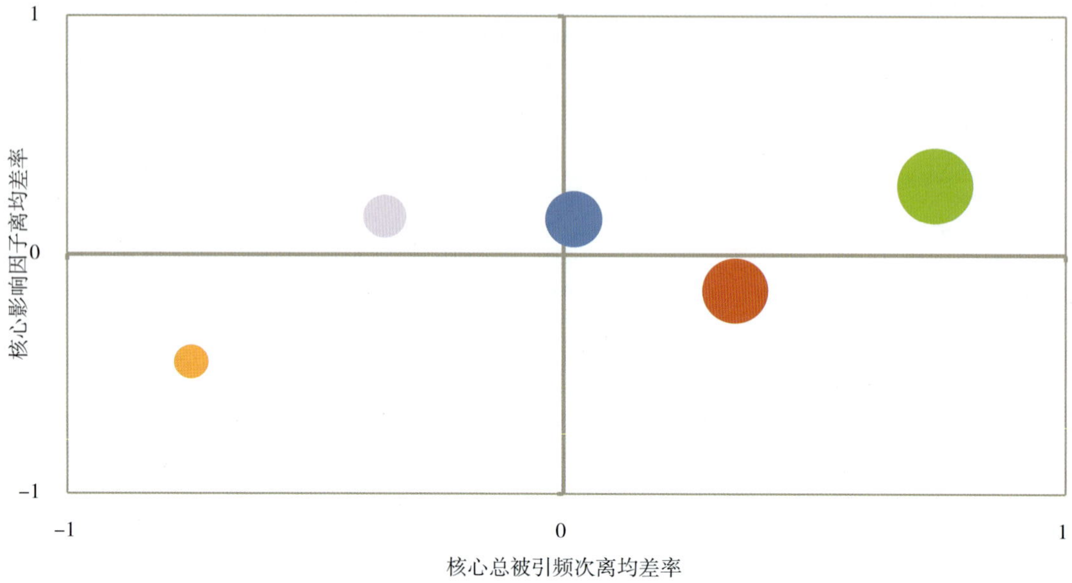

2020 年草原学类期刊核心总被引频次和核心影响因子离均差率的分布图
（节点大小表示综合评价总分）

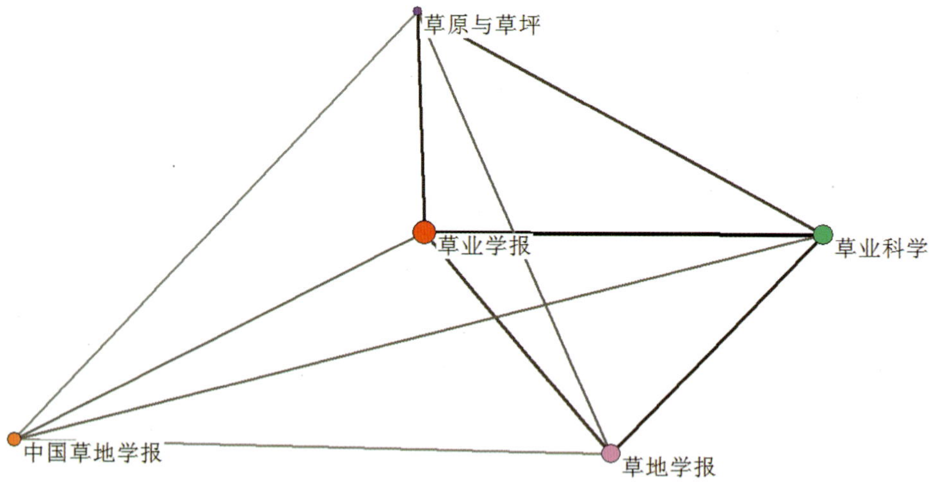

2020 年草原学类期刊互引关系示意图

表 7-30　2020 年草原学类期刊主要指标

CODE	刊名	核心总被引频次			核心影响因子			综合评价总分		学科扩散指标	学科影响指标	红点指标
		数值	排名	离均差率	数值	排名	离均差率	数值	排名			
H525	草地学报	2700	3	0.02	1.619	3	0.15	55.1	3	2.85	1.00	0.51
H234	草业科学	3559	2	0.34	1.208	4	−0.15	73.0	2	3.87	1.00	0.31
H527	草业学报	4617	1	0.74	1.823	1	0.29	99.1	1	3.71	1.00	0.45
H538	草原与草坪	665	5	−0.75	0.771	5	−0.45	20.3	5	1.72	1.00	0.46
H213	中国草地学报	1694	4	−0.36	1.645	2	0.16	29.8	4	2.15	1.00	0.44
	5 种期刊平均值	2647			1.413							

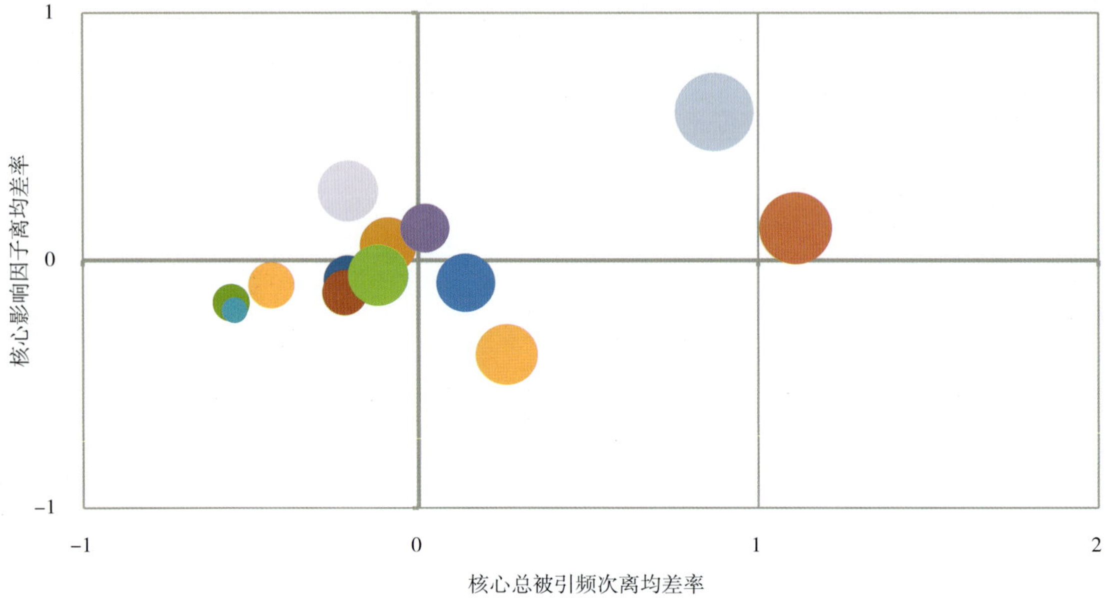

2020 年水产学类期刊核心总被引频次和核心影响因子离均差率的分布图
（节点大小表示综合评价总分）

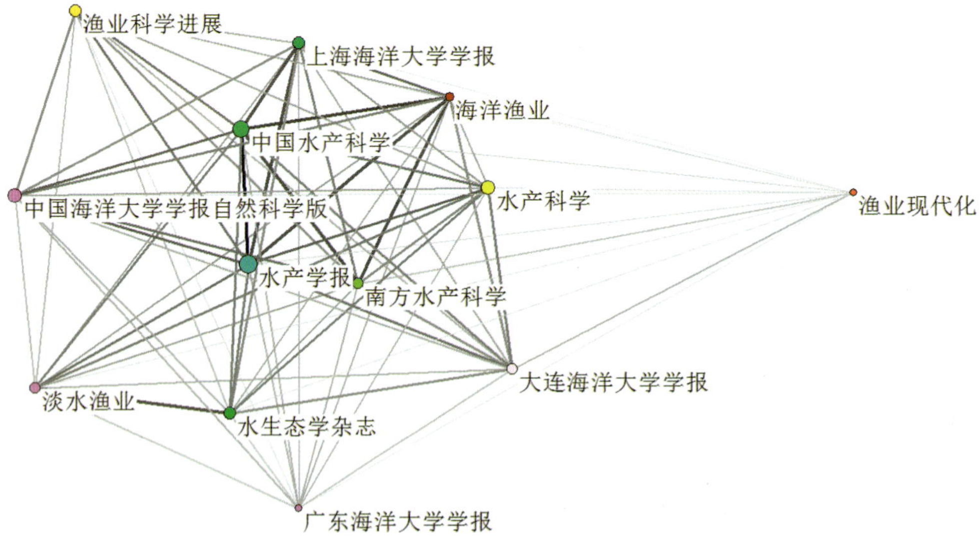

2020 年水产学类期刊互引关系示意图

表 7-31　2020 年水产学类期刊主要指标

CODE	刊名	核心总被引频次			核心影响因子			综合评价总分		学科扩散指标	学科影响指标	红点指数
		数值	排名	离均差率	数值	排名	离均差率	数值	排名			
H005	大连海洋大学学报	995	9	−0.21	0.902	7	−0.08	33.4	8	2.02	1.00	0.40
H040	淡水渔业	987	10	−0.22	0.850	10	−0.13	28.4	11	1.62	1.00	0.41
H272	广东海洋大学学报	560	13	−0.56	0.810	11	−0.17	19.2	12	1.72	1.00	0.35
H284	海洋渔业	703	11	−0.44	0.876	9	−0.10	29.4	10	1.26	1.00	0.53
H068	南方水产科学	1005	8	−0.21	1.246	2	0.28	47.8	5	1.48	1.00	0.44
H292	上海海洋大学学报	1152	6	−0.09	1.036	5	0.06	43.7	7	2.04	1.00	0.35
H847	水产科学	1436	4	0.14	0.891	8	−0.09	46.4	6	1.96	1.00	0.52
H008	水产学报	2675	1	1.11	1.106	3	0.13	71.4	2	2.40	1.00	0.45
H850	水生态学杂志	1108	7	−0.12	0.921	6	−0.06	50.6	4	2.48	1.00	0.27
H998	渔业科学进展	1295	5	0.02	1.099	4	0.13	32.9	9	1.70	1.00	0.54
H220	渔业现代化	571	12	−0.55	0.781	12	−0.20	9.0	13	1.27	1.00	0.25
E313	中国海洋大学学报自然科学版	1592	3	0.26	0.602	13	−0.38	50.8	3	4.28	1.00	0.21
H290	中国水产科学	2363	2	0.87	1.563	1	0.60	84.8	1	2.67	1.00	0.48
	13 种期刊平均值	1265			0. 976							

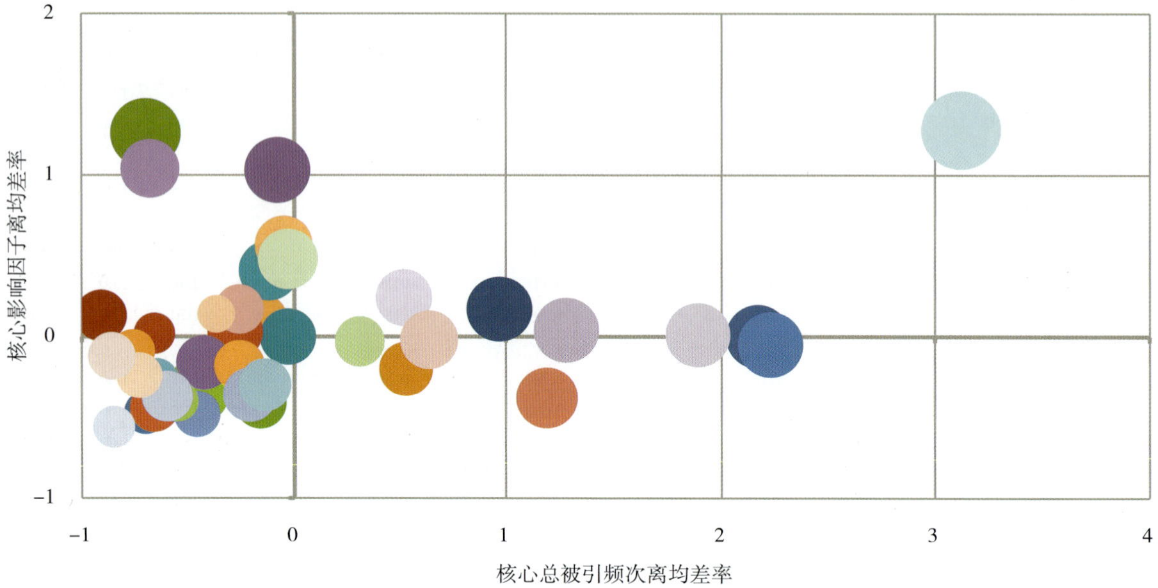

2020 年医学综合类期刊核心总被引频次和核心影响因子离均差率的分布图

（节点大小表示综合评价总分）

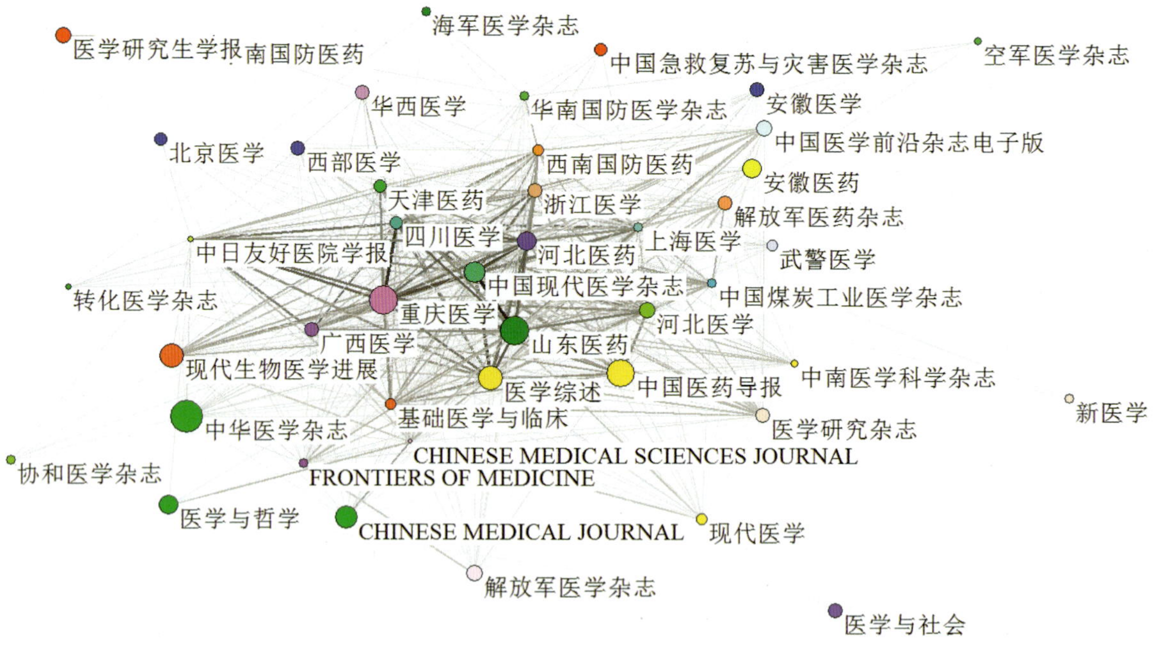

2020 年医学综合类期刊互引关系示意图

表 7-32　2020 年医学综合类期刊主要指标

CODE	刊名	核心总被引频次			核心影响因子			综合评价总分		学科扩散指标	学科影响指标	红点指标
		数值	排名	离均差率	数值	排名	离均差率	数值	排名			
I201	CHINESE MEDICAL JOURNAL	3925	7	0.97	0.848	9	0.17	55.6	5	8.25	0.93	0.04
G126	CHINESE MEDICAL SCIENCES JOURNAL	180	44	−0.91	0.819	12	0.13	35.5	23	1.49	0.36	0.08
I237	FRONTIERS OF MEDICINE	604	38	−0.70	1.634	2	1.26	65.4	2	3.82	0.61	0.18
G786	安徽医学	1697	18	−0.15	0.805	13	0.11	31.6	31	4.78	0.80	0.62
Q906	安徽医药	3024	10	0.52	0.898	8	0.24	40.2	17	6.03	0.91	0.72
G016	北京医学	1179	25	−0.41	0.530	29	−0.27	27.6	35	4.47	0.77	0.60
G225	重庆医学	6298	3	2.17	0.721	18	0.00	54.1	8	8.42	0.95	0.73
G944	东南国防医药	686	35	−0.66	0.739	16	0.02	22.7	40	2.58	0.68	0.59
G816	广西医学	1670	19	−0.16	0.425	40	−0.41	35.9	22	5.15	0.77	0.82
G899	海军医学杂志	728	33	−0.63	0.524	31	−0.27	16.9	44	2.52	0.55	0.52
G641	河北医学	1935	13	−0.03	0.719	19	0.00	42.0	15	4.63	0.73	0.67
G898	河北医药	3050	9	0.53	0.575	27	−0.20	39.0	20	6.07	0.86	0.72
G340	华南国防医学杂志	594	39	−0.70	0.382	42	−0.47	25.0	38	2.76	0.75	0.65
G294	华西医学	1428	23	−0.28	0.742	15	0.03	41.6	16	5.09	0.80	0.66
G003	基础医学与临床	1032	29	−0.48	0.497	33	−0.31	35.4	24	4.73	0.75	0.50
G048	解放军医学杂志	1836	15	−0.08	1.469	4	1.03	57.9	3	5.71	0.82	0.74
G671	解放军医药杂志	1752	16	−0.12	1.016	7	0.41	48.6	10	4.65	0.84	0.86
Q907	空军医学杂志	480	41	−0.76	0.654	23	−0.09	25.3	37	2.00	0.57	0.48
G511	山东医药	6426	2	2.23	0.688	22	−0.05	56.7	4	7.79	0.91	0.71
G069	上海医学	673	36	−0.66	0.403	41	−0.44	31.8	30	3.97	0.77	0.70
G575	四川医学	1124	27	−0.43	0.454	36	−0.37	32.4	28	4.63	0.84	0.62
G076	天津医药	1127	26	−0.43	0.607	25	−0.16	39.4	18	4.71	0.80	0.81
G707	武警医学	873	31	−0.56	0.433	39	−0.40	22.6	41	3.71	0.70	0.60
G588	西部医学	1469	21	−0.26	0.595	26	−0.18	34.5	25	4.49	0.75	0.73
G312	西南国防医药	1073	28	−0.46	0.379	43	−0.48	28.4	33	4.07	0.70	0.62
F250	现代生物医学进展	4349	6	1.19	0.447	37	−0.38	49.5	9	8.25	0.89	0.76
G223	现代医学	900	30	−0.55	0.436	38	−0.40	22.1	42	3.30	0.73	0.70
G817	协和医学杂志	635	37	−0.68	1.474	3	1.04	45.8	12	3.49	0.73	0.61
G721	新医学	688	34	−0.65	0.526	30	−0.27	26.0	36	3.52	0.57	0.66
G281	医学研究生学报	1886	14	−0.05	1.132	5	0.57	44.1	14	5.46	0.80	0.70
G480	医学研究杂志	1562	20	−0.21	0.462	34	−0.36	39.1	19	5.63	0.82	0.64
G964	医学与社会	1462	22	−0.26	0.845	10	0.17	32.3	29	3.13	0.50	0.42
G308	医学与哲学	2604	11	0.31	0.699	21	−0.03	33.7	27	5.64	0.73	0.31
G860	医学综述	4544	5	1.28	0.752	14	0.04	55.5	6	8.19	0.89	0.69
G810	浙江医学	1713	17	−0.14	0.504	32	−0.30	37.0	21	5.67	0.84	0.69
G852	中国急救复苏与灾害医学杂志	1252	24	−0.37	0.820	11	0.14	18.8	43	2.34	0.70	0.57
G582	中国煤炭工业医学杂志	798	32	−0.60	0.458	35	−0.37	34.4	26	3.12	0.64	0.72
G237	中国现代医学杂志	3265	8	0.64	0.706	20	−0.02	45.5	13	6.91	0.91	0.73
G471	中国医学前沿杂志电子版	1937	12	−0.03	1.071	6	0.48	48.2	11	5.12	0.80	0.80

表 7-32　2020 年医学综合类期刊主要指标（续）

CODE	刊名	核心总被引频次			核心影响因子			综合评价总分		学科扩散指标	学科影响指标	红点指标
		数值	排名	离均差率	数值	排名	离均差率	数值	排名			
G644	中国医药导报	5749	4	1.89	0.732	17	0.01	54.6	7	7.94	0.95	0.63
G176	中华医学杂志	8187	1	3.12	1.645	1	1.28	82.2	1	8.65	0.95	0.64
G682	中南医学科学杂志	537	40	−0.73	0.546	28	−0.24	27.9	34	2.84	0.64	0.69
G180	中日友好医院学报	307	42	−0.85	0.317	44	−0.56	23.3	39	2.35	0.50	0.15
G407	转化医学杂志	284	43	−0.86	0.634	24	−0.12	29.9	32	1.83	0.36	0.62
	44 种期刊平均值	1989			0. 722							

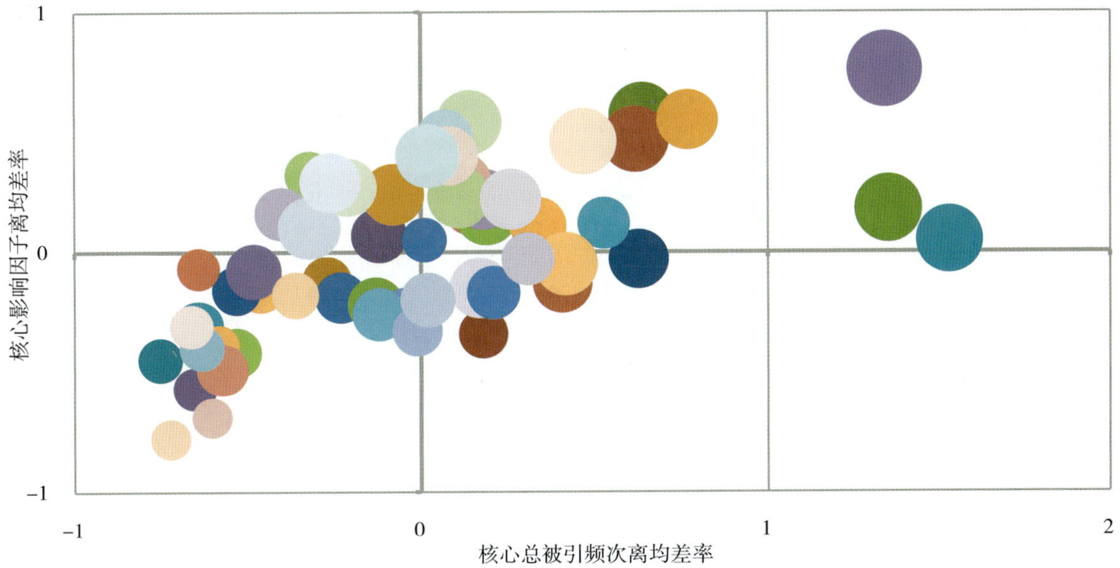

2020 年医药大学学报类期刊核心总被引频次和核心影响因子离均差率的分布图
（节点大小表示综合评价总分）

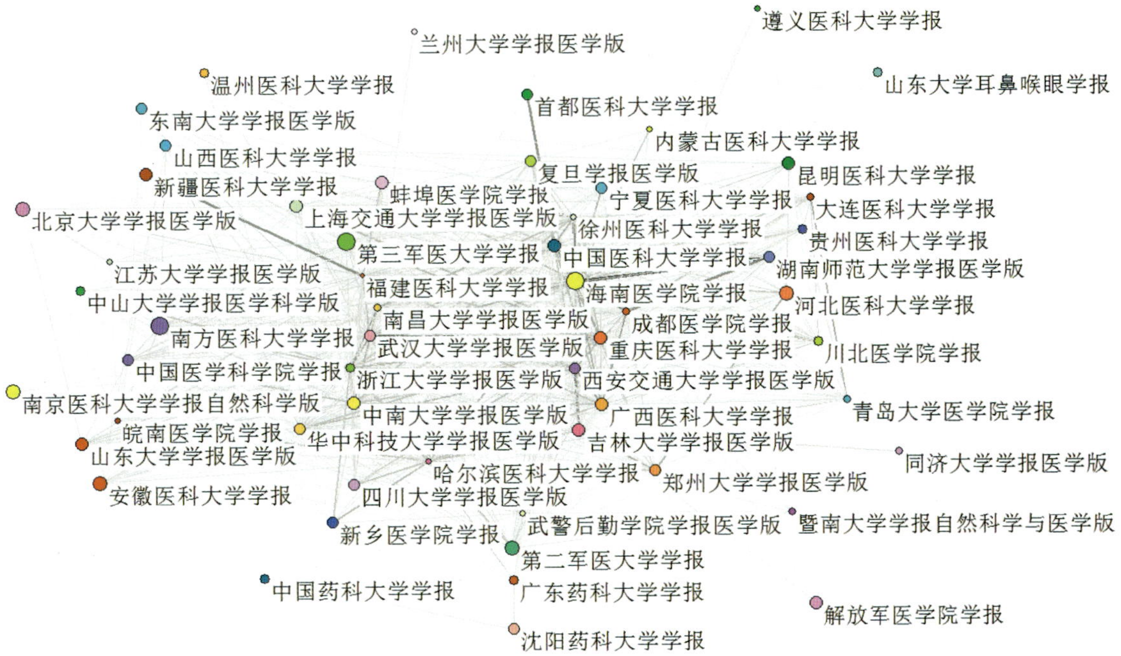

2020 年医药大学学报类期刊互引关系示意图

表 7-33　2020 年医药大学学报类期刊主要指标

CODE	刊名	核心总被引频次			核心影响因子			综合评价总分		学科扩散指标	学科影响指标	红点指标
		数值	排名	离均差率	数值	排名	离均差率	数值	排名			
G012	安徽医科大学学报	1545	6	0.63	0.602	28	−0.03	57.8	19	5.34	0.68	0.71
G741	蚌埠医学院学报	1116	17	0.18	0.407	48	−0.34	39.3	42	4.11	0.57	0.58
G002	北京大学学报医学版	1555	5	0.64	0.976	2	0.57	70.4	6	5.72	0.68	0.48
G670	成都医学院学报	509	43	−0.46	0.530	35	−0.15	39.3	42	2.92	0.39	0.61
G186	重庆医科大学学报	1106	19	0.17	0.527	36	−0.15	55.4	23	5.19	0.71	0.70
G432	川北医学院学报	694	38	−0.27	0.548	33	−0.12	38.2	45	3.02	0.36	0.67
G020	大连医科大学学报	448	45	−0.53	0.520	37	−0.16	38.9	44	3.10	0.32	0.54
G005	第二军医大学学报	1530	7	0.62	0.913	6	0.47	72.2	5	6.54	0.86	0.70
G021	第三军医大学学报	2226	2	1.35	0.735	19	0.18	75.7	2	6.93	0.77	0.63
G057	东南大学学报医学版	837	32	−0.12	0.667	25	0.07	49.6	27	3.66	0.55	0.77
G024	福建医科大学学报	238	56	−0.75	0.342	52	−0.45	32.4	49	1.89	0.23	0.59
G068	复旦学报医学版	868	31	−0.08	0.773	14	0.24	61.4	14	4.76	0.61	0.56
G027	广东药学院学报	725	36	−0.23	0.503	40	−0.19	42.1	38	3.01	0.25	0.36
G028	广西医科大学学报	1338	11	0.41	0.538	34	−0.13	57.4	20	4.83	0.61	0.63
G031	贵州医科大学学报	822	34	−0.13	0.484	42	−0.22	49.2	29	3.64	0.48	0.74
G033	哈尔滨医科大学学报	329	53	−0.65	0.268	54	−0.57	30.1	52	2.28	0.32	0.56
G416	海南医学院学报	2391	1	1.53	0.653	26	0.05	74.9	3	5.02	0.68	0.66
G035	河北医科大学学报	1673	4	0.77	0.965	3	0.55	59.6	17	4.91	0.64	0.57
G548	湖南师范大学学报医学版	957	28	0.01	0.649	27	0.05	32.6	48	3.11	0.41	0.67
G077	华中科技大学学报医学版	1092	20	0.15	0.748	18	0.20	64.7	11	5.57	0.70	0.70
G014	吉林大学学报医学版	1122	16	0.19	0.720	21	0.16	65.1	10	4.74	0.57	0.62
A045	暨南大学学报自然科学与医学版	493	44	−0.48	0.570	32	−0.08	49.6	27	3.47	0.39	0.60
G453	江苏大学学报医学版	341	51	−0.64	0.426	45	−0.31	41.3	39	2.36	0.38	0.74
G187	解放军医学院学报	1271	12	0.34	0.692	23	0.11	52.0	25	4.70	0.66	0.62
G053	昆明医科大学学报	1148	15	0.21	0.514	38	−0.17	46.0	32	4.49	0.46	0.55
G395	兰州大学学报医学版	336	52	−0.64	0.576	31	−0.07	29.2	53	1.91	0.18	0.72
G047	南昌大学学报医学版	445	46	−0.53	0.362	51	−0.42	40.6	40	3.01	0.45	0.79
G023	南方医科大学学报	2216	3	1.34	1.091	1	0.76	94.1	1	7.26	0.88	0.62
G058	南京医科大学学报自然科学版	1451	8	0.53	0.698	22	0.12	43.5	36	4.98	0.48	0.62
G513	内蒙古医科大学学报	394	48	−0.58	0.376	49	−0.39	27.5	54	2.33	0.36	0.63
G665	宁夏医科大学学报	907	30	−0.04	0.462	43	−0.26	47.5	31	4.06	0.45	0.53
G061	青岛大学学报医学版	403	47	−0.57	0.316	53	−0.49	42.9	37	2.83	0.45	0.76
G742	山东大学耳鼻喉眼学报	646	39	−0.32	0.821	10	0.32	37.7	46	2.15	0.38	0.51
G062	山东大学学报医学版	1116	17	0.18	0.760	16	0.22	60.4	16	5.27	0.70	0.65
G064	山西医科大学学报	831	33	−0.12	0.457	44	−0.26	45.8	33	4.20	0.63	0.71
G066	上海交通大学学报医学版	1342	10	0.42	0.590	30	−0.05	65.4	9	5.84	0.68	0.61
G071	沈阳药科大学学报	935	29	−0.01	0.417	47	−0.33	39.9	41	2.82	0.30	0.32
G073	首都医科大学学报	1058	22	0.12	0.801	11	0.29	56.6	22	4.81	0.57	0.53
G045	四川大学学报医学版	1051	23	0.11	0.764	15	0.23	63.8	12	5.33	0.64	0.50

表 7-33 2020 年医药大学学报类期刊主要指标（续）

CODE	刊名	核心总被引频次			核心影响因子			综合评价总分		学科扩散指标	学科影响指标	红点指标
		数值	排名	离均差率	数值	排名	离均差率	数值	排名			
G965	同济大学学报医学版	567	42	-0.40	0.721	20	0.16	45.6	34	3.24	0.48	0.63
G996	皖南医学院学报	346	50	-0.63	0.375	50	-0.40	32.1	50	2.34	0.30	0.56
G702	温州医科大学学报	609	41	-0.36	0.510	39	-0.18	35.2	47	3.58	0.48	0.62
G038	武汉大学学报医学版	962	27	0.02	0.494	41	-0.20	48.0	30	4.58	0.73	0.70
G771	武警后勤学院学报医学版	382	49	-0.60	0.190	55	-0.69	25.6	56	2.26	0.38	0.54
G081	西安交通大学学报医学版	1081	21	0.14	0.958	4	0.54	68.7	7	4.96	0.75	0.66
G980	新疆医科大学学报	1235	13	0.31	0.602	28	-0.03	45.4	35	4.47	0.54	0.60
G328	新乡医学院学报	1016	25	0.07	0.917	5	0.48	50.4	26	3.51	0.45	0.67
G565	徐州医学院学报	266	55	-0.72	0.138	56	-0.78	26.3	55	1.97	0.25	0.65
G091	浙江大学学报医学版	645	40	-0.32	0.682	24	0.10	62.6	13	4.12	0.59	0.86
G036	郑州大学学报医学版	1023	24	0.08	0.869	9	0.40	57.0	21	4.42	0.64	0.62
G120	中国药科大学学报	743	35	-0.21	0.789	13	0.27	53.9	24	2.96	0.39	0.52
G123	中国医科大学学报	1195	14	0.26	0.758	17	0.22	60.9	15	4.93	0.63	0.57
G125	中国医学科学院学报	963	26	0.02	0.870	8	0.40	65.9	8	5.12	0.64	0.64
G039	中南大学学报医学版	1390	9	0.47	0.904	7	0.46	72.6	4	6.00	0.75	0.63
G181	中山大学学报医学科学版	704	37	-0.26	0.801	11	0.29	58.7	18	3.88	0.52	0.57
G720	遵义医学院学报	319	54	-0.66	0.426	45	-0.31	30.6	51	1.93	0.16	0.59
	56 种期刊平均值	946			0.621							

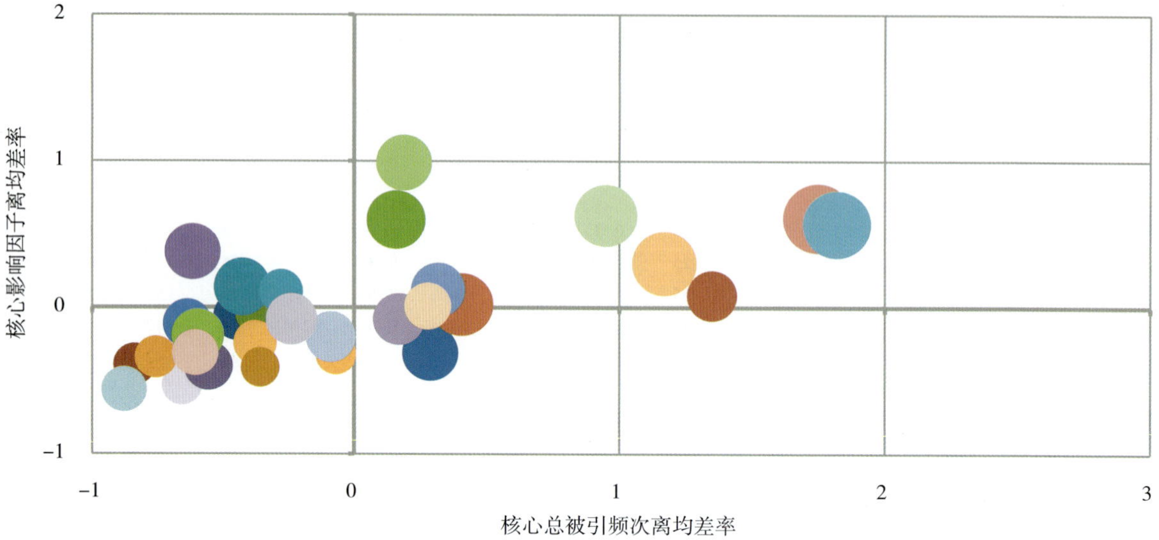

2020 年基础医学类期刊核心总被引频次和核心影响因子离均差率的分布图
（节点大小表示综合评价总分）

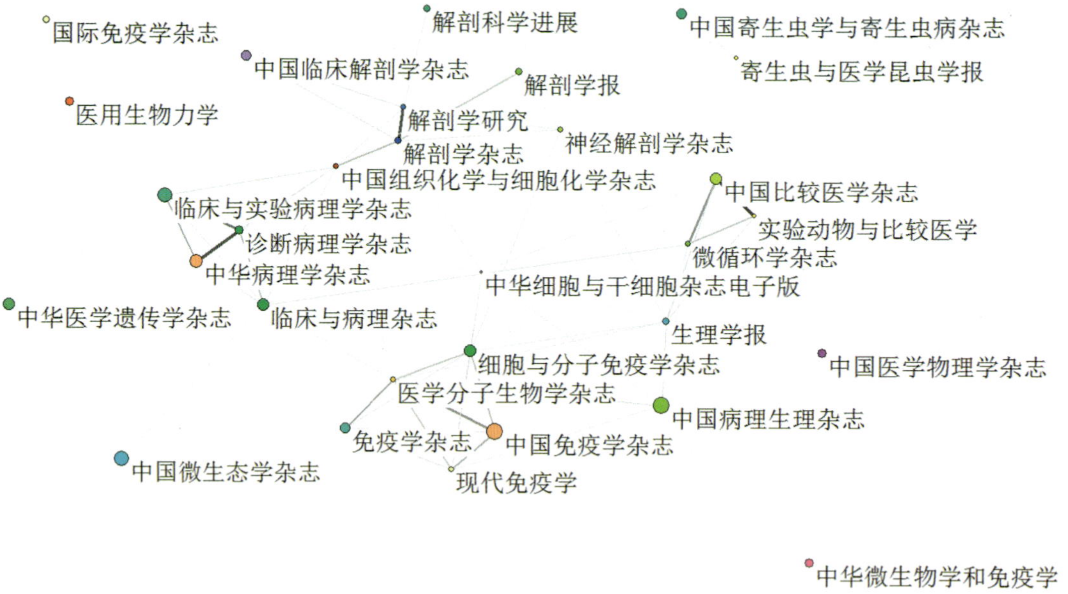

2020 年基础医学类期刊互引关系示意图

表 7-34　2020 年基础医学类期刊主要指标

CODE	刊名	核心总被引频次			核心影响因子			综合评价总分		学科扩散指标	学科影响指标	红点指标
		数值	排名	离均差率	数值	排名	离均差率	数值	排名			
G983	国际免疫学杂志	491	21	−0.45	0.689	15	−0.06	35.0	19	2.58	0.37	0.53
G292	寄生虫与医学昆虫学报	139	29	−0.84	0.443	26	−0.39	26.6	26	0.53	0.10	0.17
G507	解剖科学进展	557	18	−0.38	0.699	14	−0.04	25.0	28	2.33	0.43	0.68
G049	解剖学报	555	19	−0.38	0.556	21	−0.24	29.5	23	2.69	0.53	0.92
G358	解剖学研究	303	27	−0.66	0.343	29	−0.53	22.6	30	1.75	0.40	0.44
G050	解剖学杂志	572	17	−0.36	0.429	28	−0.41	23.6	29	2.42	0.50	0.23
G350	临床与病理杂志	1152	8	0.29	0.502	22	−0.31	47.4	8	4.76	0.67	0.49
G274	临床与实验病理学杂志	2095	3	1.35	0.787	11	0.08	37.9	16	4.20	0.67	0.89
G056	免疫学杂志	1037	12	0.16	1.173	4	0.60	51.8	6	3.81	0.50	0.53
G070	神经解剖学杂志	396	22	−0.56	0.442	27	−0.40	36.0	18	2.07	0.40	0.74
F001	生理学报	510	20	−0.43	0.830	8	0.14	50.1	7	3.01	0.53	0.27
G387	实验动物与比较医学	214	28	−0.76	0.480	25	−0.34	26.7	25	1.22	0.10	0.53
G210	微循环学杂志	320	26	−0.64	0.653	18	−0.11	36.2	17	1.89	0.23	0.53
G188	细胞与分子免疫学杂志	1258	6	0.41	0.745	12	0.02	58.4	4	4.56	0.73	0.61
G067	现代免疫学	353	23	−0.60	0.595	19	−0.19	41.5	12	2.39	0.37	0.67
G333	医学分子生物学杂志	342	25	−0.62	1.011	6	0.38	47.3	9	1.67	0.43	0.60
G088	医用生物力学	644	16	−0.28	0.814	10	0.11	29.3	24	1.99	0.13	0.18
G259	诊断病理学杂志	826	13	−0.07	0.498	24	−0.32	25.2	27	2.93	0.43	0.67
F048	中国比较医学杂志	1174	7	0.32	0.822	9	0.12	44.4	11	3.44	0.43	0.51
G096	中国病理生理杂志	2457	2	1.75	1.178	3	0.61	72.3	1	5.30	0.87	0.69
G105	中国寄生虫学与寄生虫病杂志	1062	10	0.19	1.454	1	0.99	46.6	10	1.43	0.20	0.23
G108	中国临床解剖学杂志	1041	11	0.17	0.672	16	−0.08	39.9	13	3.00	0.47	0.19
G111	中国免疫学杂志	2513	1	1.82	1.147	5	0.57	68.0	2	5.48	0.83	0.68
G517	中国微生态学杂志	1935	4	1.17	0.950	7	0.30	61.3	3	5.61	0.47	0.51
G622	中国医学物理学杂志	808	14	−0.09	0.584	20	−0.20	38.2	15	3.15	0.20	0.41
G134	中国组织化学与细胞化学杂志	350	24	−0.61	0.502	22	−0.31	32.0	21	2.26	0.40	0.50
G135	中华病理学杂志	1735	5	0.95	1.194	2	0.63	57.9	5	4.67	0.60	0.31
G165	中华微生物学和免疫学杂志	678	15	−0.24	0.670	17	−0.08	39.7	14	2.83	0.37	0.42
G470	中华细胞与干细胞杂志电子版	107	30	−0.88	0.320	30	−0.56	30.6	22	0.94	0.23	0.74
G175	中华医学遗传学杂志	1142	9	0.28	0.735	13	0.01	32.8	20	2.79	0.27	0.35
	30 种期刊平均值	892			0.731							

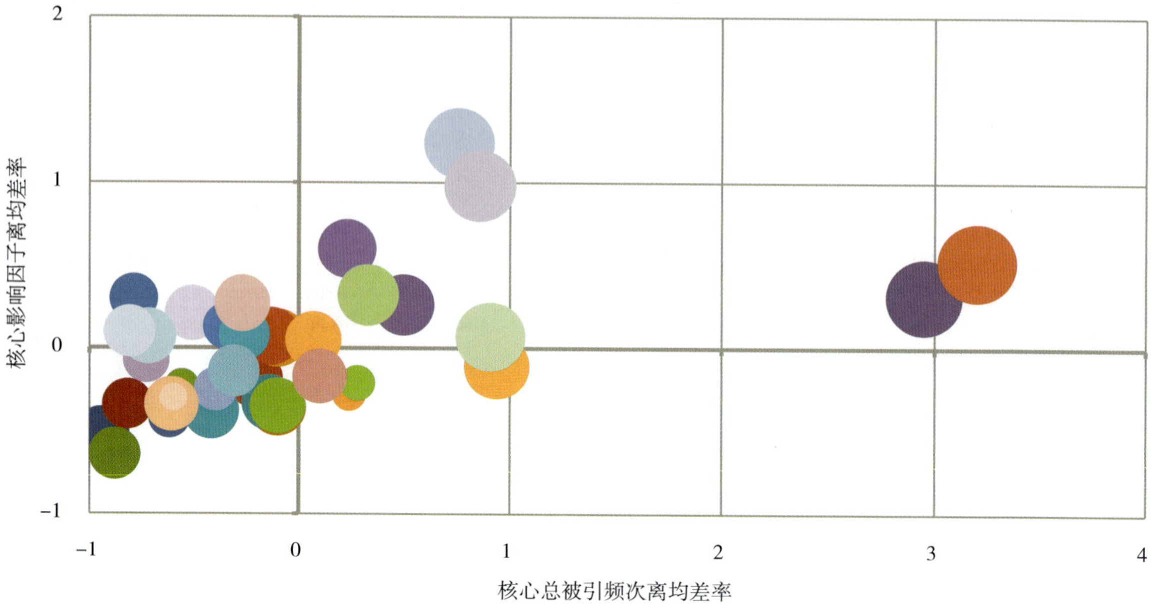

2020 年临床医学综合类期刊核心总被引频次和核心影响因子离均差率的分布图
（节点大小表示综合评价总分）

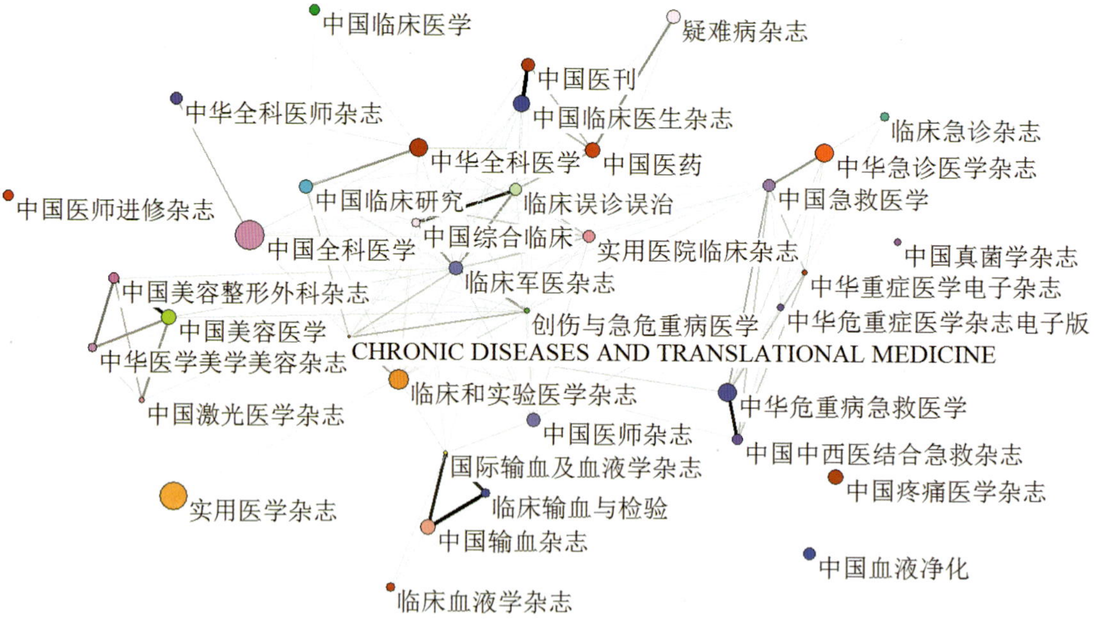

2020 年临床医学综合类期刊互引关系示意图

表 7-35 2020 年临床医学综合类期刊主要指标

CODE	刊名	核心总被引频次			核心影响因子			综合评价总分		学科扩散指标	学科影响指标	红点指标
		数值	排名	离均差率	数值	排名	离均差率	数值	排名			
G212	CHRONIC DISEASES AND TRANSLATIONAL MEDICINE	89	37	−0.94	0.414	36	−0.52	36.3	20	0.87	0.22	0.00
G085	创伤与急危重病医学	290	35	−0.82	0.578	30	−0.34	30.9	28	1.52	0.35	0.64
B525	国际输血及血液学杂志	199	36	−0.88	0.311	37	−0.64	32.1	27	1.34	0.30	0.77
G664	临床和实验医学杂志	3121	3	0.94	0.778	20	−0.11	49.8	6	6.29	0.84	0.67
G345	临床急诊杂志	792	26	−0.51	1.052	10	0.21	34.5	23	3.17	0.62	0.77
G881	临床军医杂志	1452	15	−0.10	0.557	33	−0.36	38.9	13	4.69	0.78	0.57
G797	临床输血与检验	604	30	−0.62	0.508	35	−0.42	21.2	33	1.75	0.43	0.52
G942	临床误诊误治	1277	19	−0.21	0.707	23	−0.19	39.5	12	4.03	0.76	0.85
G293	临床血液学杂志	712	27	−0.56	0.667	25	−0.23	14.2	35	2.06	0.51	0.48
G324	实用医学杂志	6345	2	2.95	1.144	6	0.31	69.5	2	7.81	0.92	0.63
G760	实用医院临床杂志	1377	18	−0.14	0.584	29	−0.33	37.6	18	4.75	0.76	0.62
G455	疑难病杂志	1443	16	−0.10	0.925	17	0.06	40.7	10	4.08	0.70	0.79
R013	中国激光医学杂志	337	33	−0.79	1.135	7	0.30	28.6	29	1.35	0.38	0.54
G241	中国急救医学	1402	17	−0.13	0.928	16	0.07	40.2	11	3.75	0.81	0.55
G754	中国临床研究	1453	14	−0.10	0.569	32	−0.35	37.8	17	4.52	0.73	0.67
G814	中国临床医生杂志	2411	7	0.50	1.101	9	0.26	44.9	8	5.31	0.89	0.62
G974	中国临床医学	928	25	−0.42	0.543	34	−0.38	38.8	14	4.38	0.70	0.55
G428	中国美容医学	1994	10	0.24	0.626	27	−0.28	13.7	36	3.03	0.43	0.49
G297	中国美容整形外科杂志	1049	23	−0.35	0.987	11	0.13	25.7	31	1.83	0.41	0.21
G776	中国全科医学	6751	1	3.20	1.320	4	0.52	74.8	1	7.91	0.84	0.84
G796	中国输血杂志	2064	9	0.28	0.684	24	−0.21	15.4	34	2.72	0.65	0.31
G521	中国疼痛医学杂志	1972	11	0.23	1.395	3	0.60	41.8	9	3.87	0.62	0.27
G633	中国血液净化	1196	20	−0.26	0.937	13	0.08	32.4	25	2.74	0.65	0.67
G809	中国医刊	1722	13	0.07	0.915	18	0.05	38.2	16	4.81	0.76	0.64
G306	中国医师进修杂志	962	24	−0.40	0.655	26	−0.25	22.8	32	3.37	0.59	0.78
G313	中国医师杂志	1765	12	0.10	0.720	22	−0.17	35.8	22	4.93	0.81	0.77
G519	中国医药	2132	8	0.33	1.152	5	0.32	45.2	7	4.34	0.62	0.61
H067	中国真菌学杂志	435	32	−0.73	0.813	19	−0.07	26.3	30	1.73	0.22	0.43
G843	中国中西医结合急救杂志	1103	22	−0.31	0.748	21	−0.14	32.9	24	2.66	0.70	0.72
G667	中国综合临床	633	29	−0.61	0.576	31	−0.34	35.9	21	2.91	0.57	0.59
G555	中华急诊医学杂志	2828	6	0.76	1.954	1	1.24	59.5	4	5.02	0.81	0.46
G526	中华全科医师杂志	1171	21	−0.27	1.108	8	0.27	38.6	15	4.10	0.70	0.74
G515	中华全科医学	3062	4	0.91	0.934	14	0.07	56.8	5	6.30	0.84	0.57
G116	中华危重病急救医学	2984	5	0.86	1.725	2	0.98	61.0	3	4.79	0.86	0.69
G761	中华危重症医学杂志电子版	457	31	−0.72	0.930	15	0.07	37.4	19	2.37	0.49	0.42
G489	中华医学美学美容杂志	635	28	−0.60	0.608	28	−0.30	9.3	37	0.98	0.22	0.38
Q954	中华重症医学电子杂志	304	34	−0.81	0.957	12	0.10	32.4	25	1.61	0.57	0.41
	37 种期刊平均值	1607			0.871							

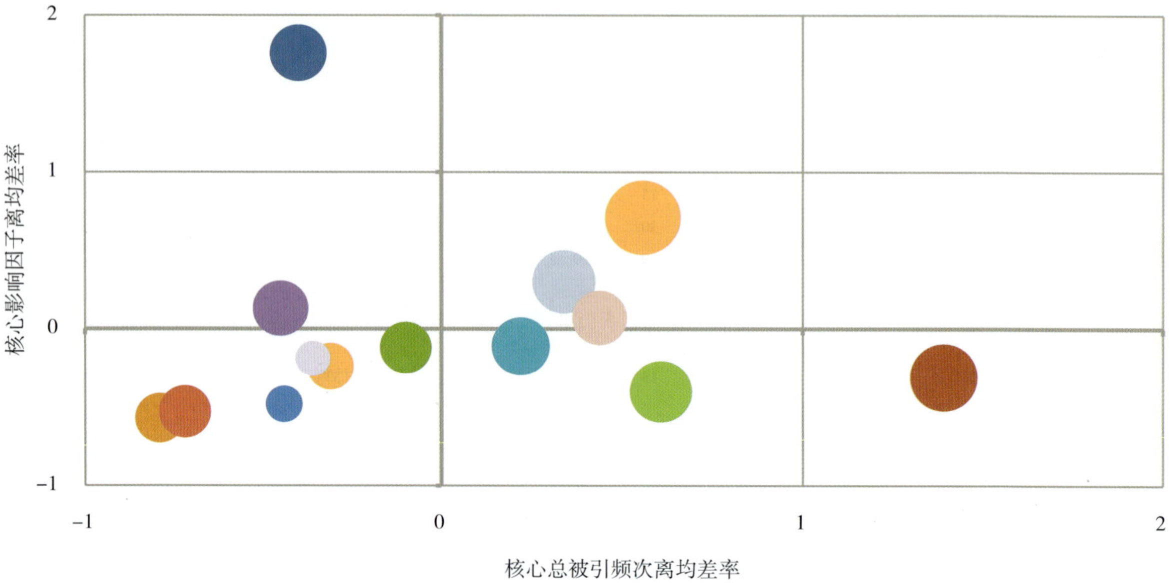

2020 年临床诊断学类期刊核心总被引频次和核心影响因子离均差率的分布图
（节点大小表示综合评价总分）

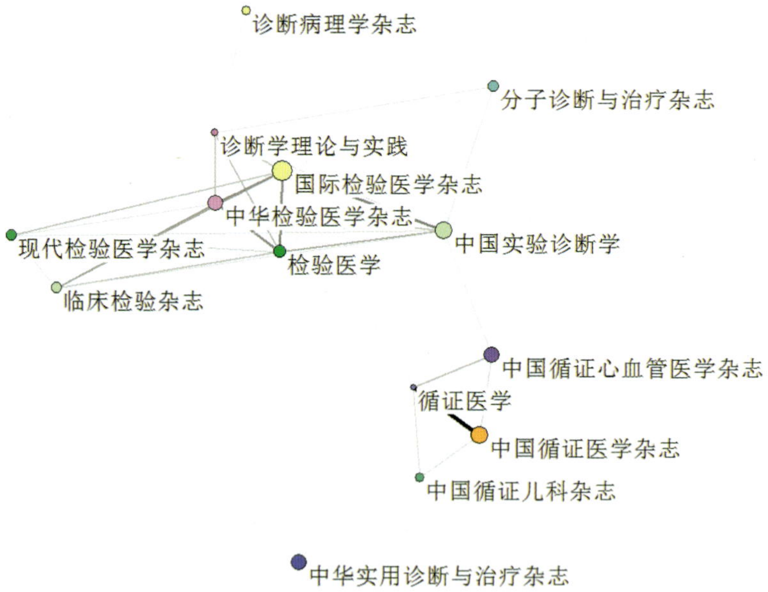

2020 年临床诊断学类期刊互引关系示意图

表 7-36　2020 年临床诊断学类期刊主要指标

CODE	刊名	核心总被引频次			核心影响因子			综合评价总分		学科扩散指标	学科影响指标	红点指标
		数值	排名	离均差率	数值	排名	离均差率	数值	排名			
G556	分子诊断与治疗杂志	884	10	−0.40	2.657	1	1.76	40.6	6	2.35	0.57	0.50
G362	国际检验医学杂志	3521	1	1.39	0.666	10	−0.31	57.2	2	6.54	0.93	0.50
G638	检验医学	1331	7	−0.10	0.852	7	−0.12	34.0	10	4.18	0.71	0.53
G204	临床检验杂志	1023	8	−0.31	0.729	9	−0.24	27.7	12	3.55	0.64	0.47
G653	现代检验医学杂志	940	9	−0.36	0.778	8	−0.19	13.9	14	2.80	0.64	0.47
G627	循证医学	310	14	−0.79	0.411	14	−0.57	31.1	11	2.26	0.36	0.49
G259	诊断病理学杂志	826	11	−0.44	0.498	12	−0.48	16.9	13	2.93	0.43	0.60
G615	诊断学理论与实践	410	13	−0.72	0.453	13	−0.53	34.7	9	2.71	0.79	0.41
G853	中国实验诊断学	2366	2	0.61	0.575	11	−0.40	47.7	4	5.92	0.86	0.20
G756	中国循证儿科杂志	807	12	−0.45	1.090	4	0.13	38.7	7	3.02	0.64	0.49
G645	中国循证心血管医学杂志	1799	6	0.22	0.854	6	−0.11	42.7	5	4.17	0.79	0.49
G396	中国循证医学杂志	2294	3	0.56	1.648	2	0.71	70.5	1	6.10	0.71	0.61
G174	中华检验医学杂志	1975	5	0.34	1.255	3	0.30	50.8	3	4.88	0.86	0.53
G367	中华实用诊断与治疗杂志	2124	4	0.44	1.036	5	0.07	37.5	8	5.04	0.79	0.42
	14 种期刊平均值	1472			0.964							

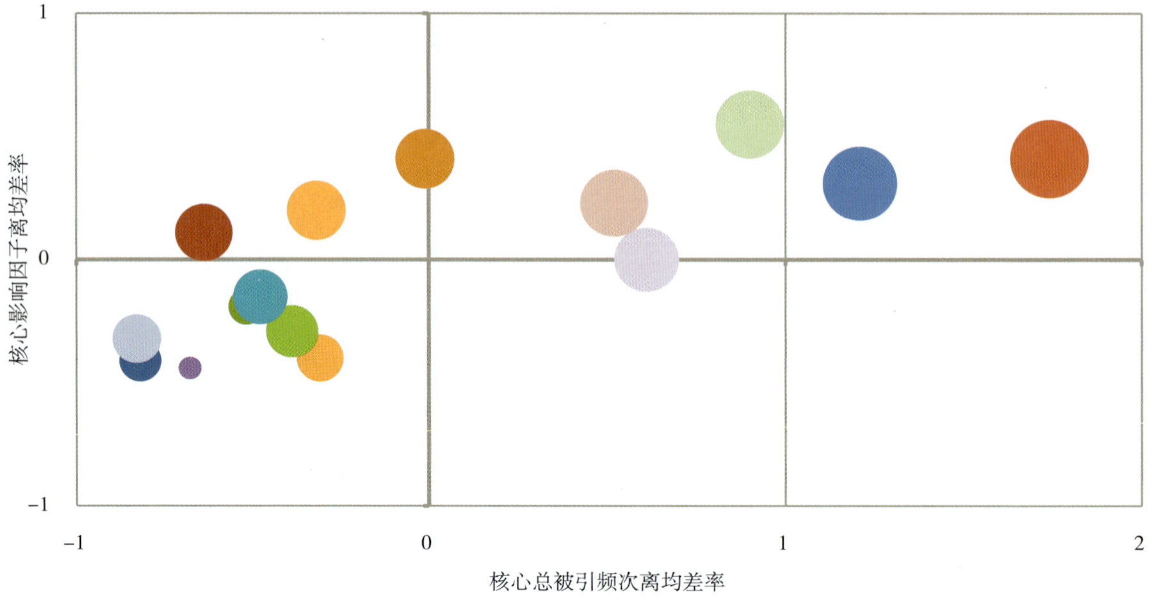

2020 年保健医学类期刊核心总被引频次和核心影响因子离均差率的分布图
（节点大小表示综合评价总分）

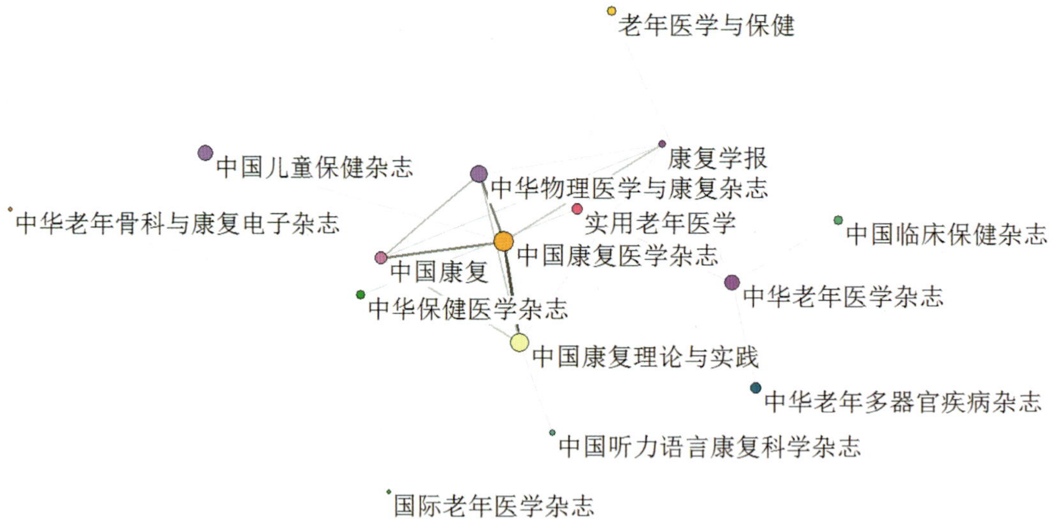

2020 年保健医学类期刊互引关系示意图

表 7-37　2020 年保健医学类期刊主要指标

CODE	刊名	核心总被引频次			核心影响因子			综合评价总分		学科扩散指标	学科影响指标	红点指标
		数值	排名	离均差率	数值	排名	离均差率	数值	排名			
G496	国际老年医学杂志	224	14	−0.82	0.516	14	−0.41	23.3	13	1.43	0.47	0.67
Q933	康复学报	439	12	−0.64	0.973	7	0.11	44.0	8	1.67	0.53	0.63
G628	老年医学与保健	595	11	−0.52	0.714	10	−0.19	17.4	14	2.40	0.60	0.70
G700	实用老年医学	854	7	−0.31	0.530	13	−0.40	29.7	12	3.10	0.73	0.43
G825	中国儿童保健杂志	1976	4	0.61	0.878	8	0.00	50.7	5	3.89	0.53	0.55
G323	中国康复	1220	6	−0.01	1.242	2	0.41	47.0	6	2.85	0.87	0.57
G400	中国康复理论与实践	2721	2	1.21	1.149	4	0.31	72.5	2	4.75	0.93	0.76
G106	中国康复医学杂志	3375	1	1.74	1.240	3	0.41	80.9	1	4.90	0.93	0.29
G447	中国临床保健杂志	754	9	−0.39	0.621	11	−0.29	35.9	10	3.10	0.80	0.64
G437	中国听力语言康复科学杂志	393	13	−0.68	0.496	15	−0.44	6.9	15	0.94	0.40	0.19
G502	中华保健医学杂志	642	10	−0.48	0.749	9	−0.15	39.6	9	3.02	0.80	0.39
G639	中华老年多器官疾病杂志	839	8	−0.32	1.056	6	0.20	46.7	7	3.40	0.87	0.66
Q949	中华老年骨科与康复电子杂志	209	15	−0.83	0.596	12	−0.32	31.2	11	1.00	0.40	0.33
G150	中华老年医学杂志	1869	5	0.52	1.079	5	0.23	59.7	4	4.84	0.93	0.42
G166	中华物理医学与康复杂志	2343	3	0.90	1.360	1	0.55	61.7	3	3.70	1.00	0.52
	15 种期刊平均值	1230			0.880							

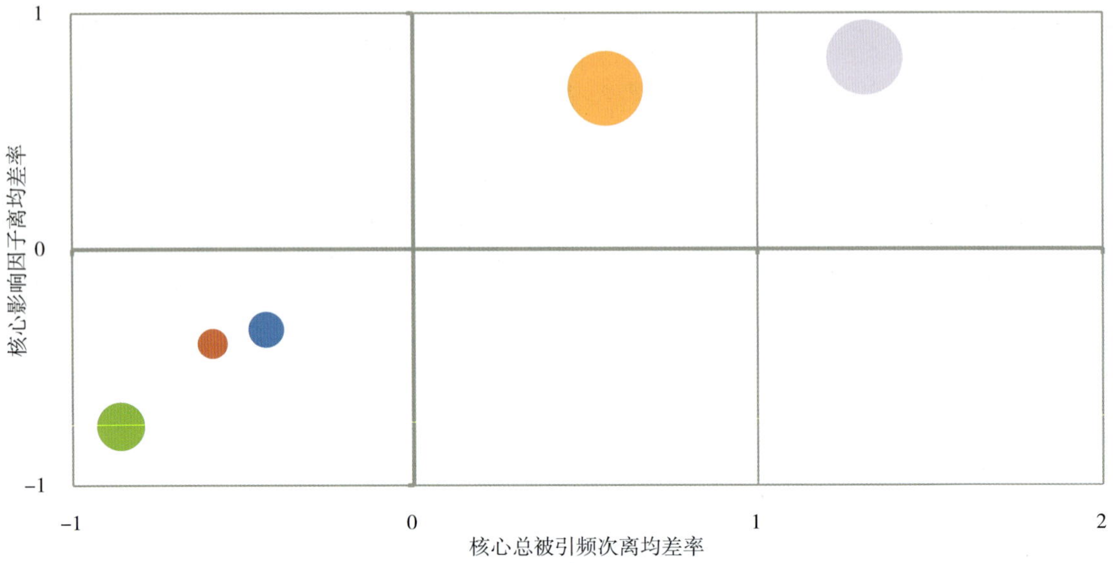

2020 年内科学综合类期刊核心总被引频次和核心影响因子离均差率的分布图
（节点大小表示综合评价总分）

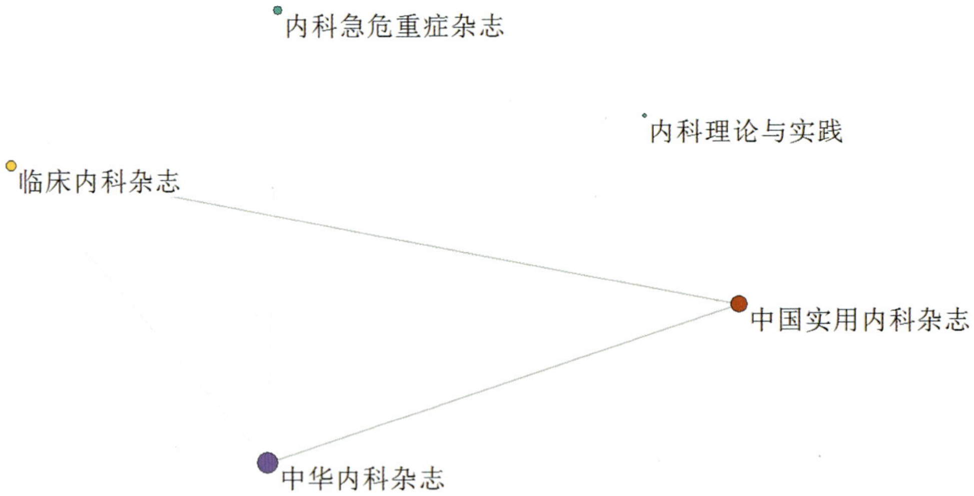

2020 年内科学综合类期刊互引关系示意图

表 7-38　2020 年内科学综合类期刊主要指标

CODE	刊名	核心总被引频次			核心影响因子			综合评价总分		学科扩散指标	学科影响指标	红点指标
		数值	排名	离均差率	数值	排名	离均差率	数值	排名			
G257	临床内科杂志	893	3	−0.43	0.803	3	−0.34	19.2	4	3.21	0.80	0.37
G662	内科急危重症杂志	644	4	−0.59	0.730	4	−0.40	13.6	5	2.62	0.40	0.34
G523	内科理论与实践	213	5	−0.86	0.306	5	−0.75	34.3	3	1.81	0.20	0.40
G267	中国实用内科杂志	2424	2	0.56	2.042	2	0.68	82.9	1	5.94	1.00	0.44
G156	中华内科杂志	3597	1	1.31	2.206	1	0.81	79.4	2	6.36	1.00	0.36
	5 种期刊平均值	1554			1.217							

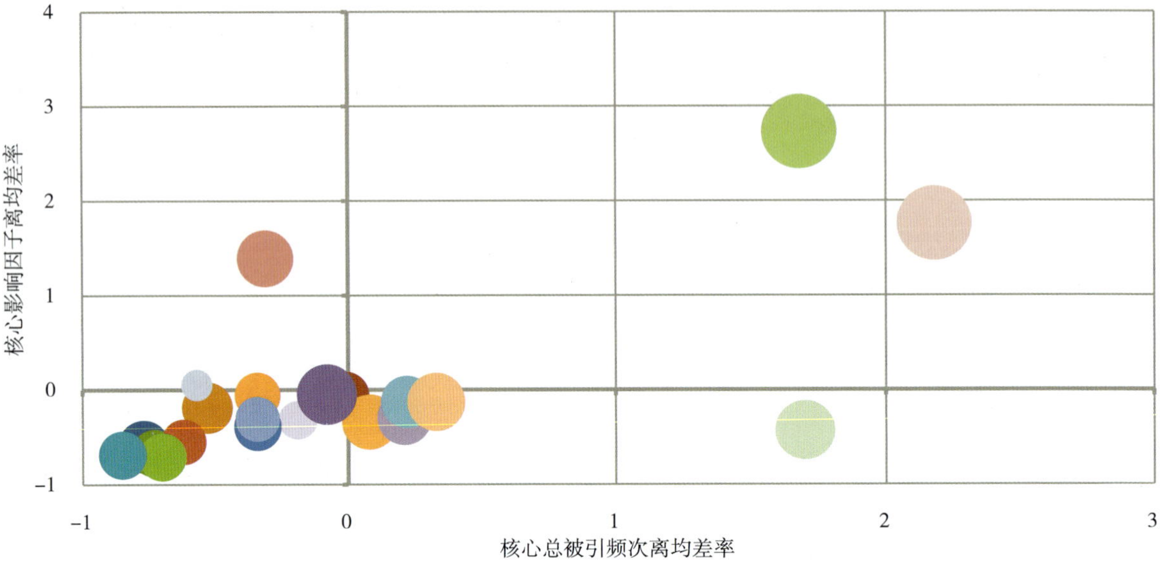

2020 年心血管病学类期刊核心总被引频次和核心影响因子离均差率的分布图

（节点大小表示综合评价总分）

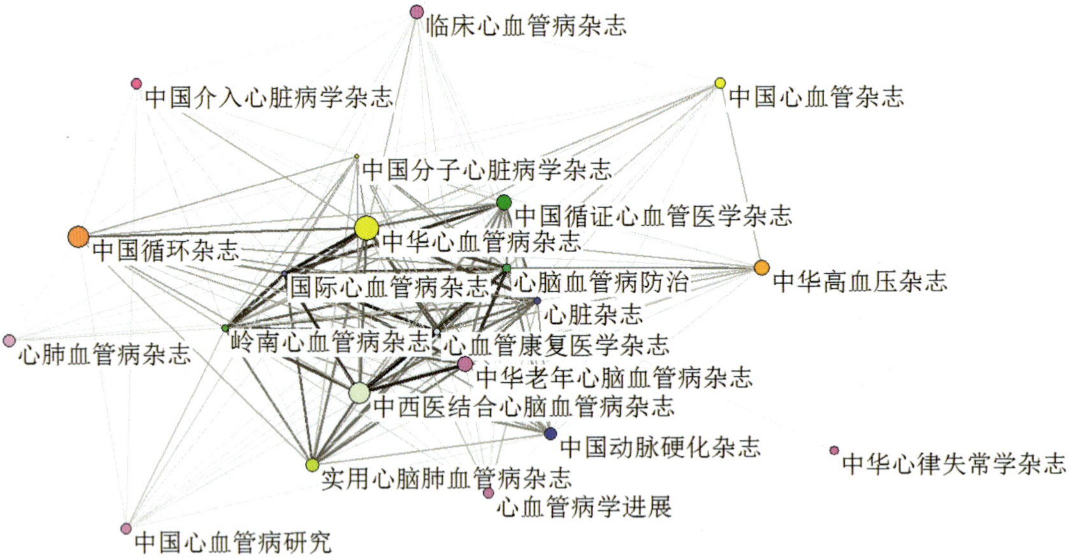

2020 年心血管病学类期刊互引关系示意图

表 7-39　2020 年心血管病学类期刊主要指标

CODE	刊名	核心总被引频次			核心影响因子			综合评价总分		学科扩散指标	学科影响指标	红点指标
		数值	排名	离均差率	数值	排名	离均差率	数值	排名			
G940	国际心血管病杂志	336	20	-0.77	0.484	18	-0.60	39.7	9	1.94	0.86	0.66
G261	临床心血管病杂志	1468	8	-0.01	1.149	6	-0.06	32.6	15	3.44	1.00	0.68
G491	岭南心血管病杂志	404	19	-0.73	0.405	19	-0.67	32.3	16	2.02	1.00	0.78
G766	实用心脑肺血管病杂志	1616	7	0.08	0.801	14	-0.34	43.9	7	3.88	0.90	0.86
G083	心肺血管病杂志	1204	10	-0.19	0.832	13	-0.32	19.2	20	3.22	0.90	0.62
G476	心脑血管病防治	695	15	-0.53	0.994	10	-0.19	37.8	11	2.89	0.86	0.67
G419	心血管病学进展	983	13	-0.34	0.745	15	-0.39	33.2	12	3.10	1.00	0.70
G578	心血管康复医学杂志	565	17	-0.62	0.547	17	-0.55	29.3	18	2.24	0.62	0.89
G260	心脏杂志	446	18	-0.70	0.359	21	-0.71	33.2	12	2.31	0.81	0.59
G234	中国动脉硬化杂志	1370	9	-0.08	1.157	5	-0.05	52.6	3	3.66	0.86	0.75
G402	中国分子心脏病学杂志	222	21	-0.85	0.374	20	-0.69	33.1	14	1.51	0.71	0.59
G239	中国介入心脏病学杂志	977	14	-0.34	1.144	7	-0.06	30.8	17	2.64	1.00	0.69
G718	中国心血管病研究	987	12	-0.34	0.847	12	-0.31	28.6	19	2.61	0.86	0.69
G380	中国心血管杂志	1021	11	-0.31	2.917	3	1.39	46.2	6	3.54	1.00	0.75
G119	中国循环杂志	3994	3	1.68	4.556	1	2.73	79.8	2	5.93	1.00	0.72
G645	中国循证心血管医学杂志	1799	6	0.21	0.854	11	-0.30	41.8	8	4.17	0.95	0.58
G235	中华高血压杂志	1816	5	0.22	1.057	9	-0.13	39.5	10	3.94	1.00	0.32
G876	中华老年心脑血管病杂志	1989	4	0.33	1.061	8	-0.13	48.9	5	4.43	1.00	0.85
G892	中华心律失常学杂志	640	16	-0.57	1.282	4	0.05	14.0	21	1.55	0.86	0.67
G170	中华心血管病杂志	4736	1	2.18	3.370	2	1.76	80.9	1	5.34	1.00	0.74
G597	中西医结合心脑血管病杂志	4022	2	1.70	0.693	16	-0.43	50.4	4	4.51	0.86	0.81
	21 种期刊平均值	1490			1.220							

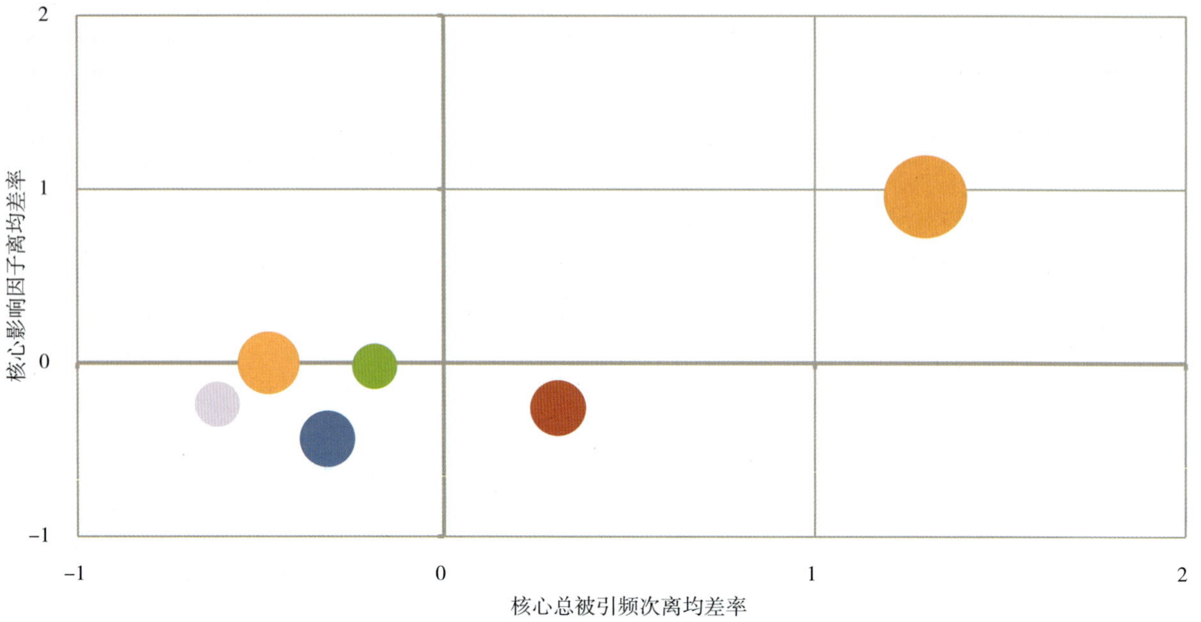

2020 年呼吸病学、结核病学类期刊核心总被引频次和核心影响因子离均差率的分布图
（节点大小表示综合评价总分）

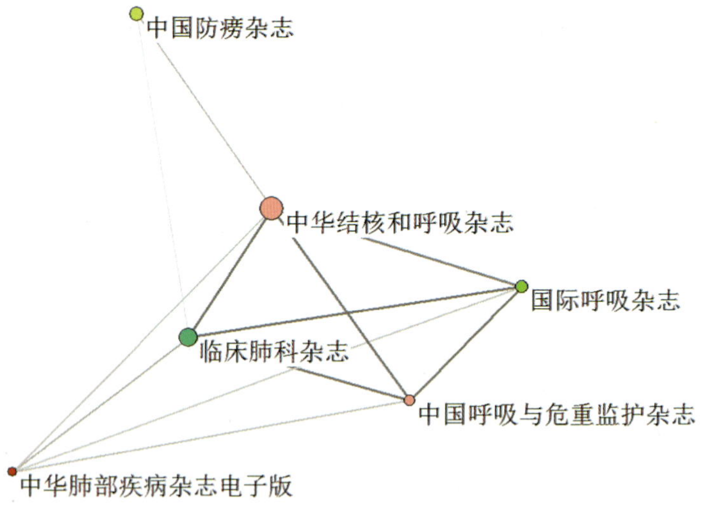

2020 年呼吸病学、结核病学类期刊互引关系示意图

表 7-40　2020 年呼吸病学、结核病学类期刊主要指标

CODE	刊名	核心总被引频次			核心影响因子			综合评价总分		学科扩散指标	学科影响指标	红点指标
		数值	排名	离均差率	数值	排名	离均差率	数值	排名			
G938	国际呼吸杂志	1367	4	-0.32	0.606	6	-0.44	41.3	3	3.74	1.00	0.57
Q908	临床肺科杂志	2637	2	0.31	0.807	5	-0.26	41.1	4	4.85	1.00	0.38
G290	中国防痨杂志	1636	3	-0.19	1.065	3	-0.02	27.0	5	2.39	1.00	0.86
G973	中国呼吸与危重监护杂志	1038	5	-0.48	1.094	2	0.00	51.0	2	3.64	1.00	0.31
G474	中华肺部疾病杂志电子版	767	6	-0.62	0.825	4	-0.24	24.9	6	2.73	1.00	0.37
G147	中华结核和呼吸杂志	4632	1	1.30	2.137	1	0.96	90.4	1	6.07	1.00	0.39
	6 种期刊平均值	2013			1.089							

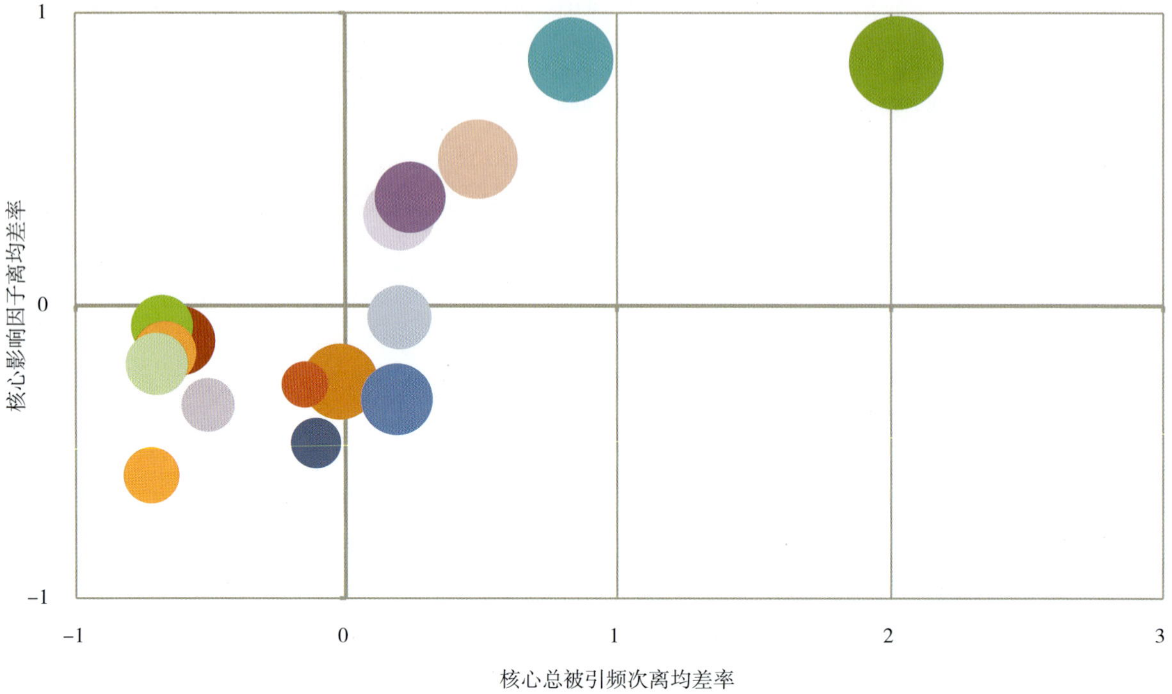

2020 年消化病学类期刊核心总被引频次和核心影响因子离均差率的分布图
（节点大小表示综合评价总分）

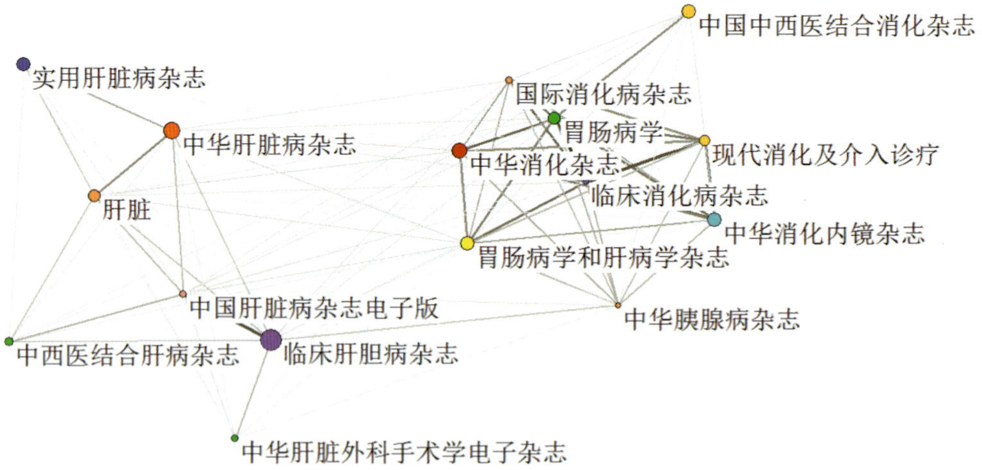

2020 年消化病学类期刊互引关系示意图

表 7-41　2020 年消化病学类主要指标

CODE	刊名	核心总被引频次			核心影响因子			综合评价总分		学科扩散指标	学科影响指标	红点指标
		数值	排名	离均差率	数值	排名	离均差率	数值	排名			
G803	肝脏	1110	9	−0.11	0.522	15	−0.47	23.0	15	3.33	0.81	0.52
G660	国际消化病杂志	486	12	−0.61	0.860	8	−0.12	43.5	8	2.57	0.81	0.73
G501	临床肝胆病杂志	3763	1	2.02	1.793	2	0.83	79.9	1	5.06	1.00	0.87
G855	临床消化病杂志	345	16	−0.72	0.415	16	−0.58	28.9	13	2.08	0.75	0.54
G746	实用肝脏病杂志	1491	5	0.20	1.287	5	0.31	44.4	7	3.53	0.94	0.81
G800	胃肠病学	1223	8	−0.02	0.724	11	−0.26	52.9	4	3.42	0.88	0.80
G326	胃肠病学和肝病学杂志	1476	7	0.19	0.664	13	−0.32	47.0	5	4.10	1.00	0.65
G451	现代消化及介入诊疗	1055	10	−0.15	0.714	12	−0.27	19.6	16	2.87	0.88	0.55
G475	中国肝脏病杂志电子版	399	14	−0.68	0.911	7	−0.07	35.3	12	1.79	0.69	0.75
G528	中国中西医结合消化杂志	1538	4	0.24	1.344	4	0.37	46.1	6	2.65	0.81	0.46
G231	中华肝脏病杂志	2280	2	0.83	1.807	1	0.84	66.1	2	4.48	0.94	0.77
G054	中华肝脏外科手术学电子杂志	410	13	−0.67	0.826	9	−0.16	36.0	10	1.56	0.75	0.94
G285	中华消化内镜杂志	1490	6	0.20	0.941	6	−0.04	37.5	9	3.02	0.81	0.60
G168	中华消化杂志	1860	3	0.49	1.469	3	0.50	57.3	3	4.13	1.00	0.53
G610	中华胰腺病杂志	379	15	−0.70	0.783	10	−0.20	35.6	11	1.62	0.56	0.59
G842	中西医结合肝病杂志	616	11	−0.51	0.650	14	−0.34	26.3	14	1.83	0.56	0.67
	16 种期刊平均值	1245			0.982							

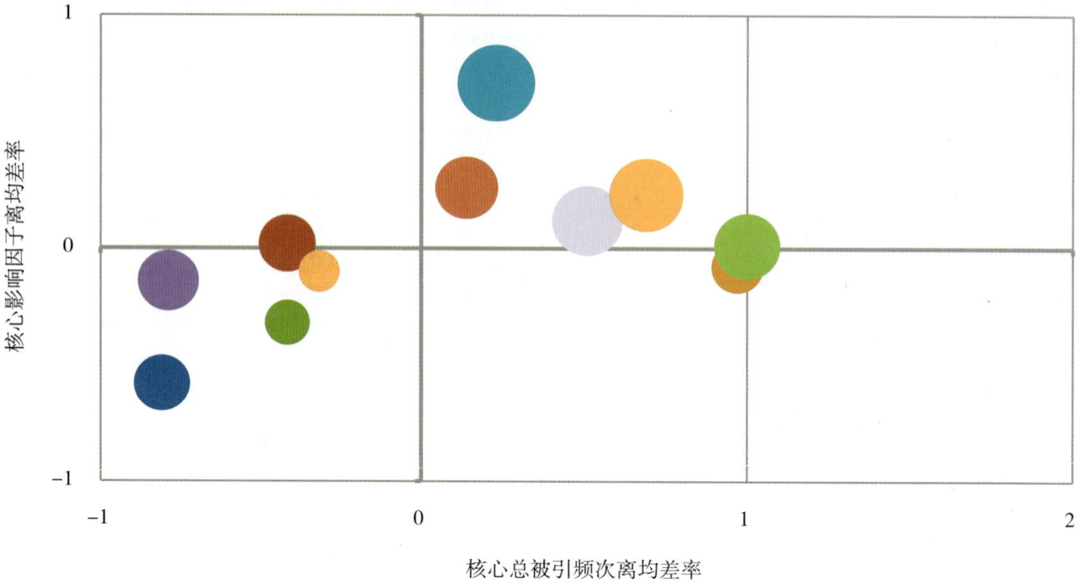

2020 年血液病学、肾脏病学类期刊核心总被引频次和核心影响因子离均差率的分布图
（节点大小表示综合评价总分）

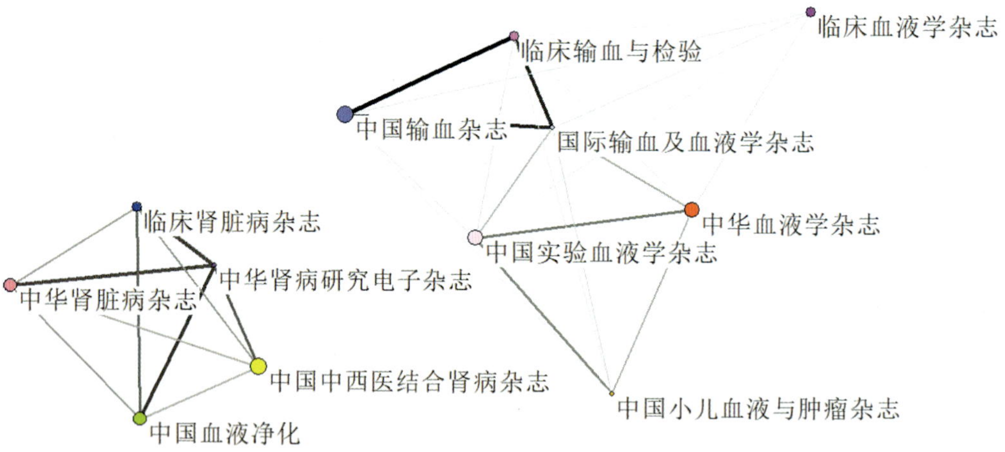

2020 年血液病学、肾脏病学类期刊互引关系示意图

表 7-42　2020 年血液病学、肾脏病学类期刊主要指标

CODE 刊名	核心总被引频次			核心影响因子			综合评价总分		学科扩散指标	学科影响指标	红点指标
	数值	排名	离均差率	数值	排名	离均差率	数值	排名			
B525 国际输血及血液学杂志	199	12	-0.81	0.311	12	-0.58	41.9	8	1.34	0.58	0.67
G423 临床肾脏病杂志	606	8	-0.42	0.759	5	0.02	43.8	7	2.36	0.50	0.69
G797 临床输血与检验	604	9	-0.42	0.508	11	-0.32	27.0	11	1.75	0.42	0.32
G293 临床血液学杂志	712	7	-0.32	0.667	8	-0.10	23.2	12	2.06	0.67	0.43
G883 中国实验血液学杂志	1586	4	0.51	0.833	4	0.12	61.5	3	4.09	0.92	0.57
G796 中国输血杂志	2064	2	0.97	0.684	7	-0.08	35.6	10	2.72	0.67	0.27
G845 中国小儿血液与肿瘤杂志	227	10	-0.78	0.649	9	-0.13	36.0	9	1.28	0.50	0.23
G633 中国血液净化	1196	6	0.14	0.937	2	0.26	51.1	5	2.74	0.50	0.64
G846 中国中西医结合肾病杂志	2097	1	1.00	0.751	6	0.01	57.4	4	3.18	0.42	0.40
G065 中华肾病研究电子杂志	216	11	-0.79	0.643	10	-0.14	49.3	6	1.44	0.42	0.41
G161 中华肾脏病杂志	1289	5	0.23	1.273	1	0.71	78.0	1	3.26	0.58	0.82
G172 中华血液学杂志	1768	3	0.69	0.914	3	0.23	70.8	2	3.98	0.83	0.43
12 种期刊平均值	1047			0.744							

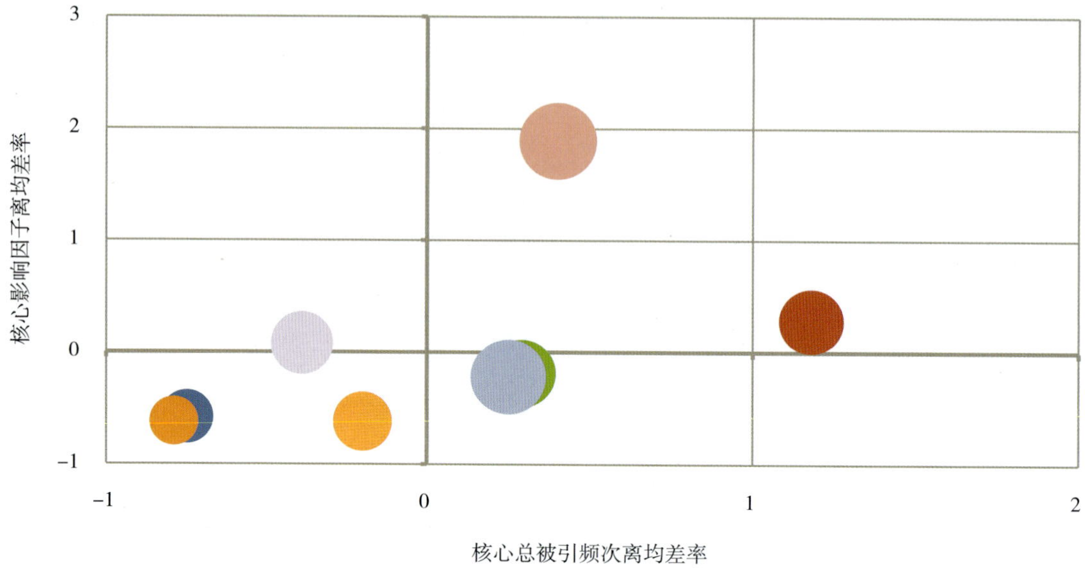

2020 年内分泌病学与代谢病学、风湿病学类期刊核心总被引频次和核心影响因子离均差率的分布图（节点大小表示综合评价总分）

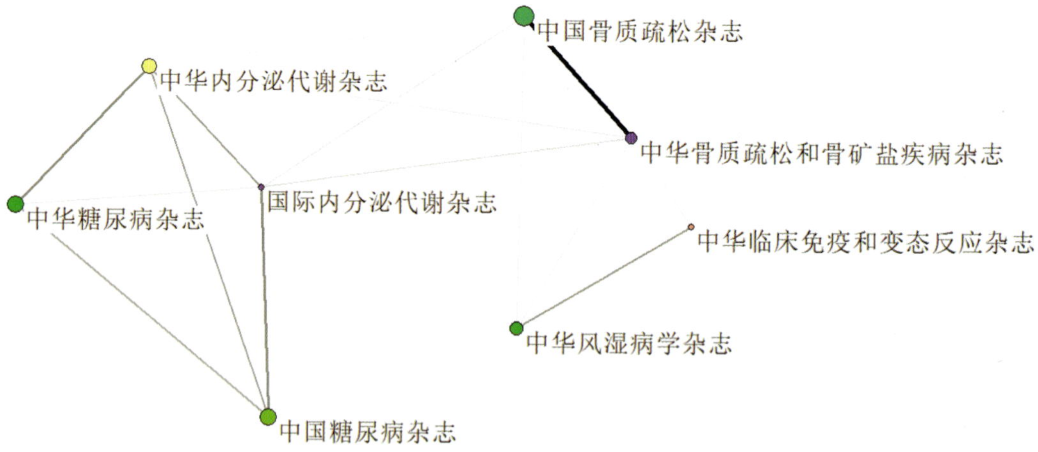

2020 年内分泌病学与代谢病学、风湿病学类期刊互引关系示意图

表 7-43　2020 年内分泌病学与代谢病学、风湿病学类期刊主要指标

CODE	刊名	核心总被引频次			核心影响因子			综合评价总分		学科扩散指标	学科影响指标	红点指标
		数值	排名	离均差率	数值	排名	离均差率	数值	排名			
G415	国际内分泌代谢杂志	351	7	−0.75	0.523	6	−0.58	30.5	7	2.30	0.75	0.50
G663	中国骨质疏松杂志	3006	1	1.18	1.599	2	0.28	44.9	4	4.52	1.00	0.81
G211	中国糖尿病杂志	1777	3	0.29	1.010	4	−0.19	49.8	3	4.62	0.75	0.78
G286	中华风湿病学杂志	1109	5	−0.20	0.477	7	−0.62	37.6	6	3.76	0.50	0.50
G728	中华骨质疏松和骨矿盐疾病杂志	836	6	−0.39	1.347	3	0.08	40.3	5	3.00	1.00	0.60
G693	中华临床免疫和变态反应杂志	288	8	−0.79	0.471	8	−0.62	25.5	8	2.00	0.25	0.22
G155	中华内分泌代谢杂志	1727	4	0.25	0.970	5	−0.22	60.0	2	4.90	0.88	0.41
G739	中华糖尿病杂志	1928	2	0.40	3.614	1	1.89	63.1	1	4.45	0.75	0.68
	8 种期刊平均值	1378			1.251							

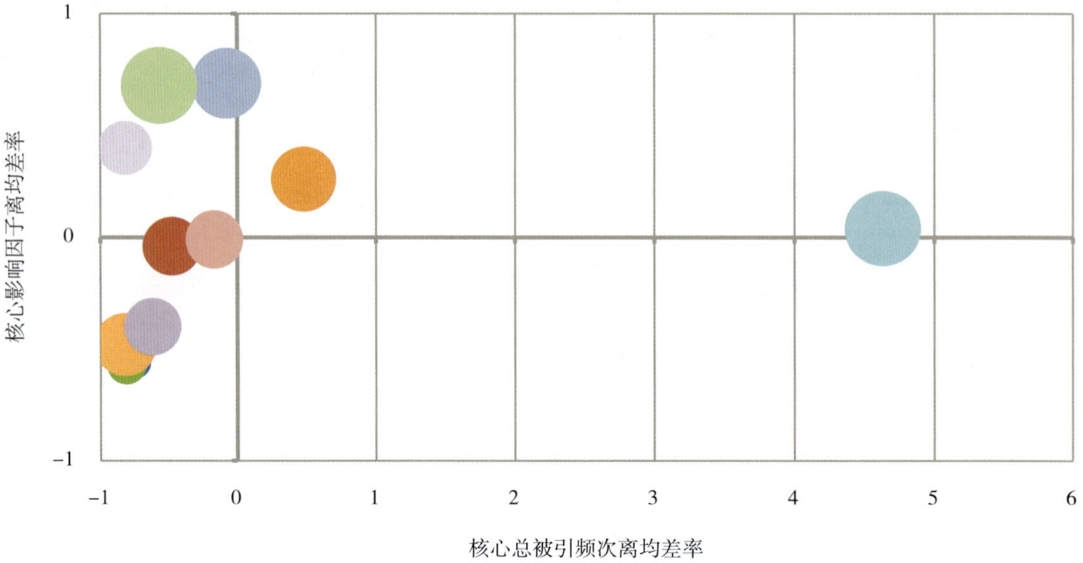

2020 年感染性疾病学、传染病学类期刊核心总被引频次和核心影响因子离均差率的分布图
（节点大小表示综合评价总分）

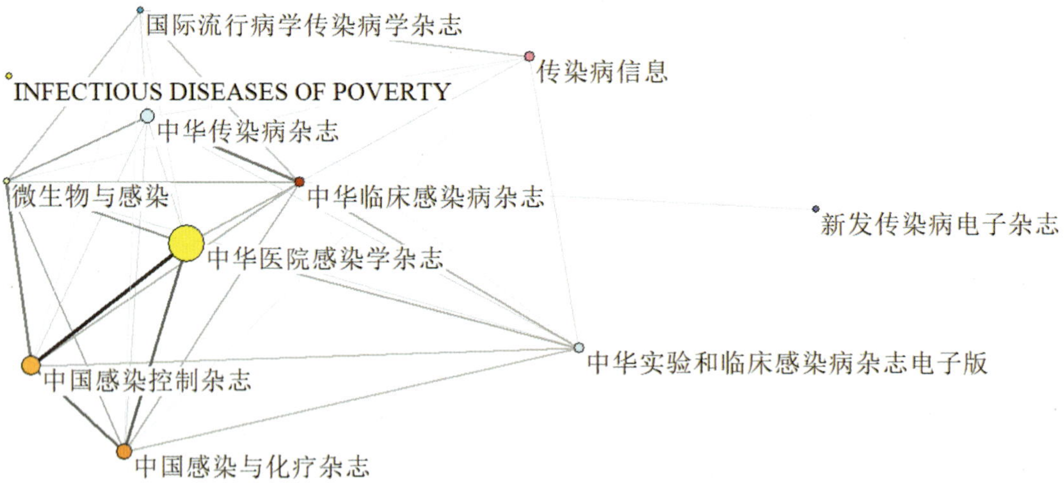

2020 年感染性疾病学、传染病学类期刊互引关系示意图

表 7-44　2020 年感染性疾病学、传染病学类期刊主要指标

CODE	刊名	核心总被引频次			核心影响因子			综合评价总分		学科扩散指标	学科影响指标	红点指标
		数值	排名	离均差率	数值	排名	离均差率	数值	排名			
Q709	INFECTIOUS DISEASES OF POVERTY	383	8	−0.75	0.532	10	−0.56	11.3	11	1.24	0.73	0.25
G458	传染病信息	812	5	−0.48	1.167	7	−0.04	37.7	6	3.33	0.91	0.53
G930	国际流行病学传染病学杂志	302	9	−0.81	0.523	11	−0.57	16.7	10	1.83	0.73	0.63
G651	微生物与感染	277	11	−0.82	0.632	9	−0.48	42.9	5	1.81	0.73	0.34
Q368	新发传染病电子杂志	280	10	−0.82	1.707	3	0.40	29.9	9	1.39	0.64	0.49
G631	中国感染控制杂志	2296	2	0.48	1.536	4	0.26	46.1	4	4.96	0.91	0.69
G337	中国感染与化疗杂志	1432	3	−0.08	2.059	1	0.69	54.0	3	3.35	0.91	0.60
G136	中华传染病杂志	1295	4	−0.17	1.211	6	−0.01	37.4	7	3.80	1.00	0.66
G692	中华临床感染病杂志	663	6	−0.57	2.050	2	0.68	63.8	1	2.83	0.82	0.69
G703	中华实验和临床感染病杂志电子版	597	7	−0.62	0.727	8	−0.40	35.7	8	2.80	0.82	0.58
G194	中华医院感染学杂志	8738	1	4.63	1.266	5	0.04	61.7	2	7.34	0.91	0.65
	11 种期刊平均值	1552			1. 219							

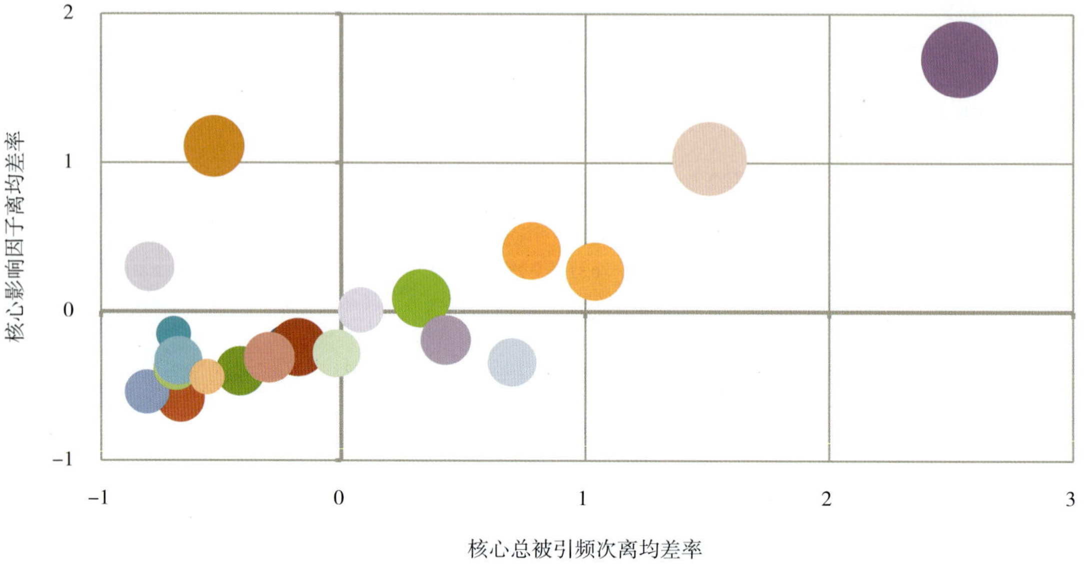

2020 年外科学综合类期刊核心总被引频次和核心影响因子离均差率的分布图
（节点大小表示综合评价总分）

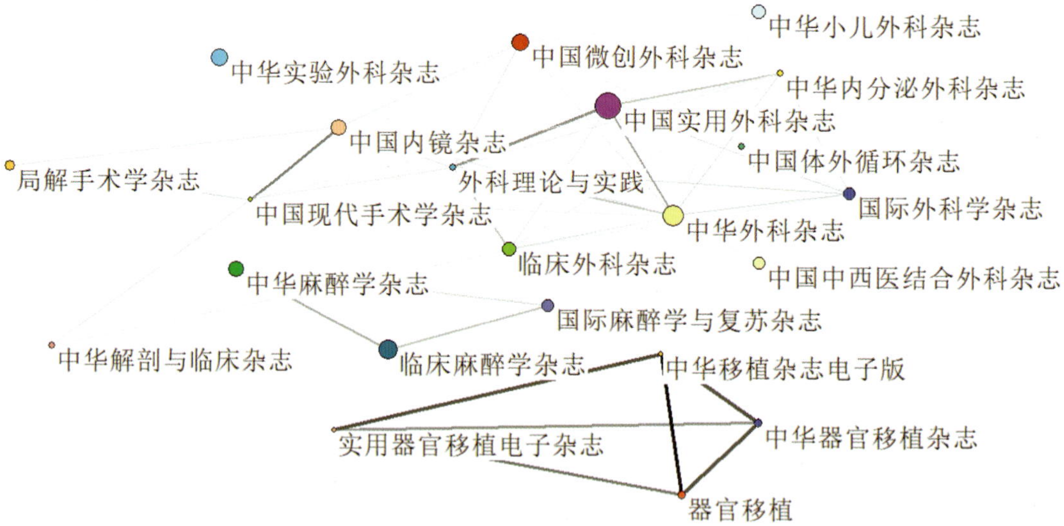

2020 年外科学综合类期刊互引关系示意图

表 7-45　2020 年外科学综合类期刊主要指标

CODE	刊名	核心总被引频次			核心影响因子			综合评价总分		学科扩散指标	学科影响指标	红点指标
		数值	排名	离均差率	数值	排名	离均差率	数值	排名			
G975	国际麻醉学与复苏杂志	923	11	−0.23	0.700	11	−0.23	23.2	19	2.80	0.55	0.54
G954	国际外科学杂志	977	10	−0.18	0.692	12	−0.24	44.9	5	3.69	0.77	0.73
G553	局解手术学杂志	690	13	−0.42	0.547	18	−0.40	32.6	10	3.22	0.64	0.45
G222	临床麻醉学杂志	2434	3	1.04	1.154	6	0.27	44.7	6	4.39	0.91	0.41
G256	临床外科杂志	1283	8	0.08	0.915	8	0.01	25.0	18	3.93	0.86	0.52
G595	器官移植	562	14	−0.53	1.912	2	1.11	50.7	3	1.70	0.50	0.88
G469	实用器官移植电子杂志	218	22	−0.82	0.429	20	−0.53	11.3	22	1.07	0.45	0.34
G601	外科理论与实践	393	16	−0.67	0.381	22	−0.58	31.9	12	2.12	0.59	0.52
G277	中国内镜杂志	1579	7	0.33	0.993	7	0.09	45.1	4	3.66	0.82	0.44
G272	中国实用外科杂志	4205	1	2.53	2.445	1	1.70	77.8	1	5.04	0.86	0.54
G444	中国体外循环杂志	363	19	−0.70	0.773	9	−0.15	16.4	21	1.38	0.41	0.90
G373	中国微创外科杂志	2120	4	0.78	1.276	4	0.41	44.1	7	4.06	0.86	0.24
G885	中国现代手术学杂志	231	21	−0.81	0.421	21	−0.54	26.2	17	1.40	0.41	0.37
G758	中国中西医结合外科杂志	835	12	−0.30	0.630	14	−0.31	34.2	8	2.87	0.50	0.37
Q905	中华解剖与临床杂志	367	18	−0.69	0.561	17	−0.38	27.0	16	1.82	0.45	0.41
G153	中华麻醉学杂志	1704	6	0.43	0.739	10	−0.19	32.5	11	3.69	0.77	0.62
G736	中华内分泌外科杂志	386	17	−0.68	0.604	15	−0.33	31.5	13	2.03	0.59	0.56
G158	中华器官移植杂志	528	15	−0.56	0.507	19	−0.44	17.0	20	1.75	0.64	0.87
G163	中华实验外科杂志	2020	5	0.70	0.600	16	−0.34	31.5	13	4.98	0.82	0.56
G164	中华外科杂志	2989	2	1.51	1.843	3	1.03	72.6	2	5.37	1.00	0.41
G169	中华小儿外科杂志	1162	9	−0.02	0.657	13	−0.28	30.3	15	3.09	0.59	0.52
G897	中华移植杂志电子版	239	20	−0.80	1.182	5	0.30	32.9	9	0.98	0.45	0.81
	22 种期刊平均值	1191			0.907							

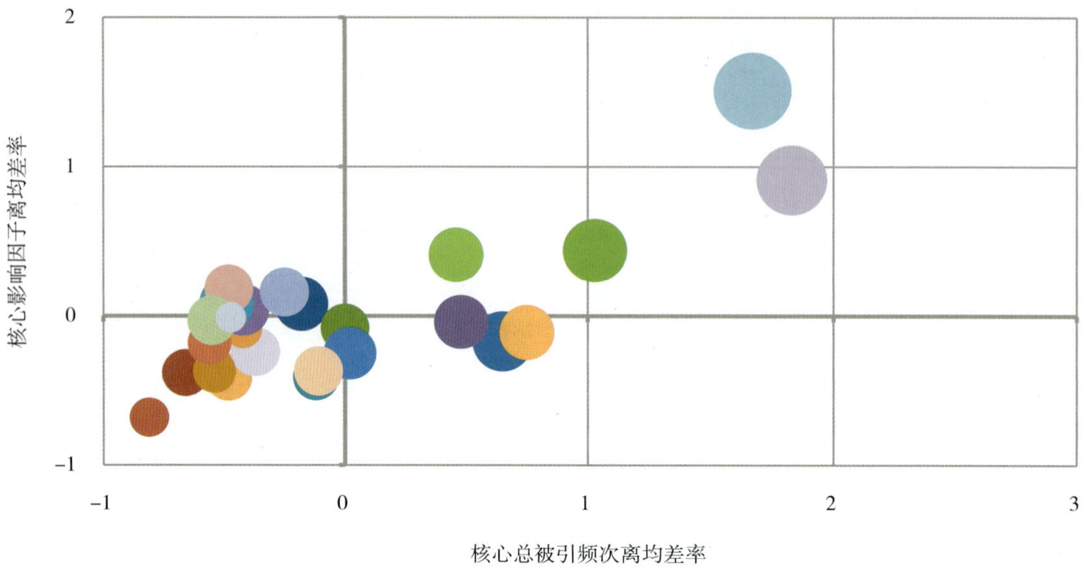

2020 年普通外科学、胸外科学、心血管外科学类期刊核心总被引频次和核心影响因子离均差率的分布图
（节点大小表示综合评价总分）

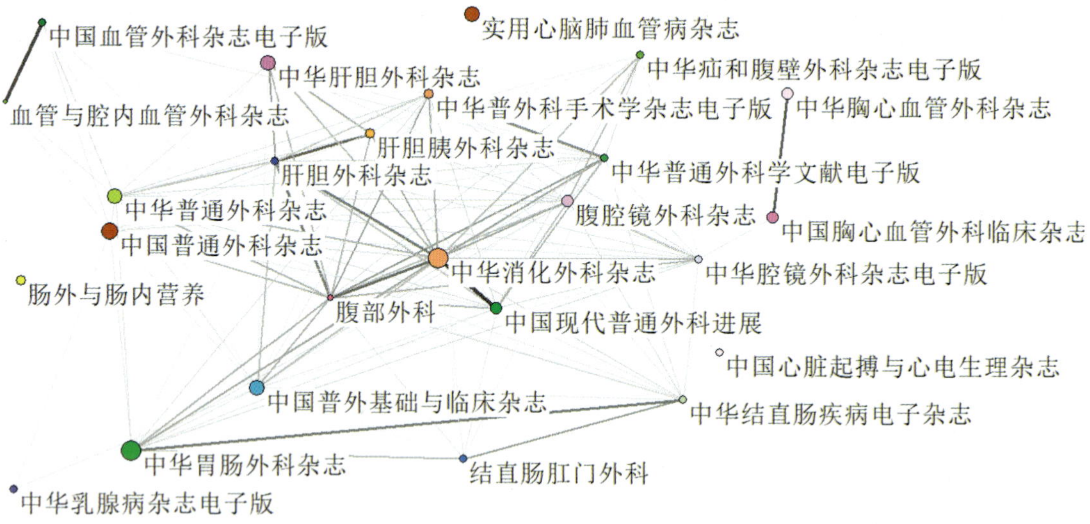

2020 年普通外科学、胸外科学、心血管外科学类期刊互引关系示意图

表 7-46　2020 年普通外科学、胸外科学、心血管外科学类期刊主要指标

CODE	刊名	核心总被引频次			核心影响因子			综合评价总分		学科扩散指标	学科影响指标	红点指标
		数值	排名	离均差率	数值	排名	离均差率	数值	排名			
G264	肠外与肠内营养	805	12	−0.18	1.047	8	0.08	44.9	8	2.89	0.60	0.41
G957	腹部外科	332	24	−0.66	0.601	22	−0.38	33.8	19	1.34	0.76	0.58
G338	腹腔镜外科杂志	978	9	0.00	0.894	13	−0.08	35.8	16	2.29	0.76	0.84
G879	肝胆外科杂志	512	18	−0.48	0.575	24	−0.41	34.2	17	1.88	0.52	0.61
G690	肝胆胰外科杂志	614	14	−0.37	0.737	18	−0.24	34.1	18	2.12	0.52	0.48
G869	结直肠肛门外科	451	21	−0.54	0.606	20	−0.37	29.1	22	1.54	0.44	0.24
G766	实用心脑肺血管病杂志	1616	5	0.65	0.801	16	−0.17	55.5	4	3.88	0.24	0.69
Q958	血管与腔内血管外科杂志	189	25	−0.81	0.312	25	−0.68	24.0	23	1.11	0.24	0.25
G226	中国普通外科杂志	1984	3	1.03	1.393	3	0.44	61.6	3	3.97	0.92	0.82
G269	中国普外基础与临床杂志	1448	6	0.48	0.931	12	−0.04	44.5	9	3.66	0.84	0.55
G841	中国现代普通外科进展	862	11	−0.12	0.576	23	−0.41	33.0	20	2.73	0.72	0.59
G203	中国心脏起搏与心电生理杂志	569	15	−0.42	0.877	14	−0.09	21.8	24	1.81	0.08	0.87
G232	中国胸心血管外科临床杂志	994	8	0.02	0.723	19	−0.25	42.5	10	3.07	0.48	0.56
G464	中国血管外科杂志电子版	431	23	−0.56	0.793	17	−0.18	30.1	21	1.71	0.48	0.24
G262	中华肝胆外科杂志	1432	7	0.46	1.367	4	0.41	45.8	7	2.78	0.60	0.65
G060	中华结直肠疾病电子杂志	568	16	−0.42	1.004	9	0.04	41.2	11	2.22	0.52	0.81
G461	中华普通外科学文献电子版	495	20	−0.49	1.049	7	0.08	46.7	5	2.53	0.80	0.71
G254	中华普通外科杂志	1708	4	0.75	0.865	15	−0.11	46.4	6	3.66	0.84	0.43
G462	中华普外科手术学杂志电子版	733	13	−0.25	1.128	6	0.16	36.8	15	1.90	0.72	0.94
G463	中华腔镜外科杂志电子版	506	19	−0.48	1.144	5	0.18	36.9	14	1.63	0.84	0.23
G505	中华乳腺病杂志电子版	439	22	−0.55	0.938	11	−0.03	37.6	12	1.98	0.24	0.85
G793	中华胃肠外科杂志	2771	1	1.83	1.855	2	0.91	75.0	2	4.10	0.88	0.73
G978	中华消化外科杂志	2611	2	1.67	2.431	1	1.51	90.5	1	3.82	0.88	0.91
G171	中华胸心血管外科杂志	870	10	−0.11	0.606	20	−0.37	37.3	13	2.75	0.48	0.19
G472	中华疝和腹壁外科杂志电子版	521	17	−0.47	0.963	10	−0.01	14.0	25	0.88	0.48	0.79
	25 种期刊平均值	978			0.969							

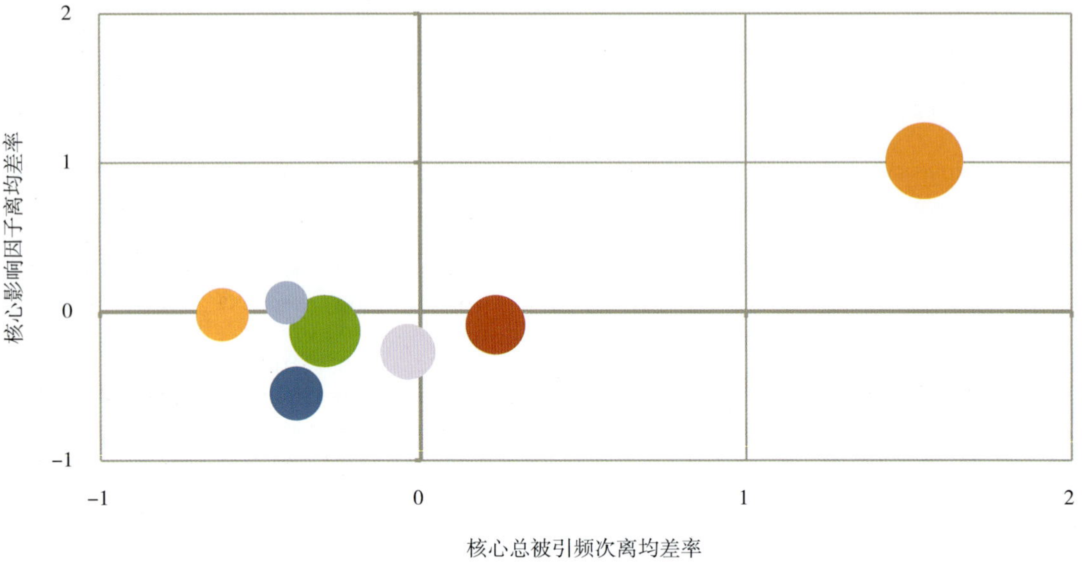

2020 年泌尿外科学类期刊核心总被引频次和核心影响因子离均差率的分布图
（节点大小表示综合评价总分）

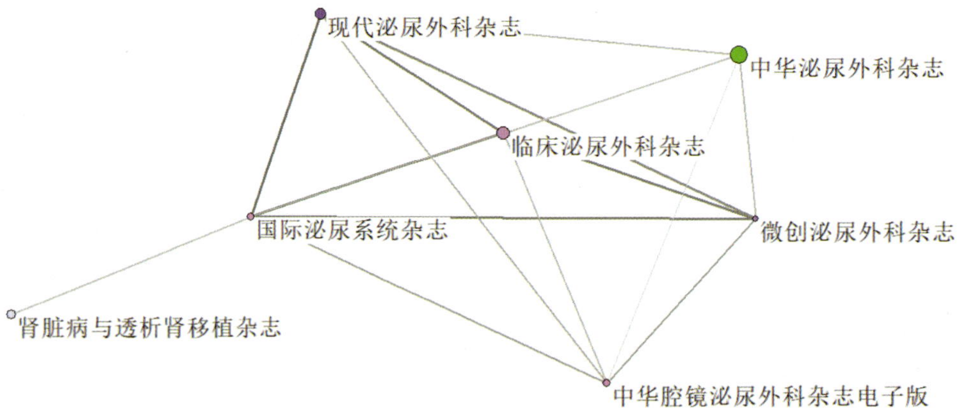

2020 年泌尿外科学类期刊互引关系示意图

表 7-47　2020 年泌尿外科类期刊主要指标

CODE	刊名	核心总被引频次			核心影响因子			综合评价总分		学科扩散指标	学科影响指标	红点指标
		数值	排名	离均差率	数值	排名	离均差率	数值	排名			
G349	国际泌尿系统杂志	570	5	−0.39	0.374	7	−0.55	30.4	4	2.17	1.00	0.62
G317	临床泌尿外科杂志	1146	2	0.23	0.747	4	−0.09	36.4	3	2.70	0.86	0.56
G202	肾脏病与透析肾移植杂志	653	4	−0.30	0.716	5	−0.13	53.7	2	2.47	0.57	0.16
G866	微创泌尿外科杂志	352	7	−0.62	0.808	3	−0.02	29.2	6	1.11	0.86	0.65
G341	现代泌尿外科杂志	895	3	−0.04	0.603	6	−0.27	29.9	5	2.53	0.86	0.53
G154	中华泌尿外科杂志	2378	1	1.55	1.656	1	1.01	60.6	1	3.42	1.00	0.72
G473	中华腔镜泌尿外科杂志电子版	542	6	−0.42	0.871	2	0.06	19.4	7	1.34	0.86	0.68
	7 种期刊平均值	934			0.825							

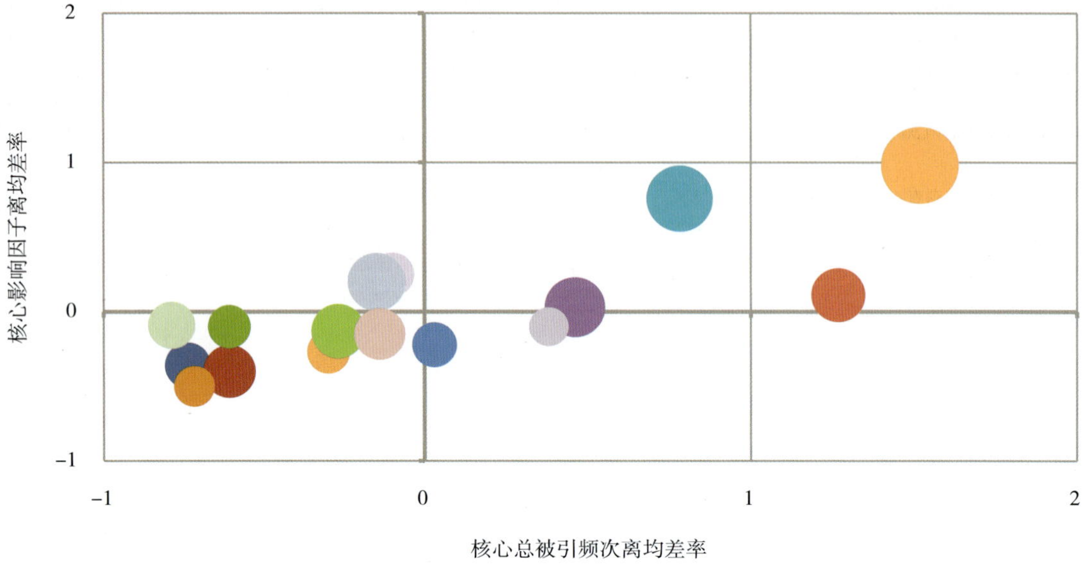

2020 年骨外科学类期刊核心总被引频次和核心影响因子离均差率的分布图
（节点大小表示综合评价总分）

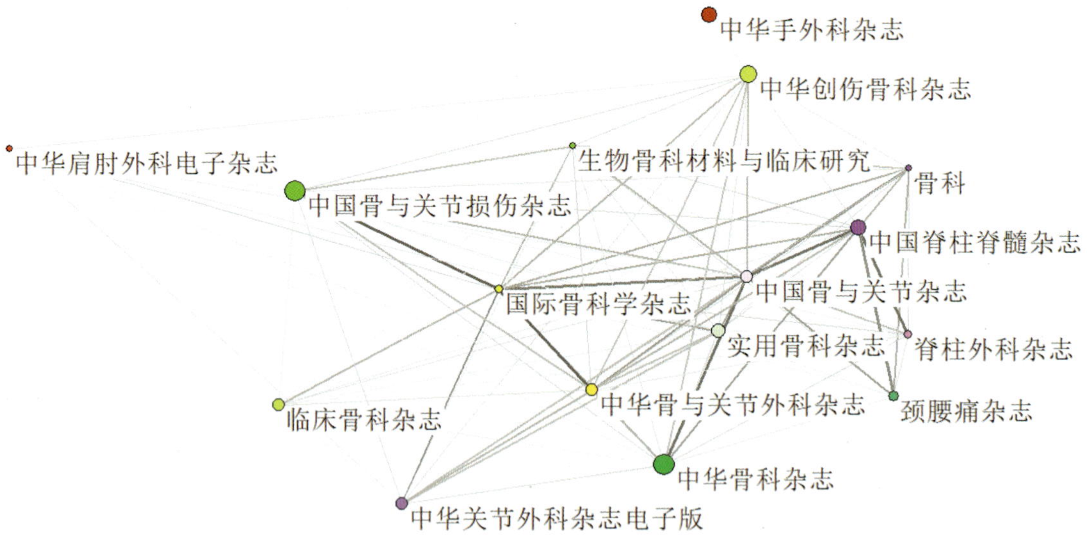

2020 年骨外科学类期刊互引关系示意图

表 7-48　2020 年骨外科学类期刊主要指标

CODE	刊名	核心总被引频次			核心影响因子			综合评价总分		学科扩散指标	学科影响指标	红点指标
		数值	排名	离均差率	数值	排名	离均差率	数值	排名			
G478	骨科	302	15	−0.74	0.622	14	−0.36	32.5	10	1.46	0.88	0.49
G498	国际骨科学杂志	455	13	−0.61	0.584	15	−0.40	43.2	7	2.12	1.00	0.48
G439	脊柱外科杂志	460	12	−0.61	0.880	9	−0.10	28.9	13	1.29	0.75	0.85
G677	颈腰痛杂志	826	11	−0.30	0.712	13	−0.27	29.0	12	2.15	0.75	0.35
G291	临床骨科杂志	1054	7	−0.10	1.219	3	0.25	27.2	14	1.76	0.94	0.52
G401	生物骨科材料与临床研究	326	14	−0.72	0.493	16	−0.50	25.6	15	1.33	0.81	0.35
G457	实用骨科杂志	1207	6	0.03	0.763	12	−0.22	31.0	11	2.33	1.00	0.38
G249	中国骨与关节损伤杂志	2667	2	1.27	1.081	5	0.11	44.2	6	2.75	1.00	0.52
G857	中国骨与关节杂志	853	10	−0.27	0.846	10	−0.13	45.3	5	2.42	1.00	0.76
G192	中国脊柱脊髓杂志	1717	4	0.46	1.003	6	0.03	54.8	3	2.84	0.81	0.24
G408	中华创伤骨科杂志	2092	3	0.78	1.716	2	0.76	67.2	2	2.43	1.00	0.72
G143	中华骨科杂志	2966	1	1.52	1.936	1	0.98	90.4	1	3.88	1.00	0.61
G648	中华骨与关节外科杂志	993	9	−0.15	1.177	4	0.20	52.2	4	2.72	0.94	0.54
G691	中华关节外科杂志电子版	1015	8	−0.14	0.828	11	−0.15	41.0	8	2.69	0.88	0.78
G055	中华肩肘外科电子杂志	246	16	−0.79	0.887	7	−0.09	33.9	9	0.83	0.81	0.15
G848	中华手外科杂志	1626	5	0.38	0.882	8	−0.10	23.0	16	1.56	0.81	0.63
	16 种期刊平均值	1175			0.977							

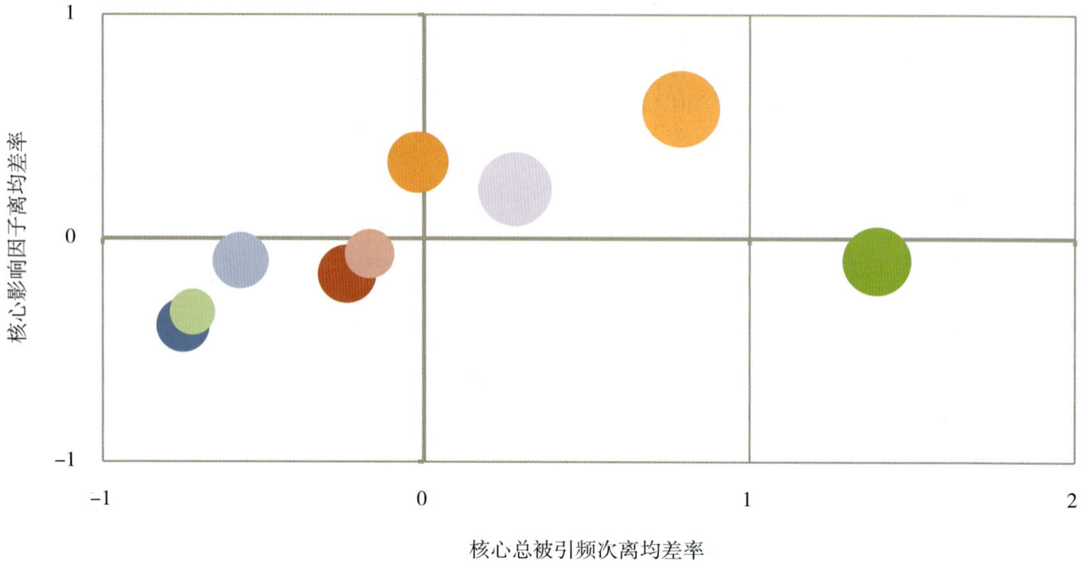

2020 年烧伤外科学、整形外科学类期刊核心总被引频次和核心影响因子离均差率的分布图
（节点大小表示综合评价总分）

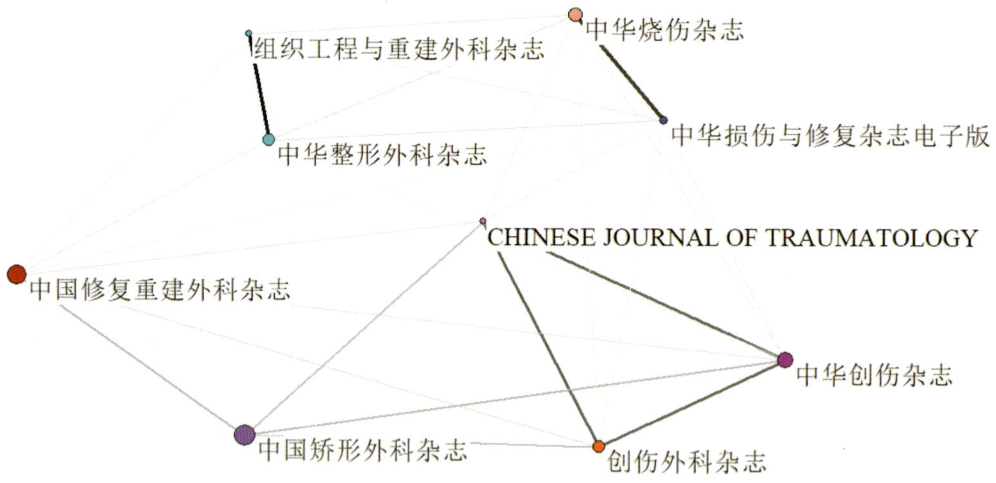

2020 年烧伤外科学、整形外科学类期刊互引关系示意图

表 7-49　2020 年烧伤外科学、整形外科学类期刊主要指标

CODE	刊名	核心总被引频次			核心影响因子			综合评价总分		学科扩散指标	学科影响指标	红点指标
		数值	排名	离均差率	数值	排名	离均差率	数值	排名			
I200	CHINESE JOURNAL OF TRAUMATOLOGY	310	9	-0.75	0.590	9	-0.39	35.9	7	1.65	0.89	0.00
G322	创伤外科杂志	959	6	-0.24	0.805	7	-0.16	42.5	5	2.80	1.00	0.61
G233	中国矫形外科杂志	3006	1	1.39	0.863	6	-0.10	58.5	3	4.01	1.00	0.37
G118	中国修复重建外科杂志	2249	2	0.79	1.516	1	0.58	73.0	1	3.73	0.89	0.48
G137	中华创伤杂志	1612	3	0.28	1.172	3	0.22	64.4	2	3.11	0.89	0.72
G900	中华烧伤杂志	1232	4	-0.02	1.290	2	0.34	47.1	4	2.61	1.00	0.80
G506	中华损伤与修复杂志电子版	546	7	-0.57	0.865	5	-0.10	39.7	6	2.00	0.89	0.73
G178	中华整形外科杂志	1042	5	-0.17	0.893	4	-0.07	30.4	8	1.79	0.89	0.35
G701	组织工程与重建外科杂志	357	8	-0.72	0.648	8	-0.33	26.3	9	1.47	0.78	0.17
	9 种期刊平均值	1257			0.960							

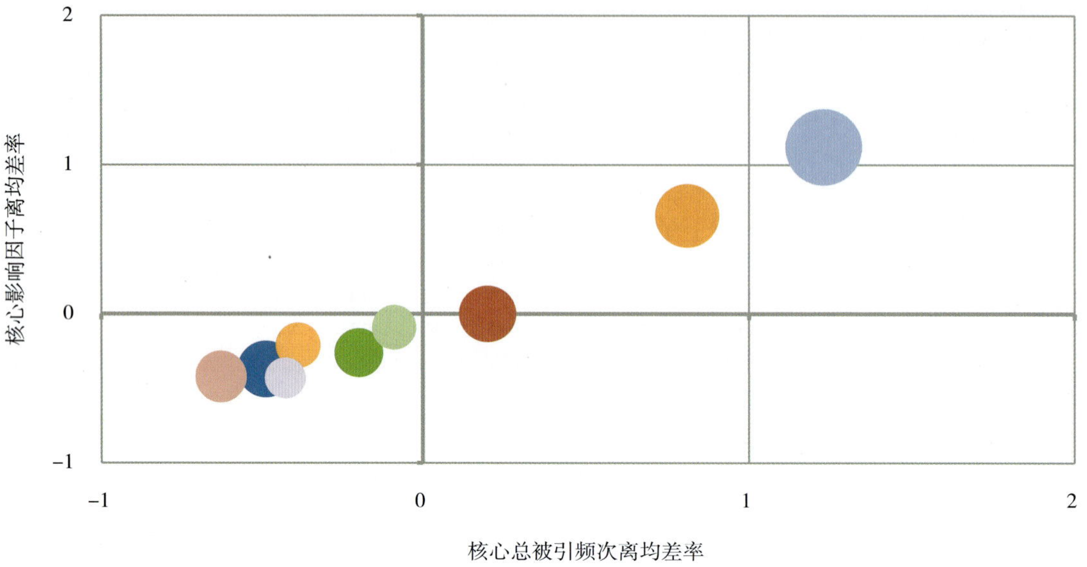

2020 年妇产科学类期刊核心总被引频次和核心影响因子离均差率的分布图

（节点大小表示综合评价总分）

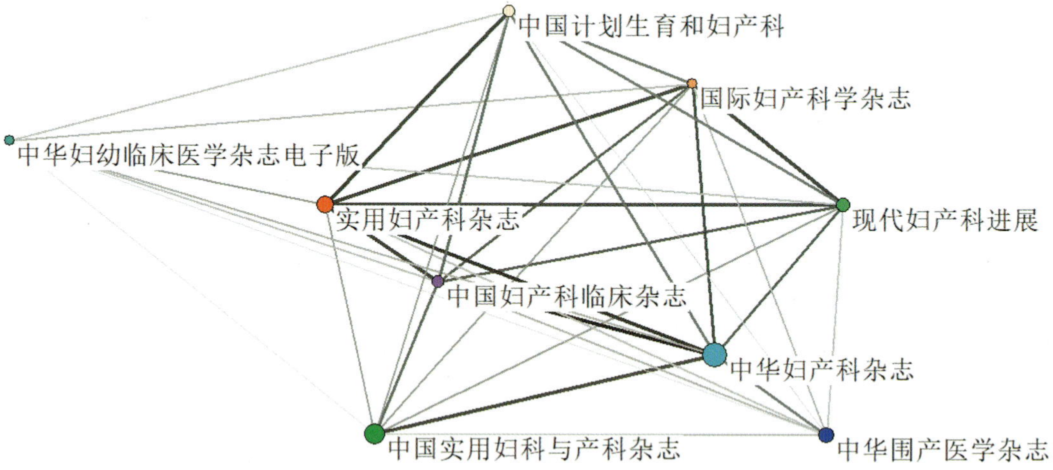

2020 年妇产科学类期刊互引关系示意图

表 7-50　2020 年妇产科学类期刊主要指标

CODE	刊名	核心总被引频次			核心影响因子			综合评价总分		学科扩散指标	学科影响指标	红点指标
		数值	排名	离均差率	数值	排名	离均差率	数值	排名			
G659	国际妇产科学杂志	818	8	−0.49	0.754	7	−0.37	43.4	3	2.97	1.00	0.84
G586	实用妇产科杂志	1931	3	0.20	1.198	3	0.00	43.1	4	3.98	1.00	0.28
G300	现代妇产科进展	1285	5	−0.20	0.892	6	−0.26	32.3	6	3.34	1.00	0.48
G456	中国妇产科临床杂志	983	6	−0.39	0.955	5	−0.21	27.7	7	2.89	1.00	0.49
G560	中国计划生育和妇产科	912	7	−0.43	0.690	9	−0.43	20.8	9	2.66	1.00	0.41
G228	中国实用妇科与产科杂志	2923	2	0.81	1.993	2	0.66	54.4	2	4.35	1.00	0.43
G142	中华妇产科杂志	3601	1	1.23	2.544	1	1.12	79.4	1	4.79	1.00	0.34
G689	中华妇幼临床医学杂志电子版	598	9	−0.63	0.696	8	−0.42	36.4	5	2.76	0.89	0.91
G296	中华围产医学杂志	1462	4	−0.09	1.093	4	−0.09	27.0	8	3.11	1.00	0.71
	9 种期刊平均值	1613			1.202							

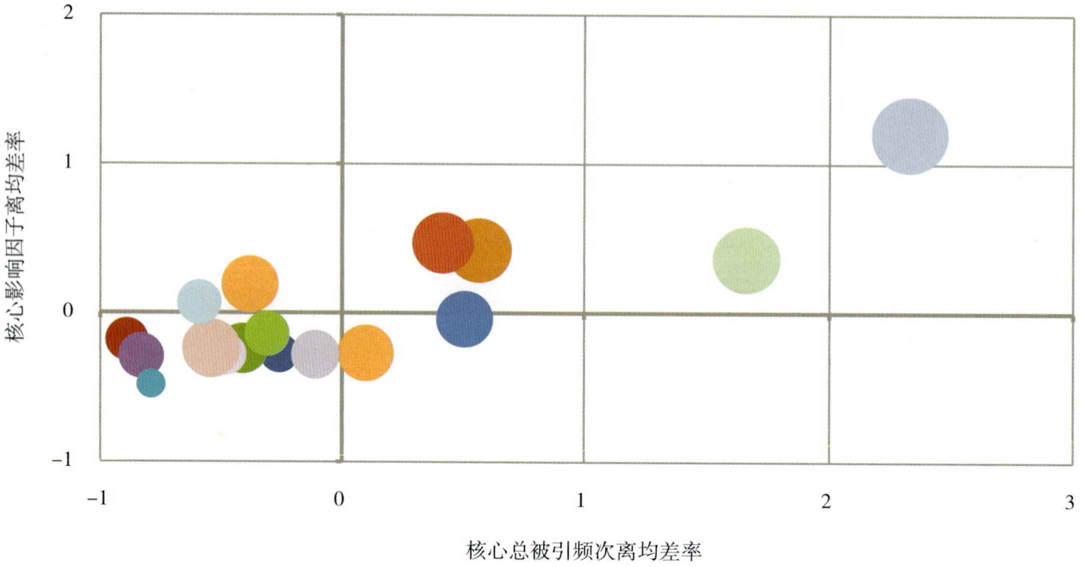

2020 年儿科学类期刊核心总被引频次和核心影响因子离均差率的分布图
（节点大小表示综合评价总分）

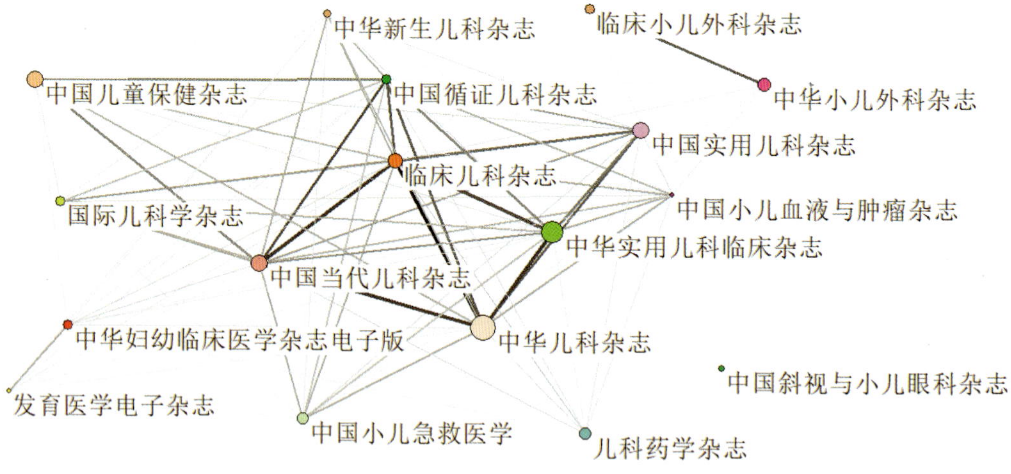

2020 年儿科学类期刊互引关系示意图

表 7-51　2020 年儿科学类期刊主要指标

CODE	刊名	核心总被引频次			核心影响因子			综合评价总分		学科扩散指标	学科影响指标	红点指标
		数值	排名	离均差率	数值	排名	离均差率	数值	排名			
G920	儿科药学杂志	962	8	−0.26	0.671	12	−0.27	21.9	16	3.00	0.76	0.44
G199	发育医学电子杂志	145	17	−0.89	0.748	9	−0.18	26.4	14	0.71	0.65	0.22
G936	国际儿科学杂志	766	11	−0.41	0.694	11	−0.24	36.3	9	2.96	0.88	0.69
G607	临床儿科杂志	1429	6	0.10	0.668	13	−0.27	45.9	7	4.09	0.94	0.62
Q909	临床小儿外科杂志	680	12	−0.48	0.656	15	−0.28	22.5	15	1.96	0.71	0.76
G901	中国当代儿科杂志	2054	3	0.57	1.300	3	0.42	60.3	3	4.61	0.94	0.93
G825	中国儿童保健杂志	1976	4	0.51	0.878	7	−0.04	45.8	8	3.89	0.88	0.64
G273	中国实用儿科杂志	1852	5	0.42	1.343	2	0.47	54.4	4	4.28	1.00	0.73
G765	中国小儿急救医学	896	9	−0.31	0.786	8	−0.14	28.9	12	2.57	0.88	0.69
G845	中国小儿血液与肿瘤杂志	227	16	−0.83	0.649	16	−0.29	29.5	11	1.28	0.71	0.24
G298	中国斜视与小儿眼科杂志	279	15	−0.79	0.472	17	−0.48	12.1	17	0.81	0.18	0.19
G756	中国循证儿科杂志	807	10	−0.38	1.090	5	0.19	46.0	6	3.02	0.94	0.64
G138	中华儿科杂志	4350	1	2.33	2.012	1	1.20	84.0	1	5.75	1.00	0.51
G689	中华妇幼临床医学杂志电子版	598	13	−0.54	0.696	10	−0.24	49.8	5	2.76	0.76	0.85
G875	中华实用儿科临床杂志	3474	2	1.66	1.246	4	0.36	64.2	2	5.55	0.94	0.71
G169	中华小儿外科杂志	1162	7	−0.11	0.657	14	−0.28	34.3	10	3.09	0.88	0.62
G082	中华新生儿科杂志	534	14	−0.59	0.975	6	0.07	28.8	13	1.78	0.88	0.89
	17 种期刊平均值	1305			0.914							

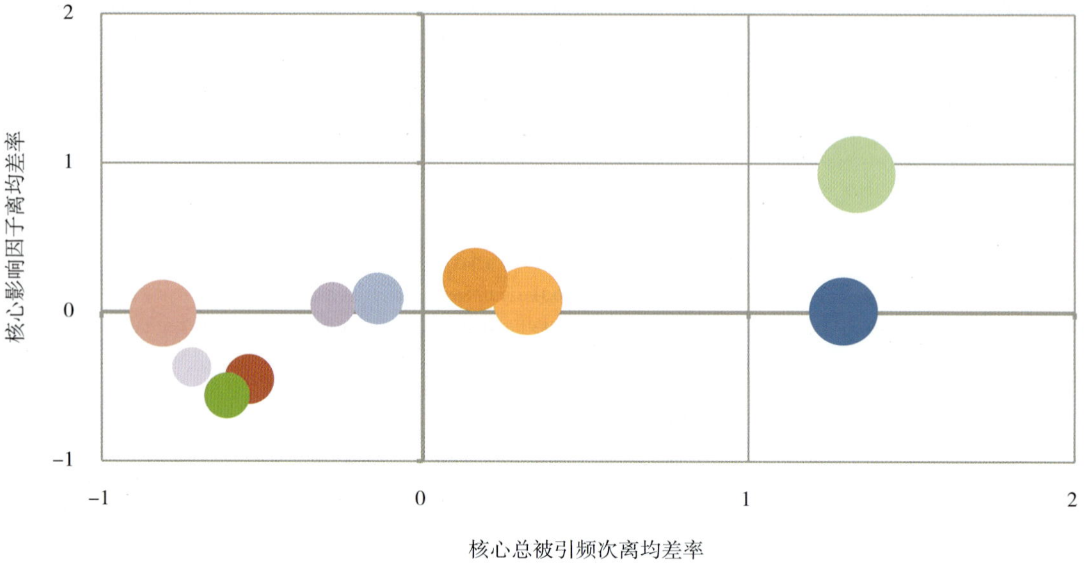

2020 年眼科学类期刊核心总被引频次和核心影响因子离均差率的分布图
（节点大小表示综合评价总分）

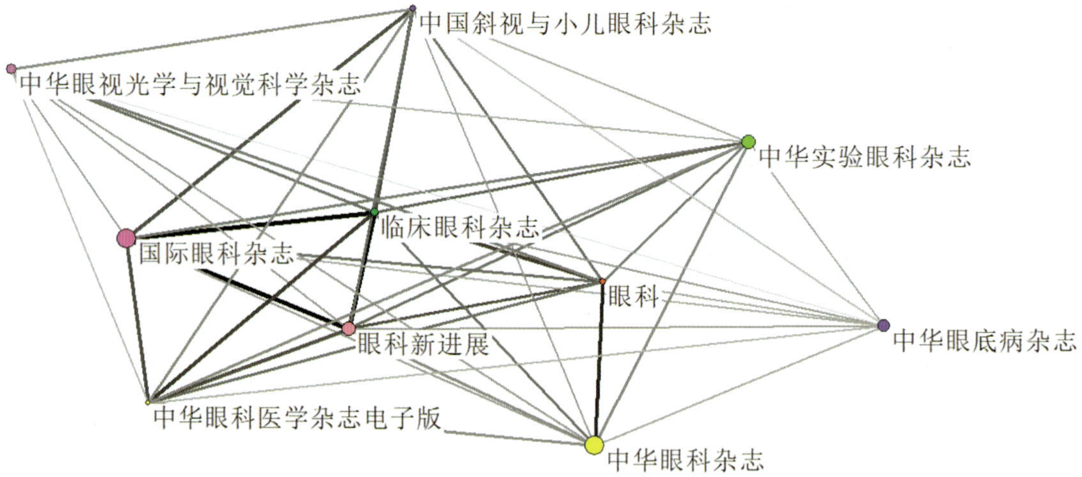

2020 年眼科学类期刊互引关系示意图

表 7-52　2020 年眼科学类期刊主要指标

CODE	刊名	核心总被引频次			核心影响因子			综合评价总分		学科扩散指标	学科影响指标	红点指标
		数值	排名	离均差率	数值	排名	离均差率	数值	排名			
Q911	国际眼科杂志	2294	2	1.29	0.753	6	0.01	52.4	3	3.53	1.00	0.54
Q913	临床眼科杂志	464	7	−0.54	0.413	9	−0.45	28.2	7	1.46	1.00	0.44
G962	眼科	387	8	−0.61	0.326	10	−0.56	24.1	8	1.34	1.00	0.29
G554	眼科新进展	1324	3	0.32	0.809	4	0.08	53.8	2	2.76	1.00	0.59
G298	中国斜视与小儿眼科杂志	279	9	−0.72	0.472	8	−0.37	16.1	10	0.81	0.90	0.33
G773	中华实验眼科杂志	1162	4	0.16	0.914	2	0.22	46.0	5	2.35	1.00	0.53
G191	中华眼底病杂志	860	5	−0.14	0.814	3	0.09	30.1	6	1.67	1.00	0.71
G075	中华眼科医学杂志电子版	191	10	−0.81	0.737	7	−0.01	50.8	4	0.90	1.00	0.55
G173	中华眼科杂志	2334	1	1.33	1.442	1	0.93	66.8	1	3.15	1.00	0.34
G873	中华眼视光学与视觉科学杂志	726	6	−0.28	0.786	5	0.05	22.8	9	1.45	1.00	0.41
	10 种期刊平均值	1002			0. 747							

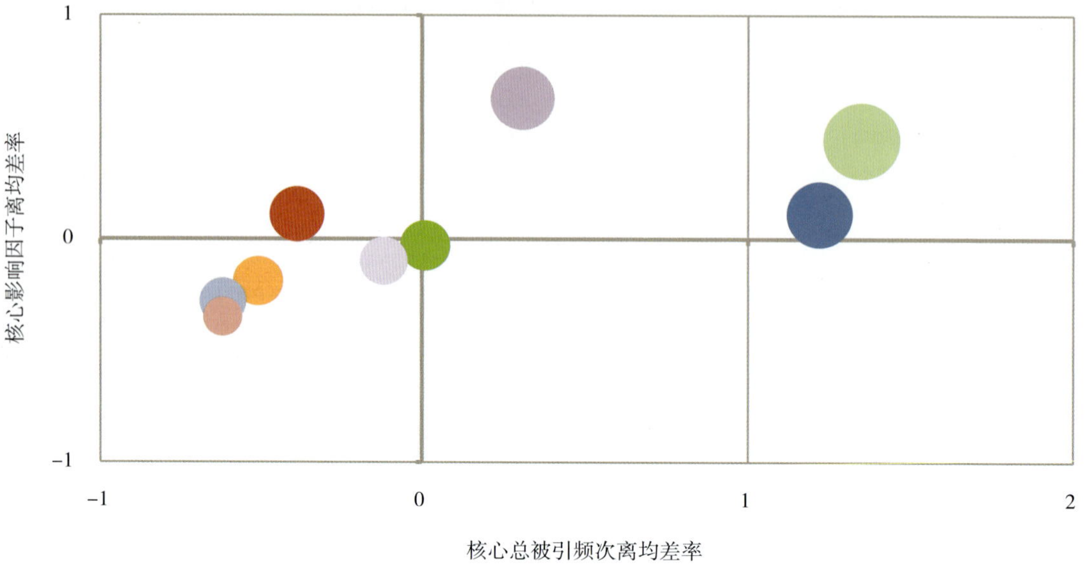

2020 年耳鼻咽喉科学类期刊核心总被引频次和核心影响因子离均差率的分布图
（节点大小表示综合评价总分）

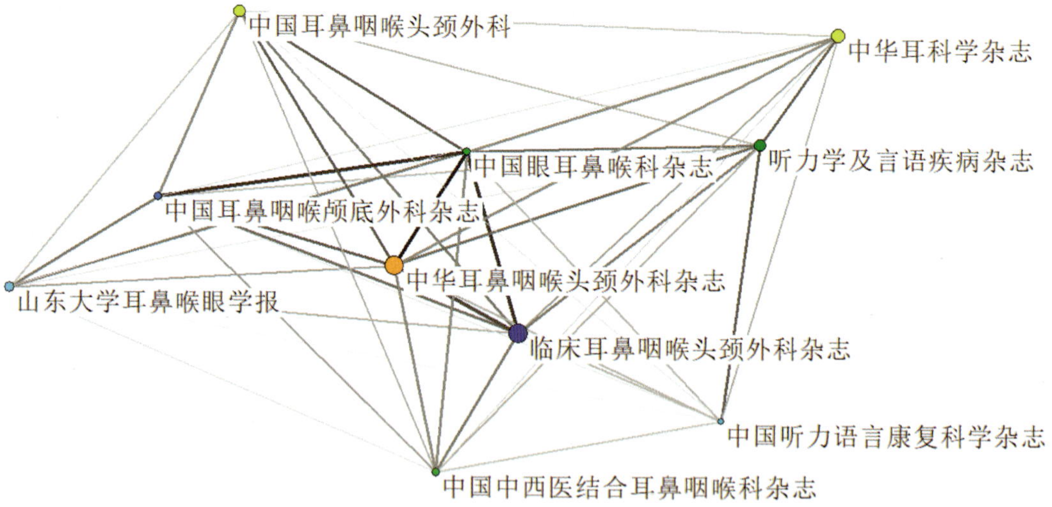

2020 年耳鼻咽喉科学类期刊互引关系示意图

表 7-53　2020 年耳鼻咽喉科学类期刊主要指标

CODE	刊名	核心总被引频次			核心影响因子			综合评价总分		学科扩散指标	学科影响指标	红点指标
		数值	排名	离均差率	数值	排名	离均差率	数值	排名			
G276	临床耳鼻咽喉头颈外科杂志	2361	2	1.22	0.818	4	0.11	60.8	2	4.12	1.00	0.62
G742	山东大学耳鼻喉眼学报	646	6	−0.39	0.821	3	0.11	42.7	4	2.15	1.00	0.31
G238	听力学及言语疾病杂志	1078	4	0.01	0.716	5	−0.03	35.6	5	2.08	1.00	0.33
G270	中国耳鼻咽喉颅底外科杂志	525	7	−0.51	0.596	7	−0.19	34.2	6	1.92	1.00	0.44
G543	中国耳鼻咽喉头颈外科	939	5	−0.12	0.663	6	−0.10	30.3	7	2.80	1.00	0.65
G437	中国听力语言康复科学杂志	393	10	−0.63	0.496	9	−0.33	9.0	10	0.94	0.90	0.27
G619	中国眼耳鼻喉科杂志	406	9	−0.62	0.531	8	−0.28	30.3	7	1.80	1.00	0.30
G347	中国中西医结合耳鼻咽喉科杂志	409	8	−0.62	0.477	10	−0.35	21.3	9	1.46	1.00	0.34
G139	中华耳鼻咽喉头颈外科杂志	2501	1	1.35	1.064	2	0.44	81.5	1	4.10	1.00	0.21
G743	中华耳科学杂志	1396	3	0.31	1.205	1	0.63	55.9	3	2.16	1.00	0.45
	10 种期刊平均值	1065			0. 739							

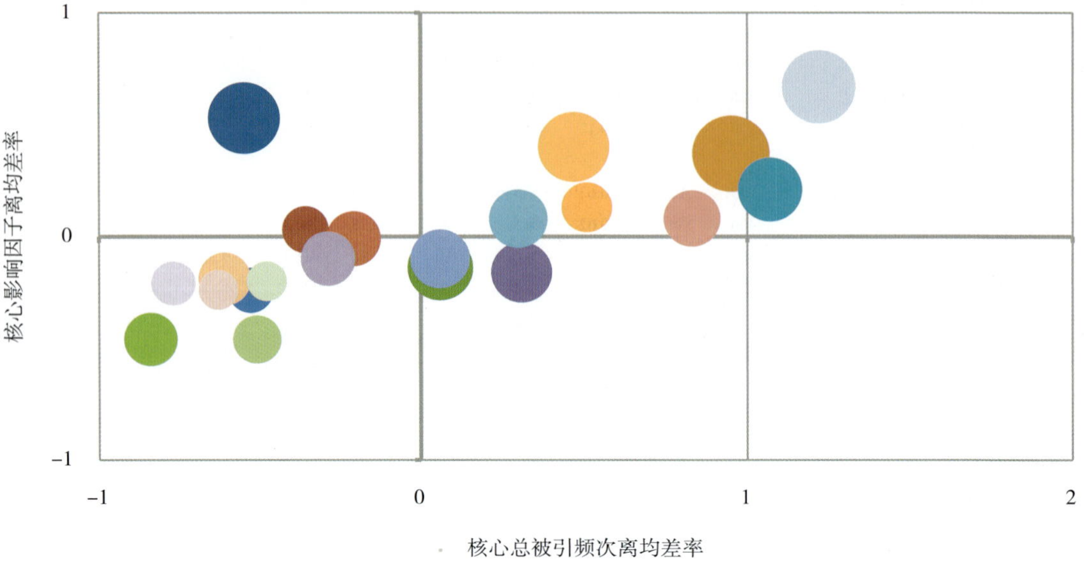

2020 年口腔医学类期刊核心总被引频次和核心影响因子离均差率的分布图
（节点大小表示综合评价总分）

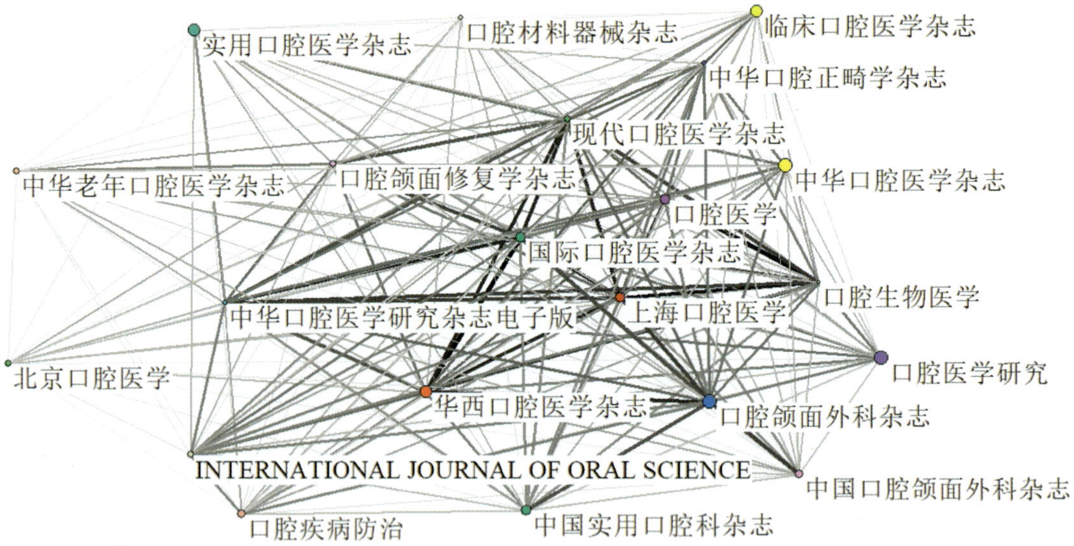

2020 年口腔医学类期刊互引关系示意图

表 7-54　2020 年口腔医学类期刊主要指标

CODE	刊名	核心总被引频次			核心影响因子			综合评价总分		学科扩散指标	学科影响指标	红点指标
		数值	排名	离均差率	数值	排名	离均差率	数值	排名			
Q213	INTERNATIONAL JOURNAL OF ORAL SCIENCE	260	17	−0.55	1.016	2	0.53	67.1	3	1.46	0.95	0.00
G500	北京口腔医学	375	13	−0.36	0.685	9	0.03	28.7	17	1.34	0.95	0.28
G997	国际口腔医学杂志	619	9	0.06	0.569	13	−0.14	55.0	5	2.20	0.95	0.50
G043	华西口腔医学杂志	855	6	0.47	0.929	3	0.40	63.8	4	2.31	0.95	0.50
G672	口腔材料器械杂志	132	20	−0.77	0.520	17	−0.21	23.2	19	0.69	0.76	0.20
G246	口腔颌面外科杂志	1135	3	0.95	0.910	4	0.37	76.2	1	2.46	1.00	0.44
G894	口腔颌面修复学杂志	272	16	−0.53	0.500	18	−0.24	26.7	18	0.92	0.86	0.37
G390	口腔疾病防治	459	11	−0.21	0.657	10	−0.01	38.9	11	1.49	0.90	0.64
G594	口腔生物医学	92	21	−0.84	0.356	21	−0.46	36.8	13	0.66	0.76	0.50
G325	口腔医学	760	7	0.31	0.555	14	−0.16	47.9	7	2.08	0.95	0.46
G266	口腔医学研究	1207	2	1.07	0.800	5	0.21	53.0	6	2.67	0.95	0.45
G287	临床口腔医学杂志	877	5	0.51	0.749	6	0.13	32.0	15	1.99	0.95	0.40
G283	上海口腔医学	616	10	0.06	0.594	12	−0.10	45.5	8	2.04	0.95	0.47
G224	实用口腔医学杂志	1065	4	0.83	0.716	8	0.08	40.9	10	2.24	0.95	0.46
G321	现代口腔医学杂志	287	15	−0.51	0.360	20	−0.46	29.8	16	1.40	0.86	0.30
G441	中国口腔颌面外科杂志	412	12	−0.29	0.599	11	−0.10	38.4	12	1.69	0.86	0.42
G867	中国实用口腔科杂志	755	8	0.30	0.718	7	0.08	44.2	9	1.83	0.95	0.44
G579	中华口腔医学研究杂志电子版	228	18	−0.61	0.535	15	−0.19	35.9	14	1.08	0.90	0.42
G148	中华口腔医学杂志	1292	1	1.22	1.108	1	0.67	69.6	2	2.54	1.00	0.45
G280	中华口腔正畸学杂志	216	19	−0.63	0.500	18	−0.24	20.5	20	0.58	0.81	0.40
G833	中华老年口腔医学杂志	305	14	−0.48	0.531	16	−0.20	20.5	20	1.12	0.81	0.41
	21 种期刊平均值	582			0. 662							

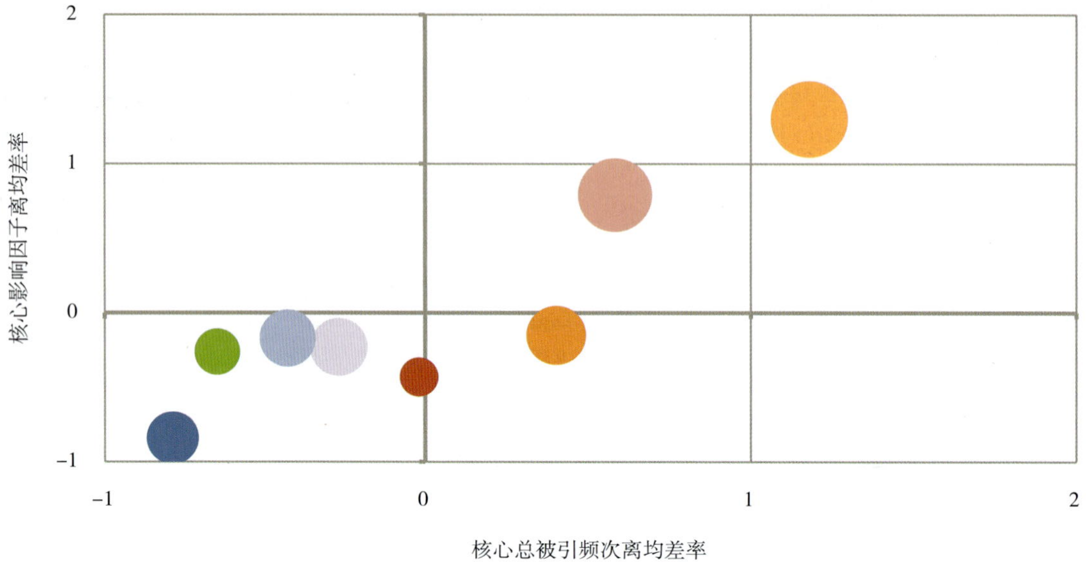

2020 年皮肤病学类期刊核心总被引频次和核心影响因子离均差率的分布图
（节点大小表示综合评价总分）

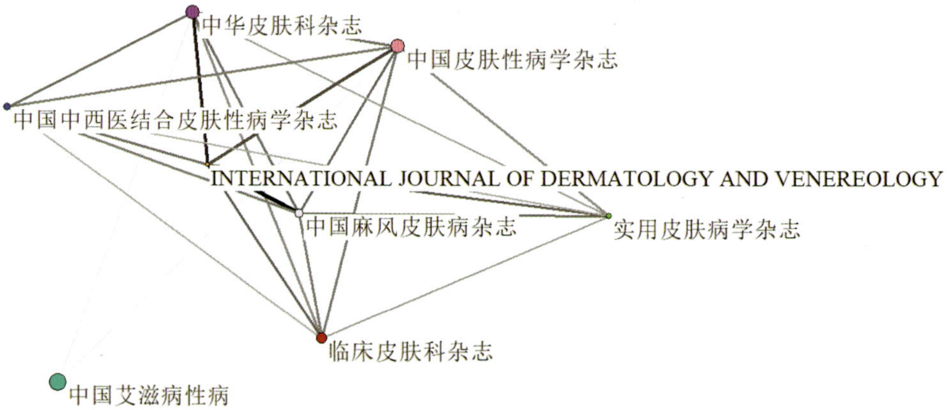

2020 年皮肤病学类期刊互引关系示意图

表 7-55　2020 年皮肤病学类期刊主要指标

CODE	刊名	核心总被引频次			核心影响因子			综合评价总分		学科扩散指标	学科影响指标	红点指标
		数值	排名	离均差率	数值	排名	离均差率	数值	排名			
G889	INTERNATIONAL JOURNAL OF DERMATOLOGY AND VENEREOLOGY	215	8	–0.79	0.089	8	–0.84	33.9	6	1.12	1.00	0.00
G230	临床皮肤科杂志	1009	4	–0.02	0.323	7	–0.43	18.9	8	2.53	1.00	0.37
G652	实用皮肤病学杂志	360	7	–0.65	0.420	6	–0.26	26.6	7	1.55	0.88	0.55
G985	中国艾滋病性病	2251	1	1.18	1.308	1	1.30	72.7	1	2.26	0.88	0.79
G110	中国麻风皮肤病杂志	756	5	–0.27	0.435	5	–0.23	38.8	5	2.27	1.00	0.24
G311	中国皮肤性病学杂志	1440	3	0.40	0.482	3	–0.15	42.9	3	3.13	1.00	0.43
G757	中国中西医结合皮肤性病学杂志	591	6	–0.43	0.473	4	–0.17	40.3	4	1.82	0.88	0.45
G157	中华皮肤科杂志	1626	2	0.58	1.015	2	0.79	67.1	2	3.56	1.00	0.41
	8 种期刊平均值	1031			0. 568							

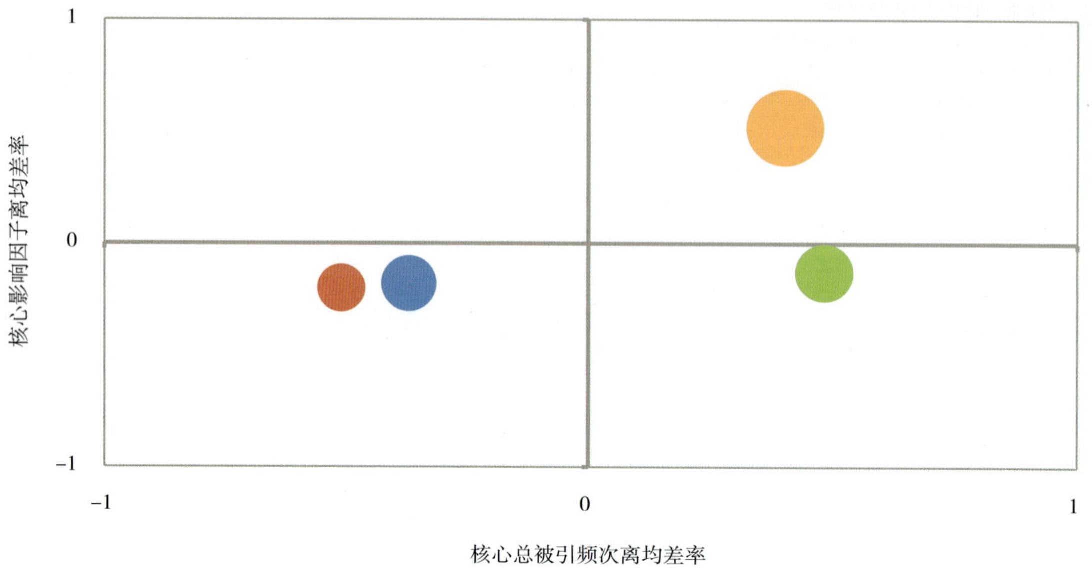

2020 年性医学类期刊核心总被引频次和核心影响因子离均差率的分布图
（节点大小表示综合评价总分）

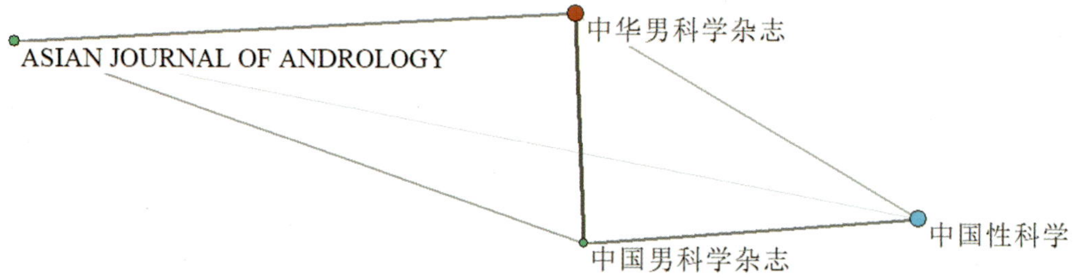

2020 年性医学类期刊互引关系示意图

表 7-56　2020 年性医学类期刊主要指标

CODE	刊名	核心总被引频次			核心影响因子			综合评价总分		学科扩散指标	学科影响指标	红点指标
		数值	排名	离均差率	数值	排名	离均差率	数值	排名			
I282	ASIAN JOURNAL OF ANDROLOGY	715	3	–0.37	0.554	3	–0.18	36.0	3	2.49	1.00	0.35
G303	中国男科学杂志	557	4	–0.51	0.543	4	–0.20	26.7	4	1.91	0.75	0.44
G727	中国性科学	1692	1	0.48	0.587	2	–0.13	38.4	2	3.13	0.75	0.35
G282	中华男科学杂志	1597	2	0.40	1.029	1	0.52	67.3	1	3.38	1.00	0.44
	4 种期刊平均值	1140			0. 678							

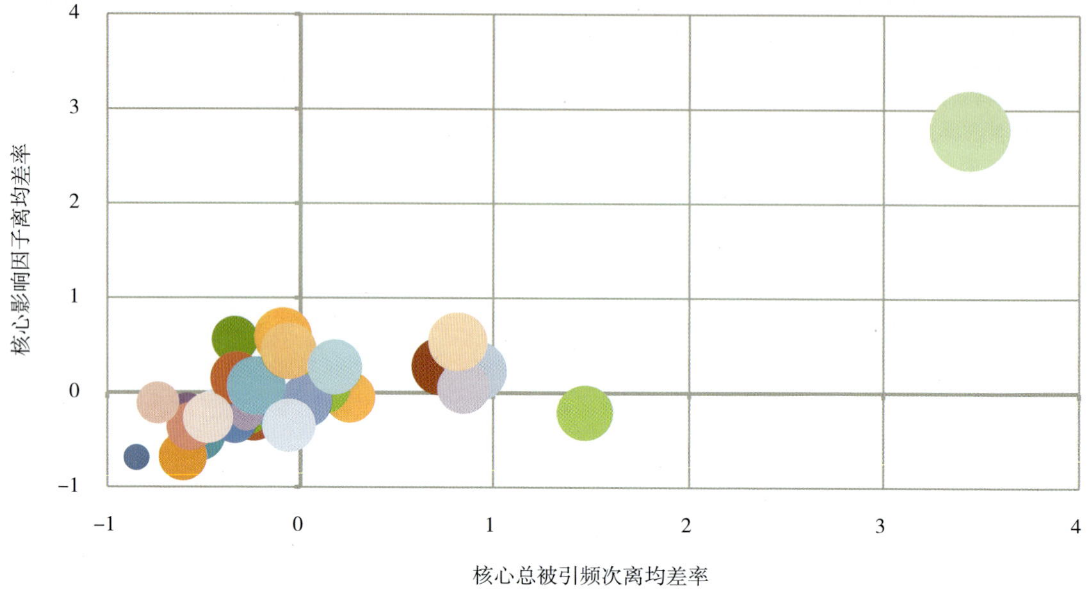

2020 年神经病学、精神病学类期刊核心总被引频次和核心影响因子离均差率的分布图
（节点大小表示综合评价总分）

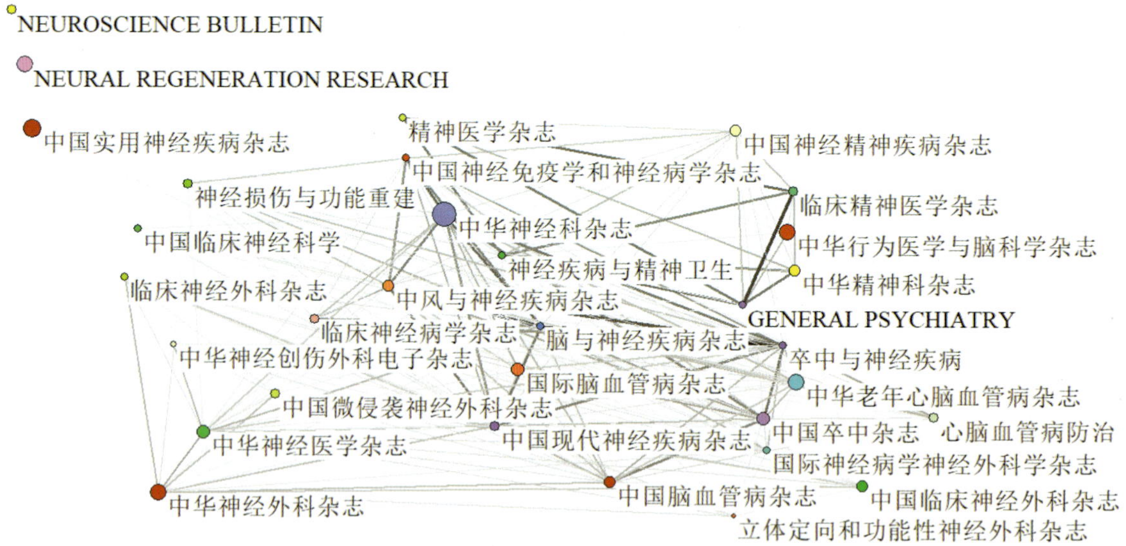

2020 年神经病学、精神病学类期刊互引关系示意图

表 7-57　2020 年神经病学、精神病学类期刊主要指标

CODE	刊名	核心总被引频次			核心影响因子			综合评价总分		学科扩散指标	学科影响指标	红点指标
		数值	排名	离均差率	数值	排名	离均差率	数值	排名			
G343	GENERAL PSYCHIATRY	508	24	−0.51	0.605	24	−0.30	33.4	20	2.43	0.44	0.00
I232	NEURAL REGENERATION RESEARCH	1794	6	0.73	1.105	6	0.28	44.5	6	4.63	0.88	0.16
G278	NEUROSCIENCE BULLETIN	688	21	−0.34	1.343	3	0.56	29.0	24	2.42	0.66	0.00
G939	国际脑血管病杂志	1308	7	0.26	0.818	13	−0.05	35.0	16	3.40	0.91	0.93
G426	国际神经病学神经外科学杂志	584	22	−0.44	0.659	21	−0.24	33.5	19	2.82	0.84	0.74
G953	精神医学杂志	443	27	−0.57	0.422	30	−0.51	27.6	26	1.78	0.28	0.63
G580	立体定向和功能性神经外科杂志	153	32	−0.85	0.265	32	−0.69	9.1	32	0.80	0.50	0.61
G310	临床精神医学杂志	788	16	−0.24	0.645	22	−0.25	33.3	21	2.53	0.25	0.71
G309	临床神经病学杂志	748	18	−0.28	0.705	16	−0.18	34.6	17	3.08	0.81	0.52
G802	临床神经外科杂志	421	29	−0.59	0.682	18	−0.21	20.8	29	1.45	0.59	0.61
G288	脑与神经疾病杂志	488	25	−0.53	0.482	29	−0.44	39.8	10	2.43	0.69	0.51
G329	神经疾病与精神卫生	408	30	−0.61	0.272	31	−0.68	30.9	23	1.89	0.63	0.88
G319	神经损伤与功能重建	690	20	−0.34	0.604	25	−0.30	27.5	27	2.60	0.81	0.63
G476	心脑血管病防治	695	19	−0.33	0.994	9	0.15	38.4	13	2.89	0.28	0.54
G529	中国卒中杂志	1160	9	0.12	0.913	11	0.06	39.6	11	3.29	0.84	0.73
G536	中国临床神经科学	486	26	−0.53	0.599	26	−0.31	28.6	25	2.42	0.69	0.65
G794	中国临床神经外科杂志	898	14	−0.14	0.666	19	−0.23	14.8	31	2.29	0.69	0.75
G422	中国脑血管病杂志	947	13	−0.09	1.367	2	0.59	45.5	5	2.80	0.72	0.78
G114	中国神经精神疾病杂志	1069	10	0.03	0.783	14	−0.09	37.8	14	3.63	0.94	0.50
G242	中国神经免疫学和神经病学杂志	443	27	−0.57	0.553	28	−0.36	31.0	22	2.20	0.63	0.63
G686	中国实用神经疾病杂志	2571	2	1.47	0.684	17	−0.21	41.4	8	4.63	0.75	0.72
G959	中国微侵袭神经外科杂志	749	17	−0.28	0.666	19	−0.23	15.2	30	2.07	0.59	0.77
G623	中国现代神经疾病杂志	800	15	−0.23	0.925	10	0.07	46.0	4	3.43	0.75	0.86
G159	中华精神科杂志	981	11	−0.06	1.237	5	0.44	43.0	7	2.99	0.47	0.69
G876	中华老年心脑血管病杂志	1989	3	0.91	1.061	8	0.23	50.7	2	4.43	0.81	0.86
Q950	中华神经创伤外科电子杂志	274	31	−0.74	0.769	15	−0.11	24.0	28	1.37	0.50	0.50
G197	中华神经科杂志	4608	1	3.44	3.258	1	2.78	86.0	1	5.07	0.97	0.69
G160	中华神经外科杂志	1917	4	0.85	0.905	12	0.05	36.0	15	3.49	0.78	0.69
G446	中华神经医学杂志	1222	8	0.18	1.096	7	0.27	40.9	9	3.40	0.75	0.67
G263	中华行为医学与脑科学杂志	1889	5	0.82	1.327	4	0.54	46.2	3	4.12	0.78	0.57
G094	中风与神经疾病杂志	977	12	−0.06	0.558	27	−0.35	38.6	12	3.53	0.88	0.63
G229	卒中与神经疾病	542	23	−0.48	0.625	23	−0.27	34.5	18	2.46	0.81	0.52
	32 种期刊平均值	1039			0.862							

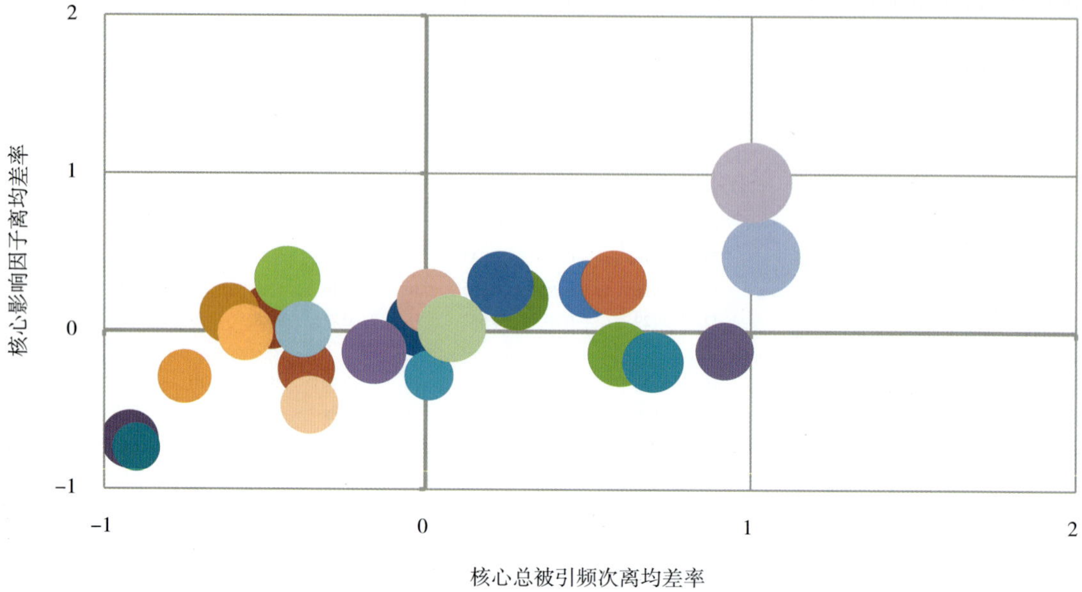

2020 年核医学、医学影像学类期刊核心总被引频次和核心影响因子离均差率的分布图
（节点大小表示综合评价总分）

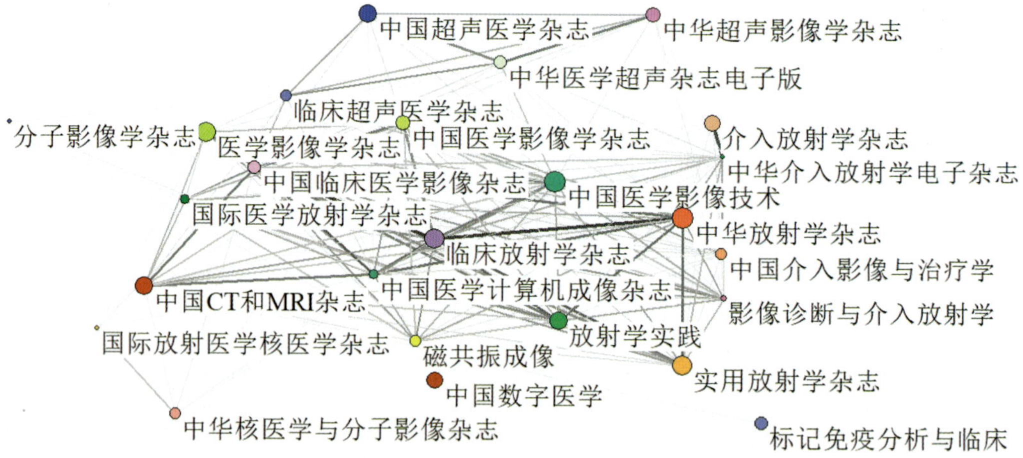

2020 年核医学、医学影像学类期刊互引关系示意图

表 7-58　2020 年核医学、医学影像学类期刊主要指标

CODE	刊名	核心总被引频次			核心影响因子			综合评价总分		学科扩散指标	学科影响指标	红点指标
		数值	排名	离均差率	数值	排名	离均差率	数值	排名			
G410	标记免疫分析与临床	1288	13	−0.17	0.640	22	−0.26	51.2	7	3.73	0.52	0.30
G552	磁共振成像	1028	17	−0.33	1.068	6	0.23	50.6	9	2.69	0.84	0.88
G608	放射学实践	2336	7	0.51	1.149	5	0.33	54.6	5	4.07	1.00	0.91
Q931	分子影像学杂志	207	24	−0.87	0.315	25	−0.64	27.8	25	1.30	0.44	0.48
G497	国际放射医学核医学杂志	177	25	−0.89	0.367	24	−0.58	29.5	23	0.91	0.48	0.71
G661	国际医学放射学杂志	657	20	−0.57	0.996	9	0.15	49.8	10	2.45	0.88	0.90
G886	介入放射学杂志	1938	9	0.25	1.196	2	0.38	52.1	6	3.89	0.88	0.45
G880	临床超声医学杂志	1050	16	−0.32	0.776	16	−0.10	44.0	15	3.17	0.80	0.64
G271	临床放射学杂志	2639	5	0.71	0.799	13	−0.08	55.2	4	4.31	1.00	0.70
G534	实用放射学杂志	2884	3	0.87	0.713	19	−0.18	36.3	21	3.31	0.96	0.62
G265	医学影像学杂志	2827	4	0.83	0.703	20	−0.19	38.1	19	4.06	0.96	0.87
G649	影像诊断与介入放射学	394	22	−0.74	0.515	23	−0.41	31.8	22	1.70	0.84	0.47
G546	中国 CT 和 MRI 杂志	2398	6	0.55	0.790	15	−0.09	38.5	18	3.20	0.92	0.76
G097	中国超声医学杂志	2230	8	0.44	1.183	4	0.36	51.0	8	3.64	0.88	0.64
G206	中国介入影像与治疗学	910	19	−0.41	1.057	7	0.22	48.8	12	2.72	0.88	0.90
G304	中国临床医学影像杂志	1221	14	−0.21	0.729	18	−0.16	44.2	14	3.11	0.96	0.99
G926	中国数字医学	1806	10	0.17	0.734	17	−0.15	28.9	24	3.40	0.40	0.19
G236	中国医学计算机成像杂志	609	21	−0.61	0.655	21	−0.24	36.5	20	2.21	0.88	0.74
G127	中国医学影像技术	3150	2	1.04	1.189	3	0.37	71.6	2	4.79	1.00	0.93
G193	中国医学影像学杂志	1437	12	−0.07	0.971	10	0.12	48.9	11	3.63	1.00	0.98
G195	中华超声影像学杂志	1650	11	0.07	1.054	8	0.22	55.9	3	3.29	0.92	0.70
G140	中华放射学杂志	3506	1	1.27	1.501	1	0.73	77.2	1	4.52	0.96	0.94
G145	中华核医学与分子影像杂志	934	18	−0.40	0.942	11	0.09	39.3	17	2.43	0.80	0.58
Q948	中华介入放射学电子杂志	225	23	−0.85	0.792	14	−0.09	40.0	16	1.44	0.64	0.42
Q920	中华医学超声杂志电子版	1128	15	−0.27	0.832	12	−0.04	48.0	13	3.20	0.88	0.50
	25 种期刊平均值	1545			0. 867							

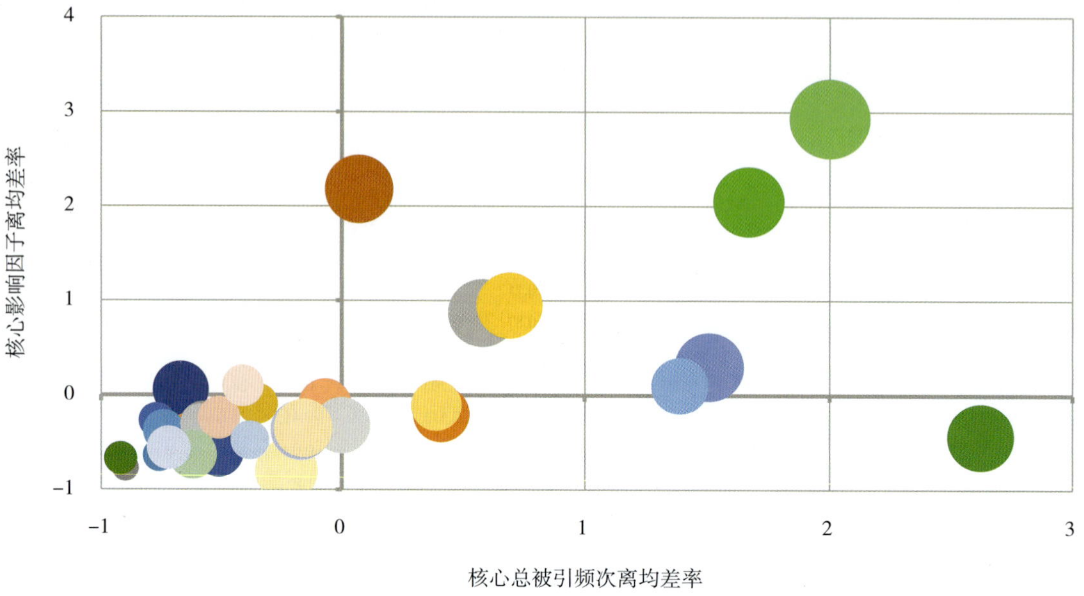

2020 年肿瘤学类期刊核心总被引频次和核心影响因子离均差率的分布图
（节点大小表示综合评价总分）

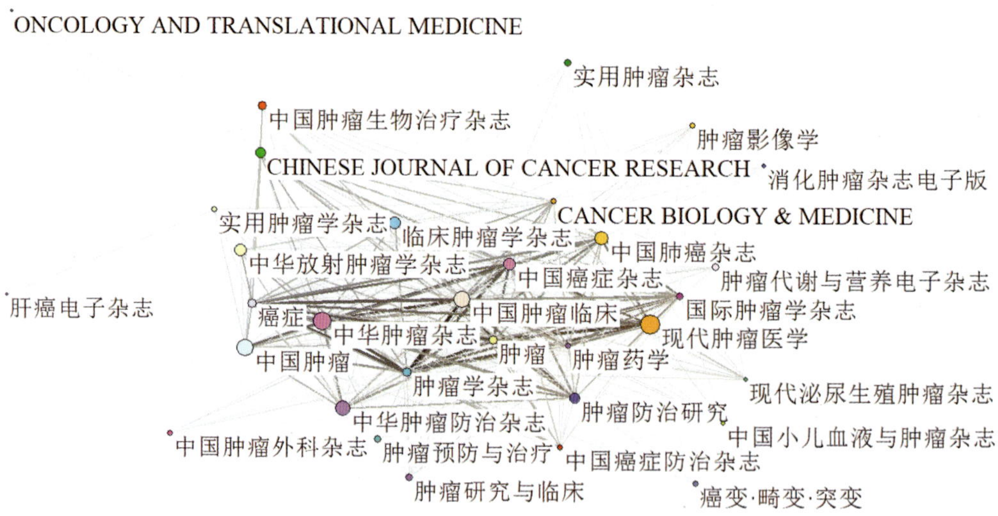

2020 年肿瘤学类期刊互引关系示意图

表 7-59　2020 年肿瘤学类期刊主要指标

CODE	刊名	核心总被引频次			核心影响因子			综合评价总分		学科扩	学科影	红点
		数值	排名	离均差率	数值	排名	离均差率	数值	排名	散指标	响指标	指标
G780	CANCER BIOLOGY & MEDICINE	294	26	−0.67	1.103	9	0.06	39.6	13	1.93	0.69	0.00
I037	CHINESE JOURNAL OF CANCER RESEARCH	949	10	0.07	3.313	2	2.18	58.3	4	4.04	0.97	0.00
G616	ONCOLOGY AND TRANSLATIONAL MEDICINE	87	31	−0.90	0.237	31	−0.77	9.0	32	0.66	0.38	0.00
G549	癌变·畸变·突变	299	25	−0.66	0.508	25	−0.51	31.4	18	1.88	0.25	0.53
G011	癌症	686	15	−0.23	0.210	32	−0.80	45.0	8	3.76	0.91	0.79
Q956	肝癌电子杂志	72	32	−0.92	0.342	30	−0.67	13.7	30	0.42	0.16	0.64
G937	国际肿瘤学杂志	435	20	−0.51	0.419	27	−0.60	32.6	16	2.58	0.72	0.86
Q910	临床肿瘤学杂志	1249	8	0.41	0.837	13	−0.20	39.6	13	4.19	0.78	0.82
G856	实用肿瘤学杂志	372	21	−0.58	0.750	16	−0.28	20.1	26	2.09	0.56	0.84
G890	实用肿瘤杂志	572	16	−0.35	0.950	10	−0.09	21.1	25	2.69	0.69	0.76
G798	现代泌尿生殖肿瘤杂志	214	29	−0.76	0.376	29	−0.64	13.3	31	1.08	0.16	0.41
G826	现代肿瘤医学	3210	1	2.62	0.584	23	−0.44	55.8	6	6.08	0.94	0.74
Q937	消化肿瘤杂志电子版	204	30	−0.77	0.761	15	−0.27	16.1	29	1.24	0.28	0.62
Q940	中国癌症防治杂志	318	24	−0.64	0.603	22	−0.42	22.5	22	1.80	0.41	0.87
G538	中国癌症杂志	1399	7	0.58	1.948	5	0.87	57.2	5	4.45	0.91	0.72
G320	中国肺癌杂志	1500	6	0.69	2.026	4	0.95	54.3	7	4.27	0.81	0.78
G845	中国小儿血液与肿瘤杂志	227	28	−0.74	0.649	21	−0.38	21.5	23	1.28	0.25	0.22
G642	中国肿瘤	2366	3	1.67	3.176	3	2.05	61.3	2	5.11	0.94	0.83
G133	中国肿瘤临床	2226	4	1.51	1.352	6	0.30	58.4	3	5.45	0.94	0.76
G255	中国肿瘤生物治疗杂志	822	12	−0.07	0.928	11	−0.11	36.4	15	3.15	0.78	0.89
G576	中国肿瘤外科杂志	367	22	−0.59	0.729	17	−0.30	19.3	27	2.01	0.53	0.73
G251	中华放射肿瘤学杂志	1233	9	0.39	0.922	12	−0.11	32.1	17	2.71	0.72	0.46
G858	中华肿瘤防治杂志	2121	5	1.39	1.141	8	0.10	39.7	12	4.88	0.91	0.86
G179	中华肿瘤杂志	2659	2	2.00	4.092	1	2.93	79.5	1	5.74	0.97	0.86
G184	肿瘤	732	14	−0.17	0.653	20	−0.37	44.8	9	3.54	0.69	0.91
Q929	肿瘤代谢与营养电子杂志	438	19	−0.51	0.794	14	−0.24	23.3	21	1.56	0.50	0.66
G185	肿瘤防治研究	883	11	0.00	0.708	18	−0.32	39.8	11	3.80	0.78	0.84
G412	肿瘤学杂志	747	13	−0.16	0.677	19	−0.35	42.8	10	3.35	0.66	0.78
G522	肿瘤研究与临床	552	17	−0.38	0.546	24	−0.48	18.6	28	2.36	0.66	0.84
G196	肿瘤药学	336	23	−0.62	0.385	28	−0.63	29.7	19	2.07	0.41	0.70
G838	肿瘤影像学	250	27	−0.72	0.458	26	−0.56	23.5	20	1.37	0.28	0.78
G695	肿瘤预防与治疗	524	18	−0.41	1.145	7	0.10	21.5	23	2.51	0.56	0.72
	32 种期刊平均值	886			1.041							

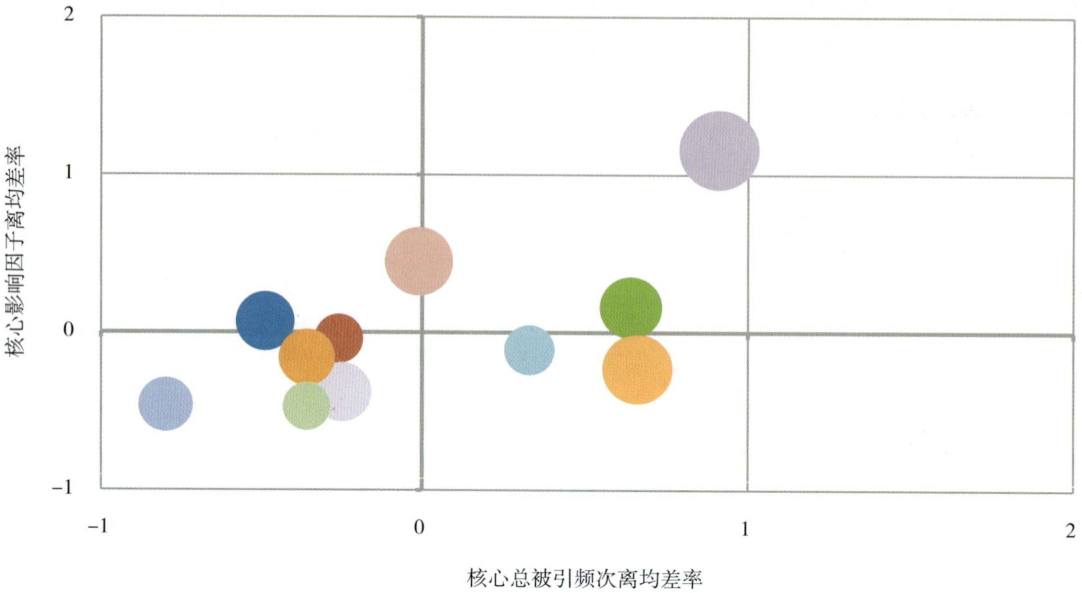

2020 年护理学类期刊核心总被引频次和核心影响因子离均差率的分布图
（节点大小表示综合评价总分）

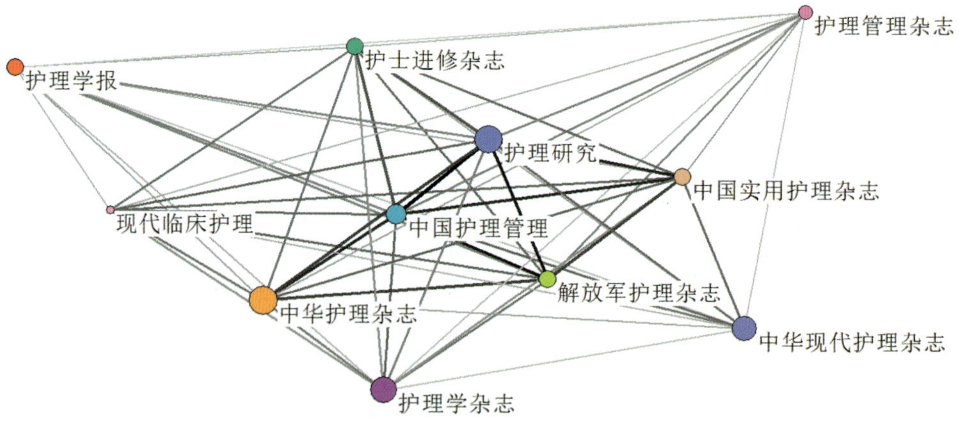

2020 年护理学类期刊互引关系示意图

表 7-60　2020 年护理学类期刊主要指标

CODE	刊名	核心总被引频次			核心影响因子			综合评价总分		学科扩散指标	学科影响指标	红点指标
		数值	排名	离均差率	数值	排名	离均差率	数值	排名			
G336	护理管理杂志	2066	10	−0.49	1.337	4	0.07	45.0	5	2.91	1.00	0.67
G987	护理学报	3025	7	−0.26	1.198	5	−0.04	31.0	10	3.85	1.00	0.68
G503	护理学杂志	6682	3	0.64	1.445	3	0.16	48.6	4	5.08	1.00	0.83
G654	护理研究	6783	2	0.66	0.953	8	−0.23	61.9	2	5.96	1.00	0.87
G734	护士进修杂志	3042	6	−0.25	0.771	9	−0.38	42.8	6	4.09	1.00	0.80
G316	解放军护理杂志	2610	9	−0.36	1.043	7	−0.16	41.1	7	3.82	1.00	0.73
G438	现代临床护理	820	11	−0.80	0.674	10	−0.46	38.1	8	2.35	1.00	0.76
G417	中国护理管理	4045	5	−0.01	1.808	2	0.45	60.8	3	3.72	1.00	0.73
G305	中国实用护理杂志	2614	8	−0.36	0.658	11	−0.47	29.9	11	3.91	1.00	0.63
G146	中华护理杂志	7783	1	0.91	2.691	1	1.16	82.6	1	5.10	1.00	0.88
G847	中华现代护理杂志	5406	4	0.33	1.104	6	−0.11	32.2	9	4.45	1.00	0.85
	11 种期刊平均值	4080			1.244							

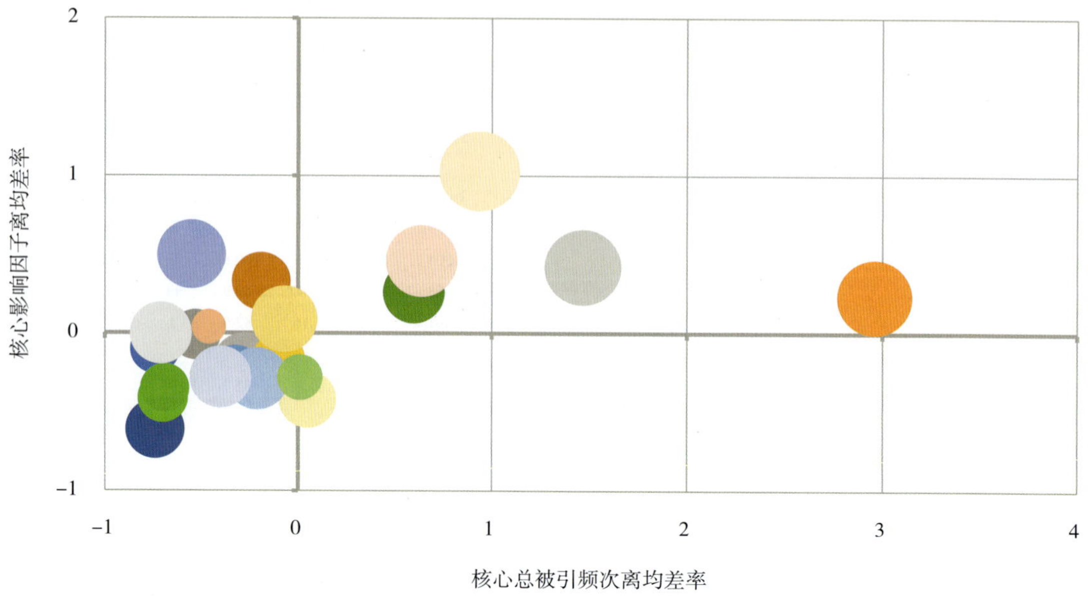

2020 年预防医学与公共卫生学综合类期刊核心总被引频次和核心影响因子离均差率的分布图
（节点大小表示综合评价总分）

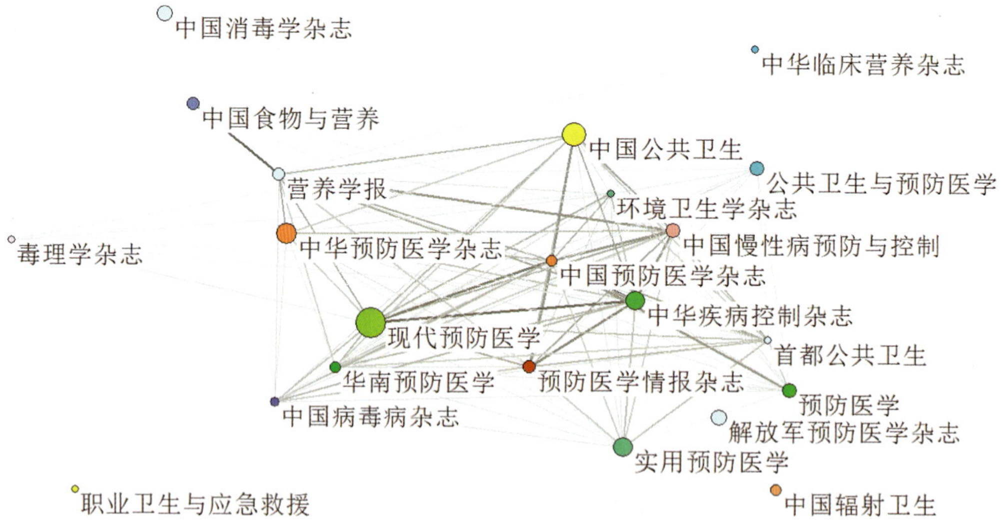

2020 年预防医学与公共卫生学综合类期刊互引关系示意图

表 7-61　2020 年预防医学与公共卫生学综合类期刊主要指标

CODE	刊名	核心总被引频次			核心影响因子			综合评价总分		学科扩散指标	学科影响指标	红点指标
		数值	排名	离均差率	数值	排名	离均差率	数值	排名			
G542	毒理学杂志	457	22	-0.74	0.393	22	-0.61	41.2	12	2.61	0.59	0.15
G207	公共卫生与预防医学	1448	10	-0.19	1.336	5	0.33	39.6	13	3.19	0.77	0.66
G525	华南预防医学	838	16	-0.53	0.997	11	-0.01	29.5	18	2.27	0.82	0.83
G971	环境卫生学杂志	528	19	-0.70	0.592	20	-0.41	29.8	17	2.11	0.86	0.44
G961	解放军预防医学杂志	1866	6	0.05	0.585	21	-0.42	36.5	14	4.99	0.82	0.45
G768	实用预防医学	2844	5	0.60	1.261	6	0.26	45.0	10	5.42	0.91	0.69
Q957	首都公共卫生	458	21	-0.74	0.907	12	-0.10	29.2	19	1.61	0.91	0.58
G963	现代预防医学	7029	1	2.96	1.234	7	0.23	65.7	3	8.16	0.95	0.62
G089	营养学报	1300	12	-0.27	0.793	14	-0.21	52.5	6	4.26	0.77	0.32
G479	预防医学	1603	9	-0.10	0.831	13	-0.17	32.8	15	3.84	0.95	0.68
G518	预防医学情报杂志	1213	13	-0.32	0.761	15	-0.24	31.2	16	2.97	0.86	0.72
G835	职业卫生与应急救援	548	18	-0.69	0.649	19	-0.35	28.2	20	1.48	0.64	0.34
G769	中国病毒病杂志	802	17	-0.55	1.503	2	0.50	55.9	5	2.84	0.68	0.57
G587	中国辐射卫生	962	15	-0.46	1.039	9	0.04	14.0	22	1.42	0.45	0.16
G102	中国公共卫生	4382	2	1.47	1.428	4	0.42	67.4	2	7.90	1.00	0.53
G613	中国慢性病预防与控制	1645	8	-0.07	1.093	8	0.09	51.0	7	3.90	0.77	0.73
U563	中国食物与营养	1410	11	-0.21	0.714	18	-0.29	45.2	8	3.87	0.68	0.26
G284	中国消毒学杂志	1798	7	0.01	0.722	17	-0.28	24.4	21	4.10	0.86	0.59
G753	中国预防医学杂志	1073	14	-0.40	0.727	16	-0.28	45.2	8	3.69	0.91	0.61
G302	中华疾病控制杂志	2922	4	0.64	1.467	3	0.46	60.4	4	5.47	0.95	0.73
G824	中华临床营养杂志	518	20	-0.71	1.000	10	0.00	44.8	11	2.18	0.45	0.50
G177	中华预防医学杂志	3441	3	0.94	2.034	1	1.03	74.7	1	6.31	0.95	0.73
	22 种期刊平均值	1777			1.003							

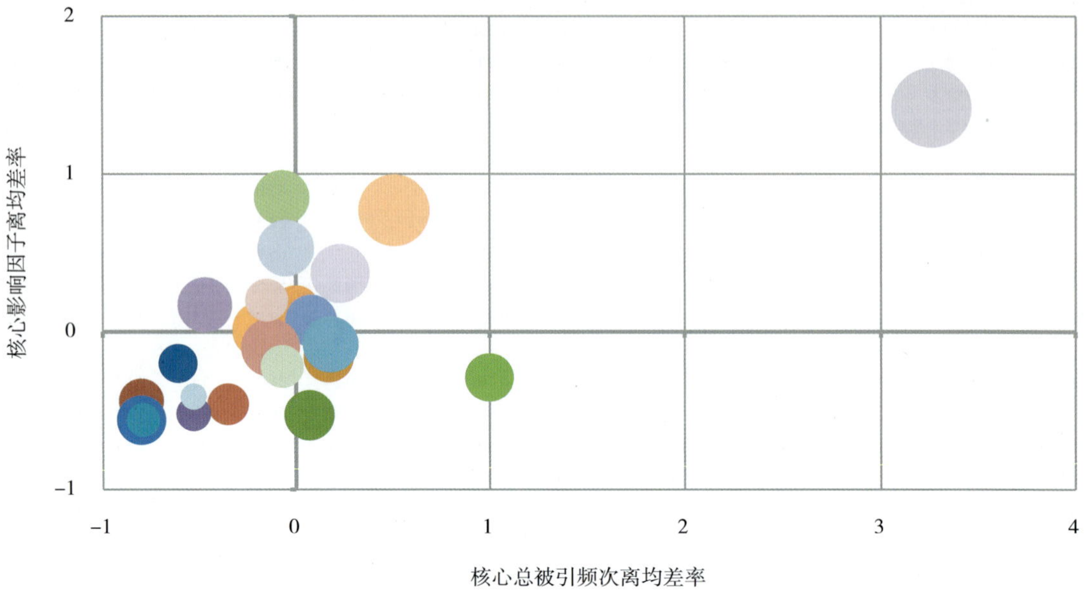

2020 年流行病学、环境医学类期刊核心总被引频次和核心影响因子离均差率的分布图
（节点大小表示综合评价总分）

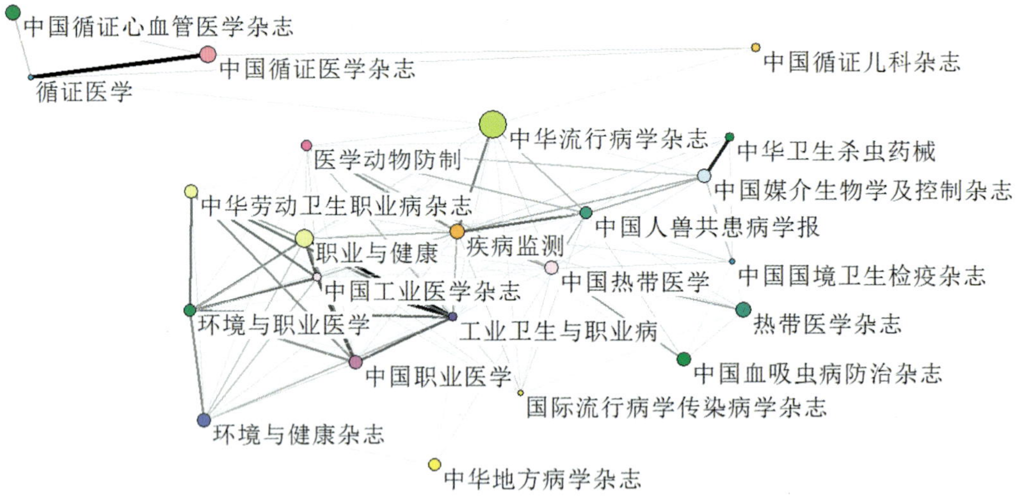

2020 年流行病学、环境医学类期刊互引关系示意图

表 7-62　2020 年流行病学、环境医学类期刊主要指标

CODE	刊名	核心总被引频次			核心影响因子			综合评价总分		学科扩散指标	学科影响指标	红点指标
		数值	排名	离均差率	数值	排名	离均差率	数值	排名			
G025	工业卫生与职业病	595	20	−0.61	0.744	14	−0.20	20.4	20	1.44	0.43	0.60
G930	国际流行病学传染病学杂志	302	23	−0.80	0.523	18	−0.44	27.4	16	1.83	0.57	0.56
Z031	环境与健康杂志	1625	8	0.07	0.435	21	−0.53	34.3	11	4.52	0.74	0.40
G882	环境与职业医学	1255	15	−0.18	0.938	10	0.01	43.2	5	3.27	0.70	0.46
G452	疾病监测	1879	4	0.23	1.277	5	0.37	43.8	4	3.15	0.78	0.60
G609	热带医学杂志	1789	6	0.17	0.777	13	−0.16	34.1	12	4.43	0.91	0.38
G627	循证医学	310	22	−0.80	0.411	23	−0.56	33.0	13	2.26	0.22	0.18
G482	医学动物防制	990	16	−0.35	0.501	19	−0.46	23.6	19	2.30	0.91	0.68
G884	职业与健康	3047	2	1.00	0.663	16	−0.29	31.6	14	4.87	0.87	0.60
G244	中国工业医学杂志	720	18	−0.53	0.448	20	−0.52	16.2	21	1.61	0.48	0.48
G637	中国国境卫生检疫杂志	323	21	−0.79	0.412	22	−0.56	15.1	22	1.19	0.65	0.58
G598	中国媒介生物学及控制杂志	1521	9	0.00	1.057	8	0.14	31.5	15	1.43	0.65	0.64
G629	中国热带医学	1653	7	0.08	0.995	9	0.07	36.4	10	4.04	0.91	0.63
G112	中国人兽共患病学报	1332	13	−0.13	0.835	12	−0.10	45.6	3	3.22	0.70	0.38
G675	中国血吸虫病防治杂志	1418	12	−0.07	1.721	2	0.85	40.6	9	1.55	0.61	0.56
G756	中国循证儿科杂志	807	17	−0.47	1.090	7	0.17	40.9	8	3.02	0.39	0.49
G645	中国循证心血管医学杂志	1799	5	0.18	0.854	11	−0.08	42.0	7	4.17	0.43	0.41
G396	中国循证医学杂志	2294	3	0.51	1.648	3	0.77	69.0	2	6.10	0.74	0.61
G945	中国职业医学	1453	10	−0.05	1.423	4	0.53	42.9	6	2.57	0.57	0.80
G098	中华地方病学杂志	1302	14	−0.15	1.118	6	0.20	24.2	18	2.38	0.74	0.60
G149	中华劳动卫生职业病杂志	1423	11	−0.07	0.726	15	−0.22	24.5	17	2.36	0.52	0.61
G152	中华流行病学杂志	6488	1	3.26	2.250	1	1.42	85.8	1	8.19	0.96	0.68
G740	中华卫生杀虫药械	720	18	−0.53	0.548	17	−0.41	9.5	23	0.88	0.57	0.58
	23 种期刊平均值	1524			0.930							

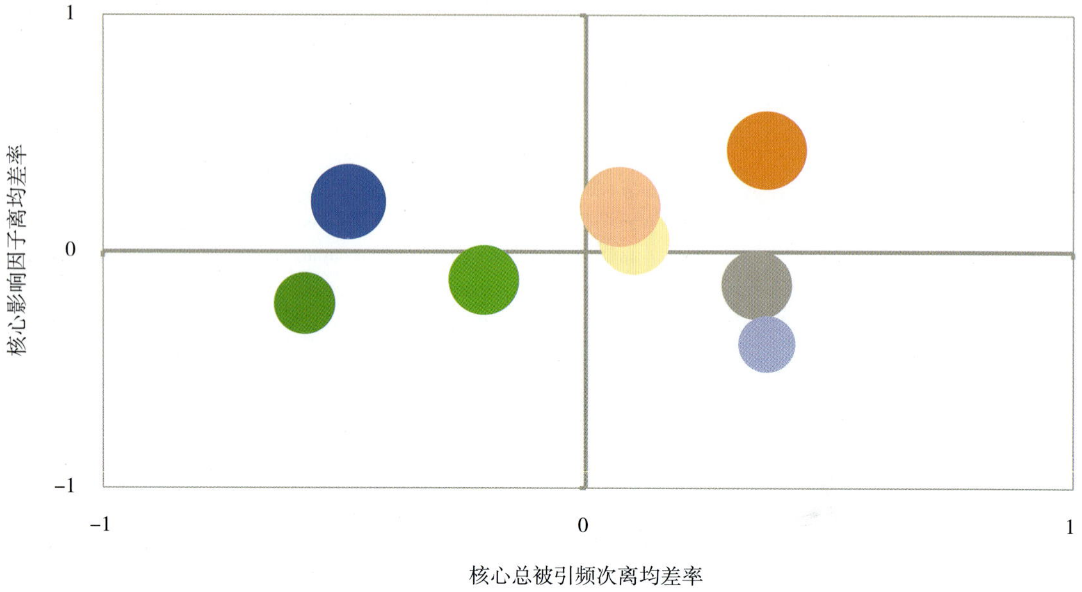

2020 年优生学、计划生育学类期刊核心总被引频次和核心影响因子离均差率的分布图
（节点大小表示综合评价总分）

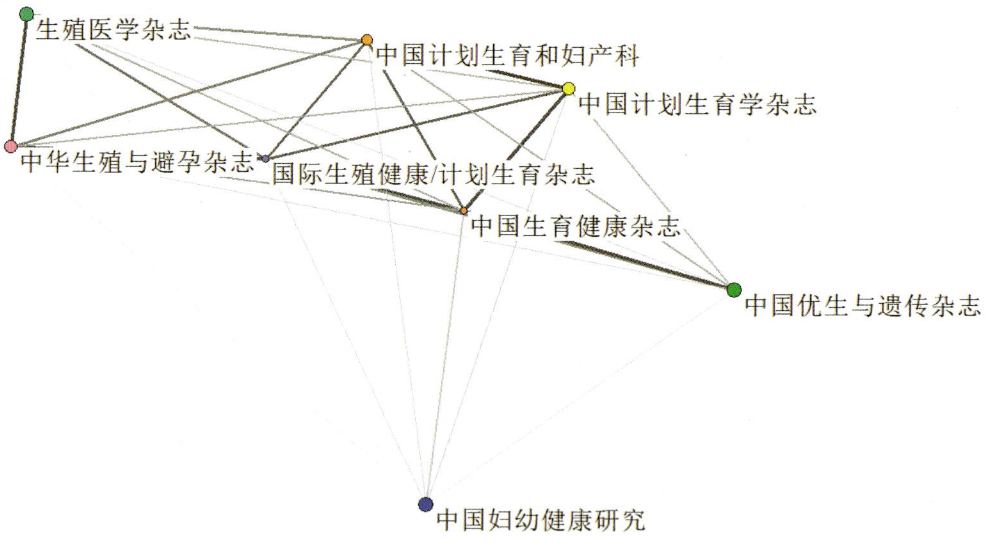

2020 年优生学、计划生育学类期刊互引关系示意图

表 7-63　2020 年优生学、计划生育学类期刊主要指标

CODE	刊名	核心总被引频次			核心影响因子			综合评价总分		学科扩散指标	学科影响指标	红点指标
		数值	排名	离均差率	数值	排名	离均差率	数值	排名			
S157	国际生殖健康/计划生育杂志	590	7	-0.49	0.948	2	0.21	59.1	3	2.43	1.00	0.68
G624	生殖医学杂志	1573	2	0.37	1.120	1	0.43	64.8	2	2.73	1.00	0.57
G687	中国妇幼健康研究	1552	3	0.35	0.676	6	-0.14	50.4	5	3.84	1.00	0.55
G560	中国计划生育和妇产科	912	6	-0.21	0.690	5	-0.12	51.3	4	2.66	1.00	0.47
G907	中国计划生育学杂志	1268	4	0.10	0.823	4	0.05	48.2	6	3.10	1.00	0.53
G715	中国生育健康杂志	486	8	-0.58	0.613	7	-0.22	39.7	7	2.08	1.00	0.42
G706	中国优生与遗传杂志	1578	1	0.37	0.477	8	-0.39	33.2	8	3.28	1.00	0.51
G072	中华生殖与避孕杂志	1225	5	0.07	0.933	3	0.19	66.9	1	2.67	1.00	0.60
	8 种期刊平均值	1148			0.785							

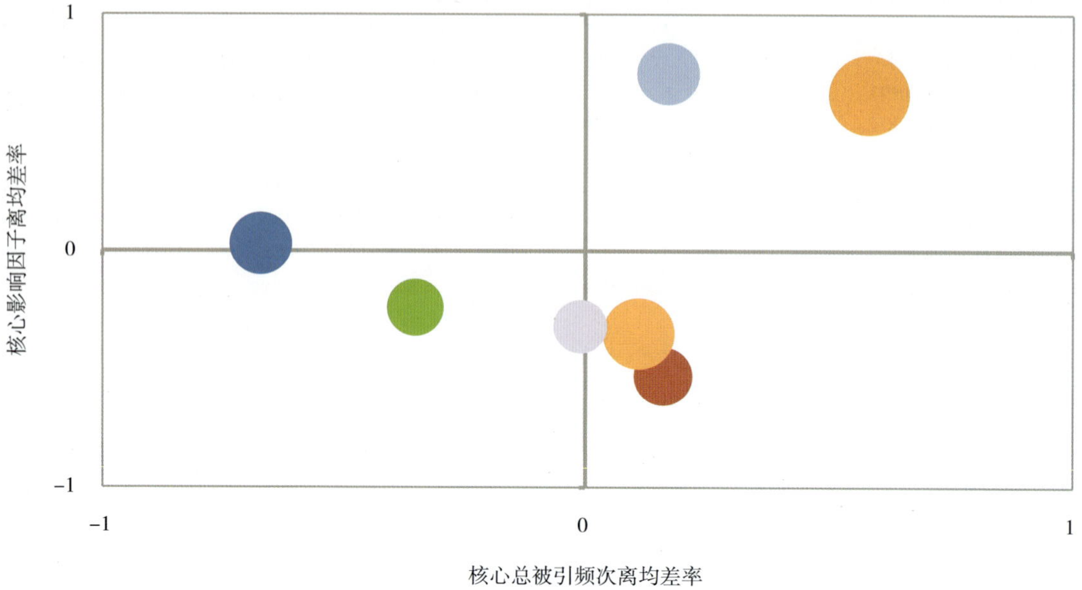

2020 年军事医学与特种医学类期刊核心总被引频次和核心影响因子离均差率的分布图
（节点大小表示综合评价总分）

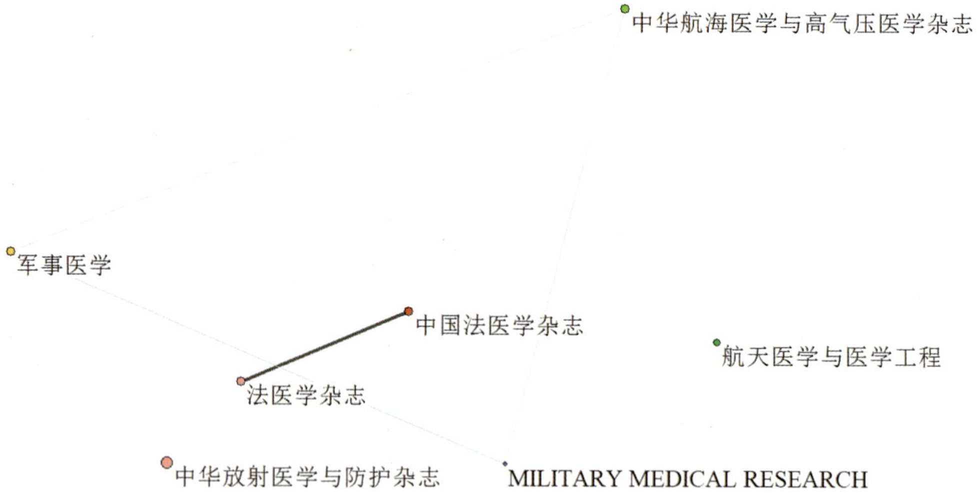

2020 年军事医学与特种医学类期刊互引关系示意图

表 7-64　2020 年军事医学与特种医学类期刊主要指标

CODE	刊名	核心总被引频次			核心影响因子			综合评价总分		学科扩散指标	学科影响指标	红点指标
		数值	排名	离均差率	数值	排名	离均差率	数值	排名			
Q716	MILITARY MEDICAL RESEARCH	229	7	−0.67	0.659	3	0.03	44.7	3	1.67	0.43	0.00
G874	法医学杂志	811	3	0.16	0.299	7	−0.53	38.4	5	2.79	0.43	0.98
G034	航天医学与医学工程	451	6	−0.35	0.484	4	−0.24	37.0	6	1.94	0.43	0.00
G052	军事医学	777	4	0.11	0.414	6	−0.35	57.6	2	3.85	0.43	0.16
G100	中国法医学杂志	690	5	−0.01	0.433	5	−0.32	30.3	7	1.57	0.29	0.69
G141	中华放射医学与防护杂志	1104	1	0.58	1.060	2	0.66	73.0	1	2.49	0.43	0.29
G335	中华航海医学与高气压医学杂志	814	2	0.17	1.121	1	0.75	44.1	4	1.63	0.43	0.37
	7 种期刊平均值	697			0. 639							

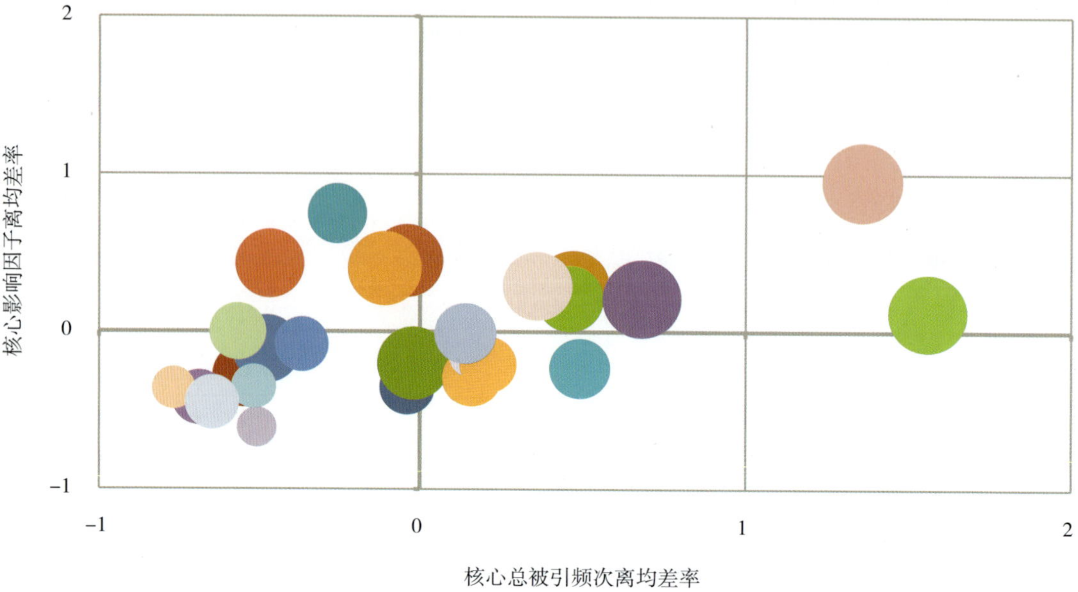

2020 年卫生管理学、健康教育学类期刊核心总被引频次和核心影响因子离均差率的分布图
（节点大小表示综合评价总分）

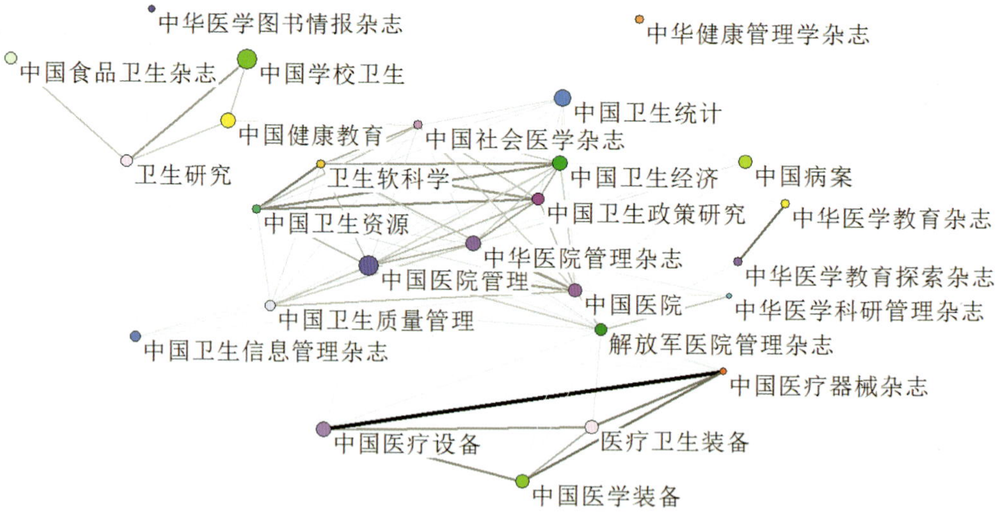

2020 年卫生管理学、健康教育学类期刊互引关系示意图

表 7-65　2020 年卫生管理学、健康教育学类期刊主要指标

CODE	刊名	核心总被引频次			核心影响因子			综合评价总分		学科扩散指标	学科影响指标	红点指标
		数值	排名	离均差率	数值	排名	离均差率	数值	排名			
G315	解放军医院管理杂志	1334	13	−0.04	0.578	22	−0.35	34.0	19	2.18	0.81	0.51
S813	卫生软科学	617	22	−0.55	0.638	19	−0.28	44.8	12	1.90	0.85	0.58
G079	卫生研究	1362	12	−0.02	0.707	16	−0.20	58.6	5	4.40	0.31	0.22
G605	医疗卫生装备	1600	10	0.16	0.631	20	−0.29	37.4	16	3.60	0.69	0.29
G750	中国病案	1601	9	0.16	0.757	15	−0.15	19.7	25	2.90	0.92	0.52
G787	中国健康教育	2041	5	0.47	1.146	7	0.29	56.0	7	3.25	0.85	0.68
G366	中国社会医学杂志	717	19	−0.48	0.790	14	−0.11	51.0	10	2.61	0.85	0.60
G429	中国食品卫生杂志	1330	14	−0.04	1.292	3	0.45	58.5	6	2.76	0.19	0.22
S725	中国卫生经济	2027	6	0.46	1.079	8	0.21	47.5	11	3.03	0.81	0.47
G253	中国卫生统计	2324	3	0.68	1.076	9	0.21	66.5	2	5.70	0.92	0.35
G540	中国卫生信息管理杂志	1030	16	−0.26	1.556	2	0.75	39.5	14	1.80	0.85	0.46
G716	中国卫生政策研究	1231	15	−0.11	1.245	5	0.40	60.6	4	2.62	0.88	0.47
G752	中国卫生质量管理	876	17	−0.37	0.821	13	−0.08	32.8	21	1.94	0.85	0.73
G541	中国卫生资源	738	18	−0.47	1.273	4	0.43	52.4	8	2.06	0.85	0.62
G908	中国学校卫生	3542	1	1.56	0.997	10	0.12	66.4	3	3.72	0.58	0.99
G124	中国医疗器械杂志	428	25	−0.69	0.512	24	−0.42	33.7	20	1.93	0.54	0.26
G679	中国医疗设备	2057	4	0.49	0.685	18	−0.23	39.5	14	4.31	0.77	0.37
S591	中国医学装备	1675	8	0.21	0.701	17	−0.21	34.4	18	4.10	0.77	0.34
Q918	中国医院	1580	11	0.14	0.878	12	−0.01	40.3	13	2.49	0.88	0.60
G454	中国医院管理	3270	2	1.36	1.731	1	0.95	70.1	1	3.85	0.92	0.69
G751	中华健康管理学杂志	595	23	−0.57	0.891	11	0.00	35.7	17	2.27	0.62	0.63
S590	中华医学教育探索杂志	673	20	−0.51	0.343	26	−0.61	17.4	26	1.67	0.54	0.47
G705	中华医学教育杂志	660	21	−0.52	0.579	21	−0.35	21.9	23	1.45	0.46	0.63
G307	中华医学科研管理杂志	313	26	−0.77	0.568	23	−0.36	20.1	24	0.93	0.54	0.41
G915	中华医学图书情报杂志	484	24	−0.65	0.486	25	−0.45	32.7	22	1.83	0.65	0.29
G591	中华医院管理杂志	1882	7	0.36	1.150	6	0.29	51.7	9	2.71	0.88	0.70
	26 种期刊平均值	1384			0.889							

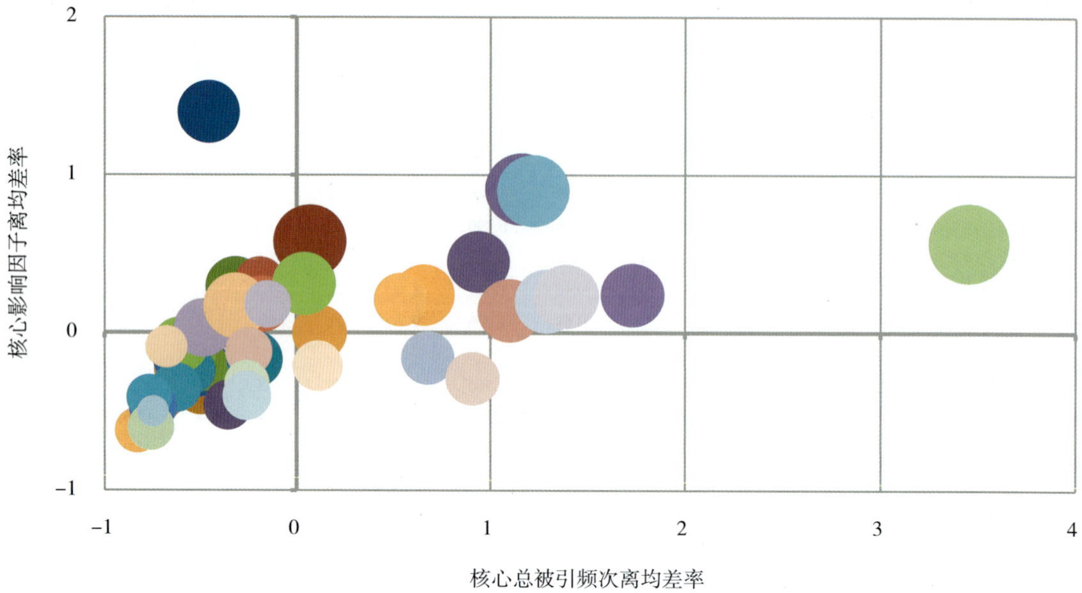

2020 年药学类期刊核心总被引频次和核心影响因子离均差率的分布图
（节点大小表示综合评价总分）

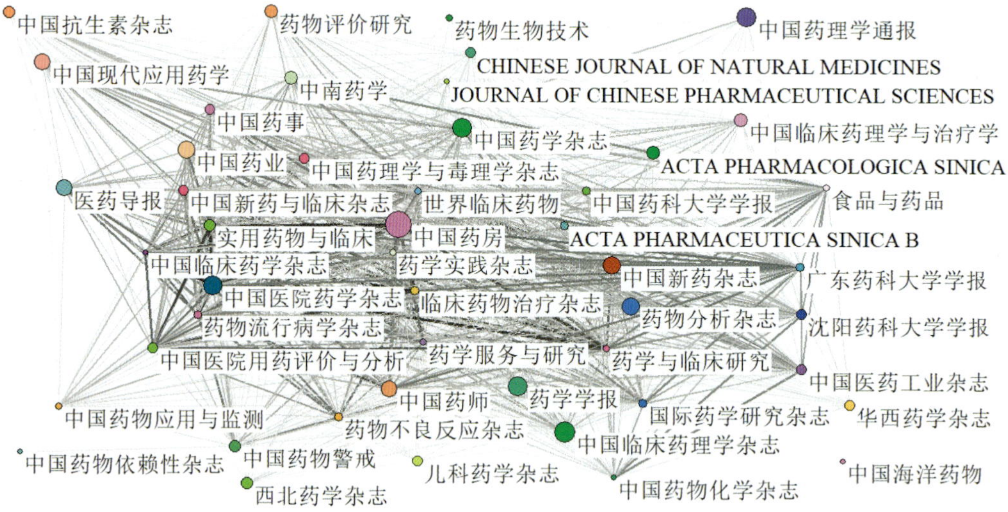

2020 年药学类期刊互引关系示意图

表 7-66 2020 年药学类期刊主要指标

CODE	刊名	核心总被引频次			核心影响因子			综合评价总分		学科扩散指标	学科影响指标	红点指标
		数值	排名	离均差率	数值	排名	离均差率	数值	排名			
G218	ACTA PHARMACEUTICA SINICA B	795	30	−0.46	1.847	1	1.40	45.4	11	2.79	0.67	0.07
G001	ACTA PHARMACOLOGICA SINICA	1563	15	0.07	1.212	4	0.58	61.3	2	5.51	0.88	0.04
G101	CHINESE JOURNAL OF NATURAL MEDICINES	991	26	−0.32	0.995	9	0.29	42.5	14	3.00	0.79	0.03
I227	JOURNAL OF CHINESE PHARMACEUTICAL SCIENCES	255	48	−0.83	0.290	48	−0.62	23.2	42	1.29	0.54	0.47
G920	儿科药学杂志	962	28	−0.34	0.671	27	−0.13	17.2	47	3.00	0.71	0.56
G027	广东药科大学学报	725	33	−0.50	0.503	38	−0.35	33.3	23	3.01	0.71	0.63
G933	国际药学研究杂志	725	33	−0.50	0.600	33	−0.22	39.2	15	3.43	0.77	0.56
G044	华西药学杂志	1025	24	−0.30	0.786	21	0.02	24.6	39	3.08	0.75	0.77
G673	临床药物治疗杂志	750	31	−0.49	0.611	31	−0.21	30.0	29	3.04	0.83	0.68
G071	沈阳药科大学学报	935	29	−0.36	0.417	44	−0.46	28.4	31	2.82	0.83	0.59
G834	实用药物与临床	1135	20	−0.22	0.640	29	−0.17	37.6	18	3.76	0.75	0.71
G748	食品与药品	575	38	−0.61	0.591	34	−0.23	30.8	27	2.62	0.50	0.65
G485	世界临床药物	578	37	−0.60	0.639	30	−0.17	37.9	17	2.85	0.75	0.67
G792	西北药学杂志	1176	19	−0.19	1.012	7	0.32	30.1	28	3.12	0.73	0.67
G403	药物不良反应杂志	683	35	−0.53	0.684	25	−0.11	22.0	45	2.37	0.69	0.59
G087	药物分析杂志	2826	8	0.94	1.117	6	0.45	43.6	12	4.16	0.88	0.57
G877	药物流行病学杂志	661	36	−0.55	0.582	35	−0.24	25.8	36	2.16	0.73	0.88
G836	药物评价研究	1637	13	0.12	0.768	22	0.00	34.5	22	3.82	0.85	0.69
G514	药物生物技术	453	42	−0.69	0.463	40	−0.40	23.2	42	2.57	0.63	0.61
G977	药学服务与研究	404	43	−0.72	0.430	43	−0.44	22.5	44	1.96	0.69	0.85
G440	药学实践杂志	564	39	−0.61	0.711	23	−0.08	35.8	21	2.57	0.79	0.68
G008	药学学报	3148	6	1.16	1.471	2	0.91	59.3	3	5.56	0.96	0.57
G527	药学与临床研究	541	40	−0.63	0.502	39	−0.35	28.3	32	2.54	0.79	0.68
G844	医药导报	2417	11	0.66	0.950	11	0.24	43.4	13	5.49	0.90	0.70
G104	中国海洋药物	370	44	−0.75	0.405	45	−0.47	27.0	34	1.47	0.42	0.38
G107	中国抗生素杂志	1193	18	−0.18	0.908	15	0.18	35.9	20	3.74	0.77	0.56
G870	中国临床药理学与治疗学	1514	16	0.04	1.005	8	0.31	45.7	9	4.40	0.90	0.67
G109	中国临床药理学杂志	3979	2	1.73	0.952	10	0.24	46.6	8	6.34	0.94	0.68
G544	中国临床药学杂志	336	47	−0.77	0.456	42	−0.41	23.8	41	1.71	0.65	0.79
G849	中国现代应用药学	2254	12	0.54	0.928	13	0.21	32.7	24	4.60	0.90	0.69
G250	中国新药与临床杂志	964	27	−0.34	0.890	18	0.16	36.2	19	3.36	0.88	0.68
G747	中国新药杂志	3060	7	1.10	0.876	19	0.14	45.6	10	5.48	0.98	0.54
G318	中国药房	6498	1	3.45	1.211	5	0.57	72.8	1	7.18	0.98	0.80
G120	中国药科大学学报	743	32	−0.49	0.789	20	0.03	38.5	16	2.96	0.79	0.80
G121	中国药理学通报	3234	5	1.22	1.458	3	0.90	58.8	4	5.85	0.90	0.72
G122	中国药理学与毒理学杂志	995	25	−0.32	0.902	17	0.17	48.9	5	3.65	0.77	0.62
G878	中国药师	2446	10	0.68	0.649	28	−0.16	32.5	25	4.79	0.85	0.74

表 7-66　2020 年药学类期刊主要指标（续）

CODE	刊名	核心总被引频次			核心影响因子			综合评价总分		学科扩散指标	学科影响指标	红点指标
		数值	排名	离均差率	数值	排名	离均差率	数值	排名			
G913	中国药事	1092	21	−0.25	0.676	26	−0.12	26.3	35	2.75	0.81	0.41
G220	中国药物化学杂志	351	46	−0.76	0.305	47	−0.60	24.7	38	1.57	0.56	0.59
G227	中国药物警戒	1236	17	−0.15	0.907	16	0.18	25.3	37	2.64	0.79	0.74
G248	中国药物依赖性杂志	362	45	−0.75	0.385	46	−0.50	11.2	48	1.35	0.31	0.26
G713	中国药物应用与监测	470	41	−0.68	0.697	24	−0.09	20.2	46	1.70	0.67	0.90
G009	中国药学杂志	3347	4	1.29	0.923	14	0.20	46.9	7	5.75	0.96	0.62
G755	中国药业	2789	9	0.91	0.547	36	−0.29	32.3	26	5.11	0.90	0.83
T019	中国医药工业杂志	1074	23	−0.26	0.524	37	−0.32	24.2	40	2.70	0.77	0.43
G243	中国医院药学杂志	3493	3	1.39	0.949	12	0.23	47.5	6	5.97	0.92	0.73
G625	中国医院用药评价与分析	1082	22	−0.26	0.459	41	−0.40	28.0	33	3.19	0.77	0.76
G599	中南药学	1619	14	0.11	0.611	31	−0.21	29.1	30	3.64	0.83	0.66
	48 种期刊平均值	1459			0.769							

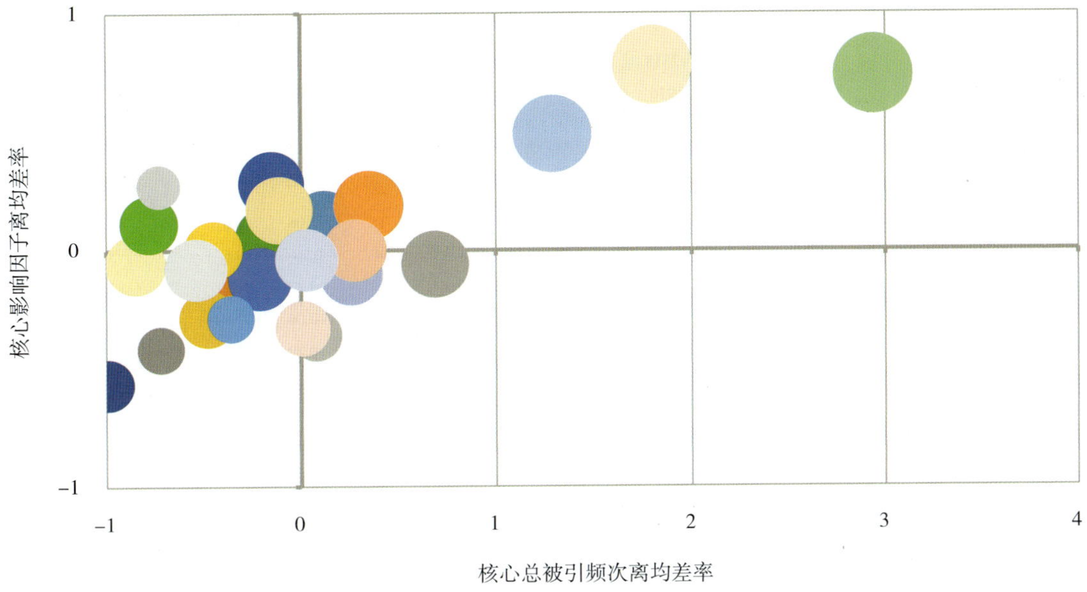

2020 年中医学类期刊核心总被引频次和核心影响因子离均差率的分布图
（节点大小表示综合评价总分）

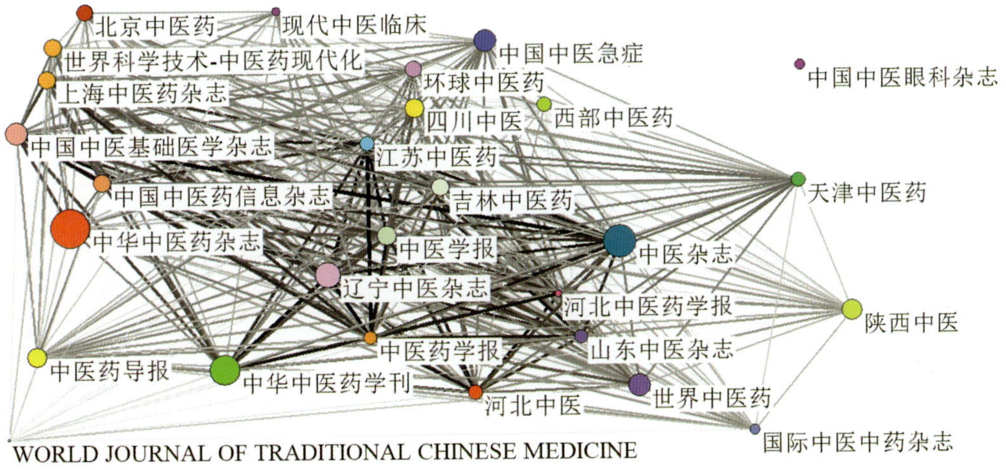

2020 年中医学类期刊互引关系示意图

表 7-67　2020 年中医学类期刊主要指标

CODE	刊名	核心总被引频次			核心影响因子			综合评价总分		学科扩散指标	学科影响指标	红点指标
		数值	排名	离均差率	数值	排名	离均差率	数值	排名			
Q707	WORLD JOURNAL OF TRADITIONAL CHINESE MEDICINE	49	28	−0.99	0.386	28	−0.57	31.1	24	0.22	0.21	0.00
G620	北京中医药	2518	16	−0.24	0.839	17	−0.07	34.2	22	2.67	1.00	0.73
G934	国际中医中药杂志	916	24	−0.72	0.524	27	−0.42	25.2	27	2.22	0.96	0.83
G384	河北中医	2051	19	−0.38	0.785	21	−0.13	48.4	8	2.81	1.00	0.93
G301	河北中医药学报	485	27	−0.85	0.841	16	−0.06	39.3	17	1.49	0.93	0.75
G656	环球中医药	2382	17	−0.28	0.842	15	−0.06	36.0	20	2.82	1.00	0.75
G719	吉林中医药	2797	13	−0.15	1.152	4	0.28	49.6	7	3.25	1.00	0.72
G397	江苏中医药	1945	20	−0.41	0.700	22	−0.22	31.2	23	2.58	0.96	0.87
G646	辽宁中医杂志	5595	4	0.69	0.845	14	−0.06	51.8	5	4.28	1.00	0.77
G574	山东中医杂志	1720	22	−0.48	0.639	24	−0.29	37.5	19	2.40	1.00	0.78
G725	陕西中医	3687	8	0.12	1.008	8	0.12	45.7	11	3.30	1.00	0.80
G389	上海中医药杂志	2739	14	−0.17	0.946	10	0.05	48.0	9	3.53	1.00	0.86
G906	世界科学技术-中医药现代化	2611	15	−0.21	0.789	20	−0.12	46.6	10	4.02	1.00	0.67
G483	世界中医药	4453	5	0.35	1.074	6	0.19	55.1	4	4.34	1.00	0.81
G745	四川中医	3562	9	0.08	0.573	26	−0.36	29.9	25	3.30	1.00	0.68
G626	天津中医药	1820	21	−0.45	0.900	11	0.00	40.0	16	3.18	1.00	0.70
G699	西部中医药	2125	18	−0.36	0.642	23	−0.29	25.6	26	2.93	0.96	0.78
G896	现代中医临床	740	26	−0.78	1.000	9	0.11	38.7	18	1.48	0.96	0.70
G632	中国中医基础医学杂志	4165	7	0.26	0.811	19	−0.10	45.4	12	3.53	1.00	0.63
G524	中国中医急症	4219	6	0.28	0.899	12	0.00	45.1	14	3.83	1.00	0.84
G749	中国中医眼科杂志	897	25	−0.73	1.138	5	0.27	21.6	28	1.45	0.82	0.53
G832	中国中医药信息杂志	2934	12	−0.11	1.050	7	0.17	51.7	6	4.38	1.00	0.75
G859	中华中医药学刊	7556	3	1.29	1.339	3	0.49	69.8	3	5.99	1.00	0.70
G910	中华中医药杂志	12998	1	2.94	1.566	2	0.74	73.8	1	6.39	1.00	0.73
G685	中医学报	3388	10	0.03	0.866	13	−0.04	45.2	13	3.88	1.00	0.77
G681	中医药导报	3331	11	0.01	0.604	25	−0.33	34.9	21	3.81	1.00	0.76
G812	中医药学报	1502	23	−0.54	0.824	18	−0.08	44.7	15	2.89	1.00	0.71
G010	中医杂志	9249	2	1.80	1.597	1	0.78	71.7	2	4.65	1.00	0.67
	28 种期刊平均值	3301			0.899							

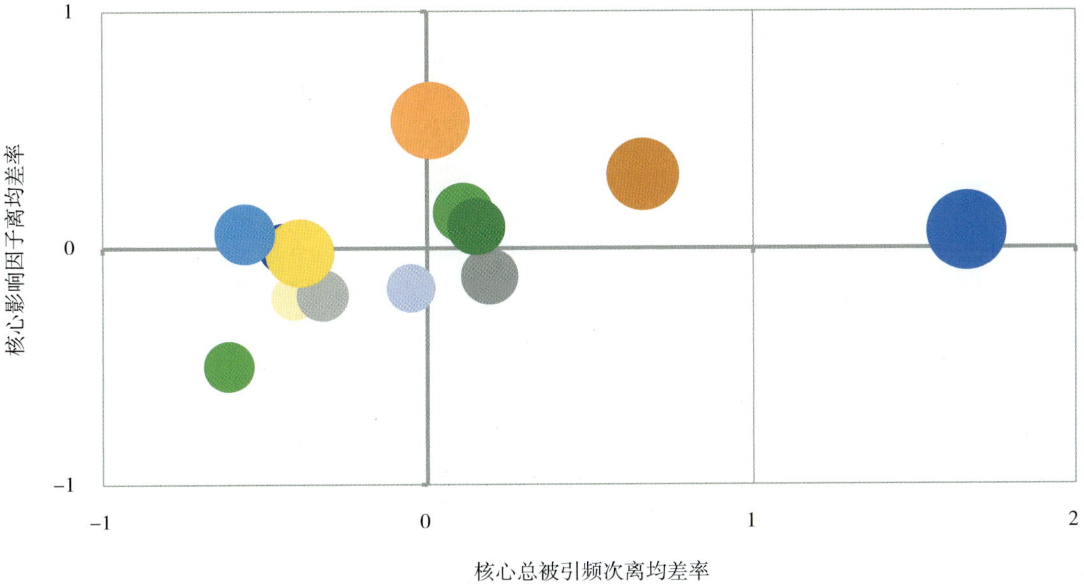

2020 年中医药大学学报类期刊核心总被引频次和核心影响因子离均差率的分布图

（节点大小表示综合评价总分）

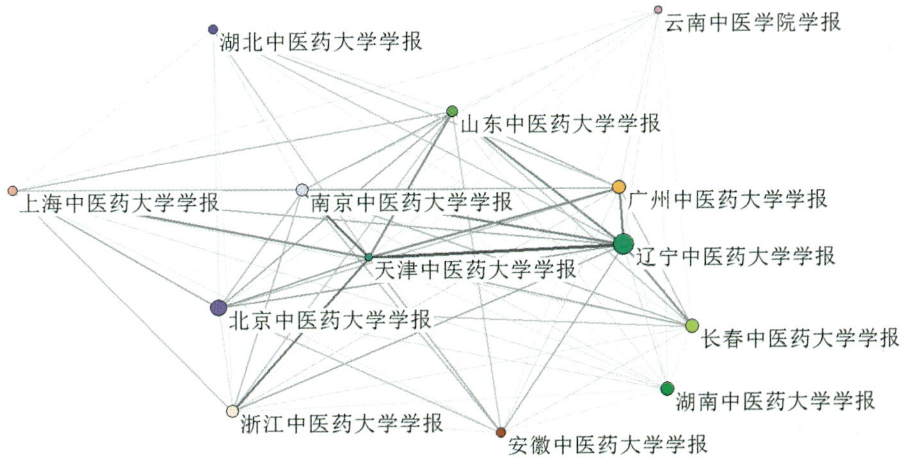

2020 年中医药大学学报类期刊互引关系示意图

表 7-68　2020 年中医药大学学报类期刊主要指标

CODE	刊名	核心总被引频次			核心影响因子			综合评价总分		学科扩	学科影	红点
		数值	排名	离均差率	数值	排名	离均差率	数值	排名	散指标	响指标	指标
G013	安徽中医药大学学报	947	11	−0.44	0.912	7	0.00	27.4	11	2.30	0.92	0.54
G017	北京中医药大学学报	2806	2	0.66	1.196	2	0.31	56.7	3	3.54	1.00	0.62
G992	长春中医药大学学报	2011	3	0.19	0.801	9	−0.12	34.8	8	3.43	1.00	0.44
G030	广州中医药大学学报	1873	5	0.11	1.055	3	0.15	38.7	6	3.34	1.00	0.57
G334	湖北中医药大学学报	1006	10	−0.41	0.724	12	−0.21	19.9	13	2.48	1.00	0.60
G041	湖南中医药大学学报	1945	4	0.15	0.998	4	0.09	35.3	7	3.64	1.00	0.52
G850	辽宁中医药大学学报	4497	1	1.66	0.977	5	0.07	69.6	1	4.58	1.00	0.63
G059	南京中医药大学学报	1703	6	0.01	1.408	1	0.54	65.6	2	3.09	1.00	0.46
G063	山东中医药大学学报	1153	8	−0.32	0.734	11	−0.20	29.0	9	1.99	1.00	0.50
G946	上海中医药大学学报	1034	9	−0.39	0.894	8	−0.02	51.0	4	2.51	1.00	0.64
G914	天津中医药大学学报	748	12	−0.56	0.965	6	0.06	40.5	5	2.15	1.00	0.41
G090	云南中医学院学报	668	13	−0.61	0.455	13	−0.50	28.3	10	1.92	1.00	0.60
G092	浙江中医药大学学报	1610	7	−0.05	0.762	10	−0.17	25.5	12	2.98	1.00	0.72
	13 种期刊平均值	1692			0.914							

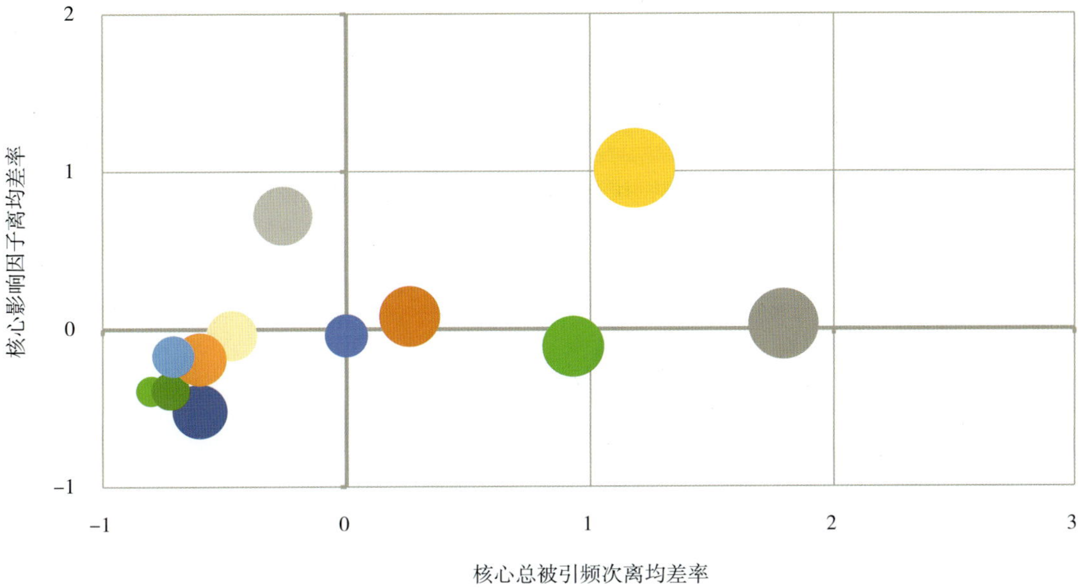

2020 年中西医结合医学类期刊核心总被引频次和核心影响因子离均差率的分布图
（节点大小表示综合评价总分）

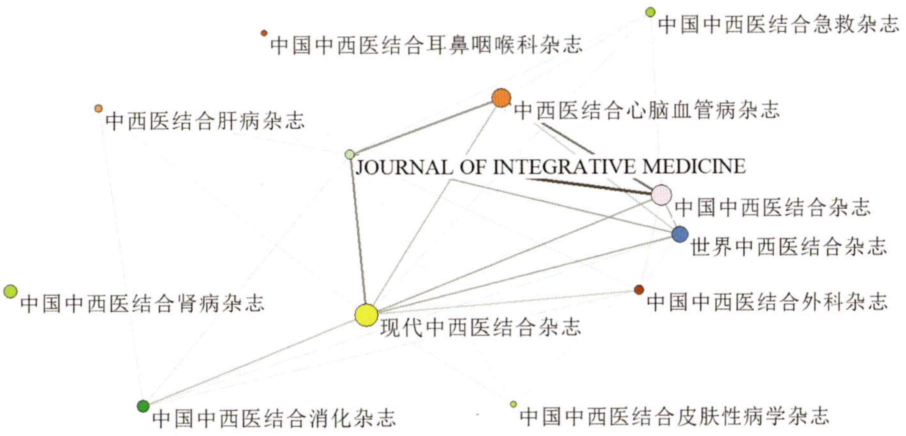

2020 年中西医结合医学类期刊互引关系示意图

表 7-69　2020 年中西医结合医学类期刊主要指标

CODE	刊名	核心总被引频次			核心影响因子			综合评价总分		学科扩散指标	学科影响指标	红点指标
		数值	排名	离均差率	数值	排名	离均差率	数值	排名			
G442	JOURNAL OF INTEGRATIVE MEDICINE	836	8	−0.60	0.372	12	−0.52	36.3	6	2.56	0.92	0.00
G484	世界中西医结合杂志	2628	4	0.26	0.843	3	0.08	44.7	4	3.49	1.00	0.55
G951	现代中西医结合杂志	5831	1	1.79	0.802	4	0.03	60.5	2	6.00	1.00	0.54
G347	中国中西医结合耳鼻咽喉科杂志	409	12	−0.80	0.477	10	−0.39	11.0	12	1.46	0.33	0.33
G843	中国中西医结合急救杂志	1103	7	−0.47	0.748	6	−0.04	28.1	8	2.66	0.75	0.58
G757	中国中西医结合皮肤性病学杂志	591	11	−0.72	0.473	11	−0.39	17.3	11	1.82	0.42	0.45
G846	中国中西医结合肾病杂志	2097	5	0.00	0.751	5	−0.04	22.3	9	3.18	0.50	0.35
G758	中国中西医结合外科杂志	835	9	−0.60	0.630	9	−0.19	33.6	7	2.87	0.75	0.40
G528	中国中西医结合消化杂志	1538	6	−0.26	1.344	2	0.72	41.8	5	2.65	0.67	0.54
G182	中国中西医结合杂志	4558	2	1.18	1.575	1	1.02	77.6	1	5.22	1.00	0.38
G842	中西医结合肝病杂志	616	10	−0.71	0.650	8	−0.17	20.9	10	1.83	0.58	0.50
G597	中西医结合心脑血管病杂志	4022	3	0.93	0.693	7	−0.11	44.9	3	4.51	0.83	0.84
	12 种期刊平均值	2089			0.780							

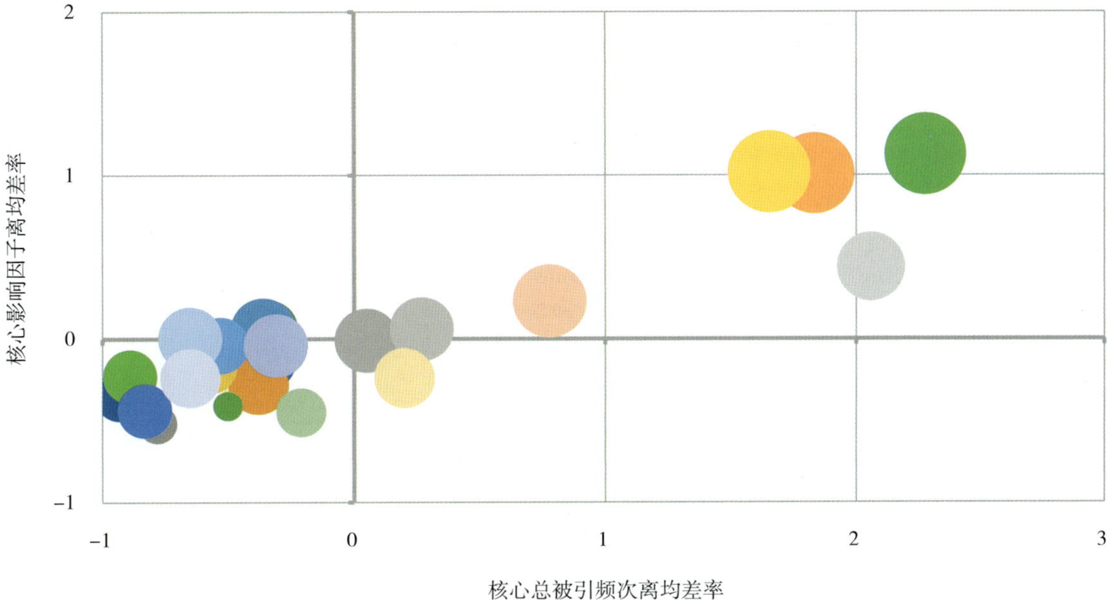

2020 年中药学类期刊核心总被引频次和核心影响因子离均差率的分布图
（节点大小表示综合评价总分）

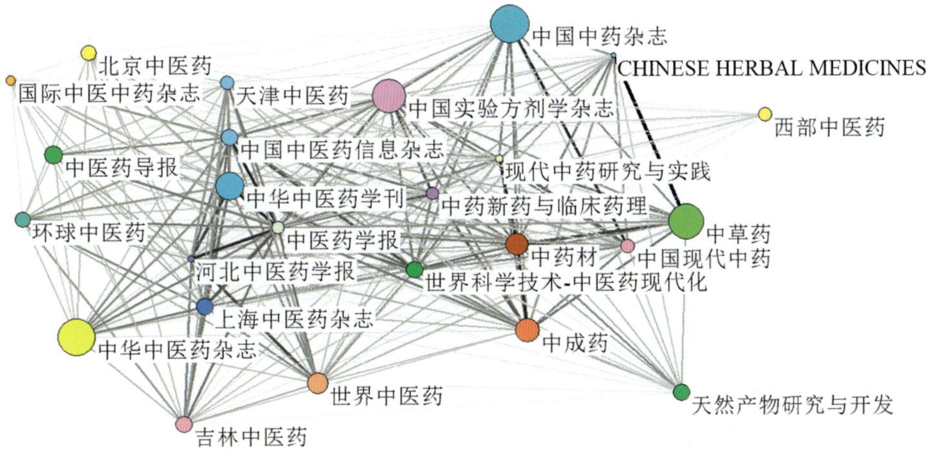

2020 年中药学类期刊互引关系示意图

表 7-70　2020 年中药学类期刊主要指标

CODE	刊名	核心总被引频次			核心影响因子			综合评价总分		学科扩散指标	学科影响指标	红点指标
		数值	排名	离均差率	数值	排名	离均差率	数值	排名			
I207	CHINESE HERBAL MEDICINES	290	25	−0.93	0.707	21	−0.35	30.4	20	1.25	0.84	0.07
G620	北京中医药	2518	15	−0.41	0.839	17	−0.23	23.5	23	2.67	0.96	0.65
G934	国际中医中药杂志	916	22	−0.78	0.524	25	−0.52	18.1	24	2.22	0.88	0.84
G301	河北中医药学报	485	24	−0.89	0.841	16	−0.23	34.5	18	1.49	0.88	0.62
G656	环球中医药	2382	16	−0.44	0.842	15	−0.23	26.4	22	2.82	1.00	0.70
G719	吉林中医药	2797	11	−0.34	1.152	6	0.06	40.2	15	3.25	1.00	0.70
G389	上海中医药杂志	2739	12	−0.35	0.946	13	−0.13	43.1	12	3.53	0.96	0.84
G906	世界科学技术-中医药现代化	2611	14	−0.38	0.789	20	−0.28	42.7	13	4.02	1.00	0.70
G483	世界中医药	4453	8	0.05	1.074	10	−0.01	48.7	7	4.34	1.00	0.83
G626	天津中医药	1820	19	−0.57	0.900	14	−0.17	33.6	19	3.18	0.96	0.67
T611	天然产物研究与开发	2736	13	−0.36	1.142	8	0.05	50.3	6	4.72	1.00	0.73
G699	西部中医药	2125	17	−0.50	0.642	22	−0.41	10.3	25	2.93	0.96	0.75
G486	现代中药研究与实践	729	23	−0.83	0.615	23	−0.44	35.2	17	2.27	0.96	0.67
G007	中草药	12011	3	1.83	2.191	3	1.01	78.2	3	7.45	1.00	0.69
G520	中成药	5370	6	0.27	1.152	6	0.06	48.4	8	5.49	1.00	0.70
G604	中国实验方剂学杂志	11264	4	1.65	2.206	2	1.02	80.2	2	6.73	1.00	0.73
G377	中国现代中药	1990	18	−0.53	1.051	11	−0.04	37.9	16	3.53	0.96	0.66
G132	中国中药杂志	13906	1	2.28	2.318	1	1.13	80.5	1	7.76	1.00	0.69
G832	中国中医药信息杂志	2934	10	−0.31	1.050	12	−0.04	47.5	10	4.38	1.00	0.79
G859	中华中医药学刊	7556	5	0.78	1.339	5	0.23	63.2	4	5.99	1.00	0.71
G910	中华中医药杂志	12998	2	2.06	1.566	4	0.44	56.5	5	6.39	1.00	0.70
G183	中药材	5104	7	0.20	0.831	18	−0.24	43.3	11	5.63	1.00	0.71
G564	中药新药与临床药理	1501	21	−0.65	1.093	9	0.00	47.8	9	3.21	1.00	0.82
G681	中医药导报	3331	9	−0.21	0.604	24	−0.45	28.6	21	3.81	0.96	0.77
G812	中医药学报	1502	20	−0.65	0.824	19	−0.24	42.1	14	2.89	0.96	0.71
	25 种期刊平均值	4243			1.090							

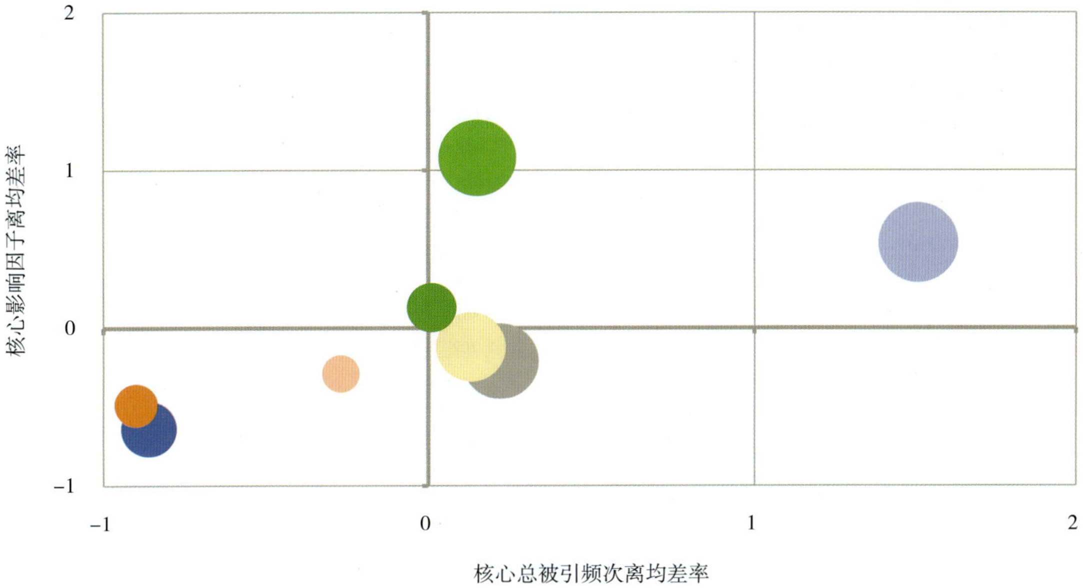

2020 年针灸、中医骨伤类期刊核心总被引频次和核心影响因子离均差率的分布图
（节点大小表示综合评价总分）

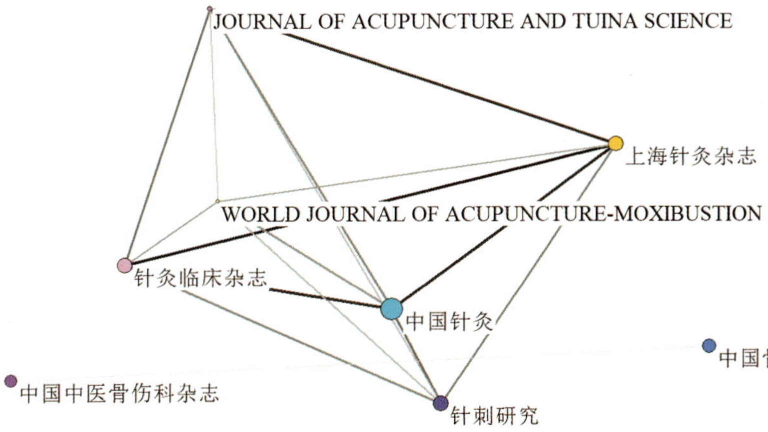

2020 年针灸、中医骨伤类期刊互引关系示意图

表 7-71　2020 年针灸、中医骨伤类期刊主要指标

CODE	刊名	核心总被引频次			核心影响因子			综合评价总分		学科扩散指标	学科影响指标	红点指标
		数值	排名	离均差率	数值	排名	离均差率	数值	排名			
I225	JOURNAL OF ACUPUNCTURE AND TUINA SCIENCE	296	7	−0.86	0.440	8	−0.64	31.4	5	1.02	0.75	0.96
I239	WORLD JOURNAL OF ACUPUNCTURE-MOXIBUSTION	216	8	−0.90	0.618	7	−0.49	19.0	7	0.75	0.88	0.45
G596	上海针灸杂志	2553	2	0.22	0.953	5	−0.21	59.1	3	2.19	1.00	0.92
G093	针刺研究	2402	3	0.15	2.509	1	1.08	60.9	2	2.46	0.88	0.69
G488	针灸临床杂志	2363	4	0.13	1.067	4	−0.12	46.6	4	2.06	1.00	0.66
G103	中国骨伤	2104	5	0.01	1.363	3	0.13	24.9	6	3.35	1.00	0.55
G600	中国针灸	5238	1	1.51	1.864	2	0.54	66.6	1	2.99	1.00	0.71
G240	中国中医骨伤科杂志	1534	6	−0.27	0.861	6	−0.29	14.6	8	2.39	0.88	0.31
	8 种期刊平均值	2088			1.209							

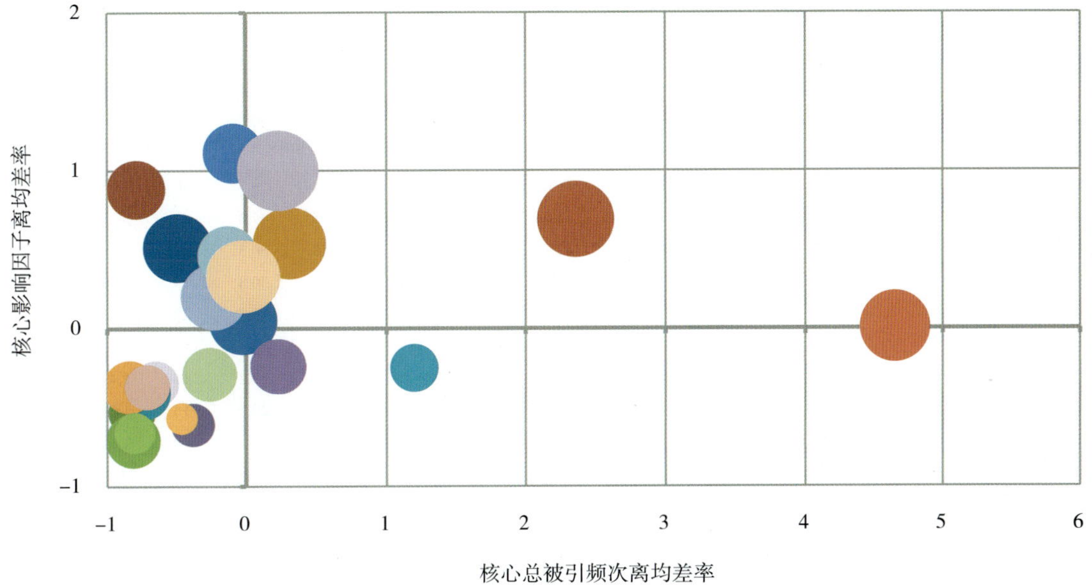

2020 年工程与技术科学基础学科类期刊核心总被引频次和核心影响因子离均差率的分布图

（节点大小表示综合评价总分）

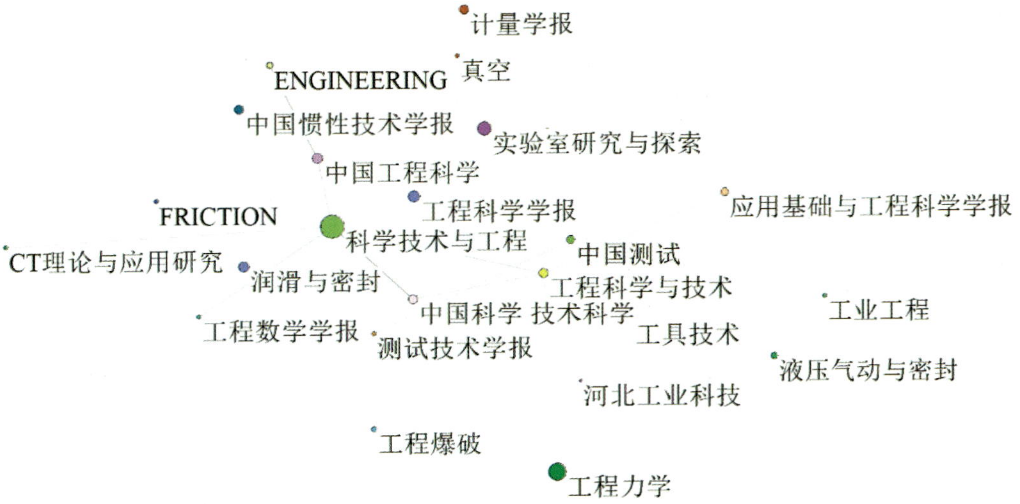

2020 年工程与技术科学基础学科类期刊互引关系示意图

表 7-72　2020 年工程与技术科学基础学科类期刊主要指标

CODE	刊名	核心总被引频次			核心影响因子			综合评价总分		学科扩散指标	学科影响指标	红点指标
		数值	排名	离均差率	数值	排名	离均差率	数值	排名			
J075	ENGINEERING	699	15	−0.49	1.107	6	0.51	49.4	6	4.00	0.25	0.18
N092	FRICTION	293	20	−0.79	1.376	3	0.88	35.6	11	0.53	0.08	0.24
E626	CT 理论与应用研究	242	23	−0.82	0.343	20	−0.53	23.1	19	1.61	0.13	0.45
R711	测试技术学报	340	19	−0.75	0.434	18	−0.41	26.6	17	1.85	0.29	0.29
N105	工程爆破	477	16	−0.65	0.476	15	−0.35	20.6	21	0.98	0.17	0.44
M030	工程科学学报	1795	4	0.31	1.127	5	0.54	53.7	4	4.46	0.42	0.37
J051	工程科学与技术	1334	8	−0.02	0.772	10	0.05	47.8	7	5.12	0.54	0.30
C002	工程力学	4596	2	2.36	1.240	4	0.69	60.3	2	4.89	0.50	0.48
B031	工程数学学报	263	22	−0.81	0.210	24	−0.71	30.8	13	1.64	0.13	0.18
N064	工具技术	850	13	−0.38	0.288	22	−0.61	19.3	22	2.11	0.33	0.43
J057	工业工程	373	18	−0.73	0.433	19	−0.41	29.2	16	1.49	0.17	0.18
J019	河北工业科技	222	24	−0.84	0.459	17	−0.37	29.5	15	1.69	0.21	0.39
N014	计量学报	1242	9	−0.09	1.550	1	1.11	37.3	10	2.36	0.33	1.00
A537	科学技术与工程	7719	1	4.65	0.743	11	0.01	52.9	5	11.45	0.88	0.37
N106	人类工效学	268	21	−0.80	0.250	23	−0.66	17.3	23	1.42	0.13	0.72
N029	润滑与密封	1686	6	0.23	0.556	12	−0.24	31.6	12	3.08	0.46	0.47
A115	实验室研究与探索	3014	3	1.20	0.548	13	−0.25	23.9	18	5.35	0.25	0.45
N079	液压气动与密封	739	14	−0.46	0.314	21	−0.57	10.4	24	1.44	0.25	0.65
A580	应用基础与工程科学学报	1054	11	−0.23	0.883	9	0.20	45.0	8	4.39	0.33	0.31
N086	真空	391	17	−0.71	0.463	16	−0.37	21.4	20	1.56	0.25	0.25
N830	中国测试	1007	12	−0.26	0.522	14	−0.29	30.6	14	4.15	0.33	0.32
N754	中国工程科学	1687	5	0.23	1.463	2	1.00	66.8	1	8.18	0.58	0.40
N104	中国惯性技术学报	1186	10	−0.13	1.071	7	0.46	37.9	9	2.25	0.29	0.22
A109	中国科学 技术科学	1340	7	−0.02	0.975	8	0.33	55.6	3	5.64	0.58	0.25
	24 种期刊平均值	1367			0.733							

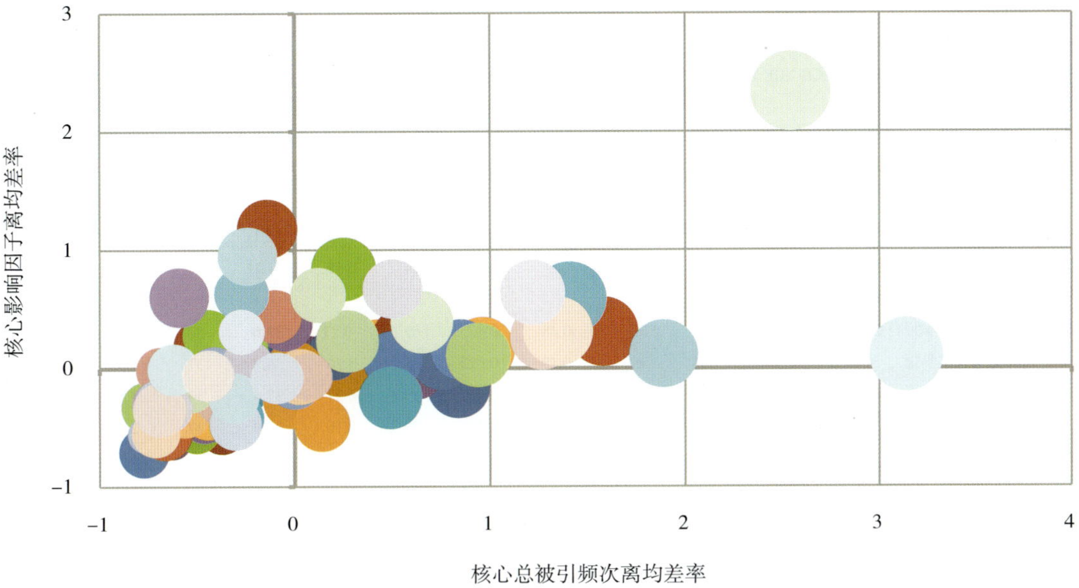

2020 年工程技术大学学报类期刊核心总被引频次和核心影响因子离均差率的分布图
（节点大小表示综合评价总分）

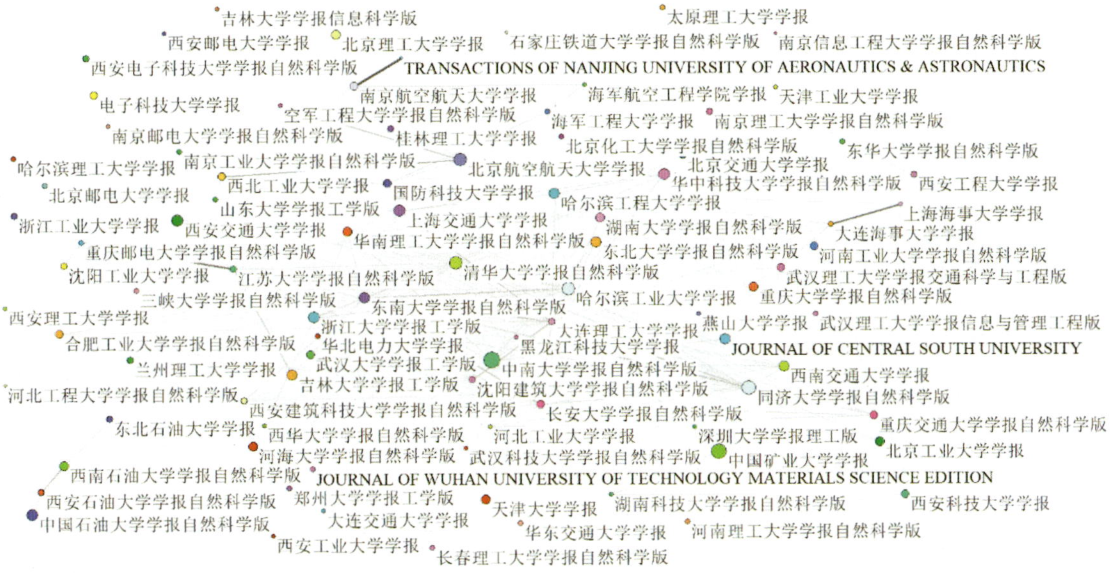

2020 年工程技术大学学报类期刊互引关系示意图

表 7-73 2020 年工程技术大学学报类期刊主要指标

CODE	刊名	核心总被引频次			核心影响因子			综合评价总分		学科扩散指标	学科影响指标	红点指标
		数值	排名	离均差率	数值	排名	离均差率	数值	排名			
I067	JOURNAL OF CENTRAL SOUTH UNIVERSITY	1555	15	0.70	0.686	35	0.05	36.3	39	5.12	0.57	0.49
I090	JOURNAL OF WUHAN UNIVERSITY OF TECHNOLOGY MATERIALS SCIENCE EDITION	578	52	−0.37	0.308	83	−0.53	26.1	78	2.02	0.22	0.11
I017	TRANSACTIONS OF NANJING UNIVERSITY OF AERONAUTICS & ASTRONAUTICS	206	89	−0.78	0.248	87	−0.62	13.9	89	1.02	0.15	0.45
J030	北京工业大学学报	1310	22	0.43	0.746	28	0.14	52.1	7	5.35	0.56	0.56
Y001	北京航空航天大学学报	2280	5	1.49	0.903	14	0.38	51.1	9	5.61	0.67	0.45
T020	北京化工大学学报自然科学版	475	62	−0.48	0.475	62	−0.27	33.6	53	2.96	0.18	0.29
X014	北京交通大学学报	754	39	−0.18	0.823	21	0.26	36.8	37	3.53	0.36	0.64
N001	北京理工大学学报	1414	18	0.54	0.832	19	0.27	37.4	34	4.58	0.62	0.40
R018	北京邮电大学学报	521	57	−0.43	0.759	27	0.16	34.9	47	2.15	0.29	0.58
X036	长安大学学报自然科学版	979	29	0.07	0.665	38	0.02	44.8	21	3.00	0.47	0.97
N056	长春理工大学学报自然科学版	523	56	−0.43	0.417	73	−0.36	19.1	84	2.26	0.20	0.41
J021	重庆大学学报自然科学版	1130	25	0.23	0.667	37	0.02	46.1	20	5.06	0.43	0.54
X029	重庆交通大学学报自然科学版	1103	26	0.20	0.733	29	0.12	32.2	60	3.53	0.55	0.94
R559	重庆邮电大学学报自然科学版	472	63	−0.48	0.781	23	0.19	35.4	43	1.61	0.22	0.48
X024	大连海事大学学报	427	66	−0.53	0.557	54	−0.15	29.2	67	1.96	0.20	0.42
X001	大连交通大学学报	345	73	−0.62	0.247	88	−0.62	15.0	88	1.92	0.27	0.44
J024	大连理工大学学报	660	46	−0.28	0.559	53	−0.15	43.5	23	3.90	0.44	0.43
R036	电子科技大学学报	912	32	0.00	0.647	42	−0.01	41.5	28	3.99	0.44	0.39
J023	东北大学学报自然科学版	1683	13	0.84	0.549	55	−0.16	47.2	18	5.73	0.63	0.44
L004	东北石油大学学报	787	38	−0.14	1.427	2	1.18	43.2	24	1.66	0.13	0.49
U014	东华大学学报自然科学版	460	64	−0.50	0.313	82	−0.52	26.7	77	2.10	0.10	0.32
J028	东南大学学报自然科学版	1474	17	0.61	0.658	39	0.00	49.8	14	5.12	0.56	0.53
M033	桂林理工大学学报	741	40	−0.19	0.589	51	−0.10	31.7	62	2.78	0.11	0.39
A040	国防科技大学学报	897	34	−0.02	0.473	63	−0.28	35.6	41	3.11	0.38	0.41
X025	哈尔滨工程大学学报	1599	14	0.75	0.705	33	0.08	47.6	16	5.02	0.58	0.61
J003	哈尔滨工业大学学报	2360	4	1.58	0.861	15	0.31	58.3	4	6.70	0.80	0.56
J013	哈尔滨理工大学学报	576	53	−0.37	0.633	44	−0.03	29.1	68	2.48	0.28	0.48
J055	海军工程大学学报	494	61	−0.46	0.364	77	−0.44	25.2	81	2.18	0.25	0.35
Y029	海军航空工程学院学报	308	77	−0.66	0.331	81	−0.49	23.1	83	1.47	0.16	0.40
J053	合肥工业大学学报自然科学版	1045	27	0.14	0.345	80	−0.47	36.9	35	5.27	0.49	0.40
K032	河北工程大学学报自然科学版	207	88	−0.77	0.190	89	−0.71	30.7	66	1.61	0.15	0.58
J017	河北工业大学学报	310	76	−0.66	0.296	85	−0.55	34.8	49	2.38	0.18	0.59
W012	河海大学学报自然科学版	1144	24	0.25	1.205	4	0.84	49.9	13	3.87	0.35	0.45
U004	河南工业大学学报自然科学版	869	35	−0.05	0.907	13	0.38	36.6	38	1.90	0.03	0.24
K526	河南理工大学学报自然科学版	586	51	−0.36	0.543	56	−0.17	35.2	45	2.46	0.25	0.46

表 7-73　2020 年工程技术大学学报类期刊主要指标（续）

CODE	刊名	核心总被引频次			核心影响因子			综合评价总分		学科扩散指标	学科影响指标	红点指标
		数值	排名	离均差率	数值	排名	离均差率	数值	排名			
K505	黑龙江科技大学学报	324	75	−0.65	0.357	78	−0.45	16.7	85	1.65	0.15	0.55
A028	湖南大学学报自然科学版	1376	19	0.50	0.698	34	0.07	41.3	29	4.85	0.53	0.62
K016	湖南科技大学学报自然科学版	286	79	−0.69	0.370	76	−0.44	32.6	58	1.83	0.13	0.37
R046	华北电力大学学报	516	59	−0.44	0.840	18	0.28	32.8	55	1.89	0.16	0.60
X003	华东交通大学学报	398	68	−0.57	0.616	46	−0.06	26.0	79	2.27	0.30	0.57
J004	华南理工大学学报自然科学版	1366	21	0.49	0.494	59	−0.25	47.7	15	5.58	0.54	0.57
J033	华中科技大学学报自然科学版	1791	10	0.96	0.762	24	0.16	51.1	9	6.26	0.70	0.59
J042	吉林大学学报工学版	1695	12	0.85	0.761	25	0.16	43.9	22	5.10	0.62	0.71
R586	吉林大学学报信息科学版	347	71	−0.62	0.655	40	0.00	28.4	71	2.00	0.25	0.45
J035	江苏大学学报自然科学版	662	45	−0.28	0.761	25	0.16	38.3	31	3.28	0.37	0.58
J059	空军工程大学学报自然科学版	396	69	−0.57	0.471	64	−0.28	28.1	72	1.87	0.25	0.46
J008	兰州理工大学学报	660	46	−0.28	0.380	75	−0.42	28.9	69	3.21	0.29	0.48
T011	南京工业大学学报自然科学版	513	60	−0.44	0.397	74	−0.39	31.1	65	2.87	0.26	0.37
Y026	南京航空航天大学学报	912	32	0.00	0.584	52	−0.11	37.8	33	3.62	0.40	0.46
N011	南京理工大学学报自然科学版	825	37	−0.10	0.941	11	0.44	34.4	52	3.35	0.37	0.58
E120	南京信息工程大学学报自然科学版	226	86	−0.75	0.437	67	−0.33	34.5	51	1.70	0.11	0.28
R008	南京邮电大学学报自然科学版	378	70	−0.59	1.051	9	0.60	42.7	25	1.85	0.21	0.46
J001	清华大学学报自然科学版	2203	6	1.41	1.041	10	0.59	64.9	3	8.67	0.73	0.36
R086	三峡大学学报自然科学版	404	67	−0.56	0.421	70	−0.36	34.9	47	2.57	0.30	0.52
J022	山东大学学报工学版	542	55	−0.41	0.624	45	−0.05	38.0	32	3.17	0.35	0.58
X038	上海海事大学学报	281	80	−0.69	0.640	43	−0.02	27.5	76	1.45	0.16	0.37
X006	上海交通大学学报	1773	11	0.94	0.727	31	0.11	50.6	12	5.98	0.60	0.44
A515	深圳大学学报理工版	276	83	−0.70	0.453	65	−0.31	32.3	59	2.03	0.17	0.60
J052	沈阳工业大学学报	672	43	−0.27	1.069	7	0.63	35.4	43	2.34	0.20	0.65
V011	沈阳建筑大学学报自然科学版	636	49	−0.31	0.528	58	−0.19	35.0	46	2.69	0.36	0.57
X042	石家庄铁道大学学报自然科学版	218	87	−0.76	0.287	86	−0.56	16.3	86	1.20	0.16	0.55
J011	太原理工大学学报	575	54	−0.37	0.494	59	−0.25	35.7	40	3.38	0.27	0.48
A041	天津大学学报	1160	23	0.27	0.804	22	0.23	47.1	19	5.28	0.53	0.48
U017	天津工业大学学报	280	82	−0.69	0.420	71	−0.36	28.0	73	1.60	0.13	0.41
J032	同济大学学报自然科学版	2645	3	1.89	0.733	29	0.12	56.4	6	6.74	0.69	0.47
W014	武汉大学学报工学版	944	31	0.03	0.610	48	−0.07	38.5	30	3.97	0.43	0.44
M032	武汉科技大学学报自然科学版	295	78	−0.68	0.450	66	−0.31	35.5	42	2.08	0.18	0.57
X017	武汉理工大学学报交通科学与工程版	977	30	0.07	0.608	49	−0.07	27.8	74	3.56	0.55	0.63
J018	武汉理工大学学报信息与管理工程版	434	65	−0.53	0.543	56	−0.17	28.7	70	2.60	0.22	0.33
R009	西安电子科技大学学报自然科学版	692	41	−0.24	0.672	36	0.03	31.6	63	2.34	0.34	0.58
U030	西安工程大学学报	692	41	−0.24	1.274	3	0.95	41.6	27	1.93	0.10	0.36
J036	西安工业大学学报	262	85	−0.71	0.298	84	−0.55	27.8	74	1.87	0.13	0.43
V018	西安建筑科技大学学报自然科学版	639	48	−0.30	0.348	79	−0.47	33.0	54	2.82	0.40	0.51
X030	西安交通大学学报	2079	8	1.27	0.828	20	0.26	50.8	11	5.53	0.58	0.40

表 7-73　2020 年工程技术大学学报类期刊主要指标（续）

CODE	刊名	核心总被引频次			核心影响因子			综合评价总分		学科扩散指标	学科影响指标	红点指标
		数值	排名	离均差率	数值	排名	离均差率	数值	排名			
A150	西安科技大学学报	1025	28	0.12	1.060	8	0.62	36.9	35	2.85	0.28	0.48
J002	西安理工大学学报	326	74	−0.64	0.432	68	−0.34	25.5	80	2.15	0.17	0.39
L010	西安石油大学学报自然科学版	631	50	−0.31	0.493	61	−0.25	31.2	64	1.76	0.16	0.32
R671	西安邮电大学学报	274	84	−0.70	0.418	72	−0.36	15.2	87	1.02	0.10	0.45
Y023	西北工业大学学报	836	36	−0.09	0.602	50	−0.08	32.8	55	3.03	0.45	0.47
J045	西华大学学报自然科学版	281	80	−0.69	0.425	69	−0.35	34.7	50	2.21	0.19	0.32
X032	西南交通大学学报	1515	16	0.65	0.913	12	0.39	47.5	17	4.49	0.66	0.64
L002	西南石油大学学报自然科学版	1376	19	0.50	1.094	5	0.67	42.4	26	2.26	0.18	0.37
J025	燕山大学学报	347	71	−0.62	0.649	41	−0.01	32.8	55	1.90	0.16	0.62
A017	浙江大学学报工学版	2149	7	1.35	0.861	15	0.31	57.7	5	6.93	0.75	0.44
J016	浙江工业大学学报	668	44	−0.27	0.855	17	0.31	24.8	82	3.11	0.31	0.49
J012	郑州大学学报工学版	517	58	−0.44	0.613	47	−0.06	32.0	61	2.97	0.42	0.55
K015	中国矿业大学学报	3240	2	2.54	2.185	1	2.34	77.9	1	4.66	0.54	0.33
L001	中国石油大学学报自然科学版	2034	9	1.22	1.075	6	0.64	51.3	8	3.43	0.29	0.40
K001	中南大学学报自然科学版	3788	1	3.14	0.726	32	0.11	67.5	2	7.60	0.81	0.52
	89 种期刊平均值	916			0.655							

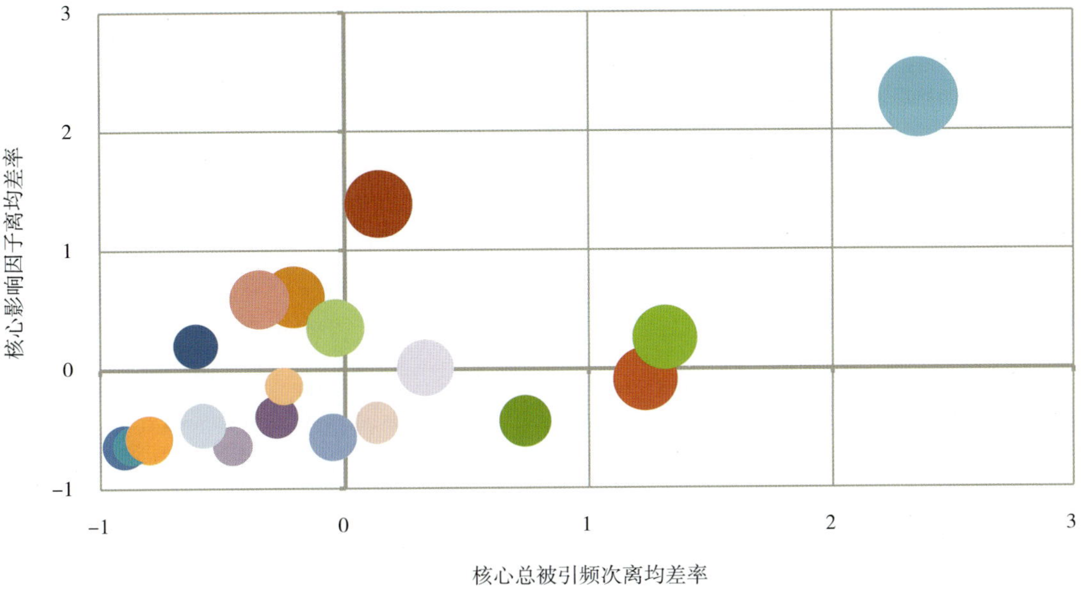

2020 年信息与系统科学相关工程与技术类期刊核心总被引频次和核心影响因子离均差率的分布图
（节点大小表示综合评价总分）

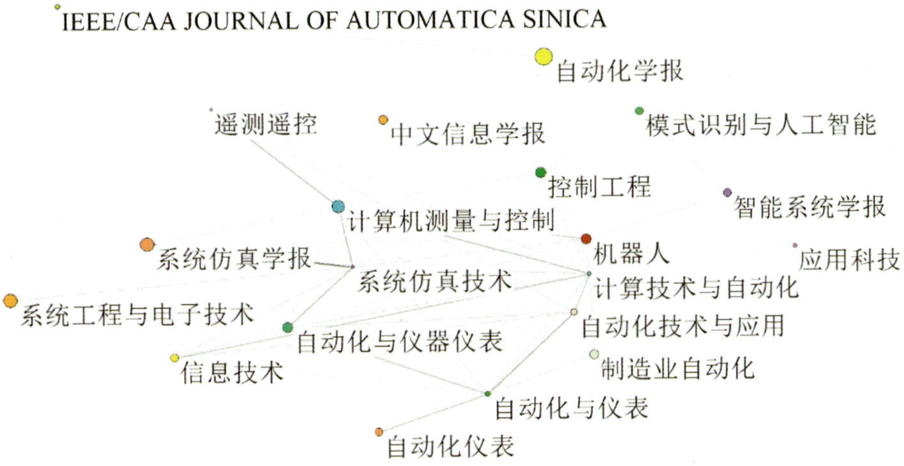

2020 年信息与系统科学相关工程与技术类期刊互引关系示意图

表 7-74　2020 年信息与系统科学相关工程与技术类期刊主要指标

CODE	刊名	核心总被引频次			核心影响因子			综合评价总分		学科扩散指标	学科影响指标	红点指标
		数值	排名	离均差率	数值	排名	离均差率	数值	排名			
R589	IEEE/CAA JOURNAL OF AUTOMATICA SINICA	490	16	−0.61	0.966	7	0.20	28.4	13	1.31	0.50	0.01
S004	机器人	1443	6	0.14	1.920	2	1.39	66.7	2	3.02	0.80	0.37
S050	计算机测量与控制	2212	4	0.74	0.447	12	−0.44	38.3	9	4.51	0.75	0.46
S507	计算技术与自动化	249	18	−0.80	0.315	17	−0.61	27.4	15	1.57	0.65	0.51
S503	控制工程	1686	5	0.33	0.807	8	0.01	43.7	8	3.96	0.75	0.41
S015	模式识别与人工智能	999	10	−0.21	1.293	3	0.61	55.0	5	3.45	0.70	0.45
S505	系统仿真技术	123	20	−0.90	0.280	20	−0.65	28.1	14	0.93	0.35	0.38
S003	系统仿真学报	2826	3	1.23	0.728	9	−0.09	59.0	4	6.17	0.95	0.33
R059	系统工程与电子技术	2935	2	1.31	1.009	6	0.26	60.0	3	4.85	0.90	0.30
R519	信息技术	910	12	−0.28	0.483	11	−0.40	26.2	16	2.82	0.60	0.51
S031	遥测遥控	164	19	−0.87	0.287	19	−0.64	21.5	19	1.00	0.35	0.24
X693	应用科技	251	17	−0.80	0.335	16	−0.58	31.3	11	1.71	0.40	0.48
S023	制造业自动化	1212	9	−0.05	0.343	15	−0.57	32.5	10	3.48	0.55	0.46
S052	智能系统学报	831	13	−0.35	1.277	4	0.59	50.4	6	3.07	0.75	0.58
S020	中文信息学报	1217	8	−0.04	1.080	5	0.35	48.0	7	2.35	0.55	0.33
R737	自动化技术与应用	689	14	−0.46	0.288	18	−0.64	22.4	18	2.49	0.55	0.49
S026	自动化学报	4263	1	2.36	2.624	1	2.27	93.7	1	6.69	1.00	0.45
N013	自动化仪表	947	11	−0.25	0.686	10	−0.14	20.7	20	2.55	0.60	0.57
S501	自动化与仪表	530	15	−0.58	0.427	14	−0.47	29.2	12	2.15	0.55	0.52
R611	自动化与仪器仪表	1430	7	0.13	0.439	13	−0.45	26.0	17	2.80	0.65	0.51
	20 种期刊平均值	1270			0.802							

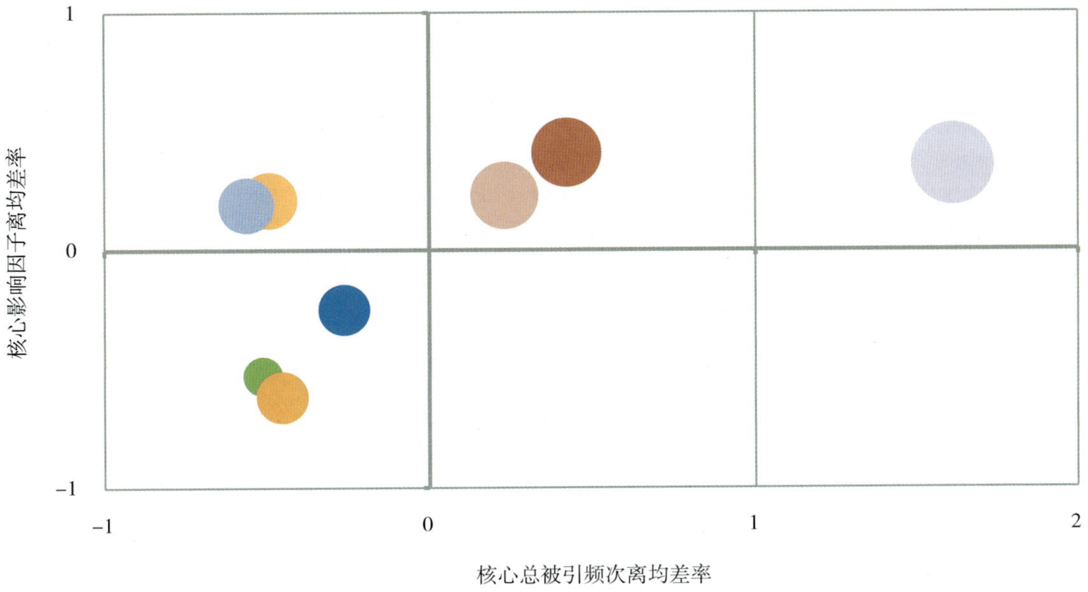

2020 年生物工程类期刊核心总被引频次和核心影响因子离均差率的分布图
（节点大小表示综合评价总分）

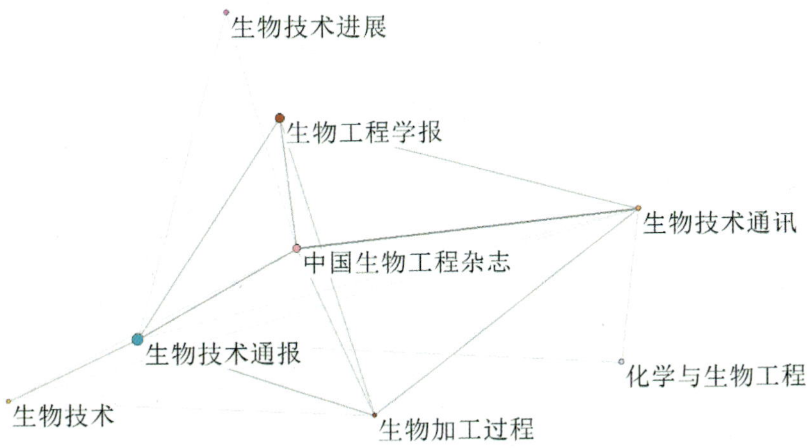

2020 年生物工程类期刊互引关系示意图

表 7-75　2020 年生物工程类期刊主要指标

CODE	刊名	核心总被引频次			核心影响因子			综合评价总分		学科扩散指标	学科影响指标	红点指标
		数值	排名	离均差率	数值	排名	离均差率	数值	排名			
T553	化学与生物工程	590	4	−0.26	0.443	6	−0.25	33.4	7	3.18	0.88	0.28
F003	生物工程学报	1137	2	0.42	0.830	1	0.41	61.3	2	4.01	1.00	0.34
F229	生物技术	394	7	−0.51	0.277	7	−0.53	19.9	8	2.31	1.00	0.35
F214	生物技术进展	407	6	−0.49	0.711	4	0.21	41.0	4	2.37	0.63	0.20
F205	生物技术通报	2081	1	1.61	0.803	2	0.36	82.9	1	4.71	1.00	0.27
F224	生物技术通讯	441	5	−0.45	0.227	8	−0.62	34.5	6	3.13	1.00	0.23
F204	生物加工过程	352	8	−0.56	0.705	5	0.19	40.2	5	1.64	0.75	0.41
F255	中国生物工程杂志	984	3	0.23	0.723	3	0.23	58.3	3	4.16	0.88	0.31
	8 种期刊平均值	798			0.590							

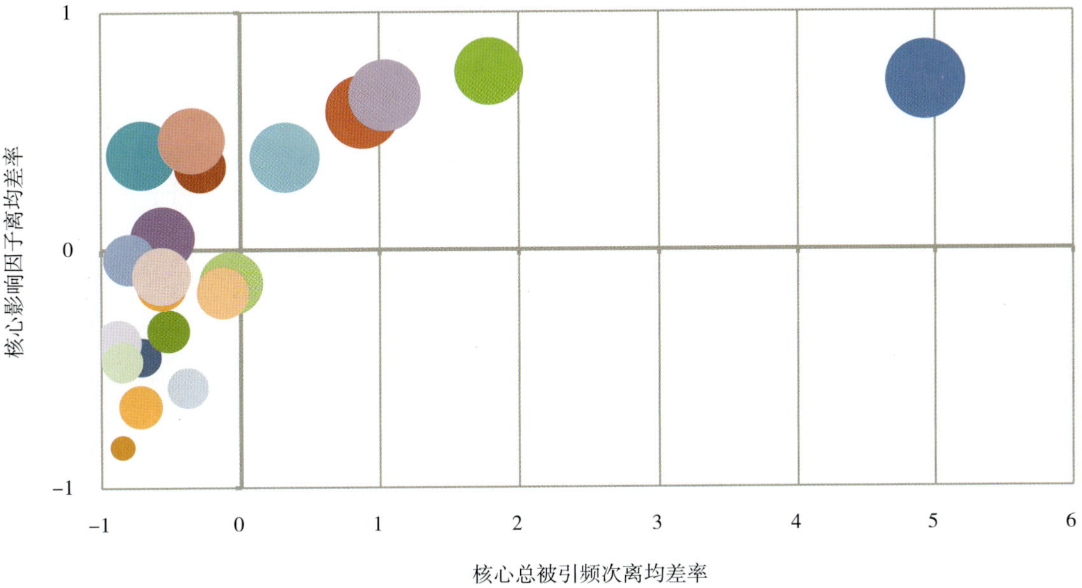

2020 年农业工程类期刊核心总被引频次和核心影响因子离均差率的分布图
（节点大小表示综合评价总分）

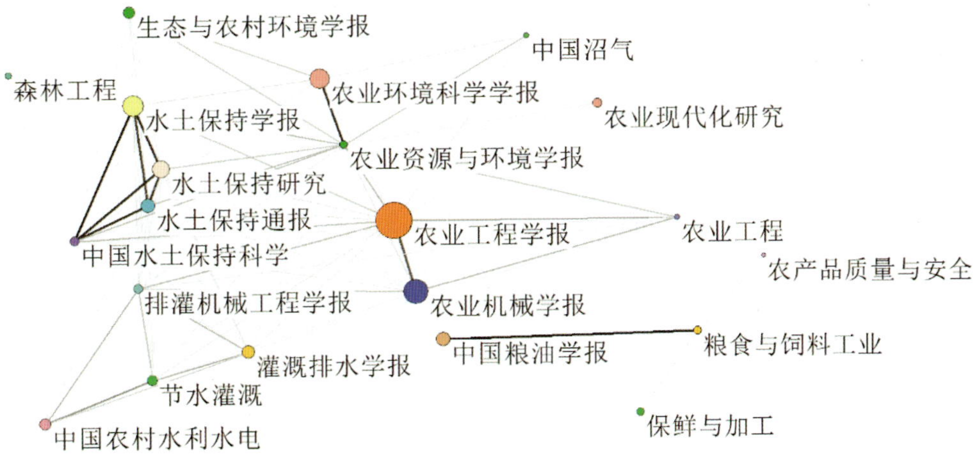

2020 年农业工程类期刊互引关系示意图

表 7-76　2020 年农业工程类期刊主要指标

CODE	刊名	核心总被引频次			核心影响因子			综合评价总分		学科扩散指标	学科影响指标	红点指标
		数值	排名	离均差率	数值	排名	离均差率	数值	排名			
U645	保鲜与加工	915	15	−0.71	0.691	17	−0.45	19.6	20	1.58	0.29	0.44
H226	灌溉排水学报	2234	8	−0.29	1.712	8	0.35	35.0	12	2.85	0.76	0.64
W567	节水灌溉	1516	11	−0.52	0.839	15	−0.34	23.3	17	2.71	0.71	0.53
U055	粮食与饲料工业	900	17	−0.72	0.435	20	−0.66	24.1	16	1.93	0.43	0.27
H071	农产品质量与安全	376	21	−0.88	0.767	16	−0.39	26.0	15	1.31	0.38	0.46
H072	农业工程	484	19	−0.85	0.209	21	−0.83	7.9	21	1.96	0.57	0.34
H279	农业工程学报	18745	1	4.93	2.162	2	0.71	84.0	1	9.47	1.00	0.83
Z008	农业环境科学学报	5944	4	0.88	1.991	4	0.58	71.5	2	5.43	0.95	0.59
H278	农业机械学报	8823	2	1.79	2.218	1	0.75	60.0	6	7.53	0.90	0.48
H222	农业现代化研究	1381	12	−0.56	1.330	9	0.05	52.9	8	3.48	0.76	0.25
H773	农业资源与环境学报	909	16	−0.71	1.769	6	0.40	62.2	5	2.79	0.71	0.56
H219	排灌机械工程学报	1372	13	−0.57	1.070	13	−0.15	32.5	14	2.67	0.57	0.42
H382	森林工程	631	18	−0.80	1.213	10	−0.04	34.2	13	2.06	0.33	0.20
Z023	生态与农村环境学报	2050	9	−0.35	1.840	5	0.46	57.0	7	4.44	0.86	0.38
H015	水土保持通报	2930	6	−0.07	1.086	12	−0.14	52.3	9	4.53	0.76	0.49
H287	水土保持学报	6441	3	1.04	2.087	3	0.65	68.0	3	4.76	0.86	0.56
H056	水土保持研究	4164	5	0.32	1.760	7	0.39	63.8	4	4.91	0.76	0.52
U001	中国粮油学报	2746	7	−0.13	1.035	14	−0.18	35.7	11	3.13	0.48	0.35
W005	中国农村水利水电	1971	10	−0.38	0.525	19	−0.58	21.7	19	4.34	0.71	0.33
H295	中国水土保持科学	1347	14	−0.57	1.126	11	−0.11	43.5	10	2.76	0.76	0.52
H204	中国沼气	459	20	−0.85	0.674	18	−0.47	22.0	18	1.33	0.48	0.36
	21 种期刊平均值	3159			1. 264							

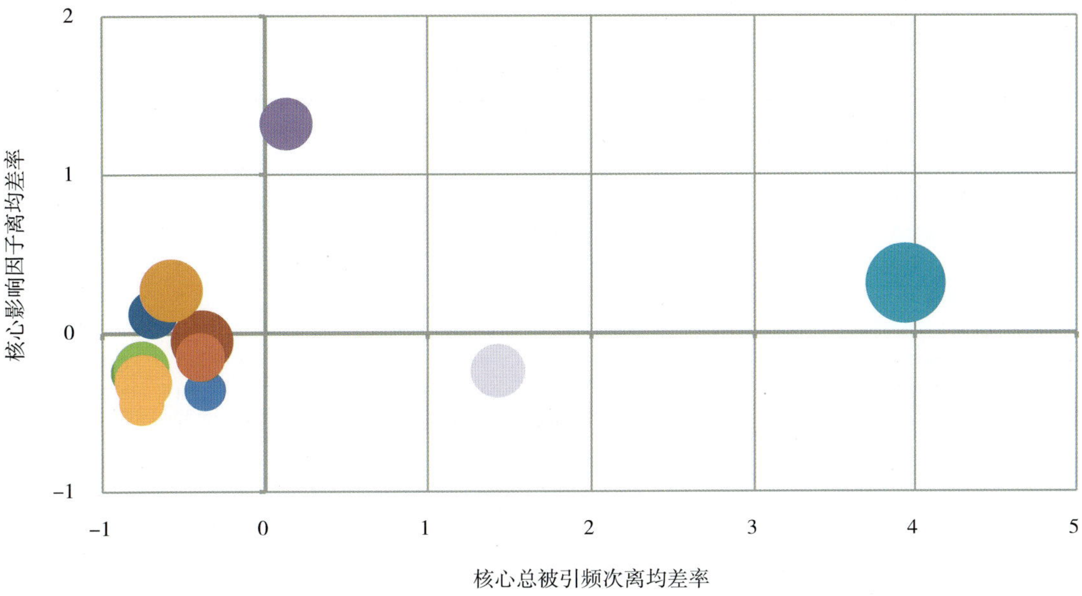

2020 年生物医学工程学类期刊核心总被引频次和核心影响因子离均差率的分布图
（节点大小表示综合评价总分）

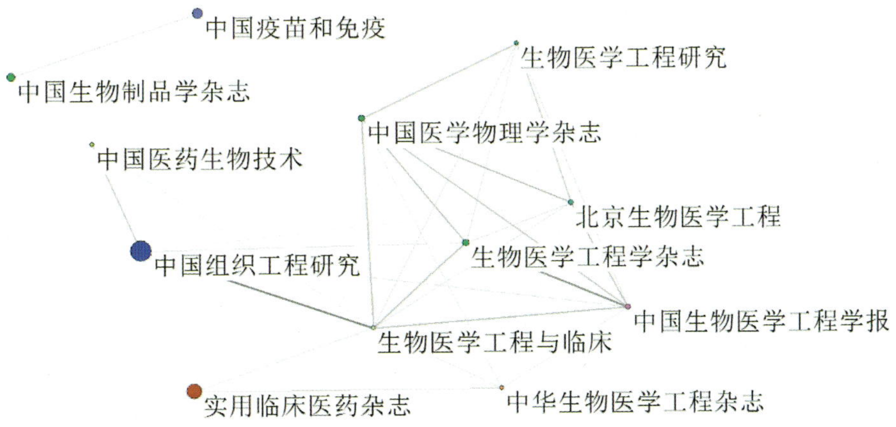

2020 年生物医学工程学类期刊互引关系示意图

表 7-77　2020 年生物医学工程学类期刊主要指标

CODE	刊名	核心总被引频次			核心影响因子			综合评价总分		学科扩散指标	学科影响指标	红点指标
		数值	排名	离均差率	数值	排名	离均差率	数值	排名			
G004	北京生物医学工程	418	8	−0.69	0.769	4	0.12	27.6	8	2.27	0.83	0.34
G006	生物医学工程学杂志	817	5	−0.39	0.655	5	−0.05	45.1	3	4.27	0.58	0.35
G332	生物医学工程研究	249	12	−0.81	0.515	9	−0.25	23.3	10	1.54	0.67	0.33
G603	生物医学工程与临床	319	10	−0.76	0.384	12	−0.44	23.1	11	2.16	0.67	0.35
Q919	实用临床医药杂志	3259	2	1.43	0.524	8	−0.24	31.6	7	5.78	0.50	0.45
G115	中国生物医学工程学报	569	7	−0.58	0.872	3	0.27	45.6	2	3.01	0.75	0.30
G258	中国生物制品学杂志	849	4	−0.37	0.438	11	−0.36	19.8	12	2.96	0.58	0.31
G622	中国医学物理学杂志	808	6	−0.40	0.584	6	−0.15	27.6	8	3.15	0.75	0.47
G531	中国医药生物技术	316	11	−0.76	0.532	7	−0.22	35.1	5	2.12	0.33	0.12
G314	中国疫苗和免疫	1514	3	0.13	1.589	1	1.32	32.9	6	1.60	0.25	0.55
G299	中国组织工程研究	6617	1	3.94	0.898	2	0.31	75.5	1	8.91	0.92	0.76
G737	中华生物医学工程杂志	330	9	−0.75	0.472	10	−0.31	36.9	4	2.03	0.50	0.39
	12 种期刊平均值	1339			0.686							

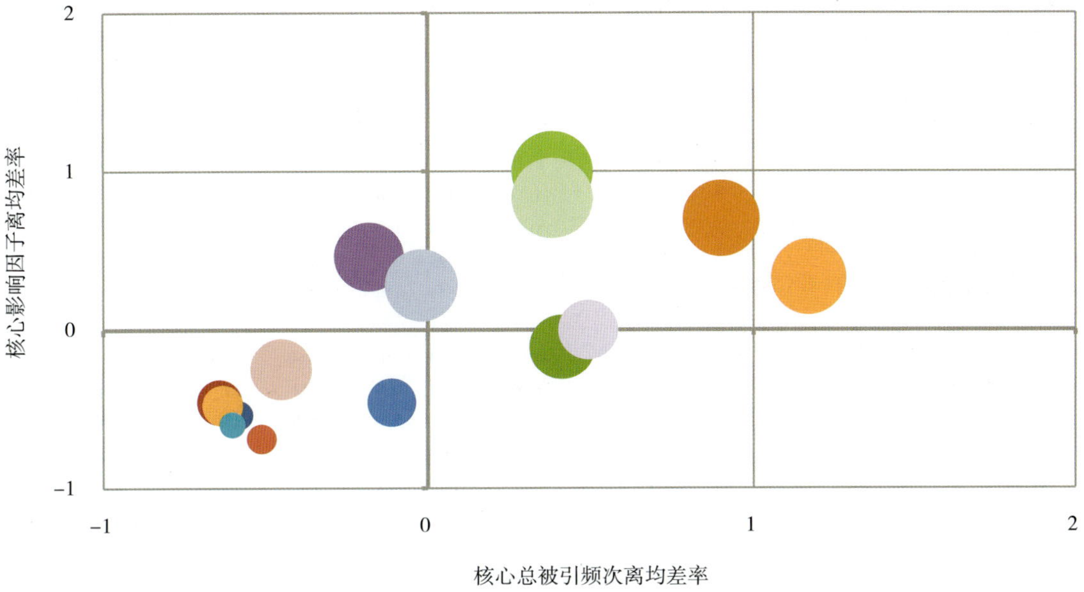

2020 年测绘科学技术类期刊核心总被引频次和核心影响因子离均差率的分布图
（节点大小表示综合评价总分）

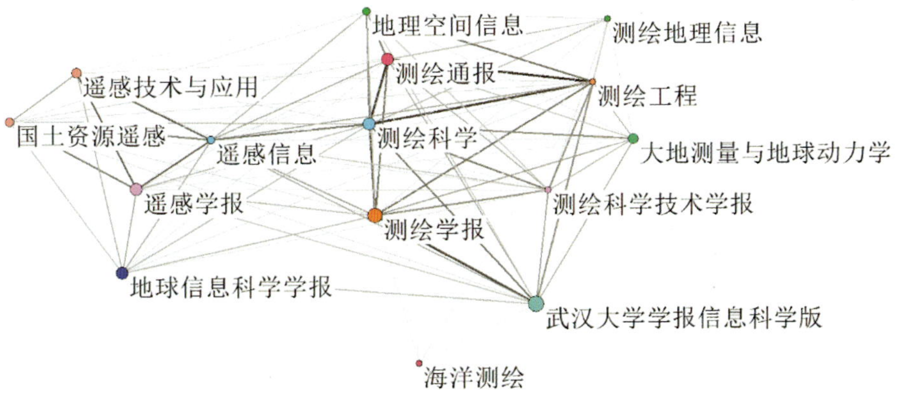

2020 年测绘科学技术类期刊互引关系示意图

表 7-78　2020 年测绘科学技术类期刊主要指标

CODE	刊名	核心总被引频次			核心影响因子			综合评价总分		学科扩散指标	学科影响指标	红点指标
		数值	排名	离均差率	数值	排名	离均差率	数值	排名			
E616	测绘地理信息	711	12	-0.58	0.490	13	-0.54	10.5	14	1.91	0.93	0.34
E543	测绘工程	618	15	-0.64	0.568	11	-0.46	26.1	11	2.33	0.93	0.34
E600	测绘科学	2391	4	0.41	0.941	8	-0.11	52.8	7	4.99	1.00	0.45
E615	测绘科学技术学报	622	14	-0.63	0.548	12	-0.48	21.1	12	1.93	1.00	0.36
E510	测绘通报	2524	3	0.49	1.061	7	0.00	41.6	9	4.64	1.00	0.50
E152	测绘学报	3227	2	0.90	1.799	3	0.70	74.5	3	4.13	1.00	0.41
E144	大地测量与地球动力学	1515	8	-0.11	0.573	10	-0.46	29.5	10	2.42	0.93	0.25
E639	地理空间信息	836	11	-0.51	0.324	15	-0.69	11.1	13	2.84	1.00	0.39
E656	地球信息科学学报	2333	6	0.38	2.125	1	1.00	81.6	2	5.18	1.00	0.58
E591	国土资源遥感	1389	9	-0.18	1.553	4	0.46	60.3	6	3.75	1.00	0.57
E651	海洋测绘	672	13	-0.60	0.424	14	-0.60	8.5	15	1.75	0.87	0.20
E107	武汉大学学报信息科学版	3684	1	1.17	1.412	5	0.33	72.1	4	5.58	1.00	0.37
Z543	遥感技术与应用	1655	7	-0.02	1.357	6	0.28	65.5	5	4.09	0.93	0.57
S024	遥感信息	929	10	-0.45	0.798	9	-0.25	47.6	8	3.27	1.00	0.57
Z006	遥感学报	2336	5	0.38	1.945	2	0.83	81.7	1	4.56	1.00	0.80
	15 种期刊平均值	1696			1.061							

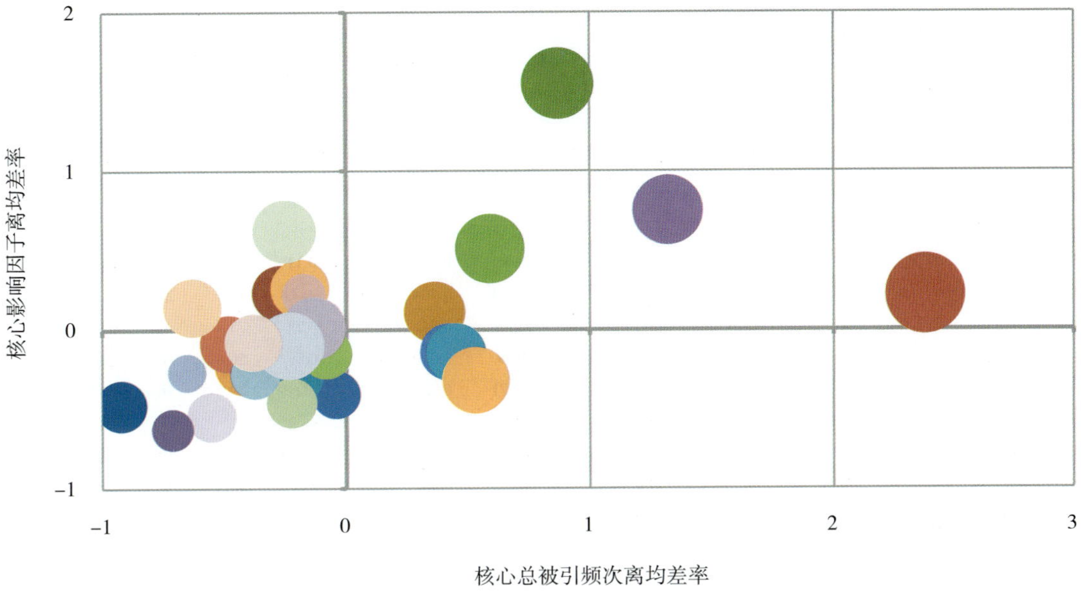

2020 年材料科学综合类期刊核心总被引频次和核心影响因子离均差率的分布图
（节点大小表示综合评价总分）

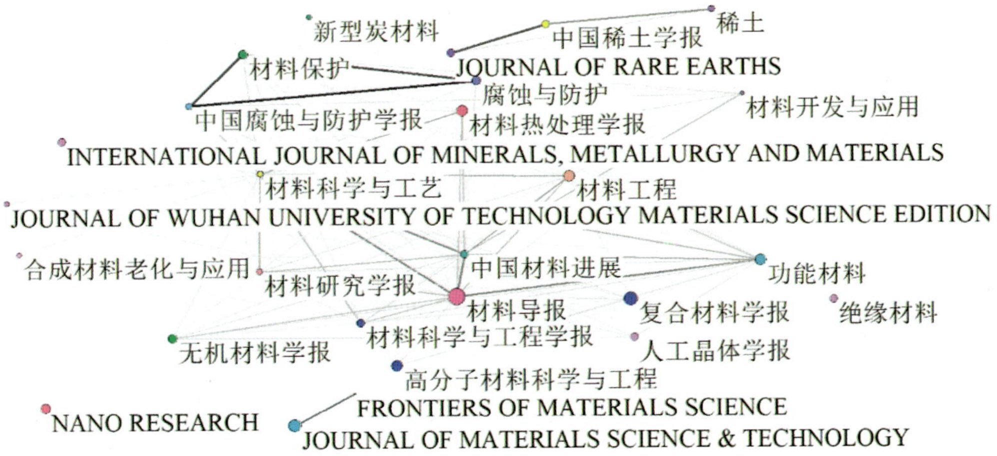

2020 年材料科学综合类期刊互引关系示意图

表 7-79　2020 年材料科学综合类期刊主要指标

CODE	刊名	核心总被引频次			核心影响因子			综合评价总分		学科扩散指标	学科影响指标	红点指标
		数值	排名	离均差率	数值	排名	离均差率	数值	排名			
I243	FRONTIERS OF MATERIALS SCIENCE	106	27	−0.92	0.358	25	−0.48	30.7	19	0.58	0.33	0.20
K045	INTERNATIONAL JOURNAL OF MINERALS, METALLURGY AND MATERIALS	940	18	−0.27	0.849	6	0.23	36.0	18	1.74	0.70	0.20
M015	JOURNAL OF MATERIALS SCIENCE & TECHNOLOGY	2399	3	0.87	1.761	1	1.55	60.3	2	2.88	0.93	0.29
M035	JOURNAL OF RARE EARTHS	1041	13	−0.19	0.868	5	0.26	39.3	13	2.27	0.81	0.72
I090	JOURNAL OF WUHAN UNIVERSITY OF TECHNOLOGY MATERIALS SCIENCE EDITION	578	23	−0.55	0.308	26	−0.55	26.3	24	2.02	0.70	0.13
I137	NANO RESEARCH	1743	8	0.36	0.766	10	0.11	43.0	11	2.85	0.74	0.13
M005	材料保护	1232	9	−0.04	0.404	23	−0.41	26.5	23	2.28	0.59	0.63
M103	材料导报	4349	1	2.38	0.842	7	0.22	75.4	1	6.99	0.89	0.55
Y007	材料工程	2040	4	0.59	1.040	4	0.51	56.6	4	3.83	0.85	0.63
M010	材料开发与应用	369	26	−0.71	0.255	27	−0.63	20.2	26	1.71	0.56	0.49
M008	材料科学与工程学报	1003	15	−0.22	0.493	21	−0.29	43.1	10	3.75	0.89	0.59
M006	材料科学与工艺	754	21	−0.41	0.537	18	−0.22	44.3	9	2.55	0.85	0.63
N026	材料热处理学报	1820	7	0.42	0.594	15	−0.14	38.2	16	2.25	0.63	0.72
M009	材料研究学报	672	22	−0.48	0.628	13	−0.09	38.3	15	2.26	0.78	0.84
M505	腐蚀与防护	1180	10	−0.08	0.585	17	−0.15	30.0	20	2.54	0.52	0.66
Y019	复合材料学报	2982	2	1.32	1.209	2	0.75	56.8	3	4.37	0.70	0.64
T001	高分子材料科学与工程	1869	6	0.45	0.587	16	−0.15	42.5	12	3.33	0.56	0.53
N039	功能材料	1969	5	0.53	0.471	22	−0.32	52.5	6	5.12	0.85	0.62
T057	合成材料老化与应用	445	25	−0.65	0.501	19	−0.27	16.8	27	1.53	0.44	0.48
R016	绝缘材料	1061	12	−0.17	0.840	8	0.22	21.8	25	1.54	0.37	0.54
T013	人工晶体学报	1007	14	−0.22	0.371	24	−0.46	28.8	21	2.58	0.74	0.48
D003	无机材料学报	1123	11	−0.13	0.700	11	0.01	45.4	8	3.04	0.78	0.61
M041	稀土	811	19	−0.37	0.500	20	−0.28	28.4	22	1.90	0.56	0.45
M102	新型炭材料	482	24	−0.63	0.789	9	0.14	39.2	14	1.78	0.59	0.59
M053	中国材料进展	988	16	−0.23	0.624	14	−0.10	53.5	5	3.18	0.85	0.68
M007	中国腐蚀与防护学报	792	20	−0.38	0.636	12	−0.08	38.0	17	1.73	0.48	0.62
M022	中国稀土学报	970	17	−0.25	1.118	3	0.62	45.9	7	2.29	0.63	0.53
	27 种期刊平均值	1286			0.690							

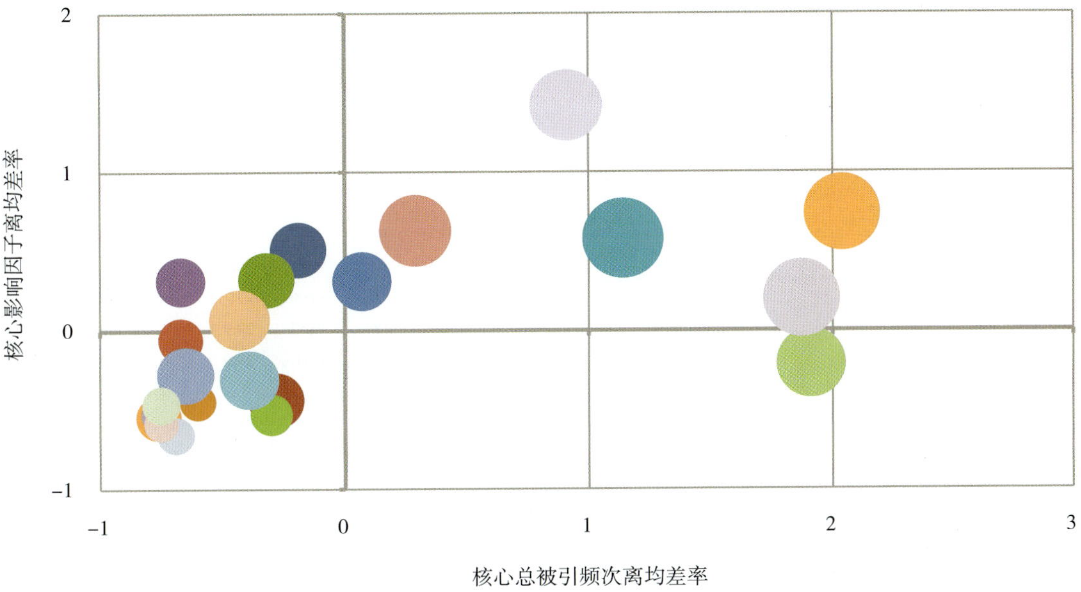

2020 年金属材料类期刊核心总被引频次和核心影响因子离均差率的分布图
（节点大小表示综合评价总分）

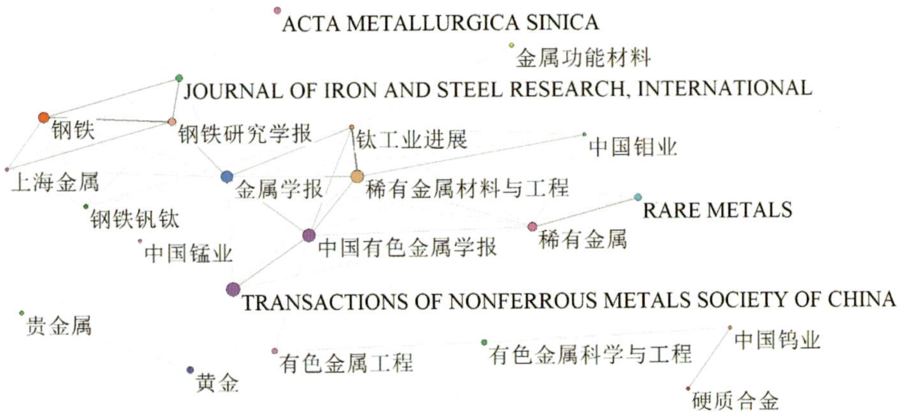

2020 年金属材料类期刊互引关系示意图

表 7-80　2020 年金属材料类期刊主要指标

CODE	刊名	核心总被引频次			核心影响因子			综合评价总分		学科扩散指标	学科影响指标	红点指标
		数值	排名	离均差率	数值	排名	离均差率	数值	排名			
M100	ACTA METALLURGICA SINICA	994	8	−0.19	1.124	5	0.51	37.7	11	1.39	0.77	0.40
I142	JOURNAL OF IRON AND STEEL RESEARCH, INTERNATIONAL	891	9	−0.28	0.420	15	−0.44	36.9	13	1.51	0.68	0.16
I050	RARE METALS	837	11	−0.32	0.986	6	0.32	37.1	12	1.62	0.77	0.17
M104	TRANSACTIONS OF NONFERROUS METALS SOCIETY OF CHINA	3738	1	2.04	1.297	2	0.74	72.2	3	4.26	1.00	0.64
M050	钢铁	2345	5	0.91	1.803	1	1.42	59.1	6	1.97	0.73	0.42
M013	钢铁钒钛	490	14	−0.60	0.413	16	−0.45	15.9	20	1.09	0.55	0.59
M019	钢铁研究学报	1309	7	0.07	0.979	7	0.31	42.2	8	1.89	0.73	0.42
M048	贵金属	407	16	−0.67	0.699	11	−0.06	23.7	16	0.96	0.41	0.34
M631	黄金	860	10	−0.30	0.348	18	−0.53	20.9	17	1.40	0.59	0.32
M051	金属功能材料	404	17	−0.67	0.976	8	0.31	29.0	14	1.19	0.64	0.41
M012	金属学报	2635	4	1.14	1.179	4	0.58	78.4	1	2.78	0.86	0.58
M021	上海金属	297	21	−0.76	0.332	20	−0.55	24.5	15	0.85	0.55	0.61
M544	钛工业进展	430	15	−0.65	0.537	13	−0.28	38.9	10	1.27	0.59	0.59
M029	稀有金属	1580	6	0.29	1.213	3	0.63	62.9	4	2.55	0.91	0.56
M052	稀有金属材料与工程	3572	2	1.91	0.591	12	−0.21	59.5	5	3.30	0.95	0.59
M014	硬质合金	297	21	−0.76	0.347	19	−0.53	14.1	21	0.71	0.59	0.55
M036	有色金属工程	751	12	−0.39	0.513	14	−0.31	41.7	9	1.99	0.73	0.39
M504	有色金属科学与工程	695	13	−0.43	0.797	10	0.07	43.5	7	2.01	0.68	0.44
K036	中国锰业	381	18	−0.69	0.253	22	−0.66	16.5	19	1.29	0.45	0.18
K550	中国钼业	302	20	−0.75	0.305	21	−0.59	13.7	22	0.91	0.55	0.35
K035	中国钨业	304	19	−0.75	0.393	17	−0.47	17.2	18	0.84	0.41	0.36
M028	中国有色金属学报	3526	3	1.87	0.891	9	0.20	73.3	2	4.02	1.00	0.51
	22 种期刊平均值	1229			0.745							

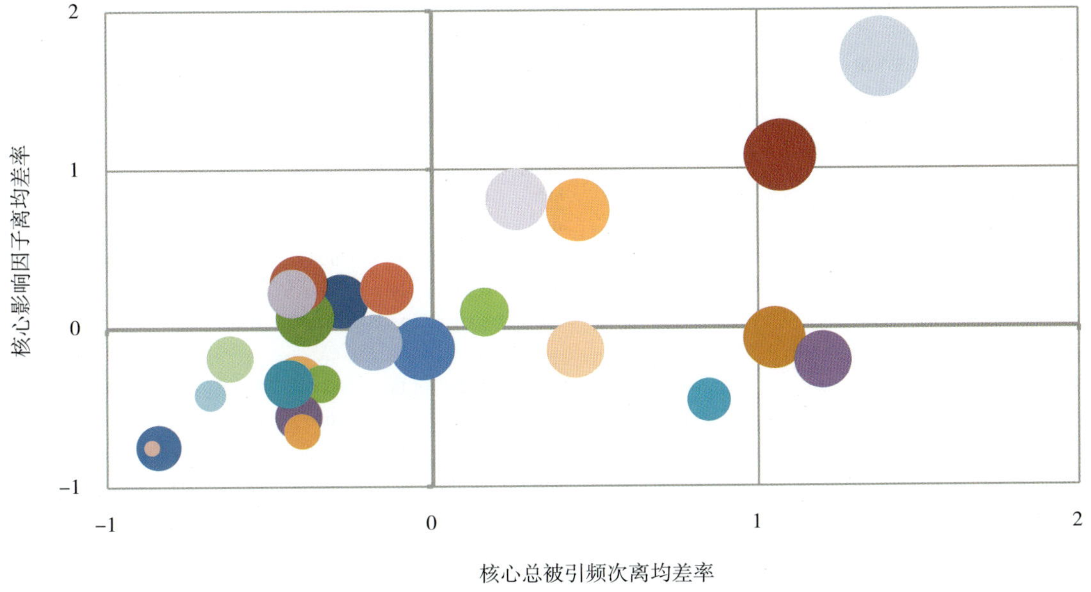

2020 年矿山工程技术类期刊核心总被引频次和核心影响因子离均差率的分布图
（节点大小表示综合评价总分）

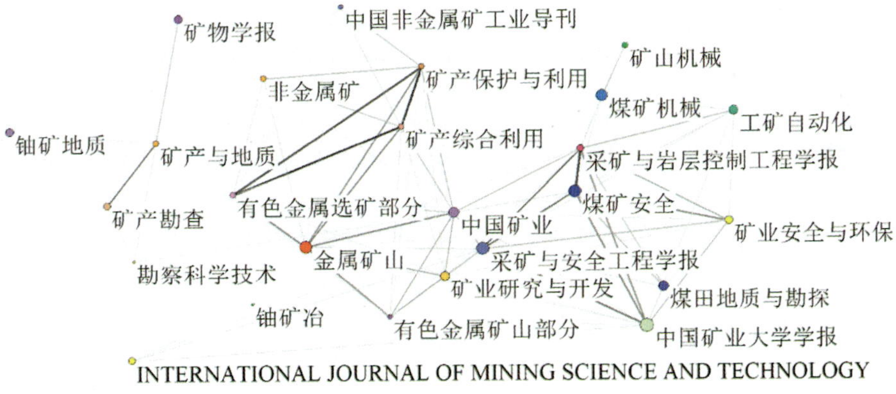

2020 年矿山工程技术类期刊互引关系示意图

表 7-81　2020 年矿山工程技术类期刊主要指标

CODE	刊名	核心总被引频次			核心影响因子			综合评价总分		学科扩散指标	学科影响指标	红点指标
		数值	排名	离均差率	数值	排名	离均差率	数值	排名			
I184	INTERNATIONAL JOURNAL OF MINING SCIENCE AND TECHNOLOGY	984	13	-0.28	0.946	8	0.17	42.2	12	2.38	0.68	0.01
K512	采矿与安全工程学报	2819	3	1.07	1.686	2	1.08	75.9	2	1.84	0.72	0.46
K504	采矿与岩层控制工程学报	835	15	-0.39	0.867	10	0.07	48.2	7	1.03	0.68	0.47
K002	非金属矿	803	17	-0.41	0.543	17	-0.33	36.9	14	2.07	0.60	0.47
K018	工矿自动化	1715	8	0.26	1.468	3	0.81	52.3	6	2.13	0.60	0.33
K022	金属矿山	2797	4	1.05	0.753	11	-0.07	56.0	5	3.33	0.92	0.54
M018	勘察科学技术	218	24	-0.84	0.203	25	-0.75	29.4	20	1.25	0.36	0.20
K525	矿产保护与利用	797	18	-0.41	1.034	5	0.28	47.1	10	1.76	0.72	0.56
V054	矿产勘查	901	14	-0.34	0.528	19	-0.35	20.4	22	1.46	0.48	0.69
K025	矿产与地质	797	18	-0.41	0.355	22	-0.56	31.7	18	1.29	0.56	0.54
K004	矿产综合利用	769	21	-0.44	0.529	18	-0.35	35.0	15	1.63	0.60	0.52
K014	矿山机械	811	16	-0.40	0.282	23	-0.65	18.3	23	1.81	0.72	0.23
E350	矿物学报	1318	10	-0.03	0.701	13	-0.13	58.9	3	2.30	0.68	0.37
K554	矿业安全与环保	1176	11	-0.14	1.013	6	0.25	40.3	13	1.51	0.64	0.67
K010	矿业研究与开发	1585	9	0.16	0.893	9	0.10	34.4	16	2.12	0.88	0.51
K558	煤矿安全	2994	2	1.20	0.638	16	-0.21	47.9	8	2.44	0.72	0.52
K517	煤矿机械	2523	5	0.85	0.435	21	-0.46	26.9	21	2.53	0.56	0.52
K009	煤田地质与勘探	1975	6	0.45	1.407	4	0.74	57.9	4	2.54	0.76	0.35
E051	铀矿地质	1112	12	-0.18	0.736	12	-0.09	45.8	11	1.11	0.40	0.49
K020	铀矿冶	193	25	-0.86	0.205	24	-0.75	3.6	25	0.62	0.32	0.26
K013	有色金属矿山部分	514	22	-0.62	0.659	15	-0.19	31.4	19	1.30	0.60	0.57
K580	有色金属选矿部分	781	20	-0.43	0.988	7	0.22	33.8	17	0.76	0.60	0.50
V023	中国非金属矿工业导刊	437	23	-0.68	0.467	20	-0.42	14.3	24	1.21	0.56	0.64
K030	中国矿业	1967	7	0.44	0.696	14	-0.14	47.8	9	3.98	0.96	0.41
K015	中国矿业大学学报	3240	1	1.38	2.185	1	1.70	94.2	1	4.66	0.88	0.29
	25 种期刊平均值	1362			0.809							

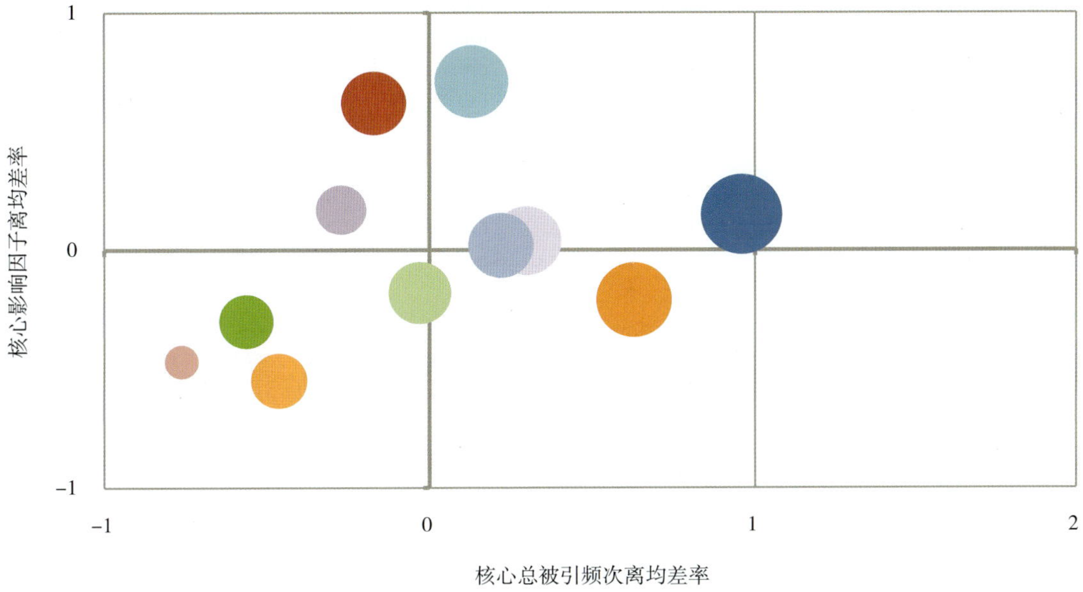

2020 年冶金工程技术类期刊核心总被引频次和核心影响因子离均差率的分布图
（节点大小表示综合评价总分）

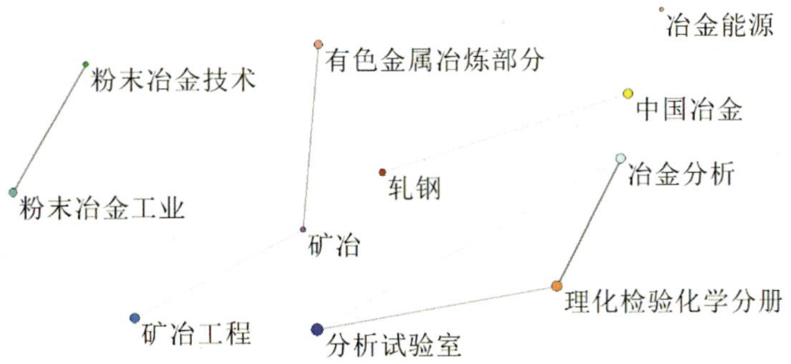

2020 年冶金工程技术类期刊互引关系示意图

表 7-82　2020 年冶金工程技术类期刊主要指标

CODE	刊名	核心总被引频次			核心影响因子			综合评价总分		学科扩散指标	学科影响指标	红点指标
		数值	排名	离均差率	数值	排名	离均差率	数值	排名			
D004	分析试验室	1965	1	0.96	1.018	4	0.15	75.2	1	3.57	0.36	0.23
M105	粉末冶金工业	832	7	-0.17	1.429	2	0.62	48.0	6	1.20	0.18	0.38
M039	粉末冶金技术	440	10	-0.56	0.623	9	-0.30	33.6	9	1.20	0.45	0.60
M101	矿冶	542	9	-0.46	0.395	11	-0.55	35.6	8	1.35	0.45	0.26
M045	矿冶工程	1301	3	0.30	0.923	5	0.04	52.6	4	2.28	0.82	0.51
M001	理化检验化学分册	1628	2	0.63	0.698	8	-0.21	64.9	2	3.29	0.27	0.35
M023	冶金分析	1218	4	0.22	0.899	6	0.02	49.7	5	1.58	0.45	0.53
M047	冶金能源	245	11	-0.76	0.468	10	-0.47	13.5	11	0.76	0.36	0.16
M020	有色金属冶炼部分	966	6	-0.03	0.726	7	-0.18	44.9	7	1.40	0.82	0.38
M043	轧钢	734	8	-0.27	1.033	3	0.17	28.7	10	0.56	0.27	0.19
M628	中国冶金	1135	5	0.13	1.508	1	0.71	62.7	3	1.21	0.82	0.42
	11 种期刊平均值	1001			0.884							

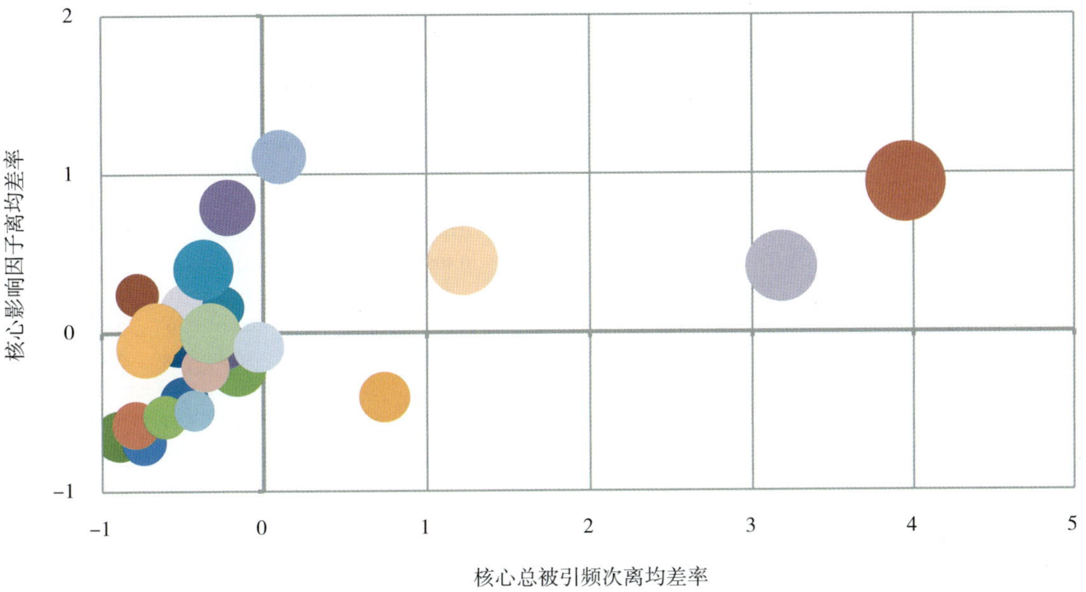

2020 年机械工程设计类期刊核心总被引频次和核心影响因子离均差率的分布图
（节点大小表示综合评价总分）

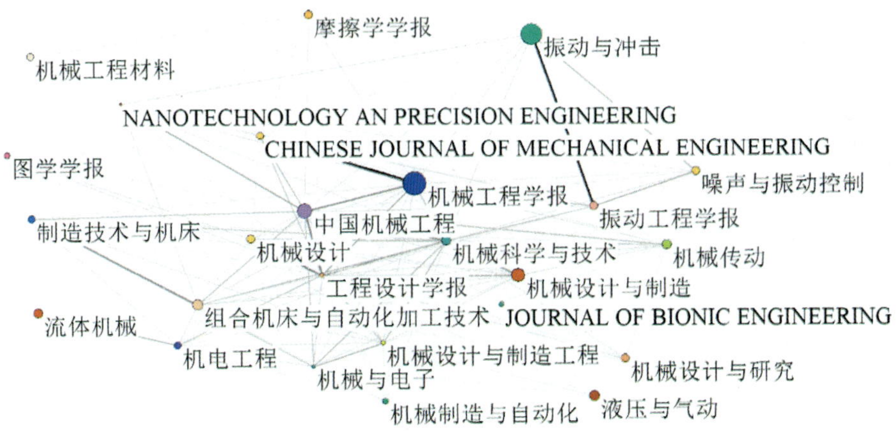

2020 年机械工程设计类期刊互引关系示意图

表 7-83　2020 年机械工程设计类期刊主要指标

CODE	刊名	核心总被引频次			核心影响因子			综合评价总分		学科扩散指标	学科影响指标	红点指标
		数值	排名	离均差率	数值	排名	离均差率	数值	排名			
I218	CHINESE JOURNAL OF MECHANICAL ENGINEERING	881	18	-0.52	0.696	12	-0.02	51.9	4	2.74	0.84	0.00
N764	JOURNAL OF BIONIC ENGINEERING	414	23	-0.78	0.880	7	0.24	25.0	23	1.29	0.48	0.01
M655	NANOTECHNOLOGY AN PRECISION ENGINEERING	203	25	-0.89	0.246	24	-0.65	34.5	13	1.06	0.48	0.00
N590	工程设计学报	507	21	-0.73	0.644	15	-0.10	45.7	8	2.16	0.80	0.54
N672	机电工程	1019	16	-0.45	0.805	9	0.13	47.3	7	3.00	0.80	0.54
N040	机械传动	1582	7	-0.15	0.611	16	-0.14	29.5	20	2.48	0.84	0.54
M004	机械工程材料	946	17	-0.49	0.406	20	-0.43	31.9	16	2.34	0.68	0.55
N051	机械工程学报	9178	1	3.95	1.383	2	0.94	86.2	1	7.19	0.96	0.47
N050	机械科学与技术	1557	8	-0.16	0.553	18	-0.22	44.1	9	3.80	0.88	0.57
N047	机械设计	1407	10	-0.24	0.654	13	-0.08	30.8	18	3.03	0.80	0.58
N054	机械设计与研究	1396	11	-0.25	0.829	8	0.16	24.8	24	2.71	0.84	0.50
N028	机械设计与制造	3230	4	0.74	0.420	19	-0.41	33.7	15	4.97	0.88	0.59
N063	机械设计与制造工程	483	22	-0.74	0.224	25	-0.69	27.2	21	2.48	0.72	0.54
N053	机械与电子	395	24	-0.79	0.297	23	-0.58	29.6	19	2.08	0.64	0.46
N515	机械制造与自动化	726	19	-0.61	0.334	22	-0.53	25.1	22	2.74	0.76	0.54
N023	流体机械	1443	9	-0.22	1.273	3	0.79	42.9	11	2.54	0.68	0.50
N084	摩擦学学报	1161	14	-0.37	1.000	6	0.40	48.8	5	2.40	0.84	0.55
N061	图学学报	630	20	-0.66	0.716	10	0.01	43.6	10	2.62	0.60	0.29
N035	液压与气动	2047	5	0.10	1.503	1	1.11	38.9	12	2.21	0.80	0.56
C100	噪声与振动控制	1188	13	-0.36	0.558	17	-0.22	31.3	17	3.07	0.80	1.00
Y004	振动工程学报	1236	12	-0.33	0.711	11	0.00	48.8	5	3.28	0.80	0.56
N030	振动与冲击	7757	2	3.18	1.005	5	0.41	68.4	2	6.20	0.88	0.49
N046	制造技术与机床	1051	15	-0.43	0.365	21	-0.49	22.2	25	2.12	0.76	0.50
N059	中国机械工程	4119	3	1.22	1.029	4	0.45	64.4	3	5.85	0.92	0.43
N088	组合机床与自动化加工技术	1798	6	-0.03	0.646	14	-0.09	34.5	13	2.83	0.84	0.55
	25 种期刊平均值	1854			0. 712							

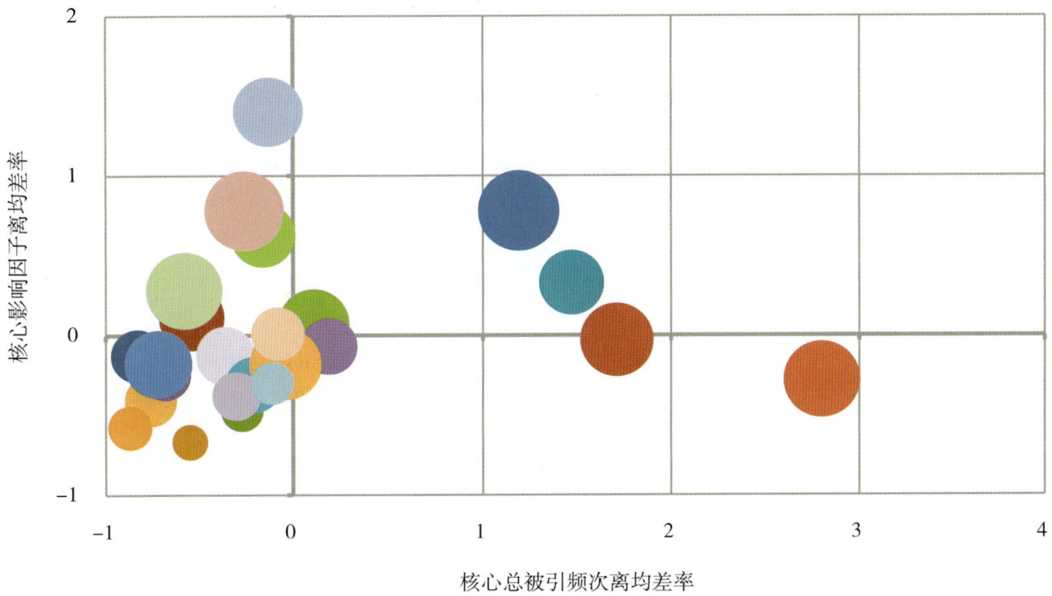

2020 年机械制造工艺与设备类期刊核心总被引频次和核心影响因子离均差率的分布图
（节点大小表示综合评价总分）

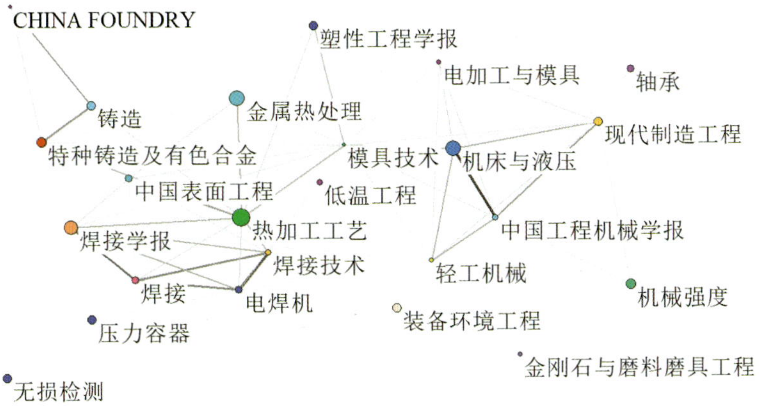

2020 年机械制造工艺与设备类期刊互引关系示意图

表 7-84　2020 年机械制造工艺与设备类期刊主要指标

CODE	刊名	核心总被引频次			核心影响因子			综合评价总分		学科扩散指标	学科影响指标	红点指标
		数值	排名	离均差率	数值	排名	离均差率	数值	排名			
I165	CHINA FOUNDRY	180	23	−0.83	0.427	13	−0.13	25.6	16	0.39	0.21	0.24
N019	低温工程	490	17	−0.54	0.549	7	0.11	38.7	10	1.53	0.29	0.26
N067	电焊机	775	14	−0.27	0.259	22	−0.47	16.2	23	1.40	0.58	0.59
N027	电加工与模具	253	22	−0.76	0.290	21	−0.41	24.0	18	0.90	0.46	0.41
N076	焊接	682	16	−0.36	0.429	12	−0.13	29.2	13	1.25	0.63	0.68
N624	焊接技术	480	18	−0.55	0.164	24	−0.67	11.5	24	1.17	0.58	0.59
N021	焊接学报	2339	4	1.19	0.879	2	0.78	58.4	1	2.46	0.83	0.65
N069	机床与液压	2894	2	1.71	0.477	10	−0.03	48.3	5	3.89	0.83	0.38
N057	机械强度	1187	6	0.11	0.526	8	0.07	44.1	7	3.12	0.71	0.48
N048	金刚石与磨料磨具工程	339	20	−0.68	0.369	16	−0.25	22.8	19	1.00	0.50	0.43
N083	金属热处理	2633	3	1.47	0.656	5	0.33	37.5	12	2.35	0.83	0.79
N107	模具技术	135	24	−0.87	0.206	23	−0.58	17.4	21	0.43	0.38	0.25
U535	轻工机械	296	21	−0.72	0.402	14	−0.18	41.3	9	1.61	0.46	0.34
N071	热加工工艺	4051	1	2.80	0.354	17	−0.28	52.4	4	3.71	1.00	0.72
T580	塑性工程学报	895	11	−0.16	0.804	4	0.63	37.6	11	1.75	0.75	0.63
N065	特种铸造及有色合金	1268	5	0.19	0.459	11	−0.07	28.6	14	1.53	0.58	0.67
N044	无损检测	842	12	−0.21	0.341	19	−0.31	28.6	14	2.21	0.54	0.40
N111	现代制造工程	1024	7	−0.04	0.402	14	−0.18	46.2	6	3.12	0.67	0.42
N052	压力容器	923	10	−0.13	1.185	1	1.40	43.3	8	1.58	0.71	0.33
N103	中国表面工程	790	13	−0.26	0.878	3	0.78	56.6	2	1.89	0.67	0.53
N089	中国工程机械学报	443	19	−0.58	0.630	6	0.28	52.9	3	1.94	0.38	0.46
N022	轴承	746	15	−0.30	0.304	20	−0.38	21.4	20	1.48	0.50	0.98
N075	铸造	954	9	−0.11	0.343	18	−0.30	16.3	22	1.37	0.63	0.52
N034	装备环境工程	976	8	−0.08	0.496	9	0.01	25.3	17	2.46	0.50	0.31
	24 种期刊平均值	1066			0.493							

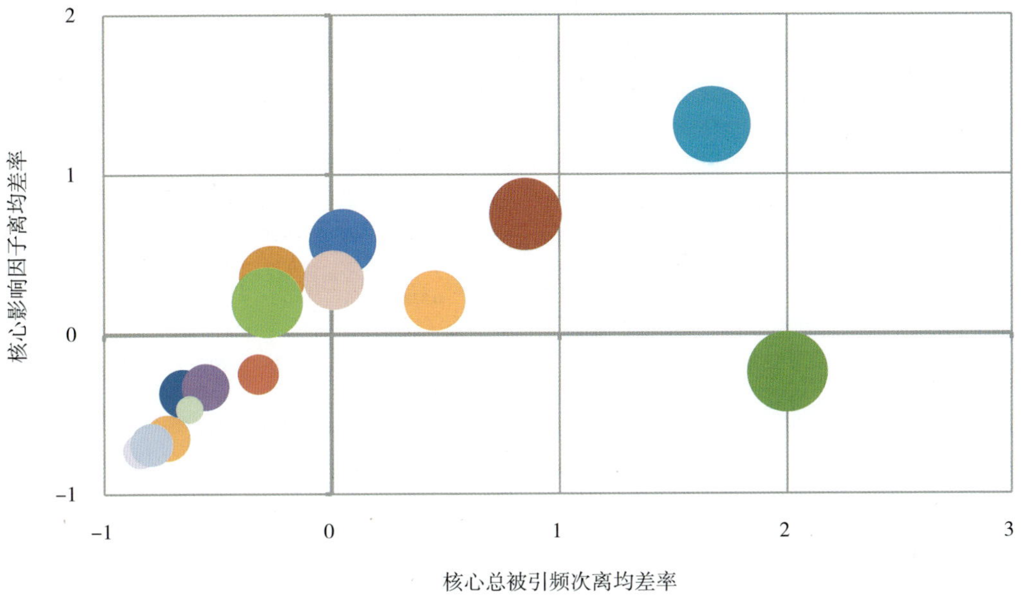

2020 年动力工程类期刊核心总被引频次和核心影响因子离均差率的分布图
（节点大小表示综合评价总分）

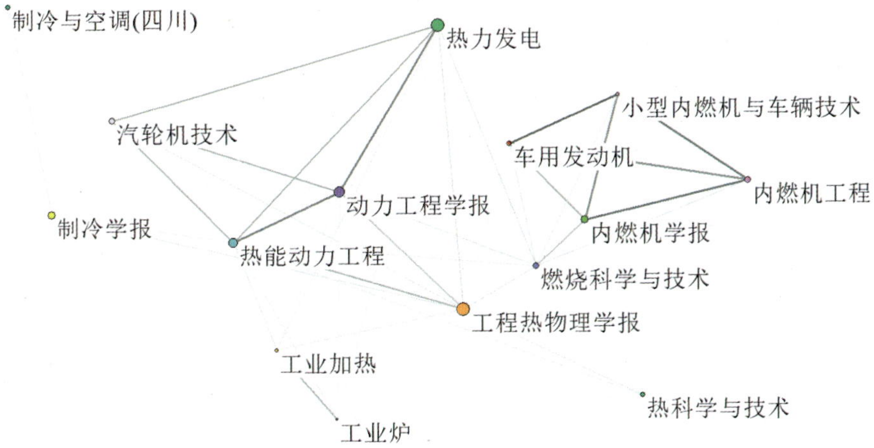

2020 年动力工程类期刊互引关系示意图

表 7-85　2020 年动力工程类期刊主要指标

CODE	刊名	核心总被引频次			核心影响因子			综合评价总分		学科扩散指标	学科影响指标	红点指标
		数值	排名	离均差率	数值	排名	离均差率	数值	排名			
N024	车用发动机	247	12	–0.65	0.317	11	–0.37	26.7	9	0.94	0.53	0.69
P003	动力工程学报	1290	3	0.85	0.881	2	0.75	60.7	3	2.78	0.80	0.47
C073	工程热物理学报	2089	1	2.00	0.381	8	–0.24	75.5	1	4.36	1.00	0.31
P009	工业加热	192	13	–0.72	0.178	13	–0.65	24.5	11	0.93	0.47	0.28
P005	工业炉	111	15	–0.84	0.134	15	–0.73	12.6	14	0.61	0.40	0.22
R533	内燃机工程	514	7	–0.26	0.677	4	0.35	49.2	6	1.25	0.47	0.59
P004	内燃机学报	729	5	0.05	0.793	3	0.58	50.8	5	1.35	0.60	0.50
P001	汽轮机技术	474	9	–0.32	0.375	9	–0.25	19.0	13	1.09	0.40	0.49
P011	燃烧科学与技术	503	8	–0.28	0.604	7	0.20	56.7	4	1.72	0.87	0.44
C134	热科学与技术	311	10	–0.55	0.338	10	–0.33	25.8	10	1.30	0.73	0.28
R501	热力发电	1860	2	1.67	1.162	1	1.31	67.7	2	2.80	0.73	0.54
P006	热能动力工程	1008	4	0.45	0.607	6	0.21	41.9	7	2.52	0.73	0.44
P010	小型内燃机与车辆技术	147	14	–0.79	0.156	14	–0.69	21.2	12	0.76	0.33	0.37
U011	制冷学报	700	6	0.01	0.675	5	0.34	40.7	8	1.51	0.53	0.35
U640	制冷与空调（四川）	262	11	–0.62	0.265	12	–0.47	8.6	15	0.90	0.27	0.27
	15 种期刊平均值	696			0.503							

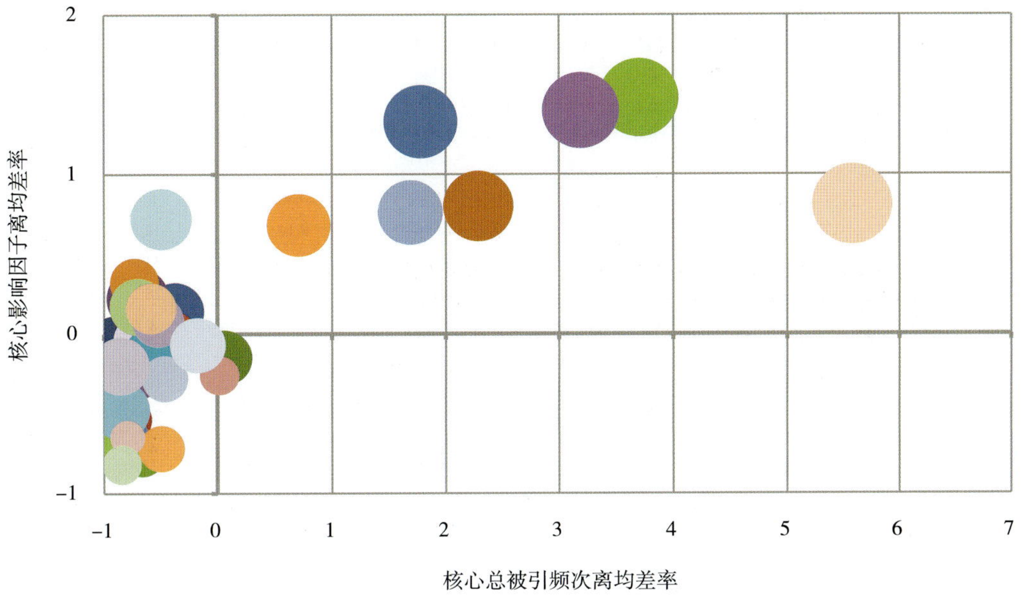

2020 年电气工程类期刊核心总被引频次和核心影响因子离均差率的分布图
（节点大小表示综合评价总分）

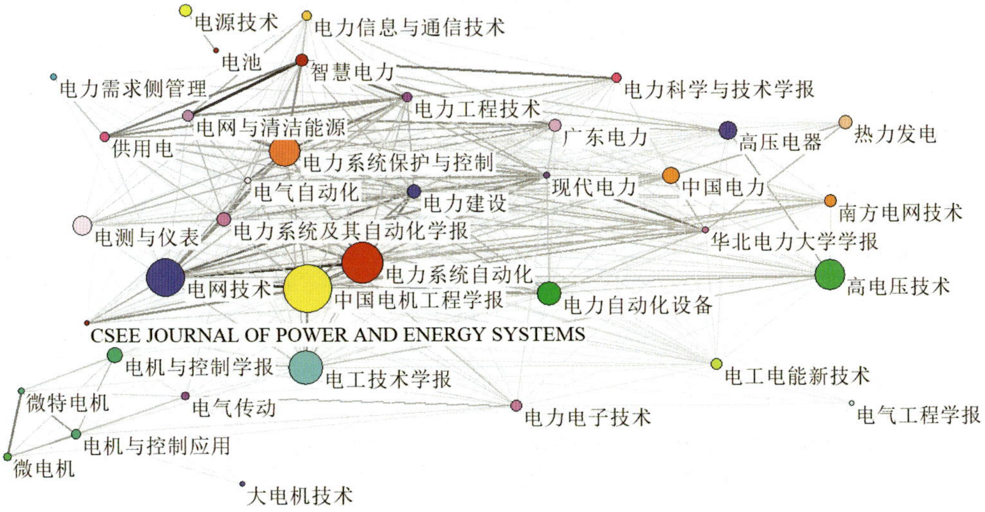

2020 年电气工程类期刊互引关系示意图

表 7-86　2020 年电气工程类期刊主要指标

CODE	刊名	核心总被引频次			核心影响因子			综合评价总分		学科扩散指标	学科影响指标	红点指标
		数值	排名	离均差率	数值	排名	离均差率	数值	排名			
I720	CSEE JOURNAL OF POWER AND ENERGY SYSTEMS	342	35	−0.90	1.540	18	−0.05	32.3	20	0.63	0.81	0.01
R051	大电机技术	302	36	−0.91	0.275	37	−0.83	5.4	37	0.71	0.54	0.36
R673	电测与仪表	3681	8	0.06	1.386	21	−0.15	35.9	16	3.18	0.97	0.57
R003	电池	382	34	−0.89	0.608	30	−0.63	17.9	34	1.30	0.30	0.57
R010	电工电能新技术	1129	21	−0.67	1.556	17	−0.04	33.5	19	1.96	1.00	0.52
R043	电工技术学报	11396	4	2.29	2.933	5	0.80	58.4	5	4.75	1.00	0.52
R088	电机与控制学报	2171	11	−0.37	1.846	13	0.14	39.3	12	2.81	0.89	0.65
R045	电机与控制应用	866	26	−0.75	0.752	29	−0.54	18.5	31	1.70	0.81	0.62
R011	电力电子技术	1163	20	−0.66	0.412	35	−0.75	25.1	28	1.99	0.86	0.63
R769	电力工程技术	1023	23	−0.70	1.981	10	0.22	46.4	8	1.27	0.89	0.62
A199	电力建设	1783	14	−0.49	1.566	16	−0.04	42.9	10	2.72	0.95	0.68
R654	电力科学与技术学报	927	25	−0.73	2.144	9	0.32	28.2	25	1.29	0.89	0.60
N102	电力系统保护与控制	9615	5	1.78	3.779	3	1.33	64.1	4	4.01	1.00	0.66
R071	电力系统及其自动化学报	2050	12	−0.41	1.576	15	−0.03	38.1	14	2.58	1.00	0.69
S019	电力系统自动化	16282	2	3.70	4.031	1	1.48	72.8	2	4.36	1.00	0.70
R745	电力信息与通信技术	969	24	−0.72	1.198	25	−0.26	29.6	24	1.56	0.76	0.53
R750	电力需求侧管理	486	32	−0.86	1.259	23	−0.23	16.4	35	1.02	0.70	0.50
R090	电力自动化设备	5923	7	0.71	2.730	8	0.68	46.5	7	3.45	1.00	0.75
R044	电气传动	703	28	−0.80	0.564	32	−0.65	23.5	29	1.63	0.81	0.60
R428	电气工程学报	255	37	−0.93	0.788	28	−0.52	20.2	30	0.85	0.84	0.72
R058	电气自动化	442	33	−0.87	0.437	34	−0.73	31.7	21	1.67	0.92	0.64
R039	电网技术	14501	3	3.19	3.903	2	1.40	69.0	3	4.69	0.97	0.64
R116	电网与清洁能源	1400	19	−0.60	1.390	20	−0.14	33.9	18	2.07	0.89	0.59
R019	电源技术	1750	16	−0.49	0.449	33	−0.72	25.2	27	3.48	0.86	0.53
R038	高电压技术	9330	6	1.69	2.865	6	0.76	49.5	6	4.70	1.00	0.56
R037	高压电器	3528	9	0.02	1.210	24	−0.26	18.2	32	2.56	0.92	0.57
R095	供用电	1049	22	−0.70	1.908	11	0.17	37.5	15	1.06	0.81	0.68
R547	广东电力	1663	17	−0.52	1.747	14	0.08	31.4	22	1.89	0.92	0.66
R046	华北电力大学学报	516	31	−0.85	0.840	27	−0.48	40.0	11	1.89	0.95	0.58
R117	南方电网技术	1456	18	−0.58	1.884	12	0.16	29.9	23	1.58	0.86	0.67
R501	热力发电	1860	13	−0.46	1.162	26	−0.28	25.5	26	2.80	0.68	0.43
R057	微电机	711	27	−0.79	0.576	31	−0.65	14.2	36	1.53	0.51	0.63
R085	微特电机	544	29	−0.84	0.290	36	−0.82	18.1	33	1.53	0.51	0.61
R089	现代电力	527	30	−0.85	1.307	22	−0.20	39.3	12	1.39	0.89	0.76
R072	智慧电力	1752	15	−0.49	2.787	7	0.72	44.4	9	1.38	0.92	0.63
R040	中国电机工程学报	22776	1	5.58	2.935	4	0.81	76.9	1	6.73	1.00	0.51
R511	中国电力	2877	10	−0.17	1.508	19	−0.07	35.9	16	3.54	0.92	0.52
	37 种期刊平均值	3463			1. 625							

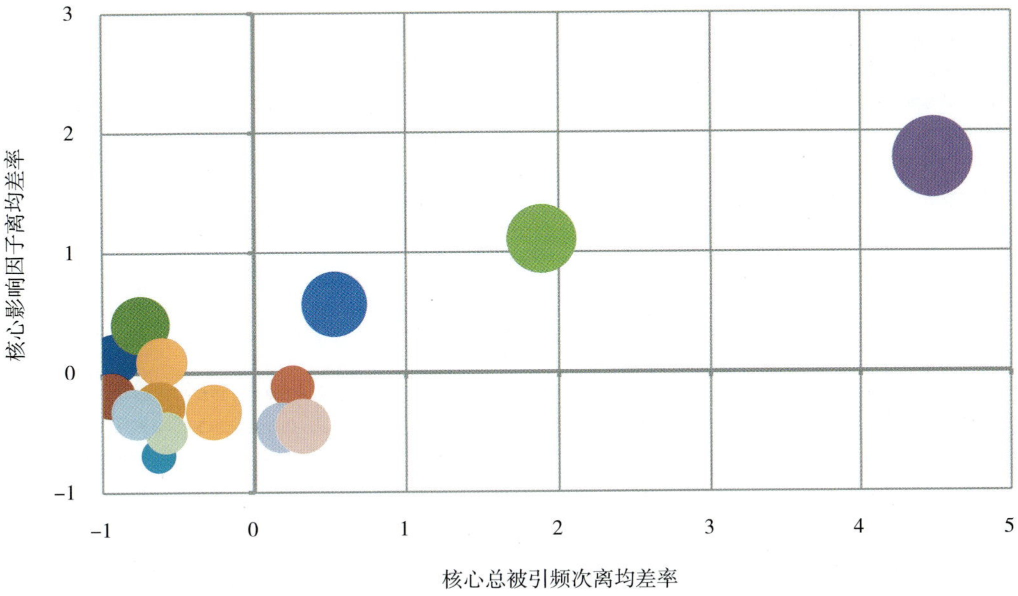

2020 年能源科学综合类期刊核心总被引频次和核心影响因子离均差率的分布图
（节点大小表示综合评价总分）

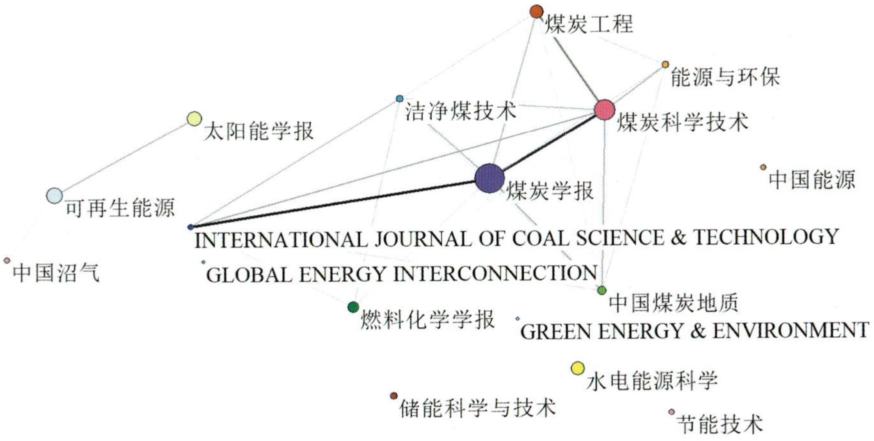

2020 年能源科学综合类期刊互引关系示意图

表 7-87　2020 年能源科学综合类期刊主要指标

CODE	刊名	核心总被引频次			核心影响因子			综合评价总分		学科扩散指标	学科影响指标	红点指标
		数值	排名	离均差率	数值	排名	离均差率	数值	排名			
Q744	GLOBAL ENERGY INTERCONNECTION	162	16	−0.92	1.150	5	0.12	32.1	8	0.33	0.06	0.15
Z037	GREEN ENERGY & ENVIRONMENT	130	17	−0.94	0.830	8	−0.19	28.0	12	0.34	0.06	0.00
I168	INTERNATIONAL JOURNAL OF COAL SCIENCE & TECHNOLOGY	506	12	−0.75	1.443	4	0.40	42.9	4	0.85	0.47	0.13
L508	储能科学与技术	788	9	−0.61	1.119	6	0.09	31.9	10	1.96	0.41	0.57
L587	节能技术	457	14	−0.77	0.665	13	−0.35	18.7	16	1.38	0.53	0.24
K553	洁净煤技术	731	11	−0.63	0.732	9	−0.29	34.4	7	1.65	0.53	0.44
L516	可再生能源	3068	3	0.53	1.611	3	0.57	54.3	3	6.15	0.76	0.44
K038	煤炭工程	2500	5	0.25	0.902	7	−0.12	24.1	14	2.65	0.41	0.43
K005	煤炭科学技术	5791	2	1.89	2.167	2	1.11	60.6	2	3.42	0.65	0.46
K017	煤炭学报	10965	1	4.48	2.860	1	1.78	83.3	1	5.73	0.76	0.40
K570	能源与环保	750	10	−0.63	0.322	17	−0.69	15.2	17	1.87	0.29	0.42
D002	燃料化学学报	1460	7	−0.27	0.691	10	−0.33	39.3	5	2.48	0.65	0.36
P007	水电能源科学	2357	6	0.18	0.559	15	−0.46	32.1	8	4.38	0.59	0.23
L009	太阳能学报	2641	4	0.32	0.567	14	−0.45	38.2	6	5.08	0.76	0.64
K037	中国煤炭地质	847	8	−0.58	0.518	16	−0.50	22.0	15	1.69	0.47	0.26
R524	中国能源	427	15	−0.79	0.685	11	−0.33	27.3	13	1.88	0.71	0.18
H204	中国沼气	459	13	−0.77	0.674	12	−0.35	31.2	11	1.33	0.29	0.41
	17 种期刊平均值	2002			1.029							

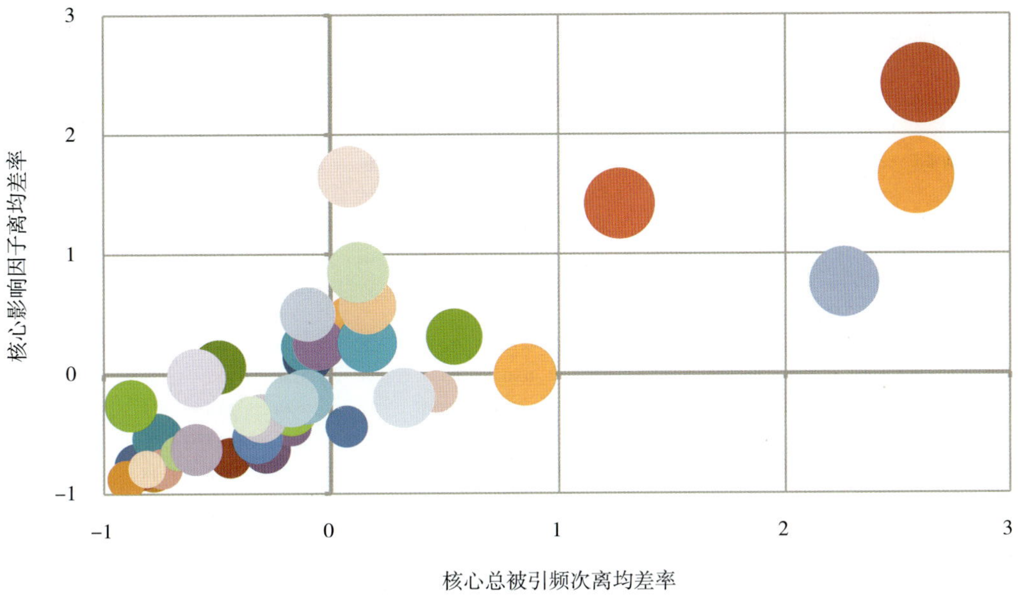

2020 年石油天然气工程类期刊核心总被引频次和核心影响因子离均差率的分布图
（节点大小表示综合评价总分）

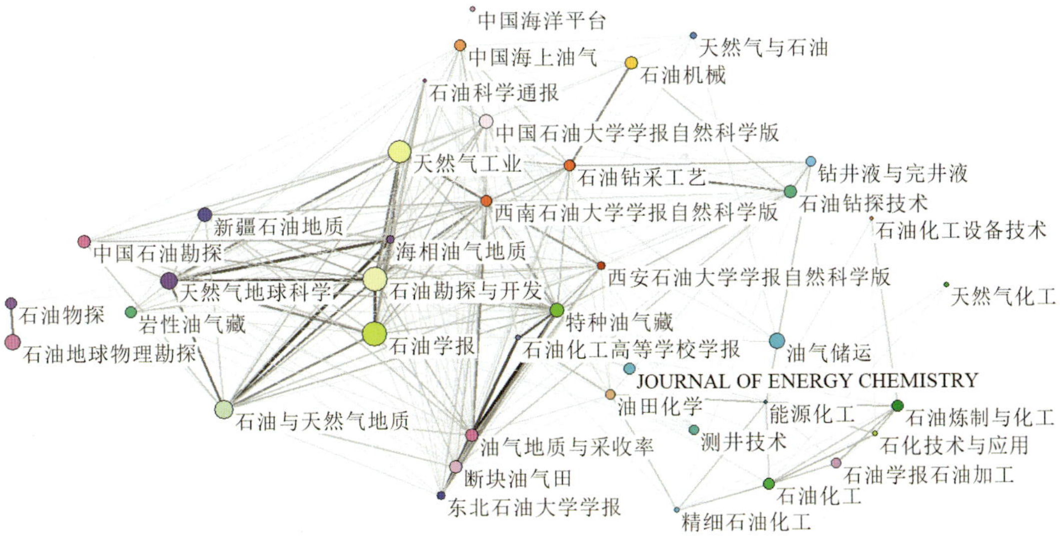

2020 年石油天然气工程类期刊互引关系示意图

表 7-88　2020 年石油天然气工程类期刊主要指标

CODE	刊名	核心总被引频次			核心影响因子			综合评价总分		学科扩散指标	学科影响指标	红点指标
		数值	排名	离均差率	数值	排名	离均差率	数值	排名			
I105	JOURNAL OF ENERGY CHEMISTRY	1391	16	−0.10	1.538	14	0.14	32.4	25	1.97	0.31	0.18
L017	测井技术	860	27	−0.44	0.406	33	−0.70	22.0	32	1.35	0.72	0.55
L004	东北石油大学学报	787	28	−0.49	1.427	15	0.06	39.2	16	1.66	0.82	0.67
T241	断块油气田	1695	12	0.10	1.915	9	0.42	46.4	9	1.54	0.82	0.64
L037	海相油气地质	628	30	−0.59	1.298	17	−0.03	43.2	11	1.07	0.62	0.85
T542	精细石油化工	344	34	−0.78	0.283	36	−0.79	28.3	29	1.28	0.41	0.38
T501	能源化工	226	37	−0.85	0.313	34	−0.77	28.9	28	1.24	0.38	0.36
T933	石化技术与应用	256	36	−0.83	0.246	38	−0.82	17.2	38	1.01	0.31	0.57
L016	石油地球物理勘探	2371	6	0.54	1.756	10	0.31	42.0	13	1.66	0.67	0.27
L015	石油化工	1110	23	−0.28	0.493	30	−0.63	30.7	27	2.27	0.59	0.35
L034	石油化工高等学校学报	374	33	−0.76	0.617	28	−0.54	35.5	22	1.24	0.56	0.46
L021	石油化工设备技术	152	39	−0.90	0.158	39	−0.88	20.1	36	0.74	0.21	0.20
L019	石油机械	1642	14	0.07	0.755	27	−0.44	23.4	31	2.06	0.59	0.49
L031	石油勘探与开发	5544	1	2.60	4.596	1	2.42	87.1	1	2.51	0.87	0.67
L043	石油科学通报	187	38	−0.88	1.000	22	−0.26	36.8	18	0.74	0.72	0.56
L030	石油炼制与化工	1283	20	−0.17	0.759	26	−0.44	20.4	35	1.80	0.44	0.43
L005	石油物探	1379	18	−0.10	1.657	13	0.23	36.1	19	1.31	0.62	0.36
L028	石油学报	5512	2	2.58	3.565	2	1.65	80.4	2	3.24	0.90	0.56
L012	石油学报石油加工	1050	25	−0.32	0.617	28	−0.54	33.4	24	2.10	0.62	0.36
L006	石油与天然气地质	3496	4	1.27	3.259	4	1.42	67.3	3	1.79	0.77	0.87
L008	石油钻采工艺	1279	22	−0.17	0.929	23	−0.31	33.5	23	1.67	0.79	0.70
L025	石油钻探技术	1458	15	−0.05	1.679	12	0.25	35.9	20	1.75	0.79	0.74
L505	特种油气藏	1791	9	0.16	1.691	11	0.26	46.3	10	1.72	0.92	0.66
L518	天然气地球科学	2856	5	0.85	1.325	16	−0.01	52.3	5	2.04	0.82	0.75
L029	天然气工业	5027	3	2.26	2.359	6	0.76	66.0	4	3.80	0.90	0.67
T074	天然气化工	396	32	−0.74	0.288	35	−0.79	21.7	33	1.11	0.46	0.48
L507	天然气与石油	506	31	−0.67	0.463	32	−0.66	16.4	39	1.11	0.77	0.42
L010	西安石油大学学报自然科学版	631	29	−0.59	0.493	30	−0.63	35.8	21	1.76	0.87	0.42
L002	西南石油大学学报自然科学版	1376	19	−0.11	1.094	19	−0.19	41.0	14	2.26	0.90	0.51
L007	新疆石油地质	1784	10	0.16	2.110	7	0.57	43.2	11	1.49	0.87	0.75
E163	岩性油气藏	1389	17	−0.10	2.014	8	0.50	39.5	15	1.29	0.67	0.70
L027	油气储运	2241	7	0.46	1.141	18	−0.15	24.3	30	2.39	0.69	0.43
L504	油气地质与采收率	1726	11	0.12	2.489	5	0.85	50.1	7	1.63	0.82	0.75
L033	油田化学	1073	24	−0.30	0.846	25	−0.37	31.2	26	1.20	0.77	0.64
L013	中国海上油气	1280	21	−0.17	1.047	21	−0.22	37.7	17	2.11	0.92	0.52
L026	中国海洋平台	288	35	−0.81	0.277	37	−0.79	18.8	37	0.91	0.23	0.24
L001	中国石油大学学报自然科学版	2034	8	0.32	1.075	20	−0.20	48.4	8	3.43	0.95	0.44
L532	中国石油勘探	1659	13	0.08	3.564	3	1.65	50.5	6	1.31	0.72	0.56
L018	钻井液与完井液	998	26	−0.35	0.880	24	−0.35	21.7	33	1.04	0.74	0.65
	39 种期刊平均值	1540			1.344							

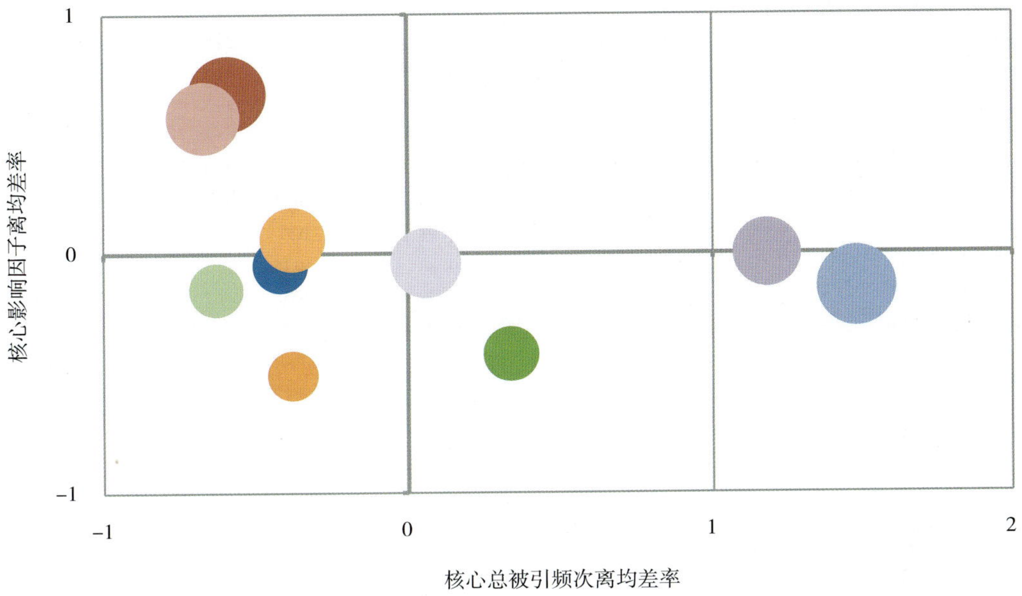

2020 年核科学技术类期刊核心总被引频次和核心影响因子离均差率的分布图
（节点大小表示综合评价总分）

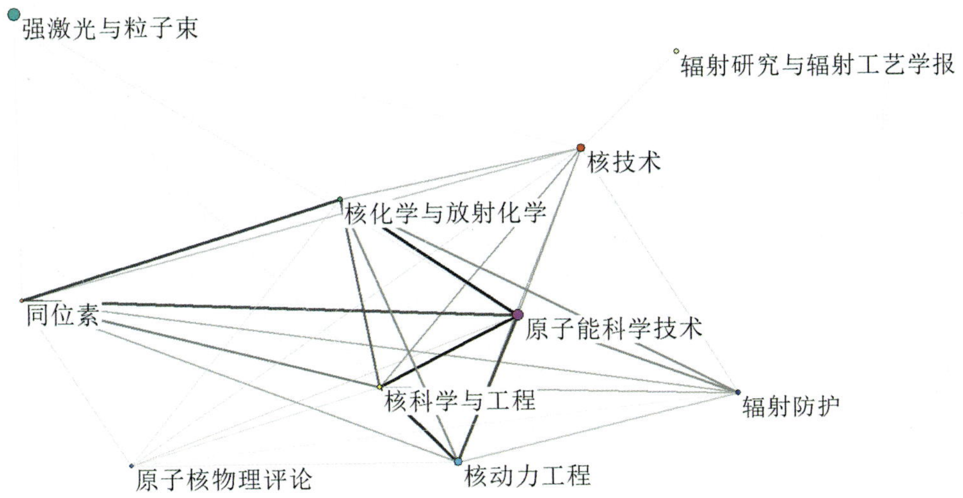

2020 年核科学技术类期刊互引关系示意图

表 7-89 2020 年核科学技术类期刊主要指标

CODE	刊名	核心总被引频次			核心影响因子			综合评价总分		学科扩散指标	学科影响指标	红点指标
		数值	排名	离均差率	数值	排名	离均差率	数值	排名			
Q006	辐射防护	344	7	−0.42	0.360	6	−0.05	29.8	8	1.17	1.00	0.24
Q005	辐射研究与辐射工艺学报	242	8	−0.59	0.634	1	0.67	58.2	2	1.27	0.70	0.18
Q004	核动力工程	788	3	0.34	0.221	9	−0.42	29.9	7	1.98	1.00	0.28
Q002	核化学与放射化学	365	6	−0.38	0.402	3	0.06	41.3	6	0.84	0.80	0.19
Q001	核技术	623	4	0.06	0.365	5	−0.04	46.1	5	2.25	1.00	0.21
Q009	核科学与工程	368	5	−0.38	0.187	10	−0.51	24.9	10	1.22	1.00	0.35
C007	强激光与粒子束	1462	1	1.48	0.328	7	−0.14	64.8	1	2.66	0.80	0.18
Q003	同位素	195	10	−0.67	0.598	2	0.57	52.7	3	0.80	0.70	0.20
C108	原子核物理评论	221	9	−0.63	0.324	8	−0.15	28.5	9	0.47	0.60	0.17
Q008	原子能科学技术	1288	2	1.18	0.379	4	0.00	47.2	4	2.69	1.00	0.34
	10 种期刊平均值	590			0.380							

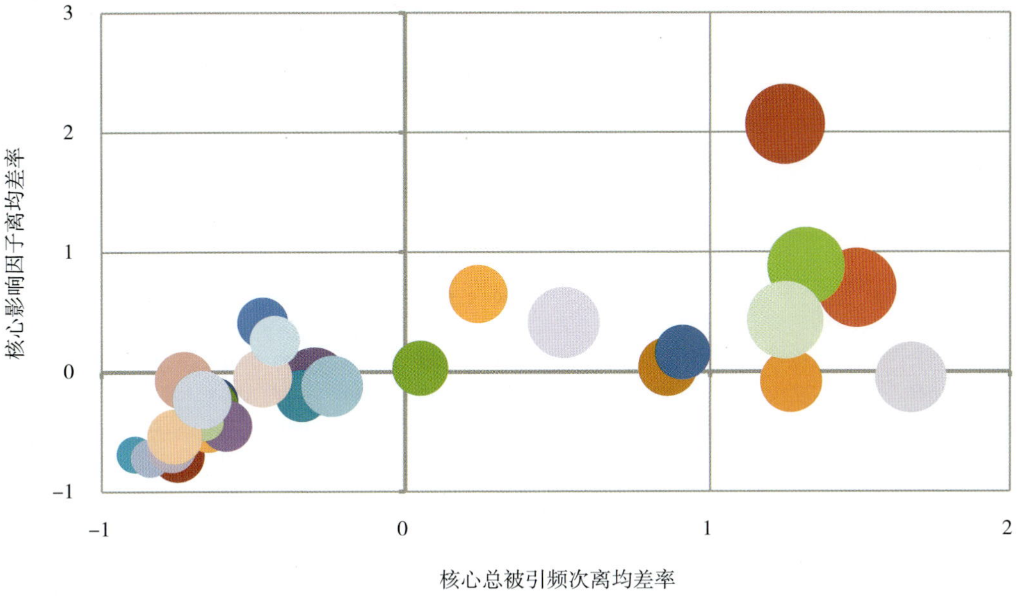

2020 年电子技术类期刊核心总被引频次和核心影响因子离均差率的分布图
（节点大小表示综合评价总分）

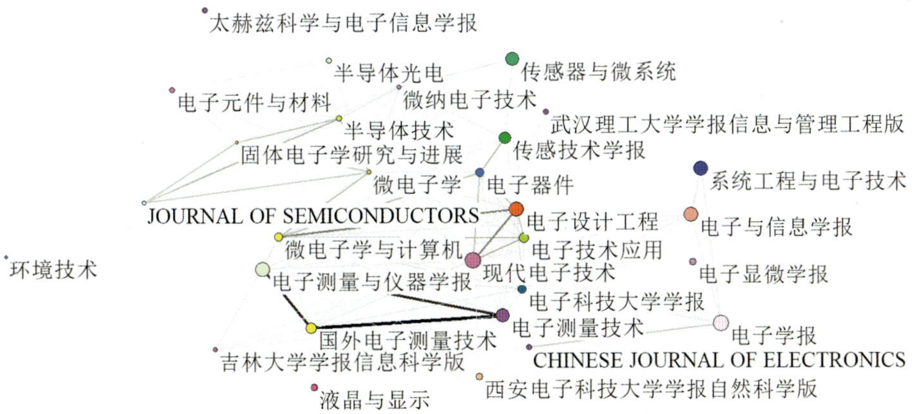

2020 年电子技术类期刊互引关系示意图

表 7-90　2020 年电子技术类期刊主要指标

CODE	刊名	核心总被引频次			核心影响因子			综合评价总分		学科扩散指标	学科影响指标	红点指标
		数值	排名	离均差率	数值	排名	离均差率	数值	排名			
I116	CHINESE JOURNAL OF ELECTRONICS	476	19	−0.63	0.533	20	−0.24	25.3	25	1.48	0.69	0.02
R062	JOURNAL OF SEMICONDUCTORS	325	25	−0.75	0.214	28	−0.70	31.3	19	1.06	0.62	0.07
R024	半导体光电	474	20	−0.64	0.499	21	−0.29	32.1	18	1.54	0.62	0.39
R063	半导体技术	450	21	−0.65	0.366	24	−0.48	23.7	26	1.63	0.69	0.32
N060	传感技术学报	1979	9	0.52	0.992	7	0.41	53.4	6	4.45	0.76	0.53
R532	传感器与微系统	2428	8	0.86	0.733	10	0.04	38.6	11	4.60	0.72	0.49
R055	电子测量技术	2485	7	0.91	0.820	9	0.16	33.6	17	3.78	0.72	0.53
R021	电子测量与仪器学报	2938	5	1.25	2.158	1	2.07	72.8	1	3.88	0.72	0.50
R067	电子技术应用	1367	11	0.05	0.727	11	0.03	34.3	15	2.99	0.76	0.54
R036	电子科技大学学报	912	13	−0.30	0.647	15	−0.08	52.7	7	3.99	0.79	0.37
R512	电子器件	858	14	−0.34	0.560	18	−0.20	31.0	20	2.46	0.79	0.51
R724	电子设计工程	2959	4	1.27	0.645	16	−0.08	43.9	8	4.34	0.83	0.54
R001	电子显微学报	694	16	−0.47	0.995	6	0.41	28.9	22	2.64	0.21	0.14
R006	电子学报	3243	2	1.49	1.194	3	0.70	70.2	2	5.10	0.90	0.47
R022	电子与信息学报	3025	3	1.32	1.322	2	0.88	68.1	3	4.30	0.79	0.46
R020	电子元件与材料	535	18	−0.59	0.388	23	−0.45	29.4	21	2.11	0.72	0.49
R047	固体电子学研究与进展	146	29	−0.89	0.221	27	−0.69	15.2	28	0.67	0.48	0.44
R683	国外电子测量技术	1610	10	0.24	1.160	4	0.65	37.9	12	2.26	0.55	0.54
Z500	环境技术	207	28	−0.84	0.197	29	−0.72	16.3	27	1.13	0.21	0.31
R586	吉林大学学报信息科学版	347	24	−0.73	0.655	14	−0.07	37.6	14	2.00	0.45	0.45
R652	太赫兹科学与电子信息学报	445	22	−0.66	0.408	22	−0.42	15.0	29	1.46	0.52	0.41
R064	微电子学	301	27	−0.77	0.253	26	−0.64	25.4	24	1.19	0.69	0.33
R004	微电子学与计算机	992	12	−0.24	0.619	17	−0.12	42.4	9	2.69	0.72	0.38
R098	微纳电子技术	313	26	−0.76	0.323	25	−0.54	33.7	16	1.51	0.69	0.25
J018	武汉理工大学学报信息与管理工程版	434	23	−0.67	0.543	19	−0.23	37.7	13	2.60	0.31	0.20
R009	西安电子科技大学学报自然科学版	692	17	−0.47	0.672	12	−0.05	38.9	10	2.34	0.69	0.56
R059	系统工程与电子技术	2935	6	1.25	1.009	5	0.43	66.8	4	4.85	0.69	0.37
R748	现代电子技术	3481	1	1.67	0.668	13	−0.05	56.5	5	5.28	0.86	0.75
C503	液晶与显示	747	15	−0.43	0.888	8	0.26	27.8	23	1.40	0.48	0.30
	29 种期刊平均值	1303			0.704							

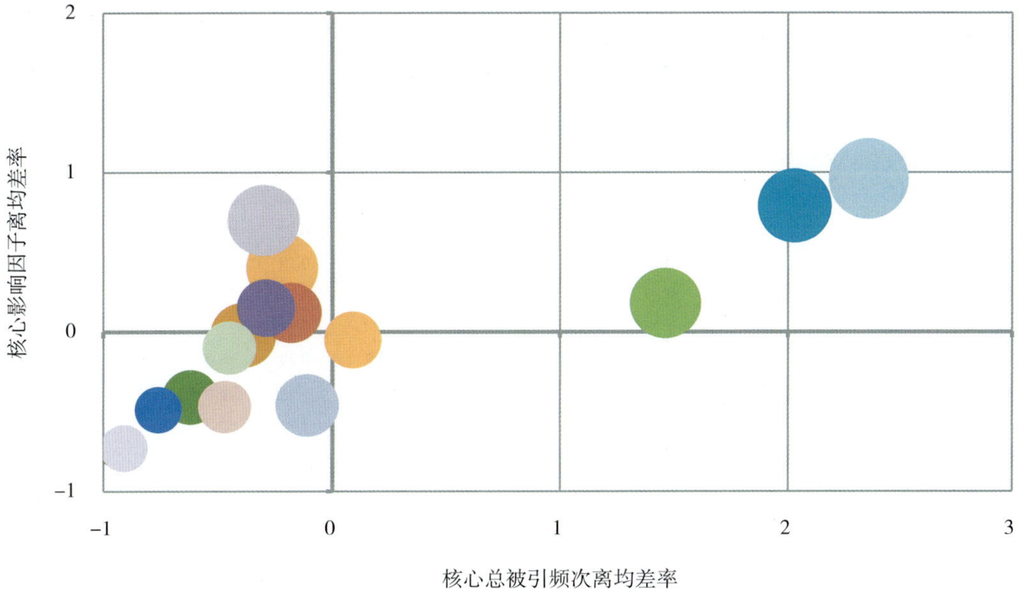

2020 年光电子学与激光技术类期刊核心总被引频次和核心影响因子离均差率的分布图
（节点大小表示综合评价总分）

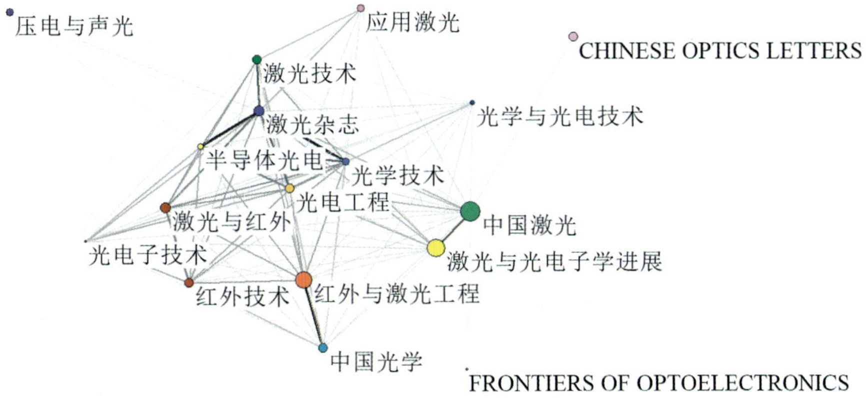

2020 年光电子学与激光技术类期刊互引关系示意图

表 7-91　2020 年光电子学与激光技术类期刊主要指标

CODE	刊名	核心总被引频次			核心影响因子			综合评价总分		学科扩散指标	学科影响指标	红点指标
		数值	排名	离均差率	数值	排名	离均差率	数值	排名			
I071	CHINESE OPTICS LETTERS	905	8	−0.28	0.975	6	0.15	30.4	14	1.16	0.88	0.00
I132	FRONTIERS OF OPTOELECTRONICS	77	17	−0.94	0.222	17	−0.74	15.7	17	0.31	0.41	0.00
R024	半导体光电	474	14	−0.62	0.499	12	−0.41	36.0	11	1.54	0.82	0.39
R026	光电工程	978	7	−0.22	1.181	4	0.40	59.7	4	2.64	0.94	0.42
R082	光电子技术	112	16	−0.91	0.231	16	−0.73	24.3	16	0.61	0.59	0.17
N015	光学技术	769	11	−0.39	0.829	9	−0.02	49.7	6	2.31	0.88	0.57
R097	光学与光电技术	300	15	−0.76	0.433	15	−0.49	25.5	15	1.26	0.88	0.34
R535	红外技术	1026	6	−0.18	0.943	8	0.12	43.2	8	2.66	0.82	0.45
R084	红外与激光工程	3092	3	1.46	0.996	5	0.18	59.0	5	4.12	0.94	0.33
R025	激光技术	888	9	−0.29	0.971	7	0.15	39.2	9	1.94	0.88	0.93
R514	激光与光电子学进展	3797	2	2.03	1.509	2	0.79	66.0	2	4.43	0.94	0.89
R521	激光与红外	1366	4	0.09	0.804	10	−0.05	38.6	10	2.93	0.88	0.43
R028	激光杂志	1116	5	−0.11	0.460	13	−0.46	46.9	7	3.48	0.88	0.47
R069	压电与声光	661	13	−0.47	0.450	14	−0.47	33.0	13	2.30	0.76	0.11
R033	应用激光	685	12	−0.45	0.764	11	−0.10	33.6	12	1.69	0.65	0.63
C099	中国光学	874	10	−0.30	1.438	3	0.70	60.4	3	1.96	0.88	0.33
R066	中国激光	4217	1	2.36	1.655	1	0.96	77.6	1	4.17	1.00	0.92
	17 种期刊平均值	1255			0.845							

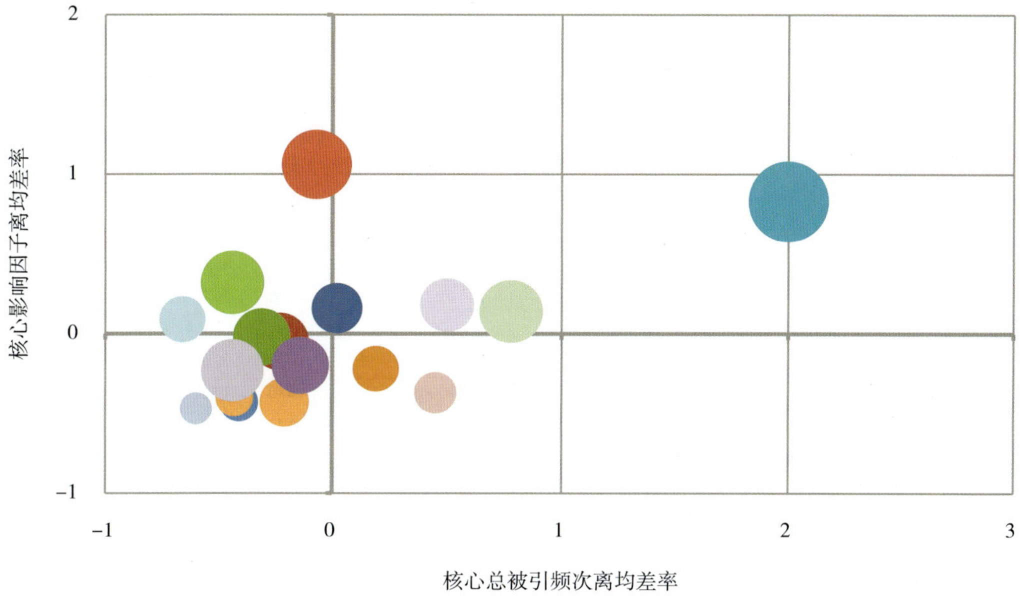

2020 年通信技术类期刊核心总被引频次和核心影响因子离均差率的分布图

（节点大小表示综合评价总分）

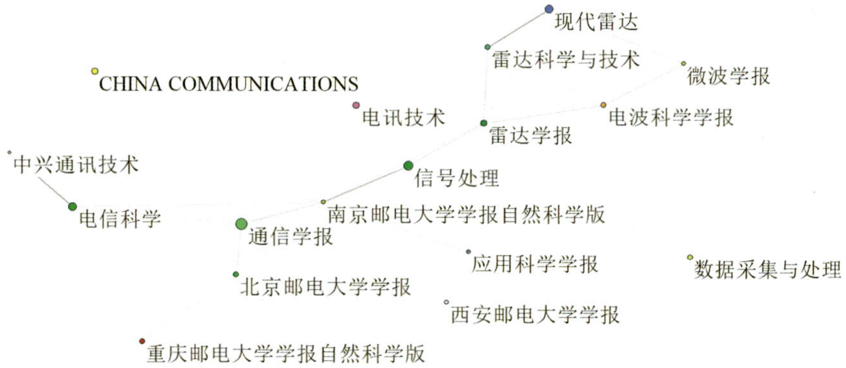

2020 年通信技术类期刊互引关系示意图

表 7-92　2020 年通信技术类期刊主要指标

CODE	刊名	核心总被引频次			核心影响因子			综合评价总分		学科扩散指标	学科影响指标	红点指标
		数值	排名	离均差率	数值	排名	离均差率	数值	排名			
I710	CHINA COMMUNICATIONS	697	6	0.02	0.925	5	0.16	30.7	10	1.70	0.82	0.11
R018	北京邮电大学学报	521	10	−0.23	0.759	9	−0.05	40.3	6	2.15	0.71	0.57
R559	重庆邮电大学学报自然科学版	472	11	−0.31	0.781	8	−0.02	39.6	8	1.61	0.47	0.35
R007	电波科学学报	538	9	−0.21	0.457	15	−0.43	29.5	11	1.72	0.76	0.21
R684	电信科学	1023	3	0.50	0.939	4	0.18	32.4	9	2.28	0.59	0.52
R754	电讯技术	813	5	0.19	0.621	11	−0.22	25.8	13	1.99	0.65	0.39
R096	雷达科学与技术	402	12	−0.41	0.456	16	−0.43	18.2	15	1.27	0.53	0.37
R758	雷达学报	632	7	−0.07	1.641	1	1.06	58.9	2	1.44	0.59	0.50
R008	南京邮电大学学报自然科学版	378	15	−0.44	1.051	3	0.32	48.8	3	1.85	0.65	0.40
R005	数据采集与处理	585	8	−0.14	0.639	10	−0.20	39.7	7	2.58	0.53	0.38
R065	通信学报	2045	1	2.00	1.452	2	0.83	79.5	1	3.67	0.94	0.49
R070	微波学报	390	13	−0.43	0.480	14	−0.40	17.5	16	1.40	0.47	0.33
R671	西安邮电大学学报	274	16	−0.60	0.418	17	−0.47	12.5	17	1.02	0.29	0.34
R087	现代雷达	986	4	0.45	0.499	13	−0.37	21.1	14	1.72	0.65	0.29
R034	信号处理	1211	2	0.78	0.910	6	0.14	48.1	4	2.88	0.88	0.41
A015	应用科学学报	383	14	−0.44	0.616	12	−0.23	47.4	5	2.69	0.53	0.32
R775	中兴通讯技术	231	17	−0.66	0.868	7	0.09	26.0	12	1.16	0.59	0.48
	17 种期刊平均值	681			0.795							

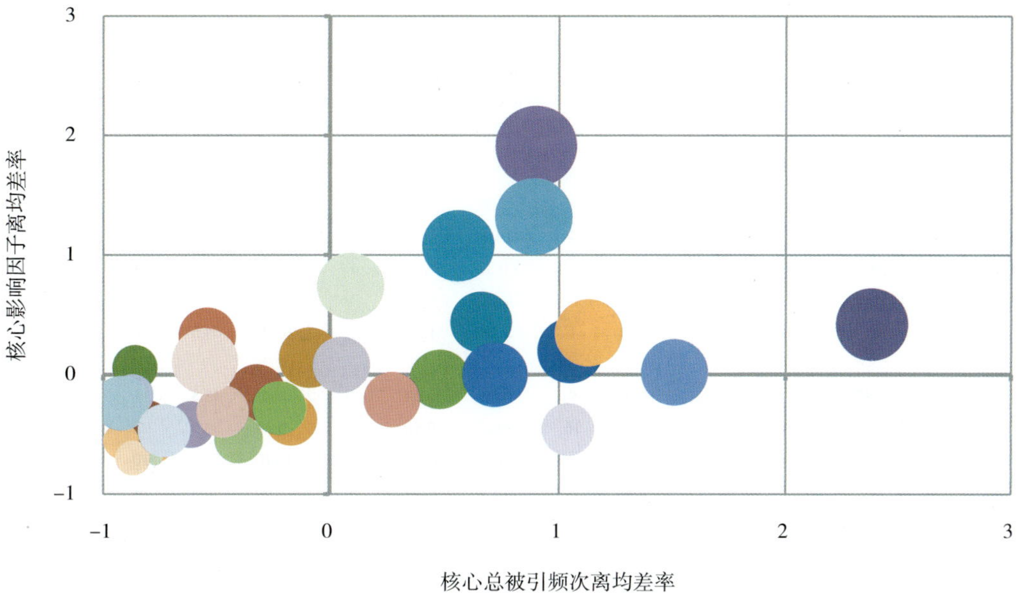

2020 年计算机科学技术类期刊核心总被引频次和核心影响因子离均差率的分布图

（节点大小表示综合评价总分）

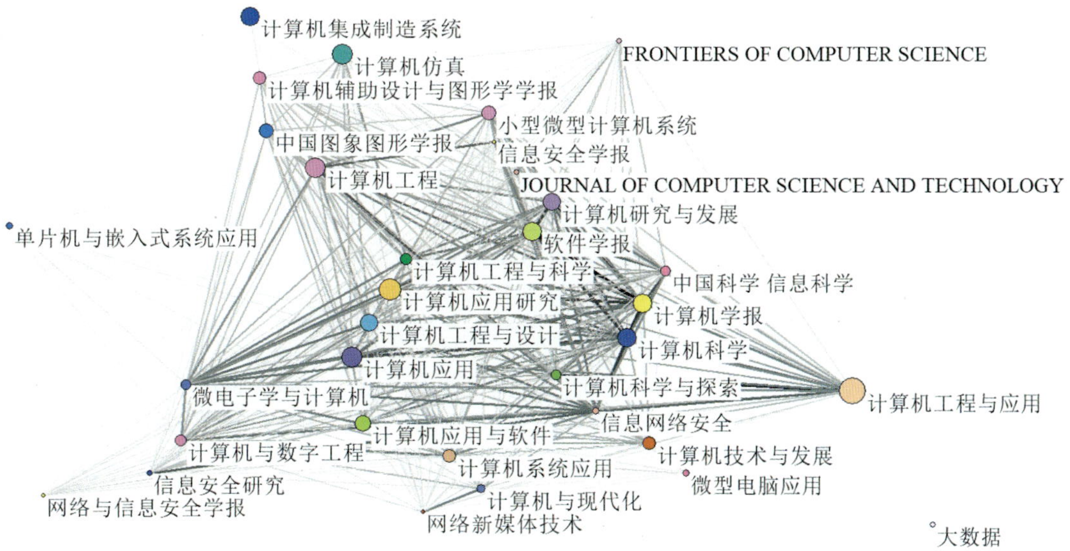

2020 年计算机科学技术类期刊互引关系示意图

表 7-93 2020 年计算机科学技术类期刊主要指标

CODE	刊名	核心总被引频次			核心影响因子			综合评价总分		学科扩散指标	学科影响指标	红点指标
		数值	排名	离均差率	数值	排名	离均差率	数值	排名			
I735	FRONTIERS OF COMPUTER SCIENCE	259	29	−0.86	0.444	28	−0.51	26.8	27	1.35	0.79	0.03
S051	JOURNAL OF COMPUTER SCIENCE AND TECHNOLOGY	351	27	−0.81	0.518	25	−0.43	32.4	23	1.45	0.73	0.01
S055	大数据	260	28	−0.86	0.958	13	0.06	24.9	28	1.37	0.45	0.69
S086	单片机与嵌入式系统应用	458	25	−0.76	0.342	31	−0.62	8.8	32	1.39	0.42	0.43
S049	计算机仿真	3812	5	1.04	0.487	26	−0.46	31.7	24	6.33	0.76	0.40
S013	计算机辅助设计与图形学学报	1709	15	−0.09	1.026	10	0.14	45.3	12	3.94	0.82	0.52
S012	计算机工程	3838	4	1.05	1.078	9	0.20	53.1	9	6.08	0.94	0.66
S034	计算机工程与科学	1276	18	−0.32	0.769	17	−0.15	39.7	15	3.64	0.88	0.56
S022	计算机工程与设计	2775	11	0.48	0.868	16	−0.04	43.8	13	5.55	0.94	0.72
S025	计算机工程与应用	6321	1	2.38	1.280	6	0.42	64.5	3	8.07	0.97	0.62
S030	计算机集成制造系统	3106	9	0.66	1.298	5	0.44	45.8	11	4.24	0.76	0.40
S520	计算机技术与发展	1548	16	−0.17	0.560	23	−0.38	33.1	22	4.49	0.82	0.69
S006	计算机科学	3213	8	0.72	0.899	15	0.00	51.8	10	5.57	0.94	0.63
S085	计算机科学与探索	870	21	−0.54	1.191	8	0.32	40.5	14	2.35	0.82	0.59
S509	计算机系统应用	1459	17	−0.22	0.653	21	−0.28	35.3	19	4.27	0.82	0.62
S018	计算机学报	3560	6	0.90	2.628	1	1.91	80.4	1	5.70	1.00	0.56
S021	计算机研究与发展	2916	10	0.56	1.873	3	1.08	62.5	4	4.97	1.00	0.65
S029	计算机应用	3993	3	1.13	1.220	7	0.35	55.2	5	6.26	0.97	0.72
S016	计算机应用研究	4703	2	1.51	0.921	14	0.02	54.9	6	7.21	0.91	0.61
S009	计算机应用与软件	2367	12	0.27	0.713	19	−0.21	38.1	17	5.21	0.91	0.62
S048	计算机与数字工程	1119	19	−0.40	0.417	29	−0.54	29.0	25	3.82	0.79	0.60
S500	计算机与现代化	731	23	−0.61	0.522	24	−0.42	27.0	26	2.78	0.76	0.68
S011	软件学报	3545	7	0.89	2.090	2	1.32	72.8	2	5.35	1.00	0.58
S017	网络新媒体技术	141	33	−0.92	0.398	30	−0.56	15.7	30	0.67	0.45	0.43
S082	网络与信息安全学报	237	31	−0.87	0.748	18	−0.17	21.5	29	0.83	0.61	0.67
R004	微电子学与计算机	992	20	−0.47	0.619	22	−0.31	33.4	21	2.69	0.73	0.40
S033	微型电脑应用	427	26	−0.77	0.267	33	−0.70	2.6	33	1.57	0.45	0.44
S027	小型微型计算机系统	1967	14	0.05	0.975	12	0.08	39.5	16	3.66	0.91	0.64
S081	信息安全学报	150	32	−0.92	0.689	20	−0.24	37.3	18	0.70	0.64	0.62
S087	信息安全研究	242	30	−0.87	0.272	32	−0.70	15.1	31	1.26	0.70	0.57
S046	信息网络安全	504	24	−0.73	0.478	27	−0.47	35.1	20	1.66	0.79	0.60
Z317	中国科学 信息科学	845	22	−0.55	1.004	11	0.11	54.3	8	3.56	0.94	0.53
R083	中国图象图形学报	2033	13	0.09	1.565	4	0.74	54.4	7	4.34	0.76	0.69
	33 种期刊平均值	1871			0.902							

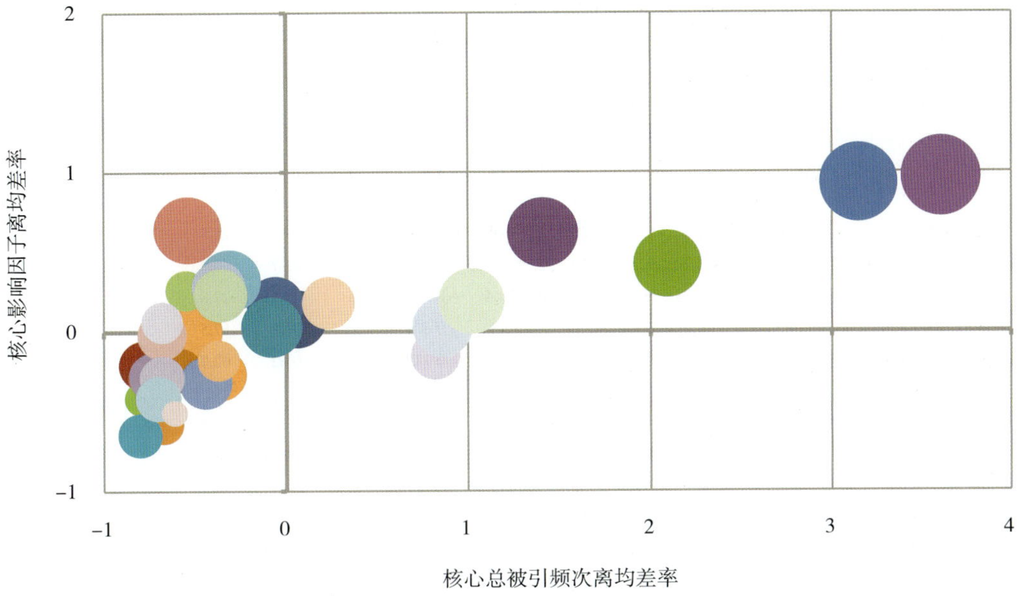

2020 年化学工程综合类期刊核心总被引频次和核心影响因子离均差率的分布图
（节点大小表示综合评价总分）

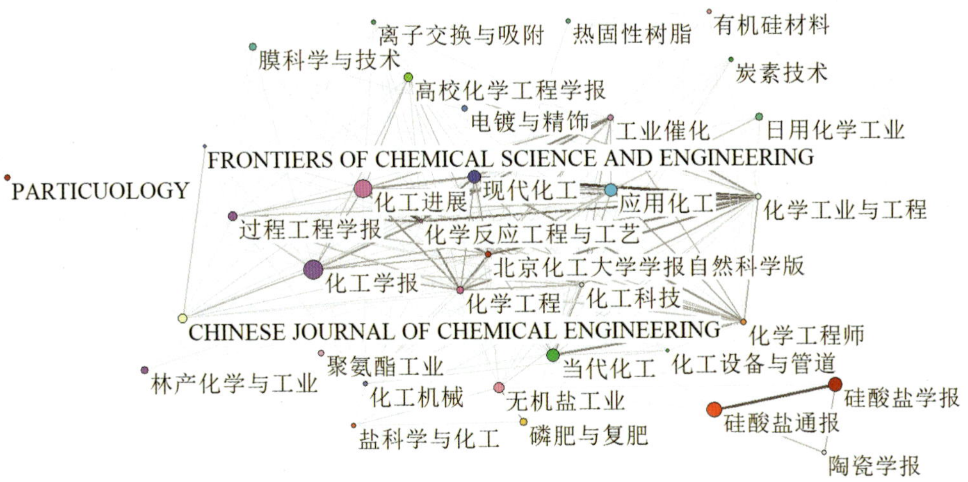

2020 年化学工程综合类期刊互引关系示意图

表 7-94　2020 年化学工程综合类期刊主要指标

CODE	刊名	核心总被引频次			核心影响因子			综合评价总分		学科扩散指标	学科影响指标	红点指标
		数值	排名	离均差率	数值	排名	离均差率	数值	排名			
T100	CHINESE JOURNAL OF CHEMICAL ENGINEERING	1044	9	0.06	0.516	13	0.08	42.8	11	3.29	0.79	0.09
I248	FRONTIERS OF CHEMICAL SCIENCE AND ENGINEERING	215	32	−0.78	0.375	21	−0.21	31.7	20	1.22	0.50	0.00
I202	PARTICUOLOGY	554	17	−0.44	0.352	23	−0.26	32.4	19	2.26	0.53	0.01
T020	北京化工大学学报自然科学版	475	20	−0.52	0.475	17	0.00	48.6	8	2.96	0.65	0.34
T941	当代化工	1786	7	0.82	0.406	19	−0.15	28.5	23	3.94	0.76	0.37
T508	电镀与精饰	410	23	−0.58	0.360	22	−0.24	25.3	27	1.12	0.38	0.39
T016	高校化学工程学报	923	10	−0.06	0.555	12	0.17	40.9	12	2.82	0.76	0.52
T563	工业催化	547	19	−0.44	0.333	28	−0.30	27.8	24	1.31	0.65	0.83
T004	硅酸盐通报	3033	3	2.09	0.676	5	0.42	57.5	5	4.47	0.68	0.53
T005	硅酸盐学报	2365	4	1.41	0.773	4	0.62	62.7	3	4.12	0.68	0.49
T008	过程工程学报	906	11	−0.08	0.491	15	0.03	46.5	9	3.03	0.79	0.44
T006	化工机械	326	25	−0.67	0.199	33	−0.58	20.2	32	1.60	0.47	0.25
T101	化工进展	4077	2	3.15	0.921	2	0.93	80.2	2	6.18	0.94	0.75
T532	化工科技	271	30	−0.72	0.339	26	−0.29	35.6	14	1.63	0.71	0.53
T146	化工设备与管道	206	33	−0.79	0.278	30	−0.42	15.0	33	0.83	0.35	0.27
T007	化工学报	4531	1	3.61	0.940	1	0.97	83.5	1	6.47	0.97	0.80
T009	化学反应工程与工艺	195	34	−0.80	0.167	34	−0.65	24.5	28	0.96	0.53	0.46
T025	化学工程	626	14	−0.36	0.346	24	−0.27	34.5	18	2.44	0.68	0.59
T567	化学工程师	552	18	−0.44	0.325	29	−0.32	35.0	16	2.76	0.62	0.42
T076	化学工业与工程	456	21	−0.54	0.780	3	0.64	57.7	4	2.37	0.79	0.58
T512	聚氨酯工业	442	22	−0.55	0.599	8	0.26	20.6	31	0.85	0.26	0.56
T010	离子交换与吸附	268	31	−0.73	0.342	25	−0.28	29.7	22	1.35	0.44	0.66
T017	林产化学与工业	677	12	−0.31	0.629	6	0.32	49.0	7	2.62	0.59	0.53
T231	磷肥与复肥	617	16	−0.37	0.391	20	−0.18	21.9	29	1.51	0.38	0.33
T077	膜科学与技术	622	15	−0.37	0.607	7	0.28	35.6	14	1.49	0.50	0.48
T105	热固性树脂	318	27	−0.68	0.468	18	−0.02	30.5	21	1.08	0.35	0.69
T070	日用化学工业	630	13	−0.36	0.584	9	0.23	35.9	13	2.07	0.41	0.48
T015	炭素技术	317	28	−0.68	0.338	27	−0.29	25.4	26	1.20	0.35	0.64
V531	陶瓷学报	296	29	−0.70	0.275	31	−0.42	26.0	25	1.20	0.29	0.34
T072	无机盐工业	1210	8	0.23	0.562	11	0.18	35.0	16	2.63	0.68	0.45
T063	现代化工	1831	6	0.86	0.488	16	0.03	46.3	10	4.61	0.82	0.51
T054	盐科学与化工	386	24	−0.61	0.232	32	−0.51	8.3	34	1.27	0.50	0.24
T949	应用化工	1987	5	1.02	0.565	10	0.19	54.9	6	5.20	0.91	0.50
T916	有机硅材料	319	26	−0.68	0.506	14	0.06	21.5	30	1.04	0.38	0.57
	34 种期刊平均值	983			0.476							

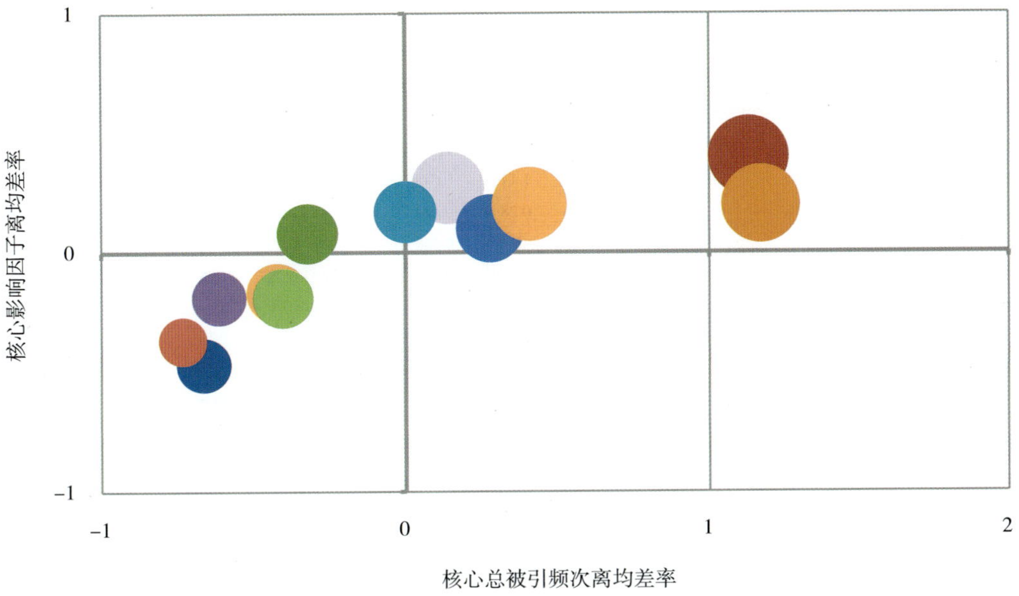

2020 年高聚物工程类期刊核心总被引频次和核心影响因子离均差率的分布图
（节点大小表示综合评价总分）

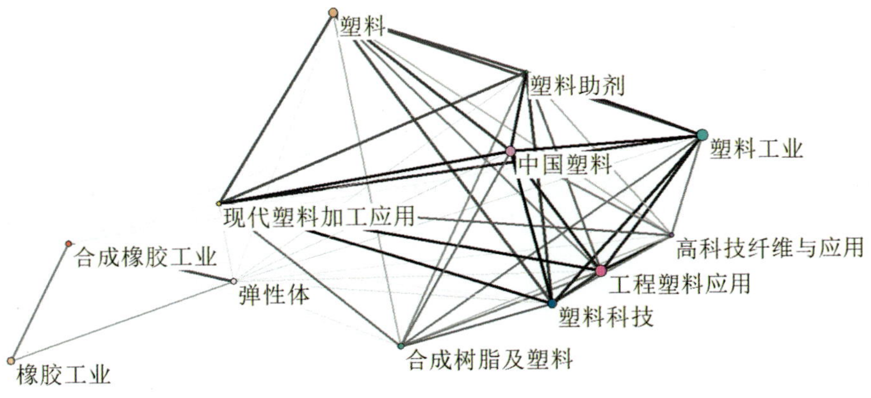

2020 年高聚物工程类期刊互引关系示意图

表 7-95　2020 年高聚物工程类期刊主要指标

CODE	刊名	核心总被引频次			核心影响因子			综合评价总分		学科扩散指标	学科影响指标	红点指标
		数值	排名	离均差率	数值	排名		数值	排名			
T078	高科技纤维与应用	265	11	−0.66	0.298	12	−0.47	34.0	10	1.22	0.58	0.50
T003	工程塑料应用	1682	2	1.13	0.792	1	0.40	75.1	1	2.51	0.92	0.60
T505	合成树脂及塑料	540	7	−0.32	0.611	7	0.08	41.9	7	1.20	0.92	0.66
T018	合成橡胶工业	456	9	−0.42	0.469	8	−0.17	41.8	8	1.19	0.83	0.72
T106	塑料	901	5	0.14	0.719	2	0.27	57.4	4	1.72	1.00	0.68
T014	塑料工业	1716	1	1.17	0.678	3	0.20	71.3	2	2.53	1.00	0.61
T536	塑料科技	1009	4	0.28	0.622	6	0.10	53.7	5	1.99	1.00	0.54
T079	塑料助剂	214	12	−0.73	0.355	11	−0.37	27.0	12	0.90	0.92	0.39
T500	弹性体	475	8	−0.40	0.461	9	−0.19	40.8	9	1.19	1.00	0.59
T929	现代塑料加工应用	309	10	−0.61	0.461	9	−0.19	33.5	11	0.79	0.92	0.62
T064	橡胶工业	787	6	0.00	0.664	5	0.17	44.5	6	1.85	0.83	0.58
T022	中国塑料	1111	3	0.41	0.678	3	0.20	63.7	3	2.02	1.00	0.53
	12 种期刊平均值	789			0.567							

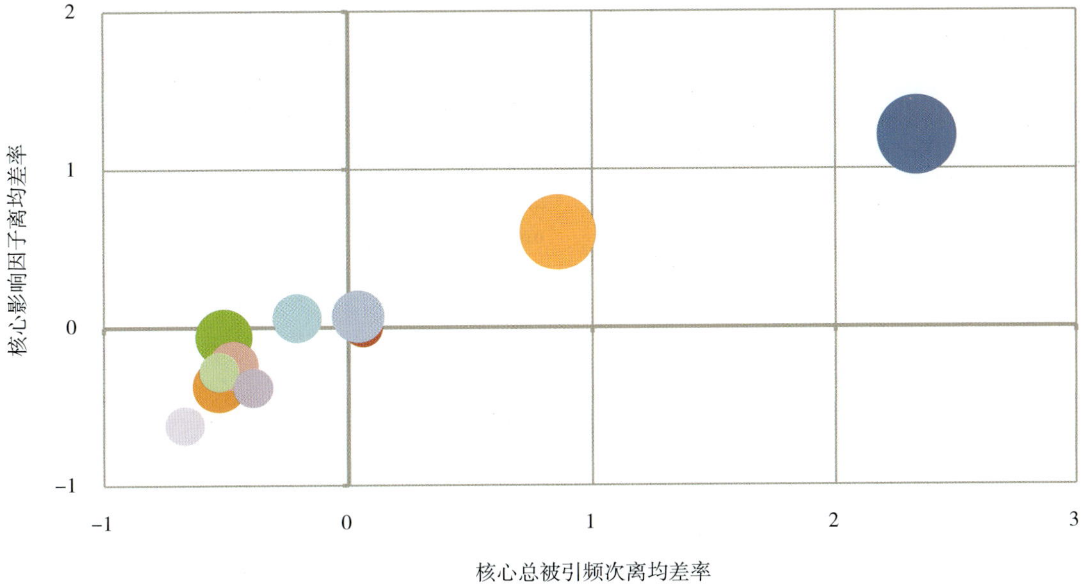

2020 年精细化学工程类期刊核心总被引频次和核心影响因子离均差率的分布图
（节点大小表示综合评价总分）

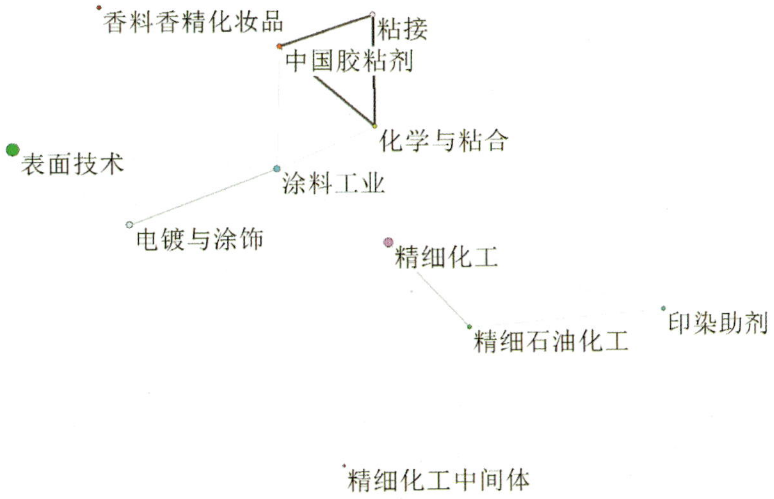

2020 年精细化学工程类期刊互引关系示意图

表 7-96 2020 年精细化学工程类期刊主要指标

CODE	刊名	核心总被引频次			核心影响因子			综合评价总分		学科扩散指标	学科影响指标	红点指标
		数值	排名	离均差率	数值	排名	离均差率	数值	排名			
T098	表面技术	2423	1	2.34	0.985	1	1.21	81.6	1	3.78	0.82	0.56
T598	电镀与涂饰	766	3	0.06	0.447	5	0.00	19.7	8	1.61	0.64	0.72
T931	化学与粘合	356	8	−0.51	0.421	6	−0.06	40.4	3	1.61	0.82	0.45
T102	精细化工	1350	2	0.86	0.715	2	0.60	72.2	2	3.62	1.00	0.68
T955	精细化工中间体	238	11	−0.67	0.169	11	−0.62	17.5	11	1.13	0.36	0.34
T542	精细石油化工	344	9	−0.53	0.283	9	−0.37	35.3	4	1.28	0.91	0.28
T103	涂料工业	756	4	0.04	0.478	3	0.07	34.8	5	1.92	0.91	0.33
T073	香料香精化妆品	386	7	−0.47	0.341	7	−0.24	30.6	6	1.52	0.55	0.34
T104	印染助剂	343	10	−0.53	0.320	8	−0.28	19.4	10	1.16	0.82	0.22
T569	粘接	446	6	−0.39	0.277	10	−0.38	19.7	8	1.33	0.73	0.23
T075	中国胶粘剂	577	5	−0.21	0.471	4	0.06	30.5	7	1.64	0.73	0.43
	11 种期刊平均值	726			0.446							

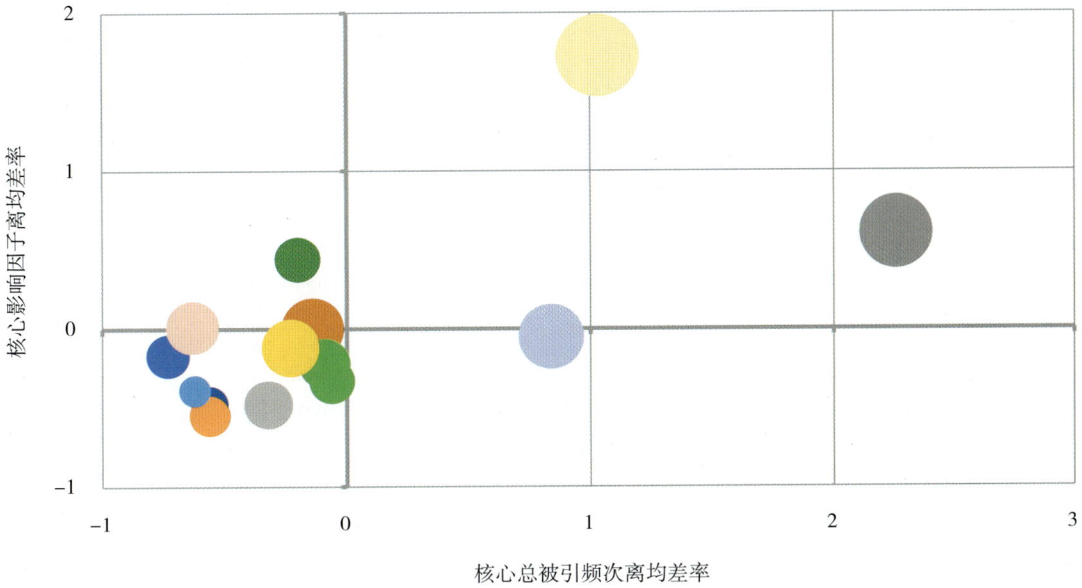

2020 年应用化学工程类期刊核心总被引频次和核心影响因子离均差率的分布图
（节点大小表示综合评价总分）

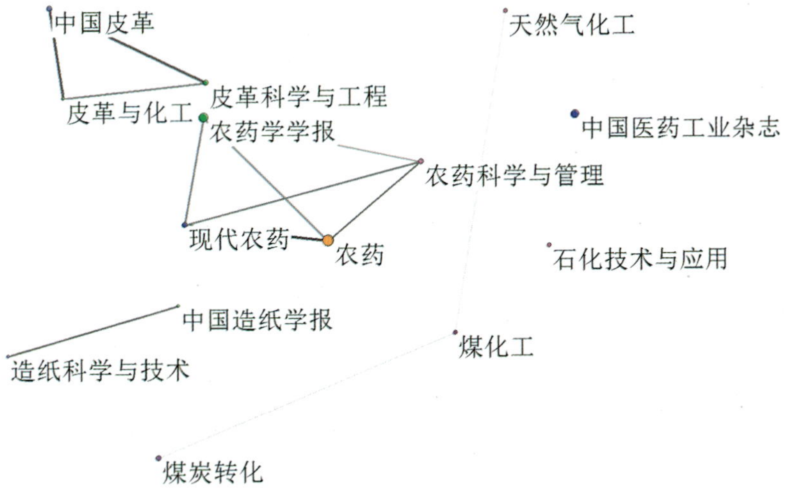

2020 年应用化学工程类期刊互引关系示意图

表 7-97　2020 年应用化学工程类期刊主要指标

CODE	刊名	核心总被引频次			核心影响因子			综合评价总分		学科扩散指标	学科影响指标	红点指标
		数值	排名	离均差率	数值	排名	离均差率	数值	排名			
T060	煤化工	258	10	−0.56	0.288	12	−0.48	18.5	13	0.84	0.36	0.16
D027	煤炭转化	503	6	−0.14	0.549	5	0.00	50.4	4	1.30	0.29	0.21
T034	农药	1900	1	2.26	0.886	2	0.61	73.2	2	2.73	0.36	0.65
T924	农药科学与管理	530	5	−0.09	0.429	9	−0.22	33.9	7	1.51	0.29	0.57
H404	农药学学报	1183	2	1.03	1.497	1	1.73	85.4	1	2.47	0.36	0.58
U602	皮革科学与工程	469	7	−0.20	0.790	3	0.44	26.9	10	0.82	0.29	0.23
U604	皮革与化工	157	14	−0.73	0.457	8	−0.17	24.5	11	0.60	0.29	0.21
T933	石化技术与应用	256	11	−0.56	0.246	14	−0.55	22.0	12	1.01	0.21	0.52
T074	天然气化工	396	9	−0.32	0.288	12	−0.48	30.6	8	1.11	0.29	0.25
H417	现代农药	448	8	−0.23	0.482	7	−0.12	43.8	5	1.39	0.29	0.72
U643	造纸科学与技术	221	12	−0.62	0.333	11	−0.39	13.2	14	0.97	0.29	0.15
U020	中国皮革	549	4	−0.06	0.366	10	−0.33	27.1	9	1.13	0.29	0.24
T019	中国医药工业杂志	1074	3	0.84	0.524	6	−0.05	55.3	3	2.70	0.07	0.30
U033	中国造纸学报	213	13	−0.63	0.552	4	0.01	36.6	6	0.83	0.21	0.23
	14 种期刊平均值	583			0.549							

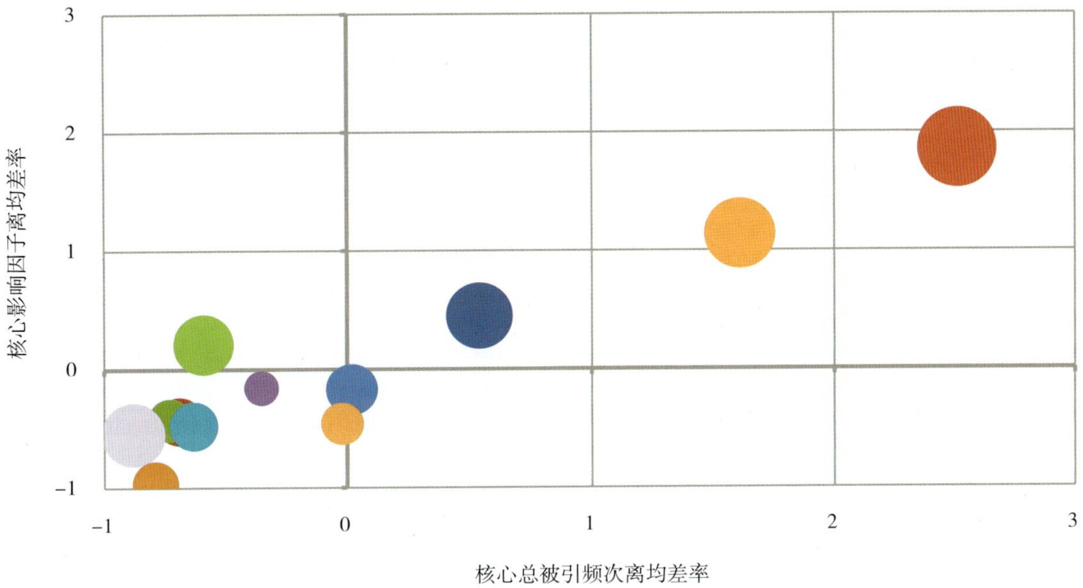

2020 年仪器仪表技术类期刊核心总被引频次和核心影响因子离均差率的分布图
（节点大小表示综合评价总分）

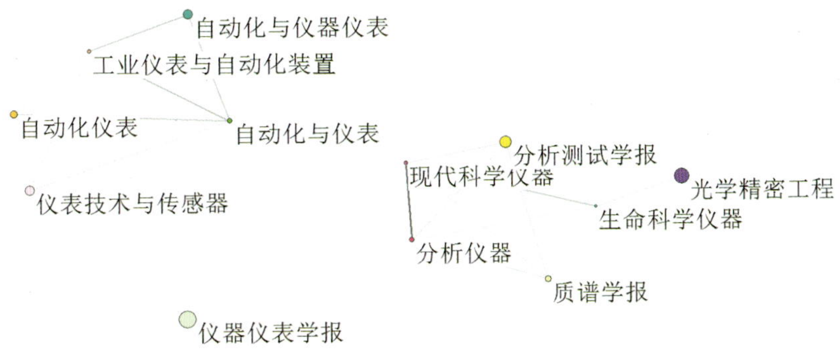

2020 年仪器仪表技术类期刊互引关系示意图

表 7-98　2020 年仪器仪表技术类期刊主要指标

CODE	刊名	核心总被引频次			核心影响因子			综合评价总分		学科扩散指标	学科影响指标	红点指标
		数值	排名	离均差率	数值	排名	离均差率	数值	排名			
D022	分析测试学报	2233	3	0.54	1.189	3	0.45	55.9	3	4.10	0.42	0.39
D062	分析仪器	452	9	−0.69	0.458	8	−0.44	29.5	8	2.17	0.58	0.16
N037	工业仪表与自动化装置	385	10	−0.73	0.468	7	−0.43	23.6	10	1.53	0.42	0.54
N033	光学精密工程	3784	2	1.61	1.756	2	1.14	63.7	2	4.73	0.75	0.21
N759	生命科学仪器	181	12	−0.88	0.372	11	−0.55	48.0	4	1.46	0.50	0.11
N100	现代科学仪器	300	11	−0.79	0.024	12	−0.97	27.5	9	1.92	0.83	0.26
N074	仪表技术与传感器	1485	4	0.02	0.682	6	−0.17	33.6	6	3.38	0.83	0.49
N066	仪器仪表学报	5098	1	2.51	2.344	1	1.86	81.9	1	5.78	0.75	0.28
C034	质谱学报	595	7	−0.59	0.993	4	0.21	47.0	5	2.03	0.33	0.10
N013	自动化仪表	947	6	−0.35	0.686	5	−0.16	15.4	12	2.55	0.67	0.48
S501	自动化与仪表	530	8	−0.63	0.427	10	−0.48	30.6	7	2.15	0.67	0.46
R611	自动化与仪器仪表	1430	5	−0.02	0.439	9	−0.46	22.7	11	2.80	0.75	0.45
	12 种期刊平均值	1452			0.820							

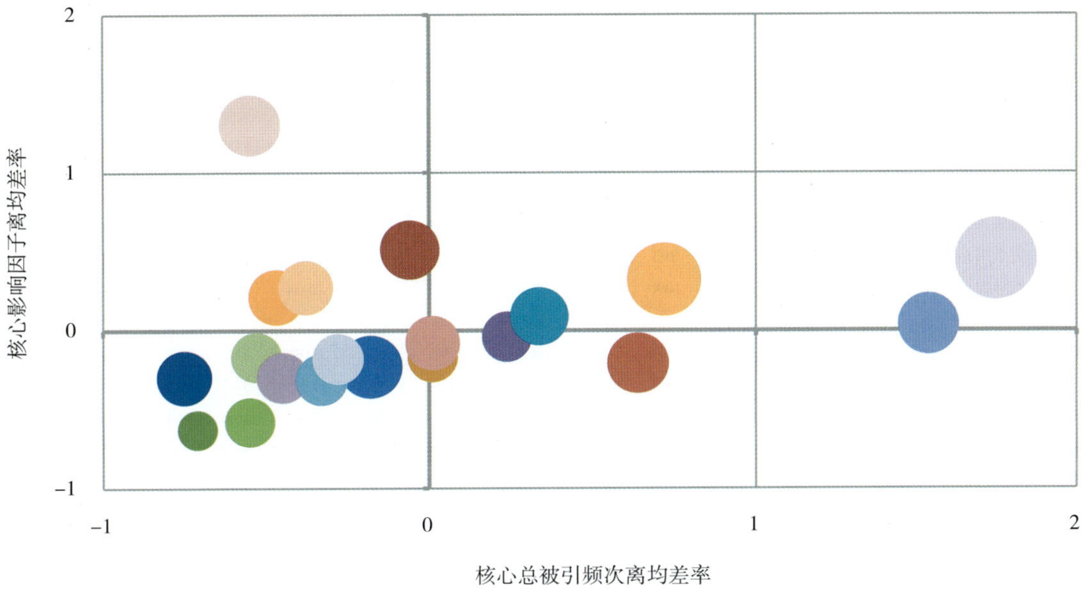

2020 年兵器科学与技术类期刊核心总被引频次和核心影响因子离均差率的分布图
（节点大小表示综合评价总分）

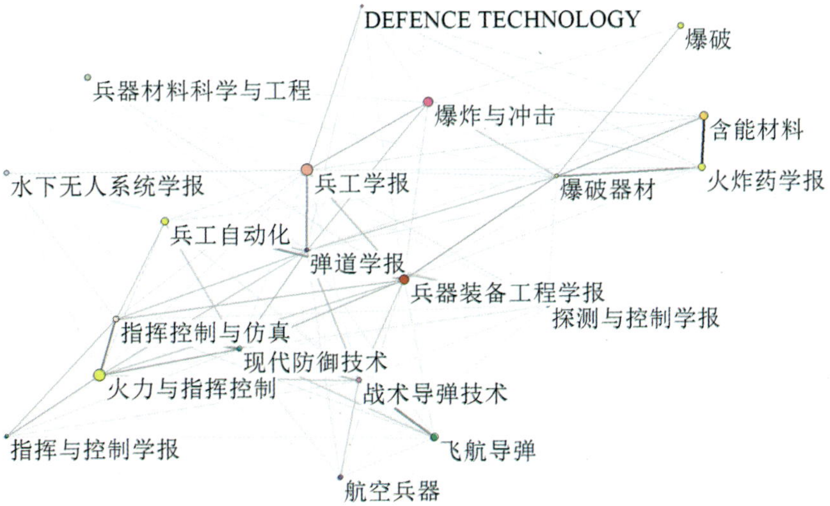

2020 年兵器科学与技术类期刊互引关系示意图

表 7-99 2020 年兵器科学与技术类期刊主要指标

CODE	刊名	核心总被引频次			核心影响因子			综合评价总分		学科扩散指标	学科影响指标	红点指标
		数值	排名	离均差率	数值	排名	离均差率	数值	排名			
I226	DEFENCE TECHNOLOGY	219	20	−0.75	0.480	16	−0.30	37.1	10	1.21	0.65	0.00
N017	爆破	825	9	−0.06	1.031	2	0.51	43.6	7	1.26	0.60	0.40
N012	爆破器材	251	19	−0.71	0.250	20	−0.63	19.4	20	0.73	0.60	0.48
N006	爆炸与冲击	1505	3	0.72	0.899	4	0.32	66.2	2	2.62	0.75	0.27
N008	兵工学报	2412	1	1.75	0.988	3	0.45	79.4	1	4.03	1.00	0.27
R730	兵工自动化	883	8	0.01	0.566	12	−0.17	31.1	17	2.43	0.80	0.30
N085	兵器材料科学与工程	718	10	−0.18	0.522	15	−0.23	49.3	3	2.24	0.75	0.34
T094	兵器装备工程学报	1433	4	0.64	0.541	14	−0.21	45.3	6	3.40	1.00	0.39
N004	弹道学报	393	17	−0.55	0.286	19	−0.58	29.9	19	1.25	0.95	0.62
Y571	飞航导弹	1090	6	0.24	0.655	9	−0.04	31.0	18	1.91	0.90	0.55
L586	含能材料	1175	5	0.34	0.741	7	0.09	41.8	8	1.47	0.75	0.48
Y556	航空兵器	462	15	−0.47	0.826	6	0.21	37.7	9	1.47	0.80	0.52
N005	火力与指挥控制	2223	2	1.54	0.707	8	0.04	46.4	4	2.89	0.80	0.34
N007	火炸药学报	889	7	0.01	0.625	10	−0.08	36.8	11	1.37	0.80	0.85
N907	水下无人系统学报	413	16	−0.53	0.567	11	−0.17	31.2	16	1.38	0.65	0.35
N043	探测与控制学报	478	14	−0.45	0.479	17	−0.30	32.2	14	1.54	0.75	0.25
Y561	现代防御技术	586	12	−0.33	0.472	18	−0.31	33.4	13	1.42	0.75	0.45
Y521	战术导弹技术	545	13	−0.38	0.866	5	0.27	36.4	12	1.30	0.65	0.55
N091	指挥控制与仿真	635	11	−0.28	0.559	13	−0.18	31.9	15	1.62	0.65	0.36
N094	指挥与控制学报	393	17	−0.55	1.570	1	1.30	45.8	5	0.75	0.50	0.39
	20 种期刊平均值	876			0.682							

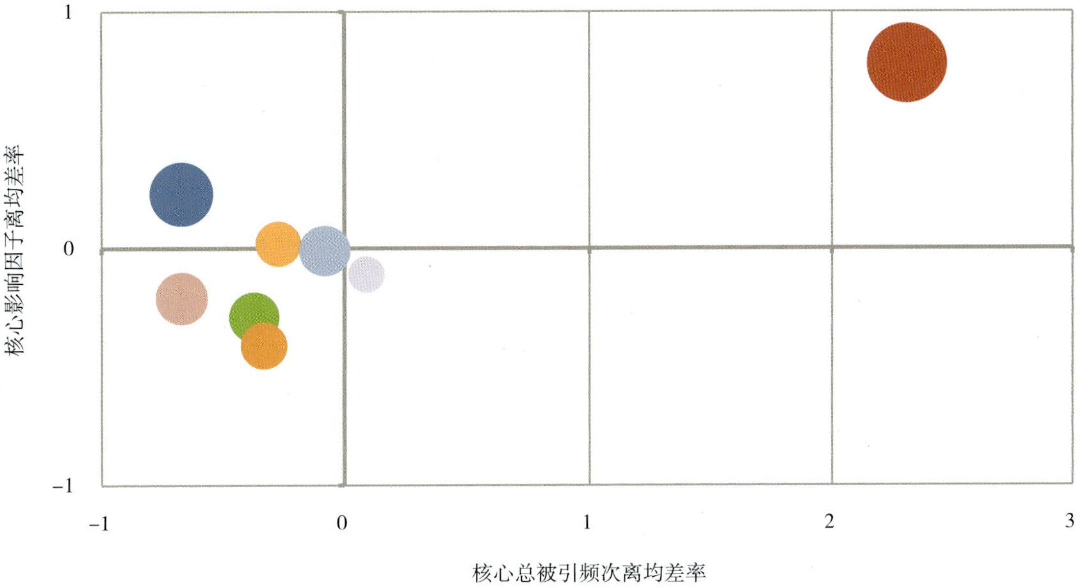

2020 年纺织科学技术类期刊核心总被引频次和核心影响因子离均差率的分布图
（节点大小表示综合评价总分）

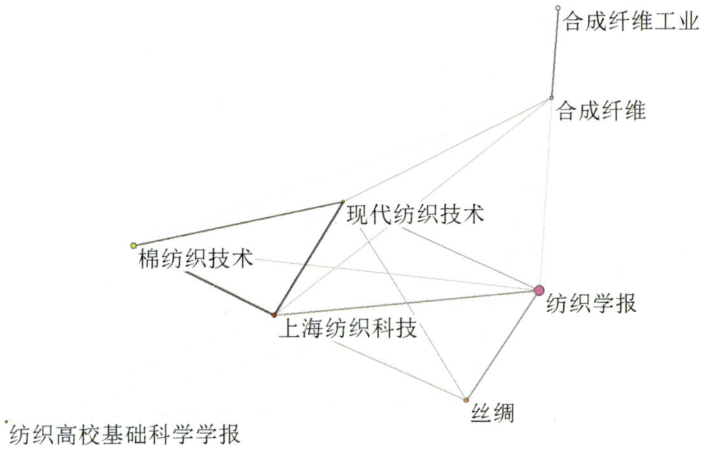

2020 年纺织科学技术类期刊互引关系示意图

表 7-100　2020 年纺织科学技术类期刊主要指标

CODE	刊名	核心总被引频次			核心影响因子			综合评价总分		学科扩散指标	学科影响指标	红点指标
		数值	排名	离均差率	数值	排名	离均差率	数值	排名			
U013	纺织高校基础科学学报	205	7	-0.67	0.542	2	0.23	55.0	2	0.55	0.75	0.10
U053	纺织学报	2056	1	2.31	0.781	1	0.78	86.0	1	2.57	1.00	0.30
T067	合成纤维	390	6	-0.37	0.314	7	-0.29	34.0	5	1.11	1.00	0.43
T065	合成纤维工业	451	4	-0.27	0.450	3	0.02	27.7	7	1.08	0.88	0.51
U036	棉纺织技术	675	2	0.09	0.391	5	-0.11	15.8	8	0.71	1.00	0.48
U528	上海纺织科技	416	5	-0.33	0.260	8	-0.41	29.0	6	1.04	1.00	0.60
U056	丝绸	572	3	-0.08	0.436	4	-0.01	34.5	4	0.99	1.00	0.15
U634	现代纺织技术	202	8	-0.67	0.347	6	-0.21	36.8	3	0.63	1.00	0.37
	8 种期刊平均值	621			0.440							

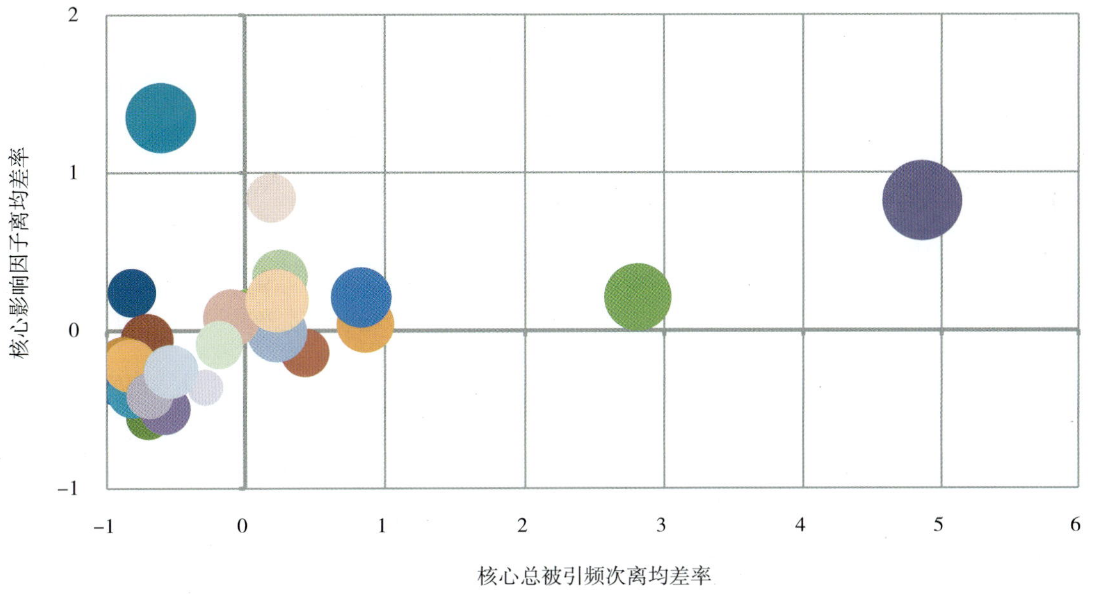

2020 年食品科学技术类期刊核心总被引频次和核心影响因子离均差率的分布图
（节点大小表示综合评价总分）

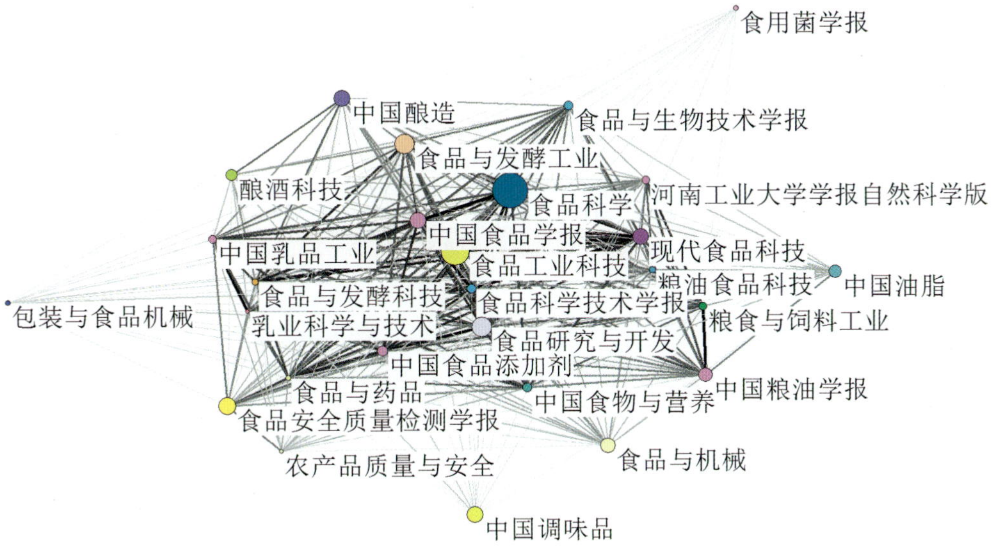

2020 年食品科学技术类期刊互引关系示意图

表 7-101　2020 年食品科学技术类期刊主要指标

CODE	刊名	核心总被引频次			核心影响因子			综合评价总分		学科扩散指标	学科影响指标	红点指标
		数值	排名	离均差率	数值	排名	离均差率	数值	排名			
U521	包装与食品机械	547	24	-0.82	1.187	5	0.24	29.6	21	1.25	0.78	0.40
U004	河南工业大学学报自然科学版	869	20	-0.71	0.907	13	-0.06	35.1	13	1.90	0.93	0.65
U055	粮食与饲料工业	900	19	-0.70	0.435	27	-0.55	24.8	26	1.93	0.93	0.50
U626	粮油食品科技	727	21	-0.76	0.657	20	-0.32	30.3	19	1.65	0.93	0.44
U504	酿酒科技	2163	13	-0.29	0.611	23	-0.36	14.9	27	1.63	0.89	0.57
H071	农产品质量与安全	376	26	-0.88	0.767	16	-0.20	33.3	16	1.31	0.78	0.59
H097	乳业科学与技术	304	27	-0.90	0.657	20	-0.32	33.6	14	0.91	0.74	0.73
U049	食品安全质量检测学报	4359	5	0.43	0.829	15	-0.14	29.4	22	4.66	1.00	0.64
U005	食品工业科技	11599	2	2.81	1.160	7	0.21	56.7	3	6.26	1.00	0.73
U006	食品科学	17858	1	4.86	1.745	3	0.82	80.8	1	7.13	1.00	0.65
A117	食品科学技术学报	1175	17	-0.61	2.257	1	1.35	62.6	2	2.65	0.96	0.64
U617	食品研究与开发	5667	3	0.86	1.001	11	0.04	40.6	8	5.25	1.00	0.82
U035	食品与发酵工业	5561	4	0.83	1.163	6	0.21	45.3	5	3.99	1.00	0.69
U641	食品与发酵科技	656	22	-0.78	0.620	22	-0.35	25.9	25	1.61	0.89	0.48
U547	食品与机械	3164	10	0.04	1.058	9	0.10	35.9	11	3.69	1.00	0.56
U029	食品与生物技术学报	1279	16	-0.58	0.482	26	-0.50	32.2	17	3.08	1.00	0.52
G748	食品与药品	575	23	-0.81	0.591	24	-0.39	33.6	14	2.62	0.81	0.53
H838	食用菌学报	529	25	-0.83	0.750	17	-0.22	35.9	11	1.44	0.59	0.35
U010	现代食品科技	3756	7	0.23	0.947	12	-0.01	44.8	6	4.39	0.96	0.67
U001	中国粮油学报	2746	11	-0.10	1.035	10	0.08	41.8	7	3.13	1.00	0.65
U609	中国酿造	3797	6	0.25	1.287	4	0.34	38.1	9	3.11	1.00	0.75
U052	中国乳品工业	930	18	-0.69	0.570	25	-0.41	27.6	24	1.45	0.89	0.61
U635	中国食品添加剂	1475	14	-0.52	0.725	18	-0.25	30.1	20	3.07	1.00	0.73
U007	中国食品学报	3745	8	0.23	1.139	8	0.19	49.7	4	4.11	1.00	0.66
U563	中国食物与营养	1410	15	-0.54	0.714	19	-0.26	36.8	10	3.87	0.96	0.38
U501	中国调味品	3641	9	0.19	1.764	2	0.84	30.5	18	2.31	0.96	0.74
U032	中国油脂	2454	12	-0.19	0.879	14	-0.09	28.7	23	3.52	0.89	0.58
	27 种期刊平均值	3047			0.961							

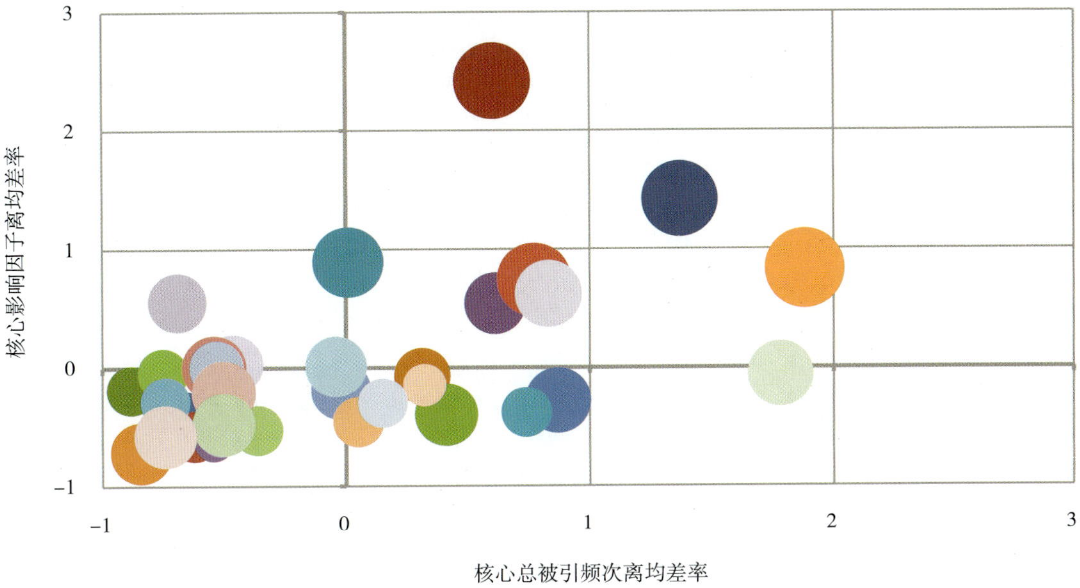

2020 年建筑科学与技术类期刊核心总被引频次和核心影响因子离均差率的分布图
（节点大小表示综合评价总分）

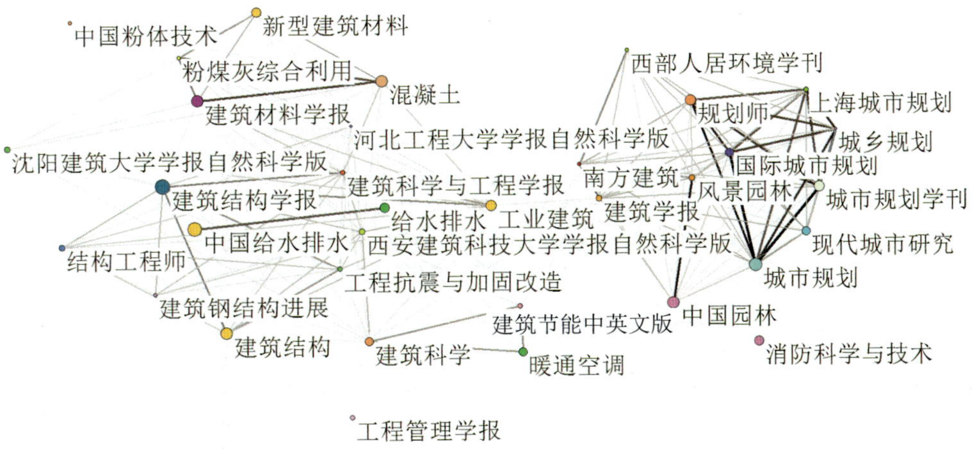

2020 年建筑科学与技术类期刊互引关系示意图

表 7-102　2020 年建筑科学与技术类期刊主要指标

CODE	刊名	核心总被引频次			核心影响因子			综合评价总分		学科扩散指标	学科影响指标	红点指标
		数值	排名	离均差率	数值	排名	离均差率	数值	排名			
V050	城市规划	3003	3	1.37	1.613	2	1.42	62.3	3	3.15	0.68	0.32
V028	城市规划学刊	2027	9	0.60	2.280	1	2.42	64.0	2	2.37	0.53	0.31
V062	城乡规划	149	34	−0.88	0.539	18	−0.19	26.3	29	0.56	0.32	0.30
V052	粉煤灰综合利用	289	32	−0.77	0.270	32	−0.60	21.0	32	0.99	0.32	0.60
V048	风景园林	683	19	−0.46	0.689	9	0.03	35.8	19	1.16	0.50	0.77
V021	给水排水	1667	12	0.31	0.623	15	−0.07	33.9	20	2.97	0.59	0.32
S712	工程管理学报	433	27	−0.66	0.406	24	−0.39	22.9	31	1.56	0.32	0.25
V033	工程抗震与加固改造	483	26	−0.62	0.279	31	−0.58	27.7	22	1.33	0.47	0.69
V010	工业建筑	1793	10	0.41	0.402	25	−0.40	42.1	13	3.20	0.85	0.51
V572	规划师	2042	8	0.61	1.029	8	0.54	40.7	15	2.54	0.59	0.51
V529	国际城市规划	1285	15	0.01	1.261	3	0.89	53.2	5	2.17	0.47	0.41
K032	河北工程大学学报自然科学版	207	33	−0.84	0.190	34	−0.72	40.9	14	1.61	0.44	0.33
V560	混凝土	2368	4	0.87	0.479	20	−0.28	46.5	8	2.62	0.56	0.79
V051	建筑材料学报	2242	6	0.77	1.159	5	0.74	58.5	4	2.98	0.53	0.56
V057	建筑钢结构进展	319	31	−0.75	0.633	13	−0.05	27.3	23	0.94	0.47	0.69
V523	建筑节能中英文版	581	24	−0.54	0.256	33	−0.62	17.4	34	1.53	0.62	0.55
V014	建筑结构	2208	7	0.74	0.411	23	−0.38	27.0	24	2.37	0.62	0.44
V044	建筑结构学报	3653	1	1.88	1.220	4	0.83	69.2	1	2.83	0.47	0.71
V005	建筑科学	1237	16	−0.02	0.541	17	−0.19	37.6	17	2.97	0.79	0.37
V013	建筑科学与工程学报	577	25	−0.54	0.670	11	0.00	44.7	9	1.92	0.56	0.66
V047	建筑学报	809	18	−0.36	0.311	28	−0.53	26.8	25	1.57	0.71	0.13
V049	结构工程师	619	22	−0.51	0.299	29	−0.55	24.3	30	1.70	0.50	0.51
V089	南方建筑	326	30	−0.74	0.476	21	−0.29	26.7	27	0.80	0.59	0.37
V032	暖通空调	1330	14	0.05	0.358	26	−0.46	26.8	25	2.31	0.50	0.46
V088	上海城市规划	592	23	−0.53	0.664	12	0.00	31.9	21	1.30	0.53	0.37
V011	沈阳建筑大学学报自然科学版	636	21	−0.50	0.528	19	−0.21	43.8	10	2.69	0.68	0.44
V018	西安建筑科技大学学报自然科学版	639	20	−0.50	0.348	27	−0.48	42.5	11	2.82	0.79	0.48
V573	西部人居环境学刊	391	28	−0.69	1.032	7	0.55	37.1	18	0.88	0.50	0.44
V087	现代城市研究	1215	17	−0.04	0.674	10	0.01	39.4	16	2.53	0.56	0.31
T953	消防科学与技术	1677	11	0.32	0.570	16	−0.15	19.8	33	2.53	0.44	0.47
V056	新型建筑材料	1461	13	0.15	0.469	22	−0.30	26.4	28	2.33	0.50	0.61
V568	中国粉体技术	333	29	−0.74	0.281	30	−0.58	42.3	12	1.97	0.15	0.12
V036	中国给水排水	3522	2	1.78	0.624	14	−0.06	46.6	7	4.17	0.50	0.30
V039	中国园林	2324	5	0.83	1.080	6	0.62	48.1	6	2.63	0.59	1.00
	34 种期刊平均值	1268			0.667							

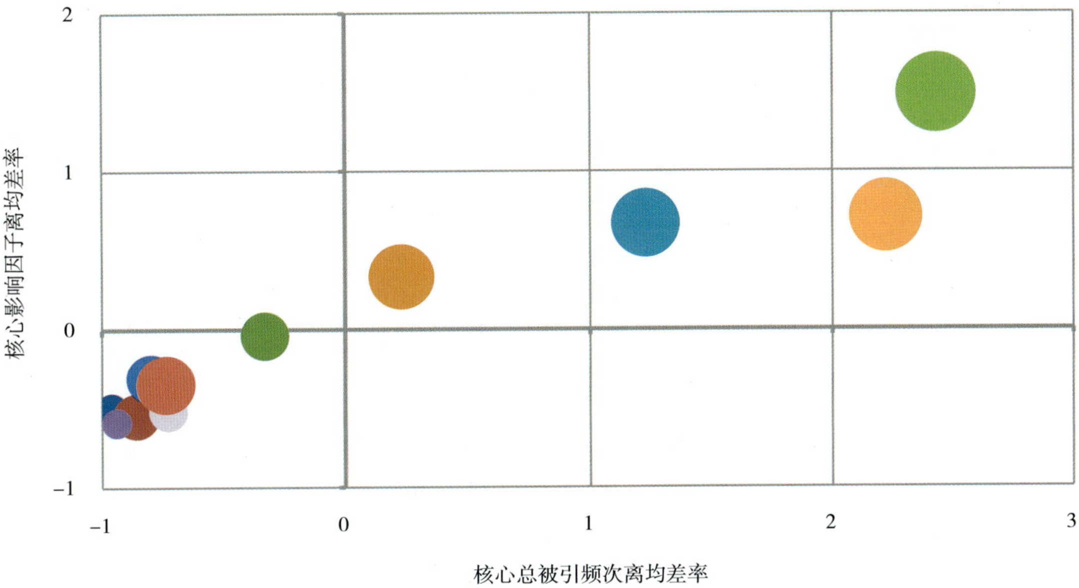

2020 年土木工程类期刊核心总被引频次和核心影响因子离均差率的分布图
（节点大小表示综合评价总分）

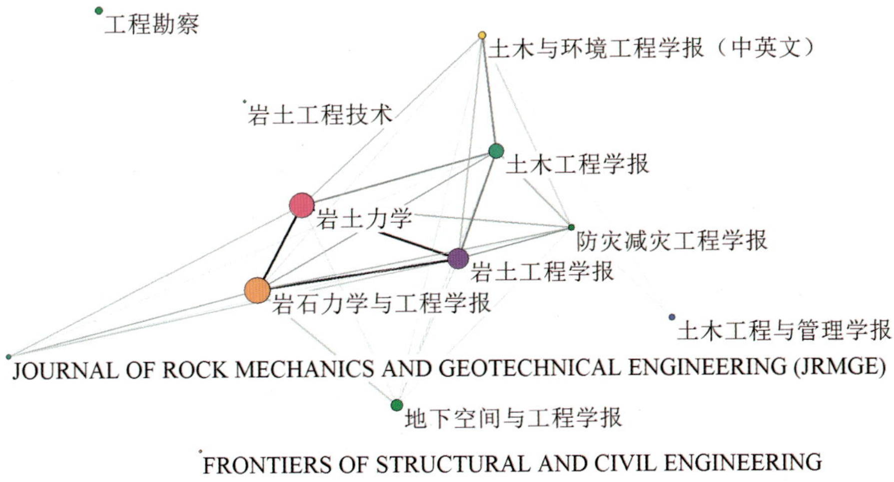

2020 年土木工程类期刊互引关系示意图

表 7-103　2020 年土木工程类期刊主要指标

CODE	刊名	核心总被引频次			核心影响因子			综合评价总分		学科扩散指标	学科影响指标	红点指标
		数值	排名	离均差率	数值	排名	离均差率	数值	排名			
I725	FRONTIERS OF STRUCTURAL AND CIVIL ENGINEERING	143	12	−0.96	0.485	9	−0.50	13.1	11	0.56	0.42	0.00
C010	JOURNAL OF ROCK MECHANICS AND GEOTECHNICAL ENGINEERING (JRMGE)	456	10	−0.86	0.436	11	−0.55	28.4	9	1.38	0.83	0.00
V031	地下空间与工程学报	2175	5	−0.33	0.936	5	−0.04	31.7	8	3.19	0.83	0.47
Z544	防灾减灾工程学报	773	8	−0.76	0.640	7	−0.34	37.0	6	2.66	0.83	0.39
V030	工程勘察	874	6	−0.73	0.462	10	−0.52	18.4	10	2.47	0.75	0.22
V029	土木工程学报	3963	4	0.23	1.287	4	0.33	57.7	4	3.94	0.92	0.43
V035	土木工程与管理学报	645	9	−0.80	0.667	6	−0.31	32.5	7	2.42	0.58	0.42
V019	土木与环境工程学报（中英文）	852	7	−0.74	0.636	8	−0.35	46.6	5	3.29	0.75	0.39
C005	岩石力学与工程学报	11056	1	2.43	2.422	1	1.49	87.4	1	4.99	1.00	0.94
V574	岩土工程技术	189	11	−0.94	0.401	12	−0.59	12.0	12	0.90	0.67	0.28
V037	岩土工程学报	7184	3	1.23	1.617	3	0.67	64.6	3	4.52	1.00	0.48
C004	岩土力学	10394	2	2.22	1.662	2	0.71	73.4	2	5.24	1.00	0.47
	12 种期刊平均值	3225			0.971							

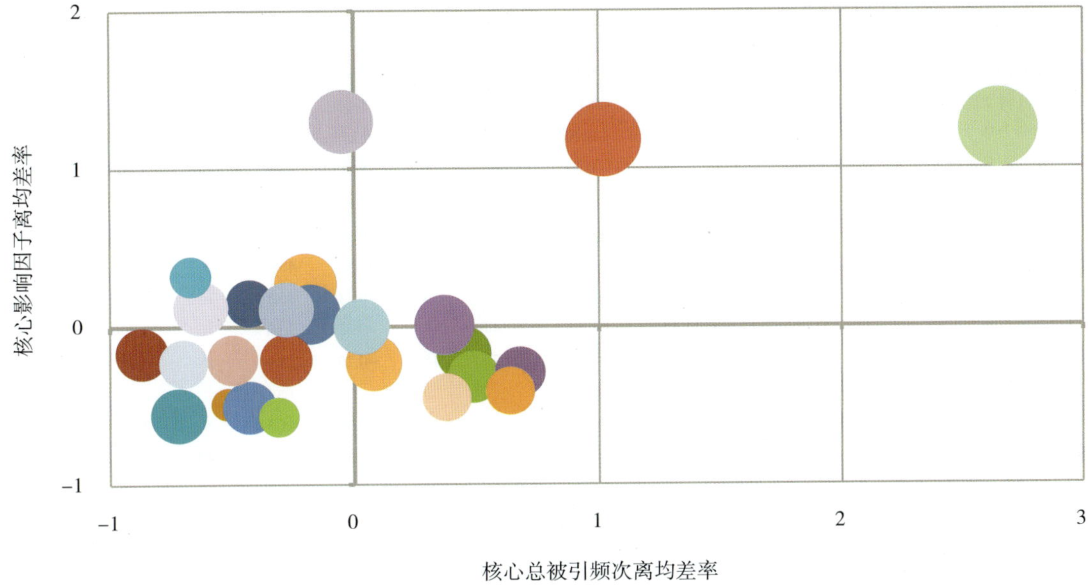

2020 年水利工程类期刊核心总被引频次和核心影响因子离均差率的分布图
（节点大小表示综合评价总分）

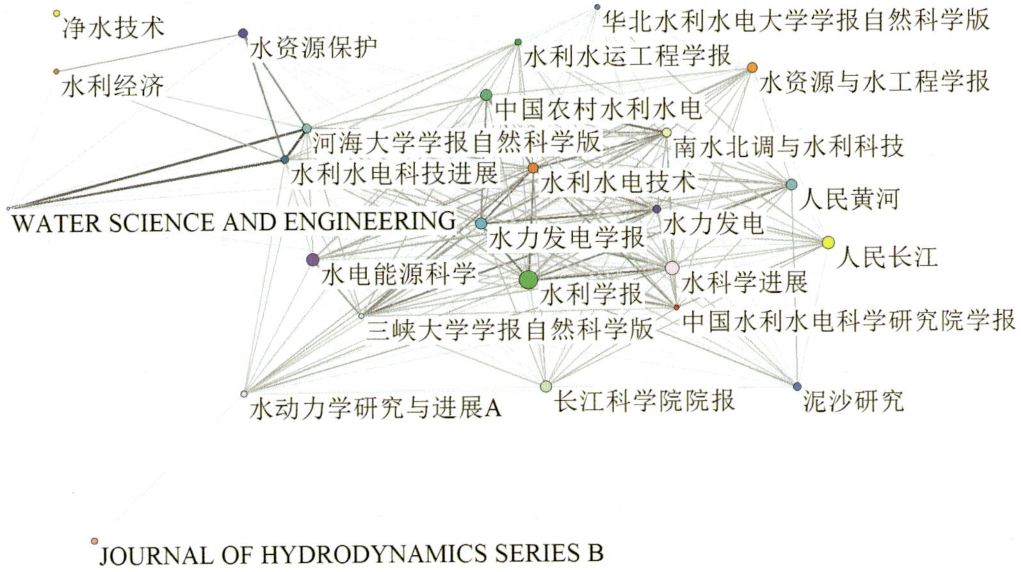

2020 年水利工程类期刊互引关系示意图

表 7-104　2020 年水利工程类期刊主要指标

CODE	刊名	核心总被引频次			核心影响因子			综合评价总分		学科扩散指标	学科影响指标	红点指标
		数值	排名	离均差率	数值	排名	离均差率	数值	排名			
W015	JOURNAL OF HYDRODYNAMICS SERIES B	813	17	−0.43	1.095	6	0.15	30.2	22	1.92	0.76	0.00
W030	WATER SCIENCE AND ENGINEERING	182	25	−0.87	0.792	12	−0.17	36.9	13	1.01	0.80	0.03
W010	长江科学院院报	2071	6	0.45	0.791	13	−0.17	40.1	11	4.26	0.96	0.45
W012	河海大学学报自然科学版	1144	13	−0.20	1.205	5	0.27	52.6	4	3.87	1.00	0.43
W543	华北水利水电大学学报自然科学版	534	21	−0.63	1.066	7	0.12	36.9	13	2.10	0.76	0.46
Z553	净水技术	687	20	−0.52	0.483	22	−0.49	14.6	25	1.94	0.36	0.33
W590	南水北调与水利科技	1180	12	−0.18	1.028	9	0.08	48.7	5	3.04	0.92	0.50
W002	泥沙研究	1035	15	−0.28	0.754	14	−0.21	36.5	15	1.76	0.84	0.33
W555	人民黄河	2133	5	0.49	0.644	19	−0.32	36.0	16	3.73	1.00	0.55
W504	人民长江	2402	3	0.68	0.679	18	−0.29	33.9	18	4.48	0.96	0.43
R086	三峡大学学报自然科学版	404	24	−0.72	0.421	24	−0.56	41.3	9	2.57	0.80	0.40
P007	水电能源科学	2357	4	0.64	0.559	20	−0.41	31.5	20	4.38	0.96	0.42
W004	水动力学研究与进展 A	811	18	−0.43	0.466	23	−0.51	38.3	12	2.60	0.88	0.28
W013	水科学进展	2891	2	1.02	2.075	3	1.18	75.6	2	3.88	1.00	0.46
R050	水力发电	982	16	−0.31	0.411	25	−0.57	21.7	24	2.64	0.84	0.56
R049	水力发电学报	1963	8	0.37	0.955	10	0.01	48.4	6	3.12	1.00	0.44
R587	水利经济	477	22	−0.67	1.256	4	0.32	22.9	23	1.11	0.72	0.37
W011	水利水电技术	1545	9	0.08	0.729	17	−0.23	42.6	7	3.57	0.96	0.56
W502	水利水电科技进展	1038	14	−0.28	1.057	8	0.11	40.5	10	2.62	0.92	0.51
W006	水利水运工程学报	714	19	−0.50	0.753	15	−0.21	34.4	17	1.98	0.96	0.40
W003	水利学报	5231	1	2.65	2.133	2	1.25	87.0	1	5.91	1.00	0.42
R566	水资源保护	1359	11	−0.05	2.187	1	1.30	55.9	3	2.70	0.92	0.54
W570	水资源与水工程学报	1469	10	0.03	0.954	11	0.00	42.2	8	3.57	0.92	0.49
W005	中国农村水利水电	1971	7	0.38	0.525	21	−0.45	31.8	19	4.34	0.92	0.48
W557	中国水利水电科学研究院学报	424	23	−0.70	0.733	16	−0.23	31.5	20	1.80	0.80	0.46
	25 种期刊平均值	1433			0.950							

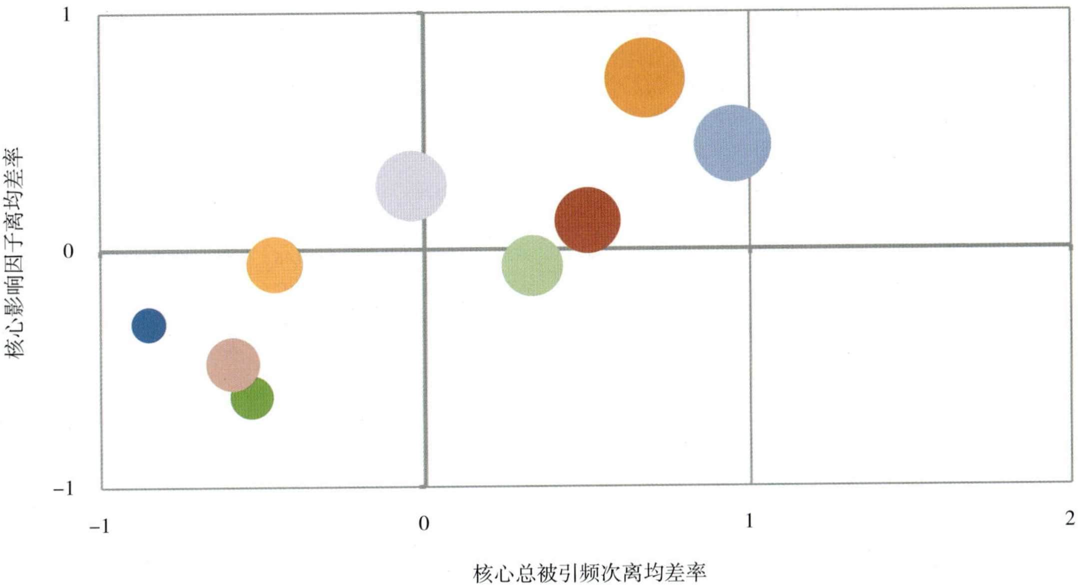

2020 年交通运输工程类期刊核心总被引频次和核心影响因子离均差率的分布图

（节点大小表示综合评价总分）

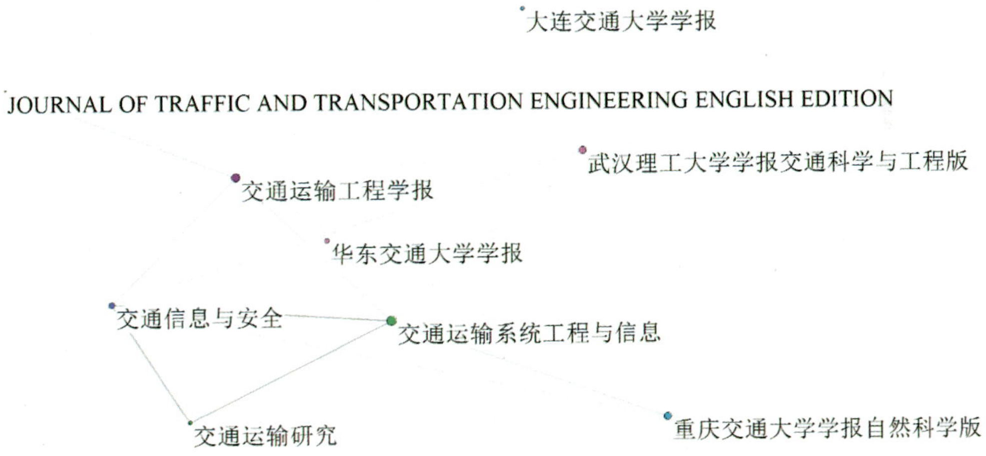

2020 年交通运输工程类期刊互引关系示意图

表 7-105　2020 年交通运输工程类期刊主要指标

CODE	刊名	核心总被引频次			核心影响因子			综合评价总分		学科扩散指标	学科影响指标	红点指标
		数值	排名	离均差率	数值	排名	离均差率	数值	排名			
X053	JOURNAL OF TRAFFIC AND TRANSPORTATION ENGINEERING ENGLISH EDITION	108	9	−0.85	0.451	7	−0.31	16.0	9	0.54	0.44	0.15
X029	重庆交通大学学报自然科学版	1103	3	0.50	0.733	4	0.12	57.9	4	3.53	1.00	0.92
X001	大连交通大学学报	345	7	−0.53	0.247	9	−0.62	24.3	8	1.92	0.89	0.18
X003	华东交通大学学报	398	6	−0.46	0.616	5	−0.06	41.3	6	2.27	0.89	0.24
X020	交通信息与安全	703	5	−0.04	0.830	3	0.27	62.1	3	2.51	0.89	0.75
X672	交通运输工程学报	1231	2	0.68	1.129	1	0.72	85.1	1	3.29	1.00	0.70
X685	交通运输系统工程与信息	1428	1	0.95	0.940	2	0.44	77.3	2	2.92	1.00	0.96
X516	交通运输研究	301	8	−0.59	0.341	8	−0.48	38.5	7	1.58	0.89	0.41
X017	武汉理工大学学报交通科学与工程版	977	4	0.33	0.608	6	−0.07	49.0	5	3.56	1.00	0.34
	9 种期刊平均值	733			0.655							

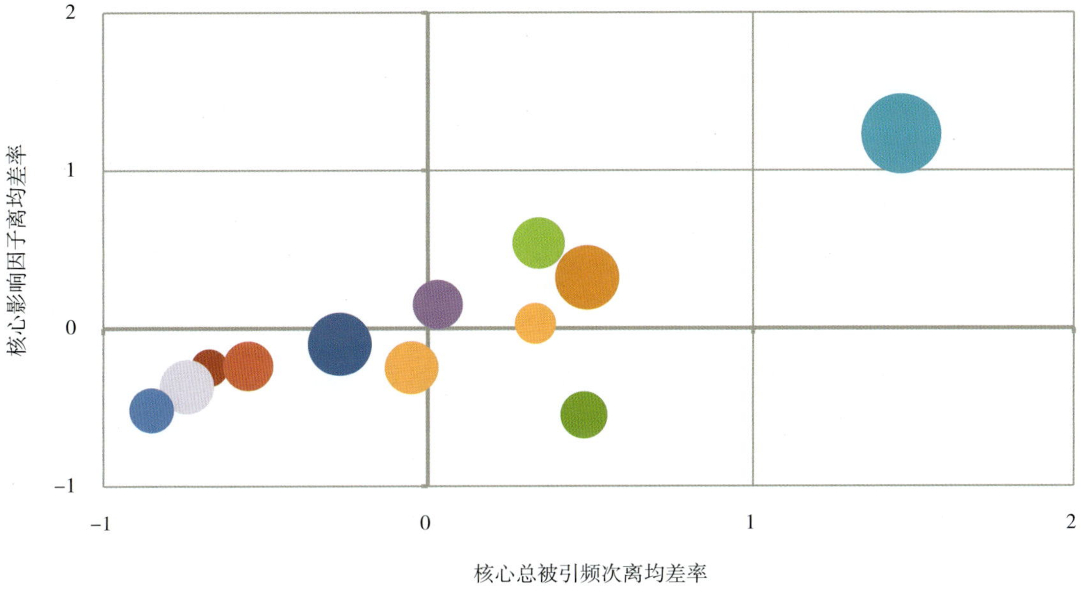

2020 年公路运输类期刊核心总被引频次和核心影响因子离均差率的分布图
（节点大小表示综合评价总分）

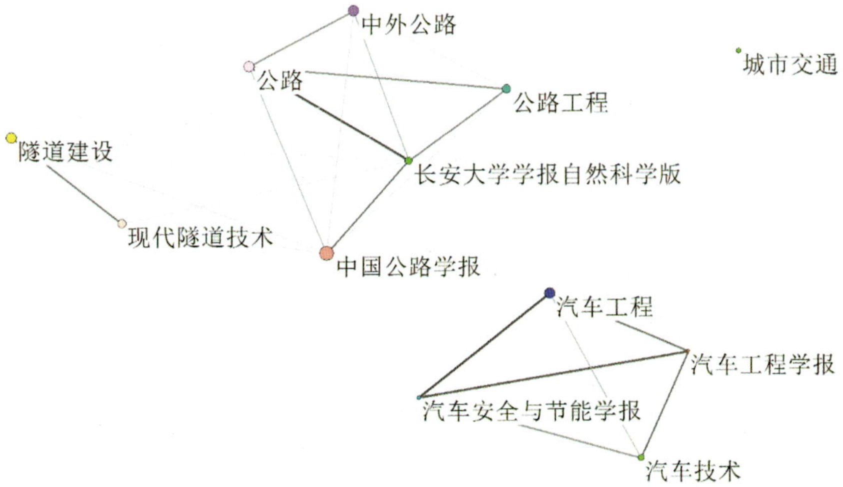

2020 年公路运输类期刊互引关系示意图

表 7-106 2020 年公路运输类期刊主要指标

CODE	刊名	核心总被引频次			核心影响因子			综合评价总分		学科扩散指标	学科影响指标	红点指标
		数值	排名	离均差率	数值	排名	离均差率	数值	排名			
X036	长安大学学报自然科学版	979	8	-0.27	0.665	6	-0.10	58.6	3	3.00	0.75	0.97
X046	城市交通	448	10	-0.67	0.552	9	-0.25	21.0	12	1.21	0.58	0.38
X579	公路	1997	3	0.48	0.331	12	-0.55	32.6	9	3.18	0.67	0.60
X022	公路工程	1283	7	-0.05	0.553	8	-0.25	41.5	4	2.57	0.58	0.58
X532	汽车安全与节能学报	347	11	-0.74	0.466	10	-0.37	40.6	5	1.51	0.42	0.36
X018	汽车工程	2016	2	0.49	0.969	3	0.32	60.6	2	3.38	0.67	0.27
X500	汽车工程学报	206	12	-0.85	0.352	11	-0.52	29.5	10	1.08	0.42	0.18
X013	汽车技术	605	9	-0.55	0.562	7	-0.24	36.4	7	2.03	0.42	0.20
X634	隧道建设	1811	4	0.34	1.131	2	0.54	39.3	6	2.18	0.58	0.46
X673	现代隧道技术	1395	6	0.03	0.846	4	0.15	35.5	8	2.10	0.58	0.66
X031	中国公路学报	3320	1	1.46	1.639	1	1.23	93.9	1	4.40	1.00	1.00
X539	中外公路	1789	5	0.33	0.754	5	0.03	24.4	11	2.34	0.58	0.54
	12 种期刊平均值	1350			0.735							

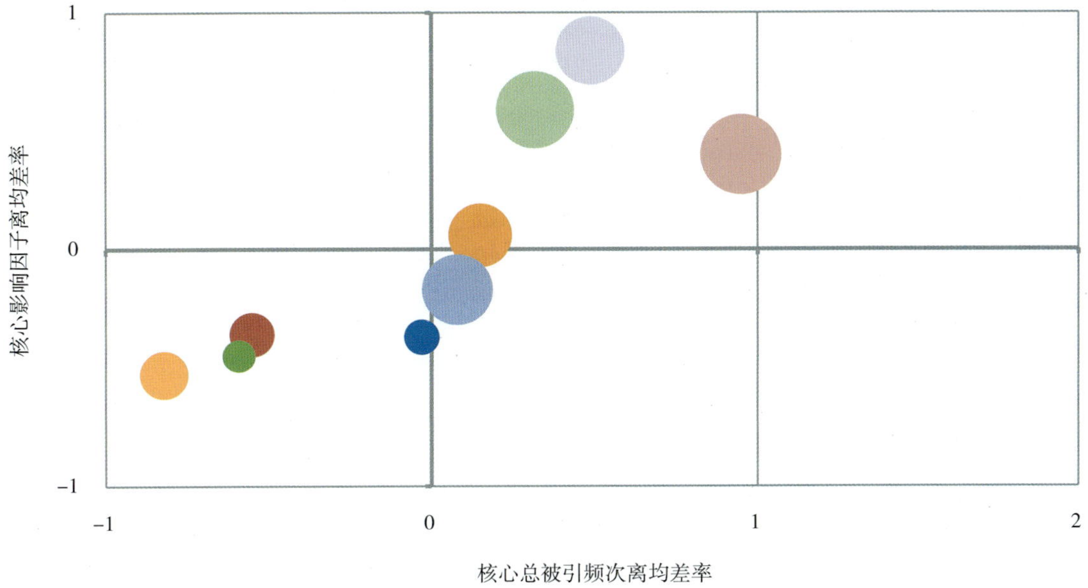

2020 年铁路运输类期刊核心总被引频次和核心影响因子离均差率的分布图
（节点大小表示综合评价总分）

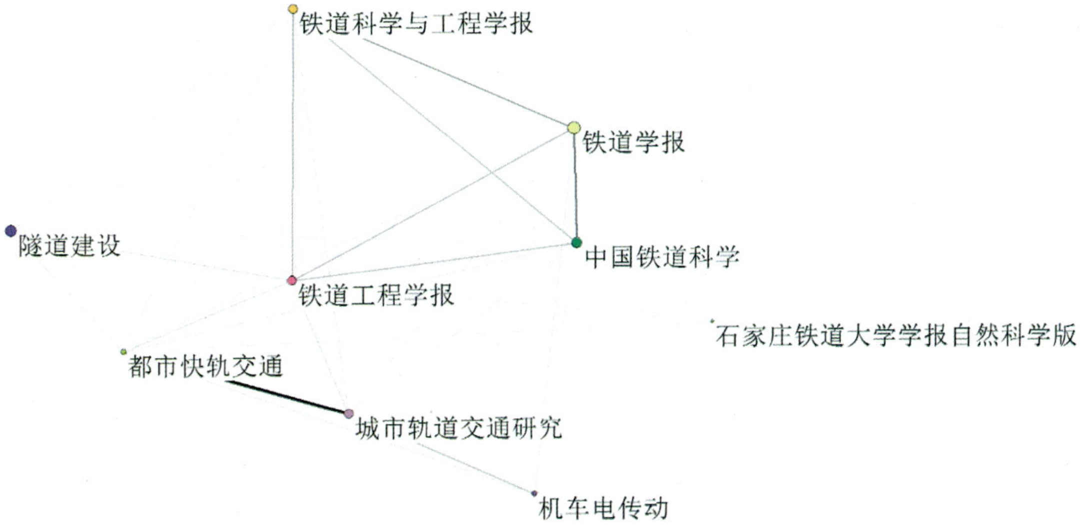

2020 年铁路运输类期刊互引关系示意图

表 7-107　2020 年铁路运输类期刊主要指标

CODE	刊名	核心总被引频次			核心影响因子			综合评价总分		学科扩散指标	学科影响指标	红点指标
		数值	排名	离均差率	数值	排名	离均差率	数值	排名			
X043	城市轨道交通研究	1180	6	-0.03	0.386	7	-0.37	16.1	8	2.30	0.89	0.81
X034	都市快轨交通	546	7	-0.55	0.397	6	-0.36	25.3	7	1.30	1.00	0.79
X011	机车电传动	503	8	-0.59	0.341	8	-0.45	13.4	9	1.31	0.78	0.79
X042	石家庄铁道大学学报自然科学版	218	9	-0.82	0.287	9	-0.53	29.8	6	1.20	1.00	0.36
X634	隧道建设	1811	2	0.49	1.131	1	0.84	56.7	4	2.18	0.89	0.46
X521	铁道工程学报	1391	4	0.15	0.654	4	0.06	52.6	5	2.88	0.89	0.43
X007	铁道科学与工程学报	1311	5	0.08	0.514	5	-0.17	64.2	3	3.22	1.00	0.39
X005	铁道学报	2365	1	0.95	0.860	3	0.40	82.8	1	3.80	1.00	0.41
X004	中国铁道科学	1605	3	0.32	0.977	2	0.59	77.6	2	3.33	1.00	0.63
	9 种期刊平均值	1214			0.616							

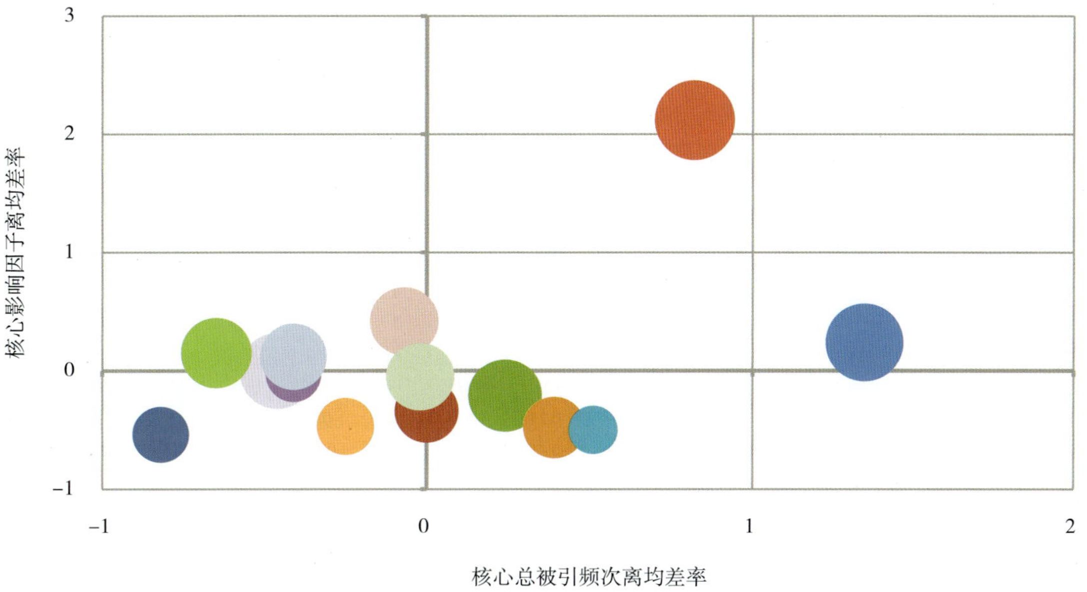

2020 年水路运输类期刊核心总被引频次和核心影响因子离均差率的分布图
（节点大小表示综合评价总分）

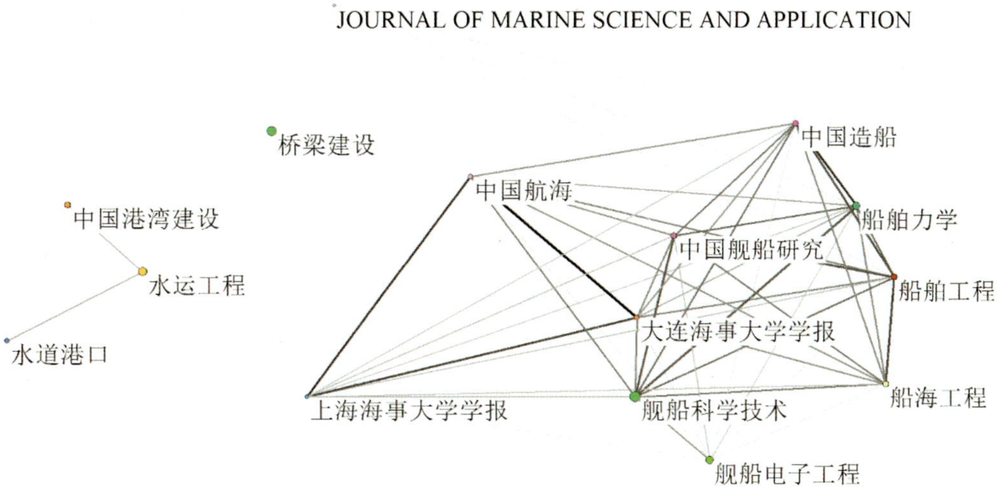

2020 年水路运输类期刊互引关系示意图

表 7-108　2020 年水路运输类期刊主要指标

CODE	刊名	核心总被引频次			核心影响因子			综合评价总分		学科扩散指标	学科影响指标	红点指标
		数值	排名	离均差率	数值	排名	离均差率	数值	排名			
I229	JOURNAL OF MARINE SCIENCE AND APPLICATION	143	15	−0.82	0.257	15	−0.54	26.1	12	0.70	0.60	0.04
X010	船舶工程	793	6	0.00	0.366	10	−0.34	33.4	9	2.38	1.00	0.30
X633	船舶力学	982	5	0.24	0.442	9	−0.21	43.7	4	1.88	0.80	0.38
X635	船海工程	596	10	−0.25	0.296	12	−0.47	27.2	11	1.78	0.87	0.35
X024	大连海事大学学报	427	13	−0.46	0.557	6	0.00	46.2	3	1.96	0.87	0.23
Y522	舰船电子工程	1101	4	0.39	0.288	13	−0.48	31.5	10	2.60	0.67	0.25
Y564	舰船科学技术	1859	1	1.35	0.693	3	0.24	50.8	2	3.71	0.93	0.43
X021	桥梁建设	1440	2	0.82	1.740	1	2.12	53.5	1	1.53	0.40	0.84
X038	上海海事大学学报	281	14	−0.65	0.640	4	0.15	41.5	5	1.45	0.73	0.27
X533	水道港口	471	11	−0.41	0.543	7	−0.03	25.6	13	1.20	0.67	0.34
X528	水运工程	1194	3	0.51	0.278	14	−0.50	19.6	14	2.06	0.80	0.28
X035	中国港湾建设	607	9	−0.23	0.315	11	−0.44	8.3	15	1.18	0.60	0.39
X039	中国航海	471	11	−0.41	0.626	5	0.12	36.9	8	1.39	0.93	0.20
N108	中国舰船研究	736	8	−0.07	0.795	2	0.42	38.6	6	1.92	0.80	0.51
X012	中国造船	777	7	−0.02	0.529	8	−0.05	37.9	7	1.57	0.87	0.34
	15 种期刊平均值	792			0.558							

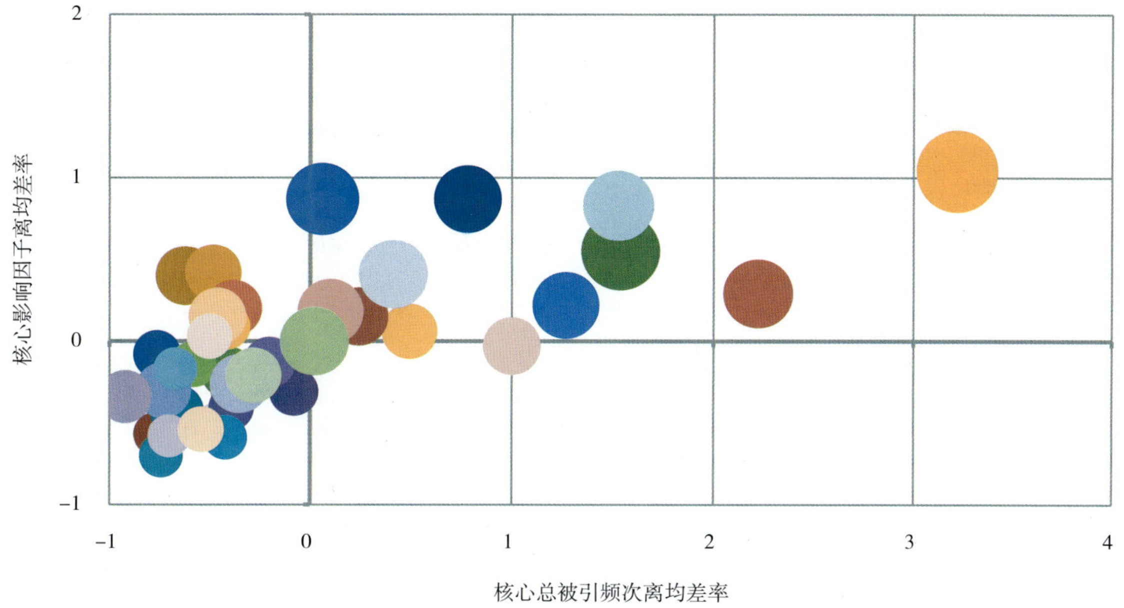

2020 年航空、航天科学技术类期刊核心总被引频次和核心影响因子离均差率的分布图

（节点大小表示综合评价总分）

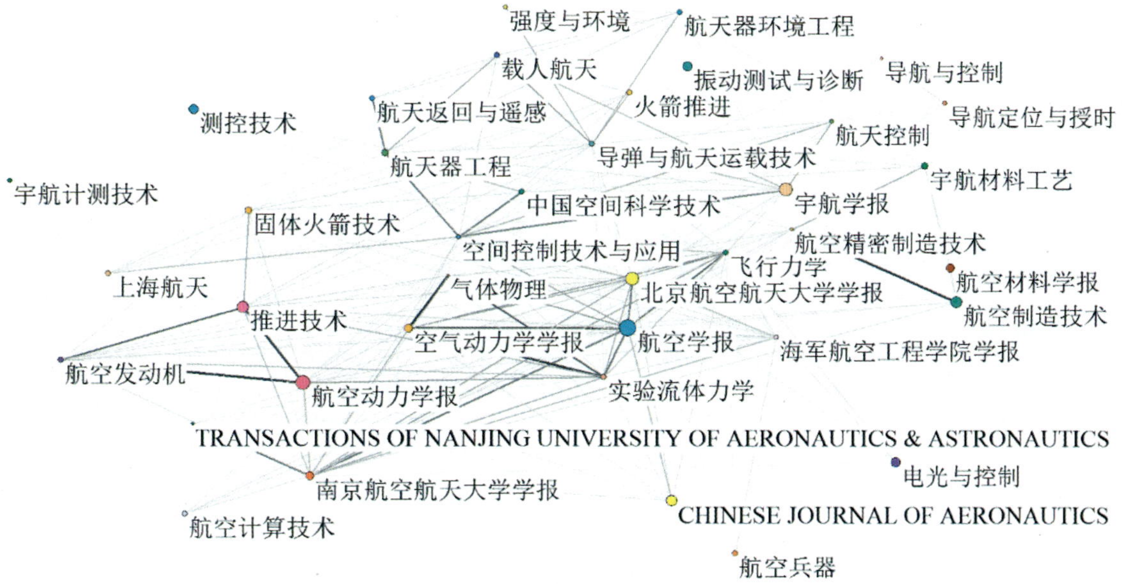

2020 年航空、航天科学技术类期刊互引关系示意图

表 7-109　2020 年航空、航天科学技术类期刊主要指标

CODE	刊名	核心总被引频次			核心影响因子			综合评价总分		学科扩散指标	学科影响指标	红点指标
		数值	排名	离均差率	数值	排名	离均差率	数值	排名			
I122	CHINESE JOURNAL OF AERONAUTICS	1595	7	0.78	1.089	2	0.87	54.6	8	2.98	0.89	0.01
I017	TRANSACTIONS OF NANJING UNIVERSITY OF AERONAUTICS & ASTRONAUTICS	206	37	−0.77	0.248	35	−0.57	22.2	36	1.02	0.37	0.41
Y001	北京航空航天大学学报	2280	3	1.54	0.903	5	0.55	72.4	2	5.61	0.97	0.36
Y022	测控技术	1337	8	0.49	0.618	16	0.06	36.5	20	3.53	0.71	0.36
Y503	导弹与航天运载技术	488	24	−0.46	0.281	33	−0.52	24.2	33	1.56	0.68	0.44
Y563	导航定位与授时	339	30	−0.62	0.815	8	0.40	41.4	12	1.12	0.39	0.38
Y585	导航与控制	215	36	−0.76	0.534	20	−0.08	27.7	26	1.07	0.29	0.47
R740	电光与控制	1108	10	0.24	0.669	13	0.15	40.3	13	2.67	0.61	0.42
Y006	飞行力学	529	22	−0.41	0.474	24	−0.19	33.1	23	1.57	0.66	0.52
Y013	固体火箭技术	825	14	−0.08	0.404	29	−0.31	28.2	25	1.79	0.63	0.38
Y029	海军航空工程学院学报	308	31	−0.66	0.331	32	−0.43	34.4	21	1.47	0.53	0.32
Y556	航空兵器	462	26	−0.48	0.826	6	0.42	37.2	18	1.47	0.63	0.53
Y027	航空材料学报	946	12	0.06	1.088	3	0.87	62.2	3	2.29	0.47	0.49
Y017	航空动力学报	2887	2	2.22	0.751	9	0.29	56.3	5	3.64	0.87	0.41
Y554	航空发动机	557	18	−0.38	0.411	27	−0.29	25.7	28	1.35	0.50	0.94
Y031	航空计算技术	543	20	−0.39	0.342	31	−0.41	24.7	31	1.85	0.74	0.28
Y012	航空精密制造技术	236	35	−0.74	0.173	38	−0.70	23.2	35	1.18	0.47	0.35
Y002	航空学报	3778	1	3.22	1.185	1	1.04	81.0	1	4.79	1.00	0.52
Y014	航空制造技术	2037	5	1.27	0.711	10	0.22	53.3	9	3.42	0.89	0.52
Y034	航天返回与遥感	555	19	−0.38	0.700	11	0.20	38.5	16	1.53	0.47	0.50
Y015	航天控制	378	29	−0.58	0.503	22	−0.14	25.8	27	1.37	0.55	0.47
Y033	航天器工程	713	15	−0.20	0.506	21	−0.13	31.4	24	2.00	0.61	0.51
Y032	航天器环境工程	516	23	−0.42	0.241	37	−0.59	23.3	34	1.83	0.71	0.48
Y040	火箭推进	530	21	−0.41	0.634	15	0.09	25.2	29	1.18	0.68	0.50
Y051	空间控制技术与应用	244	34	−0.73	0.409	28	−0.30	37.7	17	1.07	0.53	0.28
Y016	空气动力学学报	982	11	0.10	0.685	12	0.18	50.9	10	2.16	0.66	0.47
Y026	南京航空航天大学学报	912	13	0.02	0.584	18	0.00	55.3	7	3.62	0.74	0.42
Y504	气体物理	68	38	−0.92	0.383	30	−0.34	34.1	22	0.30	0.26	0.53
Y009	强度与环境	298	32	−0.67	0.482	23	−0.17	22.1	37	1.13	0.66	0.45
Y555	上海航天	483	25	−0.46	0.668	14	0.15	39.8	15	2.02	0.66	0.33
Y018	实验流体力学	582	17	−0.35	0.433	26	−0.26	42.1	11	1.93	0.63	0.42
Y025	推进技术	1790	6	1.00	0.563	19	−0.03	39.9	14	2.24	0.82	0.62
Y020	宇航材料工艺	643	16	−0.28	0.462	25	−0.21	36.8	19	2.25	0.63	0.49
Y008	宇航计测技术	271	33	−0.70	0.246	36	−0.58	21.9	38	1.29	0.39	0.21
Y024	宇航学报	2264	4	1.53	1.063	4	0.83	59.1	4	3.13	0.84	0.41
Y057	载人航天	408	28	−0.54	0.266	34	−0.54	25.2	29	1.53	0.55	0.29
Y010	振动测试与诊断	1267	9	0.41	0.819	7	0.41	56.1	6	3.35	0.58	0.44
Y003	中国空间科学技术	449	27	−0.50	0.597	17	0.03	24.3	32	1.49	0.63	0.44
	38 种期刊平均值	896			0. 582							

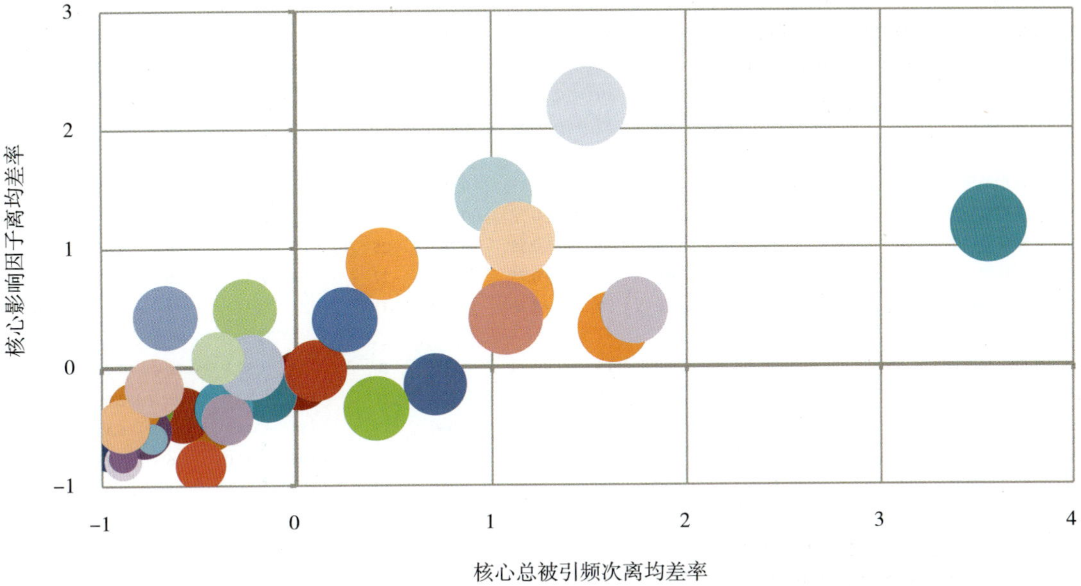

2020 年环境科学技术及资源科学技术类期刊核心总被引频次和核心影响因子离均差率的分布图
（节点大小表示综合评价总分）

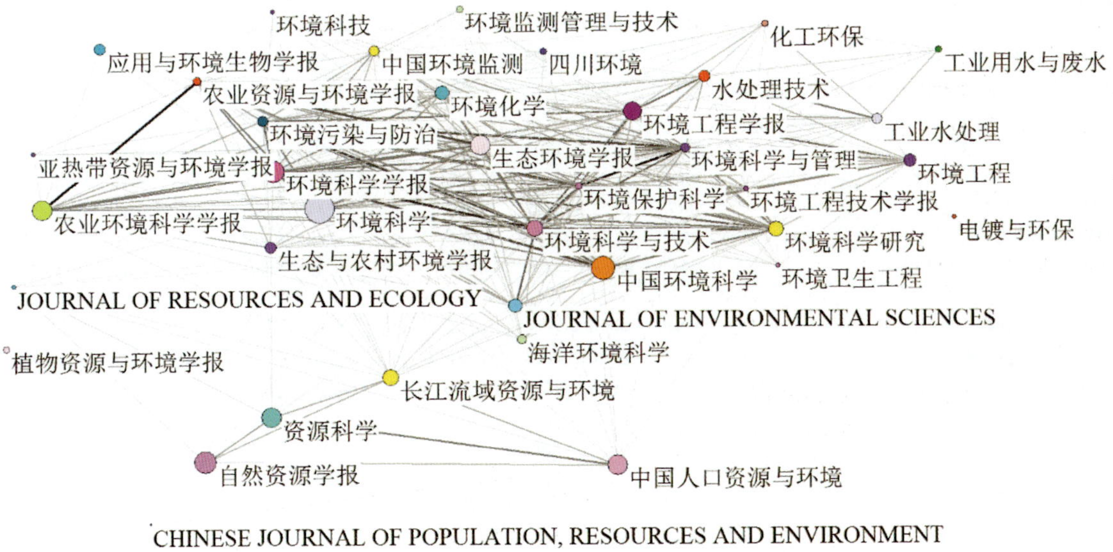

2020 年环境科学技术及资源科学技术类期刊互引关系示意图

表 7-110　2020 年环境科学技术及资源科学技术类期刊主要指标

CODE	刊名	核心总被引频次			核心影响因子			综合评价总分		学科扩散指标	学科影响指标	红点指标
		数值	排名	离均差率	数值	排名	离均差率	数值	排名			
I219	CHINESE JOURNAL OF POPULATION, RESOURCES AND ENVIRONMENT	113	37	−0.96	0.373	34	−0.70	20.1	32	0.53	0.14	0.03
Z027	JOURNAL OF ENVIRONMENTAL SCIENCES	2833	14	0.02	1.107	16	−0.11	43.0	17	5.49	0.92	0.11
F208	JOURNAL OF RESOURCES AND ECOLOGY	366	32	−0.87	0.620	28	−0.50	35.7	22	1.52	0.46	0.37
Z029	长江流域资源与环境	4027	10	0.44	2.338	5	0.87	62.0	6	5.20	0.78	0.41
Z015	电镀与环保	298	35	−0.89	0.263	36	−0.79	15.1	34	0.89	0.30	0.26
Z013	工业水处理	1593	21	−0.43	0.608	29	−0.51	25.7	30	3.13	0.70	0.54
Z032	工业用水与废水	601	30	−0.78	0.573	30	−0.54	7.2	37	1.63	0.59	0.54
Z010	海洋环境科学	1174	23	−0.58	0.746	25	−0.40	37.3	20	3.04	0.73	0.38
Z009	化工环保	686	28	−0.75	0.820	22	−0.34	26.1	29	2.17	0.62	0.54
Z017	环境保护科学	616	29	−0.78	0.572	31	−0.54	35.1	23	2.76	0.84	0.48
Z005	环境工程	2385	15	−0.14	0.966	20	−0.23	37.3	20	5.04	0.84	0.60
Z550	环境工程技术学报	474	31	−0.83	0.822	21	−0.34	32.7	26	2.06	0.78	0.66
Z021	环境工程学报	4777	9	0.71	1.066	17	−0.15	46.2	15	6.48	0.84	0.57
D024	环境化学	3057	13	0.10	1.211	15	−0.03	45.0	16	5.78	0.92	0.61
Z554	环境监测管理与技术	730	26	−0.74	1.025	19	−0.18	21.5	31	2.27	0.76	0.59
Z506	环境科技	345	33	−0.88	0.479	33	−0.62	15.8	33	1.60	0.62	0.64
Z004	环境科学	12709	1	3.56	2.736	3	1.19	72.2	2	8.19	0.97	0.76
Z003	环境科学学报	7291	3	1.62	1.662	12	0.33	59.7	8	8.10	0.92	0.63
Z002	环境科学研究	3494	12	0.25	1.749	11	0.40	50.2	11	6.06	0.92	0.59
Z521	环境科学与管理	1408	22	−0.49	0.208	37	−0.83	30.7	28	4.94	0.86	0.43
Z025	环境科学与技术	3929	11	0.41	0.810	24	−0.35	50.0	13	7.46	0.97	0.59
Z035	环境卫生工程	299	34	−0.89	0.295	35	−0.76	10.0	36	1.25	0.57	0.40
Z019	环境污染与防治	1765	19	−0.37	0.812	23	−0.35	40.6	19	4.57	0.92	0.70
Z008	农业环境科学学报	5944	5	1.13	1.991	6	0.60	61.5	7	5.43	0.92	0.73
H773	农业资源与环境学报	909	24	−0.67	1.769	9	0.42	50.1	12	2.79	0.70	0.59
H784	生态环境学报	5760	7	1.07	1.760	10	0.41	65.2	5	6.31	0.95	0.63
Z023	生态与农村环境学报	2050	17	−0.26	1.840	7	0.48	47.6	14	4.44	0.92	0.59
Z016	水处理技术	1817	18	−0.35	0.703	26	−0.44	30.9	27	3.21	0.68	0.65
Z007	四川环境	727	27	−0.74	0.500	32	−0.60	10.7	35	2.71	0.86	0.48
E047	亚热带资源与环境学报	294	36	−0.89	0.639	27	−0.49	34.2	24	1.64	0.43	0.35
F100	应用与环境生物学报	2159	16	−0.23	1.244	14	0.00	51.3	10	4.38	0.78	0.27
Z551	植物资源与环境学报	748	25	−0.73	1.041	18	−0.17	41.7	18	2.20	0.27	0.25
Z030	中国环境监测	1675	20	−0.40	1.349	13	0.08	32.8	25	3.71	0.86	0.63
Z001	中国环境科学	7616	2	1.73	1.832	8	0.47	53.1	9	7.87	0.95	0.62
Z546	中国人口资源与环境	5604	8	1.01	3.045	2	1.44	69.7	3	6.36	0.73	0.25
Z022	资源科学	5932	6	1.13	2.585	4	1.07	66.5	4	6.53	0.76	0.46
Z012	自然资源学报	6948	4	1.49	3.982	1	2.19	76.4	1	5.90	0.78	0.36
	37 种期刊平均值	2788			1. 247							

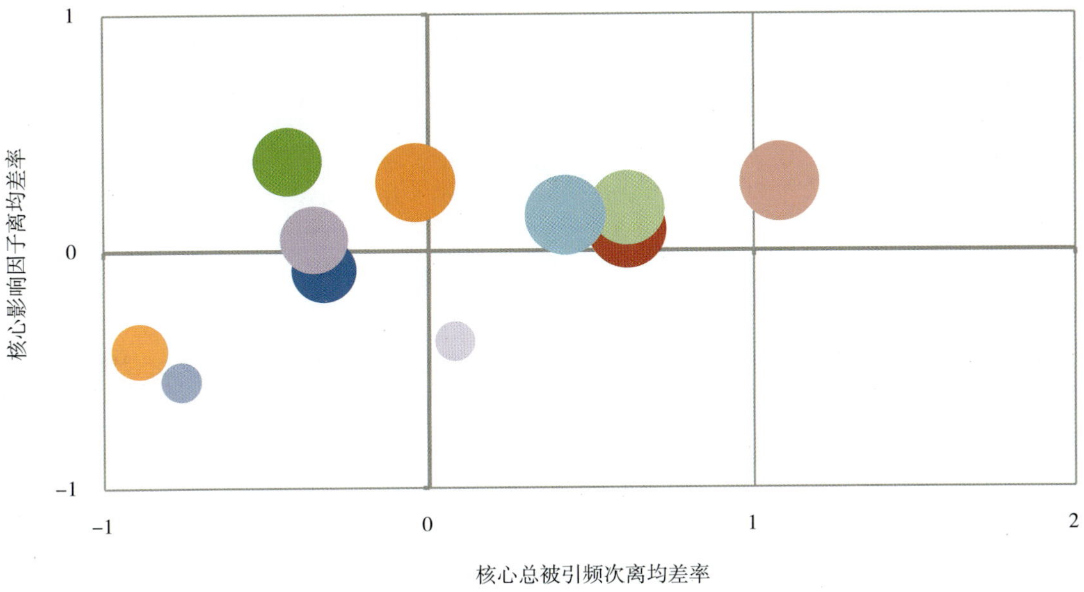

2020 年安全科学技术类期刊核心总被引频次和核心影响因子离均差率的分布图
（节点大小表示综合评价总分）

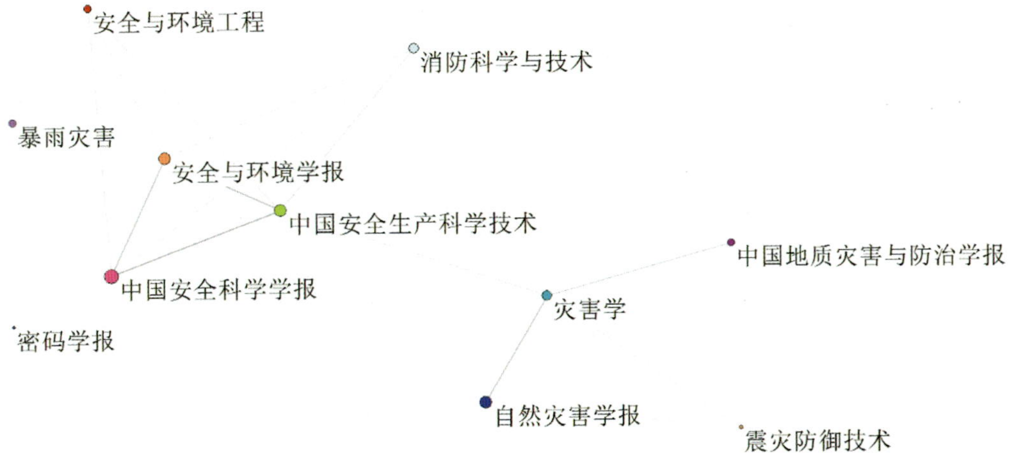

2020 年安全科学技术类期刊互引关系示意图

表 7-111　2020 年安全科学技术类期刊主要指标

CODE	刊名	核心总被引频次			核心影响因子			综合评价总分		学科扩散指标	学科影响指标	红点指标
		数值	排名	离均差率	数值	排名	离均差率	数值	排名			
E625	安全与环境工程	1055	7	-0.32	0.842	8	-0.08	50.8	8	3.73	0.73	0.26
Z549	安全与环境学报	2502	3	0.61	0.996	6	0.09	75.6	4	6.63	0.82	0.97
E045	暴雨灾害	883	9	-0.43	1.262	1	0.38	57.8	6	1.15	0.27	0.19
R119	密码学报	179	11	-0.89	0.531	10	-0.42	38.6	9	0.73	0.09	0.09
T953	消防科学与技术	1677	5	0.08	0.570	9	-0.38	17.6	11	2.53	0.55	0.54
E148	灾害学	1502	6	-0.04	1.174	2	0.29	76.6	3	4.03	0.91	0.47
E316	震灾防御技术	375	10	-0.76	0.412	11	-0.55	20.0	10	0.94	0.55	0.24
G129	中国安全科学学报	3236	1	1.08	1.173	3	0.29	78.3	2	5.38	0.91	0.29
Z552	中国安全生产科学技术	2507	2	0.61	1.072	4	0.18	69.1	5	4.58	0.82	0.38
E604	中国地质灾害与防治学报	1011	8	-0.35	0.957	7	0.05	56.0	7	2.42	0.73	0.42
E137	自然灾害学报	2213	4	0.42	1.046	5	0.15	79.0	1	4.66	0.91	0.24
	11 种期刊平均值	1558			0.912							

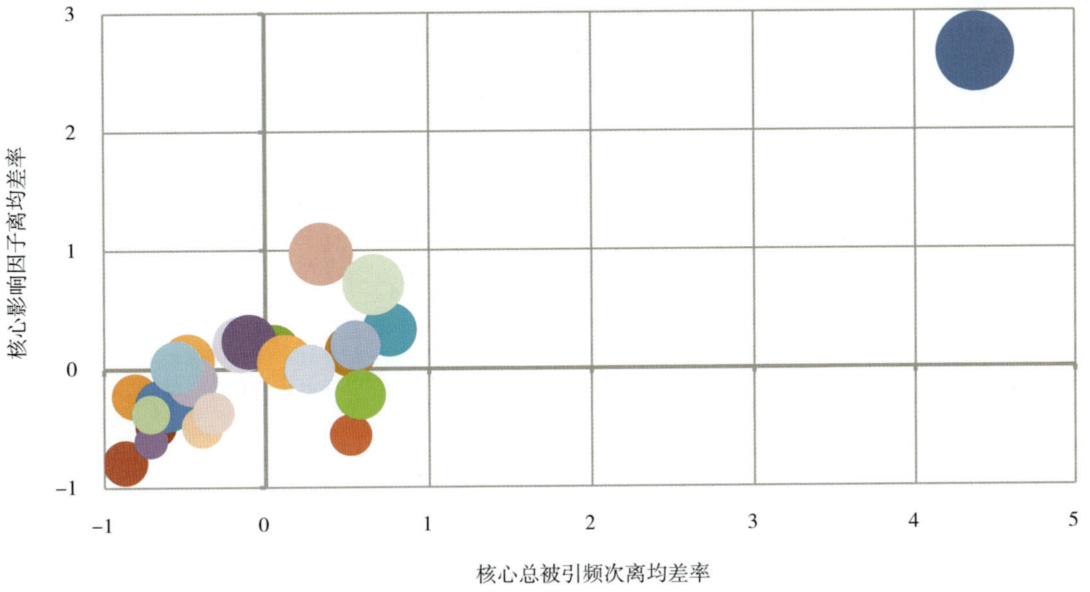

2020 年管理学类期刊核心总被引频次和核心影响因子离均差率的分布图
（节点大小表示综合评价总分）

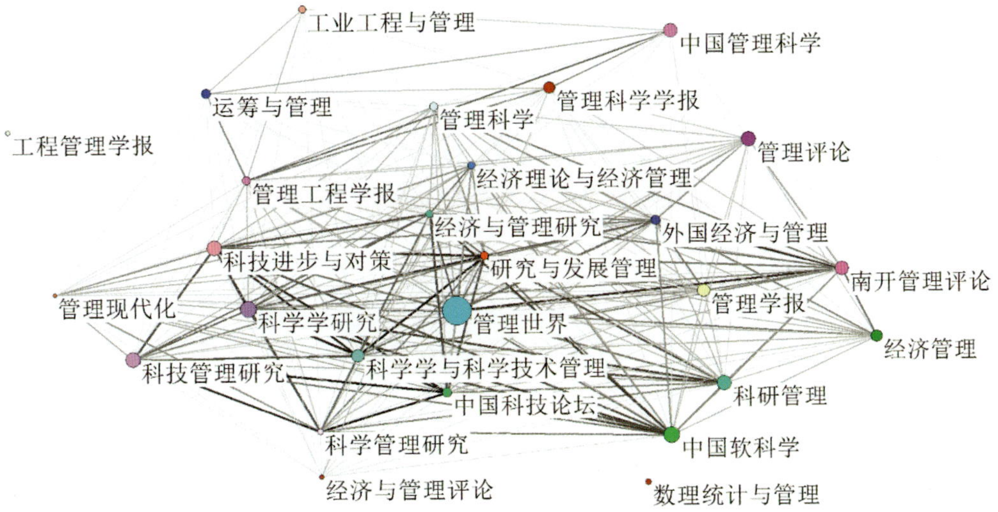

2020 年管理学类期刊互引关系示意图

表 7-112　2020 年管理学类期刊主要指标

CODE	刊名	核心总被引频次			核心影响因子			综合评价总分		学科扩散指标	学科影响指标	红点指标
		数值	排名	离均差率	数值	排名	离均差率	数值	排名			
S712	工程管理学报	433	26	-0.83	0.406	26	-0.75	2.6	27	1.56	0.30	0.39
N110	工业工程与管理	836	22	-0.68	0.829	22	-0.48	24.5	24	2.61	0.81	0.28
W007	管理工程学报	1358	17	-0.47	1.356	15	-0.16	39.7	10	3.06	1.00	0.36
W018	管理科学	1332	18	-0.48	1.723	10	0.07	41.6	7	2.74	0.96	0.42
W008	管理科学学报	2199	13	-0.15	1.949	6	0.21	41.9	6	3.57	1.00	0.36
W025	管理评论	3899	7	0.52	1.850	9	0.15	37.3	12	4.61	1.00	0.40
S744	管理世界	13855	1	4.38	5.872	1	2.65	91.0	1	5.64	1.00	0.35
S745	管理现代化	344	27	-0.87	0.335	27	-0.79	29.2	20	1.84	0.81	0.45
W016	管理学报	2702	11	0.05	1.866	8	0.16	36.9	14	3.85	1.00	0.36
S759	经济管理	2328	12	-0.10	1.986	5	0.23	42.6	5	3.45	1.00	0.44
S762	经济理论与经济管理	1029	20	-0.60	1.117	18	-0.31	37.3	12	2.81	0.89	0.29
S230	经济与管理评论	485	25	-0.81	1.236	17	-0.23	30.7	19	2.08	0.74	0.36
S773	经济与管理研究	914	21	-0.64	1.117	18	-0.31	41.3	8	3.18	1.00	0.50
S812	科技管理研究	3903	6	0.52	0.716	24	-0.56	24.6	22	6.37	0.96	0.51
R588	科技进步与对策	4056	4	0.58	1.256	16	-0.22	35.2	16	5.17	0.96	0.61
S816	科学管理研究	753	23	-0.71	0.622	25	-0.61	16.0	26	2.17	0.70	0.50
W514	科学学研究	4540	2	0.76	2.137	4	0.33	41.0	9	5.48	0.96	0.44
S818	科学学与科学技术管理	2891	10	0.12	1.700	11	0.06	43.5	4	3.78	0.93	0.52
W531	科研管理	4001	5	0.55	1.928	7	0.20	34.9	17	4.25	1.00	0.51
S776	南开管理评论	3436	8	0.34	3.167	2	0.97	56.7	2	3.13	1.00	0.40
W009	数理统计与管理	744	24	-0.71	0.995	21	-0.38	21.1	25	3.34	0.74	0.18
S795	外国经济与管理	1419	16	-0.45	1.442	14	-0.10	36.6	15	2.81	0.96	0.33
S821	研究与发展管理	1151	19	-0.55	1.642	12	0.02	38.9	11	2.29	0.93	0.55
B522	运筹与管理	1565	15	-0.39	0.815	23	-0.49	24.6	22	3.54	0.89	0.27
W021	中国管理科学	3268	9	0.27	1.610	13	0.00	34.9	17	4.49	0.93	0.27
A098	中国科技论坛	1745	14	-0.32	1.010	20	-0.37	24.7	21	3.53	0.85	0.41
S825	中国软科学	4281	3	0.66	2.756	3	0.71	52.5	3	5.90	1.00	0.43
	27 种期刊平均值	2573			1.609							

表8 2020年中国科技核心期刊综合评价总分排名（自然科学）

CODE	刊名	核心总被引频次		核心影响因子		综合评价总分*	
		数值	排名	数值	排名	数值	排名
H527	草业学报	4617	95	1.823	135	99.1	1
K015	中国矿业大学学报	3240	199	2.185	70	94.2; 77.9	2
G023	南方医科大学学报	2216	400	1.091	483	94.1	3
X031	中国公路学报	3320	190	1.639	188	93.9	4
H030	中国农业科学	11985	13	2.190	68	93.8	5
S026	自动化学报	4263	113	2.624	40	93.7	6
A103	中国科学 物理学力学天文学	743	1263	0.632	1257	48.5; 43.0; 93.6	7
H034	作物学报	5901	63	2.193	66	92.9	8
E305	地理学报	11798	14	6.290	1	91.5	9
S744	管理世界	13855	9	5.872	2	91.0	10
G978	中华消化外科杂志	2611	302	2.431	49	90.5	11
G143	中华骨科杂志	2966	244	1.936	110	90.4	12
G147	中华结核和呼吸杂志	4632	94	2.137	77	90.4	12
F009	植物生态学报	4819	86	1.888	117	89.4	14
C005	岩石力学与工程学报	11056	18	2.422	50	87.4; 87.4	15
L031	石油勘探与开发	5544	75	4.596	3	87.1	16
W003	水利学报	5231	80	2.133	79	87.0	17
N051	机械工程学报	9178	26	1.383	273	86.2	18
U053	纺织学报	2056	442	0.781	932	86.0	19
G197	中华神经科杂志	4608	96	3.258	19	86.0	19
E111	湖泊科学	3192	208	2.373	51	85.8	21
G152	中华流行病学杂志	6488	51	2.250	62	85.8	21
H404	农药学学报	1183	856	1.497	231	49.7; 85.4	23
X672	交通运输工程学报	1231	825	1.129	438	85.1	24
Z014	生态学报	25470	1	3.037	24	85.1	24
H290	中国水产科学	2363	360	1.563	211	84.8	26
A108	中国科学 地球科学	4874	85	2.525	44	84.7	27
S919	心理科学进展	3231	202	1.076	499	84.4	28
H039	园艺学报	4202	117	1.248	345	84.2	29
H279	农业工程学报	18745	3	2.162	73	84.0	30
G138	中华儿科杂志	4350	109	2.012	97	84.0	30
T007	化工学报	4531	101	0.940	672	83.5	32
A010	北京师范大学学报自然科学版	823	1179	0.813	870	83.3	33
K017	煤炭学报	10965	20	2.860	32	83.3	33
F205	生物技术通报	2081	436	0.803	891	82.9	35
G267	中国实用内科杂志	2424	337	2.042	91	82.9	35
X005	铁道学报	2365	358	0.860	793	82.8	37
G146	中华护理杂志	7783	34	2.691	37	82.6	38

表 8　2020 年中国科技核心期刊综合评价总分排名（自然科学）（续）

CODE	刊名	核心总被引频次		核心影响因子		综合评价总分*	
		数值	排名	数值	排名	数值	排名
E357	地学前缘	5806	65	2.173	71	82.5	39
G176	中华医学杂志	8187	30	1.645	183	82.2	40
N066	仪器仪表学报	5098	82	2.344	55	81.9	41
H280	林业科学	4470	104	1.167	404	81.7	42
Z006	遥感学报	2336	368	1.945	109	81.7	42
H577	植物保护	3839	139	2.914	29	81.7	42
T098	表面技术	2423	338	0.985	609	81.6	45
E656	地球信息科学学报	2333	372	2.125	81	81.6	45
G139	中华耳鼻咽喉头颈外科杂志	2501	319	1.064	517	81.5	47
Y002	航空学报	3778	146	1.185	389	81.0	48
G106	中国康复医学杂志	3375	186	1.240	354	80.9	49
G170	中华心血管病杂志	4736	90	3.370	16	80.9	49
U006	食品科学	17858	4	1.745	155	80.8	51
G132	中国中药杂志	13906	8	2.318	57	80.5	52
S018	计算机学报	3560	163	2.628	39	80.4	53
L028	石油学报	5512	76	3.565	13	80.4	53
T101	化工进展	4077	122	0.921	701	80.2	55
G604	中国实验方剂学杂志	11264	17	2.206	64	80.2	55
H012	土壤学报	5597	72	2.878	30	80.0	57
G501	临床肝胆病杂志	3763	148	1.793	142	79.9	58
G119	中国循环杂志	3994	130	4.556	4	79.8	59
R065	通信学报	2045	450	1.452	246	79.5	60
G179	中华肿瘤杂志	2659	291	4.092	6	79.5	60
N008	兵工学报	2412	340	0.988	604	79.4	62
G142	中华妇产科杂志	3601	158	2.544	43	79.4	62
G156	中华内科杂志	3597	159	2.206	64	79.4	62
H018	西北农林科技大学学报自然科学版	2944	246	1.043	540	79.3	65
F035	应用昆虫学报	2168	413	1.279	326	79.0	66
E137	自然灾害学报	2213	402	1.046	539	79.0; 40.7	66
M012	金属学报	2635	297	1.179	396	78.4	68
G129	中国安全科学学报	3236	200	1.173	401	78.3	69
G007	中草药	12011	12	2.191	67	78.2	70
G161	中华肾脏病杂志	1289	789	1.273	331	78.0	71
G272	中国实用外科杂志	4205	116	2.445	48	77.8	72
R066	中国激光	4217	115	1.655	180	77.6	73
X004	中国铁道科学	1605	618	0.977	615	77.6	73
G182	中国中西医结合杂志	4558	98	1.575	204	77.6	73
A075	科学通报	7030	41	1.125	444	77.5	76
X685	交通运输系统工程与信息	1428	712	0.940	672	77.3	77
B025	系统工程理论与实践	4675	93	1.599	196	77.2	78
G140	中华放射学杂志	3506	173	1.501	230	77.2	78
H028	果树学报	2820	270	1.451	247	77.1	80
E309	岩石学报	10975	19	2.113	83	77.0	81

表 8　2020 年中国科技核心期刊综合评价总分排名（自然科学）（续）

CODE	刊名	核心总被引频次		核心影响因子		综合评价总分*	
		数值	排名	数值	排名	数值	排名
R040	中国电机工程学报	22776	2	2.935	26	76.9	82
E148	灾害学	1502	668	1.174	400	58.1; 76.6	83
E153	地球物理学报	8053	31	1.329	300	76.5	84
Z012	自然资源学报	6948	43	3.982	8	76.4	85
G246	口腔颌面外科杂志	1135	892	0.910	715	76.2	86
K512	采矿与安全工程学报	2819	271	1.686	173	75.9	87
G021	第三军医大学学报	2226	397	0.735	1017	75.7	88
Z549	安全与环境学报	2502	318	0.996	591	75.6	89
W013	水科学进展	2891	255	2.075	88	75.6	89
E046	心理学报	2875	260	0.983	611	75.6	89
C073	工程热物理学报	2089	435	0.381	1812	75.5; 45.4	92
G299	中国组织工程研究	6617	48	0.898	739	75.5	92
M103	材料导报	4349	110	0.842	814	75.4	94
D004	分析试验室	1965	483	1.018	563	39.6; 75.2	95
T003	工程塑料应用	1682	583	0.792	909	75.1	96
E107	武汉大学学报信息科学版	3684	154	1.412	263	72.1; 75.0	97
G793	中华胃肠外科杂志	2771	278	1.855	126	75.0	97
G416	海南医学院学报	2391	346	0.653	1212	74.9	99
G776	中国全科医学	6751	45	1.320	306	74.8	100
G177	中华预防医学杂志	3441	179	2.034	92	74.7	101
E152	测绘学报	3227	204	1.799	141	74.5	102
H027	中国农业大学学报	2323	377	1.098	472	74.5	102
C004	岩土力学	10394	21	1.662	176	73.4; 74.3	104
H890	植物营养与肥料学报	6413	54	2.488	47	74.2	105
F231	动物营养学报	4713	91	1.455	244	74.0	106
H053	中南林业科技大学学报	2553	311	1.707	166	74.0; 69.7	106
G910	中华中医药杂志	12998	10	1.566	207	73.8; 56.5	108
F011	微生物学通报	3247	196	1.066	513	73.5	109
E001	气象学报	3035	227	1.884	118	73.4	110
M028	中国有色金属学报	3526	169	0.891	747	73.3	111
T034	农药	1900	497	0.886	754	38.8; 73.2	112
H234	草业科学	3559	164	1.208	373	73.0	113
G118	中国修复重建外科杂志	2249	391	1.516	223	73.0	113
G141	中华放射医学与防护杂志	1104	923	1.060	521	73.0	113
C091	光谱学与光谱分析	4812	87	0.954	648	70.9; 72.9	116
S019	电力系统自动化	16282	5	4.031	7	72.8	117
R021	电子测量与仪器学报	2938	247	2.158	75	72.8	117
S011	软件学报	3545	165	2.090	86	72.8	117
G318	中国药房	6498	50	1.211	368	72.8	117
G985	中国艾滋病性病	2251	390	1.308	309	72.7	121
G164	中华外科杂志	2989	240	1.843	131	72.6	122
G039	中南大学学报医学版	1390	732	0.904	724	72.6	122
G400	中国康复理论与实践	2721	285	1.149	419	72.5	124

表 8　2020 年中国科技核心期刊综合评价总分排名（自然科学）（续）

CODE	刊名	核心总被引频次		核心影响因子		综合评价总分*	
		数值	排名	数值	排名	数值	排名
Y001	北京航空航天大学学报	2280	385	0.903	727	72.4; 51.1	125
G096	中国病理生理杂志	2457	327	1.178	398	72.3	126
M104	TRANSACTIONS OF NONFERROUS METALS SOCIETY OF CHINA	3738	151	1.297	315	72.2	127
G005	第二军医大学学报	1530	658	0.913	710	72.2	127
Z004	环境科学	12709	11	2.736	35	72.2	127
T102	精细化工	1350	754	0.715	1064	72.2	127
F015	昆虫学报	2029	459	0.890	750	71.9	131
G010	中医杂志	9249	25	1.597	198	71.7	132
E310	地理研究	7981	33	4.209	5	71.6	133
H555	中国生态农业学报	4472	103	2.005	98	71.6	133
G127	中国医学影像技术	3150	212	1.189	386	71.6	133
Z008	农业环境科学学报	5944	60	1.991	100	71.5; 61.5	136
H008	水产学报	2675	289	1.106	462	71.4	137
T014	塑料工业	1716	565	0.678	1147	71.3	138
H020	中国水稻科学	1640	605	2.024	95	71.3	138
Z018	应用生态学报	13995	7	2.579	42	71.0	140
H025	北京林业大学学报	2326	374	1.207	374	70.8; 68.4	141
G172	中华血液学杂志	1768	546	0.914	708	70.8	141
E109	大气科学	2986	241	1.696	170	70.5	143
G396	中国循证医学杂志	2294	383	1.648	181	70.5; 69.0	143
G002	北京大学学报医学版	1555	648	0.976	617	70.4	145
H033	南京林业大学学报自然科学版	2026	462	1.389	270	70.3; 65.9	146
R006	电子学报	3243	198	1.194	383	70.2	147
G454	中国医院管理	3270	192	1.731	159	70.1	148
F049	生物多样性	3380	185	1.758	149	70.0	149
C050	光学学报	4926	84	1.758	149	69.8	150
G859	中华中医药学刊	7556	38	1.339	293	69.8; 63.2	150
Z546	中国人口资源与环境	5604	71	3.045	23	69.7	152
G850	辽宁中医药大学学报	4497	102	0.977	615	69.6	153
G148	中华口腔医学杂志	1292	787	1.108	456	69.6	153
G324	实用医学杂志	6345	55	1.144	425	69.5	155
S001	控制与决策	4084	121	1.514	224	69.3	156
V044	建筑结构学报	3653	156	1.220	362	69.2	157
F020	西北植物学报	4042	126	1.018	563	69.2	157
Z552	中国安全生产科学技术	2507	317	1.072	504	69.1	159
R039	电网技术	14501	6	3.903	9	69.0	160
E115	地球科学进展	3430	181	1.641	186	68.7	161
E005	高原气象	3246	197	2.159	74	68.7	161
G081	西安交通大学学报医学版	1081	934	0.958	640	68.7	161
N030	振动与冲击	7757	35	1.005	577	68.4	164
E352	气象	3910	136	1.955	104	68.3	165
R022	电子与信息学报	3025	229	1.322	305	68.1	166

表 8 2020 年中国科技核心期刊综合评价总分排名（自然科学）（续）

CODE	刊名	核心总被引频次		核心影响因子		综合评价总分*	
		数值	排名	数值	排名	数值	排名
C006	物理学报	6128	59	0.791	912	68.1	166
H287	水土保持学报	6441	52	2.087	87	68.0	168
G111	中国免疫学杂志	2513	316	1.147	422	68.0	168
R501	热力发电	1860	509	1.162	407	25.5; 67.7	170
K001	中南大学学报自然科学版	3788	144	0.726	1041	67.5	171
G102	中国公共卫生	4382	107	1.428	257	67.4	172
L006	石油与天然气地质	3496	174	3.259	18	67.3	173
G282	中华男科学杂志	1597	623	1.029	556	67.3	173
G408	中华创伤骨科杂志	2092	434	1.716	164	67.2	175
Q213	INTERNATIONAL JOURNAL OF ORAL SCIENCE	260	1922	1.016	565	67.1	176
G157	中华皮肤科杂志	1626	609	1.015	567	67.1	176
G072	中华生殖与避孕杂志	1225	827	0.933	682	66.9	178
R059	系统工程与电子技术	2935	248	1.009	574	66.8; 60.0	179
N754	中国工程科学	1687	578	1.463	241	66.8	179
G173	中华眼科杂志	2334	370	1.442	252	66.8	179
S004	机器人	1443	700	1.920	112	66.7	182
E010	地质学报	6727	46	1.963	103	66.6	183
G600	中国针灸	5238	79	1.864	125	66.6	183
F004	微生物学报	1747	554	0.943	663	66.5	185
F038	植物生理学报	3572	160	1.329	300	66.5	185
G253	中国卫生统计	2324	375	1.076	499	66.5	185
Z022	资源科学	5932	61	2.585	41	66.5	185
G908	中国学校卫生	3542	166	0.997	589	66.4	189
A107	中国科学 生命科学	1419	716	1.332	298	66.3	190
N006	爆炸与冲击	1505	667	0.899	734	66.2	191
E584	地理科学进展	5680	69	3.594	12	66.1	192
G231	中华肝脏病杂志	2280	385	1.807	139	66.1	192
D013	CHINESE JOURNAL OF CATALYSIS	2375	351	2.026	93	66.0	194
R514	激光与光电子学进展	3797	142	1.509	225	66.0	194
L029	天然气工业	5027	83	2.359	53	66.0	194
E142	地球科学	4763	89	2.352	54	65.9	197
G125	中国医学科学院学报	963	1048	0.870	774	65.9	197
G963	现代预防医学	7029	42	1.234	358	65.7	199
G059	南京中医药大学学报	1703	571	1.408	264	65.6	200
Z543	遥感技术与应用	1655	598	1.357	281	65.5	201
I237	FRONTIERS OF MEDICINE	604	1419	1.634	189	65.4	202
G066	上海交通大学学报医学版	1342	757	0.590	1355	65.4	202
H784	生态环境学报	5760	67	1.760	147	58.7; 65.2	204
H049	环境昆虫学报	1359	749	1.307	310	43.2; 65.1	205
G014	吉林大学学报医学版	1122	905	0.720	1053	65.1	205
H283	江西农业大学学报	1524	659	1.106	462	64.9	207
M001	理化检验化学分册	1628	608	0.698	1103	64.9	207
J001	清华大学学报自然科学版	2203	406	1.041	542	64.9	207

表 8 2020 年中国科技核心期刊综合评价总分排名（自然科学）（续）

CODE	刊名	核心总被引频次		核心影响因子		综合评价总分*	
		数值	排名	数值	排名	数值	排名
C007	强激光与粒子束	1462	684	0.328	1900	64.8	210
G624	生殖医学杂志	1573	638	1.120	447	64.8	210
G077	华中科技大学学报医学版	1092	928	0.748	993	64.7	212
V037	岩土工程学报	7184	40	1.617	192	64.6	213
S025	计算机工程与应用	6321	56	1.280	325	64.5	214
N059	中国机械工程	4119	120	1.029	556	64.4	215
G137	中华创伤杂志	1612	614	1.172	403	64.4	215
H238	植物遗传资源学报	2439	332	1.884	118	64.3	217
X007	铁道科学与工程学报	1311	775	0.514	1524	64.2	218
G875	中华实用儿科临床杂志	3474	178	1.246	347	64.2	218
N102	电力系统保护与控制	9615	22	3.779	10	64.1	220
V028	城市规划学刊	2027	460	2.280	59	64.0	221
G043	华西口腔医学杂志	855	1143	0.929	686	63.8	222
H056	水土保持研究	4164	119	1.760	147	63.8	222
G045	四川大学学报医学版	1051	958	0.764	956	63.8	222
G692	中华临床感染病杂志	663	1359	2.050	90	63.8	222
N033	光学精密工程	3784	145	1.756	151	63.7	226
T022	中国塑料	1111	913	0.678	1147	63.7	226
D012	色谱	2475	324	1.823	135	63.6	228
E654	中国地质	3769	147	2.372	52	63.6	228
H958	中国农学通报	9601	23	0.752	982	63.6	228
A527	贵州师范大学学报自然科学版	530	1506	0.923	697	63.3	231
A004	华中师范大学学报自然科学版	587	1438	0.583	1378	63.3	231
E599	经济地理	8431	29	3.025	25	63.3	231
H019	浙江农林大学学报	1357	752	1.201	377	63.3; 52.5	231
G739	中华糖尿病杂志	1928	494	3.614	11	63.1	235
F040	生物信息学	1396	726	2.304	58	63.0	236
A005	北京大学学报自然科学版	1565	641	0.935	680	62.9	237
H021	南京农业大学学报	1562	644	0.932	683	62.9	237
M029	稀有金属	1580	634	1.213	365	62.9	237
E130	地理科学	6581	49	3.448	15	62.7	240
T005	硅酸盐学报	2365	358	0.773	943	62.7	240
M628	中国冶金	1135	892	1.508	226	62.7	240
A117	食品科学技术学报	1175	865	2.257	61	62.6	243
G091	浙江大学学报医学版	645	1374	0.682	1143	62.6	243
S021	计算机研究与发展	2916	253	1.873	122	62.5	245
E122	应用气象学报	2449	329	2.127	80	62.4	246
B522	运筹与管理	1565	641	0.815	865	62.4; 24.6	246
V050	城市规划	3003	238	1.613	193	62.3	248
H281	林业科学研究	2052	445	1.139	432	62.3	248
H224	西北林学院学报	2583	307	1.247	346	62.3; 52.8	248
Y027	航空材料学报	946	1064	1.088	486	62.2	251
H773	农业资源与环境学报	909	1091	1.769	144	62.2; 50.1	251

表 8　2020 年中国科技核心期刊综合评价总分排名（自然科学）（续）

CODE	刊名	核心总被引频次		核心影响因子		综合评价总分*	
		数值	排名	数值	排名	数值	排名
X020	交通信息与安全	703	1305	0.830	831	62.1	253
G117	中国心理卫生杂志	2758	280	1.077	498	62.1	253
Z029	长江流域资源与环境	4027	127	2.338	56	62.0	255
G654	护理研究	6783	44	0.953	650	61.9	256
D005	分析化学	3010	233	1.256	341	61.7	257
G166	中华物理医学与康复杂志	2343	366	1.360	280	61.7	257
G194	中华医院感染学杂志	8738	28	1.266	334	61.7	257
G226	中国普通外科杂志	1984	472	1.393	268	61.6	260
A066	陕西师范大学学报自然科学版	517	1525	0.646	1228	61.5	261
G883	中国实验血液学杂志	1586	628	0.833	824	61.5	261
G068	复旦学报医学版	868	1132	0.773	943	61.4	263
G001	ACTA PHARMACOLOGICA SINICA	1563	643	1.212	367	61.3	264
F003	生物工程学报	1137	891	0.830	831	61.3	264
G517	中国微生态学杂志	1935	490	0.950	653	25.9; 61.3	264
G642	中国肿瘤	2366	356	3.176	21	61.3	264
F023	植物学报	1585	629	1.361	279	61.1	268
G116	中华危重病急救医学	2984	242	1.725	160	61.0	269
I072	CELL RESEARCH	2484	323	1.266	334	60.9	270
G093	针刺研究	2402	342	2.509	45	60.9	270
G123	中国医科大学学报	1195	849	0.758	970	60.9	270
H013	华南农业大学学报	1175	865	1.242	352	60.8	273
C325	菌物研究	327	1805	1.338	294	60.8; 47.4	273
G276	临床耳鼻咽喉头颈外科杂志	2361	362	0.818	861	60.8	273
G417	中国护理管理	4045	125	1.808	138	60.8	273
P003	动力工程学报	1290	788	0.881	757	60.7	277
E021	气候变化研究进展	1270	805	1.588	200	60.7	277
K005	煤炭科学技术	5791	66	2.167	72	60.6	279
X018	汽车工程	2016	465	0.969	632	60.6	279
G716	中国卫生政策研究	1231	825	1.245	349	60.6	279
G154	中华泌尿外科杂志	2378	350	1.656	179	60.6	279
H202	作物杂志	1931	492	1.348	286	60.6	279
G951	现代中西医结合杂志	5831	64	0.802	894	60.5	284
A636	中国科学院院刊	2257	388	2.116	82	60.5	284
H266	经济林研究	1175	865	1.462	242	60.4	286
G062	山东大学学报医学版	1116	907	0.760	965	60.4	286
C099	中国光学	874	1126	1.438	254	60.4; 54.6	286
G302	中华疾病控制杂志	2922	252	1.467	240	60.4	286
M015	JOURNAL OF MATERIALS SCIENCE & TECHNOLOGY	2399	344	1.761	146	60.3	290
H262	东北林业大学学报	2334	370	0.901	732	60.3; 54.5	290
C002	工程力学	4596	97	1.240	354	60.3; 48.4	290
E591	国土资源遥感	1389	733	1.553	214	60.3	290
D030	化学学报	1668	594	1.667	175	60.3	290

表 8　2020 年中国科技核心期刊综合评价总分排名（自然科学）（续）

CODE	刊名	核心总被引频次		核心影响因子		综合评价总分*	
		数值	排名	数值	排名	数值	排名
G901	中国当代儿科杂志	2054	444	1.300	312	60.3	290
H748	麦类作物学报	2826	267	1.379	274	60.2	296
H278	农业机械学报	8823	27	2.218	63	60.0	297
G155	中华内分泌代谢杂志	1727	559	0.970	631	60.0	297
D024	环境化学	3057	223	1.211	368	45.0; 59.8	299
R026	光电工程	978	1034	1.181	394	59.7	300
Z003	环境科学学报	7291	39	1.662	176	59.7	300
H223	热带作物学报	2613	301	1.024	562	59.7	300
G150	中华老年医学杂志	1869	506	1.079	494	59.7	300
G035	河北医科大学学报	1673	591	0.965	636	59.6	304
M052	稀有金属材料与工程	3572	160	0.591	1353	59.5	305
G555	中华急诊医学杂志	2828	265	1.954	105	59.5	305
G008	药学学报	3148	213	1.471	235	59.3	307
M050	钢铁	2345	365	1.803	140	59.1	308
S157	国际生殖健康/计划生育杂志	590	1435	0.948	657	59.1	308
G596	上海针灸杂志	2553	311	0.953	650	59.1	308
Y024	宇航学报	2264	387	1.063	518	59.1	308
R084	红外与激光工程	3092	219	0.996	591	59.0	312
S003	系统仿真学报	2826	267	0.728	1036	59.0	312
E350	矿物学报	1318	773	0.701	1092	58.9	314
R758	雷达学报	632	1391	1.641	186	58.9	314
G121	中国药理学通报	3234	201	1.458	243	58.8	316
H205	中国油料作物学报	1610	615	1.422	261	58.7	317
G181	中山大学学报医学科学版	704	1303	0.801	895	58.7	317
X036	长安大学学报自然科学版	979	1033	0.665	1183	58.6; 44.8	319
G079	卫生研究	1362	748	0.707	1079	58.6	319
V051	建筑材料学报	2242	392	1.159	410	58.5	321
G233	中国矫形外科杂志	3006	235	0.863	788	58.5	321
G429	中国食品卫生杂志	1330	767	1.292	317	58.5	321
R043	电工技术学报	11396	16	2.933	27	58.4	324
N021	焊接学报	2339	367	0.879	762	58.4	324
G188	细胞与分子免疫学杂志	1258	811	0.745	1001	58.4	324
G133	中国肿瘤临床	2226	397	1.352	284	58.4	324
I037	CHINESE JOURNAL OF CANCER RESEARCH	949	1060	3.313	17	58.3	328
J003	哈尔滨工业大学学报	2360	363	0.861	789	58.3	328
E003	海洋学报	2108	430	0.917	704	58.3	328
H042	核农学报	3516	172	1.946	108	58.3	328
F255	中国生物工程杂志	984	1024	0.723	1048	58.3	328
Q005	辐射研究与辐射工艺学报	242	1945	0.634	1252	58.2	333
E116	吉林大学学报地球科学版	2575	309	0.904	724	43.5; 58.2	333
H004	西南大学学报自然科学版	1919	495	0.905	722	58.1	335
B015	数学的实践与认识	2166	414	0.372	1826	58.0	336
X029	重庆交通大学学报自然科学版	1103	924	0.733	1023	57.9; 32.2	337

表 8 2020 年中国科技核心期刊综合评价总分排名（自然科学）（续）

CODE	刊名	核心总被引频次		核心影响因子		综合评价总分*	
		数值	排名	数值	排名	数值	排名
G048	解放军医学杂志	1836	515	1.469	236	57.9	337
K009	煤田地质与勘探	1975	476	1.407	265	57.9	337
G135	中华病理学杂志	1735	558	1.194	383	57.9	337
G012	安徽医科大学学报	1545	654	0.602	1328	57.8	341
E045	暴雨灾害	883	1116	1.262	336	27.9; 57.8	341
T076	化学工业与工程	456	1605	0.780	935	57.7	343
V029	土木工程学报	3963	133	1.287	319	57.7	343
A017	浙江大学学报工学版	2149	418	0.861	789	57.7	343
D506	化学进展	1495	673	0.700	1094	57.6	346
G052	军事医学	777	1222	0.414	1750	57.6	346
W009	数理统计与管理	744	1262	0.995	594	57.6; 21.1	346
T004	硅酸盐通报	3033	228	0.676	1152	57.5	349
H001	茶叶科学	1063	948	1.184	391	57.4	350
G028	广西医科大学学报	1338	759	0.538	1473	57.4	350
T106	塑料	901	1097	0.719	1056	57.4	350
G846	中国中西医结合肾病杂志	2097	432	0.751	985	22.3; 57.4	350
G221	中国临床心理学杂志	3005	237	1.343	289	57.3	354
F047	中国实验动物学报	710	1301	0.817	863	57.3	354
G168	中华消化杂志	1860	509	1.469	236	57.3	354
G362	国际检验医学杂志	3521	171	0.666	1180	57.2	357
H003	华中农业大学学报	1280	798	1.070	507	57.2	357
G538	中国癌症杂志	1399	725	1.948	107	57.2	357
F100	应用与环境生物学报	2159	416	1.244	350	51.3; 57.1	360
A106	中国科学 化学	1078	936	0.616	1291	57.1	360
Z023	生态与农村环境学报	2050	447	1.840	132	57.0; 47.6	362
G036	郑州大学学报医学版	1023	987	0.869	776	57.0	362
F029	JOURNAL OF INTEGRATIVE PLANT BIOLOGY	1954	485	1.128	439	56.9	364
Z028	生态学杂志	8026	32	1.900	116	56.9	364
Y019	复合材料学报	2982	243	1.209	372	56.8	366
G515	中华全科医学	3062	221	0.934	681	56.8	366
G017	北京中医药大学学报	2806	272	1.196	381	56.7	368
S776	南开管理评论	3436	180	3.167	22	56.7	368
P011	燃烧科学与技术	503	1542	0.604	1322	56.7	368
H051	森林与环境学报	755	1242	1.243	351	56.7	368
G511	山东医药	6426	53	0.688	1127	56.7	368
U005	食品工业科技	11599	15	1.160	408	56.7	368
X634	隧道建设	1811	523	1.131	437	39.3; 56.7	368
Y007	材料工程	2040	453	1.040	544	56.6	375
E008	海洋与湖沼	2113	428	0.867	780	56.6	375
G073	首都医科大学学报	1058	952	0.801	895	56.6	375
H014	植物保护学报	2134	421	1.234	358	56.6	375
N103	中国表面工程	790	1214	0.878	764	56.6	375
R748	现代电子技术	3481	177	0.668	1171	56.5	380

表 8　2020 年中国科技核心期刊综合评价总分排名（自然科学）（续）

CODE	刊名	核心总被引频次		核心影响因子		综合评价总分*	
		数值	排名	数值	排名	数值	排名
J032	同济大学学报自然科学版	2645	293	0.733	1023	56.4	381
Y017	航空动力学报	2887	257	0.751	985	56.3	382
H057	土壤通报	3531	167	1.102	467	56.2	383
H052	植物病理学报	1283	794	0.971	627	56.2	383
F022	ZOOLOGICAL RESEARCH	702	1308	0.861	789	56.1	385
Y010	振动测试与诊断	1267	808	0.819	858	56.1	385
E009	地质论评	3338	188	1.821	137	56.0	387
K022	金属矿山	2797	273	0.753	979	56.0	387
E604	中国地质灾害与防治学报	1011	998	0.957	642	36.6; 56.0	387
G787	中国健康教育	2041	452	1.146	423	56.0	387
I159	JOURNAL OF ZHEJIANG UNIVERSITY SCIENCE B	817	1186	1.036	546	46.0; 55.9	391
D022	分析测试学报	2233	395	1.189	386	51.7; 55.9	391
R566	水资源保护	1359	749	2.187	69	55.9	391
G769	中国病毒病杂志	802	1203	1.503	228	53.8; 55.9	391
G195	中华超声影像学杂志	1650	600	1.054	530	55.9	391
G743	中华耳科学杂志	1396	726	1.205	375	55.9	391
G826	现代肿瘤医学	3210	207	0.584	1370	55.8	397
H035	浙江大学学报农业与生命科学版	937	1071	0.808	880	55.8	397
A054	华东师范大学学报自然科学版	460	1593	0.380	1814	55.7	399
I201	CHINESE MEDICAL JOURNAL	3925	135	0.848	804	55.6	400
F024	遗传	1754	550	1.354	283	55.6	400
A109	中国科学 技术科学	1340	758	0.975	621	55.6	400
Z317	中国科学 信息科学	845	1153	1.004	579	55.6; 54.3	400
G766	实用心脑肺血管病杂志	1616	613	0.801	895	43.9; 55.5	404
G860	医学综述	4544	99	0.752	982	55.5	404
G186	重庆医科大学学报	1106	922	0.527	1495	55.4	406
F019	MOLECULAR PLANT	2297	380	1.485	233	55.3	407
H037	棉花学报	967	1045	1.543	217	55.3	407
Y026	南京航空航天大学学报	912	1085	0.584	1370	55.3; 37.8	407
T019	中国医药工业杂志	1074	939	0.524	1501	24.2; 55.3	407
E113	沉积学报	3306	191	1.394	267	55.2	411
S029	计算机应用	3993	131	1.220	362	55.2	411
G271	临床放射学杂志	2639	295	0.799	900	55.2	411
H525	草地学报	2700	287	1.619	191	55.1	414
G483	世界中医药	4453	105	1.074	502	55.1; 48.7	414
U013	纺织高校基础科学学报	205	2003	0.542	1467	55.0	416
G997	国际口腔医学杂志	619	1405	0.569	1404	55.0	416
S015	模式识别与人工智能	999	1008	1.293	316	55.0	416
S016	计算机应用研究	4703	92	0.921	701	54.9	419
F215	生命科学	1050	960	0.664	1185	54.9	419
T949	应用化工	1987	471	0.565	1413	54.9	419
H270	西南林业大学学报	1080	935	1.107	459	54.8; 43.3	422
G192	中国脊柱脊髓杂志	1717	564	1.003	581	54.8	422

表 8 2020 年中国科技核心期刊综合评价总分排名（自然科学）（续）

CODE	刊名	核心总被引频次		核心影响因子		综合评价总分*	
		数值	排名	数值	排名	数值	排名
H845	分子植物育种	3138	214	0.676	1152	54.7	424
I122	CHINESE JOURNAL OF AERONAUTICS	1595	624	1.089	485	54.6	425
G608	放射学实践	2336	368	1.149	419	54.6	425
E154	水文地质工程地质	2034	455	1.258	340	54.6; 43.4	425
G644	中国医药导报	5749	68	0.732	1028	54.6	425
G273	中国实用儿科杂志	1852	513	1.343	289	54.4	429
G228	中国实用妇科与产科杂志	2923	251	1.993	99	54.4	429
R083	中国图象图形学报	2033	457	1.565	210	54.4	429
L516	可再生能源	3068	220	1.611	194	54.3	432
G320	中国肺癌杂志	1500	671	2.026	93	54.3	432
H210	中国农业气象	1718	563	1.566	207	48.1; 54.2	434
G225	重庆医学	6298	58	0.721	1051	54.1	435
G337	中国感染与化疗杂志	1432	708	2.059	89	54.0	436
G120	中国药科大学学报	743	1263	0.789	917	53.9; 38.5	437
H740	林业工程学报	1138	890	1.092	482	53.8	438
G554	眼科新进展	1324	770	0.809	877	53.8	438
M030	工程科学学报	1795	528	1.127	441	53.7	440
G202	肾脏病与透析肾移植杂志	653	1370	0.716	1059	53.7	440
T536	塑料科技	1009	999	0.622	1276	53.7	440
E313	中国海洋大学学报自然科学版	1592	626	0.602	1328	53.6; 50.8; 47.1	443
X021	桥梁建设	1440	703	1.740	157	53.5	444
H909	玉米科学	2459	326	1.093	478	53.5	444
M053	中国材料进展	988	1019	0.624	1269	53.5	444
H044	中国生物防治学报	1584	631	1.631	190	53.5	444
N060	传感技术学报	1979	474	0.992	602	53.4	448
A078	福建师范大学学报自然科学版	323	1814	0.458	1647	53.3	449
Y014	航空制造技术	2037	454	0.711	1073	53.3	449
V529	国际城市规划	1285	792	1.261	337	53.2	451
E126	石油实验地质	2198	409	2.274	60	53.2	451
S012	计算机工程	3838	140	1.078	496	53.1	453
Z001	中国环境科学	7616	37	1.832	134	53.1	453
G266	口腔医学研究	1207	844	0.800	899	53.0	455
A537	科学技术与工程	7719	36	0.743	1007	52.9	456
H222	农业现代化研究	1381	735	1.330	299	52.9	456
G800	胃肠病学	1223	828	0.724	1045	52.9	456
N089	中国工程机械学报	443	1625	0.630	1260	52.9	456
E600	测绘科学	2391	346	0.941	668	52.8	460
R036	电子科技大学学报	912	1085	0.647	1225	52.7; 41.5	461
Q003	同位素	195	2011	0.598	1341	52.7	461
W012	河海大学学报自然科学版	1144	887	1.205	375	52.6; 49.9	463
M045	矿冶工程	1301	783	0.923	697	52.6	463
X521	铁道工程学报	1391	730	0.654	1208	52.6	463
G234	中国动脉硬化杂志	1370	743	1.157	411	52.6	463

表 8　2020 年中国科技核心期刊综合评价总分排名（自然科学）（续）

CODE	刊名	核心总被引频次		核心影响因子		综合评价总分*	
		数值	排名	数值	排名	数值	排名
H294	中国畜牧兽医	2874	261	0.973	625	52.6	463
N039	功能材料	1969	480	0.471	1615	52.5	468
G089	营养学报	1300	784	0.793	906	52.5	468
S825	中国软科学	4281	112	2.756	34	52.5	468
Q911	国际眼科杂志	2294	383	0.753	979	52.4	471
N071	热加工工艺	4051	124	0.354	1863	52.4	471
H385	西部林业科学	866	1135	1.101	468	52.4	471
G541	中国卫生资源	738	1268	1.273	331	52.4	471
K018	工矿自动化	1715	566	1.468	239	52.3	475
H015	水土保持通报	2930	250	1.086	488	52.3	475
L518	天然气地球科学	2856	262	1.325	304	52.3	475
H700	江苏农业科学	6305	57	0.581	1383	52.2	478
G648	中华骨与关节外科杂志	993	1015	1.177	399	52.2	478
J030	北京工业大学学报	1310	776	0.746	999	52.1	480
G886	介入放射学杂志	1938	488	1.196	381	52.1	480
H199	江苏农业学报	1793	530	1.236	357	52.0	482
G187	解放军医学院学报	1271	804	0.692	1117	52.0	482
I218	CHINESE JOURNAL OF MECHANICAL ENGINEERING	881	1120	0.696	1110	51.9	484
S006	计算机科学	3213	206	0.899	734	51.8	485
G646	辽宁中医杂志	5595	73	0.845	810	51.8	485
G056	免疫学杂志	1037	973	1.173	401	51.8	485
H024	沈阳农业大学学报	1087	931	0.795	903	51.8	485
A032	西北大学学报自然科学版	834	1167	0.751	985	51.8	485
H045	干旱地区农业研究	3119	217	1.087	487	51.7	490
G832	中国中医药信息杂志	2934	249	1.050	534	51.7; 47.5	490
G591	中华医院管理杂志	1882	503	1.150	417	51.7	490
A025	南京大学学报自然科学版	876	1123	0.774	942	51.6	493
H069	南方农业学报	2730	284	1.231	361	51.3	494
G560	中国计划生育和妇产科	912	1085	0.690	1122	51.3; 20.8	494
L001	中国石油大学学报自然科学版	2034	455	1.075	501	48.4; 51.3	494
G410	标记免疫分析与临床	1288	790	0.640	1237	51.2	497
E155	海洋地质与第四纪地质	1816	521	0.903	727	51.2; 36.9	497
H032	华北农学报	2137	420	1.234	358	51.2	497
E026	地质力学学报	952	1059	1.847	128	46.0; 51.1	500
H006	东北农业大学学报	1328	769	0.846	806	51.1	500
J033	华中科技大学学报自然科学版	1791	532	0.762	959	51.1	500
E106	矿床地质	2448	330	1.420	262	51.1	500
G633	中国血液净化	1196	848	0.937	678	51.1; 32.4	500
G946	上海中医药大学学报	1034	975	0.894	742	51.0	505
G097	中国超声医学杂志	2230	396	1.183	392	51.0	505
G973	中国呼吸与危重监护杂志	1038	970	1.094	476	51.0	505
G613	中国慢性病预防与控制	1645	601	1.093	478	51.0	505

表 8　2020 年中国科技核心期刊综合评价总分排名（自然科学）（续）

CODE	刊名	核心总被引频次		核心影响因子		综合评价总分*	
		数值	排名	数值	排名	数值	排名
G366	中国社会医学杂志	717	1293	0.790	914	51.0	505
E145	海洋科学	1820	517	0.423	1728	50.9	510
Y016	空气动力学学报	982	1028	0.685	1134	50.9	510
E625	安全与环境工程	1055	953	0.842	814	50.8	512
Y564	舰船科学技术	1859	512	0.693	1115	50.8	512
A061	南京师大学报自然科学版	334	1799	0.360	1849	50.8	512
P004	内燃机学报	729	1279	0.793	906	50.8	512
X030	西安交通大学学报	2079	437	0.828	840	50.8	512
G174	中华检验医学杂志	1975	476	1.255	344	50.8	512
G075	中华眼科医学杂志电子版	191	2015	0.737	1013	50.8	512
G595	器官移植	562	1470	1.912	114	50.7	519
G825	中国儿童保健杂志	1976	475	0.878	764	45.8; 50.7	519
H567	中国农业科技导报	1554	650	0.956	644	50.7	519
G876	中华老年心脑血管病杂志	1989	470	1.061	519	48.9; 50.7	519
G552	磁共振成像	1028	981	1.068	510	50.6	523
X006	上海交通大学学报	1773	544	0.727	1037	50.6	523
H850	水生态学杂志	1108	920	0.921	701	33.3; 50.6	523
L532	中国石油勘探	1659	597	3.564	14	50.5	526
D027	煤炭转化	503	1542	0.549	1445	50.4	527
G328	新乡医学院学报	1016	995	0.917	704	50.4	527
S052	智能系统学报	831	1171	1.277	327	50.4	527
G687	中国妇幼健康研究	1552	651	0.676	1152	50.4	527
G597	中西医结合心脑血管病杂志	4022	128	0.693	1115	44.9; 50.4	527
T611	天然产物研究与开发	2736	283	1.142	429	50.3	532
Z002	环境科学研究	3494	175	1.749	153	50.2	533
F001	生理学报	510	1534	0.830	831	35.5; 50.1	534
H288	西北农业学报	2468	325	0.942	665	50.1	534
L504	油气地质与采收率	1726	560	2.489	46	50.1	534
I173	CHINESE JOURNAL OF CHEMISTRY	935	1072	1.571	205	50.0	537
Z025	环境科学与技术	3929	134	0.810	875	50.0	537
E140	空间科学学报	384	1717	0.423	1728	50.0; 22.5	537
D031	CHINESE CHEMICAL LETTERS	2771	278	1.687	172	49.8	540
J028	东南大学学报自然科学版	1474	680	0.658	1195	49.8	540
E360	工程地质学报	2658	292	2.106	85	49.8	540
G661	国际医学放射学杂志	657	1367	0.996	591	49.8	540
G664	临床和实验医学杂志	3121	216	0.778	936	49.8	540
G211	中国糖尿病杂志	1777	542	1.010	572	49.8	540
G689	中华妇幼临床医学杂志电子版	598	1424	0.696	1110	36.4; 49.8	540
N015	光学技术	769	1226	0.829	836	49.7; 41.7	547
M023	冶金分析	1218	833	0.899	734	49.7	547
U007	中国食品学报	3745	150	1.139	432	49.7	547
G057	东南大学学报医学版	837	1158	0.667	1175	49.6	550
G719	吉林中医药	2797	273	1.152	414	49.6; 40.2	550

表 8　2020 年中国科技核心期刊综合评价总分排名（自然科学）（续）

CODE	刊名	核心总被引频次		核心影响因子		综合评价总分*	
		数值	排名	数值	排名	数值	排名
A045	暨南大学学报自然科学与医学版	493	1548	0.570	1401	41.0; 49.6	550
R038	高电压技术	9330	24	2.865	31	49.5	553
F250	现代生物医学进展	4349	110	0.447	1674	49.5	553
J075	ENGINEERING	699	1310	1.107	459	49.4	555
A064	西南师范大学学报自然科学版	1053	957	0.447	1674	49.4	555
N085	兵器材料科学与工程	718	1292	0.522	1507	49.3	557
G065	中华肾病研究电子杂志	216	1980	0.643	1234	49.3	557
G031	贵州医科大学学报	822	1180	0.484	1580	49.2	559
R533	内燃机工程	514	1530	0.677	1150	49.2	559
H043	土壤	3166	210	1.648	181	49.2	559
E127	地质通报	4439	106	0.969	632	49.1	562
H245	基因组学与应用生物学	3010	233	0.600	1335	49.1	562
T017	林产化学与工业	677	1346	0.629	1262	47.5; 49.0	564
X017	武汉理工大学学报交通科学与工程版	977	1036	0.608	1309	49.0; 27.8	564
E361	气候与环境研究	1163	873	0.880	758	48.9	566
H382	森林工程	631	1392	1.213	365	48.9; 34.2	566
H208	中国烟草科学	1458	690	1.491	232	48.9	566
G122	中国药理学与毒理学杂志	995	1011	0.902	729	48.9	566
G193	中国医学影像学杂志	1437	705	0.971	627	48.9	566
N084	摩擦学学报	1161	877	1.000	584	48.8	571
R008	南京邮电大学学报自然科学版	378	1729	1.051	532	48.8; 42.7	571
Y004	振动工程学报	1236	818	0.711	1073	40.7; 48.8	571
G206	中国介入影像与治疗学	910	1088	1.057	524	48.8	571
W590	南水北调与水利科技	1180	858	1.028	559	48.7	575
T020	北京化工大学学报自然科学版	475	1576	0.475	1605	48.6; 33.6	576
E601	古地理学报	1684	581	1.587	201	48.6	576
G503	护理学杂志	6682	47	1.445	248	48.6	576
G671	解放军医药杂志	1752	551	1.016	565	48.6	576
B021	系统科学与数学	671	1354	0.673	1161	17.5; 48.6	576
E102	成都理工大学学报自然科学版	1204	846	0.777	938	39.8; 48.5	581
E300	地球学报	2297	380	1.386	271	48.5	581
H023	畜牧兽医学报	1981	473	0.980	613	48.5	581
G384	河北中医	2051	446	0.785	929	48.4	584
R049	水力发电学报	1963	484	0.955	645	48.4	584
G520	中成药	5370	78	1.152	414	48.4	584
N069	机床与液压	2894	254	0.477	1599	48.3	587
K504	采矿与岩层控制工程学报	835	1165	0.867	780	48.2	588
G907	中国计划生育学杂志	1268	806	0.823	848	48.2	588
G471	中国医学前沿杂志电子版	1937	489	1.071	505	48.2	588
R034	信号处理	1211	840	0.910	715	48.1	591
V039	中国园林	2324	375	1.080	492	48.1; 48.1	591
F043	动物学杂志	1033	976	0.383	1809	48.0	593
M105	粉末冶金工业	832	1170	1.429	256	48.0	593

表 8 2020 年中国科技核心期刊综合评价总分排名（自然科学）（续）

CODE	刊名	核心总被引频次		核心影响因子		综合评价总分*	
		数值	排名	数值	排名	数值	排名
G389	上海中医药杂志	2739	282	0.946	661	48.0; 43.1	593
N759	生命科学仪器	181	2022	0.372	1826	48.0	593
G038	武汉大学学报医学版	962	1049	0.494	1564	48.0	593
Q920	中华医学超声杂志电子版	1128	899	0.832	825	48.0	593
S020	中文信息学报	1217	835	1.080	492	48.0	593
G325	口腔医学	760	1235	0.555	1435	47.9	600
K558	煤矿安全	2994	239	0.638	1245	47.9	600
J051	工程科学与技术	1334	761	0.772	946	47.8	602
H068	南方水产科学	1005	1005	1.246	347	47.8	602
K030	中国矿业	1967	481	0.696	1110	47.8	602
G564	中药新药与临床药理	1501	670	1.093	478	47.8	602
J004	华南理工大学学报自然科学版	1366	746	0.494	1564	47.7	606
G853	中国实验诊断学	2366	356	0.575	1391	47.7	606
H062	HORTICULTURAL PLANT JOURNAL	122	2057	1.143	428	47.6	608
A512	重庆师范大学学报自然科学版	463	1589	0.471	1615	47.6	608
X025	哈尔滨工程大学学报	1599	622	0.705	1084	47.6	608
S024	遥感信息	929	1076	0.798	901	47.6	608
G665	宁夏医科大学学报	907	1092	0.462	1636	47.5	612
X032	西南交通大学学报	1515	663	0.913	710	47.5	612
S725	中国卫生经济	2027	460	1.079	494	47.5	612
G243	中国医院药学杂志	3493	176	0.949	656	47.5	612
H038	大豆科学	1456	692	0.942	665	47.4	616
A052	华南师范大学学报自然科学版	406	1679	0.422	1730	47.4	616
G350	临床与病理杂志	1152	881	0.502	1548	47.4	616
A015	应用科学学报	383	1719	0.616	1291	47.4	616
N672	机电工程	1019	994	0.805	885	47.3	620
F225	微生物学杂志	798	1206	0.647	1225	47.3	620
G333	医学分子生物学杂志	342	1784	1.011	571	47.3	620
H201	浙江农业学报	1641	604	0.831	828	47.3	620
E024	地球化学	1759	549	0.731	1030	47.2	624
J023	东北大学学报自然科学版	1683	582	0.549	1445	47.2	624
Q008	原子能科学技术	1288	790	0.379	1816	47.2	624
K525	矿产保护与利用	797	1208	1.034	550	47.1	627
A041	天津大学学报	1160	878	0.804	888	47.1	627
G900	中华烧伤杂志	1232	823	1.290	318	47.1	627
G326	胃肠病学和肝病学杂志	1476	678	0.664	1185	47.0	630
C034	质谱学报	595	1428	0.993	600	40.6; 47.0	630
G323	中国康复	1220	831	1.242	352	47.0	630
R028	激光杂志	1116	907	0.460	1643	46.9	633
A002	浙江大学学报理学版	620	1404	0.588	1360	46.9	633
G009	中国药学杂志	3347	187	0.923	697	46.9	633
A030	东北师大学报自然科学版	407	1675	0.362	1845	46.8	636
A036	中山大学学报自然科学版	879	1121	0.513	1526	46.8	636

表 8 2020 年中国科技核心期刊综合评价总分排名（自然科学）（续）

CODE	刊名	核心总被引频次		核心影响因子		综合评价总分*	
		数值	排名	数值	排名	数值	排名
D020	高等学校化学学报	1788	537	0.686	1130	46.7	638
G639	中华老年多器官疾病杂志	839	1155	1.056	528	46.7	638
G461	中华普通外科学文献电子版	495	1546	1.049	535	46.7	638
C037	光子学报	1644	602	0.809	877	46.6	641
G906	世界科学技术-中医药现代化	2611	302	0.789	917	46.6; 42.7	641
V019	土木与环境工程学报（中英文）	852	1146	0.636	1249	46.6	641
G488	针灸临床杂志	2363	360	1.067	512	46.6	641
V036	中国给水排水	3522	170	0.624	1269	46.6	641
G105	中国寄生虫学与寄生虫病杂志	1062	949	1.454	245	46.6	641
G109	中国临床药理学杂志	3979	132	0.952	652	46.6	641
R090	电力自动化设备	5923	62	2.730	36	46.5	648
T008	过程工程学报	906	1095	0.491	1572	46.5	648
V560	混凝土	2368	354	0.479	1594	46.5	648
R769	电力工程技术	1023	987	1.981	102	46.4	651
T241	断块油气田	1695	573	1.915	113	46.4	651
N005	火力与指挥控制	2223	399	0.707	1079	46.4	651
H847	水产科学	1436	706	0.891	747	46.4	651
G254	中华普通外科杂志	1708	569	0.865	786	46.4	651
L505	特种油气藏	1791	532	1.691	171	46.3	656
H061	西南农业学报	3218	205	0.819	858	46.3	656
T063	现代化工	1831	516	0.488	1575	46.3	656
F008	植物科学学报	1126	901	0.940	672	46.3	656
X024	大连海事大学学报	427	1651	0.557	1431	46.2; 29.2	660
Z021	环境工程学报	4777	88	1.066	513	46.2	660
F018	菌物学报	1860	509	1.085	489	46.2	660
A645	科技导报	2196	410	0.582	1380	46.2	660
N111	现代制造工程	1024	986	0.402	1783	46.2	660
A105	中国科学 数学	383	1719	0.166	2062	46.2	660
G380	中国心血管杂志	1021	991	2.917	28	46.2	660
G263	中华行为医学与脑科学杂志	1889	501	1.327	303	46.2	660
J021	重庆大学学报自然科学版	1130	897	0.667	1175	46.1	668
Q001	核技术	623	1399	0.365	1842	46.1	668
G631	中国感染控制杂志	2296	382	1.536	221	46.1	668
G528	中国中西医结合消化杂志	1538	656	1.344	288	41.8; 46.1	668
G053	昆明医科大学学报	1148	885	0.514	1524	46.0	672
E563	热带地理	1182	857	1.097	473	46.0	672
G623	中国现代神经疾病杂志	800	1204	0.925	693	46.0	672
G756	中国循证儿科杂志	807	1199	1.090	484	46.0; 40.9; 38.7	672
G773	中华实验眼科杂志	1162	875	0.914	708	46.0	672
G607	临床儿科杂志	1429	711	0.668	1171	45.9	677
M022	中国稀土学报	970	1043	1.118	450	45.9	677
A055	湖南师范大学自然科学学报	284	1893	0.410	1763	45.8	679
S030	计算机集成制造系统	3106	218	1.298	313	45.8	679

表 8 2020 年中国科技核心期刊综合评价总分排名（自然科学）（续）

CODE	刊名	核心总被引频次		核心影响因子		综合评价总分*	
		数值	排名	数值	排名	数值	排名
G064	山西医科大学学报	831	1171	0.457	1651	45.8	679
G817	协和医学杂志	635	1385	1.474	234	45.8	679
E051	铀矿地质	1112	911	0.736	1015	45.8	679
N094	指挥与控制学报	393	1703	1.570	206	45.8	679
G262	中华肝胆外科杂志	1432	708	1.367	276	45.8	679
N590	工程设计学报	507	1537	0.644	1232	45.7	686
E101	山地学报	1560	646	1.428	257	45.7	686
G725	陕西中医	3687	153	1.008	575	45.7	686
G870	中国临床药理学与治疗学	1514	665	1.005	577	45.7	686
G965	同济大学学报医学版	567	1466	0.721	1051	45.6	690
G112	中国人兽共患病学报	1332	763	0.835	823	45.6	690
G115	中国生物医学工程学报	569	1463	0.872	770	45.6	690
G747	中国新药杂志	3060	222	0.876	768	45.6	690
D021	高分子学报	1190	852	1.007	576	45.5	694
Z010	海洋环境科学	1174	870	0.746	999	37.3; 45.5	694
G283	上海口腔医学	616	1410	0.594	1348	45.5	694
G422	中国脑血管病杂志	947	1061	1.367	276	45.5	694
H350	中国土地科学	2596	306	3.179	20	45.5	694
G237	中国现代医学杂志	3265	194	0.706	1083	45.5	694
G218	ACTA PHARMACEUTICA SINICA B	795	1210	1.847	128	45.4	700
E358	高校地质学报	1571	639	0.700	1094	45.4	700
D003	无机材料学报	1123	904	0.700	1094	45.4	700
G980	新疆医科大学学报	1235	820	0.602	1328	45.4	700
G632	中国中医基础医学杂志	4165	118	0.811	874	45.4	700
T094	兵器装备工程学报	1433	707	0.541	1468	45.3	705
S013	计算机辅助设计与图形学学报	1709	568	1.026	560	45.3	705
U035	食品与发酵工业	5561	74	1.163	406	45.3	705
G857	中国骨与关节杂志	853	1145	0.846	806	45.3	705
U563	中国食物与营养	1410	720	0.714	1066	36.8; 45.2	709
G519	中国医药	2132	423	1.152	414	45.2	709
G753	中国预防医学杂志	1073	941	0.727	1037	45.2	709
G685	中医学报	3388	183	0.866	783	45.2	709
H356	河南农业科学	2495	321	0.995	594	45.1	713
F203	生理科学进展	704	1303	0.849	802	45.1	713
G006	生物医学工程学杂志	817	1186	0.655	1203	45.1	713
A063	厦门大学学报自然科学版	684	1336	0.440	1687	45.1	713
G277	中国内镜杂志	1579	636	0.993	600	45.1	713
G524	中国中医急症	4219	114	0.899	734	45.1	713
G011	癌症	686	1331	0.210	2038	45.0	719
G336	护理管理杂志	2066	439	1.337	295	45.0	719
H060	湖南农业大学学报自然科学版	1101	926	0.854	797	45.0	719
G768	实用预防医学	2844	263	1.261	337	45.0	719
A580	应用基础与工程科学学报	1054	955	0.883	755	45.0	719

表 8　2020 年中国科技核心期刊综合评价总分排名（自然科学）（续）

CODE	刊名	核心总被引频次		核心影响因子		综合评价总分*	
		数值	排名	数值	排名	数值	排名
G264	肠外与肠内营养	805	1200	1.047	536	44.9	724
G954	国际外科学杂志	977	1036	0.692	1117	44.9	724
M020	有色金属冶炼部分	966	1046	0.726	1041	44.9	724
G663	中国骨质疏松杂志	3006	235	1.599	196	44.9	724
G814	中国临床医生杂志	2411	341	1.101	468	44.9	724
E146	大地构造与成矿学	1516	661	1.082	490	44.8	729
C001	力学学报	1770	545	1.870	123	44.8	729
F010	水生生物学报	1893	500	0.870	774	44.8	729
S813	卫生软科学	617	1408	0.638	1245	44.8	729
U010	现代食品科技	3756	149	0.947	659	44.8	729
G824	中华临床营养杂志	518	1523	1.000	584	44.8	729
G184	肿瘤	732	1273	0.653	1212	44.8	729
Q716	MILITARY MEDICAL RESEARCH	229	1961	0.659	1192	44.7	736
V013	建筑科学与工程学报	577	1449	0.670	1168	44.7	736
G222	临床麻醉学杂志	2434	334	1.154	412	44.7	736
G484	世界中西医结合杂志	2628	299	0.843	813	44.7	736
B020	应用数学和力学	691	1320	0.684	1139	29.5; 44.7	736
G812	中医药学报	1502	668	0.824	847	44.7; 42.1	736
A102	中国科学院大学学报	600	1423	0.686	1130	44.6	742
I232	NEURAL REGENERATION RESEARCH	1794	529	1.105	464	44.5	743
E549	地球与环境	1211	840	0.851	800	44.5	743
T064	橡胶工业	787	1218	0.664	1185	44.5	743
G269	中国普外基础与临床杂志	1448	698	0.931	684	44.5	743
G746	实用肝脏病杂志	1491	675	1.287	319	44.4	747
R072	智慧电力	1752	551	2.787	33	44.4	747
F048	中国比较医学杂志	1174	870	0.822	850	44.4	747
M006	材料科学与工艺	754	1245	0.537	1475	44.3	750
E308	地球物理学进展	3723	152	0.976	617	44.3	750
E027	现代地质	2314	378	1.100	470	44.3	750
G249	中国骨与关节损伤杂志	2667	290	1.081	491	44.2	753
G304	中国临床医学影像杂志	1221	830	0.729	1032	44.2	753
G867	中国实用口腔科杂志	755	1242	0.718	1058	44.2	753
N050	机械科学与技术	1557	647	0.553	1438	44.1	756
N057	机械强度	1187	854	0.526	1496	44.1	756
G281	医学研究生学报	1886	502	1.132	436	44.1	756
G373	中国微创外科杂志	2120	427	1.276	329	44.1	756
G335	中华航海医学与高气压医学杂志	814	1188	1.121	446	44.1	756
Q933	康复学报	439	1635	0.973	625	44.0	761
G880	临床超声医学杂志	1050	960	0.776	940	44.0	761
E642	热带海洋学报	883	1116	0.616	1291	44.0	761
H292	上海海洋大学学报	1152	881	1.036	546	43.7; 44.0	761
A024	武汉大学学报理学版	361	1752	0.588	1360	44.0	761
S918	心理科学	2112	429	0.709	1077	44.0	761

表 8 2020 年中国科技核心期刊综合评价总分排名（自然科学）（续）

CODE	刊名	核心总被引频次		核心影响因子		综合评价总分*	
		数值	排名	数值	排名	数值	排名
R724	电子设计工程	2959	245	0.645	1230	43.9	767
A058	河南师范大学学报自然科学版	384	1717	0.467	1625	43.9	767
J042	吉林大学学报工学版	1695	573	0.761	961	43.9	767
G452	疾病监测	1879	504	1.277	327	43.8	770
S022	计算机工程与设计	2775	277	0.868	777	43.8	770
G423	临床肾脏病杂志	606	1417	0.759	966	43.8	770
V011	沈阳建筑大学学报自然科学版	636	1384	0.528	1493	43.8; 35.0	770
H417	现代农药	448	1617	0.482	1585	24.1; 43.8	770
X633	船舶力学	982	1028	0.442	1685	43.7; 24.4	775
S503	控制工程	1686	579	0.807	882	43.7	775
C052	应用声学	862	1137	0.759	966	43.7	775
C072	RESEARCH IN ASTRONOMY AND ASTROPHYSICS	441	1631	0.518	1515	43.6	778
N017	爆破	825	1176	1.031	555	43.6	778
N061	图学学报	630	1394	0.716	1059	43.6	778
G087	药物分析杂志	2826	267	1.117	453	43.6	778
F034	ACTA BIOCHIMICA ET BIOPHYSICA SINICA	729	1279	0.629	1262	43.5	782
J024	大连理工大学学报	660	1363	0.559	1424	43.5	782
G660	国际消化病杂志	486	1556	0.860	793	43.5	782
S818	科学学与科学技术管理	2891	255	1.700	169	43.5	782
G058	南京医科大学学报自然科学版	1451	697	0.698	1103	43.5	782
A022	西北师范大学学报自然科学版	337	1792	0.324	1908	43.5	782
M504	有色金属科学与工程	695	1313	0.797	902	43.5	782
H295	中国水土保持科学	1347	755	1.126	442	43.5	782
I063	JOURNAL OF GEOGRAPHICAL SCIENCES	1353	753	1.336	296	43.4	790
E527	地理与地理信息科学	1690	577	1.469	236	43.4	790
G659	国际妇产科学杂志	818	1185	0.754	976	43.4	790
H243	吉林农业大学学报	1114	910	0.991	603	43.4	790
G844	医药导报	2417	339	0.950	653	43.4	790
E110	热带气象学报	1374	741	1.547	216	43.3	795
N052	压力容器	923	1079	1.185	389	43.3	795
H233	中国土壤与肥料	2425	336	1.719	163	43.3	795
G183	中药材	5104	81	0.831	828	43.3	795
E150	地震地质	1679	584	0.899	734	43.2	799
L004	东北石油大学学报	787	1218	1.427	259	39.2; 43.2	799
G498	国际骨科学杂志	455	1608	0.584	1370	43.2	799
L037	海相油气地质	628	1396	1.298	313	43.2	799
R535	红外技术	1026	983	0.943	663	43.2	799
G882	环境与职业医学	1255	812	0.938	676	43.2	799
H286	农业生物技术学报	1260	810	0.822	850	43.2	799
L007	新疆石油地质	1784	540	2.110	84	43.2	799
H269	云南农业大学学报	1178	862	0.614	1298	43.2	799
M008	材料科学与工程学报	1003	1006	0.493	1567	43.1	808
F028	广西植物	1309	777	0.817	863	43.1	808

表 8 2020 年中国科技核心期刊综合评价总分排名（自然科学）（续）

CODE	刊名	核心总被引频次		核心影响因子		综合评价总分*	
		数值	排名	数值	排名	数值	排名
G586	实用妇产科杂志	1931	492	1.198	378	43.1	808
Z027	JOURNAL OF ENVIRONMENTAL SCIENCES	2833	264	1.107	459	43.0	811
I137	NANO RESEARCH	1743	557	0.766	954	43.0	811
G159	中华精神科杂志	981	1031	1.237	356	43.0	811
I168	INTERNATIONAL JOURNAL OF COAL SCIENCE & TECHNOLOGY	506	1538	1.443	250	42.9	814
H002	安徽农业大学学报	945	1066	0.594	1348	42.9	814
A199	电力建设	1783	541	1.566	207	42.9	814
N023	流体机械	1443	700	1.273	331	42.9	814
G061	青岛大学学报医学版	403	1689	0.316	1919	42.9	814
G651	微生物与感染	277	1903	0.632	1257	42.9	814
G311	中国皮肤性病学杂志	1440	703	0.482	1585	42.9	814
G945	中国职业医学	1453	694	1.423	260	42.9	814
T100	CHINESE JOURNAL OF CHEMICAL ENGINEERING	1044	966	0.516	1519	42.8	822
C103	固体力学学报	434	1644	0.588	1360	42.8	822
G734	护士进修杂志	3042	226	0.771	947	42.8	822
G412	肿瘤学杂志	747	1258	0.677	1150	42.8	822
G742	山东大学耳鼻喉眼学报	646	1373	0.821	853	42.7; 37.7	826
G645	中国循证心血管医学杂志	1799	525	0.854	797	41.8; 42.0; 42.7	826
E131	海洋工程	1324	770	0.647	1225	42.6	828
C035	红外与毫米波学报	652	1371	0.697	1108	42.6	828
S759	经济管理	2328	373	1.986	101	41.5; 42.6	828
W011	水利水电技术	1545	654	0.729	1032	42.6	828
G101	CHINESE JOURNAL OF NATURAL MEDICINES	991	1017	0.995	594	42.5	832
G322	创伤外科杂志	959	1054	0.805	885	42.5	832
T001	高分子材料科学与工程	1869	506	0.587	1364	42.5	832
F033	兽类学报	756	1239	1.032	552	42.5	832
V018	西安建筑科技大学学报自然科学版	639	1383	0.348	1867	42.5; 33.0	832
G232	中国胸心血管外科临床杂志	994	1013	0.723	1048	42.5	832
R004	微电子学与计算机	992	1016	0.619	1283	42.4; 33.4	838
L002	西南石油大学学报自然科学版	1376	739	1.094	476	41.0; 42.4	838
E504	矿物岩石地球化学通报	1591	627	0.983	611	42.3	840
V568	中国粉体技术	333	1800	0.281	1966	42.3	840
I184	INTERNATIONAL JOURNAL OF MINING SCIENCE AND TECHNOLOGY	984	1024	0.946	661	42.2	842
M019	钢铁研究学报	1309	777	0.979	614	42.2	842
H393	山西农业大学学报自然科学版	634	1388	0.745	1001	42.2	842
W570	水资源与水工程学报	1469	681	0.954	648	42.2	842
U647	中国烟草学报	1131	896	1.126	442	42.2	842
V010	工业建筑	1793	530	0.402	1783	42.1	847
G027	广东药科大学学报	725	1287	0.503	1542	42.1; 33.3	847
H011	河南农业大学学报	1012	997	0.896	741	42.1	847
Y018	实验流体力学	582	1443	0.433	1704	42.1	847

表 8　2020 年中国科技核心期刊综合评价总分排名（自然科学）（续）

CODE	刊名	核心总被引频次		核心影响因子		综合评价总分*	
		数值	排名	数值	排名	数值	排名
G641	河北医学	1935	490	0.719	1056	42.0	851
L016	石油地球物理勘探	2371	352	1.756	151	42.0	851
W008	管理科学学报	2199	408	1.949	106	41.9	853
B525	国际输血及血液学杂志	199	2009	0.311	1930	41.9; 32.1	853
T505	合成树脂及塑料	540	1499	0.611	1301	41.9	853
H105	农学学报	1020	993	0.858	795	41.9	853
P006	热能动力工程	1008	1001	0.607	1313	41.9	853
F016	生物化学与生物物理进展	655	1369	0.425	1723	41.9	853
L586	含能材料	1175	865	0.741	1009	41.8	859
T018	合成橡胶工业	456	1605	0.469	1620	41.8	859
A016	兰州大学学报自然科学版	1074	939	0.866	783	41.8	859
F050	植物研究	1150	884	0.910	715	41.8	859
U001	中国粮油学报	2746	281	1.035	549	41.8; 35.7	859
G521	中国疼痛医学杂志	1972	478	1.395	266	41.8	859
M036	有色金属工程	751	1249	0.513	1526	41.7	865
Z551	植物资源与环境学报	748	1255	1.041	542	41.7	865
E510	测绘通报	2524	313	1.061	519	41.6	867
W018	管理科学	1332	763	1.723	161	41.6	867
G294	华西医学	1428	712	0.742	1008	41.6	867
U030	西安工程大学学报	692	1317	1.274	330	41.6	867
E362	地质科技情报	2200	407	1.154	412	41.5	871
X022	公路工程	1283	794	0.553	1438	41.5	871
X038	上海海事大学学报	281	1897	0.640	1237	41.5; 27.5	871
G067	现代免疫学	353	1760	0.595	1345	41.5	871
Y563	导航定位与授时	339	1789	0.815	865	41.4	875
G686	中国实用神经疾病杂志	2571	310	0.684	1139	41.4	875
I254	LIGHT SCIENCE & APPLICATIONS	887	1112	1.284	322	41.3	877
E135	冰川冻土	3174	209	1.343	289	41.3	877
G938	国际呼吸杂志	1367	744	0.606	1316	41.3	877
Q002	核化学与放射化学	365	1748	0.402	1783	19.1; 41.3	877
A028	湖南大学学报自然科学版	1376	739	0.698	1103	41.3	877
X003	华东交通大学学报	398	1693	0.616	1291	41.3; 26.0	877
G453	江苏大学学报医学版	341	1787	0.426	1721	41.3	877
S773	经济与管理研究	914	1084	1.117	453	43.5; 41.3	877
U535	轻工机械	296	1874	0.402	1783	41.3	877
R086	三峡大学学报自然科学版	404	1685	0.421	1732	41.3; 34.9	877
Z512	生态科学	1377	737	1.108	456	41.3	877
G542	毒理学杂志	457	1601	0.393	1794	41.2	888
G060	中华结直肠疾病电子杂志	568	1465	1.004	579	41.2	888
G316	解放军护理杂志	2610	304	1.043	540	41.1	890
Q908	临床肺科杂志	2637	296	0.807	882	41.1	890
A141	山东科技大学学报自然科学版	437	1639	0.690	1122	41.1	890
E004	地球科学与环境学报	849	1149	0.941	668	41.0	893

表 8　2020 年中国科技核心期刊综合评价总分排名（自然科学）（续）

CODE	刊名	核心总被引频次		核心影响因子		综合评价总分*	
		数值	排名	数值	排名	数值	排名
W514	科学学研究	4540	100	2.137	77	41.0	893
F214	生物技术进展	407	1675	0.711	1073	41.0	893
G691	中华关节外科杂志电子版	1015	996	0.828	840	41.0	893
T016	高校化学工程学报	923	1079	0.555	1435	40.9	897
K032	河北工程大学学报自然科学版	207	1996	0.190	2049	40.9; 30.7	897
G224	实用口腔医学杂志	1065	947	0.716	1059	40.9	897
G446	中华神经医学杂志	1222	829	1.096	474	40.9	897
H804	山东农业科学	2031	458	0.668	1171	40.8	901
T500	弹性体	475	1576	0.461	1641	40.8	901
V572	规划师	2042	451	1.029	556	40.7	903
G455	疑难病杂志	1443	700	0.925	693	40.7	903
U011	制冷学报	700	1309	0.675	1156	40.7	903
E301	第四纪研究	2436	333	1.735	158	40.6	906
G556	分子诊断与治疗杂志	884	1114	2.657	38	40.6	906
D018	化学通报	684	1336	0.411	1757	40.6	906
Z019	环境污染与防治	1765	547	0.812	873	40.6	906
G047	南昌大学学报医学版	445	1622	0.362	1845	40.6	906
X532	汽车安全与节能学报	347	1771	0.466	1628	40.6	906
U617	食品研究与开发	5667	70	1.001	582	40.6	906
G675	中国血吸虫病防治杂志	1418	718	1.721	162	40.6	906
S085	计算机科学与探索	870	1129	1.191	385	40.5	914
H701	江西农业学报	1788	537	0.748	993	40.5	914
W502	水利水电科技进展	1038	970	1.057	524	40.5	914
G914	天津中医药大学学报	748	1255	0.965	636	40.5	914
E157	岩石矿物学杂志	1584	631	0.667	1175	40.5	914
T931	化学与粘合	356	1758	0.421	1732	40.4; 23.0	919
D002	燃料化学学报	1460	688	0.691	1120	39.3; 40.4	919
R018	北京邮电大学学报	521	1520	0.759	966	40.3; 34.9	921
R740	电光与控制	1108	920	0.669	1170	40.3	921
K554	矿业安全与环保	1176	863	1.013	568	40.3	921
F027	四川动物	800	1204	0.415	1747	40.3	921
Q918	中国医院	1580	634	0.878	764	40.3	921
G757	中国中西医结合皮肤性病学杂志	591	1434	0.473	1609	17.3; 40.3	921
G728	中华骨质疏松和骨矿盐疾病杂志	836	1160	1.347	287	40.3	921
Q906	安徽医药	3024	231	0.898	739	40.2	928
E006	海洋科学进展	698	1311	0.573	1395	40.2	928
F204	生物加工过程	352	1763	0.705	1084	40.2	928
H939	中国稻米	1111	913	0.955	645	40.2	928
G241	中国急救医学	1402	723	0.928	688	40.2	928
H410	作物研究	733	1271	0.606	1316	40.2	928
W010	长江科学院院报	2071	438	0.791	912	40.1	934
F025	中国细胞生物学学报	885	1113	0.518	1515	40.1	934
B031	工程数学学报	263	1919	0.210	2038	30.8; 40.0	936

表 8　2020 年中国科技核心期刊综合评价总分排名（自然科学）（续）

CODE	刊名	核心总被引频次		核心影响因子		综合评价总分*	
		数值	排名	数值	排名	数值	排名
R046	华北电力大学学报	516	1528	0.840	818	40.0; 32.8	936
G626	天津中医药	1820	517	0.900	733	40.0; 33.6	936
Q948	中华介入放射学电子杂志	225	1967	0.792	909	40.0	936
C059	CHINESE PHYSICS LETTERS	1500	671	0.467	1625	39.9	940
G071	沈阳药科大学学报	935	1072	0.417	1743	39.9; 28.4	940
Y025	推进技术	1790	534	0.563	1418	39.9	940
D001	物理化学学报	1674	590	0.574	1394	39.9	940
G108	中国临床解剖学杂志	1041	968	0.672	1162	39.9	940
H221	中国农业资源与区划	2696	288	1.443	250	39.9; 47.4	940
G288	脑与神经疾病杂志	488	1554	0.482	1585	39.8	946
Y555	上海航天	483	1564	0.668	1171	39.8	946
G185	肿瘤防治研究	883	1116	0.708	1078	39.8	946
G018	病毒学报	833	1169	0.904	724	39.7	949
W007	管理工程学报	1358	751	1.356	282	39.7	949
G940	国际心血管病杂志	336	1794	0.484	1580	39.7	949
S034	计算机工程与科学	1276	803	0.769	949	39.7	949
R005	数据采集与处理	585	1441	0.639	1241	39.7	949
G715	中国生育健康杂志	486	1556	0.613	1299	39.7	949
H242	中国畜牧杂志	2153	417	0.671	1164	39.7	949
G506	中华损伤与修复杂志电子版	546	1489	0.865	786	39.7	949
G165	中华微生物学和免疫学杂志	678	1345	0.670	1168	39.7	949
G858	中华肿瘤防治杂志	2121	426	1.141	430	39.7	949
G780	CANCER BIOLOGY & MEDICINE	294	1879	1.103	466	39.6	959
R559	重庆邮电大学学报自然科学版	472	1581	0.781	932	39.6; 35.4	959
G207	公共卫生与预防医学	1448	698	1.336	296	39.6	959
Q910	临床肿瘤学杂志	1249	814	0.837	822	39.6	959
A056	上海大学学报自然科学版	359	1755	0.427	1718	39.6	959
G529	中国卒中杂志	1160	878	0.913	710	39.6	959
E124	中国沙漠	3387	184	1.836	133	39.6	959
G502	中华保健医学杂志	642	1381	0.749	990	39.6	959
H265	福建农业学报	1027	982	0.522	1507	39.5	967
G942	临床误诊误治	1277	802	0.707	1079	39.5	967
F228	热带亚热带植物学报	820	1182	0.803	891	39.5	967
S027	小型微型计算机系统	1967	481	0.975	621	39.5	967
E163	岩性油气藏	1389	733	2.014	96	39.5	967
G540	中国卫生信息管理杂志	1030	978	1.556	212	39.5	967
G679	中国医疗设备	2057	441	0.685	1134	39.5	967
G235	中华高血压杂志	1816	521	1.057	524	39.5	967
F014	ZOOLOGICAL SYSTEMATICS	271	1909	0.136	2073	39.4	975
G076	天津医药	1127	900	0.607	1313	39.4	975
V087	现代城市研究	1215	836	0.674	1157	39.4	975
M035	JOURNAL OF RARE EARTHS	1041	968	0.868	777	39.3	978
G741	蚌埠医学院学报	1116	907	0.407	1767	39.3	978

表 8　2020 年中国科技核心期刊综合评价总分排名（自然科学）（续）

CODE	刊名	核心总被引频次		核心影响因子		综合评价总分*	
		数值	排名	数值	排名	数值	排名
G670	成都医学院学报	509	1535	0.530	1488	39.3	978
R088	电机与控制学报	2171	412	1.846	130	39.3	978
G301	河北中医药学报	485	1561	0.841	817	39.3; 34.5	978
E540	水文	997	1010	0.678	1147	39.3	978
R089	现代电力	527	1515	1.307	310	39.3	978
G145	中华核医学与分子影像杂志	934	1074	0.942	665	39.3	978
C071	发光学报	820	1182	0.735	1017	39.2	986
E105	干旱区研究	2582	308	1.882	121	39.2	986
G933	国际药学研究杂志	725	1287	0.600	1335	39.2	986
R025	激光技术	888	1111	0.971	627	39.2	986
M102	新型炭材料	482	1567	0.789	917	39.2	986
G480	医学研究杂志	1562	644	0.462	1636	39.1	991
F002	中国生物化学与分子生物学报	764	1233	0.636	1249	39.1	991
I154	CHINESE GEOGRAPHICAL SCIENCE	550	1483	0.758	970	39.0	993
H046	PEDOSPHERE	907	1092	0.503	1542	39.0	993
G898	河北医药	3050	224	0.575	1391	39.0	993
H017	JOURNAL OF INTEGRATIVE AGRICULTURE	974	1041	0.755	974	38.9	996
G020	大连医科大学学报	448	1617	0.520	1513	38.9	996
G390	口腔疾病防治	459	1597	0.657	1197	38.9	996
G881	临床军医杂志	1452	696	0.557	1431	38.9	996
M544	钛工业进展	430	1649	0.537	1475	38.9	996
R009	西安电子科技大学学报自然科学版	692	1317	0.672	1162	38.9; 31.6	996
S821	研究与发展管理	1151	883	1.642	185	38.9	996
N035	液压与气动	2047	449	1.503	228	38.9	996
H268	福建农林大学学报自然科学版	838	1156	0.615	1295	38.8	1004
E311	海洋通报	1030	978	0.947	659	38.8	1004
H665	花生学报	438	1637	0.806	884	38.8	1004
D016	应用化学	767	1229	0.624	1269	38.8	1004
G974	中国临床医学	928	1077	0.543	1461	38.8	1004
G110	中国麻风皮肤病杂志	756	1239	0.435	1699	38.8	1004
N019	低温工程	490	1551	0.549	1445	38.7	1010
G030	广州中医药大学学报	1873	505	1.055	529	38.7	1010
F044	生物资源	461	1591	0.872	770	38.7	1010
G896	现代中医临床	740	1266	1.000	584	38.7	1010
A038	云南大学学报自然科学版	685	1334	0.765	955	38.7	1010
R532	传感器与微系统	2428	335	0.733	1023	38.6	1015
A001	复旦学报自然科学版	410	1667	0.503	1542	38.6	1015
R521	激光与红外	1366	746	0.804	888	38.6	1015
R119	密码学报	179	2026	0.531	1485	38.6	1015
N108	中国舰船研究	736	1269	0.795	903	38.6	1015
G526	中华全科医师杂志	1171	872	1.108	456	38.6	1015
G094	中风与神经疾病杂志	977	1036	0.558	1429	38.6	1015
Y034	航天返回与遥感	555	1477	0.700	1094	38.5	1022

表 8　2020 年中国科技核心期刊综合评价总分排名（自然科学）（续）

CODE	刊名	核心总被引频次		核心影响因子		综合评价总分*	
		数值	排名	数值	排名	数值	排名
X516	交通运输研究	301	1857	0.341	1883	38.5	1022
A006	四川大学学报自然科学版	730	1276	0.624	1269	38.5	1022
W014	武汉大学学报工学版	944	1067	0.610	1308	38.5	1022
B028	系统工程	1306	780	0.688	1127	38.5	1022
G546	中国 CT 和 MRI 杂志	2398	345	0.790	914	38.5	1022
I062	ADVANCES IN ATMOSPHERIC SCIENCES	1265	809	0.809	877	38.4	1028
A652	北华大学学报自然科学版	486	1556	0.504	1539	38.4	1028
G874	法医学杂志	811	1192	0.299	1940	38.4	1028
A042	广西大学学报自然科学版	690	1321	0.385	1805	38.4	1028
G476	心脑血管病防治	695	1313	0.994	599	37.8; 38.4	1028
G441	中国口腔颌面外科杂志	412	1665	0.599	1338	38.4	1028
G727	中国性科学	1692	576	0.587	1364	38.4	1028
M009	材料研究学报	672	1350	0.628	1264	38.3	1035
E312	海洋湖沼通报	710	1301	0.462	1636	38.3	1035
H244	河北农业大学学报	868	1132	0.638	1245	38.3	1035
S050	计算机测量与控制	2212	403	0.447	1674	38.3	1035
J035	江苏大学学报自然科学版	662	1360	0.761	961	38.3	1035
W004	水动力学研究与进展 A	811	1192	0.466	1628	38.3	1035
I041	JOURNAL OF ZHEJIANG UNIVERSITY SCIENCE A	517	1525	0.692	1117	38.2	1041
N026	材料热处理学报	1820	517	0.594	1348	38.2	1041
G432	川北医学院学报	694	1315	0.548	1448	38.2	1041
L009	太阳能学报	2641	294	0.567	1408	38.2	1041
H276	新疆农业科学	1669	593	0.611	1301	38.2	1041
G809	中国医刊	1722	561	0.915	706	38.2	1041
G622	中国医学物理学杂志	808	1198	0.584	1370	38.2; 27.6	1041
R071	电力系统及其自动化学报	2050	447	1.576	203	38.1	1048
S009	计算机应用与软件	2367	355	0.713	1069	38.1	1048
G438	现代临床护理	820	1182	0.674	1157	38.1	1048
G265	医学影像学杂志	2827	266	0.703	1089	38.1	1048
U609	中国酿造	3797	142	1.287	319	38.1	1048
H207	中国蔬菜	1677	585	0.705	1084	38.1	1048
G775	动物医学进展	1314	774	0.566	1411	38.0	1054
J022	山东大学学报工学版	542	1494	0.624	1269	38.0	1054
M007	中国腐蚀与防护学报	792	1212	0.636	1249	38.0	1054
R683	国外电子测量技术	1610	615	1.160	408	37.9	1057
G274	临床与实验病理学杂志	2095	433	0.787	922	37.9	1057
G485	世界临床药物	578	1446	0.639	1241	37.9	1057
N104	中国惯性技术学报	1186	855	1.071	505	37.9	1057
G377	中国现代中药	1990	469	1.051	532	37.9	1057
X012	中国造船	777	1222	0.529	1491	37.9	1057
E149	海洋学研究	417	1660	0.407	1767	37.8	1063
H203	湖北农业科学	3414	182	0.326	1902	37.8	1063
G754	中国临床研究	1453	694	0.569	1404	37.8	1063

表 8　2020 年中国科技核心期刊综合评价总分排名（自然科学）（续）

CODE	刊名	核心总被引频次		核心影响因子		综合评价总分*	
		数值	排名	数值	排名	数值	排名
G114	中国神经精神疾病杂志	1069	945	0.783	930	37.8	1063
M100	ACTA METALLURGICA SINICA	994	1013	1.124	445	37.7	1067
G458	传染病信息	812	1191	1.167	404	37.7	1067
Y556	航空兵器	462	1590	0.826	842	37.7; 37.2	1067
Y051	空间控制技术与应用	244	1943	0.409	1764	37.7	1067
J018	武汉理工大学学报信息与管理工程版	434	1644	0.543	1461	37.7; 28.7	1067
L013	中国海上油气	1280	798	1.047	536	37.7	1067
R586	吉林大学学报信息科学版	347	1771	0.655	1203	37.6; 28.4	1073
V005	建筑科学	1237	817	0.541	1468	37.6	1073
H080	生物安全学报	300	1860	0.971	627	37.6	1073
G834	实用药物与临床	1135	892	0.640	1237	37.6	1073
G760	实用医院临床杂志	1377	737	0.584	1370	37.6	1073
T580	塑性工程学报	895	1106	0.804	888	37.6	1073
G286	中华风湿病学杂志	1109	919	0.477	1599	37.6	1073
G505	中华乳腺病杂志电子版	439	1635	0.938	676	37.6	1073
A905	自然杂志	563	1469	0.540	1470	37.6	1073
R095	供用电	1049	963	1.908	115	37.5	1082
N083	金属热处理	2633	298	0.656	1201	37.5	1082
G574	山东中医杂志	1720	562	0.639	1241	37.5	1082
G367	中华实用诊断与治疗杂志	2124	425	1.036	546	37.5	1082
G285	中华消化内镜杂志	1490	676	0.941	668	37.5	1082
H064	THE CROP JOURNAL	343	1781	0.871	772	37.4	1087
N001	北京理工大学学报	1414	719	0.832	825	37.4	1087
G605	医疗卫生装备	1600	621	0.631	1259	37.4	1087
D025	有机化学	1848	514	1.001	582	37.4	1087
G136	中华传染病杂志	1295	785	1.211	368	37.4	1087
G761	中华危重症医学杂志电子版	457	1601	0.930	685	37.4	1087
W025	管理评论	3899	138	1.850	127	37.3	1093
Z005	环境工程	2385	348	0.966	634	37.3	1093
N014	计量学报	1242	815	1.550	215	37.3	1093
S762	经济理论与经济管理	1029	980	1.117	453	41.2; 37.3	1093
S081	信息安全学报	150	2038	0.689	1124	37.3	1093
G171	中华胸心血管外科杂志	870	1129	0.606	1316	37.3	1093
H103	种子	2371	352	0.685	1134	37.3	1093
I226	DEFENCE TECHNOLOGY	219	1975	0.480	1591	37.1	1100
I050	RARE METALS	837	1158	0.986	608	37.1	1100
I065	RICE SCIENCE	225	1967	0.595	1345	37.1	1100
E091	大气科学学报	1219	832	1.180	395	37.1	1100
A029	福州大学学报自然科学版	442	1628	0.430	1712	37.1	1100
E020	干旱区地理	2301	379	1.741	156	37.1	1100
A656	济南大学学报自然科学版	226	1964	0.253	1999	37.1	1100
J020	昆明理工大学学报自然科学版	408	1672	0.325	1905	37.1	1100
V573	西部人居环境学刊	391	1707	1.032	552	37.1	1100

表 8　2020 年中国科技核心期刊综合评价总分排名（自然科学）（续）

CODE	刊名	核心总被引频次		核心影响因子		综合评价总分*	
		数值	排名	数值	排名	数值	排名
F013	JOURNAL OF GENETICS AND GENOMICS	876	1123	0.506	1536	37.0	1109
Z544	防灾减灾工程学报	773	1225	0.640	1237	37.0	1109
G034	航天医学与医学工程	451	1612	0.484	1580	37.0	1109
E114	天文学进展	84	2077	0.141	2069	37.0	1109
G810	浙江医学	1713	567	0.504	1539	37.0	1109
I142	JOURNAL OF IRON AND STEEL RESEARCH, INTERNATIONAL	891	1109	0.420	1735	36.9	1114
W030	WATER SCIENCE AND ENGINEERING	182	2021	0.792	909	36.9	1114
K002	非金属矿	803	1201	0.543	1461	36.9	1114
W016	管理学报	2702	286	1.866	124	36.9	1114
J053	合肥工业大学学报自然科学版	1045	965	0.345	1872	36.9	1114
W543	华北水利水电大学学报自然科学版	534	1504	1.066	513	36.9	1114
A150	西安科技大学学报	1025	984	1.060	521	36.9	1114
X039	中国航海	471	1582	0.626	1265	36.9	1114
G463	中华腔镜外科杂志电子版	506	1538	1.144	425	36.9	1114
G737	中华生物医学工程杂志	330	1803	0.472	1612	36.9	1114
H029	JOURNAL OF ANIMAL SCIENCE AND BIOTECHNOLOGY	383	1719	0.654	1208	36.8	1124
X014	北京交通大学学报	754	1245	0.823	848	36.8	1124
N007	火炸药学报	889	1110	0.625	1267	36.8	1124
G594	口腔生物医学	92	2072	0.356	1859	36.8	1124
L043	石油科学通报	187	2018	1.000	584	36.8	1124
U634	现代纺织技术	202	2007	0.347	1869	36.8	1124
Y020	宇航材料工艺	643	1380	0.462	1636	36.8	1124
G462	中华普外科手术学杂志电子版	733	1271	1.128	439	36.8	1124
E012	JOURNAL OF OCEANOLOGY AND LIMNOLOGY	684	1336	0.362	1845	36.7	1132
E123	应用海洋学学报	633	1389	0.845	810	36.7	1132
E048	干旱气象	1550	652	1.532	222	36.6; 20.8	1134
U004	河南工业大学学报自然科学版	869	1131	0.907	719	35.1; 36.6	1134
T553	化学与生物工程	590	1435	0.443	1683	33.4; 36.6	1134
E354	矿物岩石	957	1055	0.786	925	36.6	1134
S795	外国经济与管理	1419	716	1.442	252	36.7; 36.6	1134
U033	中国造纸学报	213	1990	0.552	1442	36.6	1134
E092	JOURNAL OF METEOROLOGICAL RESEARCH	588	1437	0.671	1164	36.5	1140
Y022	测控技术	1337	760	0.618	1286	36.5	1140
G961	解放军预防医学杂志	1866	508	0.585	1368	36.5	1140
W002	泥沙研究	1035	974	0.754	976	36.5	1140
G236	中国医学计算机成像杂志	609	1414	0.655	1203	36.5	1140
A112	江西师范大学学报自然科学版	352	1763	0.445	1679	36.4	1145
G317	临床泌尿外科杂志	1146	886	0.747	998	36.4	1145
X013	汽车技术	605	1418	0.562	1419	36.4	1145
Y521	战术导弹技术	545	1491	0.866	783	36.4	1145
G629	中国热带医学	1653	599	0.995	594	36.4	1145

表 8　2020 年中国科技核心期刊综合评价总分排名（自然科学）（续）

CODE	刊名	核心总被引频次		核心影响因子		综合评价总分*	
		数值	排名	数值	排名	数值	排名
G255	中国肿瘤生物治疗杂志	822	1180	0.928	688	36.4	1145
G212	CHRONIC DISEASES AND TRANSLATIONAL MEDICINE	89	2073	0.414	1750	36.3	1151
I067	JOURNAL OF CENTRAL SOUTH UNIVERSITY	1555	648	0.686	1130	36.3	1151
G442	JOURNAL OF INTEGRATIVE MEDICINE	836	1160	0.372	1826	36.3	1151
F007	PLANT DIVERSITY	901	1097	0.320	1914	36.3	1151
G936	国际儿科学杂志	766	1231	0.694	1114	36.3	1151
G534	实用放射学杂志	2884	258	0.713	1069	36.3	1151
I129	PROTEIN & CELL	573	1457	0.815	865	36.2	1157
N757	重庆理工大学学报自然科学版	1003	1006	0.583	1378	36.2	1157
H228	广东农业科学	2795	275	0.539	1471	36.2	1157
G210	微循环学杂志	320	1818	0.653	1212	36.2	1157
G250	中国新药与临床杂志	964	1047	0.890	750	36.2	1157
L005	石油物探	1379	736	1.657	178	36.1	1162
A081	中国科学基金	560	1471	0.984	610	36.1	1162
I282	ASIAN JOURNAL OF ANDROLOGY	715	1294	0.554	1437	36.0	1164
K045	INTERNATIONAL JOURNAL OF MINERALS, METALLURGY AND MATERIALS	940	1068	0.849	802	36.0	1164
R024	半导体光电	474	1578	0.499	1558	32.1; 36.0	1164
G656	环球中医药	2382	349	0.842	814	36.0; 26.4	1164
E633	气象与环境学报	1208	843	1.704	168	36.0	1164
W555	人民黄河	2133	422	0.644	1232	36.0	1164
G070	神经解剖学杂志	396	1696	0.442	1685	36.0	1164
G845	中国小儿血液与肿瘤杂志	227	1963	0.649	1219	29.5; 36.0; 21.5	1164
G054	中华肝脏外科手术学电子杂志	410	1667	0.826	842	36.0	1164
G160	中华神经外科杂志	1917	496	0.905	722	36.0	1164
I051	ACTA MATHEMATICAE APPLICATAE SINICA	145	2043	0.283	1963	35.9	1174
I200	CHINESE JOURNAL OF TRAUMATOLOGY	310	1837	0.590	1355	35.9	1174
R673	电测与仪表	3681	155	1.386	271	35.9	1174
G816	广西医学	1670	592	0.425	1723	35.9	1174
T070	日用化学工业	630	1394	0.584	1370	35.9	1174
L025	石油钻探技术	1458	690	1.679	174	35.9	1174
U547	食品与机械	3164	211	1.058	523	35.9	1174
H838	食用菌学报	529	1511	0.750	988	30.4; 35.9	1174
R511	中国电力	2877	259	1.508	226	35.9	1174
G107	中国抗生素杂志	1193	851	0.908	718	35.9	1174
G447	中国临床保健杂志	754	1245	0.621	1279	35.9	1174
G667	中国综合临床	633	1389	0.576	1387	35.9	1174
G579	中华口腔医学研究杂志电子版	228	1962	0.535	1478	35.9	1174
V048	风景园林	683	1340	0.689	1124	35.8	1187
G338	腹腔镜外科杂志	978	1034	0.894	742	35.8	1187
L010	西安石油大学学报自然科学版	631	1392	0.493	1567	35.8; 31.2	1187
G440	药学实践杂志	564	1468	0.711	1073	35.8	1187

表 8　2020 年中国科技核心期刊综合评价总分排名（自然科学）（续）

CODE	刊名	核心总被引频次		核心影响因子		综合评价总分*	
		数值	排名	数值	排名	数值	排名
G313	中国医师杂志	1765	547	0.720	1053	35.8	1187
F208	JOURNAL OF RESOURCES AND ECOLOGY	366	1745	0.620	1281	35.7	1192
E655	世界地理研究	769	1226	1.074	502	35.7	1192
J011	太原理工大学学报	575	1454	0.494	1564	35.7	1192
B001	应用数学学报	268	1913	0.248	2008	35.7	1192
G751	中华健康管理学杂志	595	1428	0.891	747	35.7	1192
G703	中华实验和临床感染病杂志电子版	597	1425	0.727	1037	35.7	1192
N092	FRICTION	293	1881	1.376	275	35.6	1198
D026	分析科学学报	730	1276	0.704	1088	35.6	1198
A040	国防科技大学学报	897	1103	0.473	1609	35.6	1198
T532	化工科技	271	1909	0.339	1887	35.6	1198
M101	矿冶	542	1494	0.395	1791	35.6	1198
T077	膜科学与技术	622	1401	0.607	1313	35.6	1198
H041	特产研究	414	1662	0.825	845	35.6	1198
G238	听力学及言语疾病杂志	1078	936	0.716	1059	35.6	1198
S002	信息与控制	747	1258	1.311	308	35.6	1198
G796	中国输血杂志	2064	440	0.684	1139	15.4; 35.6	1198
G610	中华胰腺病杂志	379	1727	0.783	930	35.6	1198
G126	CHINESE MEDICAL SCIENCES JOURNAL	180	2023	0.819	858	35.5	1209
H005	大连海洋大学学报	995	1011	0.902	729	33.4; 35.5	1209
L034	石油化工高等学校学报	374	1736	0.617	1289	35.5	1209
B007	数学进展	339	1789	0.219	2034	35.5	1209
M032	武汉科技大学学报自然科学版	295	1878	0.450	1667	35.5	1209
X673	现代隧道技术	1395	729	0.846	806	35.5	1209
C106	CHINESE PHYSICS B	3125	215	0.588	1360	35.4	1215
E118	地震工程与工程振动	1676	587	0.587	1364	35.4	1215
G003	基础医学与临床	1032	977	0.497	1561	35.4	1215
E521	气象与环境科学	988	1019	1.792	143	35.4	1215
J052	沈阳工业大学学报	672	1350	1.069	509	35.4	1215
H862	饲料工业	1776	543	0.698	1103	35.4	1215
H225	中国兽医学报	1747	554	0.787	922	35.4	1215
G041	湖南中医药大学学报	1945	486	0.998	588	35.3	1222
S509	计算机系统应用	1459	689	0.653	1212	35.3	1222
T542	精细石油化工	344	1778	0.283	1963	35.3; 28.3	1222
A014	山西大学学报自然科学版	301	1857	0.250	2003	35.3	1222
E023	天文学报	209	1993	0.386	1802	35.3	1222
G475	中国肝脏病杂志电子版	399	1692	0.911	714	35.3	1222
E139	地质科学	1427	714	0.391	1797	35.2	1228
H364	广西林业科学	521	1520	0.509	1532	35.2	1228
K526	河南理工大学学报自然科学版	586	1439	0.543	1461	35.2	1228
A035	吉林大学学报理学版	760	1235	0.601	1333	35.2	1228
R588	科技进步与对策	4056	123	1.256	341	35.2	1228
C054	声学学报	1134	895	0.662	1191	35.2	1228

表 8　2020 年中国科技核心期刊综合评价总分排名（自然科学）（续）

CODE	刊名	核心总被引频次		核心影响因子		综合评价总分*	
		数值	排名	数值	排名	数值	排名
G702	温州医科大学学报	609	1414	0.510	1531	35.2	1228
G486	现代中药研究与实践	729	1279	0.615	1295	35.2	1228
Z017	环境保护科学	616	1410	0.572	1399	35.1	1236
H282	上海农业学报	644	1376	0.440	1687	35.1	1236
S046	信息网络安全	504	1541	0.478	1597	35.1	1236
H989	杂草学报	623	1399	1.540	218	35.1	1236
G531	中国医药生物技术	316	1831	0.532	1483	35.1	1236
H226	灌溉排水学报	2234	394	1.712	165	35.0	1241
G983	国际免疫学杂志	491	1550	0.689	1124	35.0	1241
G939	国际脑血管病杂志	1308	779	0.818	861	35.0	1241
J058	河北科技大学学报	278	1902	0.445	1679	35.0	1241
T567	化学工程师	552	1480	0.325	1905	35.0	1241
K004	矿产综合利用	769	1226	0.529	1491	35.0	1241
T072	无机盐工业	1210	842	0.562	1419	35.0	1241
W531	科研管理	4001	129	1.928	111	34.9	1248
W021	中国管理科学	3268	193	1.610	195	34.9	1248
H793	中国森林病虫	434	1644	0.567	1408	34.9	1248
G681	中医药导报	3331	189	0.604	1322	34.9; 28.6	1248
I018	JOURNAL OF FORESTRY RESEARCH	575	1454	0.444	1681	34.8	1252
I255	NATIONAL SCIENCE REVIEW	867	1134	1.328	302	34.8	1252
G992	长春中医药大学学报	2011	466	0.801	895	34.8	1252
J017	河北工业大学学报	310	1837	0.296	1945	34.8	1252
T103	涂料工业	756	1239	0.478	1597	34.8	1252
J045	西华大学学报自然科学版	281	1897	0.425	1723	34.7	1257
C109	应用光学	1038	970	0.961	639	34.7	1257
G615	诊断学理论与实践	410	1667	0.453	1661	34.7	1257
T002	高分子通报	974	1041	0.584	1370	34.6	1260
E578	国土资源科技管理	320	1818	0.703	1089	34.6	1260
R060	控制理论与应用	2204	405	1.179	396	34.6	1260
G309	临床神经病学杂志	748	1255	0.705	1084	34.6	1260
H200	亚热带农业研究	254	1929	0.584	1370	34.6	1260
M655	NANOTECHNOLOGY AN PRECISION ENGINEERING	203	2006	0.246	2012	34.5	1265
T025	化学工程	626	1398	0.346	1871	34.5	1265
G345	临床急诊杂志	792	1212	1.052	531	34.5	1265
E120	南京信息工程大学学报自然科学版	226	1964	0.437	1694	34.5	1265
F046	生命科学研究	320	1818	0.424	1726	34.5	1265
F224	生物技术通讯	441	1631	0.227	2027	34.5	1265
B006	数学学报	268	1913	0.139	2071	34.5	1265
U056	丝绸	572	1458	0.436	1696	34.5	1265
G588	西部医学	1469	681	0.595	1345	34.5	1265
G836	药物评价研究	1637	606	0.768	952	34.5	1265
G229	卒中与神经疾病	542	1494	0.625	1267	34.5	1265

表 8　2020 年中国科技核心期刊综合评价总分排名（自然科学）（续）

CODE	刊名	核心总被引频次		核心影响因子		综合评价总分*	
		数值	排名	数值	排名	数值	排名
N088	组合机床与自动化加工技术	1798	526	0.646	1228	34.5	1265
Y029	海军航空工程学院学报	308	1842	0.331	1898	34.4; 23.1	1277
K553	洁净煤技术	731	1274	0.732	1028	34.4	1277
K010	矿业研究与开发	1585	629	0.893	744	34.4	1277
N011	南京理工大学学报自然科学版	825	1176	0.941	668	34.4	1277
W006	水利水运工程学报	714	1295	0.753	979	34.4	1277
G582	中国煤炭工业医学杂志	798	1206	0.458	1647	34.4	1277
S591	中国医学装备	1675	588	0.701	1092	34.4	1277
R067	电子技术应用	1367	744	0.727	1037	34.3	1284
C097	光散射学报	196	2010	0.446	1678	34.3	1284
Z031	环境与健康杂志	1625	611	0.435	1699	34.3	1284
G523	内科理论与实践	213	1990	0.306	1935	34.3	1284
H218	畜牧与兽医	1233	821	0.463	1631	34.3	1284
G169	中华小儿外科杂志	1162	875	0.657	1197	34.3; 30.3	1284
G620	北京中医药	2518	315	0.839	820	34.2; 23.5	1290
G879	肝胆外科杂志	512	1533	0.575	1391	34.2	1290
E047	亚热带资源与环境学报	294	1879	0.639	1241	34.2	1290
G270	中国耳鼻咽喉颅底外科杂志	525	1517	0.596	1343	34.2	1290
G758	中国中西医结合外科杂志	835	1165	0.630	1260	33.6; 34.2	1290
G690	肝胆胰外科杂志	614	1413	0.737	1013	34.1	1295
Y504	气体物理	68	2080	0.383	1809	34.1; 28.9	1295
G609	热带医学杂志	1789	535	0.777	938	34.1	1295
T078	高科技纤维与应用	265	1918	0.298	1942	34.0	1298
H275	贵州农业科学	2055	443	0.420	1735	34.0	1298
T067	合成纤维	390	1709	0.314	1924	34.0	1298
G638	检验医学	1331	766	0.852	799	34.0	1298
G315	解放军医院管理杂志	1334	761	0.578	1385	34.0	1298
G889	INTERNATIONAL JOURNAL OF DERMATOLOGY AND VENEREOLOGY	215	1984	0.089	2081	33.9	1303
R116	电网与清洁能源	1400	724	1.390	269	33.9	1303
V021	给水排水	1667	595	0.623	1274	33.9	1303
T924	农药科学与管理	530	1506	0.429	1714	14.6; 33.9	1303
W504	人民长江	2402	342	0.679	1146	33.9	1303
A033	四川师范大学学报自然科学版	296	1874	0.241	2018	33.9	1303
G055	中华肩肘外科电子杂志	246	1941	0.887	753	33.9	1303
G957	腹部外科	332	1801	0.601	1333	33.8	1310
K580	有色金属选矿部分	781	1221	0.988	604	33.8	1310
B013	运筹学学报	122	2057	0.260	1992	33.8	1310
N028	机械设计与制造	3230	203	0.420	1735	33.7	1313
F213	生物学杂志	785	1220	0.525	1498	33.7	1313
R098	微纳电子技术	313	1834	0.323	1911	33.7	1313
G308	医学与哲学	2604	305	0.699	1100	33.7; 55.1	1313
A007	中国科学技术大学学报	455	1608	0.269	1982	33.7	1313

表 8 2020 年中国科技核心期刊综合评价总分排名（自然科学）（续）

CODE	刊名	核心总被引频次		核心影响因子		综合评价总分*	
		数值	排名	数值	排名	数值	排名
G124	中国医疗器械杂志	428	1650	0.512	1530	33.7	1313
R055	电子测量技术	2485	322	0.820	855	33.6	1319
M039	粉末冶金技术	440	1634	0.623	1274	33.6	1319
H097	乳业科学与技术	304	1847	0.657	1197	33.6	1319
G748	食品与药品	575	1454	0.591	1353	33.6; 30.8	1319
N074	仪表技术与传感器	1485	677	0.682	1143	33.6	1319
R033	应用激光	685	1334	0.764	956	33.6	1319
R010	电工电能新技术	1129	898	1.556	212	33.5	1325
G426	国际神经病学神经外科学杂志	584	1442	0.659	1192	33.5	1325
L008	石油钻采工艺	1279	800	0.929	686	33.5	1325
T929	现代塑料加工应用	309	1840	0.461	1641	33.5	1325
G343	GENERAL PSYCHIATRY	508	1536	0.605	1321	33.4	1329
X010	船舶工程	793	1211	0.366	1838	33.4	1329
F045	激光生物学报	375	1732	0.503	1542	33.4	1329
L012	石油学报石油加工	1050	960	0.617	1289	33.4	1329
Y561	现代防御技术	586	1439	0.472	1612	33.4	1329
G310	临床精神医学杂志	788	1215	0.645	1230	33.3	1334
H071	农产品质量与安全	376	1731	0.767	953	28.6; 26.0; 33.3	1334
G419	心血管病学进展	983	1026	0.745	1001	33.2	1336
G260	心脏杂志	446	1620	0.359	1855	33.2	1336
G706	中国优生与遗传杂志	1578	637	0.477	1599	33.2	1336
Y006	飞行力学	529	1511	0.474	1608	33.1	1339
D015	分子催化	386	1712	0.928	688	33.1	1339
S520	计算机技术与发展	1548	653	0.560	1422	33.1	1339
G387	实验动物与比较医学	214	1987	0.480	1591	26.7; 33.1	1339
G402	中国分子心脏病学杂志	222	1971	0.374	1823	33.1	1339
E143	地震学报	1068	946	0.415	1747	33.0	1344
G627	循证医学	310	1837	0.411	1757	31.1; 33.0	1344
R069	压电与声光	661	1361	0.450	1667	33.0	1344
G841	中国现代普通外科进展	862	1137	0.576	1387	33.0	1344
C056	高压物理学报	407	1675	0.451	1665	32.9	1348
A031	河北大学学报自然科学版	297	1871	0.411	1757	32.9	1348
H998	渔业科学进展	1295	785	1.099	471	32.9	1348
G314	中国疫苗和免疫	1514	665	1.589	199	32.9	1348
G843	中国中西医结合急救杂志	1103	924	0.748	993	28.1; 32.9	1348
G897	中华移植杂志电子版	239	1949	1.182	393	32.9	1348
E133	地层学杂志	834	1167	0.553	1438	32.8	1354
Y023	西北工业大学学报	836	1160	0.602	1328	32.8	1354
J025	燕山大学学报	347	1771	0.649	1219	32.8	1354
G479	预防医学	1603	619	0.831	828	32.8	1354
Z030	中国环境监测	1675	588	1.349	285	32.8	1354
G752	中国卫生质量管理	876	1123	0.821	853	32.8	1354
G175	中华医学遗传学杂志	1142	889	0.735	1017	32.8	1354

表 8　2020 年中国科技核心期刊综合评价总分排名（自然科学）（续）

CODE	刊名	核心总被引频次		核心影响因子		综合评价总分*	
		数值	排名	数值	排名	数值	排名
I120	JOURNAL OF OCEAN UNIVERSITY OF CHINA	353	1760	0.276	1976	32.7; 28.7	1361
Z550	环境工程技术学报	474	1578	0.822	850	32.7	1361
H215	中国果树	884	1114	0.734	1020	32.7	1361
G849	中国现代应用药学	2254	389	0.928	688	32.7	1361
G915	中华医学图书情报杂志	484	1562	0.486	1577	14.9; 23.8; 32.7	1361
X579	公路	1997	467	0.331	1898	32.6	1366
G937	国际肿瘤学杂志	435	1642	0.419	1741	32.6	1366
A067	河南大学学报自然科学版	366	1745	0.503	1542	32.6	1366
K016	湖南科技大学学报自然科学版	286	1891	0.370	1831	32.6	1366
G548	湖南师范大学学报医学版	957	1055	0.649	1219	32.6	1366
G553	局解手术学杂志	690	1321	0.547	1453	32.6	1366
G261	临床心血管病杂志	1468	683	1.149	419	32.6	1366
G478	骨科	302	1853	0.622	1276	32.5	1373
J014	河南科技大学学报自然科学版	405	1682	0.548	1448	32.5	1373
A021	华侨大学学报自然科学版	348	1770	0.360	1849	32.5	1373
H219	排灌机械工程学报	1372	742	1.070	507	32.5	1373
V035	土木工程与管理学报	645	1374	0.667	1175	32.5	1373
S023	制造业自动化	1212	839	0.343	1873	32.5	1373
G878	中国药师	2446	331	0.649	1219	32.5	1373
G153	中华麻醉学杂志	1704	570	0.739	1011	32.5	1373
S051	JOURNAL OF COMPUTER SCIENCE AND TECHNOLOGY	351	1766	0.518	1515	32.4	1381
I105	JOURNAL OF ENERGY CHEMISTRY	1391	730	1.538	220	32.4	1381
I202	PARTICUOLOGY	554	1479	0.352	1864	32.4	1381
R684	电信科学	1023	987	0.939	675	32.4	1381
G024	福建医科大学学报	238	1951	0.342	1878	32.4	1381
G575	四川医学	1124	903	0.454	1658	32.4	1381
B008	应用概率统计	144	2045	0.200	2046	32.4	1381
Q954	中华重症医学电子杂志	304	1847	0.957	642	32.4	1381
I720	CSEE JOURNAL OF POWER AND ENERGY SYSTEMS	342	1784	1.540	218	32.3	1389
C101	力学季刊	375	1732	0.392	1796	32.3	1389
G491	岭南心血管病杂志	404	1685	0.405	1776	32.3	1389
H070	山地农业生物学报	527	1515	0.674	1157	32.3	1389
A515	深圳大学学报理工版	276	1904	0.453	1661	32.3	1389
G300	现代妇产科进展	1285	792	0.892	746	32.3	1389
G964	医学与社会	1462	684	0.845	810	32.3	1389
G755	中国药业	2789	276	0.547	1453	32.3	1389
U029	食品与生物技术学报	1279	800	0.482	1585	32.2	1397
N043	探测与控制学报	478	1571	0.479	1594	32.2	1397
D023	无机化学学报	1112	911	0.565	1413	32.2	1397
G847	中华现代护理杂志	5406	77	1.104	465	32.2	1397
Q744	GLOBAL ENERGY INTERCONNECTION	162	2034	1.150	417	32.1	1401

表 8　2020 年中国科技核心期刊综合评价总分排名（自然科学）（续）

CODE	刊名	核心总被引频次		核心影响因子		综合评价总分*	
		数值	排名	数值	排名	数值	排名
P007	水电能源科学	2357	364	0.559	1424	32.1; 31.5	1401
G996	皖南医学院学报	346	1774	0.375	1820	32.1	1401
G251	中华放射肿瘤学杂志	1233	821	0.922	700	32.1	1401
G287	临床口腔医学杂志	877	1122	0.749	990	32.0	1405
J012	郑州大学学报工学版	517	1525	0.613	1299	32.0	1405
G134	中国组织化学与细胞化学杂志	350	1769	0.502	1548	32.0	1405
A003	安徽大学学报自然科学版	202	2007	0.313	1926	31.9	1408
L508	储能科学与技术	788	1215	1.119	449	31.9	1408
M004	机械工程材料	946	1064	0.406	1769	31.9	1408
V088	上海城市规划	592	1433	0.664	1185	31.9	1408
G601	外科理论与实践	393	1703	0.381	1812	31.9	1408
N091	指挥控制与仿真	635	1385	0.559	1424	31.9	1408
A062	广西师范大学学报自然科学版	355	1759	0.619	1283	31.8	1414
E569	海洋地质前沿	647	1372	0.465	1630	31.8	1414
A076	河北师范大学学报自然科学版	176	2029	0.223	2030	31.8	1414
G069	上海医学	673	1348	0.403	1781	31.8	1414
A504	天津师范大学学报自然科学版	239	1949	0.369	1832	31.8	1414
G649	影像诊断与介入放射学	394	1700	0.515	1522	31.8	1414
W005	中国农村水利水电	1971	479	0.525	1498	21.7; 31.8	1414
I248	FRONTIERS OF CHEMICAL SCIENCE AND ENGINEERING	215	1984	0.375	1820	31.7	1421
I726	FRONTIERS OF PHYSICS	331	1802	0.720	1053	31.7	1421
E570	地球环境学报	292	1882	0.650	1217	31.7	1421
V031	地下空间与工程学报	2175	411	0.936	679	31.7	1421
E151	地质与勘探	2148	419	1.315	307	31.7	1421
R058	电气自动化	442	1628	0.437	1694	31.7	1421
M033	桂林理工大学学报	741	1265	0.589	1359	31.7	1421
S049	计算机仿真	3812	141	0.487	1576	31.7	1421
K025	矿产与地质	797	1208	0.355	1860	31.7	1421
A615	石河子大学学报自然科学版	469	1585	0.295	1947	31.7	1421
G786	安徽医学	1697	572	0.805	885	31.6	1431
C003	计算力学学报	758	1237	0.571	1400	31.6	1431
N029	润滑与密封	1686	579	0.556	1433	31.6	1431
Q919	实用临床医药杂志	3259	195	0.524	1501	31.6	1431
G884	职业与健康	3047	225	0.663	1189	31.6	1431
Y522	舰船电子工程	1101	926	0.288	1953	31.5	1436
A083	科技通报	1110	916	0.303	1939	31.5	1436
C033	声学技术	684	1336	0.408	1765	31.5	1436
G598	中国媒介生物学及控制杂志	1521	660	1.057	524	31.5	1436
W557	中国水利水电科学研究院学报	424	1656	0.733	1023	31.5	1436
G736	中华内分泌外科杂志	386	1712	0.604	1322	31.5	1436
G163	中华实验外科杂志	2020	464	0.600	1335	31.5	1436
I225	JOURNAL OF ACUPUNCTURE AND TUINA	296	1874	0.440	1687	31.4	1443

表 8　2020 年中国科技核心期刊综合评价总分排名（自然科学）（续）

CODE	刊名	核心总被引频次		核心影响因子		综合评价总分*	
		数值	排名	数值	排名	数值	排名
	SCIENCE						
G549	癌变·畸变·突变	299	1864	0.508	1533	31.4	1443
R547	广东电力	1663	596	1.747	154	31.4	1443
Y033	航天器工程	713	1296	0.506	1536	31.4	1443
K013	有色金属矿山部分	514	1530	0.659	1192	31.4	1443
R062	JOURNAL OF SEMICONDUCTORS	325	1810	0.214	2035	31.3; 28.1	1448
A084	黑龙江大学自然科学学报	247	1939	0.235	2021	31.3	1448
X693	应用科技	251	1932	0.335	1892	31.3	1448
C100	噪声与振动控制	1188	853	0.558	1429	31.3	1448
G397	江苏中医药	1945	486	0.700	1094	31.2	1452
F257	实验动物科学	426	1654	0.475	1605	31.2	1452
N907	水下无人系统学报	413	1664	0.567	1408	31.2	1452
L033	油田化学	1073	941	0.846	806	31.2	1452
G518	预防医学情报杂志	1213	838	0.761	961	31.2	1452
H204	中国沼气	459	1597	0.674	1157	22.0; 31.2	1452
Q949	中华老年骨科与康复电子杂志	209	1993	0.596	1343	31.2	1452
Q707	WORLD JOURNAL OF TRADITIONAL CHINESE MEDICINE	49	2083	0.386	1802	31.1	1459
R730	兵工自动化	883	1116	0.566	1411	31.1	1459
A077	贵州大学学报自然科学版	353	1760	0.454	1658	31.1	1459
T011	南京工业大学学报自然科学版	513	1532	0.397	1789	31.1	1459
A060	西南民族大学学报自然科学版	298	1866	0.269	1982	31.1	1459
R512	电子器件	858	1142	0.560	1422	31.0	1464
Y571	飞航导弹	1090	930	0.655	1203	31.0	1464
G987	护理学报	3025	229	1.198	378	31.0	1464
G457	实用骨科杂志	1207	844	0.763	958	31.0	1464
E125	西北地质	1215	836	1.118	450	31.0	1464
G242	中国神经免疫学和神经病学杂志	443	1625	0.553	1438	31.0	1464
D017	CHINESE JOURNAL OF POLYMER SCIENCE	535	1502	0.736	1015	30.9	1470
G085	创伤与急危重病医学	290	1883	0.578	1385	30.9	1470
G329	神经疾病与精神卫生	408	1672	0.272	1979	30.9	1470
Z016	水处理技术	1817	520	0.703	1089	30.9	1470
N047	机械设计	1407	722	0.654	1208	30.8	1474
E359	气象科学	1125	902	1.078	496	30.8	1474
G239	中国介入心脏病学杂志	977	1036	1.144	425	30.8	1474
I710	CHINA COMMUNICATIONS	697	1312	0.925	693	30.7	1477
I243	FRONTIERS OF MATERIALS SCIENCE	106	2068	0.358	1856	30.7	1477
Z521	环境科学与管理	1408	721	0.208	2041	30.7	1477
K008	辽宁工程技术大学学报自然科学版	851	1147	0.328	1900	30.7	1477
L015	石油化工	1110	916	0.493	1567	30.7	1477
G095	VIROLOGICA SINICA	401	1691	0.615	1295	30.6	1482
T074	天然气化工	396	1696	0.288	1953	30.6; 21.7	1482
T073	香料香精化妆品	386	1712	0.341	1883	30.6	1482

表 8　2020 年中国科技核心期刊综合评价总分排名（自然科学）（续）

CODE	刊名	核心总被引频次		核心影响因子		综合评价总分*	
		数值	排名	数值	排名	数值	排名
N830	中国测试	1007	1002	0.522	1507	30.6	1482
G470	中华细胞与干细胞杂志电子版	107	2067	0.320	1914	30.6	1482
S501	自动化与仪表	530	1506	0.427	1718	29.2; 30.6	1482
G720	遵义医科大学学报	319	1821	0.426	1721	30.6	1482
G415	国际内分泌代谢杂志	351	1766	0.523	1505	30.5	1489
T105	热固性树脂	318	1825	0.468	1622	30.5	1489
E302	湿地科学	1345	756	1.579	202	30.5	1489
T075	中国胶粘剂	577	1449	0.471	1615	30.5	1489
U501	中国调味品	3641	157	1.764	145	30.5	1489
I207	CHINESE HERBAL MEDICINES	290	1883	0.707	1079	30.4	1494
I071	CHINESE OPTICS LETTERS	905	1096	0.975	621	30.4; 28.2	1494
G349	国际泌尿系统杂志	570	1462	0.374	1823	30.4	1494
G178	中华整形外科杂志	1042	967	0.893	744	30.4	1494
U626	粮油食品科技	727	1283	0.657	1197	30.3	1498
A026	内蒙古大学学报自然科学版	288	1886	0.245	2015	30.3	1498
E053	岩矿测试	1493	674	1.282	323	30.3	1498
G543	中国耳鼻咽喉头颈外科	939	1070	0.663	1189	30.3	1498
G100	中国法医学杂志	690	1321	0.433	1704	30.3	1498
G619	中国眼耳鼻喉科杂志	406	1679	0.531	1485	30.3	1498
W015	JOURNAL OF HYDRODYNAMICS SERIES B	813	1189	1.095	475	30.2	1504
E564	海洋技术学报	492	1549	0.362	1845	30.2	1504
T012	青岛科技大学学报自然科学版	283	1896	0.534	1479	30.2	1504
A019	郑州大学学报理学版	251	1932	0.582	1380	30.2	1504
G033	哈尔滨医科大学学报	329	1804	0.268	1984	30.1	1508
A008	南开大学学报自然科学版	244	1943	0.251	2002	30.1	1508
A020	山东大学学报理学版	547	1486	0.456	1654	30.1	1508
G792	西北药学杂志	1176	863	1.012	570	30.1	1508
A079	中国基础科学	231	1958	0.112	2079	30.1	1508
U635	中国食品添加剂	1475	679	0.725	1044	30.1	1508
G464	中国血管外科杂志电子版	431	1648	0.793	906	30.1	1508
G191	中华眼底病杂志	860	1139	0.814	868	30.1	1508
E049	JOURNAL OF ARID LAND	461	1591	0.813	870	30.0	1516
M505	腐蚀与防护	1180	858	0.585	1368	30.0	1516
G495	国际病毒学杂志	426	1654	0.948	657	30.0	1516
G673	临床药物治疗杂志	750	1251	0.611	1301	30.0	1516
N004	弹道学报	393	1703	0.286	1961	29.9	1520
Q004	核动力工程	788	1215	0.221	2032	29.9	1520
R117	南方电网技术	1456	692	1.884	118	29.9	1520
G745	四川中医	3562	162	0.573	1395	29.9	1520
G341	现代泌尿外科杂志	895	1106	0.603	1326	29.9	1520
Q368	新发传染病电子杂志	280	1899	1.707	166	29.9	1520
G305	中国实用护理杂志	2614	300	0.658	1195	29.9	1520
H326	中国兽医科学	1071	944	0.745	1001	29.9	1520

表 8　2020 年中国科技核心期刊综合评价总分排名（自然科学）（续）

CODE	刊名	核心总被引频次		核心影响因子		综合评价总分*	
		数值	排名	数值	排名	数值	排名
G407	转化医学杂志	284	1893	0.634	1252	29.9	1520
A009	安徽师范大学学报自然科学版	241	1948	0.213	2036	29.8	1529
Q006	辐射防护	344	1778	0.360	1849	29.8	1529
G971	环境卫生学杂志	528	1513	0.592	1352	29.8	1529
B017	模糊系统与数学	460	1593	0.394	1792	29.8	1529
X042	石家庄铁道大学学报自然科学版	218	1977	0.287	1959	29.8; 16.3	1529
G321	现代口腔医学杂志	287	1890	0.360	1849	29.8	1529
H213	中国草地学报	1694	575	1.645	183	29.8	1529
D036	电化学	305	1845	0.536	1477	29.7	1536
H240	家畜生态学报	910	1088	0.485	1578	29.7	1536
T010	离子交换与吸附	268	1913	0.342	1878	29.7	1536
G700	实用老年医学	854	1144	0.530	1488	29.7	1536
G196	肿瘤药学	336	1794	0.385	1805	29.7	1536
I209	ACTA OCEANOLOGICA SINICA	687	1328	0.406	1769	29.6	1541
U521	包装与食品机械	547	1486	1.187	388	29.6	1541
R745	电力信息与通信技术	969	1044	1.198	378	29.6	1541
N053	机械与电子	395	1699	0.297	1944	29.6	1541
E144	大地测量与地球动力学	1515	663	0.573	1395	24.7; 29.5	1545
R007	电波科学学报	538	1500	0.457	1651	29.5	1545
D062	分析仪器	452	1611	0.458	1647	29.5	1545
B003	高校应用数学学报	122	2057	0.224	2028	29.5	1545
G497	国际放射医学核医学杂志	177	2028	0.367	1836	29.5	1545
J019	河北工业科技	222	1971	0.459	1644	29.5	1545
G525	华南预防医学	838	1156	0.997	589	29.5	1545
N040	机械传动	1582	633	0.611	1301	29.5	1545
G049	解剖学报	555	1477	0.556	1433	29.5	1545
X500	汽车工程学报	206	1999	0.352	1864	29.5	1545
A637	山东科学	288	1886	0.326	1902	29.5	1545
R020	电子元件与材料	535	1502	0.388	1800	29.4	1556
H284	海洋渔业	703	1305	0.876	768	29.4	1556
M018	勘察科学技术	218	1977	0.203	2045	29.4	1556
H415	热带生物学报	284	1893	0.493	1567	29.4	1556
U049	食品安全质量检测学报	4359	108	0.829	836	29.4	1556
A506	宁波大学学报理工版	236	1956	0.250	2003	29.3	1561
G578	心血管康复医学杂志	565	1467	0.547	1453	29.3	1561
G088	医用生物力学	644	1376	0.814	868	17.9; 29.3	1561
J057	工业工程	373	1737	0.433	1704	29.2	1564
S745	管理现代化	344	1778	0.335	1892	29.2	1564
N076	焊接	682	1342	0.429	1714	29.2	1564
G395	兰州大学学报医学版	336	1794	0.576	1387	29.2	1564
U037	林产工业	827	1173	1.032	552	29.2	1564
Q957	首都公共卫生	458	1599	0.907	719	29.2	1564
G866	微创泌尿外科杂志	352	1763	0.808	880	29.2	1564

表 8　2020 年中国科技核心期刊综合评价总分排名（自然科学）（续）

CODE	刊名	核心总被引频次		核心影响因子		综合评价总分*	
		数值	排名	数值	排名	数值	排名
J013	哈尔滨理工大学学报	576	1452	0.633	1255	29.1	1571
A191	杭州师范大学学报自然科学版	219	1975	0.349	1866	29.1	1571
G869	结直肠肛门外科	451	1612	0.606	1316	29.1	1571
E566	气象科技	1567	640	1.013	568	29.1	1571
G599	中南药学	1619	612	0.611	1301	29.1	1571
G278	NEUROSCIENCE BULLETIN	688	1326	1.343	289	29.0	1576
S048	计算机与数字工程	1119	906	0.417	1743	29.0	1576
M051	金属功能材料	404	1685	0.976	617	29.0	1576
G677	颈腰痛杂志	826	1174	0.712	1071	29.0	1576
G063	山东中医药大学学报	1153	880	0.734	1020	29.0	1576
U528	上海纺织科技	416	1661	0.260	1992	29.0	1576
E363	世界地震工程	687	1328	0.406	1769	29.0	1576
R001	电子显微学报	694	1315	0.995	594	28.9	1583
G439	脊柱外科杂志	460	1593	0.880	758	28.9	1583
J008	兰州理工大学学报	660	1363	0.380	1814	28.9	1583
G855	临床消化病杂志	345	1775	0.415	1747	28.9	1583
T501	能源化工	226	1964	0.313	1926	28.9	1583
H031	山东农业大学学报自然科学版	712	1297	0.369	1832	28.9	1583
G926	中国数字医学	1806	524	0.734	1020	28.9	1583
G765	中国小儿急救医学	896	1105	0.786	925	28.9	1583
T013	人工晶体学报	1007	1002	0.371	1830	28.8	1591
G339	中国病原生物学杂志	1332	763	0.712	1071	28.8	1591
G082	中华新生儿科杂志	534	1504	0.975	621	28.8	1591
I008	WUHAN UNIVERSITY JOURNAL OF NATURAL SCIENCES	100	2071	0.143	2068	28.7	1594
G500	北京口腔医学	375	1732	0.685	1134	28.7	1594
M043	轧钢	734	1270	1.033	551	28.7	1594
U032	中国油脂	2454	328	0.879	762	28.7	1594
A039	湖北大学学报自然科学版	213	1990	0.181	2055	28.6	1598
N065	特种铸造及有色合金	1268	806	0.459	1644	28.6	1598
N044	无损检测	842	1154	0.341	1883	28.6	1598
R013	中国激光医学杂志	337	1792	1.135	435	28.6	1598
G536	中国临床神经科学	486	1556	0.599	1338	28.6	1598
G718	中国心血管病研究	987	1021	0.847	805	28.6	1598
T941	当代化工	1786	539	0.406	1769	28.5	1604
C108	原子核物理评论	221	1973	0.324	1908	20.9; 28.5	1604
R589	IEEE CAA JOURNAL OF AUTOMATICA SINICA	490	1551	0.966	634	28.4	1606
C010	JOURNAL OF ROCK MECHANICS AND GEOTECHNICAL ENGINEERING (JRMGE)	456	1605	0.436	1696	28.4	1606
H040	淡水渔业	987	1021	0.850	801	28.4	1606
G312	西南国防医药	1073	941	0.379	1816	28.4	1606
M041	稀土	811	1192	0.500	1553	28.4	1606
G527	药学与临床研究	541	1498	0.502	1548	28.3	1611

表 8　2020 年中国科技核心期刊综合评价总分排名（自然科学）（续）

CODE	刊名	核心总被引频次		核心影响因子		综合评价总分*	
		数值	排名	数值	排名	数值	排名
C503	液晶与显示	747	1258	0.888	752	28.3; 27.8	1611
B011	应用数学	178	2027	0.228	2026	28.3	1611
G090	云南中医学院学报	668	1355	0.455	1657	28.3	1611
I012	INSECT SCIENCE	398	1693	0.513	1526	28.2	1615
R654	电力科学与技术学报	927	1078	2.144	76	28.2	1615
Y013	固体火箭技术	825	1176	0.404	1779	28.2	1615
Q913	临床眼科杂志	464	1588	0.413	1752	28.2	1615
G835	职业卫生与应急救援	548	1485	0.649	1219	28.2	1615
D503	功能高分子学报	342	1784	0.698	1103	28.1	1620
J059	空军工程大学学报自然科学版	396	1696	0.471	1615	28.1	1620
S505	系统仿真技术	123	2056	0.280	1968	28.1	1620
Z037	GREEN ENERGY & ENVIRONMENT	130	2054	0.830	831	28.0	1623
U017	天津工业大学学报	280	1899	0.420	1735	28.0	1623
G625	中国医院用药评价与分析	1082	932	0.459	1644	28.0	1623
S741	地域研究与开发	2024	463	1.445	248	27.9	1626
H016	扬州大学学报农业与生命科学版	596	1426	0.525	1498	27.9	1626
G682	中南医学科学杂志	537	1501	0.546	1456	27.9	1626
Q931	分子影像学杂志	207	1996	0.315	1921	27.8	1629
T563	工业催化	547	1486	0.333	1895	27.8	1629
J036	西安工业大学学报	262	1920	0.298	1942	27.8	1629
C060	波谱学杂志	270	1912	0.826	842	27.7	1632
Y585	导航与控制	215	1984	0.534	1479	27.7	1632
V033	工程抗震与加固改造	483	1564	0.279	1969	27.7	1632
T065	合成纤维工业	451	1612	0.450	1667	27.7	1632
G204	临床检验杂志	1023	987	0.729	1032	27.7	1632
C036	数学物理学报	306	1844	0.255	1997	25.6; 27.7	1632
B027	系统管理学报	1111	913	0.988	604	27.7	1632
G456	中国妇产科临床杂志	983	1026	0.955	645	27.7	1632
I139	CHEMICAL RESEARCH IN CHINESE UNIVERSITIES	318	1825	0.337	1890	27.6	1640
G004	北京生物医学工程	418	1659	0.769	949	27.6	1640
G016	北京医学	1179	861	0.530	1488	27.6	1640
G953	精神医学杂志	443	1625	0.422	1730	27.6	1640
A110	宁夏大学学报自然科学版	169	2032	0.183	2053	27.6	1640
B012	数学杂志	147	2040	0.172	2058	27.6	1640
U052	中国乳品工业	930	1075	0.570	1401	27.6	1640
G513	内蒙古医科大学学报	394	1700	0.376	1818	27.5	1647
G319	神经损伤与功能重建	690	1321	0.604	1322	27.5	1647
N100	现代科学仪器	300	1860	0.024	2084	27.5	1647
G162	中华实验和临床病毒学杂志	580	1445	0.606	1316	27.5	1647
G013	安徽中医药大学学报	947	1061	0.912	713	27.4	1651
G930	国际流行病学传染病学杂志	302	1853	0.523	1505	27.4; 16.7	1651
S507	计算技术与自动化	249	1936	0.315	1921	27.4	1651

表 8　2020 年中国科技核心期刊综合评价总分排名（自然科学）（续）

CODE	刊名	核心总被引频次		核心影响因子		综合评价总分*	
		数值	排名	数值	排名	数值	排名
A013	南昌大学学报理科版	322	1817	0.433	1704	27.4	1651
A053	云南师范大学学报自然科学版	223	1970	0.368	1835	27.4	1651
V057	建筑钢结构进展	319	1821	0.633	1255	27.3	1656
H516	热带农业科学	1082	932	0.473	1609	27.3	1656
B004	数学年刊 A	118	2061	0.141	2069	27.3	1656
R524	中国能源	427	1651	0.685	1134	27.3	1656
X635	船海工程	596	1426	0.296	1945	27.2	1660
N063	机械设计与制造工程	483	1564	0.224	2028	27.2	1660
G291	临床骨科杂志	1054	955	1.219	364	27.2	1660
C009	实验力学	757	1238	0.513	1526	27.2	1660
E112	地震研究	665	1357	0.924	696	27.1	1664
F042	生命的化学	692	1317	0.696	1110	27.1	1664
E548	世界地质	644	1376	0.367	1836	27.1	1664
A654	云南民族大学学报自然科学版	209	1993	0.325	1905	27.1	1664
U020	中国皮革	549	1484	0.366	1838	27.1	1664
I059	ACTA GEOLOGICA SINICA ENGLISH EDITION	1061	950	0.593	1351	27.0	1669
A535	广西科学	380	1726	0.587	1364	27.0	1669
S500	计算机与现代化	731	1274	0.522	1507	27.0	1669
V014	建筑结构	2208	404	0.411	1757	27.0	1669
G797	临床输血与检验	604	1419	0.508	1533	21.2; 27.0	1669
T079	塑料助剂	214	1987	0.355	1860	27.0	1669
G290	中国防痨杂志	1636	607	1.065	516	27.0	1669
G104	中国海洋药物	370	1739	0.405	1776	27.0	1669
Q905	中华解剖与临床杂志	367	1743	0.561	1421	27.0	1669
G296	中华围产医学杂志	1462	684	1.093	478	27.0	1669
K517	煤矿机械	2523	314	0.435	1699	26.9	1679
U602	皮革科学与工程	469	1585	0.790	914	26.9	1679
A023	首都师范大学学报自然科学版	324	1812	0.403	1781	26.9	1679
I735	FRONTIERS OF COMPUTER SCIENCE	259	1924	0.444	1681	26.8	1682
D501	化学研究	304	1847	0.490	1573	26.8	1682
D037	化学研究与应用	1077	938	0.504	1539	26.8	1682
V047	建筑学报	809	1197	0.311	1930	26.8	1682
V032	暖通空调	1330	767	0.358	1856	26.8	1682
N024	车用发动机	247	1939	0.317	1917	26.7	1687
U014	东华大学学报自然科学版	460	1593	0.313	1926	26.7	1687
G894	口腔颌面修复学杂志	272	1908	0.500	1553	26.7	1687
V089	南方建筑	326	1806	0.476	1603	26.7	1687
G303	中国男科学杂志	557	1474	0.543	1461	26.7	1687
R711	测试技术学报	340	1788	0.434	1703	26.6	1692
G292	寄生虫与医学昆虫学报	139	2050	0.443	1683	26.6	1692
G652	实用皮肤病学杂志	360	1754	0.420	1735	26.6	1692
E138	物探与化探	1899	498	0.830	831	26.6	1692
H340	桉树科技	141	2048	0.431	1711	26.5	1696

表 8　2020 年中国科技核心期刊综合评价总分排名（自然科学）（续）

CODE	刊名	核心总被引频次		核心影响因子		综合评价总分*	
		数值	排名	数值	排名	数值	排名
M005	材料保护	1232	823	0.404	1779	26.5	1696
G199	发育医学电子杂志	145	2043	0.748	993	26.4	1698
V056	新型建筑材料	1461	687	0.469	1620	26.4	1698
I166	CHINESE JOURNAL OF ACOUSTICS	124	2055	0.159	2064	26.3	1700
I090	JOURNAL OF WUHAN UNIVERSITY OF TECHNOLOGY MATERIALS SCIENCE EDITION	578	1446	0.308	1933	26.3; 26.1	1700
V062	城乡规划	149	2039	0.539	1471	26.3	1700
G565	徐州医科大学学报	266	1917	0.138	2072	26.3	1700
G913	中国药事	1092	928	0.676	1152	26.3	1700
H067	中国真菌学杂志	435	1642	0.813	870	26.3	1700
G842	中西医结合肝病杂志	616	1410	0.650	1217	20.9; 26.3	1700
G701	组织工程与重建外科杂志	357	1756	0.648	1224	26.3	1700
R519	信息技术	910	1088	0.483	1583	26.2	1708
G885	中国现代手术学杂志	231	1958	0.421	1732	26.2	1708
I229	JOURNAL OF MARINE SCIENCE AND APPLICATION	143	2046	0.257	1995	26.1	1710
E543	测绘工程	618	1407	0.568	1406	26.1	1710
Z009	化工环保	686	1331	0.820	855	26.1	1710
U055	粮食与饲料工业	900	1100	0.435	1699	24.8; 24.1; 26.1	1710
V531	陶瓷学报	296	1874	0.275	1977	26.0	1714
G721	新医学	688	1326	0.526	1496	26.0	1714
R775	中兴通讯技术	231	1958	0.868	777	26.0	1714
R611	自动化与仪器仪表	1430	710	0.439	1690	26.0; 22.7	1714
E306	地震	622	1401	0.740	1010	25.9	1718
U641	食品与发酵科技	656	1368	0.620	1281	25.9	1718
R754	电讯技术	813	1189	0.621	1279	25.8	1720
Y015	航天控制	378	1729	0.503	1542	25.8	1720
C134	热科学与技术	311	1836	0.338	1888	20.4; 25.8	1720
G877	药物流行病学杂志	661	1361	0.582	1380	25.8	1720
F021	JOURNAL OF MOLECULAR CELL BIOLOGY	398	1693	0.715	1064	25.7	1724
Z013	工业水处理	1593	625	0.608	1309	25.7	1724
Y554	航空发动机	557	1474	0.411	1757	25.7	1724
B018	系统工程学报	980	1032	0.867	780	25.7	1724
G297	中国美容整形外科杂志	1049	963	0.987	607	25.7	1724
I165	CHINA FOUNDRY	180	2023	0.427	1718	25.6	1729
B029	复杂系统与复杂性科学	309	1840	0.544	1458	25.6	1729
G401	生物骨科材料与临床研究	326	1806	0.493	1567	25.6	1729
X533	水道港口	471	1582	0.543	1461	25.6	1729
G771	武警后勤学院学报医学版	382	1723	0.190	2049	25.6	1729
G699	西部中医药	2125	424	0.642	1236	25.6; 10.3	1729
R097	光学与光电技术	300	1860	0.433	1704	25.5; 22.5	1735
B014	计算数学	120	2060	0.067	2082	25.5	1735
J002	西安理工大学学报	326	1806	0.432	1710	25.5	1735

表 8　2020 年中国科技核心期刊综合评价总分排名（自然科学）（续）

CODE	刊名	核心总被引频次		核心影响因子		综合评价总分*	
		数值	排名	数值	排名	数值	排名
G092	浙江中医药大学学报	1610	615	0.762	959	25.5	1735
E303	中国岩溶	1144	887	0.926	692	25.5	1735
G693	中华临床免疫和变态反应杂志	288	1886	0.471	1615	25.5	1735
H272	广东海洋大学学报	560	1471	0.810	875	19.2; 25.4	1741
A111	内蒙古师范大学学报自然科学汉文版	206	1999	0.156	2066	25.4	1741
T015	炭素技术	317	1829	0.338	1888	25.4	1741
R064	微电子学	301	1857	0.253	1999	25.4	1741
I116	CHINESE JOURNAL OF ELECTRONICS	476	1575	0.533	1481	25.3	1745
I222	GENOMICS PROTEOMICS & BIOINFORMATICS	300	1860	0.618	1286	25.3	1745
T508	电镀与精饰	410	1667	0.360	1849	25.3	1745
X034	都市快轨交通	546	1489	0.397	1789	25.3	1745
Q907	空军医学杂志	480	1568	0.654	1208	25.3	1745
G227	中国药物警戒	1236	818	0.907	719	25.3	1745
N034	装备环境工程	976	1040	0.496	1562	25.3	1745
C058	CHINESE PHYSICS C	530	1506	0.360	1849	25.2	1752
R019	电源技术	1750	553	0.449	1671	25.2	1752
G934	国际中医中药杂志	916	1082	0.524	1501	25.2; 18.1	1752
J055	海军工程大学学报	494	1547	0.364	1844	25.2	1752
A011	河南科学	578	1446	0.291	1949	25.2	1752
Y040	火箭推进	530	1506	0.634	1252	25.2	1752
Y057	载人航天	408	1672	0.266	1987	25.2	1752
G259	诊断病理学杂志	826	1174	0.498	1560	16.9; 25.2	1752
R011	电力电子技术	1163	873	0.412	1754	25.1	1760
N515	机械制造与自动化	726	1285	0.334	1894	25.1	1760
E007	极地研究	366	1745	0.544	1458	25.1	1760
H273	中国南方果树	1241	816	0.638	1245	25.1	1760
N764	JOURNAL OF BIONIC ENGINEERING	414	1662	0.880	758	25.0	1764
G340	华南国防医学杂志	594	1432	0.382	1811	25.0	1764
G507	解剖科学进展	557	1474	0.699	1100	25.0	1764
C032	量子电子学报	325	1810	0.420	1735	25.0	1764
G256	临床外科杂志	1283	794	0.915	706	25.0	1764
S055	大数据	260	1922	0.958	640	24.9	1769
Q009	核科学与工程	368	1741	0.187	2051	24.9	1769
G103	中国骨伤	2104	431	1.363	278	24.9	1769
G474	中华肺部疾病杂志电子版	767	1229	0.825	845	24.9	1769
N054	机械设计与研究	1396	726	0.829	836	24.8	1773
A018	湘潭大学自然科学学报	204	2004	0.288	1953	24.8	1773
U562	烟草科技	1898	499	0.976	617	24.8	1773
J016	浙江工业大学学报	668	1355	0.855	796	24.8	1773
E132	地质找矿论丛	558	1473	0.452	1664	24.7	1777
Y031	航空计算技术	543	1493	0.342	1878	24.7	1777
A098	中国科技论坛	1745	556	1.010	572	24.7	1777
G220	中国药物化学杂志	351	1766	0.305	1936	24.7	1777

表 8 2020 年中国科技核心期刊综合评价总分排名（自然科学）（续）

CODE	刊名	核心总被引频次		核心影响因子		综合评价总分*	
		数值	排名	数值	排名	数值	排名
E307	地震工程学报	1175	865	0.775	941	24.6	1781
G044	华西药学杂志	1025	984	0.786	925	24.6	1781
S812	科技管理研究	3903	137	0.716	1059	24.6	1781
H390	山西农业科学	2214	401	0.724	1045	24.6	1781
C038	真空与低温	252	1931	0.406	1769	24.6	1781
N110	工业工程与管理	836	1160	0.829	836	24.5	1786
P009	工业加热	192	2014	0.178	2056	24.5	1786
T009	化学反应工程与工艺	195	2011	0.167	2061	24.5	1786
U604	皮革与化工	157	2035	0.457	1651	24.5	1786
M021	上海金属	297	1871	0.332	1897	24.5	1786
G149	中华劳动卫生职业病杂志	1423	715	0.726	1041	24.5	1786
G284	中国消毒学杂志	1798	526	0.722	1050	24.4	1792
X539	中外公路	1789	535	0.754	976	24.4	1792
X001	大连交通大学学报	345	1775	0.247	2010	24.3; 15.0	1794
R082	光电子技术	112	2063	0.231	2023	24.3	1794
V049	结构工程师	619	1405	0.299	1940	24.3	1794
L027	油气储运	2241	393	1.141	430	24.3	1794
Y003	中国空间科学技术	449	1616	0.597	1342	24.3	1794
Y503	导弹与航天运载技术	488	1554	0.281	1966	24.2	1799
G130	中国应用生理学杂志	803	1201	1.047	536	24.2	1799
G098	中华地方病学杂志	1302	781	1.118	450	24.2	1799
K038	煤炭工程	2500	320	0.902	729	24.1	1802
A586	沈阳师范大学学报自然科学版	180	2023	0.243	2016	24.1	1802
G962	眼科	387	1711	0.326	1902	24.1	1802
N027	电加工与模具	253	1930	0.290	1950	24.0	1805
E141	华北地震科学	184	2019	0.366	1838	24.0	1805
Q958	血管与腔内血管外科杂志	189	2016	0.312	1929	24.0	1805
Q950	中华神经创伤外科电子杂志	274	1905	0.769	949	24.0	1805
C095	COMMUNICATIONS IN THEORETICAL PHYSICS	406	1679	0.169	2059	23.9	1809
H227	东北农业科学	907	1092	1.068	510	23.9	1809
A115	实验室研究与探索	3014	232	0.548	1448	23.9	1809
F206	微生物学免疫学进展	362	1750	0.564	1416	23.8	1812
G544	中国临床药学杂志	336	1794	0.456	1654	23.8	1812
R063	半导体技术	450	1615	0.366	1838	23.7	1814
M048	贵金属	407	1675	0.699	1100	23.7	1814
A510	信阳师范学院学报自然科学版	335	1798	0.394	1792	23.7	1814
U645	保鲜与加工	915	1083	0.691	1120	19.6; 23.6	1817
N037	工业仪表与自动化装置	385	1716	0.468	1622	23.6	1817
G050	解剖学杂志	572	1458	0.429	1714	23.6	1817
H261	辽宁农业科学	477	1572	0.336	1891	23.6	1817
G482	医学动物防制	990	1018	0.501	1551	23.6	1817
R044	电气传动	703	1305	0.564	1416	23.5	1822
B002	高等学校计算数学学报	59	2082	0.119	2076	23.5	1822

表 8 2020 年中国科技核心期刊综合评价总分排名（自然科学）（续）

CODE	刊名	核心总被引频次		核心影响因子		综合评价总分*	
		数值	排名	数值	排名	数值	排名
G838	肿瘤影像学	250	1935	0.458	1647	23.5	1822
D035	分子科学学报	176	2029	0.372	1826	23.4	1825
L019	石油机械	1642	603	0.755	974	23.4	1825
F039	JOURNAL OF SYSTEMATICS AND EVOLUTION	764	1233	1.120	447	23.3	1827
G496	国际老年医学杂志	224	1969	0.516	1519	23.3	1827
Y032	航天器环境工程	516	1528	0.241	2018	23.3	1827
W567	节水灌溉	1516	661	0.839	820	23.3	1827
G332	生物医学工程研究	249	1936	0.515	1522	23.3	1827
G180	中日友好医院学报	307	1843	0.317	1917	23.3	1827
Q929	肿瘤代谢与营养电子杂志	438	1637	0.794	905	23.3	1827
I227	JOURNAL OF CHINESE PHARMACEUTICAL SCIENCES	255	1927	0.290	1950	23.2	1834
G975	国际麻醉学与复苏杂志	923	1079	0.700	1094	23.2	1834
Y012	航空精密制造技术	236	1956	0.173	2057	23.2	1834
G672	口腔材料器械杂志	132	2053	0.520	1513	23.2	1834
G293	临床血液学杂志	712	1297	0.667	1175	23.2; 14.2	1834
G514	药物生物技术	453	1610	0.463	1631	23.2	1834
E626	CT 理论与应用研究	242	1945	0.343	1873	23.1	1840
G603	生物医学工程与临床	319	1821	0.384	1808	23.1	1840
B023	CHINESE ANNALS OF MATHEMATICS SERIES B	106	2068	0.134	2074	23.0	1842
C070	CHINESE JOURNAL OF CHEMICAL PHYSICS	183	2020	0.250	2003	23.0	1842
G803	肝脏	1110	916	0.522	1507	23.0	1842
G848	中华手外科杂志	1626	609	0.882	756	23.0	1842
S712	工程管理学报	433	1647	0.406	1769	2.6; 22.9	1846
R587	水利经济	477	1572	1.256	341	22.9	1846
D604	化学分析计量	751	1249	0.611	1301	22.8	1848
N048	金刚石与磨料磨具工程	339	1789	0.369	1832	22.8	1848
G306	中国医师进修杂志	962	1049	0.655	1203	22.8	1848
G873	中华眼视光学与视觉科学杂志	726	1285	0.786	925	22.8	1848
G944	东南国防医药	686	1331	0.739	1011	22.7	1852
E159	新疆地质	847	1151	0.758	970	22.7	1852
A080	高技术通讯	576	1452	0.745	1001	22.6	1854
D602	合成化学	379	1727	0.308	1933	22.6	1854
G358	解剖学研究	303	1851	0.343	1873	22.6	1854
G707	武警医学	873	1128	0.433	1704	22.6	1854
Q909	临床小儿外科杂志	680	1343	0.656	1201	22.5	1858
G977	药学服务与研究	404	1685	0.430	1712	22.5	1858
Q940	中国癌症防治杂志	318	1825	0.603	1326	22.5	1858
E022	古生物学报	679	1344	0.416	1746	22.4	1861
R737	自动化技术与应用	689	1325	0.288	1953	22.4	1861
I017	TRANSACTIONS OF NANJING UNIVERSITY OF AERONAUTICS & ASTRONAUTICS	206	1999	0.248	2008	22.2; 13.9	1863
H293	杂交水稻	721	1289	0.454	1658	22.2	1863

表 8 2020 年中国科技核心期刊综合评价总分排名（自然科学）（续）

CODE	刊名	核心总被引频次		核心影响因子		综合评价总分*	
		数值	排名	数值	排名	数值	排名
N046	制造技术与机床	1051	958	0.365	1842	22.2	1863
Y009	强度与环境	298	1866	0.482	1585	22.1	1866
G223	现代医学	900	1100	0.436	1696	22.1	1866
L017	测井技术	860	1139	0.406	1769	22.0	1868
T933	石化技术与应用	256	1926	0.246	2012	22.0; 17.2	1868
H048	土壤与作物	323	1814	1.434	255	22.0	1868
G403	药物不良反应杂志	683	1340	0.684	1139	22.0	1868
K037	中国煤炭地质	847	1151	0.518	1515	22.0	1868
G920	儿科药学杂志	962	1049	0.671	1164	17.2; 21.9	1873
T231	磷肥与复肥	617	1408	0.391	1797	21.9	1873
Y008	宇航计测技术	271	1909	0.246	2012	21.9	1873
G705	中华医学教育杂志	660	1363	0.579	1384	21.9	1873
R016	绝缘材料	1061	950	0.840	818	21.8	1877
G203	中国心脏起搏与心电生理杂志	569	1463	0.877	767	21.8	1877
U533	木材工业	343	1781	0.449	1671	21.7	1879
R050	水力发电	982	1028	0.411	1757	21.7	1879
H099	中国预防兽医学报	1021	991	0.619	1283	21.7	1879
L018	钻井液与完井液	998	1009	0.880	758	21.7	1879
G749	中国中医眼科杂志	897	1103	1.138	434	21.6	1883
Z554	环境监测管理与技术	730	1276	1.025	561	21.5	1884
S082	网络与信息安全学报	237	1953	0.748	993	21.5	1884
C093	现代应用物理	85	2076	0.267	1985	21.5	1884
S031	遥测遥控	164	2033	0.287	1959	21.5	1884
T916	有机硅材料	319	1821	0.506	1536	21.5	1884
G695	肿瘤预防与治疗	524	1518	1.145	424	21.5	1884
E158	CHINA OCEAN ENGINEERING	317	1829	0.450	1667	21.4	1890
H102	林业调查规划	457	1601	0.230	2024	21.4	1890
N086	真空	391	1707	0.463	1631	21.4	1890
N022	轴承	746	1261	0.304	1938	21.4	1890
G347	中国中西医结合耳鼻咽喉科杂志	409	1671	0.477	1599	11.0; 21.3	1894
P010	小型内燃机与车辆技术	147	2040	0.156	2066	21.2	1895
H317	中国兽药杂志	577	1449	0.602	1328	21.2	1895
I230	JOURNAL OF MOUNTAIN SCIENCE	672	1350	0.439	1690	21.1	1897
E615	测绘科学技术学报	622	1401	0.548	1448	21.1	1897
D011	化学试剂	961	1053	0.671	1164	21.1	1897
G890	实用肿瘤杂志	572	1458	0.950	653	21.1	1897
R087	现代雷达	986	1023	0.499	1558	21.1	1897
X046	城市交通	448	1617	0.552	1442	21.0	1902
V052	粉煤灰综合利用	289	1885	0.270	1981	21.0	1902
H009	蚕业科学	750	1251	0.475	1605	20.9	1904
M631	黄金	860	1139	0.348	1867	20.9	1904
C094	计算物理	518	1523	0.521	1512	20.9	1904
G802	临床神经外科杂志	421	1658	0.682	1143	20.8	1907

表 8　2020 年中国科技核心期刊综合评价总分排名（自然科学）（续）

CODE	刊名	核心总被引频次		核心影响因子		综合评价总分*	
		数值	排名	数值	排名	数值	排名
N013	自动化仪表	947	1061	0.686	1130	20.7; 15.4	1908
N105	工程爆破	477	1572	0.476	1603	20.6	1909
T512	聚氨酯工业	442	1628	0.599	1338	20.6	1909
G280	中华口腔正畸学杂志	216	1980	0.500	1553	20.5	1911
G833	中华老年口腔医学杂志	305	1845	0.531	1485	20.5	1911
G025	工业卫生与职业病	595	1428	0.744	1006	20.4	1913
V054	矿产勘查	901	1097	0.528	1493	20.4	1913
L030	石油炼制与化工	1283	794	0.759	966	20.4	1913
H026	竹子学报	298	1866	0.242	2017	20.4	1913
C105	ACTA MECHANICA SINICA	479	1570	0.590	1355	20.3	1917
H538	草原与草坪	665	1357	0.771	947	20.3	1917
B030	ACTA MATHEMATICA SINICA ENGLISH SERIES	237	1953	0.112	2079	20.2	1919
M010	材料开发与应用	369	1740	0.255	1997	20.2	1919
R428	电气工程学报	255	1927	0.788	920	20.2	1919
T006	化工机械	326	1806	0.199	2047	20.2	1919
G713	中国药物应用与监测	470	1584	0.697	1108	20.2	1919
I219	CHINESE JOURNAL OF POPULATION, RESOURCES AND ENVIRONMENT	113	2062	0.373	1825	20.1	1924
L021	石油化工设备技术	152	2037	0.158	2065	20.1	1924
G856	实用肿瘤学杂志	372	1738	0.750	988	20.1	1924
G307	中华医学科研管理杂志	313	1834	0.568	1406	20.1	1924
E316	震灾防御技术	375	1732	0.412	1754	20.0; 8.3	1928
G334	湖北中医药大学学报	1006	1004	0.724	1045	19.9	1929
F229	生物技术	394	1700	0.277	1973	19.9	1929
T953	消防科学与技术	1677	585	0.570	1401	17.6; 19.8	1931
G258	中国生物制品学杂志	849	1149	0.438	1692	19.8	1931
E525	地质与资源	604	1419	0.788	920	19.7	1933
T598	电镀与涂饰	766	1231	0.447	1674	19.7	1933
T569	粘接	446	1620	0.277	1973	19.7	1933
G750	中国病案	1601	620	0.757	973	19.7	1933
X528	水运工程	1194	850	0.278	1971	19.6	1937
G451	现代消化及介入诊疗	1055	953	0.714	1066	19.6	1937
H212	中国麻业科学	405	1682	0.533	1481	19.6	1937
H217	陕西农业科学	956	1057	0.309	1932	19.5	1940
N012	爆破器材	251	1932	0.250	2003	19.4	1941
E500	盐湖研究	298	1866	0.516	1519	19.4	1941
T104	印染助剂	343	1781	0.320	1914	19.4	1941
G473	中华腔镜泌尿外科杂志电子版	542	1494	0.871	772	19.4	1941
N064	工具技术	850	1148	0.288	1953	19.3	1945
G576	中国肿瘤外科杂志	367	1743	0.729	1032	19.3	1945
E546	高原山地气象研究	357	1756	0.559	1424	19.2	1947
G257	临床内科杂志	893	1108	0.803	891	19.2	1947
G083	心肺血管病杂志	1204	846	0.832	825	19.2	1947

表 8　2020 年中国科技核心期刊综合评价总分排名（自然科学）（续）

CODE	刊名	核心总被引频次		核心影响因子		综合评价总分*	
		数值	排名	数值	排名	数值	排名
N056	长春理工大学学报自然科学版	523	1519	0.417	1743	19.1	1950
I239	WORLD JOURNAL OF ACUPUNCTURE-MOXIBUSTION	216	1980	0.618	1286	19.0	1951
H333	经济动物学报	273	1907	0.688	1127	19.0	1951
P001	汽轮机技术	474	1578	0.375	1820	19.0	1951
G230	临床皮肤科杂志	1009	999	0.323	1911	18.9	1954
E315	地理信息世界	465	1587	0.552	1442	18.8	1955
L026	中国海洋平台	288	1886	0.277	1973	18.8	1955
G852	中国急救复苏与灾害医学杂志	1252	813	0.820	855	18.8	1955
L587	节能技术	457	1601	0.665	1183	18.7	1958
H211	中国棉花	810	1196	0.643	1234	18.7	1958
A034	甘肃科学学报	237	1953	0.211	2037	18.6	1960
G522	肿瘤研究与临床	552	1480	0.546	1456	18.6	1960
R045	电机与控制应用	866	1135	0.752	982	18.5	1962
T060	煤化工	258	1925	0.288	1953	18.5	1962
D014	影像科学与光化学	135	2051	0.230	2024	18.5	1962
V030	工程勘察	874	1126	0.462	1636	18.4	1965
H128	北方水稻	314	1833	0.247	2010	18.3	1966
K014	矿山机械	811	1192	0.282	1965	18.3	1966
R037	高压电器	3528	168	1.210	371	18.2	1968
R096	雷达科学与技术	402	1690	0.456	1654	18.2	1968
H081	中国热带农业	411	1666	0.355	1860	18.2	1968
R085	微特电机	544	1492	0.290	1950	18.1	1971
E052	微体古生物学报	500	1545	0.438	1692	18.1	1971
E136	物探化探计算技术	437	1639	0.263	1990	18.0	1973
R003	电池	382	1723	0.608	1309	17.9	1974
I220	FRONTIERS OF EARTH SCIENCE	62	2081	0.183	2053	17.7	1975
E050	GEOSCIENCE FRONTIERS	368	1741	0.463	1631	17.6	1976
T955	精细化工中间体	238	1951	0.169	2059	17.5	1977
R070	微波学报	390	1709	0.480	1591	17.5	1977
V523	建筑节能中英文版	581	1444	0.256	1996	17.4	1979
G628	老年医学与保健	595	1428	0.714	1066	17.4	1979
N107	模具技术	135	2051	0.206	2042	17.4	1979
S590	中华医学教育探索杂志	673	1348	0.343	1873	17.4	1979
N106	人类工效学	268	1913	0.250	2003	17.3	1983
H864	饲料研究	1218	833	0.538	1473	17.2	1984
K035	中国钨业	304	1847	0.393	1794	17.2	1984
G158	中华器官移植杂志	528	1513	0.507	1535	17.0	1986
F005	ENTOMOTAXONOMIA	89	2073	0.113	2078	16.9	1987
G899	海军医学杂志	728	1282	0.524	1501	16.9	1987
T057	合成材料老化与应用	445	1622	0.501	1551	16.8	1989
K505	黑龙江科技大学学报	324	1812	0.357	1858	16.7	1990
H891	中国动物传染病学报	361	1752	0.544	1458	16.5	1991

表 8　2020 年中国科技核心期刊综合评价总分排名（自然科学）（续）

CODE	刊名	核心总被引频次		核心影响因子		综合评价总分*	
		数值	排名	数值	排名	数值	排名
K036	中国锰业	381	1725	0.253	1999	16.5	1991
R750	电力需求侧管理	486	1556	1.259	339	16.4	1993
L507	天然气与石油	506	1538	0.463	1631	16.4	1993
C008	应用力学学报	1302	781	0.749	990	16.4	1993
G444	中国体外循环杂志	363	1749	0.773	943	16.4	1993
E537	JOURNAL OF EARTH SCIENCE	424	1656	0.590	1355	16.3	1997
Z500	环境技术	207	1996	0.197	2048	16.3	1997
N075	铸造	954	1058	0.343	1873	16.3	1997
N067	电焊机	775	1224	0.259	1994	16.2	2000
G244	中国工业医学杂志	720	1290	0.448	1673	16.2	2000
X043	城市轨道交通研究	1180	858	0.386	1802	16.1	2002
Q937	消化肿瘤杂志电子版	204	2004	0.761	961	16.1	2002
G298	中国斜视与小儿眼科杂志	279	1901	0.472	1612	16.1; 12.1	2002
X053	JOURNAL OF TRAFFIC AND TRANSPORTATION ENGINEERING ENGLISH EDITION	108	2065	0.451	1665	16.0	2005
S816	科学管理研究	753	1248	0.622	1276	16.0	2005
F041	人类学学报	552	1480	0.453	1661	16.0	2005
M013	钢铁钒钛	490	1551	0.413	1752	15.9	2008
Z506	环境科技	345	1775	0.479	1594	15.8	2009
U036	棉纺织技术	675	1347	0.391	1797	15.8	2009
I132	FRONTIERS OF OPTOELECTRONICS	77	2078	0.222	2031	15.7	2011
S017	网络新媒体技术	141	2048	0.398	1788	15.7	2011
C096	ACTA MATHEMATICA SCIENTIA	318	1825	0.205	2043	11.3; 15.5	2013
R047	固体电子学研究与进展	146	2042	0.221	2032	15.2	2014
K570	能源与环保	750	1251	0.322	1913	15.2	2014
R671	西安邮电大学学报	274	1905	0.418	1742	12.5; 15.2	2014
G959	中国微侵袭神经外科杂志	749	1254	0.666	1180	15.2	2014
Z015	电镀与环保	298	1866	0.263	1990	15.1	2018
S087	信息安全研究	242	1945	0.272	1979	15.1	2018
G637	中国国境卫生检疫杂志	323	1814	0.412	1754	15.1	2018
T146	化工设备与管道	206	1999	0.278	1971	15.0	2021
R652	太赫兹科学与电子信息学报	445	1622	0.408	1765	15.0	2021
U504	酿酒科技	2163	415	0.611	1301	14.9	2023
G794	中国临床神经外科杂志	898	1102	0.666	1180	14.8	2024
Z553	净水技术	687	1328	0.483	1583	14.6	2025
G240	中国中医骨伤科杂志	1534	657	0.861	789	14.6	2025
Z034	生态毒理学报	1321	772	0.787	922	14.5	2027
H584	植物检疫	627	1397	0.482	1585	14.3	2028
V023	中国非金属矿工业导刊	437	1639	0.467	1625	14.3	2028
R057	微电机	711	1299	0.576	1387	14.2	2030
M014	硬质合金	297	1871	0.347	1869	14.1	2031
G587	中国辐射卫生	962	1049	1.039	545	14.0	2032
G892	中华心律失常学杂志	640	1382	1.282	323	14.0	2032

表 8 2020 年中国科技核心期刊综合评价总分排名（自然科学）（续）

CODE	刊名	核心总被引频次		核心影响因子		综合评价总分*	
		数值	排名	数值	排名	数值	排名
G472	中华疝和腹壁外科杂志电子版	521	1520	0.963	638	14.0	2032
G653	现代检验医学杂志	940	1068	0.778	936	13.9	2035
I250	FRONTIERS OF MATHEMATICS IN CHINA	104	2070	0.284	1962	13.8	2036
C055	低温物理学报	46	2084	0.060	2083	13.8	2036
Q956	肝癌电子杂志	72	2079	0.342	1878	13.7	2038
E304	古脊椎动物学报	303	1851	0.279	1969	13.7	2038
G428	中国美容医学	1994	468	0.626	1265	13.7	2038
K550	中国钼业	302	1853	0.305	1936	13.7	2038
G662	内科急危重症杂志	644	1376	0.730	1031	13.6	2042
P018	动力学与控制学报	285	1892	0.500	1553	13.5	2043
E108	海洋预报	441	1631	0.651	1216	13.5	2043
M047	冶金能源	245	1942	0.468	1622	13.5	2043
X011	机车电传动	503	1542	0.341	1883	13.4	2046
G798	现代泌尿生殖肿瘤杂志	214	1987	0.376	1818	13.3	2047
U643	造纸科学与技术	221	1973	0.333	1895	13.2	2048
I725	FRONTIERS OF STRUCTURAL AND CIVIL ENGINEERING	143	2046	0.485	1578	13.1	2049
P005	工业炉	111	2064	0.134	2074	12.6	2050
C092	核聚变与等离子体物理	108	2065	0.114	2077	12.4	2051
V574	岩土工程技术	189	2016	0.401	1787	12.0	2052
A074	沈阳大学学报自然科学版	316	1831	0.565	1413	11.6	2053
N624	焊接技术	480	1568	0.164	2063	11.5	2054
Q709	INFECTIOUS DISEASES OF POVERTY	383	1719	0.532	1483	11.3	2055
G469	实用器官移植电子杂志	218	1977	0.429	1714	11.3	2055
G248	中国药物依赖性杂志	362	1750	0.385	1805	11.2	2057
E639	地理空间信息	836	1160	0.324	1908	11.1; 10.5	2058
C104	力学与实践	659	1366	0.388	1800	11.0	2059
Z007	四川环境	727	1283	0.500	1553	10.7	2060
E616	测绘地理信息	711	1299	0.490	1573	10.5	2061
N079	液压气动与密封	739	1267	0.314	1924	10.4	2062
E635	沙漠与绿洲气象	755	1242	0.733	1023	10.3; 8.4	2063
Z035	环境卫生工程	299	1864	0.295	1947	10.0	2064
G740	中华卫生杀虫药械	720	1290	0.548	1448	9.5	2065
G489	中华医学美学美容杂志	635	1385	0.608	1309	9.3	2066
E103	华南地震	248	1938	0.316	1919	9.1	2067
G580	立体定向和功能性神经外科杂志	153	2036	0.265	1988	9.1	2067
G616	ONCOLOGY AND TRANSLATIONAL MEDICINE	87	2075	0.237	2020	9.0	2069
H220	渔业现代化	571	1461	0.781	932	9.0	2069
G437	中国听力语言康复科学杂志	393	1703	0.496	1562	6.9; 9.0	2069
E636	湿地科学与管理	216	1980	0.405	1776	8.9	2072
S086	单片机与嵌入式系统应用	458	1599	0.342	1878	8.8	2073
U640	制冷与空调（四川）	262	1920	0.265	1988	8.6	2074
E651	海洋测绘	672	1350	0.424	1726	8.5; 7.5	2075

表 8　2020 年中国科技核心期刊综合评价总分排名（自然科学）（续）

CODE	刊名	核心总被引频次		核心影响因子		综合评价总分*	
		数值	排名	数值	排名	数值	排名
T054	盐科学与化工	386	1712	0.232	2022	8.3	2076
X035	中国港湾建设	607	1416	0.315	1921	8.3	2076
H072	农业工程	484	1562	0.209	2040	7.9	2078
H844	甘蔗糖业	405	1682	0.559	1424	7.7	2079
Z032	工业用水与废水	601	1422	0.573	1395	7.2	2080
R051	大电机技术	302	1853	0.275	1977	5.4	2081
K020	铀矿冶	193	2013	0.205	2043	3.6	2082
S033	微型电脑应用	427	1651	0.267	1985	2.6	2083
C509	物理与工程	176	2029	0.184	2052	2.5; 2.9	2084

*注：对复分入多个学科的期刊，在不同学科内计算的综合评价总分不同，以自然科学领域学科较高的一个总分分值参加排名。

9 2020 年中国科技核心期刊目录

9.1 2020 年中国科技核心期刊（中文）目录

表 9-1 2020 年中国科技核心期刊（中文）目录

CODE	刊名	学科分类	主编
E626	CT 理论与应用研究	工程与技术科学基础学科	丁志峰
G549	癌变·畸变·突变	肿瘤学	程书钧
G011	癌症	肿瘤学	曾益新
A003	安徽大学学报自然科学版	自然科学综合大学学报	胡舒合
H002	安徽农业大学学报	农业大学学报	宛晓春
A009	安徽师范大学学报自然科学版	自然科学师范大学学报	王伦
G012	安徽医科大学学报	医药大学学报	张学军
G786	安徽医学	医学综合	高开焰
Q906	安徽医药	医学综合	徐恒秋
G013	安徽中医药大学学报	中医药大学学报	马宗华
E625	安全与环境工程	安全科学技术	赵云胜
Z549	安全与环境学报	安全科学技术	冯长根
H340	桉树科技	林学	谢耀坚
R024	半导体光电	电子技术；光电子学与激光技术	蒋志伟
R063	半导体技术	电子技术	赵小宁
U521	包装与食品机械	食品科学技术	李善为
U645	保鲜与加工	农业工程；园艺学	王莉
E045	暴雨灾害	大气科学；安全科学技术	宇如聪
N017	爆破	兵器科学与技术	梁开水
N012	爆破器材	兵器科学与技术	吕春绪
N006	爆炸与冲击	兵器科学与技术	刘仓理
H128	北方水稻	农艺学	姜存松
A652	北华大学学报自然科学版	自然科学综合大学学报	吕洪斌
G002	北京大学学报医学版	医药大学学报	韩启德
A005	北京大学学报自然科学版	自然科学综合大学学报	赵光达
J030	北京工业大学学报	工程技术大学学报	隋允康
Y001	北京航空航天大学学报	航空、航天科学技术；工程技术大学学报	赵沁平
T020	北京化工大学学报自然科学版	化学工程综合；工程技术大学学报	汪文川
X014	北京交通大学学报	工程技术大学学报	宁滨
G500	北京口腔医学	口腔医学	王邦康
N001	北京理工大学学报	工程技术大学学报	梅凤翔
H025	北京林业大学学报	林学；农业大学学报	贺庆棠
G004	北京生物医学工程	生物医学工程学	孙衍庆
A010	北京师范大学学报自然科学版	自然科学师范大学学报	陈浩元
G016	北京医学	医学综合	何瑞祥

表 9-1 2020 年中国科技核心期刊（中文）目录（续）

CODE	刊名	学科分类	主编
R018	北京邮电大学学报	通信技术；工程技术大学学报	刘杰
G620	北京中医药	中医学；中药学	屠志涛
G017	北京中医药大学学报	中医药大学学报	王永炎
G741	蚌埠医学院学报	医药大学学报	祝延
G410	标记免疫分析与临床	核医学、医学影像学	田亚平
T098	表面技术	精细化学工程	吴护林
E135	冰川冻土	地理学	程国栋
N008	兵工学报	兵器科学与技术	高修柱
R730	兵工自动化	兵器科学与技术	黄荔
N085	兵器材料科学与工程	兵器科学与技术	赵宝荣
T094	兵器装备工程学报	兵器科学与技术	彭熙
G018	病毒学报	微生物学、病毒学	侯云德
C060	波谱学杂志	物理学	刘买利
M005	材料保护	材料科学综合	张建设
M103	材料导报	材料科学综合	黄维
Y007	材料工程	材料科学综合	曹春晓
M010	材料开发与应用	材料科学综合	王其红
M008	材料科学与工程学报	材料科学综合	赵新兵
M006	材料科学与工艺	材料科学综合	冯吉才
N026	材料热处理学报	材料科学综合	周敬恩
M009	材料研究学报	材料科学综合	叶恒强
K512	采矿与安全工程学报	矿山工程技术	曹胜根
K504	采矿与岩层控制工程学报	矿山工程技术	宁宇
H009	蚕业科学	畜牧、兽医科学	郭锡杰
H525	草地学报	草原学	洪绂曾
H234	草业科学	草原学	侯扶江
H527	草业学报	草原学	南志标
H538	草原与草坪	草原学	师尚礼
E616	测绘地理信息	测绘科学技术	李清泉
E543	测绘工程	测绘科学技术	顾建高
E600	测绘科学	测绘科学技术	林宗坚
E615	测绘科学技术学报	测绘科学技术	张卫强
E510	测绘通报	测绘科学技术	陈平
E152	测绘学报	测绘科学技术	陈俊勇
L017	测井技术	石油天然气工程	陆大卫
Y022	测控技术	航空、航天科学技术	金钢
R711	测试技术学报	工程与技术科学基础学科	温廷敦
H001	茶叶科学	园艺学	陈宗懋
X036	长安大学学报自然科学版	公路运输；工程技术大学学报	马建
N056	长春理工大学学报自然科学版	工程技术大学学报	于光伟
G992	长春中医药大学学报	中医药大学学报	仝小林
W010	长江科学院院报	水利工程	陈进
Z029	长江流域资源与环境	环境科学技术及资源科学技术	许厚泽

表 9-1　2020 年中国科技核心期刊（中文）目录（续）

CODE	刊名	学科分类	主编
G264	肠外与肠内营养	普通外科学、胸外科学、心血管外科学	黎介寿
N024	车用发动机	动力工程	段金栋
E113	沉积学报	地质学	孙枢
E102	成都理工大学学报自然科学版	地球科学综合；自然科学综合大学学报	刘家铎
G670	成都医学院学报	医药大学学报	余小平
V050	城市规划	建筑科学与技术	吴良镛
V028	城市规划学刊	建筑科学与技术	董鉴泓
X043	城市轨道交通研究	铁路运输	孙章
X046	城市交通	公路运输	王静霞
V062	城乡规划	建筑科学与技术	陈秉钊
J021	重庆大学学报自然科学版	工程技术大学学报	孙才新
X029	重庆交通大学学报自然科学版	交通运输工程；工程技术大学学报	唐伯明
N757	重庆理工大学学报自然科学版	自然科学综合大学学报	刘全利
A512	重庆师范大学学报自然科学版	自然科学师范大学学报	杨新民
G186	重庆医科大学学报	医药大学学报	陈运贞
G225	重庆医学	医学综合	夏永鹏；屈谦
R559	重庆邮电大学学报自然科学版	通信技术；工程技术大学学报	李银国
L508	储能科学与技术	能源科学综合	黄学杰
G432	川北医学院学报	医药大学学报	康健
N060	传感技术学报	电子技术	黄庆安
R532	传感器与微系统	电子技术	刘学林
G458	传染病信息	感染性疾病学、传染病学	王永怡
X010	船舶工程	水路运输	闻雪友
X633	船舶力学	水路运输；力学	沈泓萃
X635	船海工程	水路运输	刘祖源
G322	创伤外科杂志	烧伤外科学、整形外科学	蒋耀光
G085	创伤与急危重病医学	临床医学综合	侯明晓
G552	磁共振成像	核医学、医学影像学	戴建平
E144	大地测量与地球动力学	地球物理学；测绘科学技术	姚运生
E146	大地构造与成矿学	地质学	徐义刚
R051	大电机技术	电气工程	陶星明
H038	大豆科学	农艺学	刘忠堂
X024	大连海事大学学报	水路运输；工程技术大学学报	袁林新
H005	大连海洋大学学报	水产学；农业大学学报	姚杰
X001	大连交通大学学报	交通运输工程；工程技术大学学报	杨德新
J024	大连理工大学学报	工程技术大学学报	程耿东
G020	大连医科大学学报	医药大学学报	赵杰
E109	大气科学	大气科学	黄荣辉
E091	大气科学学报	大气科学	管兆勇
S055	大数据	计算机科学技术	郑纬民
S086	单片机与嵌入式系统应用	计算机科学技术	何立民
H040	淡水渔业	水产学	魏开金
N004	弹道学报	兵器科学与技术	王中原

表 9-1　2020 年中国科技核心期刊（中文）目录（续）

CODE	刊名	学科分类	主编
T941	当代化工	化学工程综合	王雪丽
Y503	导弹与航天运载技术	航空、航天科学技术	樊灵芳
Y563	导航定位与授时	航空、航天科学技术	罗列
Y585	导航与控制	航空、航天科学技术	陈东生
N019	低温工程	机械制造工艺与设备	杨思锋
C055	低温物理学报	物理学	赵忠贤
E133	地层学杂志	地质学	周志炎
E130	地理科学	地理学	朱颜明
E584	地理科学进展	地理学	廖小罕
E639	地理空间信息	测绘科学技术；地理学	张建仁
E315	地理信息世界	地理学	陈军
E305	地理学报	地理学	刘昌明
E310	地理研究	地理学	刘纪远
E527	地理与地理信息科学	地理学	孙立汉
E024	地球化学	地球科学综合	彭平安
E570	地球环境学报	地球科学综合	安芷生
E142	地球科学	地球科学综合	王亨君
E115	地球科学进展	地球科学综合	程国栋
E004	地球科学与环境学报	地球科学综合	刘建明
E153	地球物理学报	地球物理学	刘光鼎
E308	地球物理学进展	地球物理学	刘光鼎
E656	地球信息科学学报	测绘科学技术	陈述彭
E300	地球学报	地球科学综合	严光生
E549	地球与环境	地球科学综合	欧阳自远
V031	地下空间与工程学报	土木工程	张永兴
E357	地学前缘	地球科学综合	翟裕生
S741	地域研究与开发	地理学	冯德显
E306	地震	地球物理学	张国民
E150	地震地质	地球物理学	马瑾
E307	地震工程学报	地球物理学	王兰民
E118	地震工程与工程振动	地球物理学	谢礼立
E143	地震学报	地球物理学	陈运泰
E112	地震研究	地球物理学	晏凤桐
E362	地质科技情报	地质学	姚书振
E139	地质科学	地质学	刘嘉麒
E026	地质力学学报	地质学；力学	邢树文
E009	地质论评	地质学	任纪舜
E127	地质通报	地质学	肖序常
E010	地质学报	地质学	陈毓川
E151	地质与勘探	地质学	王京彬
E525	地质与资源	地质学	马德有
E132	地质找矿论丛	地质学	余和勇
G005	第二军医大学学报	医药大学学报	吴孟超

表 9-1　2020 年中国科技核心期刊（中文）目录（续）

CODE	刊名	学科分类	主编
G021	第三军医大学学报	医药大学学报	卞修武
E301	第四纪研究	地质学	丁仲礼
R007	电波科学学报	通信技术	董庆生
R673	电测与仪表	电气工程	刘献成
R003	电池	电气工程	文力
Z015	电镀与环保	环境科学技术及资源科学技术	姚锡禄
T508	电镀与精饰	化学工程综合	赵达均
T598	电镀与涂饰	精细化学工程	谢素玲
R010	电工电能新技术	电气工程	林良真
R043	电工技术学报	电气工程	严陆光
R740	电光与控制	航空、航天科学技术	刘红漫
N067	电焊机	机械制造工艺与设备	彭亚萍
D036	电化学	化学	田昭武
R088	电机与控制学报	电气工程	戈宝军
R045	电机与控制应用	电气工程	黄坚
N027	电加工与模具	机械制造工艺与设备	叶军
R011	电力电子技术	电气工程	吕庆敏
R769	电力工程技术	电气工程	薛一如
A199	电力建设	电气工程	郑宝森
R654	电力科学与技术学报	电气工程	曾祥君
N102	电力系统保护与控制	电气工程	姚志清
R071	电力系统及其自动化学报	电气工程	李林川
S019	电力系统自动化	电气工程	薛禹胜
R745	电力信息与通信技术	电气工程	郭剑波
R750	电力需求侧管理	电气工程	陈江华
R090	电力自动化设备	电气工程	郭效军
R044	电气传动	电气工程	王建峰
R428	电气工程学报	电气工程	程明
R058	电气自动化	电气工程	黄建民
R039	电网技术	电气工程	吴玉生
R116	电网与清洁能源	电气工程	衣立东
R684	电信科学	通信技术	梁海滨
R754	电讯技术	通信技术	喻光正
R019	电源技术	电气工程	黄才勇
R055	电子测量技术	电子技术	孙圣和
R021	电子测量与仪器学报	电子技术	崔建平
R067	电子技术应用	电子技术	余莲
R036	电子科技大学学报	电子技术; 工程技术大学学报	周小佳
R512	电子器件	电子技术	雷威
R724	电子设计工程	电子技术	金戈
R001	电子显微学报	电子技术	张泽
R006	电子学报	电子技术	王守觉
R022	电子与信息学报	电子技术	朱敏慧

表 9-1　2020 年中国科技核心期刊（中文）目录（续）

CODE	刊名	学科分类	主编
R020	电子元件与材料	电子技术	钟彩霞
J023	东北大学学报自然科学版	工程技术大学学报	左良
H262	东北林业大学学报	林学; 农业大学学报	李坚
H006	东北农业大学学报	农业大学学报	李庆章
H227	东北农业科学	农业综合	王立春
A030	东北师大学报自然科学版	自然科学师范大学学报	薛康
L004	东北石油大学学报	石油天然气工程; 工程技术大学学报	阎铁
U014	东华大学学报自然科学版	工程技术大学学报	孙福良
G057	东南大学学报医学版	医药大学学报	朱正娥
J028	东南大学学报自然科学版	工程技术大学学报	毛善锋
G944	东南国防医药	医学综合	曹文献
P003	动力工程学报	动力工程	严宏强
P018	动力学与控制学报	力学	赵跃宇
F043	动物学杂志	昆虫学、动物学	马勇
G775	动物医学进展	畜牧、兽医科学	张彦明
F231	动物营养学报	畜牧、兽医科学	卢德勋
X034	都市快轨交通	铁路运输	施仲衡
G542	毒理学杂志	预防医学与公共卫生学综合	高星
T241	断块油气田	石油天然气工程	孔凡群
G920	儿科药学杂志	药学; 儿科学	李廷玉
C071	发光学报	物理学	申德振
G199	发育医学电子杂志	儿科学	封志纯
G874	法医学杂志	军事医学与特种医学	朱广友
Z544	防灾减灾工程学报	土木工程	欧进萍
U013	纺织高校基础科学学报	纺织科学技术	高勇
U053	纺织学报	纺织科学技术	尹耐冬
G608	放射学实践	核医学、医学影像学	郭俊渊; 胡道予; Paul Gerhardt
Y571	飞航导弹	兵器科学与技术	李文杰
Y006	飞行力学	航空、航天科学技术	张东卫
K002	非金属矿	矿山工程技术	贾茂荣
D022	分析测试学报	化学; 仪器仪表技术	程志青
D005	分析化学	化学	汪尔康
D026	分析科学学报	化学	程介克
D004	分析试验室	化学; 冶金工程技术	屠海令
D062	分析仪器	仪器仪表技术	臧公玉
D015	分子催化	化学	李树本
D035	分子科学学报	化学	孙家钟
Q931	分子影像学杂志	核医学、医学影像学	陈敏生
G556	分子诊断与治疗杂志	临床诊断学	李明
H845	分子植物育种	农艺学	张启发
V052	粉煤灰综合利用	建筑科学与技术	王长荣
M105	粉末冶金工业	冶金工程技术	杨树森

表 9-1　2020 年中国科技核心期刊（中文）目录（续）

CODE	刊名	学科分类	主编
M039	粉末冶金技术	冶金工程技术	王尔德
V048	风景园林	建筑科学与技术	王向荣
Q006	辐射防护	核科学技术	李德平
Q005	辐射研究与辐射工艺学报	核科学技术	李景烨
H268	福建农林大学学报自然科学版	农业大学学报	郑金贵
H265	福建农业学报	农业综合	王景辉
A078	福建师范大学学报自然科学版	自然科学师范大学学报	朱鹤健
G024	福建医科大学学报	医药大学学报	林建银
A029	福州大学学报自然科学版	自然科学综合大学学报	魏可镁
M505	腐蚀与防护	材料科学综合	杨武
G068	复旦学报医学版	医药大学学报	曹世龙
A001	复旦学报自然科学版	自然科学综合大学学报	杨福家
Y019	复合材料学报	材料科学综合	章明秋
B029	复杂系统与复杂性科学	信息科学与系统科学	李天恒
G957	腹部外科	普通外科学、胸外科学、心血管外科学	陈孝平
G338	腹腔镜外科杂志	普通外科学、胸外科学、心血管外科学	姜希宏；寿楠海
A034	甘肃科学学报	自然科学综合	李枝葱
H844	甘蔗糖业	农艺学	安玉兴
Q956	肝癌电子杂志	肿瘤学	蔡建强；董家鸿
G879	肝胆外科杂志	普通外科学、胸外科学、心血管外科学	吴孟超
G690	肝胆胰外科杂志	普通外科学、胸外科学、心血管外科学	施维锦
G803	肝脏	消化病学	姚光弼
H045	干旱地区农业研究	农业综合	贾志宽
E048	干旱气象	大气科学；地理学	张书余
E020	干旱区地理	地理学	黄文房
E105	干旱区研究	地理学	夏训诚
M050	钢铁	金属材料	翁宇庆
M013	钢铁钒钛	金属材料	古隆建
M019	钢铁研究学报	金属材料	干勇
D020	高等学校化学学报	化学	周其凤
B002	高等学校计算数学学报	数学	陈志明
R038	高电压技术	电气工程	杨迎建
T001	高分子材料科学与工程	材料科学综合	徐僖
T002	高分子通报	化学	黄志镗
D021	高分子学报	化学	王佛松
A080	高技术通讯	自然科学综合	张旭
T078	高科技纤维与应用	高聚物工程	罗益锋
E358	高校地质学报	地质学	王德滋
T016	高校化学工程学报	化学工程综合	岑沛霖
B003	高校应用数学学报	数学	李大潜；林正炎
R037	高压电器	电气工程	薛晔
C056	高压物理学报	物理学	经福谦
E005	高原气象	大气科学	文军

表 9-1　2020 年中国科技核心期刊（中文）目录（续）

CODE	刊名	学科分类	主编
E546	高原山地气象研究	大气科学	李跃清
V021	给水排水	建筑科学与技术	关兴旺
N105	工程爆破	工程与技术科学基础学科	张梅花
E360	工程地质学报	地质学	王思敬
S712	工程管理学报	管理学；建筑科学与技术	王要武
V030	工程勘察	土木工程	方鸿琪
V033	工程抗震与加固改造	建筑科学与技术	王亚勇
M030	工程科学学报	工程与技术科学基础学科	徐金梧
J051	工程科学与技术	工程与技术科学基础学科	谢和平
C002	工程力学	工程与技术科学基础学科；力学	袁驷
C073	工程热物理学报	动力工程；物理学	蔡睿贤
N590	工程设计学报	机械工程设计	冯培恩
B031	工程数学学报	工程与技术科学基础学科；数学	李大潜
T003	工程塑料应用	高聚物工程	孙安垣
N064	工具技术	工程与技术科学基础学科	辛节之
K018	工矿自动化	矿山工程技术	胡穗延
T563	工业催化	化学工程综合	房根祥
J057	工业工程	工程与技术科学基础学科	孙友松
N110	工业工程与管理	管理学	饶芳权
P009	工业加热	动力工程	范超英
V010	工业建筑	建筑科学与技术	白云
P005	工业炉	动力工程	曹田力
Z013	工业水处理	环境科学技术及资源科学技术	刘燕飞
G025	工业卫生与职业病	流行病学、环境医学	李涛
N037	工业仪表与自动化装置	仪器仪表技术	印建安
Z032	工业用水与废水	环境科学技术及资源科学技术	韩玲
G207	公共卫生与预防医学	预防医学与公共卫生学综合	孙昌松
X579	公路	公路运输	谭昌富
X022	公路工程	公路运输	龚赛群
N039	功能材料	材料科学综合	赵光明
D503	功能高分子学报	化学	林嘉平
R095	供用电	电气工程	余贻鑫
E601	古地理学报	地质学	冯增昭
E304	古脊椎动物学报	地质学	张弥曼
E022	古生物学报	地质学	李星学
G478	骨科	骨外科学	陈安民
R047	固体电子学研究与进展	电子技术	林金庭
Y013	固体火箭技术	航空、航天科学技术	何晓兴
C103	固体力学学报	力学	郑泉水
W007	管理工程学报	管理学	许庆瑞
W018	管理科学	管理学	于渤
W008	管理科学学报	管理学	郭重庆
W025	管理评论	管理学	石勇

表 9-1 2020 年中国科技核心期刊（中文）目录（续）

CODE	刊名	学科分类	主编
S744	管理世界	管理学	李志军
S745	管理现代化	管理学	周子康
W016	管理学报	管理学	张金隆
H226	灌溉排水学报	农业工程	庞鸿宾
R026	光电工程	光电子学与激光技术	罗先刚
R082	光电子技术	光电子学与激光技术	陈向真
C091	光谱学与光谱分析	化学；物理学	黄本立
C097	光散射学报	物理学	杨经国
N015	光学技术	光电子学与激光技术；物理学	揭德尔
N033	光学精密工程	仪器仪表技术	曹健林
C050	光学学报	物理学	徐至展
R097	光学与光电技术	光电子学与激光技术；物理学	潘德彬
C037	光子学报	物理学	侯洵
R547	广东电力	电气工程	何宏明
H272	广东海洋大学学报	水产学；农业大学学报	刘楚吾
H228	广东农业科学	农业综合	蒋宗勇
G027	广东药科大学学报	医药大学学报；药学	朱家勇
A042	广西大学学报自然科学版	自然科学综合大学学报	戴牧民
A535	广西科学	自然科学综合	罗海鹏
H364	广西林业科学	林学	袁铁象
A062	广西师范大学学报自然科学版	自然科学师范大学学报	梁宏
G028	广西医科大学学报	医药大学学报	黄光武
G816	广西医学	医学综合	杨光业
F028	广西植物	植物学	李锋
G030	广州中医药大学学报	中医药大学学报	陈蔚文
V572	规划师	建筑科学与技术	雷翔
T004	硅酸盐通报	化学工程综合	缪昌文
T005	硅酸盐学报	化学工程综合	黄勇
M048	贵金属	金属材料	侯树谦
A077	贵州大学学报自然科学版	自然科学综合大学学报	李坚石
H275	贵州农业科学	农业综合	刘远坤
A527	贵州师范大学学报自然科学版	自然科学师范大学学报	卢家鑫
G031	贵州医科大学学报	医药大学学报	梁贵友
M033	桂林理工大学学报	工程技术大学学报	阮百尧
A040	国防科技大学学报	工程技术大学学报	卢锡城
G495	国际病毒学杂志	微生物学、病毒学	王全意
V529	国际城市规划	建筑科学与技术	夏宗轩
G936	国际儿科学杂志	儿科学	李书琴
G497	国际放射医学核医学杂志	核医学、医学影像学	樊飞跃
G659	国际妇产科学杂志	妇产科学	郎景和
G498	国际骨科学杂志	骨外科学	杨庆铭
G938	国际呼吸杂志	呼吸病学、结核病学	凌亦凌
G362	国际检验医学杂志	临床诊断学	府伟灵

表 9-1　2020 年中国科技核心期刊（中文）目录（续）

CODE	刊名	学科分类	主编
G997	国际口腔医学杂志	口腔医学	巢永烈
G496	国际老年医学杂志	保健医学	孙连坤
G930	国际流行病学传染病学杂志	流行病学、环境医学；感染性疾病学、传染病学	毛江森
G975	国际麻醉学与复苏杂志	外科学综合	曾因明
G349	国际泌尿系统杂志	泌尿外科学	朱冬三
G983	国际免疫学杂志	基础医学	李殿俊
G939	国际脑血管病杂志	神经病学、精神病学	田增民
G415	国际内分泌代谢杂志	内分泌病学与代谢病学、风湿病学	陆再英
G426	国际神经病学神经外科学杂志	神经病学、精神病学	刘运生；杨期东
S157	国际生殖健康/计划生育杂志	优生学、计划生育学	王一飞；周福刚
B525	国际输血及血液学杂志	血液病学、肾脏病学；临床医学综合	廖清奎
G954	国际外科学杂志	外科学综合	刘建
G660	国际消化病杂志	消化病学	邱德凯
G940	国际心血管病杂志	心血管病学	沈卫峰
Q911	国际眼科杂志	眼科学	惠延年
G933	国际药学研究杂志	药学	刘克良
G661	国际医学放射学杂志	核医学、医学影像学	刘筠
G934	国际中医中药杂志	中医学；中药学	曹洪欣
G937	国际肿瘤学杂志	肿瘤学	韩金祥
E578	国土资源科技管理	地理学	黄宗理
E591	国土资源遥感	测绘科学技术	张炳熹
R683	国外电子测量技术	电子技术	陈光禹
H028	果树学报	园艺学	王宇霖
T008	过程工程学报	化学工程综合	刘会洲
X025	哈尔滨工程大学学报	工程技术大学学报	杨士莪
J003	哈尔滨工业大学学报	工程技术大学学报	段广仁
J013	哈尔滨理工大学学报	工程技术大学学报	刘献礼
G033	哈尔滨医科大学学报	医药大学学报	杨宝峰
J055	海军工程大学学报	工程技术大学学报	李泽良
Y029	海军航空工程学院学报	航空、航天科学技术；工程技术大学学报	钟阳春
G899	海军医学杂志	医学综合	管柏林
G416	海南医学院学报	医药大学学报	刘军保
L037	海相油气地质	石油天然气工程	熊湘华
E651	海洋测绘	测绘科学技术；海洋科学、水文学	翟国君
E569	海洋地质前沿	海洋科学、水文学	张训华
E155	海洋地质与第四纪地质	海洋科学、水文学；地质学	张光威
E131	海洋工程	海洋科学、水文学	左其华
E312	海洋湖沼通报	海洋科学、水文学	王彬华
Z010	海洋环境科学	环境科学技术及资源科学技术；海洋科学、水文学	丁德文
E564	海洋技术学报	海洋科学、水文学	罗续业
E145	海洋科学	海洋科学、水文学	周百成
E006	海洋科学进展	海洋科学、水文学	袁业立
E311	海洋通报	海洋科学、水文学	王宏

表 9-1 2020 年中国科技核心期刊（中文）目录（续）

CODE	刊名	学科分类	主编
E003	海洋学报	海洋科学、水文学	巢纪平
E149	海洋学研究	海洋科学、水文学	王康墡
H284	海洋渔业	水产学	庄平
E008	海洋与湖沼	海洋科学、水文学	相建海
E108	海洋预报	海洋科学、水文学	余宙文
L586	含能材料	兵器科学与技术	黄辉
N076	焊接	机械制造工艺与设备	王守业
N624	焊接技术	机械制造工艺与设备	胡胜
N021	焊接学报	机械制造工艺与设备	王亚
A191	杭州师范大学学报自然科学版	自然科学师范大学学报	叶高翔
Y556	航空兵器	兵器科学与技术；航空、航天科学技术	樊会涛
Y027	航空材料学报	航空、航天科学技术	颜鸣皋
Y017	航空动力学报	航空、航天科学技术	陶智
Y554	航空发动机	航空、航天科学技术	蔚夺魁
Y031	航空计算技术	航空、航天科学技术	牛文生
Y012	航空精密制造技术	航空、航天科学技术	吴晓峰
Y002	航空学报	航空、航天科学技术	孙晓峰
Y014	航空制造技术	航空、航天科学技术	刘柱
Y034	航天返回与遥感	航空、航天科学技术	刘兆军
Y015	航天控制	航空、航天科学技术	齐春棠
Y033	航天器工程	航空、航天科学技术	彭成荣
Y032	航天器环境工程	航空、航天科学技术	张润卿
G034	航天医学与医学工程	军事医学与特种医学	陈善广
T057	合成材料老化与应用	材料科学综合	杨育农
D602	合成化学	化学	彭宇行
T505	合成树脂及塑料	高聚物工程	洪定一
T067	合成纤维	纺织科学技术	金立国
T065	合成纤维工业	纺织科学技术	戴立平
T018	合成橡胶工业	高聚物工程	朱景芬
J053	合肥工业大学学报自然科学版	工程技术大学学报	何晓雄
A031	河北大学学报自然科学版	自然科学综合大学学报	孙汉文
K032	河北工程大学学报自然科学版	建筑科学与技术；工程技术大学学报	李万庆
J017	河北工业大学学报	工程技术大学学报	夏巨敏
J019	河北工业科技	工程与技术科学基础学科	靳占忠
J058	河北科技大学学报	自然科学综合大学学报	李强
H244	河北农业大学学报	农业大学学报	王慧军
A076	河北师范大学学报自然科学版	自然科学师范大学学报	李有成
G035	河北医科大学学报	医药大学学报	温进坤
G641	河北医学	医学综合	孟庆仁
G898	河北医药	医学综合	狄岩
G384	河北中医	中医学	李立
G301	河北中医药学报	中医学；中药学	宗全和
W012	河海大学学报自然科学版	水利工程；工程技术大学学报	郭志平

表 9-1　2020 年中国科技核心期刊（中文）目录（续）

CODE	刊名	学科分类	主编
A067	河南大学学报自然科学版	自然科学综合大学学报	李小建
U004	河南工业大学学报自然科学版	食品科学技术；工程技术大学学报	吴成福
J014	河南科技大学学报自然科学版	自然科学综合大学学报	苏娟华
A011	河南科学	自然科学综合	姜俊
K526	河南理工大学学报自然科学版	工程技术大学学报	邹友峰
H011	河南农业大学学报	农业大学学报	王艳玲
H356	河南农业科学	农业综合	张新友
A058	河南师范大学学报自然科学版	自然科学师范大学学报	李红星
Q004	核动力工程	核科学技术	罗琦
Q002	核化学与放射化学	化学；核科学技术	沈兴海
Q001	核技术	核科学技术	马余刚
C092	核聚变与等离子体物理	物理学	李正武
Q009	核科学与工程	核科学技术	阮可强
H042	核农学报	农业综合	温贤芳
A084	黑龙江大学自然科学学报	自然科学综合大学学报	陈念陔
K505	黑龙江科技大学学报	工程技术大学学报	郝传波
R535	红外技术	光电子学与激光技术	苏君红
C035	红外与毫米波学报	物理学	褚君浩
R084	红外与激光工程	光电子学与激光技术	孙再龙
A039	湖北大学学报自然科学版	自然科学综合大学学报	吴传喜
H203	湖北农业科学	农业综合	昌炎新
G334	湖北中医药大学学报	中医药大学学报	王华
E111	湖泊科学	海洋科学、水文学	秦伯强
A028	湖南大学学报自然科学版	工程技术大学学报	王道平
K016	湖南科技大学学报自然科学版	工程技术大学学报	许中坚
H060	湖南农业大学学报自然科学版	农业大学学报	官春云
G548	湖南师范大学学报医学版	医药大学学报	符晓华
A055	湖南师范大学自然科学学报	自然科学师范大学学报	谭容培
G041	湖南中医药大学学报	中医药大学学报	尤昭玲
G336	护理管理杂志	护理学	张秀英
G987	护理学报	护理学	周春兰
G503	护理学杂志	护理学	刘义兰
G654	护理研究	护理学	王斌全；王益锵
G734	护士进修杂志	护理学	过慧谨
H665	花生学报	农艺学	段淑芬
E141	华北地震科学	地球物理学	罗兰格
R046	华北电力大学学报	电气工程；工程技术大学学报	阎维平
H032	华北农学报	农业综合	李广敏
W543	华北水利水电大学学报自然科学版	水利工程	李宝萍
X003	华东交通大学学报	交通运输工程；工程技术大学学报	王全金
A054	华东师范大学学报自然科学版	自然科学师范大学学报	王建磐
E103	华南地震	地球物理学	王正尚
G340	华南国防医学杂志	医学综合	江建荣

表 9-1 2020 年中国科技核心期刊（中文）目录（续）

CODE	刊名	学科分类	主编
J004	华南理工大学学报自然科学版	工程技术大学学报	李元元
H013	华南农业大学学报	农业大学学报	庞雄飞
A052	华南师范大学学报自然科学版	自然科学师范大学学报	翁佩萱
G525	华南预防医学	预防医学与公共卫生学综合	杨杏芬
A021	华侨大学学报自然科学版	自然科学综合大学学报	吴承业
G043	华西口腔医学杂志	口腔医学	周学东
G044	华西药学杂志	药学	张志荣
G294	华西医学	医学综合	李为民
G077	华中科技大学学报医学版	医药大学学报	田玉科
J033	华中科技大学学报自然科学版	工程技术大学学报	李培根
H003	华中农业大学学报	农业大学学报	邓秀新
A004	华中师范大学学报自然科学版	自然科学师范大学学报	邱紫华
Z009	化工环保	环境科学技术及资源科学技术	杨再鹏
T006	化工机械	化学工程综合	朱越
T101	化工进展	化学工程综合	黄丽娟
T532	化工科技	化学工程综合	鲁建春
T146	化工设备与管道	化学工程综合	叶文邦
T007	化工学报	化学工程综合	李静海
T009	化学反应工程与工艺	化学工程综合	洪定一
D604	化学分析计量	化学	孙安恒
T025	化学工程	化学工程综合	程惠亭
T567	化学工程师	化学工程综合	尚影
T076	化学工业与工程	化学工程综合	韩金玉
D506	化学进展	化学	王夔
D011	化学试剂	化学	李建华
D018	化学通报	化学	朱道本
D030	化学学报	化学	沈延昌
D501	化学研究	化学	倪嘉缵
D037	化学研究与应用	化学	赵华明
T931	化学与粘合	精细化学工程; 化学	白雪峰
T553	化学与生物工程	生物工程; 化学	刘安强
Z017	环境保护科学	环境科学技术及资源科学技术	王振宇
Z005	环境工程	环境科学技术及资源科学技术	翁仲颖
Z550	环境工程技术学报	环境科学技术及资源科学技术	孟伟
Z021	环境工程学报	环境科学技术及资源科学技术	冯宗炜
D024	环境化学	环境科学技术及资源科学技术; 化学	汪桂斌
Z500	环境技术	电子技术	康志萍
Z554	环境监测管理与技术	环境科学技术及资源科学技术	朱琦琦
Z506	环境科技	环境科学技术及资源科学技术	孙菱
Z004	环境科学	环境科学技术及资源科学技术	赵进才
Z003	环境科学学报	环境科学技术及资源科学技术	汤鸿宵
Z002	环境科学研究	环境科学技术及资源科学技术	刘鸿亮
Z521	环境科学与管理	环境科学技术及资源科学技术	王泽斌

表 9-1　2020 年中国科技核心期刊（中文）目录（续）

CODE	刊名	学科分类	主编
Z025	环境科学与技术	环境科学技术及资源科学技术	纪洪盛
H049	环境昆虫学报	植物保护学；昆虫学、动物学	庞雄飞
Z035	环境卫生工程	环境科学技术及资源科学技术	张范
G971	环境卫生学杂志	预防医学与公共卫生学综合	金银龙
Z019	环境污染与防治	环境科学技术及资源科学技术	李全胜
Z031	环境与健康杂志	流行病学、环境医学	王撷秀
G882	环境与职业医学	流行病学、环境医学	张胜年
G656	环球中医药	中医学；中药学	张伯礼
M631	黄金	金属材料	韦华南
V560	混凝土	建筑科学与技术	张彤
Y040	火箭推进	航空、航天科学技术	旷武岳
N005	火力与指挥控制	兵器科学与技术	高英武
N007	火炸药学报	兵器科学与技术	覃光明
X011	机车电传动	铁路运输	丁荣军
N069	机床与液压	机械制造工艺与设备	闵新和
N672	机电工程	机械工程设计	赵群
S004	机器人	信息与系统科学相关工程与技术	于海斌
N040	机械传动	机械工程设计	王长路
M004	机械工程材料	机械工程设计	杨武
N051	机械工程学报	机械工程设计	宋天虎
N050	机械科学与技术	机械工程设计	周宗锡
N057	机械强度	机械制造工艺与设备	王长路
N047	机械设计	机械工程设计	王庆禹
N054	机械设计与研究	机械工程设计	邹慧君
N028	机械设计与制造	机械工程设计	甄星耀
N063	机械设计与制造工程	机械工程设计	汤文成
N053	机械与电子	机械工程设计	付建平
N515	机械制造与自动化	机械工程设计	易红
G003	基础医学与临床	医学综合	陈孟勤
H245	基因组学与应用生物学	生物学基础学科	李宁
R025	激光技术	光电子学与激光技术	曹三松
F045	激光生物学报	生物学基础学科	胡能书
R514	激光与光电子学进展	光电子学与激光技术	范滇元
R521	激光与红外	光电子学与激光技术	耿林
R028	激光杂志	光电子学与激光技术	程正学
E116	吉林大学学报地球科学版	地球科学综合；自然科学综合大学学报	林学钰
J042	吉林大学学报工学版	工程技术大学学报	任露泉
A035	吉林大学学报理学版	自然科学综合大学学报	裘式纶
R586	吉林大学学报信息科学版	电子技术；工程技术大学学报	刘大有
G014	吉林大学学报医学版	医药大学学报	李玉林
H243	吉林农业大学学报	农业大学学报	肖振铎
G719	吉林中医药	中医学；中药学	仝小林
E007	极地研究	海洋科学、水文学	刘瑞源

表 9-1　2020 年中国科技核心期刊（中文）目录（续）

CODE	刊名	学科分类	主编
G452	疾病监测	流行病学、环境医学	祁国明
G439	脊柱外科杂志	骨外科学	贾连顺
N014	计量学报	工程与技术科学基础学科	赵晓娜
S050	计算机测量与控制	信息与系统科学相关工程与技术	苟永明
S049	计算机仿真	计算机科学技术	吴连伟
S013	计算机辅助设计与图形学学报	计算机科学技术	吴恩华
S012	计算机工程	计算机科学技术	游小明
S034	计算机工程与科学	计算机科学技术	王志英
S022	计算机工程与设计	计算机科学技术	沈志达
S025	计算机工程与应用	计算机科学技术	怀进鹏
S030	计算机集成制造系统	计算机科学技术	杨海成
S520	计算机技术与发展	计算机科学技术	王守智
S006	计算机科学	计算机科学技术	陈国良
S085	计算机科学与探索	计算机科学技术	何新贵
S509	计算机系统应用	计算机科学技术	苏振泽
S018	计算机学报	计算机科学技术	高文
S021	计算机研究与发展	计算机科学技术	樊建平
S029	计算机应用	计算机科学技术	张景中
S016	计算机应用研究	计算机科学技术	刘营
S009	计算机应用与软件	计算机科学技术	朱三元
S048	计算机与数字工程	计算机科学技术	马中
S500	计算机与现代化	计算机科学技术	刘波平
S507	计算技术与自动化	信息与系统科学相关工程与技术	罗安
C003	计算力学学报	力学	钟万勰
B014	计算数学	数学	石钟慈
C094	计算物理	物理学	江松
A656	济南大学学报自然科学版	自然科学综合大学学报	赵锡平
G292	寄生虫与医学昆虫学报	基础医学	吴厚永
A045	暨南大学学报自然科学与医学版	自然科学综合大学学报；医药大学学报	陈光潮
H240	家畜生态学报	畜牧、兽医科学	陈玉林
G638	检验医学	临床诊断学	吕元
V051	建筑材料学报	建筑科学与技术	王培铭
V057	建筑钢结构进展	建筑科学与技术	孙飞飞
V523	建筑节能中英文版	建筑科学与技术	邹庆堂
V014	建筑结构	建筑科学与技术	张幼启
V044	建筑结构学报	建筑科学与技术	王有为
V005	建筑科学	建筑科学与技术	赵基达
V013	建筑科学与工程学报	建筑科学与技术	周绪红
V047	建筑学报	建筑科学与技术	周畅
Y522	舰船电子工程	水路运输	王小非
Y564	舰船科学技术	水路运输	张素芳
G453	江苏大学学报医学版	医药大学学报	许化溪
J035	江苏大学学报自然科学版	工程技术大学学报	杨继昌

表 9-1　2020 年中国科技核心期刊（中文）目录（续）

CODE	刊名	学科分类	主编
H700	江苏农业科学	农业综合	常有宏
H199	江苏农业学报	农业综合	严少华
G397	江苏中医药	中医学	黄亚博
H283	江西农业大学学报	农业大学学报	石庆华
H701	江西农业学报	农业综合	戴星照
A112	江西师范大学学报自然科学版	自然科学师范大学学报	颜长青
X020	交通信息与安全	交通运输工程	徐凯声
X672	交通运输工程学报	交通运输工程	陈荫三
X685	交通运输系统工程与信息	交通运输工程	毛保华
X516	交通运输研究	交通运输工程	石宝林
L587	节能技术	能源科学综合	尚德敏
W567	节水灌溉	农业工程	燕在华
K553	洁净煤技术	能源科学综合	解强
V049	结构工程师	建筑科学与技术	吕西林
G869	结直肠肛门外科	普通外科学、胸外科学、心血管外科学	高枫
G316	解放军护理杂志	护理学	李树贞
G187	解放军医学院学报	医药大学学报	周定标
G048	解放军医学杂志	医学综合	盛志勇
G671	解放军医药杂志	医学综合	赵会懂
G315	解放军医院管理杂志	卫生管理学、健康教育学	黄伟灿
G961	解放军预防医学杂志	预防医学与公共卫生学综合	晁福寰
G507	解剖科学进展	基础医学	方秀斌
G049	解剖学报	基础医学	章静波
G358	解剖学研究	基础医学	姚志彬
G050	解剖学杂志	基础医学	黄瀛
G886	介入放射学杂志	核医学、医学影像学	陈星荣
N048	金刚石与磨料磨具工程	机械制造工艺与设备	王琴
M051	金属功能材料	金属材料	王新林
K022	金属矿山	矿山工程技术	黄礼富
N083	金属热处理	机械制造工艺与设备	徐跃明
M012	金属学报	金属材料	柯俊
E599	经济地理	地理学	陆大道
H333	经济动物学报	畜牧、兽医科学	刘忠军
S759	经济管理	经济学综合；管理学	黄群慧
S762	经济理论与经济管理	经济学综合；管理学	方福前
H266	经济林研究	林学	胡芳名
S773	经济与管理研究	经济学综合；管理学	戚聿东
G953	精神医学杂志	神经病学、精神病学	卢传华
T102	精细化工	精细化学工程	邵玉昌
T955	精细化工中间体	精细化学工程	王晓光
T542	精细石油化工	精细化学工程；石油天然气工程	王立新
G677	颈腰痛杂志	骨外科学	李嘉寿
Z553	净水技术	水利工程	吴今明

表 9-1　2020 年中国科技核心期刊（中文）目录（续）

CODE	刊名	学科分类	主编
G553	局解手术学杂志	外科学综合	张绍祥
T512	聚氨酯工业	化学工程综合	张骥红
R016	绝缘材料	材料科学综合	李耀星
G052	军事医学	军事医学与特种医学	吴祖泽
F018	菌物学报	微生物学、病毒学	戴玉成
C325	菌物研究	园艺学; 微生物学、病毒学	李玉
M018	勘察科学技术	矿山工程技术	杨书涛
Q933	康复学报	保健医学	陈立典
A645	科技导报	自然科学综合	冯长根
S812	科技管理研究	管理学	蔡齐祥; 黎懋明
R588	科技进步与对策	管理学	穆荣平
A083	科技通报	自然科学综合	温树伟
S816	科学管理研究	管理学	云涛
A537	科学技术与工程	工程与技术科学基础学科	马阳
A075	科学通报	自然科学综合	周光召; 朱作言
W514	科学学研究	管理学	方新
S818	科学学与科学技术管理	管理学	柳卸林
W531	科研管理	管理学	穆荣平
L516	可再生能源	能源科学综合	张大雷
E140	空间科学学报	天文学; 地球物理学	肖佐
Y051	空间控制技术与应用	航空、航天科学技术	张笃周
J059	空军工程大学学报自然科学版	工程技术大学学报	张建业
Q907	空军医学杂志	医学综合	马中立
Y016	空气动力学学报	航空、航天科学技术	唐志共
S503	控制工程	信息与系统科学相关工程与技术	柴天佑
R060	控制理论与应用	信息科学与系统科学	陈翰馥
S001	控制与决策	信息科学与系统科学	张嗣瀛
G672	口腔材料器械杂志	口腔医学	薛淼
G246	口腔颌面外科杂志	口腔医学	王佐林
G894	口腔颌面修复学杂志	口腔医学	王邦康
G390	口腔疾病防治	口腔医学	兰泽栋
G594	口腔生物医学	口腔医学	陈宁; 王松灵
G325	口腔医学	口腔医学	王林
G266	口腔医学研究	口腔医学	樊明文
K525	矿产保护与利用	矿山工程技术	张克仁
V054	矿产勘查	矿山工程技术	王思敬
K025	矿产与地质	矿山工程技术	贾国相
K004	矿产综合利用	矿山工程技术	陈炳炎
E106	矿床地质	地质学	宋叔和
K014	矿山机械	矿山工程技术	刘汉卿
E350	矿物学报	矿山工程技术	涂光炽
E354	矿物岩石	地质学	兰江华
E504	矿物岩石地球化学通报	地球科学综合	欧阳自远

表 9-1 2020 年中国科技核心期刊（中文）目录（续）

CODE	刊名	学科分类	主编
M101	矿冶	冶金工程技术	朱穗玲
M045	矿冶工程	冶金工程技术	曾维勇
K554	矿业安全与环保	矿山工程技术	谢和平
K010	矿业研究与开发	矿山工程技术	周爱民
F015	昆虫学报	昆虫学、动物学	黄大卫
J020	昆明理工大学学报自然科学版	自然科学综合大学学报	王华
G053	昆明医科大学学报	医药大学学报	冯忠堂
G395	兰州大学学报医学版	医药大学学报	陈晓峰
A016	兰州大学学报自然科学版	自然科学综合大学学报	苏力
J008	兰州理工大学学报	工程技术大学学报	孙品一
G628	老年医学与保健	保健医学	王传馥
R096	雷达科学与技术	通信技术	朱庆明
R758	雷达学报	通信技术	吴一戎
T010	离子交换与吸附	化学工程综合	张全兴
M001	理化检验化学分册	冶金工程技术	吴诚
C101	力学季刊	力学	范立础
C001	力学学报	力学	杨卫
C104	力学与实践	力学	李俊峰
G580	立体定向和功能性神经外科杂志	神经病学、精神病学	汪业汉
U055	粮食与饲料工业	食品科学技术；农业工程；畜牧、兽医科学	王杭
U626	粮油食品科技	食品科学技术	李福君
C032	量子电子学报	物理学	龚和本
K008	辽宁工程技术大学学报自然科学版	自然科学综合大学学报	邵良杉
H261	辽宁农业科学	农业综合	李正德
G850	辽宁中医药大学学报	中医药大学学报	康廷国
G646	辽宁中医杂志	中医学	康廷国
U037	林产工业	林学	张建辉
T017	林产化学与工业	林学；化学工程综合	宋湛谦
H740	林业工程学报	林学	施季森
H280	林业科学	林学	沈国舫
H281	林业科学研究	林学	盛炜彤
H102	林业调查规划	林学	曹善寿
T231	磷肥与复肥	化学工程综合	汤建伟
G880	临床超声医学杂志	核医学、医学影像学	杨浩
G607	临床儿科杂志	儿科学	吴圣楣
G276	临床耳鼻咽喉头颈外科杂志	耳鼻咽喉科学	孔维佳；黄选兆
G271	临床放射学杂志	核医学、医学影像学	冯敢生
Q908	临床肺科杂志	呼吸病学、结核病学	孙耕耘
G501	临床肝胆病杂志	消化病学	贾继东
G291	临床骨科杂志	骨外科学	戴尅戎；江曙
G664	临床和实验医学杂志	临床医学综合	刘建
G345	临床急诊杂志	临床医学综合	彭南生
G204	临床检验杂志	临床诊断学	武建国

表 9-1 2020 年中国科技核心期刊（中文）目录（续）

CODE	刊名	学科分类	主编
G310	临床精神医学杂志	神经病学、精神病学	侯钢
G881	临床军医杂志	临床医学综合	薛蓬
G287	临床口腔医学杂志	口腔医学	陈卫民
G222	临床麻醉学杂志	外科学综合	于布为；黄宇光
G317	临床泌尿外科杂志	泌尿外科学	肖传国
G257	临床内科杂志	内科学综合	宋善俊
G230	临床皮肤科杂志	皮肤病学	赵辨
G309	临床神经病学杂志	神经病学、精神病学	张贞浏
G802	临床神经外科杂志	神经病学、精神病学	刘宏毅
G423	临床肾脏病杂志	血液病学、肾脏病学	徐钢
G797	临床输血与检验	临床医学综合；血液病学、肾脏病学	权循珍
G256	临床外科杂志	外科学综合	邹声泉
G942	临床误诊误治	临床医学综合	陈晓红
G855	临床消化病杂志	消化病学	易粹琼
Q909	临床小儿外科杂志	儿科学	梅海波
G261	临床心血管病杂志	心血管病学	廖玉华
G293	临床血液学杂志	血液病学、肾脏病学；临床医学综合	宋善俊；陆道培；胡丽华
Q913	临床眼科杂志	眼科学	陈逖
G673	临床药物治疗杂志	药学	方来英
G350	临床与病理杂志	基础医学	李元建
G274	临床与实验病理学杂志	基础医学	孟刚
Q910	临床肿瘤学杂志	肿瘤学	秦叔逵
G491	岭南心血管病杂志	心血管病学	林曙光
N023	流体机械	机械工程设计	宋东岚
H748	麦类作物学报	农艺学	成吉万
T060	煤化工	应用化学工程	闫少伟
K558	煤矿安全	矿山工程技术	罗海珠
K517	煤矿机械	矿山工程技术	卢盛春
K038	煤炭工程	能源科学综合	黄忠
K005	煤炭科学技术	能源科学综合	王金华
K017	煤炭学报	能源科学综合	刘峰
D027	煤炭转化	应用化学工程	谢克昌
K009	煤田地质与勘探	矿山工程技术	王丽
R119	密码学报	安全科学技术	裴定一
U036	棉纺织技术	纺织科学技术	阎磊
H037	棉花学报	农艺学	李付广
G056	免疫学杂志	基础医学	朱锡华
B017	模糊系统与数学	数学	刘应明
N107	模具技术	机械制造工艺与设备	阮雪榆
S015	模式识别与人工智能	信息与系统科学相关工程与技术	戴汝为
T077	膜科学与技术	化学工程综合	刘宪秋
N084	摩擦学学报	机械工程设计	薛群基
U533	木材工业	林学	姜征

表 9-1 2020 年中国科技核心期刊（中文）目录（续）

CODE	刊名	学科分类	主编
A013	南昌大学学报理科版	自然科学综合大学学报	徐冬荣
G047	南昌大学学报医学版	医药大学学报	傅克刚
R117	南方电网技术	电气工程	饶宏
V089	南方建筑	建筑科学与技术	何镜堂
H069	南方农业学报	农业综合	李杨瑞
H068	南方水产科学	水产学	徐泽智
G023	南方医科大学学报	医药大学学报	陈敏生
A025	南京大学学报自然科学版	自然科学综合大学学报	龚昌德
T011	南京工业大学学报自然科学版	工程技术大学学报	陆小华
Y026	南京航空航天大学学报	航空、航天科学技术；工程技术大学学报	宣益民
N011	南京理工大学学报自然科学版	工程技术大学学报	宣益民
H033	南京林业大学学报自然科学版	林学；农业大学学报	余世袁
H021	南京农业大学学报	农业大学学报	郑小波
A061	南京师大学报自然科学版	自然科学师范大学学报	陈凌孚
E120	南京信息工程大学学报自然科学版	工程技术大学学报	李刚
G058	南京医科大学学报自然科学版	医药大学学报	陈琪
R008	南京邮电大学学报自然科学版	通信技术；工程技术大学学报	黄维
G059	南京中医药大学学报	中医药大学学报	范欣生
A008	南开大学学报自然科学版	自然科学综合大学学报	程津培
S776	南开管理评论	管理学	李维安
W590	南水北调与水利科技	水利工程	徐振辞
G288	脑与神经疾病杂志	神经病学、精神病学	毛俊雄
G662	内科急危重症杂志	内科学综合	陆再英
G523	内科理论与实践	内科学综合	王振义；陈家伦
A026	内蒙古大学学报自然科学版	自然科学综合大学学报	罗辽复
A111	内蒙古师范大学学报自然科学汉文版	自然科学师范大学学报	董祥林
G513	内蒙古医科大学学报	医药大学学报	程立新
R533	内燃机工程	动力工程	金东寒
P004	内燃机学报	动力工程	苏万华
T501	能源化工	石油天然气工程	单居正
K570	能源与环保	能源科学综合	王春林
W002	泥沙研究	水利工程	杜国翰
U504	酿酒科技	食品科学技术	黄平
A506	宁波大学学报理工版	自然科学综合大学学报	冯志敏
A110	宁夏大学学报自然科学版	自然科学综合大学学报	李星
G665	宁夏医科大学学报	医药大学学报	孙涛
H071	农产品质量与安全	农业综合；农业工程；食品科学技术	翟虎渠
H105	农学学报	农业综合	刘旭
T034	农药	植物保护学；应用化学工程	刘长令
T924	农药科学与管理	植物保护学；应用化学工程	隋鹏飞
H404	农药学学报	植物保护学；应用化学工程	王道全
H072	农业工程	农业工程	张品纯
H279	农业工程学报	农业工程	杨邦杰

表 9-1　2020 年中国科技核心期刊（中文）目录（续）

CODE	刊名	学科分类	主编
Z008	农业环境科学学报	农业工程；环境科学技术及资源科学技术	李文华
H278	农业机械学报	农业工程	诸慎友
H286	农业生物技术学报	农业综合	武维华
H222	农业现代化研究	农业工程	王克林
H773	农业资源与环境学报	农业工程；环境科学技术及资源科学技术	高尚宾
V032	暖通空调	建筑科学与技术	王曙明
H219	排灌机械工程学报	农业工程	袁寿其
U602	皮革科学与工程	应用化学工程	单志华
U604	皮革与化工	应用化学工程	贾宏春
G595	器官移植	外科学综合	陈规划
E021	气候变化研究进展	大气科学	秦大河
E361	气候与环境研究	大气科学	曾庆存
Y504	气体物理	航空、航天科学技术；物理学	李锋
E352	气象	大气科学	矫梅燕
E566	气象科技	大气科学	徐祥德
E359	气象科学	大气科学	余志豪
E001	气象学报	大气科学	丁一汇
E521	气象与环境科学	大气科学	王建国
E633	气象与环境学报	大气科学	刘晶淼
X532	汽车安全与节能学报	公路运输	柳百成
X018	汽车工程	公路运输	葛松林
X500	汽车工程学报	公路运输	郭正康
X013	汽车技术	公路运输	朱兴泽
P001	汽轮机技术	动力工程	张秋鸿
Y009	强度与环境	航空、航天科学技术	王梦魁
C007	强激光与粒子束	核科学技术	张维岩
X021	桥梁建设	水路运输	胡贵琼
G061	青岛大学学报医学版	医药大学学报	谢俊霞
T012	青岛科技大学学报自然科学版	自然科学综合大学学报	马连湘
U535	轻工机械	机械制造工艺与设备	李德芳
J001	清华大学学报自然科学版	工程技术大学学报	梁恩忠
D002	燃料化学学报	能源科学综合；化学	房倚天
P011	燃烧科学与技术	动力工程	尧命发
E563	热带地理	地理学	许自策
E642	热带海洋学报	海洋科学、水文学	施平
H516	热带农业科学	农业综合	邱小强
E110	热带气象学报	大气科学	薛纪善
H415	热带生物学报	生物学基础学科	许文深
F228	热带亚热带植物学报	植物学	黄宏文
G609	热带医学杂志	流行病学、环境医学	余新炳
H223	热带作物学报	农艺学	余让水
T105	热固性树脂	化学工程综合	王永红
N071	热加工工艺	机械制造工艺与设备	张社会

表 9-1　2020 年中国科技核心期刊（中文）目录（续）

CODE	刊名	学科分类	主编
C134	热科学与技术	物理学；动力工程	王补宣
R501	热力发电	电气工程；动力工程	苏立新
P006	热能动力工程	动力工程	邹积国
T013	人工晶体学报	材料科学综合	祝世宁
N106	人类工效学	工程与技术科学基础学科	金会庆
F041	人类学学报	生物学基础学科	吴新智
W555	人民黄河	水利工程	薛松贵
W504	人民长江	水利工程	金兴平
T070	日用化学工业	化学工程综合	曹玉英
H097	乳业科学与技术	食品科学技术	郭本恒
S011	软件学报	计算机科学技术	李明树
N029	润滑与密封	工程与技术科学基础学科	贺石中
R086	三峡大学学报自然科学版	水利工程；工程技术大学学报	王康平
D012	色谱	化学	卢佩章
H382	森林工程	林学；农业工程	王立海
H051	森林与环境学报	林学	洪伟
E635	沙漠与绿洲气象	大气科学；地理学	魏文寿
H070	山地农业生物学报	农业综合	金道超
E101	山地学报	地理学	钟祥浩
G742	山东大学耳鼻喉眼学报	耳鼻咽喉科学；医药大学学报	栾信庸
J022	山东大学学报工学版	工程技术大学学报	李术才
A020	山东大学学报理学版	自然科学综合大学学报	靳光华
G062	山东大学学报医学版	医药大学学报	陈子江
A141	山东科技大学学报自然科学版	自然科学综合大学学报	张士强
A637	山东科学	自然科学综合	王英龙
H031	山东农业大学学报自然科学版	农业大学学报	温孚江
H804	山东农业科学	农业综合	仲崇高
G511	山东医药	医学综合	邱源
G063	山东中医药大学学报	中医药大学学报	皋永利
G574	山东中医杂志	中医学	皋永利
A014	山西大学学报自然科学版	自然科学综合大学学报	陈兆斌
H393	山西农业大学学报自然科学版	农业大学学报	董常生
H390	山西农业科学	农业综合	扆锁成
G064	山西医科大学学报	医药大学学报	郭政
H217	陕西农业科学	农业综合	白志礼
A066	陕西师范大学学报自然科学版	自然科学师范大学学报	黄春长
G725	陕西中医	中医学	杨世兴
V088	上海城市规划	建筑科学与技术	张玉鑫
A056	上海大学学报自然科学版	自然科学综合大学学报	周邦新
U528	上海纺织科技	纺织科学技术	胡申伟
X038	上海海事大学学报	水路运输；工程技术大学学报	黄有方
H292	上海海洋大学学报	水产学；农业大学学报	程裕东
Y555	上海航天	航空、航天科学技术	李同顺

表 9-1 2020 年中国科技核心期刊（中文）目录（续）

CODE	刊名	学科分类	主编
X006	上海交通大学学报	工程技术大学学报	郑杭
G066	上海交通大学学报医学版	医药大学学报	沈晓明
M021	上海金属	金属材料	翟启杰
G283	上海口腔医学	口腔医学	张志愿
H282	上海农业学报	农业综合	徐新春
G069	上海医学	医学综合	汤钊猷
G596	上海针灸杂志	针灸、中医骨伤	黄琴峰
G946	上海中医药大学学报	中医药大学学报	谢建群
G389	上海中医药杂志	中医学；中药学	谢建群
A515	深圳大学学报理工版	工程技术大学学报	李清泉
G329	神经疾病与精神卫生	神经病学、精神病学	崔德华；吴中学；贾建平
G070	神经解剖学杂志	基础医学	李云庆
G319	神经损伤与功能重建	神经病学、精神病学	王伟
A074	沈阳大学学报自然科学版	自然科学综合大学学报	王少洪
J052	沈阳工业大学学报	工程技术大学学报	郭雨梅
V011	沈阳建筑大学学报自然科学版	建筑科学与技术；工程技术大学学报	谭静文
H024	沈阳农业大学学报	农业大学学报	张玉龙
A586	沈阳师范大学学报自然科学版	自然科学师范大学学报	张辉
G071	沈阳药科大学学报	医药大学学报；药学	吴春福
G202	肾脏病与透析肾移植杂志	泌尿外科学	黎磊石
F203	生理科学进展	生物学基础学科	范少光
F001	生理学报	生物学基础学科；基础医学	赵志奇
F042	生命的化学	生物学基础学科	祁国荣
F215	生命科学	生物学基础学科	林其谁
F046	生命科学研究	生物学基础学科	梁宋平
N759	生命科学仪器	仪器仪表技术	张玉奎
Z034	生态毒理学报	生态学	王子健
H784	生态环境学报	生态学；环境科学技术及资源科学技术	李芳柏
Z512	生态科学	生态学	段舜山
Z014	生态学报	生态学	冯宗炜
Z028	生态学杂志	生态学	孙铁珩
Z023	生态与农村环境学报	农业工程；环境科学技术及资源科学技术	蔡道基
H080	生物安全学报	农业综合	龙民生；万方浩；Gabor L.Lovei
F049	生物多样性	生物学基础学科	马克平
F003	生物工程学报	生物工程	焦瑞身
G401	生物骨科材料与临床研究	骨外科学	陈安民
F016	生物化学与生物物理进展	生物学基础学科	王大成
F229	生物技术	生物工程	张介池
F214	生物技术进展	生物工程	林敏
F205	生物技术通报	生物工程	路铁刚
F224	生物技术通讯	生物工程	黄培堂
F204	生物加工过程	生物工程	欧阳平凯

表 9-1 2020 年中国科技核心期刊（中文）目录（续）

CODE	刊名	学科分类	主编
F040	生物信息学	生物学基础学科	任南琪
F213	生物学杂志	生物学基础学科	罗家駸
G006	生物医学工程学杂志	生物医学工程学	陈槐卿
G332	生物医学工程研究	生物医学工程学	王勤；康永军
G603	生物医学工程与临床	生物医学工程学	宋继昌
F044	生物资源	生物学基础学科	何光存
G624	生殖医学杂志	优生学、计划生育学	肖碧莲
C033	声学技术	物理学	张淑英
C054	声学学报	物理学	马大猷
E302	湿地科学	地理学	刘兴土
E636	湿地科学与管理	地理学	彭镇华
A615	石河子大学学报自然科学版	自然科学综合大学学报	向本春
T933	石化技术与应用	应用化学工程；石油天然气工程	殷茜
X042	石家庄铁道大学学报自然科学版	铁路运输；工程技术大学学报	王岳森
L016	石油地球物理勘探	石油天然气工程	钱荣钧
L015	石油化工	石油天然气工程	乔金樑
L034	石油化工高等学校学报	石油天然气工程	仲崇民
L021	石油化工设备技术	石油天然气工程	尹朝曦
L019	石油机械	石油天然气工程	贺会群
L031	石油勘探与开发	石油天然气工程	戴金星
L043	石油科学通报	石油天然气工程	陈勉
L030	石油炼制与化工	石油天然气工程	汪燮卿
E126	石油实验地质	地质学	叶德燎
L005	石油物探	石油天然气工程	管路平
L028	石油学报	石油天然气工程	赵宗举
L012	石油学报石油加工	石油天然气工程	汪燮卿
L006	石油与天然气地质	石油天然气工程	王庭斌
L008	石油钻采工艺	石油天然气工程	董范
L025	石油钻探技术	石油天然气工程	马开华
U049	食品安全质量检测学报	食品科学技术	吴永宁
F257	实验动物科学	昆虫学、动物学	荣瑞章
G387	实验动物与比较医学	基础医学；昆虫学、动物学	刘瑞三
C009	实验力学	力学	方如华
Y018	实验流体力学	航空、航天科学技术	乐嘉陵
A115	实验室研究与探索	工程与技术科学基础学科	夏有为
G534	实用放射学杂志	核医学、医学影像学	鱼博浪；宦怡
G586	实用妇产科杂志	妇产科学	王世阆
G746	实用肝脏病杂志	消化病学	周天仇
G457	实用骨科杂志	骨外科学	卫小春
G224	实用口腔医学杂志	口腔医学	赵铱民
G700	实用老年医学	保健医学	许家仁
Q919	实用临床医药杂志	生物医学工程学	史宏灿
G652	实用皮肤病学杂志	皮肤病学	杨蓉娅

表 9-1 2020 年中国科技核心期刊（中文）目录（续）

CODE	刊名	学科分类	主编
G469	实用器官移植电子杂志	外科学综合	沈中阳
G766	实用心脑肺血管病杂志	心血管病学；普通外科学、胸外科学、心血管外科学	朱曼璐；袁湘芷
G834	实用药物与临床	药学	滕卫平
G324	实用医学杂志	临床医学综合	苏焕群
G760	实用医院临床杂志	临床医学综合	韩盛玺
G768	实用预防医学	预防医学与公共卫生学综合	罗普泉
G856	实用肿瘤学杂志	肿瘤学	庞达
G890	实用肿瘤杂志	肿瘤学	张苏展
U005	食品工业科技	食品科学技术	张铁鹰
U006	食品科学	食品科学技术	孙勇
A117	食品科学技术学报	食品科学技术	孙宝国
U617	食品研究与开发	食品科学技术	赵丽
U035	食品与发酵工业	食品科学技术	朱庆裴
U641	食品与发酵科技	食品科学技术	陈功
U547	食品与机械	食品科学技术	黄寿恩
U029	食品与生物技术学报	食品科学技术	裘松良
G748	食品与药品	食品科学技术；药学	凌沛学
H838	食用菌学报	园艺学；食品科学技术	吴爱忠
E655	世界地理研究	地理学	杜德斌
E363	世界地震工程	地球物理学	孙柏涛
E548	世界地质	地质学	孙革
G906	世界科学技术-中医药现代化	中医学；中药学	陈凯先
G485	世界临床药物	药学	周斌
G484	世界中西医结合杂志	中西医结合医学	路志正
G483	世界中医药	中医学；中药学	李振吉
Q957	首都公共卫生	预防医学与公共卫生学综合	梁万年
A023	首都师范大学学报自然科学版	自然科学师范大学学报	梅向明
G073	首都医科大学学报	医药大学学报	王晓民
F033	兽类学报	昆虫学、动物学	王德华
R005	数据采集与处理	通信技术	贲德
W009	数理统计与管理	数学；管理学	杨振海
B015	数学的实践与认识	数学	林群
B007	数学进展	数学	李亦
B004	数学年刊 A	数学	李大潜
C036	数学物理学报	数学；物理学	丁夏畦
B006	数学学报	数学	王跃飞；张立群
B012	数学杂志	数学	齐民友
H847	水产科学	水产学	周遵春
H008	水产学报	水产学	黄硕琳
Z016	水处理技术	环境科学技术及资源科学技术	高从堦
X533	水道港口	水路运输	赵冲久
P007	水电能源科学	能源科学综合；水利工程	郦凤山；张勇传
W004	水动力学研究与进展 A	水利工程	周连第

表 9-1 2020 年中国科技核心期刊（中文）目录（续）

CODE	刊名	学科分类	主编
W013	水科学进展	水利工程	刘国纬
R050	水力发电	水利工程	徐方军
R049	水力发电学报	水利工程	谷兆祺
R587	水利经济	水利工程	郑垂勇
W011	水利水电技术	水利工程	王海锋
W502	水利水电科技进展	水利工程	顾冲时
W006	水利水运工程学报	水利工程	张瑞凯
W003	水利学报	水利工程	程晓陶
F010	水生生物学报	生物学基础学科	桂建芳
H850	水生态学杂志	生态学；水产学	常剑波
H015	水土保持通报	农业工程	李锐
H287	水土保持学报	农业工程	刘宝元
H056	水土保持研究	农业工程	刘国彬
E540	水文	海洋科学、水文学	邓坚
E154	水文地质工程地质	海洋科学、水文学；地质学	陈梦熊
N907	水下无人系统学报	兵器科学与技术	董春鹏
X528	水运工程	水路运输	吴澎
R566	水资源保护	水利工程	汪德爟
W570	水资源与水工程学报	水利工程	蔡焕杰
U056	丝绸	纺织科学技术	宣友木
G045	四川大学学报医学版	医药大学学报	张肇达
A006	四川大学学报自然科学版	自然科学综合大学学报	刘应明
F027	四川动物	昆虫学、动物学	岳碧松
Z007	四川环境	环境科学技术及资源科学技术	叶宏
A033	四川师范大学学报自然科学版	自然科学师范大学学报	周一阳
G575	四川医学	医学综合	卓凯星
G745	四川中医	中医学	方连举
H862	饲料工业	畜牧、兽医科学	聂春宵
H864	饲料研究	畜牧、兽医科学	李寰旭
T106	塑料	高聚物工程	杨明锦
T014	塑料工业	高聚物工程	陈敏剑
T536	塑料科技	高聚物工程	于文杰
T079	塑料助剂	高聚物工程	杨明
T580	塑性工程学报	机械制造工艺与设备	陆辛
X634	隧道建设	公路运输；铁路运输	张炜
R652	太赫兹科学与电子信息学报	电子技术	李幼平
L009	太阳能学报	能源科学综合	石定寰
J011	太原理工大学学报	工程技术大学学报	谢克昌
M544	钛工业进展	金属材料	周廉
T500	弹性体	高聚物工程	蔡小平
T015	炭素技术	化学工程综合	解治友
N043	探测与控制学报	兵器科学与技术	张龙山
V531	陶瓷学报	化学工程综合	秦锡麟

表 9-1　2020 年中国科技核心期刊（中文）目录（续）

CODE	刊名	学科分类	主编
H041	特产研究	农业综合	沈育杰
L505	特种油气藏	石油天然气工程	张方礼
N065	特种铸造及有色合金	机械制造工艺与设备	袁振国
A041	天津大学学报	工程技术大学学报	龚克
U017	天津工业大学学报	工程技术大学学报	杨庆新
A504	天津师范大学学报自然科学版	自然科学师范大学学报	高玉葆
G076	天津医药	医学综合	张愈
G626	天津中医药	中医学; 中药学	张伯礼
G914	天津中医药大学学报	中医药大学学报	张伯礼
T611	天然产物研究与开发	中药学	李伯刚
L518	天然气地球科学	石油天然气工程	戴金星
L029	天然气工业	石油天然气工程	冉隆辉
T074	天然气化工	应用化学工程; 石油天然气工程	古共伟
L507	天然气与石油	石油天然气工程	郭成华
E023	天文学报	天文学	甘为群
E114	天文学进展	天文学	候金良
X521	铁道工程学报	铁路运输	何宁
X007	铁道科学与工程学报	铁路运输	余志武
X005	铁道学报	铁路运输	王德
G238	听力学及言语疾病杂志	耳鼻咽喉科学	陶泽璋; 韩德民; 韩东一
R065	通信学报	通信技术	杨义先
G965	同济大学学报医学版	医药大学学报	陈义汉
J032	同济大学学报自然科学版	工程技术大学学报	李杰
Q003	同位素	核科学技术	罗顺忠
N061	图学学报	机械工程设计	童秉枢
T103	涂料工业	精细化学工程	竺玉书
V029	土木工程学报	土木工程	徐培福
V035	土木工程与管理学报	土木工程	丁烈云
V019	土木与环境工程学报（中英文）	土木工程	黄宗明
H043	土壤	土壤学	赵其国
H057	土壤通报	土壤学	须湘成
H012	土壤学报	土壤学	史学正
H048	土壤与作物	土壤学	张福锁
Y025	推进技术	航空、航天科学技术	郑日恒
S795	外国经济与管理	经济学综合; 管理学	樊丽明
G601	外科理论与实践	外科学综合	郑少华
G996	皖南医学院学报	医药大学学报	李朝品
S017	网络新媒体技术	计算机科学技术	倪宏
S082	网络与信息安全学报	计算机科学技术	方滨兴
R070	微波学报	通信技术	杨乃恒
G866	微创泌尿外科杂志	泌尿外科学	张旭; 孙颖浩
R057	微电机	电气工程	腆正文
R064	微电子学	电子技术	成福康

表 9-1 2020 年中国科技核心期刊（中文）目录（续）

CODE	刊名	学科分类	主编
R004	微电子学与计算机	电子技术；计算机科学技术	唐磊
R098	微纳电子技术	电子技术	李和委
F004	微生物学报	微生物学、病毒学	李季伦
F206	微生物学免疫学进展	微生物学、病毒学	朱莉萍
F011	微生物学通报	微生物学、病毒学	何忠效
F225	微生物学杂志	微生物学、病毒学	张忠泽
G651	微生物与感染	感染性疾病学、传染病学	闻玉梅
R085	微特电机	电气工程	施进浩
E052	微体古生物学报	地质学	穆西南
S033	微型电脑应用	计算机科学技术	朱仲英
G210	微循环学杂志	基础医学	李艳
S813	卫生软科学	卫生管理学、健康教育学	蔡仁华
G079	卫生研究	卫生管理学、健康教育学	段国兴
G800	胃肠病学	消化病学	萧树东
G326	胃肠病学和肝病学杂志	消化病学	段芳龄
G702	温州医科大学学报	医药大学学报	吕帆
D003	无机材料学报	材料科学综合	郭景坤
D023	无机化学学报	化学	游效曾
T072	无机盐工业	化学工程综合	刘红光
N044	无损检测	机械制造工艺与设备	王务同
W014	武汉大学学报工学版	工程技术大学学报	刘经南
A024	武汉大学学报理学版	自然科学综合大学学报	刘经南
E107	武汉大学学报信息科学版	测绘科学技术；自然科学综合大学学报	刘经南
G038	武汉大学学报医学版	医药大学学报	刘经南
M032	武汉科技大学学报自然科学版	工程技术大学学报	刘光临
X017	武汉理工大学学报交通科学与工程版	交通运输工程；工程技术大学学报	李腊元
J018	武汉理工大学学报信息与管理工程版	电子技术；工程技术大学学报	程森成
G771	武警后勤学院学报医学版	医药大学学报	李宏伟
G707	武警医学	医学综合	李小萍
D001	物理化学学报	化学	唐有祺
C006	物理学报	物理学	王乃彦
C509	物理与工程	物理学；高等教育学	顾牡；王青
E136	物探化探计算技术	地质学	贺振华
E138	物探与化探	地质学	熊盛青
R009	西安电子科技大学学报自然科学版	电子技术；工程技术大学学报	梁昌洪
U030	西安工程大学学报	工程技术大学学报	高岭
J036	西安工业大学学报	工程技术大学学报	刘卫国
V018	西安建筑科技大学学报自然科学版	建筑科学与技术；工程技术大学学报	赵鸿铁
X030	西安交通大学学报	工程技术大学学报	陶文铨
G081	西安交通大学学报医学版	医药大学学报	闫剑群
A150	西安科技大学学报	工程技术大学学报	伍永平
J002	西安理工大学学报	工程技术大学学报	刘宏昭
L010	西安石油大学学报自然科学版	石油天然气工程；工程技术大学学报	屈展

表 9-1　2020 年中国科技核心期刊（中文）目录（续）

CODE	刊名	学科分类	主编
R671	西安邮电大学学报	通信技术；工程技术大学学报	温小郑
A032	西北大学学报自然科学版	自然科学综合大学学报	赵重远
E125	西北地质	地质学	夏林圻
Y023	西北工业大学学报	工程技术大学学报	胡沛泉
H224	西北林学院学报	林学；农业大学学报	范升才
H018	西北农林科技大学学报自然科学版	农业大学学报	山仑
H288	西北农业学报	农业综合	宋继学
A022	西北师范大学学报自然科学版	自然科学师范大学学报	赵更吉
G792	西北药学杂志	药学	杨世民
F020	西北植物学报	植物学	胡正海
H385	西部林业科学	林学	郎南军
V573	西部人居环境学刊	建筑科学与技术	赵万民
G588	西部医学	医学综合	李光明
G699	西部中医药	中医学；中药学	潘文
J045	西华大学学报自然科学版	工程技术大学学报	罗中先
H004	西南大学学报自然科学版	自然科学综合大学学报	向仲怀
G312	西南国防医药	医学综合	王国建
X032	西南交通大学学报	工程技术大学学报	翟婉明
H270	西南林业大学学报	林学；农业大学学报	刘惠民
A060	西南民族大学学报自然科学版	自然科学综合大学学报	曾明
H061	西南农业学报	农业综合	李跃建
A064	西南师范大学学报自然科学版	自然科学师范大学学报	李明
L002	西南石油大学学报自然科学版	石油天然气工程；工程技术大学学报	杜志敏
M041	稀土	材料科学综合	杨占峰
M029	稀有金属	金属材料	屠海令
M052	稀有金属材料与工程	金属材料	殷为宏
S505	系统仿真技术	信息与系统科学相关工程与技术	万钢
S003	系统仿真学报	信息与系统科学相关工程与技术	李伯虎；赵沁平
B028	系统工程	信息科学与系统科学	陈收
B025	系统工程理论与实践	信息科学与系统科学	陈光亚
B018	系统工程学报	信息科学与系统科学	刘豹
R059	系统工程与电子技术	电子技术；信息与系统科学相关工程与技术	施荣
B027	系统管理学报	信息科学与系统科学	王浣尘
B021	系统科学与数学	信息科学与系统科学；数学	陈翰馥
G188	细胞与分子免疫学杂志	基础医学	金伯泉
A063	厦门大学学报自然科学版	自然科学综合大学学报	张鸿斌
V087	现代城市研究	建筑科学与技术	叶菊华
E027	现代地质	地质学	邓军
R089	现代电力	电气工程	宋永华
R748	现代电子技术	电子技术	郝跃；许蒲；李明远
Y561	现代防御技术	兵器科学与技术	李文军
U634	现代纺织技术	纺织科学技术	陈建勇
G300	现代妇产科进展	妇产科学	江森

表 9-1 2020 年中国科技核心期刊（中文）目录（续）

CODE	刊名	学科分类	主编
T063	现代化工	化学工程综合	张月丽
G653	现代检验医学杂志	临床诊断学	高敬龙
N100	现代科学仪器	仪器仪表技术	胡柏顺
G321	现代口腔医学杂志	口腔医学	俞光岩
R087	现代雷达	通信技术	陈玲
G438	现代临床护理	护理学	成守珍
G798	现代泌尿生殖肿瘤杂志	肿瘤学	那彦群；叶章群
G341	现代泌尿外科杂志	泌尿外科学	贺大林
G067	现代免疫学	基础医学	周光炎
H417	现代农药	植物保护学；应用化学工程	张湘宁
F250	现代生物医学进展	医学综合	赵长久
U010	现代食品科技	食品科学技术	李琳
T929	现代塑料加工应用	高聚物工程	顾越峰
X673	现代隧道技术	公路运输	梅志荣
G451	现代消化及介入诊疗	消化病学	张万岱
G223	现代医学	医学综合	孙载阳
C093	现代应用物理	物理学	邱爱慈
G963	现代预防医学	预防医学与公共卫生学综合	马骁
N111	现代制造工程	机械制造工艺与设备	徐大湧
G951	现代中西医结合杂志	中西医结合医学	戴砚田
G486	现代中药研究与实践	中药学	胡世林；赵国胜
G896	现代中医临床	中医学	王永炎
G826	现代肿瘤医学	肿瘤学	李树业
T073	香料香精化妆品	精细化学工程	金其璋
A018	湘潭大学自然科学学报	自然科学综合大学学报	黄云清
T064	橡胶工业	高聚物工程	何晓玫
T953	消防科学与技术	安全科学技术；建筑科学与技术	王铁强
Q937	消化肿瘤杂志电子版	肿瘤学	何裕隆
P010	小型内燃机与车辆技术	动力工程	何海生
S027	小型微型计算机系统	计算机科学技术	林浒
G817	协和医学杂志	医学综合	赵玉沛
G083	心肺血管病杂志	心血管病学	陈宝田
S918	心理科学	心理学	李其维
S919	心理科学进展	心理学	隋南
E046	心理学报	心理学	林文娟
G476	心脑血管病防治	心血管病学；神经病学、精神病学	金宏义
G419	心血管病学进展	心血管病学	赵聪
G578	心血管康复医学杂志	心血管病学	刘江生
G260	心脏杂志	心血管病学	裴建明
Q368	新发传染病电子杂志	感染性疾病学、传染病学	陆普选
E159	新疆地质	地质学	李向东
H276	新疆农业科学	农业综合	戴健
L007	新疆石油地质	石油天然气工程	夏明生

表 9-1 2020 年中国科技核心期刊（中文）目录（续）

CODE	刊名	学科分类	主编
G980	新疆医科大学学报	医药大学学报	哈木拉提·吾甫尔
G328	新乡医学院学报	医药大学学报	乔汉臣
V056	新型建筑材料	建筑科学与技术	张美强
M102	新型炭材料	材料科学综合	成会明
G721	新医学	医学综合	陈规划
R034	信号处理	通信技术	龙腾
S081	信息安全学报	计算机科学技术	方滨兴
S087	信息安全研究	计算机科学技术	李新友
R519	信息技术	信息与系统科学相关工程与技术	张丽丽
S046	信息网络安全	计算机科学技术	关非
S002	信息与控制	信息科学与系统科学	王天然
A510	信阳师范学院学报自然科学版	自然科学师范大学学报	李俊
G565	徐州医科大学学报	医药大学学报	郑骏年
H023	畜牧兽医学报	畜牧、兽医科学	文杰
H218	畜牧与兽医	畜牧、兽医科学	石放雄
Q958	血管与腔内血管外科杂志	普通外科学、胸外科学、心血管外科学	刘昌伟
G627	循证医学	临床诊断学；流行病学、环境医学	吴一龙
R069	压电与声光	光电子学与激光技术	胡少勤
N052	压力容器	机械制造工艺与设备	王冰
H200	亚热带农业研究	农业综合	林文雄
E047	亚热带资源与环境学报	环境科学技术及资源科学技术	张新时
U562	烟草科技	园艺学	谢剑平
E053	岩矿测试	地质学	尹明
E157	岩石矿物学杂志	地质学	沈其韩
C005	岩石力学与工程学报	土木工程；力学	冯夏庭
E309	岩石学报	地质学	从柏林
V574	岩土工程技术	土木工程	常士骠
V037	岩土工程学报	土木工程	蔡正银
C004	岩土力学	土木工程；力学	白世伟
E163	岩性油气藏	石油天然气工程	刘金新
S821	研究与发展管理	管理学	骆品亮
E500	盐湖研究	海洋科学、水文学	高世扬
T054	盐科学与化工	化学工程综合	夏万顺
G962	眼科	眼科学	徐亮
G554	眼科新进展	眼科学	余涵
J025	燕山大学学报	工程技术大学学报	张福成
H016	扬州大学学报农业与生命科学版	农业大学学报	顾铭洪
S031	遥测遥控	信息与系统科学相关工程与技术	李艳华
Z543	遥感技术与应用	测绘科学技术	姜景山
S024	遥感信息	测绘科学技术	陈述彭
Z006	遥感学报	测绘科学技术	顾行发
G403	药物不良反应杂志	药学	程经华
G087	药物分析杂志	药学	涂国士

表 9-1　2020 年中国科技核心期刊（中文）目录（续）

CODE	刊名	学科分类	主编
G877	药物流行病学杂志	药学	曾繁典
G836	药物评价研究	药学	汤立达
G514	药物生物技术	药学	吴梧桐
G977	药学服务与研究	药学	胡晋红
G440	药学实践杂志	药学	姜远英
G008	药学学报	药学	王晓良
G527	药学与临床研究	药学	王明时
M023	冶金分析	冶金工程技术	贾云海
M047	冶金能源	冶金工程技术	罗文泉
C503	液晶与显示	物理学；电子技术	郭海成
N079	液压气动与密封	工程与技术科学基础学科	李运华
N035	液压与气动	机械工程设计	宋京其
G605	医疗卫生装备	卫生管理学、健康教育学	孙景工
G482	医学动物防制	流行病学、环境医学	段利国
G333	医学分子生物学杂志	基础医学	邓耀祖
G281	医学研究生学报	医学综合	苏皖
G480	医学研究杂志	医学综合	赵瑞芹
G265	医学影像学杂志	核医学、医学影像学	武乐斌
G964	医学与社会	医学综合	刘建凡
G308	医学与哲学	医学综合；哲学	胡大一；赵明杰
G860	医学综述	医学综合	刘桂蕊
G844	医药导报	药学	曾繁典
G088	医用生物力学	力学；基础医学	戴克戎
N074	仪表技术与传感器	仪器仪表技术	刘凯
N066	仪器仪表学报	仪器仪表技术	张钟华
F024	遗传	生物学基础学科	黄勋
G455	疑难病杂志	临床医学综合	马智
T104	印染助剂	精细化学工程	许关荣
G089	营养学报	预防医学与公共卫生学综合	郭长江
D014	影像科学与光化学	化学	佟振合
G649	影像诊断与介入放射学	核医学、医学影像学	孟俊非
B008	应用概率统计	数学	陈希孺
C109	应用光学	物理学	王小鹏
E123	应用海洋学学报	海洋科学、水文学	张金标
T949	应用化工	化学工程综合	朱明道
D016	应用化学	化学	黄葆同
A580	应用基础与工程科学学报	工程与技术科学基础学科	杨卫
R033	应用激光	光电子学与激光技术	王之江
X693	应用科技	信息与系统科学相关工程与技术	朱齐丹
A015	应用科学学报	通信技术	黄宏嘉
F035	应用昆虫学报	昆虫学、动物学	王琛柱
C008	应用力学学报	力学	陈宜亨
E122	应用气象学报	大气科学	周秀骥

表 9-1 2020 年中国科技核心期刊（中文）目录（续）

CODE	刊名	学科分类	主编
Z018	应用生态学报	生态学	沈善敏
C052	应用声学	物理学	应崇福
B011	应用数学	数学	陈庆益
B020	应用数学和力学	力学; 数学	周哲纬
B001	应用数学学报	数学	丁夏畦
F100	应用与环境生物学报	环境科学技术及资源科学技术; 生物学基础学科	吴宁
M014	硬质合金	金属材料	张忠健
L027	油气储运	石油天然气工程	杨祖佩
L504	油气地质与采收率	石油天然气工程	刘中云
L033	油田化学	石油天然气工程	徐僖
E051	铀矿地质	矿山工程技术	李子颖
K020	铀矿冶	矿山工程技术	张飞凤
T916	有机硅材料	化学工程综合	杨晓勇
D025	有机化学	化学	陈庆云
M036	有色金属工程	金属材料	金开生
M504	有色金属科学与工程	金属材料	罗嗣海
K013	有色金属矿山部分	矿山工程技术	朱穗玲
K580	有色金属选矿部分	矿山工程技术	朱穗玲
M020	有色金属冶炼部分	冶金工程技术	朱穗玲
H998	渔业科学进展	水产学	唐启升
H220	渔业现代化	水产学	徐皓
Y020	宇航材料工艺	航空、航天科学技术	顾兆栴
Y008	宇航计测技术	航空、航天科学技术	孙海燕
Y024	宇航学报	航空、航天科学技术	杜善义
H909	玉米科学	农艺学	李健生
G479	预防医学	预防医学与公共卫生学综合	从黎明
G518	预防医学情报杂志	预防医学与公共卫生学综合	康均行
H039	园艺学报	园艺学	李树德
C108	原子核物理评论	物理学; 核科学技术	靳根明
Q008	原子能科学技术	核科学技术	赵志祥
A038	云南大学学报自然科学版	自然科学综合大学学报	张克勤
A654	云南民族大学学报自然科学版	自然科学综合大学学报	张桥贵
H269	云南农业大学学报	农业大学学报	朱有勇
A053	云南师范大学学报自然科学版	自然科学师范大学学报	曾华
G090	云南中医学院学报	中医药大学学报	吴永贵
B013	运筹学学报	数学	越民义
B522	运筹与管理	数学; 管理学	俞嘉第
H989	杂草学报	植物保护学	强胜
H293	杂交水稻	农艺学	袁隆平
E148	灾害学	地球物理学; 安全科学技术	胡斌
Y057	载人航天	航空、航天科学技术	周建平
U643	造纸科学与技术	应用化学工程	陈嘉翔
C100	噪声与振动控制	机械工程设计	严济宽

表 9-1 2020 年中国科技核心期刊（中文）目录（续）

CODE	刊名	学科分类	主编
M043	轧钢	冶金工程技术	张海军
T569	粘接	精细化学工程	章锋
Y521	战术导弹技术	兵器科学与技术	张冬青
A017	浙江大学学报工学版	工程技术大学学报	岑可法
A002	浙江大学学报理学版	自然科学综合大学学报	郑小明
H035	浙江大学学报农业与生命科学版	农业大学学报	张国平
G091	浙江大学学报医学版	医药大学学报	来茂德
J016	浙江工业大学学报	工程技术大学学报	马淳安
H019	浙江农林大学学报	林学；农业大学学报	周国模
H201	浙江农业学报	农业综合	陈剑平
G810	浙江医学	医学综合	李兰娟
G092	浙江中医药大学学报	中医药大学学报	肖鲁伟
G093	针刺研究	针灸、中医骨伤	朱兵
G488	针灸临床杂志	针灸、中医骨伤	孙申田
N086	真空	工程与技术科学基础学科	李玉英
C038	真空与低温	物理学	罗崇泰
G259	诊断病理学杂志	临床诊断学；基础医学	李维华
G615	诊断学理论与实践	临床诊断学	王鸿利
Y010	振动测试与诊断	航空、航天科学技术	赵淳生
Y004	振动工程学报	力学；机械工程设计	刘人怀
N030	振动与冲击	机械工程设计	恽伟君
E316	震灾防御技术	安全科学技术；地球物理学	高孟潭
J012	郑州大学学报工学版	工程技术大学学报	辛世俊
A019	郑州大学学报理学版	自然科学综合大学学报	辛世俊
G036	郑州大学学报医学版	医药大学学报	辛世俊
G835	职业卫生与应急救援	预防医学与公共卫生学综合	王祖兵
G884	职业与健康	流行病学、环境医学	王撷秀
H577	植物保护	植物保护学	吴孔明
H014	植物保护学报	植物保护学	彩万志
H052	植物病理学报	植物保护学	曾士迈
H584	植物检疫	植物保护学	张立
F008	植物科学学报	植物学	李绍华
F038	植物生理学报	植物学	张景六
F009	植物生态学报	植物学	方精云
F023	植物学报	植物学	种康
F050	植物研究	植物学	祖元刚
H238	植物遗传资源学报	农艺学	刘旭
H890	植物营养与肥料学报	土壤学	白由路
Z551	植物资源与环境学报	环境科学技术及资源科学技术	夏冰
N091	指挥控制与仿真	兵器科学与技术	秦立富
N094	指挥与控制学报	兵器科学与技术	王飞跃
U011	制冷学报	动力工程	吴元炜
U640	制冷与空调（四川）	动力工程	雷波

表 9-1　2020 年中国科技核心期刊（中文）目录（续）

CODE	刊名	学科分类	主编
N046	制造技术与机床	机械工程设计	梁玉
S023	制造业自动化	信息与系统科学相关工程与技术	黎晓东
C034	质谱学报	化学；仪器仪表技术	赵墨田
R072	智慧电力	电气工程	张剑
S052	智能系统学报	信息与系统科学相关工程与技术	李德毅
G007	中草药	中药学	汤立达
G520	中成药	中药学	陶建生
G546	中国 CT 和 MRI 杂志	核医学、医学影像学	王成林
Q940	中国癌症防治杂志	肿瘤学	黎乐群
G538	中国癌症杂志	肿瘤学	沈镇宙
G985	中国艾滋病性病	皮肤病学	沈洁
G129	中国安全科学学报	安全科学技术	徐德蜀
Z552	中国安全生产科学技术	安全科学技术	邢娟娟
F048	中国比较医学杂志	基础医学	秦川
N103	中国表面工程	机械制造工艺与设备	刘世参
G750	中国病案	卫生管理学、健康教育学	刘爱民
G769	中国病毒病杂志	微生物学、病毒学；预防医学与公共卫生学综合	庄辉
G096	中国病理生理杂志	基础医学	陆大祥
G339	中国病原生物学杂志	微生物学、病毒学	庄辉
M053	中国材料进展	材料科学综合	周廉
H213	中国草地学报	草原学	侯向阳
N830	中国测试	工程与技术科学基础学科	高洁
G097	中国超声医学杂志	核医学、医学影像学	李建国
G529	中国卒中杂志	神经病学、精神病学	王拥军
G901	中国当代儿科杂志	儿科学	杨于嘉
H939	中国稻米	农艺学	钱前
E654	中国地质	地质学	李廷栋
E604	中国地质灾害与防治学报	地质学；安全科学技术	张咸恭
R040	中国电机工程学报	电气工程	郑健超
R511	中国电力	电气工程	刘建明
G234	中国动脉硬化杂志	心血管病学	杨永宗
H891	中国动物传染病学报	畜牧、兽医科学	童光志
G825	中国儿童保健杂志	儿科学；保健医学	杨玉凤
G270	中国耳鼻咽喉颅底外科杂志	耳鼻咽喉科学	孙虹；赵素萍
G543	中国耳鼻咽喉头颈外科	耳鼻咽喉科学	韩德民
G100	中国法医学杂志	军事医学与特种医学	刘耀
G290	中国防痨杂志	呼吸病学、结核病学	张立兴
V023	中国非金属矿工业导刊	矿山工程技术	陈正国
G320	中国肺癌杂志	肿瘤学	周清华
G402	中国分子心脏病学杂志	心血管病学	惠汝太
V568	中国粉体技术	建筑科学与技术	胡荣泽
G587	中国辐射卫生	预防医学与公共卫生学综合	潘自强；韩金祥
M007	中国腐蚀与防护学报	材料科学综合	柯伟

表 9-1　2020 年中国科技核心期刊（中文）目录（续）

CODE	刊名	学科分类	主编
G456	中国妇产科临床杂志	妇产科学	魏丽惠
G687	中国妇幼健康研究	优生学、计划生育学	李旭
G475	中国肝脏病杂志电子版	消化病学	毛羽; 张永利; 成军
G631	中国感染控制杂志	感染性疾病学、传染病学	吴安华
G337	中国感染与化疗杂志	感染性疾病学、传染病学	汪复
X035	中国港湾建设	水路运输	刘亚平
V036	中国给水排水	建筑科学与技术	丁堂堂
N089	中国工程机械学报	机械制造工艺与设备	徐宝富
N754	中国工程科学	工程与技术科学基础学科	钟志华
G244	中国工业医学杂志	流行病学、环境医学	周安寿; 阎波
G102	中国公共卫生	预防医学与公共卫生学综合	王宇
X031	中国公路学报	公路运输	马建
G103	中国骨伤	针灸、中医骨伤	尚天裕
G249	中国骨与关节损伤杂志	骨外科学	刘大雄; 郭林新
G857	中国骨与关节杂志	骨外科学	徐万鹏
G663	中国骨质疏松杂志	内分泌病学与代谢病学、风湿病学	张萌萌
W021	中国管理科学	管理学	蔡晨
N104	中国惯性技术学报	工程与技术科学基础学科	刘飞
C099	中国光学	光电子学与激光技术; 物理学	王家骐
G637	中国国境卫生检疫杂志	流行病学、环境医学	罗荣杰
H215	中国果树	园艺学	米文广
L013	中国海上油气	石油天然气工程	姜伟
E313	中国海洋大学学报自然科学版	海洋科学、水文学; 水产学; 自然科学综合大学学报	文圣常
L026	中国海洋平台	石油天然气工程	陈祖宇
G104	中国海洋药物	药学	关美君
X039	中国航海	水路运输	黄蕴和
G973	中国呼吸与危重监护杂志	呼吸病学、结核病学	刘春涛
G417	中国护理管理	护理学	严谓然
Z030	中国环境监测	环境科学技术及资源科学技术	丁中元
Z001	中国环境科学	环境科学技术及资源科学技术	王文兴
N059	中国机械工程	机械工程设计	周佑启
A079	中国基础科学	自然科学综合	林泉
R066	中国激光	光电子学与激光技术	周炳琨
R013	中国激光医学杂志	临床医学综合	顾瑛
G852	中国急救复苏与灾害医学杂志	医学综合	李宗浩
G241	中国急救医学	临床医学综合	单静
G192	中国脊柱脊髓杂志	骨外科学	张光铂; 候树勋
G105	中国寄生虫学与寄生虫病杂志	基础医学	汤林华
G560	中国计划生育和妇产科	优生学、计划生育学; 妇产科学	甘华平
G907	中国计划生育学杂志	优生学、计划生育学	付伟
G787	中国健康教育	卫生管理学、健康教育学	陶茂萱
N108	中国舰船研究	水路运输	徐青
T075	中国胶粘剂	精细化学工程	刘芳

表 9-1　2020 年中国科技核心期刊（中文）目录（续）

CODE	刊名	学科分类	主编
G233	中国矫形外科杂志	烧伤外科学、整形外科学	宁志杰
G239	中国介入心脏病学杂志	心血管病学	霍勇
G206	中国介入影像与治疗学	核医学、医学影像学	邹英华
G323	中国康复	保健医学	黄晓琳
G400	中国康复理论与实践	保健医学	吴弦光; 李建军
G106	中国康复医学杂志	保健医学	励建安
G107	中国抗生素杂志	药学	谭仁祥
A098	中国科技论坛	管理学	王元; 潘令珊
A108	中国科学 地球科学	地球科学综合	周光召; 孙枢
A106	中国科学 化学	化学	周光召; 徐光宪
A109	中国科学 技术科学	工程与技术科学基础学科	周光召; 严陆光
A107	中国科学 生命科学	生物学基础学科	周光召; 梁栋材
A105	中国科学 数学	数学	周光召; 杨乐
A103	中国科学 物理学力学天文学	物理学; 力学; 天文学	周光召
Z317	中国科学 信息科学	信息科学与系统科学; 计算机科学技术	李未
A081	中国科学基金	自然科学综合	朱作言
A007	中国科学技术大学学报	自然科学综合大学学报	王水
A102	中国科学院大学学报	自然科学综合大学学报	陈希孺
A636	中国科学院院刊	自然科学综合	白春礼
Y003	中国空间科学技术	航空、航天科学技术	侯深渊
G441	中国口腔颌面外科杂志	口腔医学	邱蔚六
K030	中国矿业	矿山工程技术	王燕国
K015	中国矿业大学学报	矿山工程技术; 工程技术大学学报	骆振福
U001	中国粮油学报	食品科学技术; 农业工程	胡承淼
G447	中国临床保健杂志	保健医学	胡世莲
G108	中国临床解剖学杂志	基础医学	徐达传
G536	中国临床神经科学	神经病学、精神病学	蒋雨平
G794	中国临床神经外科杂志	神经病学、精神病学	马廉亭
G221	中国临床心理学杂志	心理学	姚树桥
G754	中国临床研究	临床医学综合	徐肇敏
G870	中国临床药理学与治疗学	药学	黄志力
G109	中国临床药理学杂志	药学	韩启德
G544	中国临床药学杂志	药学	王永铭
G814	中国临床医生杂志	临床医学综合	胡国臣
G974	中国临床医学	临床医学综合	樊嘉
G304	中国临床医学影像杂志	核医学、医学影像学	郭启勇
G110	中国麻风皮肤病杂志	皮肤病学	张福仁
H212	中国麻业科学	农艺学	熊和平
G613	中国慢性病预防与控制	预防医学与公共卫生学综合	王撷秀
G598	中国媒介生物学及控制杂志	流行病学、环境医学	刘起勇
K037	中国煤炭地质	能源科学综合	赵克荣
G582	中国煤炭工业医学杂志	医学综合	栾奕
G428	中国美容医学	临床医学综合	朱宏亮

表 9-1　2020 年中国科技核心期刊（中文）目录（续）

CODE	刊名	学科分类	主编
G297	中国美容整形外科杂志	临床医学综合	高景恒
K036	中国锰业	金属材料	周柳霞
H211	中国棉花	农艺学	喻树迅
G111	中国免疫学杂志	基础医学	田志刚
K550	中国钼业	金属材料	姚云芳
G303	中国男科学杂志	性医学	江鱼
H273	中国南方果树	园艺学	王应旭
G422	中国脑血管病杂志	神经病学、精神病学	焦力群
G277	中国内镜杂志	外科学综合	雷光华
R524	中国能源	能源科学综合	韩文科
U609	中国酿造	食品科学技术	赵燕
W005	中国农村水利水电	农业工程; 水利工程	茆智
H958	中国农学通报	农业综合	石元春
H027	中国农业大学学报	农业大学学报	段若兰
H567	中国农业科技导报	农业综合	范云六
H030	中国农业科学	农业综合	万建民
H210	中国农业气象	农业综合; 大气科学	张厚瑄
H221	中国农业资源与区划	农业综合; 生态农业经济学	唐华俊
G311	中国皮肤性病学杂志	皮肤病学	彭振辉
U020	中国皮革	应用化学工程	谢衡
G226	中国普通外科杂志	普通外科学、胸外科学、心血管外科学	吕新生
G269	中国普外基础与临床杂志	普通外科学、胸外科学、心血管外科学	严律南
G776	中国全科医学	临床医学综合	梁万年
H081	中国热带农业	农业综合	吴恩熙
G629	中国热带医学	流行病学、环境医学	潘先海
Z546	中国人口资源与环境	环境科学技术及资源科学技术	王伟中
G112	中国人兽共患病学报	流行病学、环境医学	严延生
U052	中国乳品工业	食品科学技术	刘鹏
S825	中国软科学	管理学	赵志耘
H793	中国森林病虫	林学	闫峻
E124	中国沙漠	地理学	王涛
G366	中国社会医学杂志	卫生管理学、健康教育学	卢祖洵
G114	中国神经精神疾病杂志	神经病学、精神病学	曾进胜
G242	中国神经免疫学和神经病学杂志	神经病学、精神病学	陈海波; 胡学强
H555	中国生态农业学报	农业综合	刘昌明
H044	中国生物防治学报	植物保护学	杨怀文
F255	中国生物工程杂志	生物工程	张树庸
F002	中国生物化学与分子生物学报	生物学基础学科	张迺蘅
G115	中国生物医学工程学报	生物医学工程学	刘德培
G258	中国生物制品学杂志	生物医学工程学	封多佳
G715	中国生育健康杂志	优生学、计划生育学	刘建蒙
L001	中国石油大学学报自然科学版	石油天然气工程; 工程技术大学学报	陈淑娴
L532	中国石油勘探	石油天然气工程	赵文智

表 9-1　2020 年中国科技核心期刊（中文）目录（续）

CODE	刊名	学科分类	主编
F047	中国实验动物学报	昆虫学、动物学	秦川
G604	中国实验方剂学杂志	中药学	吴以岭
G883	中国实验血液学杂志	血液病学、肾脏病学	唐佩弦
G853	中国实验诊断学	临床诊断学	孙荣武；高忠礼；王鸿利
G273	中国实用儿科杂志	儿科学	薛辛东
G228	中国实用妇科与产科杂志	妇产科学	张淑兰
G305	中国实用护理杂志	护理学	王国强
G867	中国实用口腔科杂志	口腔医学	路振富
G267	中国实用内科杂志	内科学综合	康健
G686	中国实用神经疾病杂志	神经病学、精神病学	李楠
G272	中国实用外科杂志	外科学综合	刘永锋
U635	中国食品添加剂	食品科学技术	齐庆中
G429	中国食品卫生杂志	卫生管理学、健康教育学	李小芳
U007	中国食品学报	食品科学技术	罗云波
U563	中国食物与营养	食品科学技术；预防医学与公共卫生学综合	许世卫
H317	中国兽药杂志	畜牧、兽医科学	刘业兵
H326	中国兽医科学	畜牧、兽医科学	才学鹏
H225	中国兽医学报	畜牧、兽医科学	王哲
H207	中国蔬菜	园艺学	孙日飞
G796	中国输血杂志	临床医学综合；血液病学、肾脏病学	王憬惺
G926	中国数字医学	核医学、医学影像学	李包罗；李华才
H290	中国水产科学	水产学	曾一本
H020	中国水稻科学	农艺学	程式华
W557	中国水利水电科学研究院学报	水利工程	陈厚群
H295	中国水土保持科学	农业工程	关君蔚
T022	中国塑料	高聚物工程	杨惠娣
G211	中国糖尿病杂志	内分泌病学与代谢病学、风湿病学	纪立农
G521	中国疼痛医学杂志	临床医学综合	韩济生
G444	中国体外循环杂志	外科学综合	龙村
U501	中国调味品	食品科学技术	杨旭
X004	中国铁道科学	铁路运输	阳建鸣
G437	中国听力语言康复科学杂志	保健医学；耳鼻咽喉科学	聂滨
R083	中国图象图形学报	计算机科学技术	李小文
H350	中国土地科学	土壤学	程烨
H233	中国土壤与肥料	土壤学	黄鸿翔
G373	中国微创外科杂志	外科学综合	侯宽永
G959	中国微侵袭神经外科杂志	神经病学、精神病学	王伟民
G517	中国微生态学杂志	生态学；基础医学	康白
S725	中国卫生经济	卫生管理学、健康教育学	张振忠；王亦冬
G253	中国卫生统计	卫生管理学、健康教育学	陈育德
G540	中国卫生信息管理杂志	卫生管理学、健康教育学	张学高
G716	中国卫生政策研究	卫生管理学、健康教育学	代涛
G752	中国卫生质量管理	卫生管理学、健康教育学	曹荣桂

表 9-1 2020 年中国科技核心期刊（中文）目录（续）

CODE	刊名	学科分类	主编
G541	中国卫生资源	卫生管理学、健康教育学	郝模
K035	中国钨业	金属材料	孔昭庆
M022	中国稀土学报	材料科学综合	严纯华
F025	中国细胞生物学学报	生物学基础学科	郭礼和
G841	中国现代普通外科进展	普通外科学、胸外科学、心血管外科学	寿楠海
G623	中国现代神经疾病杂志	神经病学、精神病学	只达石
G885	中国现代手术学杂志	外科学综合	李永国
G237	中国现代医学杂志	医学综合	陈子华
G849	中国现代应用药学	药学	李连达
G377	中国现代中药	中药学	赵润怀
G284	中国消毒学杂志	预防医学与公共卫生学综合	张文福
G765	中国小儿急救医学	儿科学	赵群
G845	中国小儿血液与肿瘤杂志	儿科学；血液病学、肾脏病学；肿瘤学	胡亚美；袁伯伦
G298	中国斜视与小儿眼科杂志	眼科学；儿科学	任华明
G117	中国心理卫生杂志	心理学	周东丰
G718	中国心血管病研究	心血管病学	屈正
G380	中国心血管杂志	心血管病学	何青
G203	中国心脏起搏与心电生理杂志	普通外科学、胸外科学、心血管外科学	黄从新
G250	中国新药与临床杂志	药学	唐希灿
G747	中国新药杂志	药学	桑国卫
G727	中国性科学	性医学	胡佩诚
G232	中国胸心血管外科临床杂志	普通外科学、胸外科学、心血管外科学	石应康
G118	中国修复重建外科杂志	烧伤外科学、整形外科学	杨志明
H294	中国畜牧兽医	畜牧、兽医科学	李琍
H242	中国畜牧杂志	畜牧、兽医科学	呙于明
G908	中国学校卫生	卫生管理学、健康教育学	陶芳标
G464	中国血管外科杂志电子版	普通外科学、胸外科学、心血管外科学	王深明
G675	中国血吸虫病防治杂志	流行病学、环境医学	周晓农
G633	中国血液净化	血液病学、肾脏病学；临床医学综合	王梅
G119	中国循环杂志	心血管病学	胡盛寿
G756	中国循证儿科杂志	儿科学；流行病学、环境医学；临床诊断学	桂永浩
G645	中国循证心血管医学杂志	心血管病学；流行病学、环境医学；临床诊断学	魏万林；胡大一
G396	中国循证医学杂志	临床诊断学；流行病学、环境医学	李幼平
H208	中国烟草科学	园艺学	王元英
U647	中国烟草学报	园艺学	袁行思
E303	中国岩溶	地质学	刘再华
G619	中国眼耳鼻喉科杂志	耳鼻咽喉科学	王正敏；王文吉；张重华
G318	中国药房	药学	马劲
G120	中国药科大学学报	医药大学学报；药学	彭司勋
G121	中国药理学通报	药学	魏伟；李俊
G122	中国药理学与毒理学杂志	药学	张永祥
G878	中国药师	药学	江德元
G913	中国药事	药学	桑国卫

表 9-1 2020 年中国科技核心期刊（中文）目录（续）

CODE	刊名	学科分类	主编
G220	中国药物化学杂志	药学	张礼和
G227	中国药物警戒	药学	金少鸿
G248	中国药物依赖性杂志	药学	陆林
G713	中国药物应用与监测	药学	郭代红
G009	中国药学杂志	药学	周海钧
G755	中国药业	药学	刘斌
M628	中国冶金	冶金工程技术	洪及鄙
G809	中国医刊	临床医学综合	刘益清
G123	中国医科大学学报	医药大学学报	闻德亮
G124	中国医疗器械杂志	卫生管理学、健康教育学	胡宗泰
G679	中国医疗设备	卫生管理学、健康教育学	姜远海
G306	中国医师进修杂志	临床医学综合	林三仁
G313	中国医师杂志	临床医学综合	周智广
G236	中国医学计算机成像杂志	核医学、医学影像学	陈星荣
G125	中国医学科学院学报	医药大学学报	刘德培
G471	中国医学前沿杂志电子版	医学综合	霍勇；沈琳
G622	中国医学物理学杂志	基础医学；生物医学工程学	邓亲恺
G127	中国医学影像技术	核医学、医学影像学	李坤成；姜玉新
G193	中国医学影像学杂志	核医学、医学影像学	蔡幼铨；周诚
S591	中国医学装备	卫生管理学、健康教育学	崔泽实
G519	中国医药	临床医学综合	杨秋
G644	中国医药导报	医学综合	张虎林
T019	中国医药工业杂志	药学；应用化学工程	周伟澄
G531	中国医药生物技术	生物医学工程学	赵铠
Q918	中国医院	卫生管理学、健康教育学	张宝库
G454	中国医院管理	卫生管理学、健康教育学	王环增
G243	中国医院药学杂志	药学	陈华庭
G625	中国医院用药评价与分析	药学	马劲
G314	中国疫苗和免疫	生物医学工程学	訾维廉
G130	中国应用生理学杂志	生物学基础学科	范明
G706	中国优生与遗传杂志	优生学、计划生育学	左伋
H205	中国油料作物学报	农艺学	王汉中
U032	中国油脂	食品科学技术	秦长泽
M028	中国有色金属学报	金属材料	黄伯云
H099	中国预防兽医学报	畜牧、兽医科学	孔宪刚
G753	中国预防医学杂志	预防医学与公共卫生学综合	庄辉
V039	中国园林	林学；建筑科学与技术	王绍增
X012	中国造船	水路运输	吴有生
U033	中国造纸学报	应用化学工程	朱尹策
H204	中国沼气	农业工程；能源科学综合	王锡吾
G600	中国针灸	针灸、中医骨伤	刘保延
H067	中国真菌学杂志	临床医学综合	温海
G945	中国职业医学	流行病学、环境医学	黄汉林

表 9-1 2020 年中国科技核心期刊（中文）目录（续）

CODE	刊名	学科分类	主编
G347	中国中西医结合耳鼻咽喉科杂志	中西医结合医学；耳鼻咽喉科学	杨和钧；唐有法
G843	中国中西医结合急救杂志	中西医结合医学；临床医学综合	王今达
G757	中国中西医结合皮肤性病学杂志	中西医结合医学；皮肤病学	秦万章
G846	中国中西医结合肾病杂志	中西医结合医学；血液病学、肾脏病学	陈孝文
G758	中国中西医结合外科杂志	中西医结合医学；外科学综合	吴咸中
G528	中国中西医结合消化杂志	中西医结合医学；消化病学	危北海；李乾构；陈泽民
G182	中国中西医结合杂志	中西医结合医学	陈可冀
G132	中国中药杂志	中药学	张伯礼
G240	中国中医骨伤科杂志	针灸、中医骨伤	李同生
G632	中国中医基础医学杂志	中医学	孟庆云
G524	中国中医急症	中医学	晁恩祥
G749	中国中医眼科杂志	中医学	亢泽峰
G832	中国中医药信息杂志	中医学；中药学	叶祖光
G642	中国肿瘤	肿瘤学	赵平
G133	中国肿瘤临床	肿瘤学	郝希山
G255	中国肿瘤生物治疗杂志	肿瘤学	曹雪涛
G576	中国肿瘤外科杂志	肿瘤学	唐金海；曾庆琪
G667	中国综合临床	临床医学综合	孙国贵
G299	中国组织工程研究	生物医学工程学	唐佩福
G134	中国组织化学与细胞化学杂志	基础医学	熊希凯
G502	中华保健医学杂志	保健医学	范利
G135	中华病理学杂志	基础医学	陈杰
G195	中华超声影像学杂志	核医学、医学影像学	张运
G136	中华传染病杂志	感染性疾病学、传染病学	张文宏
G408	中华创伤骨科杂志	骨外科学	裴国献
G137	中华创伤杂志	烧伤外科学、整形外科学	王正国
G098	中华地方病学杂志	流行病学、环境医学	孙殿军
G138	中华儿科杂志	儿科学	杨锡强
G139	中华耳鼻咽喉头颈外科杂志	耳鼻咽喉科学	韩德民
G743	中华耳科学杂志	耳鼻咽喉科学	杨伟炎；韩东一
G140	中华放射学杂志	核医学、医学影像学	戴建平
G141	中华放射医学与防护杂志	军事医学与特种医学	孙全富
G251	中华放射肿瘤学杂志	肿瘤学	徐国镇
G474	中华肺部疾病杂志电子版	呼吸病学、结核病学	钱桂生
G286	中华风湿病学杂志	内分泌病学与代谢病学、风湿病学	栗占国
G142	中华妇产科杂志	妇产科学	郎景和
G689	中华妇幼临床医学杂志电子版	妇产科学；儿科学	毛萌
G262	中华肝胆外科杂志	普通外科学、胸外科学、心血管外科学	刘永雄
G231	中华肝脏病杂志	消化病学	任红
G054	中华肝脏外科手术学电子杂志	消化病学	陈规划
G235	中华高血压杂志	心血管病学	胡大一
G143	中华骨科杂志	骨外科学	邱贵兴
G648	中华骨与关节外科杂志	骨外科学	邱贵兴

表 9-1　2020 年中国科技核心期刊（中文）目录（续）

CODE	刊名	学科分类	主编
G728	中华骨质疏松和骨矿盐疾病杂志	内分泌病学与代谢病学、风湿病学	孟迅吾
G691	中华关节外科杂志电子版	骨外科学	邱贵兴; 余楠生
G335	中华航海医学与高气压医学杂志	军事医学与特种医学	褚新奇
G145	中华核医学与分子影像杂志	核医学、医学影像学	匡安仁
G146	中华护理杂志	护理学	刘苏君
G555	中华急诊医学杂志	临床医学综合	江观玉
G302	中华疾病控制杂志	预防医学与公共卫生学综合	叶冬青
G055	中华肩肘外科电子杂志	骨外科学	姜保国
G174	中华检验医学杂志	临床诊断学	尚红
G751	中华健康管理学杂志	卫生管理学、健康教育学	白书忠
G147	中华结核和呼吸杂志	呼吸病学、结核病学	钟南山
G060	中华结直肠疾病电子杂志	普通外科学、胸外科学、心血管外科学	王锡山
Q905	中华解剖与临床杂志	外科学综合	周建生
Q948	中华介入放射学电子杂志	核医学、医学影像学	单鸿
G159	中华精神科杂志	神经病学、精神病学	张明园
G579	中华口腔医学研究杂志电子版	口腔医学	凌均棨
G148	中华口腔医学杂志	口腔医学	王兴
G280	中华口腔正畸学杂志	口腔医学	傅民魁
G149	中华劳动卫生职业病杂志	流行病学、环境医学	王生
G639	中华老年多器官疾病杂志	保健医学	张和起
Q949	中华老年骨科与康复电子杂志	保健医学	张英泽
G833	中华老年口腔医学杂志	口腔医学	刘洪臣
G876	中华老年心脑血管病杂志	心血管病学; 神经病学、精神病学	李小鹰
G150	中华老年医学杂志	保健医学	王建业
G692	中华临床感染病杂志	感染性疾病学、传染病学	李兰娟
G693	中华临床免疫和变态反应杂志	内分泌病学与代谢病学、风湿病学	张宏誉; 张奉春
G824	中华临床营养杂志	预防医学与公共卫生学综合	蒋朱明
G152	中华流行病学杂志	流行病学、环境医学	李立明
G153	中华麻醉学杂志	外科学综合	罗爱伦
G154	中华泌尿外科杂志	泌尿外科学	孙颖浩
G282	中华男科学杂志	性医学	黄宇峰
G155	中华内分泌代谢杂志	内分泌病学与代谢病学、风湿病学	潘长玉
G736	中华内分泌外科杂志	外科学综合	任国胜
G156	中华内科杂志	内科学综合	贾伟平
G157	中华皮肤科杂志	皮肤病学	陈洪铎
G461	中华普通外科学文献电子版	普通外科学、胸外科学、心血管外科学	王深明
G254	中华普通外科杂志	普通外科学、胸外科学、心血管外科学	杜如昱
G462	中华普外科手术学杂志电子版	普通外科学、胸外科学、心血管外科学	李世拥
G158	中华器官移植杂志	外科学综合	陈实
G473	中华腔镜泌尿外科杂志电子版	泌尿外科学	高新; 孙颖浩
G463	中华腔镜外科杂志电子版	普通外科学、胸外科学、心血管外科学	刘荣; 郑民华
G526	中华全科医师杂志	临床医学综合	戴玉华
G515	中华全科医学	临床医学综合	王福生

表 9-1 2020 年中国科技核心期刊（中文）目录（续）

CODE	刊名	学科分类	主编
G505	中华乳腺病杂志电子版	普通外科学、胸外科学、心血管外科学	孙燕; 姜军
G900	中华烧伤杂志	烧伤外科学、整形外科学	黄跃生
Q950	中华神经创伤外科电子杂志	神经病学、精神病学	徐如祥
G197	中华神经科杂志	神经病学、精神病学	秦震
G160	中华神经外科杂志	神经病学、精神病学	王忠诚
G446	中华神经医学杂志	神经病学、精神病学	徐如祥
G065	中华肾病研究电子杂志	血液病学、肾脏病学	刘志红
G161	中华肾脏病杂志	血液病学、肾脏病学	陈香美
G737	中华生物医学工程杂志	生物医学工程学	钟南山
G072	中华生殖与避孕杂志	优生学、计划生育学	高尔生
G162	中华实验和临床病毒学杂志	微生物学、病毒学	洪涛
G703	中华实验和临床感染病杂志电子版	感染性疾病学、传染病学	毛羽; 张永利; 成军
G163	中华实验外科杂志	外科学综合	杨镇
G773	中华实验眼科杂志	眼科学	王丽娅
G875	中华实用儿科临床杂志	儿科学	郭学鹏
G367	中华实用诊断与治疗杂志	临床诊断学	马保根
G848	中华手外科杂志	骨外科学	顾玉东
G506	中华损伤与修复杂志电子版	烧伤外科学、整形外科学	夏照帆
G739	中华糖尿病杂志	内分泌病学与代谢病学、风湿病学	杨文英
G164	中华外科杂志	外科学综合	黄洁夫
G165	中华微生物学和免疫学杂志	基础医学	沈心亮
G116	中华危重病急救医学	临床医学综合	沈中阳
G761	中华危重症医学杂志电子版	临床医学综合	郑树森
G296	中华围产医学杂志	妇产科学	杨慧霞
G740	中华卫生杀虫药械	流行病学、环境医学	姜志宽
G793	中华胃肠外科杂志	普通外科学、胸外科学、心血管外科学	汪建平
G166	中华物理医学与康复杂志	保健医学	郭正成
G470	中华细胞与干细胞杂志电子版	基础医学	谭建明
G847	中华现代护理杂志	护理学	沈黎
G285	中华消化内镜杂志	消化病学	张齐联
G978	中华消化外科杂志	普通外科学、胸外科学、心血管外科学	董家鸿
G168	中华消化杂志	消化病学	谢渭芬
G169	中华小儿外科杂志	儿科学; 外科学综合	袁继炎
G892	中华心律失常学杂志	心血管病学	陈新
G170	中华心血管病杂志	心血管病学	胡大一
G082	中华新生儿科杂志	儿科学	冯琪
G263	中华行为医学与脑科学杂志	神经病学、精神病学	白波
G171	中华胸心血管外科杂志	普通外科学、胸外科学、心血管外科学	朱晓东
G172	中华血液学杂志	血液病学、肾脏病学	阮长耿
G191	中华眼底病杂志	眼科学	严密
G075	中华眼科医学杂志电子版	眼科学	王宁利
G173	中华眼科杂志	眼科学	赵堪兴
G873	中华眼视光学与视觉科学杂志	眼科学	瞿佳

表 9-1　2020 年中国科技核心期刊（中文）目录（续）

CODE	刊名	学科分类	主编
S590	中华医学教育探索杂志	卫生管理学、健康教育学	雷寒
Q920	中华医学超声杂志电子版	核医学、医学影像学	姜玉新; 唐杰
G705	中华医学教育杂志	卫生管理学、健康教育学	程伯基
G307	中华医学科研管理杂志	卫生管理学、健康教育学	罗长坤
G489	中华医学美学美容杂志	临床医学综合	张其亮
G915	中华医学图书情报杂志	情报学; 图书馆学、文献学; 卫生管理学、健康教育学	陈锐
G175	中华医学遗传学杂志	基础医学	张思仲
G176	中华医学杂志	医学综合	高润霖
G194	中华医院感染学杂志	感染性疾病学、传染病学	刘运喜
G591	中华医院管理杂志	卫生管理学、健康教育学	金大鹏
G610	中华胰腺病杂志	消化病学	许国铭
G897	中华移植杂志电子版	外科学综合	郑树森
G177	中华预防医学杂志	预防医学与公共卫生学综合	陈育德
G178	中华整形外科杂志	烧伤外科学、整形外科学	祁佐良
G859	中华中医药学刊	中医学; 中药学	康廷国
G910	中华中医药杂志	中医学; 中药学	佘靖
G858	中华肿瘤防治杂志	肿瘤学	于金明
G179	中华肿瘤杂志	肿瘤学	赵平
G472	中华疝和腹壁外科杂志电子版	普通外科学、胸外科学、心血管外科学	陈杰
Q954	中华重症医学电子杂志	临床医学综合	邱海波
G039	中南大学学报医学版	医药大学学报	李桂源
K001	中南大学学报自然科学版	工程技术大学学报	黄伯云
H053	中南林业科技大学学报	林学; 农业大学学报	吴晓芙
G599	中南药学	药学	李焕德
G682	中南医学科学杂志	医学综合	文格波
G180	中日友好医院学报	医学综合	谌贻璞
G181	中山大学学报医学科学版	医药大学学报	徐杰
A036	中山大学学报自然科学版	自然科学综合大学学报	王建华
X539	中外公路	公路运输	刘玉兰
S020	中文信息学报	信息与系统科学相关工程与技术	孙茂松
G842	中西医结合肝病杂志	中西医结合医学; 消化病学	王伯祥
G597	中西医结合心脑血管病杂志	中西医结合医学; 心血管病学	韩清华; 吕吉元; 韩世范
R775	中兴通讯技术	通信技术	谢大雄
G183	中药材	中药学	元四辉
G564	中药新药与临床药理	中药学	王宁生
G685	中医学报	中医学	郑玉玲; 李俊德
G681	中医药导报	中医学; 中药学	袁长津
G812	中医药学报	中医学; 中药学	匡海学
G010	中医杂志	中医学	曹洪欣
G184	肿瘤	肿瘤学	高玉堂
Q929	肿瘤代谢与营养电子杂志	肿瘤学	石汉平; 李薇
G185	肿瘤防治研究	肿瘤学	陈焕朝
G412	肿瘤学杂志	肿瘤学	毛伟敏

表 9-1 2020 年中国科技核心期刊（中文）目录（续）

CODE	刊名	学科分类	主编
G522	肿瘤研究与临床	肿瘤学	梁小波
G196	肿瘤药学	肿瘤学	任华益
G838	肿瘤影像学	肿瘤学	常才；刘士远；章英剑
G695	肿瘤预防与治疗	肿瘤学	郎锦义
H103	种子	农艺学	张太平
G094	中风与神经疾病杂志	神经病学、精神病学	史玉泉
N022	轴承	机械制造工艺与设备	杜迎辉
H026	竹子学报	林学	王树东
N075	铸造	机械制造工艺与设备	葛晨光
G407	转化医学杂志	医学综合	钱阳明
N034	装备环境工程	机械制造工艺与设备	唐伦科
Z022	资源科学	环境科学技术及资源科学技术	成升魁
R737	自动化技术与应用	信息与系统科学相关工程与技术	吴冈
S026	自动化学报	信息与系统科学相关工程与技术	王飞跃
N013	自动化仪表	信息与系统科学相关工程与技术；仪器仪表技术	孙叔平
S501	自动化与仪表	信息与系统科学相关工程与技术；仪器仪表技术	高明璋
R611	自动化与仪器仪表	信息与系统科学相关工程与技术；仪器仪表技术	孙怀义
A905	自然杂志	自然科学综合	董远达
E137	自然灾害学报	安全科学技术；地球科学综合	谢礼立
Z012	自然资源学报	环境科学技术及资源科学技术	李文华
G229	卒中与神经疾病	神经病学、精神病学	曾庆杏；张兆辉
N088	组合机床与自动化加工技术	机械工程设计	宋鸿升
G701	组织工程与重建外科杂志	烧伤外科学、整形外科学	曹谊林
L018	钻井液与完井液	石油天然气工程	张健庚
G720	遵义医科大学学报	医药大学学报	李春鸣
H034	作物学报	农艺学	辛志勇
H410	作物研究	农艺学	官春云
H202	作物杂志	农艺学	赵明

9.2 2020年中国科技核心期刊（英文）目录

表 9-2 2020 年中国科技核心期刊（英文）目录

CODE	刊名	学科分类	主编
F034	ACTA BIOCHIMICA ET BIOPHYSICA SINICA	生物学基础学科	张友尚
I059	ACTA GEOLOGICA SINICA ENGLISH EDITION	地质学	侯增谦
C096	ACTA MATHEMATICA SCIENTIA	数学; 物理学	丁夏畦
B030	ACTA MATHEMATICA SINICA ENGLISH SERIES	数学	李炳仁
I051	ACTA MATHEMATICAE APPLICATAE SINICA	数学	丁夏畦
C105	ACTA MECHANICA SINICA	力学	程耿东
M100	ACTA METALLURGICA SINICA	金属材料	柯俊
I209	ACTA OCEANOLOGICA SINICA	海洋科学、水文学	陈大可
G218	ACTA PHARMACEUTICA SINICA B	药学	蒋建东
G001	ACTA PHARMACOLOGICA SINICA	药学	陈凯先
I062	ADVANCES IN ATMOSPHERIC SCIENCES	大气科学	吕达仁; 朱江; Ming Xue
I282	ASIAN JOURNAL OF ANDROLOGY	性医学	王一飞
G780	CANCER BIOLOGY & MEDICINE	肿瘤学	郝希山
I072	CELL RESEARCH	生物学基础学科	姚鑫
I139	CHEMICAL RESEARCH IN CHINESE UNIVERSITIES	化学	周其凤
I710	CHINA COMMUNICATIONS	通信技术	陈俊亮
I165	CHINA FOUNDRY	机械制造工艺与设备	娄延春
E158	CHINA OCEAN ENGINEERING	海洋科学、水文学	柯俊
B023	CHINESE ANNALS OF MATHEMATICS SERIES B	数学	李大潜
D031	CHINESE CHEMICAL LETTERS	化学	梁晓天
I154	CHINESE GEOGRAPHICAL SCIENCE	地理学	朱颜明
I207	CHINESE HERBAL MEDICINES	中药学	肖培根
I166	CHINESE JOURNAL OF ACOUSTICS	物理学	王小民
I122	CHINESE JOURNAL OF AERONAUTICS	航空、航天科学技术	朱自强
I037	CHINESE JOURNAL OF CANCER RESEARCH	肿瘤学	鄂征
D013	CHINESE JOURNAL OF CATALYSIS	化学	林励吾
T100	CHINESE JOURNAL OF CHEMICAL ENGINEERING	化学工程综合	廖叶华
C070	CHINESE JOURNAL OF CHEMICAL PHYSICS	化学	杨学明
I173	CHINESE JOURNAL OF CHEMISTRY	化学	麻生明
I116	CHINESE JOURNAL OF ELECTRONICS	电子技术	王守觉
I218	CHINESE JOURNAL OF MECHANICAL ENGINEERING	机械工程设计	宋天虎
G101	CHINESE JOURNAL OF NATURAL MEDICINES	药学	吴晓明
D017	CHINESE JOURNAL OF POLYMER SCIENCE	化学	冯新德
I219	CHINESE JOURNAL OF POPULATION, RESOURCES AND ENVIRONMENT	环境科学技术及资源科学技术	刘燕华

表 9-2　2020 年中国科技核心期刊（英文）目录（续）

CODE	刊名	学科分类	主编
I200	CHINESE JOURNAL OF TRAUMATOLOGY	烧伤外科学、整形外科学	王正国
I201	CHINESE MEDICAL JOURNAL	医学综合	钱贻简
G126	CHINESE MEDICAL SCIENCES JOURNAL	医学综合	刘德培
I071	CHINESE OPTICS LETTERS	光电子学与激光技术；物理学	徐至展
C106	CHINESE PHYSICS B	物理学	欧阳钟灿
C058	CHINESE PHYSICS C	物理学	马基茂
C059	CHINESE PHYSICS LETTERS	物理学	朱邦芬
G212	CHRONIC DISEASES AND TRANSLATIONAL MEDICINE	临床医学综合	胡大一
C095	COMMUNICATIONS IN THEORETICAL PHYSICS	物理学	何祚庥
I720	CSEE JOURNAL OF POWER AND ENERGY SYSTEMS	电气工程	周孝信
I226	DEFENCE TECHNOLOGY	兵器科学与技术	冯长根
J075	ENGINEERING	工程与技术科学基础学科	周济; Reddy Raj
F005	ENTOMOTAXONOMIA	昆虫学、动物学	张雅林
N092	FRICTION	工程与技术科学基础学科	雒建斌
I248	FRONTIERS OF CHEMICAL SCIENCE AND ENGINEERING	化学工程综合	王静康；薛群基；曹湘洪
I735	FRONTIERS OF COMPUTER SCIENCE	计算机科学技术	李未；陆汝钤
I220	FRONTIERS OF EARTH SCIENCE	地球科学综合	高炜
I243	FRONTIERS OF MATERIALS SCIENCE	材料科学综合	顾秉林
I250	FRONTIERS OF MATHEMATICS IN CHINA	数学	张恭庆
I237	FRONTIERS OF MEDICINE	医学综合	陈赛娟；杨宝峰；陈孝平
I132	FRONTIERS OF OPTOELECTRONICS	光电子学与激光技术	周炳坤
I726	FRONTIERS OF PHYSICS	物理学	赵光达
I725	FRONTIERS OF STRUCTURAL AND CIVIL ENGINEERING	土木工程	沈祖炎；周福霖; Surendra P. Shah
G343	GENERAL PSYCHIATRY	神经病学、精神病学	徐一峰
I222	GENOMICS PROTEOMICS & BIOINFORMATICS	生物学基础学科	于军
E050	GEOSCIENCE FRONTIERS	地球科学综合	莫宣学
Q744	GLOBAL ENERGY INTERCONNECTION	能源科学综合	刘振亚
Z037	GREEN ENERGY & ENVIRONMENT	能源科学综合	张锁江
H062	HORTICULTURAL PLANT JOURNAL	园艺学	孙日飞
R589	IEEE CAA JOURNAL OF AUTOMATICA SINICA	信息与系统科学相关工程与技术	Mengchu Zhou (周孟初
Q709	INFECTIOUS DISEASES OF POVERTY	感染性疾病学、传染病学	周晓农
I012	INSECT SCIENCE	昆虫学、动物学	王牧牧
I168	INTERNATIONAL JOURNAL OF COAL SCIENCE & TECHNOLOGY	能源科学综合	彭苏萍
G889	INTERNATIONAL JOURNAL OF DERMATOLOGY AND VENEREOLOGY	皮肤病学	吴晓初
K045	INTERNATIONAL JOURNAL OF MINERALS, METALLURGY AND MATERIALS	材料科学综合	吴爱祥
I184	INTERNATIONAL JOURNAL OF MINING SCIENCE AND TECHNOLOGY	矿山工程技术	骆振福
Q213	INTERNATIONAL JOURNAL OF ORAL SCIENCE	口腔医学	周学东
I225	JOURNAL OF ACUPUNCTURE AND TUINA SCIENCE	针灸、中医骨伤	陈汉平

表 9-2 2020 年中国科技核心期刊（英文）目录（续）

CODE	刊名	学科分类	主编
H029	JOURNAL OF ANIMAL SCIENCE AND BIOTECHNOLOGY	畜牧、兽医科学	李德发
E049	JOURNAL OF ARID LAND	地理学	陈曦
N764	JOURNAL OF BIONIC ENGINEERING	机械工程设计	任露泉
I067	JOURNAL OF CENTRAL SOUTH UNIVERSITY	工程技术大学学报	黄伯云
I227	JOURNAL OF CHINESE PHARMACEUTICAL SCIENCES	药学	张礼和
S051	JOURNAL OF COMPUTER SCIENCE AND TECHNOLOGY	计算机科学技术	李国杰
E537	JOURNAL OF EARTH SCIENCE	地球科学综合	王亨君
I105	JOURNAL OF ENERGY CHEMISTRY	石油天然气工程	包信和; ALEXIS T. BELL
Z027	JOURNAL OF ENVIRONMENTAL SCIENCES	环境科学技术及资源科学技术	汤鸿霄
I018	JOURNAL OF FORESTRY RESEARCH	林学	杨传平
F013	JOURNAL OF GENETICS AND GENOMICS	生物学基础学科	薛勇彪
I063	JOURNAL OF GEOGRAPHICAL SCIENCES	地理学	郑度
W015	JOURNAL OF HYDRODYNAMICS SERIES B	水利工程	周连第
H017	JOURNAL OF INTEGRATIVE AGRICULTURE	农业综合	万建民
G442	JOURNAL OF INTEGRATIVE MEDICINE	中西医结合医学	赵伟康
F029	JOURNAL OF INTEGRATIVE PLANT BIOLOGY	植物学	刘春明
I142	JOURNAL OF IRON AND STEEL RESEARCH, INTERNATIONAL	金属材料	田志凌
I229	JOURNAL OF MARINE SCIENCE AND APPLICATION	水路运输	边信黔
M015	JOURNAL OF MATERIALS SCIENCE & TECHNOLOGY	材料科学综合	杨锐
E092	JOURNAL OF METEOROLOGICAL RESEARCH	大气科学	丁一汇
F021	JOURNAL OF MOLECULAR CELL BIOLOGY	生物学基础学科	李党生
I230	JOURNAL OF MOUNTAIN SCIENCE	地理学	崔鹏
I120	JOURNAL OF OCEAN UNIVERSITY OF CHINA	海洋科学、水文学; 自然科学综合大学学报	文圣常
E012	JOURNAL OF OCEANOLOGY AND LIMNOLOGY	海洋科学、水文学	曾呈奎
M035	JOURNAL OF RARE EARTHS	材料科学综合	严纯华
F208	JOURNAL OF RESOURCES AND ECOLOGY	环境科学技术及资源科学技术	李文华
C010	JOURNAL OF ROCK MECHANICS AND GEOTECHNICAL ENGINEERING (JRMGE)	土木工程	钱七虎
R062	JOURNAL OF SEMICONDUCTORS	电子技术; 物理学	王守武
F039	JOURNAL OF SYSTEMATICS AND EVOLUTION	植物学	杨亲二
X053	JOURNAL OF TRAFFIC AND TRANSPORTATION ENGINEERING ENGLISH EDITION	交通运输工程	Richard Kim
I090	JOURNAL OF WUHAN UNIVERSITY OF TECHNOLOGY MATERIALS SCIENCE EDITION	材料科学综合; 工程技术大学学报	张清杰
I041	JOURNAL OF ZHEJIANG UNIVERSITY SCIENCE A	自然科学综合大学学报	杨卫
I159	JOURNAL OF ZHEJIANG UNIVERSITY SCIENCE B	生物学基础学科; 自然科学综合大学学报	段树民; 巴德年
I254	LIGHT SCIENCE & APPLICATIONS	物理学	曹健林
Q716	MILITARY MEDICAL RESEARCH	军事医学与特种医学	付小兵
F019	MOLECULAR PLANT	植物学	许大全
I137	NANO RESEARCH	材料科学综合	戴宏杰; 薛其坤
M655	NANOTECHNOLOGY AN PRECISION ENGINEERING	机械工程设计	胡小唐
I255	NATIONAL SCIENCE REVIEW	自然科学综合	白春礼
I232	NEURAL REGENERATION RESEARCH	神经病学、精神病学	苏国辉; 徐晓明

表 9-2　2020 年中国科技核心期刊（英文）目录（续）

CODE	刊名	学科分类	主编
G278	NEUROSCIENCE BULLETIN	神经病学、精神病学	路长林
G616	ONCOLOGY AND TRANSLATIONAL MEDICINE	肿瘤学	陈安民; 于世英; A.D.Ho
I202	PARTICUOLOGY	化学工程综合	郭慕孙
H046	PEDOSPHERE	土壤学	周健民
F007	PLANT DIVERSITY	植物学	Sergei Volis; 周浙昆
I129	PROTEIN & CELL	生物学基础学科	饶子和
I050	RARE METALS	金属材料	屠海令
C072	RESEARCH IN ASTRONOMY AND ASTROPHYSICS	天文学	汪景琇; 景益鹏
I065	RICE SCIENCE	农艺学	程式华
H064	THE CROP JOURNAL	农艺学	万建民
I017	TRANSACTIONS OF NANJING UNIVERSITY OF AERONAUTICS & ASTRONAUTICS	航空、航天科学技术; 工程技术大学学报	宣益民
M104	TRANSACTIONS OF NONFERROUS METALS SOCIETY OF CHINA	金属材料	黄伯云
G095	VIROLOGICA SINICA	微生物学、病毒学	陈新文
W030	WATER SCIENCE AND ENGINEERING	水利工程	吴中如; Vijay P. SINGH
I239	WORLD JOURNAL OF ACUPUNCTURE-MOXIBUSTION	针灸、中医骨伤	喻晓春
Q707	WORLD JOURNAL OF TRADITIONAL CHINESE MEDICINE	中医学	果德安; 韩晶岩
I008	WUHAN UNIVERSITY JOURNAL OF NATURAL SCIENCES	自然科学综合大学学报	舒红兵
F022	ZOOLOGICAL RESEARCH	昆虫学、动物学	张亚平
F014	ZOOLOGICAL SYSTEMATICS	昆虫学、动物学	冯祚建

表 10 期刊名称变更表

CODE	2021 年版刊名	2020 年版刊名
G011	癌症	CHINESE JOURNAL OF CANCER
K504	采矿与岩层控制工程学报	煤矿开采
G027	广东药科大学学报	广东药学院学报
V523	建筑节能中英文版	建筑节能
G061	青岛大学学报医学版	青岛大学医学院学报
G565	徐州医科大学学报	徐州医学院学报
G720	遵义医科大学学报	遵义医学院学报

11 新入选中国科技核心期刊

11.1 2021 年新入选中国科技核心期刊（中文）目录

表 11-1 2021 年新入选中国科技核心期刊（中文）目录
（中国科技论文统计源期刊）

CODE	刊名	CODE	刊名
H247	畜牧与饲料科学	L044	全球能源互联网
L512	大庆石油地质与开发	Q219	上海预防医学
N009	弹箭与制导学报	T763	深空探测学报
Y591	导航定位学报	X538	世界桥梁
N070	锻压技术	G421	现代药物与临床
R575	发电技术	A087	新疆大学学报自然科学版中英文版
Q418	纺织科学与工程学报	R516	新能源进展
H047	甘肃农业大学学报	E351	中国地震
E574	工程地球物理学报	E169	中国地质调查
R688	光通信研究	K579	中国煤炭
G026	广东医学	Q926	中华脑科疾病与康复杂志电子版
Y052	航空工程进展	Q209	中华炎性肠病杂志
Z525	环境监控与预警	G643	中医正骨
M600	黄金科学技术	Q225	肿瘤综合治疗电子杂志
H289	林业与生态科学		

11.2 2021 年新入选中国科技核心期刊（英文）目录

表 11-2 2021 年新入选中国科技核心期刊（英文）目录
（中国科技论文统计源期刊）

CODE	刊名	CODE	刊名
H079	BIOSAFETY AND HEALTH	I146	SCIENCE CHINA CHEMISTRY
I206	CELLULAR & MOLECULAR IMMUNOLOGY	A146	SCIENCE CHINA INFORMATION SCIENCES
G015	CHINA CDC WEEKLY	I150	SCIENCE CHINA LIFE SCIENCES
E096	CHINA GEOLOGY	M114	SCIENCE CHINA MATERIALS
I224	INTERNATIONAL JOURNAL OF AUTOMATION AND COMPUTING	I189	SCIENCE CHINA MATHEMATICS
Q748	INTERNATIONAL JOURNAL OF NURSING SCIENCES	I157	SCIENCE CHINA PHYSICS, MECHANICS & ASTRONOMY
I144	JOURNAL OF SYSTEMS ENGINEERING AND ELECTRONICS	I091	SCIENCE CHINA TECHNOLOGICAL SCIENCES
I074	NUCLEAR SCIENCE AND TECHNIQUES	Q718	SIGNAL TRANSDUCTION AND TARGETED THERAPY
Q410	SCIENCE BULLETIN	I009	TSINGHUA SCIENCE AND TECHNOLOGY